AF707666

Kontaktadresse nach EU-Produktsicherheitsverordnung:
produktsicherheit@fischerverlage.de

Die Bände 3 und 4 der *Gesammelten Schriften* enthalten die zwischen 1931 und 1941 entstandenen und von Horkheimer selbst publizierten Aufsätze und Vorträge. In diesem Jahrzehnt – das sowohl den Erscheinungszeitraum der *Zeitschrift für Sozialforschung* als auch die ertragreichsten Jahre des Instituts für Sozialforschung umfaßt – war Horkheimers Schaffen von außerordentlicher Produktivität: In rascher Folge verfaßte er diejenigen Texte, die heute als der Kernbestand der Kritischen Theorie gelten.
Eine entscheidende Rolle spielte dabei der lebendige intellektuelle Zusammenhang, in den Horkheimer durch Zeitschrift und Institut eingebettet war. Die tägliche Arbeit mit Wissenschaftlern verschiedener Geistes- und Sozialwissenschaften ermöglichte Horkheimer eine ständige Diskussion und Erprobung seines Konzepts einer »kritischen« Theorie der Gesellschaft, die die engen Fachgrenzen überschreiten und sich an den realen Bedürfnissen der Menschen orientieren sollte.
Der vorliegende Band 4 enthält u. a. den großen Aufsatz *Egoismus und Freiheitsbewegung*, der Horkheimers Entwurf einer materialistischen Geschichtsphilosophie in konkrete historische Analyse umsetzt; daneben vor allem den Essay *Traditionelle und kritische Theorie*, der neben der *Dialektik der Aufklärung* wohl bedeutendste Text der Kritischen Theorie und zugleich deren Programm. Erstmals in deutscher Sprache erscheint der detaillierte Forschungsbericht *Zur Tätigkeit des Instituts. Forschungsprojekt über den Antisemitismus* – konkrete Aufklärung, die leider noch immer nicht überholt ist.
Alle Textänderungen, zu denen sich Horkheimer anläßlich der Neupublikation Ende der sechziger Jahre entschloß, sind vom Herausgeber vermerkt.

Max Horkheimer, geboren am 14. 2. 1895 in Zuffenhausen/Stuttgart, wurde 1930 Ordinarius der Sozialphilosophie und Direktor des Instituts für Sozialforschung in Frankfurt am Main. 1933 emigrierte er und errichtete Zweigstellen des Instituts zunächst in Genf, später an der Ecole Normale Supérieure in Paris, schließlich an der Columbia Universität in New York. In der von ihm herausgegebenen *Zeitschrift für Sozialforschung* setzte Horkheimer die Veröffentlichung seiner theoretischen Arbeiten fort. 1936 publizierte er die unter seiner Leitung entstandenen *Studien über Autorität und Familie*, 1949 bis 1950 die von ihm entwickelten *Studies in Prejudice*, 1947 erschienen *Eclipse of Reason* und die gemeinsam mit Theodor W. Adorno verfaßte *Dialektik der Aufklärung*.
Nach seiner Rückkehr nach Frankfurt errichtete Horkheimer im Jahre 1950 wieder das Institut. Von 1951 an war er für zwei Jahre Rektor der Johann Wolfgang Goethe-Universität. Am 7. 7. 1973 ist Max Horkheimer gestorben.

Unsere Adressen im Internet: www.fischerverlage.de
www.hochschule.fischerverlage.de

Max Horkheimer

Gesammelte Schriften

Herausgegeben von Alfred Schmidt und
Gunzelin Schmid Noerr

Fischer Taschenbuch Verlag

Max Horkheimer

Gesammelte Schriften

Band 4: Schriften 1936–1941

Herausgegeben von
Alfred Schmidt

Fischer Taschenbuch Verlag

3. Auflage

Hedderichstr. 114, 60596 Frankfurt am Main

Umschlaggestaltung: Manfred Walch, Frankfurt am Main
Druck und Bindung: BoD – Books on Demand GmbH,
Norderstedt, Germany
ISBN 978-3-596-27378-2

Inhalt

Editorischer Anhang

Egoismus und Freiheitsbewegung

Zur Anthropologie des bürgerlichen Zeitalters

(1936)

I

Der Gegensatz in der Konzeption der Menschennatur, welcher in der politischen Literatur der bürgerlichen Epoche hervorragende Bedeutung besitzt, ist zu Beginn des sechzehnten Jahrhunderts in zwei glänzenden Werken zutage getreten. Wenn auch Machiavellis staatsmännische Anweisungen keine so ausgesprochen pessimistische Anthropologie zur Grundlage haben, wie es nach dem bekannten Satz im 18. Kapitel des *Fürsten*, daß alle Menschen »böse und schlecht sind«[1], scheinen mag, so sind sie doch in den folgenden Jahrhunderten im wesentlichen so verstanden worden. Jedenfalls hat Machiavelli in dieser Richtung so viele Nachfolger gefunden, daß Treitschke behaupten konnte, es »zeigen alle wahrhaften großen politischen Denker einen Zug zynischer Menschenverachtung, und wenn sie nicht zu stark ist, hat sie ihr gutes Recht«[2]. In der *Utopia* von Thomas Morus drückt sich eine andere Gesinnung aus. Dieser Entwurf einer vernünftigen Gesellschaft bekundet schon dadurch die Überzeugung von einer ursprünglich glücklicheren Anlage des Menschenwesens, daß seine Verwirklichung gemäß der Fabel nicht zeitlich, sondern nur räumlich von der Gegenwart getrennt ist. Die Dauer des Vereins freier Menschen, die ihr Leben nach gemeinsamen, die Ansprüche jedes Mitglieds gleich achtenden Plänen regeln, wird nicht durch den Hinweis des Autors auf bestialische Instinkte des Menschen begrenzt. Es gibt hier nicht wie bei Machiavelli einen Zyklus von Staatsformen, in dem notwendig auf jeden erträglichen Zustand dieselbe Verwirrung und dasselbe Elend folgen, aus denen die Menschen sich in einem langwierigen Prozeß

1 Machiavelli, *Gesammelte Schriften*, Band II, München 1925, S. 71.
2 Heinrich von Treitschke, *Politik*, Band II, Leipzig 1922, S. 546f.

emporgearbeitet haben.[3] Morus steht mit seiner Ansicht nicht allein. Rousseau brauchte sich bei der Bekämpfung der Hobbesschen Lehre von der gefährlichen Aggressivität der menschlichen Natur nicht auf Morus berufen, sondern konnte eine Reihe bürgerlicher Anthropologen nennen, die denselben positiven Standpunkt vertraten.[4]

Die erwähnten repräsentativen Schriftsteller der Renaissance und der Aufklärung sind mit der Anwendung der Attribute »Güte« oder »Schlechtigkeit« auf die menschliche Natur sparsam gewesen. In ihren Werken finden sich nicht bloß Betrachtungen, in denen auch entgegengesetzte Aspekte berücksichtigt werden – man denke an Machiavellis Begriff der »virtù« –, sondern als moderne Denker bemühen sie sich bereits, Werturteile soweit wie möglich auszuschalten. Gegenüber der mittelalterlichen Ansicht, nach welcher der Mensch vornehmlich im Hinblick auf eine Norm verstanden wurde und Natur, im Gegensatz zur Widernatur, die von Gott gesetzte Verfassung des Menschenwesens innerhalb der gesamten Schöpfung bedeutete, war man seit Beginn der neueren Zeit dazu übergegangen, diejenigen Züge als menschliche gelten zu lassen, die sich in der historischen, politischen, psychologischen Analyse als solche ergaben. Was der Mensch sei, sollte nicht mehr durch die Auslegung der Schrift* oder auf Grund anderer Autoritäten, sondern in letzter Linie an Hand unmittelbar zugänglicher Sachverhalte aufgewiesen werden. Die Erkenntnis des Menschen wird zu einem Spezialproblem der Naturwissenschaft. Soweit in den grundlegenden naturwissenschaftlichen Kategorien eine durchgehende Wertung enthalten ist, gründet sie darin, daß für jedes Ding in der Natur und somit auch für den Körper und die ihm einwohnende Seele der Untergang das größte Übel und Selbsterhaltung sowie die ihr entsprechende Tätigkeit das höchste Gut sei. Dieser einfache Naturalismus wurde, im Anschluß an antike Theorien, in der Affektenlehre der Renaissance vor allem bei Cardano und Telesio begründet und in der Philosophie von Hobbes

[* »Schrift« / 1936: »Offenbarung«.]

3 Cf. Machiavelli, *Discorsi*, deutsch: *Vom Staate*, ibid., Band I, S. 12–15; und *Geschichte von Florenz*, ibid., Band IV, S. 268.

4 Rousseau, *Discours sur l'origine et les fondements de l'inégalité parmi les hommes*, in: *Œuvres complètes*, Band III, Frankfurt am Main 1855, S. 25.

und Spinoza systematisch durchgeführt.[5] Der scheinbar vorurteilslose, in Wirklichkeit individualistische Naturbegriff, nach dem die Selbsterhaltung jedes Dings sein Gesetz und Maßstab ist, entspricht der Lage des bürgerlichen Menschen in seiner gesellschaftlichen Wirklichkeit und ist von der Interpretation der außermenschlichen Natur, die jeder bewußten Beziehung zu diesem Ursprung entbehrt, auf den Menschen zurückprojiziert.

Aber wie sehr auch Philosophie und Wissenschaft von ihrer eigenen Wertfreiheit durchdrungen waren, so hat sich, wie in ihrer Wirkung, so bereits in der Anlage und Ausführung ihrer Entwürfe der Geist des Zeitalters geltend gemacht, und zwar nicht allein im Sinne des ungebrochen individualistischen Prinzips, das die Beziehungen der Besitzenden untereinander praktisch beherrschte, sondern zugleich durch die gedanklichen und trieblichen Hemmnisse, welche die Verbindung dieses Prinzips mit der Tatsache verschiedener Gesellschaftsklassen zunehmend mit sich brachte. Die Natur des isolierten Individuums ist bereits ein fragwürdiger Gegenstand der Anthropologie. Dieses isolierte Individuum ist nicht der Mensch überhaupt, auf den sie doch zielt. Kraft der Widersprüche der bürgerlichen Ordnung selbst, vor allem infolge der dauernden Notwendigkeit physischer und psychischer Niederhaltung von Massen, ist indessen auch die Analyse dieses abstrakten Gegenstandes noch durch unbewußte Rücksichten verdunkelt und eingeschränkt. Mit oder ohne Absicht der Autoren gewinnen die anthropologischen Betrachtungen moralische Bedeutung; in die Feststellung seelischer Strukturen, in die Ansichten über Art und Verlauf der Affekte und sonstiger Regungen mischen sich Vertrauen oder Abscheu, Gleichgültigkeit oder Sympathie. Das Individuum, das unter dem Titel des Menschen schlechthin das Thema der anthropologischen Ideen dieser Epoche bildet, wird daher bei ihren Philosophien in einer vielfach gebrochenen Weise untersucht.

Die Erklärung dieses Sachverhalts scheint bereit zu liegen. Das soziologische Zuordnen von Gedanken und Gefühlen zu Gesell-

5 Cf. Dilthey, ›Weltanschauung und Analyse des Menschen seit Renaissance und Reformation‹, in: *Gesammelte Schriften,* Band II, Leipzig und Berlin 1914, S. 433–435; und Bernhard Groethuysen, ›Philosophische Anthropologie‹, in: *Handbuch der Philosophie*, Abt. III, München und Berlin 1931, S. 139f.

schaftsgruppen und historischen Strömungen hat es hier besonders leicht. Der anthropologische Gegensatz entspricht einem politischen. Hatte der Historiker den Widerspruch zwischen Machiavelli und Morus einerseits aus »der Verschiedenheit ihrer geistigen Haltung und ihrer ethischen Veranlagung«, andererseits aus dem Unterschied zwischen dem zerrissenen, den Fremden preisgegebenen Italien und der von Feinden nahezu ungefährdeten staatlich geeinten Insel England zu erklären gesucht[6] und ihn somit psychologisch und politisch gedeutet, so lehrt die soziologische Analyse, daß in der späteren Entwicklung der anthropologischen Ideen das Hervorheben der aggressiven »bestialischen« Triebe der Menschen ein Zeichen für das Interesse an Unterdrückung, dagegen der auf Bildungsfähigkeit gelegte Nachdruck, ja schon die moralische Indifferenz im Beurteilen des Trieblebens, ein Ausdruck freiheitlicher Tendenzen war. Jene Geschichtsphilosophen unterscheiden sich nicht so sehr in der Anthropologie als in der Politik. Hätte diese sie nicht einander entgegengestellt, in jener hätte man sich verständigen können. Allein der Umstand, daß die Anthropologie die politische Forderung rechtfertigte, hat die Kluft zwischen beiden Denkarten so vertieft. Die Aufgabe, diese Theorie auf die anthropologischen Ideen der neueren Geschichte anzuwenden, die Veränderungen, Umkehrungen und Komplikationen des Schemas zu verfolgen, bietet nicht bloß ein historisches, sondern auch ein systematisch-wissenschaftliches Interesse: der Lehrgehalt der großen bürgerlichen Anthropologie wird freigelegt und für die psychologische Erkenntnis gewonnen.

Wenn im folgenden jedoch davon gesprochen wird, wie sehr anthropologische Gedanken mit Wertvorstellungen durchsetzt sind, so soll nicht diese zutage tretende Verbindung mit der Politik behandelt werden. Die nähere Betrachtung der optimistischen und pessimistischen Strömung läßt vielmehr einen Zug hervortreten, der beiden Denkweisen, wie sie sich in der Geschichte entwickelt haben, gemeinsam ist und der die vor allem bei Machiavelli und in der Aufklärung angelegte Intention auf Erkenntnis des Menschen entschieden abgelenkt und geschwächt hat: die Verdammung des

6 Cf. H. Oncken, Einleitung zur *Utopia* von Morus, in: *Klassiker der Politik*, Band I, Berlin 1922, S. 38 f.

Egoismus, ja, des Genusses überhaupt. Sowohl bei der zynischen Verkündung der Bosheit und Gefährlichkeit der menschlichen Natur, die durch einen starken Herrschaftsapparat im Zaume gehalten werden müsse, und bei der ihr entsprechenden puritanischen Lehre von der Sündhaftigkeit des Einzelnen, der mit eiserner Disziplin, in absoluter Unterwerfung unter das Gesetz der Pflicht seine eigenen Triebe niederhalten solle, wie auch bei der entgegengesetzten Beteuerung der ursprünglich reinen und harmonischen Beschaffenheit des Menschen, die nur durch beengende und korrupte Verhältnisse der Gegenwart gestört sei, bildet die absolute Absage an jede egoistische Triebregung die selbstverständliche Basis*. Dies erscheint als Widerspruch zur Praxis. Je reiner die bürgerliche Gesellschaft zur Herrschaft kommt, je uneingeschränkter sie sich auswirkt, desto gleichgültiger und feindseliger stehen sich die Menschen als Individuen, Familien, Wirtschaftsgruppen, Nationen und Klassen gegenüber, desto mehr gewinnt das ursprünglich fortschrittliche Prinzip des freien Wettbewerbs auf der Grundlage sich verschärfender ökonomischer und sozialer Gegensätze den Charakter des dauernden Kriegszustands nach innen und außen. Alle, die in diese Welt hineingezogen werden, bilden die egoistischen, ausschließenden, feindseligen Seiten ihres Wesens aus, um sich in dieser harten Wirklichkeit zu erhalten. In den großen historisch wirksamen anthropologischen Anschauungen des Bürgertums werden jedoch die nicht unmittelbar auf Eintracht, Liebe, Soziabilität hinauslaufenden Regungen verpönt, verzerrt oder abgeleugnet.

Wenn Machiavelli in den *Discorsi* erklärt, »daß die Menschen niemals etwas Gutes tun, wenn sie nicht dazu gezwungen sind; sondern daß alles in Verwirrung und Unordnung gerät, sobald ihnen freie Wahl bleibt und sie sich gehenlassen können«[7], dagegen in der Einleitung von sich selbst behauptet, es entspreche seinem »angeborenen Triebe..., immer das Gemeinnützige ohne alle Rücksicht zu tun«[8], so geht daraus klar hervor, daß er die natürlichen Instinkte der meisten Menschen nicht nur naturwissenschaftlich betrachtet,

[* »Basis« / 1936: »Voraussetzung«.]
7 Machiavelli, *Dicorsi*, in: ibid., S. 18.
8 Ibid., S. 3.

sondern für schlecht und verwerflich ansieht. So kühl und vorurteilslos er sich bewußt dem Christentum gegenüber verhält, so befindet er sich hier der Sache nach im Einklang mit Luther und Calvin. Als Exponenten ähnlicher geschichtlicher Interessen brechen sie alle mit der katholischen Toleranz gegen bestimmte, die Einführung der neuen Wirtschaftsordnung störende menschliche Reaktionsweisen. Zu Beginn dieser Form der Gesellschaft, wie auch in ihren spätesten Phasen, wird die Erbärmlichkeit des Individuums behauptet. »Luther sieht in aller Schärfe«[9], heißt es in einer deutschen* Abhandlung, »daß der Wille des Menschen böse ist, und das heißt, daß nicht etwas am Menschen böse ist, sondern daß der Mensch selbst bis in die Wurzel hinein böse ist, daß das Böse die verderbte Natur selbst ist.« Im Gegensatz zum Katholizismus gibt es hier keine neutrale Sphäre des Trieblebens, sondern das Wesen des Menschen schlechthin ist böse und verderbt. Ebenso lehrt Calvin: »Die Erbsünde ist die überkommene Verkehrung und Verderbnis unserer Natur in allen ihren Teilen... Die erkennende Vernunft und der Wille des Herzens sind von der Sünde besessen. Vom Haupt bis zu den Füßen ist der Mensch mit dieser Flut übergossen, so daß kein Teil seines ganzen Wesens von Sünde freibleibt. Alles, was er tut, muß zur Sünde gerechnet werden, wie Paulus sagt (Röm. 8, 7), daß alle Regungen und Gedanken des Fleisches Feindschaft wider Gott und darum der Tod sind.«[10] Der schroffe Widerspruch Rousseaus hierzu bezieht sich gar nicht auf die Verurteilung der »bösen« Instinkte, der Freude an verpönten Triebzielen, sondern auf ihr allgemeines Vorhandensein, ihre Herkunft und mögliche Änderung. Nicht nur Rousseaus und die sich an seinen Namen heftende Begeisterung für alles Natürliche und Primitive, die sich, unabhängig vom Inhalt, bereits durch den offenkundig zum Herzen sprechenden Stil verrät, nicht nur Harmonie-Philosophen wie Cumberland und Shaftesbury, die gegen die Hobbessche Anthropologie eine angeborene Moral dozieren, sondern die gesamte, das Natürliche verklärende Denkrichtung erweist sich insofern als identisch mit ihrem

[* »deutschen« / 1936: »kürzlich erschienenen deutschen«.]

9 H. Lammers, *Luthers Anschauung vom Willen*, Berlin 1935, S. 15.

10 Calvin, *Institutio Religionis Christianae*, ins Deutsche übertragen von E. F. K. Müller, Neukirchen 1928, S. 118–120; cf. auch H. Engelland, *Gott und Mensch bei Calvin*, München 1934, S. 49.

menschenfeindlichen Gegensatz, als sie nicht etwa die Berechtigung eines Verdammungsurteils gegen die angeblich korrupten Triebe, sondern die Ansicht über ihre Geschichte und ihr Ausmaß angreift.

Der Hinweis auf die Gestalt Robespierres, des orthodoxen Schülers Rousseaus, reicht hin, um den moralischen Rigorismus, der dieser sentimentalen Lehre vom Menschen einwohnt, sichtbar zu machen. Sein Begriff der Tugend stimmte mit der puritanischen Ansicht recht weitgehend überein, jenes Verdammungsurteil wurde unter seiner Herrschaft in wirklicher Verfolgung angewandt. Politische und moralische Gegnerschaft sind bei ihm nicht zu trennen. Von den traurigen Folgen epikuräischer Gedanken spricht er mit demselben Abscheu wie nur ein militanter Theologe.[11] Zwei Arten menschlichen Verhaltens gibt es nach ihm, Tugend und Laster: »Je nach der Richtung, die er seinen Leidenschaften gibt, steigt der Mensch bis zum Himmel empor oder stürzt in den schlammigen Abgrund.«[12] Diese Trennung ist ausschließlich; hier die gemeine verwerfliche Lust, gleichbedeutend mit bornierter Eigensucht: darauf laufen die Lehren des Materialismus und Atheismus hinaus; dort Vaterlandsliebe und Selbstverleugnung. Es gibt »zwei Arten von Egoismus: der eine gemein, grausam, der den Menschen von seinesgleichen abtrennt, der ein alleiniges, mit der Not des anderen erkauftes Wohlbefinden erstrebt; der andere hochherzig, wohltätig, der unser persönliches Glück in der Wohlfahrt aller aufgehen läßt, der unser Ansehen mit dem Ansehen des Vaterlandes verknüpft«.[13] Der Mensch wird unter dem Zeichen des Verhaltens verstanden, das die Gesellschaft von ihm erwartet, und dies bedeutet, daß eine triebliche Verfassung als sogenannte Tugend verkündet wird, die im Widerspruch zu den die gesellschaftliche Wirklichkeit in Wahrheit beherrschenden Grundsätzen steht. Religion, Metaphysik und moralische Deklamation erfüllten die

11 Cf. zum Beispiel die Rede über ›Die Beziehungen zwischen den religiösen und moralischen Ideen und den republikanischen Grundsätzen‹ in der Sitzung des Nationalkonvents vom 18. Floréal 1794; deutsch von W. Blochwitz, in: Maximilian Robespierre, *Habt ihr eine Revolution ohne Revolution gewollt?*, herausgegeben von Kurt Schnelle, Reclam, Leipzig o. J., S. 361 f.

12 Ibid., S. 351.

13 Ibid.

Aufgabe, den Menschen am Gegenbilde dessen zu messen, was in der zugrunde liegenden geschichtlichen Welt unter ihrer eigenen Mitwirkung notwendig aus ihm werden mußte. Die Werke einiger unbeirrbarer Schriftsteller ausgenommen, ist die Analyse des Menschen in der bürgerlichen Epoche von diesem Widerspruch gehemmt und verfälscht gewesen.

Die Notwendigkeit der idealistischen Moral ergibt sich aus der wirtschaftlichen Lage des Bürgertums. Die in steigendem Maß vor sich gehende Entfesselung des freien Wettbewerbs bedurfte, von einigen zynischen Nationalökonomen des letzten Jahrhunderts abgesehen, auch nach seinen eigenen Vorkämpfern und Verteidigern gewisser Hemmungen. Privat- und Kriminalrecht stehen dafür ein, daß dieses Kräftespiel ein, freilich labiles, Gleichgewicht erlangt und ein relativ konstantes Funktionieren der Gesellschaft gewährleisten kann. Dazu kommen die Gewohnheiten und Sitten, die ebenfalls die Konkurrenz in bestimmten Formen halten und beschränken. Aber auch soweit das liberalistische Prinzip nur durch solche juristischen und traditionellen Grenzen beschränkt wird wie in einem Teil des neunzehnten Jahrhunderts in England, bildet seine Herrschaft einen Spezialfall in der Wirtschaftsgeschichte. Vor- und nachher bedurfte es weitgehender staatlicher Maßnahmen, damit das gesellschaftliche Ganze sich in der gegebenen Form überhaupt reproduzieren konnte. Die über den Horizont des einzelnen Wirtschaftssubjektes hinausgehenden gesellschaftlichen Interessen wurden, außer von juristischen, wirtschaftspolitischen und sonstigen staatlichen Einrichtungen, von kirchlichen und privaten Organisationen sowie durch die philosophisch begründete Moral wahrgenommen. Eine ihrer Ursachen liegt somit in dem gesellschaftlichen Bedürfnis, das Konkurrenzprinzip in der von ihm beherrschten Epoche einzudämmen. Insoweit erscheint in der versittlichten Menschenbetrachtung ein rationales Prinzip in mystifizierter, idealistischer Gestalt.[14] Des weiteren versteht sich aber die Ablehnung der nicht sozial gerichteten Triebe aus der Härte der gesellschaftlichen Herrschaft. Den Armen der letzten Jahrhunderte gegenüber war es weniger notwendig, Mäßigung in der gegenseitigen Konkurrenz zu predigen.

14 Cf. dazu die Ausführungen über ›Materialismus und Moral‹ [in: *Gesammelte Schriften* Bd. 3, Frankfurt am Main 1988, S. 111 ff.].

Für sie soll die Moral Fügsamkeit, Selbstbescheidung, Disziplin und Aufopferung fürs Ganze, das heißt die Unterdrückung ihrer materiellen Ansprüche schlechthin bedeuten. Ihr Wettbewerb untereinander war, im Gegenteil, erwünscht, seine Milderung durch Zusammenschlüsse wirtschaftlicher und politischer Art wurde erschwert. Der Ausdruck ihrer materiellen Interessen, welche die Moral hier zu beschränken suchte, war nicht das private Unternehmen, sondern das gemeinsame Handeln; dieses wurde ideologisch durch die Verpönung jener Interessen bekämpft.

In der Kritik des Egoismus durchdringen sich beide Motive, das allgemein gesellschaftliche und das klassenmäßige. Der in der Moral enthaltene Gegensatz, der aus dieser doppelten Wurzel entspringt, gibt dem bürgerlichen Begriff der Tugend, wie er selbst bei fortschrittlichen Denkern und Politikern zutage tritt, seinen unbestimmten, vieldeutigen Charakter. Die Anklage des Egoismus, dem die Anthropologie die These einer edleren Menschennatur oder die einfache Brandmarkung als Bestialität entgegenstellt, trifft im Grunde nicht das Streben der Mächtigen nach Macht, das Wohlsein im Angesicht des Elends, das Aufrechterhalten überlebter und ungerechter Formen der Gesellschaft. Die philosophische Moral hat, nach dem Siege des Bürgertums, immer mehr Scharfsinn dazu aufgewandt, um in diesem Punkte unparteiisch zu sein. Der größere Teil der Menschheit sollte sich vielmehr daran gewöhnen, den eigenen Anspruch auf Glück zu meistern, den Wunsch zurückzudrängen, ebenso gut zu leben wie jener kleinere Teil, der es sich eben darum gern gefallen ließ, daß, genaugenommen, seine Existenz von diesem brauchbaren moralischen Verdikt verurteilt wurde. Diese Bedeutung der bürgerlichen Tugend als Herrschaftsmittel gewann stets größeres Gewicht. In den totalitären Staaten der Gegenwart, wo das gesamte geistige Leben ausschließlich unter dem Gesichtspunkt begriffen wird, Massen zu lenken, sind die weitergehenden und humanistischen Elemente der Moral bewußt abgestreift und die Zwecke des Individuums gegenüber allem, was jeweils die Regierung als allgemeines Ziel bezeichnet, für nichtig erklärt. Wenn auch in einigen Strömungen der Utilitätsphilosophie, besonders in der liberalistischen Nationalökonomie, das Selbstinteresse als legitime Wurzel der Handlungsweise verkündet wird, um durch gewagte Konstruktionen und offenkundige Sophismen mit dem selbstlosen, den Massen abgeforderten Verhalten versöhnt zu werden, so waren doch jene anderen Autoren verdächtig und verhaßt, die den Egoismus nicht bloß in konventionellen Schranken, rein »theoretisch« und gleichsam mit Augenzwinkern vertraten[15], sondern offen als Wesen dieser Gestalt gesellschaftlichen Seins verkündeten und zu ihm aufriefen. Die Kritik am Egoismus paßt besser in das System dieser egoistischen Wirklichkeit als seine offene Verteidigung; denn es beruht in steigendem Maß auf der Verleugnung seines Charakters; das öffentliche Gelten der Regel wäre gleichzeitig auch ihr Untergang. Sowenig das durchschnittliche Mitglied der herrschenden Schicht insgeheim andere als im engsten Sinne egoistische Motive zu erfassen vermag, so entrüstet zeigt es sich, wenn man sie vor aller Welt propagiert. Der Egoismus, der in neuester Zeit heiliggesprochen wird, der »sacro egoismo« kriegerischer Staaten, ist für das Individuum der Masse vielmehr das gerade Gegenteil des Selbstinteresses und treibt es zum Verzicht auf Wohlstand, Sicherheit und Freiheit. Er bezeichnet die aggressiven Tendenzen kleiner Gruppen der Gesellschaft und hat mit dem Glück der meisten Individuen nichts zu tun. Friedrich II. von Preußen nahm seine vorurteilslose egoistische Politik gegen Machiavelli, der sie doch im vorhinein begründet hatte, moralisch entrüstet in Schutz, und Mandevilles *Bienenfabel*, in der er unter dem Motto »private vices, public benefits« den Egoismus als Grundlage der gegenwärtigen Gesellschaft feststellt und propagiert, wurde, kennzeichnend genug, besonders widerlegt durch einen der repräsentativsten Philosophen des zur Macht gekommenen Bürgertums.[16] Mandeville selbst wußte genau, daß das offene Verkündigen des Egoismus eben jenen Personen, die ihn am stärksten verkörpern, unwillkommen ist. Von jedem unter ihnen »sollen wir glauben, daß der ihn umgebende Pomp und Luxus

15 Cf. etwa Jeremy Bentham. Sein moralisches Grundprinzip ist dermaßen unbestimmt, daß zwei deutsche Philosophen es in genau entgegengesetzte Worte fassen. Nach W. Wundt (Rede ›Über den wahrhaften Krieg‹, Flugschrift, Leipzig 1914, S. 21 f.) besteht kein Zweifel, daß Bentham lehrte: »Jeder tue, was ihm selbst nützlich ist.« Nach O. Kraus (*J. Benthams Grundsätze für ein künftiges Völkerrecht und einen dauernden Frieden*, herausgegeben von O. Kraus, Halle an der Saale 1915, S. 8) dagegen lautet es: »Jeder mache sich so nützlich als möglich.« Der in diesem Begriff des Egoismus enthaltene Widerspruch löst sich auf, wenn man auf die Gesellschaft zurückgeht, deren Klassen er in verschiedener Weise betrifft. Je nach der sozialen Situation des Individuums nimmt er mehr die eine oder die andere Bedeutung an.

16 Cf. Berkeley, *Alciphron*, 2. Dialog, §§ 4 und 5.

ihm durchaus nur eine lästige Plage und all die Herrlichkeit, in der er erscheint, eine verhaßte Bürde ist, die nun leider mal von der Höhe seiner Lebenssphäre unzertrennlich ist; daß sein über Durchschnittsmaß so hoch erhabener edler Geist weiter emporstrebt und an so niederen Genüssen keinen Gefallen finden kann; daß es sein höchster Ehrgeiz ist, das Allgemeinwohl zu fördern, sein größter Wunsch, sein Land in Blüte und einen jeden darin zufrieden zu sehen«.[17]

Was sich in der Philosophie als Verpönung von Triebregungen ausdrückt, erweist sich im wirklichen Leben als die Praxis ihrer Unterdrückung. Alle Instinkte, die sich nicht in vorgezeichneten Bahnen bewegten, jedes unbedingte Glücksverlangen wurde zugunsten »sittlichen«, auf das »Gemeinwohl« bezogenen Strebens verfolgt und zurückgedrängt; und im gleichen Maß, wie dieses Gemeinwohl den unmittelbarsten Interessen der meisten widersprach, entzog sich der Übergang psychischer Energien in sozial erlaubte Formen rationaler Begründung, bedurfte die Gesellschaft zur Domestizierung der Massen neben dem materiellen Zwang einer durch Religion und Metaphysik beherrschten Erziehung. In der ganzen bisherigen Geschichte, auch in jenen Perioden, die sich im Zusammenhang als fortschrittlich erwiesen, ist der überwältigenden Mehrheit ein Übermaß von Entbehrungen abverlangt worden. Selbstdisziplin und Verträglichkeit untereinander und gegenüber den Herrschenden wurden ihnen durch alle Mittel der Gewalt und Überredung beigebracht. Die Individuen wurden gebändigt. Im offiziellen und in ihrem eigenen oberflächlichen Bewußtsein standen sie schließlich als moralische Wesen da. Im Grunde ihrer Seele mochten zwar schlechte Triebe und Leidenschaften schlummern, aber nur schwache und verworfene Naturen fielen ihnen anheim. Die Herren selbst waren im harten Daseinskampf freilich gezwungen, rücksichtslos vorzugehen, aber das gehörte zu den bitteren Notwendigkeiten. Auf ein rechtes Exemplar der bürgerlichen Oberschicht wirkt die moralische Propaganda seiner eigenen Klasse gegenüber der Gesamtgesellschaft so zurück, daß ihm die Ausbeutung und freie Verfügung über Menschen und Dinge, seiner eigenen Ideologie nach,

17 Mandeville, *Bienenfabel*, herausgegeben von Otto Bobertag, München 1914, S. 138.

keine Freude macht, sondern als Dienst am Ganzen, als soziale Leistung, Erfüllung eines vorgezeichneten Lebenswegs erscheinen muß, damit er sich zu ihr bekennt und sie bejaht. Als Sinnbilder dieser Epoche des entfesselten Eigennutzes können jene Renaissancegemälde angesehen werden, in denen Stifter mit unbarmherzigen und verschlagenen Gesichtern als demütige Heilige unter dem Kreuze knien.

Der Kampf gegen den Egoismus reicht weiter als nur bis zu einzelnen Regungen; er betrifft das Gefühlsleben insgesamt und wendet sich letztlich gegen die unrationalisierte, das heißt ohne Rechtfertigungsgründe erstrebte freie Lust. Die Behauptung der Schädlichkeit spielt in den Argumentationen bloß beiher. Der Mensch, wie er sein soll, das Musterbild, das der bürgerlichen Anthropologie überall zugrunde liegt, hat ein bedingtes Verhältnis zum Genuß, er ist auf »höhere Werte« ausgerichtet. Im Leben des vorbildlichen Menschen nimmt die Lust, in ihrer unmittelbarsten Form als geschlechtliche und weiterhin als materielle Lust überhaupt, einen geringen Platz ein. Die Arbeit, die das Individuum für sich und andere verrichtet, geschieht um hoher Ideen willen, die mit der Lust, wenn überhaupt, nur ganz lose zusammenhängen. Pflicht, Ehre und Gemeinschaft bestimmen den wahren Menschen und machen seinen Vorzug vor dem Tier aus. Darauf, daß Lustmotive nicht entscheidend mitsprechen, wird bei allem Tun, das Anspruch auf kulturellen Wert erhebt, der höchste Nachdruck gelegt. Das bedeutet keineswegs, daß man die Freude offen und schlechthin verpönt. Im Gegenteil: an den dunkelsten Arbeitsstellen, bei den einförmigsten Verrichtungen, unter den traurigsten Existenzbedingungen, angesichts eines Lebenslaufs, der durch Entbehrung, Demütigung, Gefahren ausgezeichnet ist, ohne Aussicht auf dauernde Besserung, sollen die Menschen doch um keinen Preis niedergeschlagen sein. Je mehr die tröstende Religion an sicherem Kredit verliert, um so mehr wird der kulturelle Apparat zur Erzeugung von Freude beim gemeinen Mann verfeinert und ausgebaut. Das Wirtshaus und Volksfest der Vergangenheit sowie die sportlichen und politischen Massendarbietungen in der Gegenwart, die Pflege des gemütvollen Familienlebens sowie die modernen Vergnügungsindustrien, der heitere und der ernste Teil der Rundfunksendung, alles zielt bewußt auf zufriedene Stimmung ab. Nichts macht einen Menschen verdächtiger, als wenn es ihm an innerem Einklang mit dem Leben fehlt, wie es nun einmal ist. Die vorschriftsmäßig freudige Gemütsverfassung ist jedoch von der Richtung auf die Genüsse des Lebens, von der Heiterkeit, die aus wirklicher Befriedigung stammt, höchst verschieden. Es ist beim bürgerlichen Typus nicht so, daß von den lustvollen Augenblicken auf das ganze Leben Glück ausstrahlte und auch jene Abschnitte noch hell färbte, die an sich nicht erfreulich sind. Die Fähigkeit zu unmittelbarer Lust ist vielmehr durch die idealistische Predigt der Veredelung und Selbstverleugnung geschwächt, vergröbert, in vielen Fällen ganz verloren. Ausbleiben von Schicksalsschlägen und von Gewissenskonflikten, das heißt die relative Freiheit von äußeren und inneren Schmerzen und Ängsten, ein neutraler, oft recht trüber Zustand, in dem die Seele zwischen äußerster Betriebsamkeit und Stumpfsinn hin- und herzuschwanken pflegt, wird mit Glück verwechselt. So gut ist die Verpönung der »gemeinen« Lust gelungen, daß, wer sie sich gönnt, gemein anstatt frei, grob anstatt dankbar, blöd anstatt gescheit zu werden scheint. In der Ehe räumt die Lust vor der Pflicht das Feld, aber der soziale Stand, dem jene stets als sein Beruf zufiel, ist so herabgesunken und verächtlich gemacht, daß er mit dem Verbrechen fast auf einer Stufe steht. Aus dem Licht des kulturellen Bewußtseins ist die Lust in das traurige Refugium der spießbürgerlichen Zote und in die Prostitution verbannt. Der geschichtliche Prozeß, in dem das Individuum zum abstrakten Bewußtsein seiner selbst gelangte, hat mit der Sklaverei zwar eine Form, aber nicht den Tatbestand der Klassengesellschaft aufgehoben und somit den Menschen nicht bloß emanzipiert, sondern zugleich innerlich versklavt. In der Neuzeit wird das Herrschaftsverhältnis ökonomisch durch die scheinbare Unabhängigkeit der wirtschaftenden Subjekte, philosophisch durch den idealistischen Begriff einer absoluten Freiheit des Menschen verdeckt und durch Bändigen und Ertöten der Lustansprüche verinnerlicht. Dieser zivilisatorische Vorgang, der freilich weit über das bürgerliche Zeitalter zurückreicht, hat doch erst in ihm zur Herausbildung und Verfestigung repräsentativer Charaktertypen geführt und dem gesellschaftlichen Leben seinen Stempel aufgedrückt.

II

In den stilleren Perioden der letzten Jahrhunderte konnte es bei oberflächlichem Zusehen scheinen, daß die Menschen sich dem moralischen Idealbild der Liebe und Hilfsbereitschaft anglichen oder wenigstens begännen, ihm ähnlicher zu werden. Die antagonistische Produktionsweise, in der das Prinzip der Kälte und Feindschaft notwendig die Wirklichkeit beherrscht, weil alle sich als Konkurrenten begegnen, entfaltete gegenüber den alten Formen der Gesellschaft seine positiven Seiten: Jeder weitere Schritt der Verwirklichung, jede Ausbreitung der Konkurrenz brachte schließlich Erleichterungen, lieferte stärkere Proben dafür, daß auf Grund des neuen Prinzips eigener Entscheidungen der Wirtschaftssubjekte das gesellschaftliche Leben in Gang gehalten werden konnte. Aber diese ruhigeren Zeitläufte, die, näher besehen, freilich unruhig genug gewesen sind, wurden nicht allein von Kriegen, Hungersnöten und Wirtschaftskrisen, sondern auch von Revolutionen und Gegenrevolutionen unterbrochen, und alle diese Ereignisse liefern geschichtliches Material für den Zusammenhang zwischen Moral und Handlungsweise des bürgerlichen Menschen. Bei den Gegenrevolutionen tritt dieser Zusammenhang nicht ebenso klar hervor wie bei den Revolutionen. Die zeitweilig siegreichen Gegenschläge des Katholizismus im England des siebzehnten Jahrhunderts, die Bourbonenherrschaft nach dem Sturz Napoleons, die Niederwerfung der Commune stehen so ausschließlich unter dem Zeichen der Rache, daß der hier erörterte Widerspruch zwischen Moral und Wirklichkeit des bürgerlichen Menschen, zwischen seinem Dasein und seinem ideologischen Spiegelbild, daran nicht deutlich werden kann. In den Gegenrevolutionen triumphierten rückschrittliche Gruppen des Bürgertums gemeinsam mit Resten der Feudalität. Bezeichnend für die historischen Mechanismen, die den bürgerlichen Charakter reproduzieren, sind vielmehr Bewegungen, die, wenigstens von den fortschrittlichen Geschichtsschreibern des Bürgertums, als positiv, das heißt mit den Zielen ihrer Klasse übereinstimmend, bewertet werden. Die kleineren Aufstände dieser Art, von denen die gesamte Geschichte Europas durchsetzt ist, wie die Bürgerkriege in den italienischen Städten im sechzehnten Jahrhundert, die holländischen Sektenkämpfe im siebzehnten, die spanischen Aufstände im achtzehnten, die studentischen und sonstigen kleinen Erhebungen in Deutschland und Frankreich während der ersten Hälfte des neunzehnten Jahrhunderts erinnern daran, daß die größeren revolutionären Ereignisse jedes Landes sich von einem Hintergrund unaufhörlicher Kämpfe abheben. Die elende Lage der armen Bevölkerung bildet ihre Basis, und das Bürgertum der Städte spielte die führende Rolle. Hier soll nur auf einige geschichtliche Aktionen hingewiesen werden, an denen die eigentümliche, zu ihrer eigenen Moral in Widerspruch stehende Verfassung gesellschaftlich wichtiger Gruppen des Bürgertums besonders deutlich wird. Während im geschichtlichen Alltag, in »Handel und Wandel« der neueren Zeit, die besondere Art der in dieser Epoche wirksamen Bosheit und Grausamkeit für jene Schichten, die sie nicht gerade selbst an sich erfahren, häufig verdeckt sind, treten sie in den Perioden der gelockerten sozialen Ordnung in ihren Ursachen und Wesenszügen klar hervor. Im folgenden wird versucht, die gemeinsamen Strukturmerkmale bekannter Vorgänge der neueren Geschichte zu bezeichnen. Ist auch die Bedeutung der Ereignisse, von denen hier gesprochen werden soll, für den Fortschritt der Menschheit höchst verschieden gewesen – einige sind ganz lokal, einige mehr religiös als politisch –, so wird an diesen ausgezeichneten Stellen doch die soziale Konstellation mit ihren wichtigsten Vermittlungen erkennbar, welche sowohl die idealistische Werthierarchie, die theoretische Verwerfung des Egoismus, als auch den brutalen und grausamen Zug in der Verfassung des bürgerlichen Typus bedingt. Beides, das reale menschliche Sein und das widersprechende moralische Bewußtsein sowie ihr dynamischer Zusammenhang ergeben sich aus der gesellschaftlichen Basis. Es bedarf nun der Entwicklung einiger typischer Kategorien am historischen Material.

Seit der Episode, in der die Römer unter Führung Cola di Rienzos den damals unzeitgemäßen Versuch zur Einigung Italiens unter einer demokratisch umkleideten Diktatur unternahmen, bis zu ihrer modernen Verwirklichung auf gleichem Boden, ist das Erwachen und die Ausbreitung der bürgerlichen Lebensformen durch volkstümliche Erhebungen markiert. Bei aller Verschiedenheit ihres historischen Charakters und ihrer Funktion für den gesellschaftlichen Fortschritt zeigen sie gemeinsame sozialpsychologische Erscheinungen, die von der Gegenwart aus gesehen besonders wichtig werden. Der Aufstieg und die kurze Herrlichkeit Savonarolas in Florenz ist symptomatisch für eine ganze Reihe gleichartiger Tendenzen des Jahrhunderts. Von geistlichen Führern, die das Interesse der entstehenden individualistischen Gesellschaft verkörpern, wird der Kampf gegen den veralteten Zustand der kirchlichen Organisation aufgenommen. Als Nachfolger einer Reihe streitbarer religiöser Figuren erreichen die Reformatoren die notwendigen Änderungen auf kirchlichem Gebiet. Die englischen und französischen Revolutionen der nächsten Jahrhunderte führten die politische Form herbei, deren die Wirtschaft bedurfte. Entsprechende Tendenzen wirkten sich in Deutschland im Zusammenhang mit den Befreiungskriegen aus. In der Gegenwart wird der charakteristische Verlauf dieser bürgerlichen Bewegungen wiederholt; die Form ist jetzt grotesk verzerrt, weil die fortschrittliche Funktion, die jene vergangenen Bestrebungen erfüllten, angesichts der möglichen Beseitigung des herrschenden widerspruchsvollen Zustands der Gesellschaft heute nicht mehr mit der Aktivität des Bürgertums verbunden und an von ihm beherrschte Gruppen übergegangen ist. Wie der Schauder vor den mörderischen Praktiken chinesischer und indischer Heilkunst, die einmal produktiv gewesen war, angesichts der modernen Chirurgie sich verstärkt, und der stupide Aberglaube des eingeborenen Patienten, der diese verdammt, um jener sich auszuliefern, ein um so tieferes Grauen hervorruft, je mehr sich die Kluft zwischen beiden verbreitert und dem Blick der Allgemeinheit aufdrängt, so tragen die gegenwärtigen Bewegungen – von den Interessen der Gesamtheit, nicht von denen der nationalen Mächtegruppen her gesehen – den Stempel eines vergeblichen Fanatismus und der Lächerlichkeit an sich. Und ebenso wie jene Heilpraktiken, isoliert betrachtet, trotz dieses Wechsels dieselben geblieben sind, stimmen die sozialen Bewegungen, unerachtet des radikalen Funktionswandels, weitgehend überein.

Ihre Grundlage zeigt eine typische Struktur. Das Bürgertum der Städte hat seine besonderen wirtschaftlichen Interessen; es bedarf der Aufhebung aller Verhältnisse und Gesetze, welche seine Industrie einschränken, sei es feudaler Vorrechte, allzu schwerfälliger Verwaltungsformen oder sozialer Schutzmaßnahmen, ferner der Herstellung großer, zentral verwalteter souveräner Wirtschaftsgebiete, disziplinierter Heere, der Unterordnung des gesamten kulturellen

Lebens unter nationale Instanzen, des Verschwindens aller ihm entgegenstehenden Gewalten, einer in seinem Sinn geregelten Rechtsprechung und der Sicherheit und Raschheit des Verkehrs. Die proletarisierten Massen in Stadt und Land hatten stets weitergehende Interessen. Sosehr die soziale Ungleichheit, die an ihnen ihre Schärfe erwies, auf jenen geschichtlichen Stufen Vorbedingung des gesellschaftlichen Fortschritts war, so sehr entsprach dem elenden Zustand der Beherrschten der utopische Wunsch nach Gleichheit und Gerechtigkeit. Die Interessen des Bürgertums standen, soweit sie die Eigentumsordnung betrafen, nicht im Einklang mit denen der Massen; in dem System, welches das Bürgertum einzuführen und zu befestigen strebte, war trotz aller Fortschrittlichkeit die Kluft zwischen ihm und dem größeren Teil der Gesellschaft*, die sich immer mehr vertiefte, schon zu Anfang enthalten. Daß es sich ausbreitete, bedeutete zwar zuletzt für die Menschheit eine Verbesserung, keineswegs aber für die meisten der jeweils lebenden Menschen. Aus dem Bestreben des Bürgertums, die eigenen Forderungen nach einer vernünftigeren Verwaltung mit Hilfe verzweifelter Volksmassen gegen die Feudalmächte durchzusetzen und gleichzeitig die Herrschaft über diese Massen zu befestigen, ergibt sich die eigentümliche Form, wie in diesen Bewegungen um »das Volk« gerungen wird. Es soll einsehen, daß die nationale Neuerung auf die Dauer auch für es selbst Vorteile bringen wird. Mit dem Verschwinden der schlechten Verwaltung, unter deren Mißbräuchen es bisher gelitten hat, wird freilich keine allgemeine Sorglosigkeit anbrechen, wie es eine mißverständliche Erinnerung an die Fürsorge der Mutter Kirche manchem vorspiegeln könnte; vielmehr bedeuten die neuen Freiheiten eine stärkere Verantwortung jedes Einzelnen für sich und seine Familie, eine Verantwortung, zu der er durch erzieherische Mittel anzuhalten ist. Man muß ihm ein Gewissen machen. Indem er für die bürgerlichen Freiheiten kämpft, soll er zugleich sich selbst bekämpfen lernen. Die bürgerliche Revolution führte die Massen nicht in den dauerhaften Zustand einer freudvollen Existenz und allgemeinen Gleichheit, nach der sie verlangten, sondern in die harte Realität der individualistischen Gesellschaft.

Diese historische Situation bestimmt das Wesen des bürgerlichen

[* »Gesellschaft« / 1936: »Gesellschaftsordnung«.]

Führers. Während seine Handlungen unmittelbar den Interessen besonderer Gruppen von Besitzenden entsprechen, klingt in seinem Auftreten und Pathos überall das Elend der Massen hindurch. Da er diesen keineswegs die wirkliche Befriedigung ihrer Bedürfnisse zu bieten vermag, sie vielmehr für eine Politik zu gewinnen sucht, die in wechselndem Verhältnis zu ihren eigenen Belangen steht, vermag er auch seine Gefolgschaft nur zum Teil durch rationale Übereinstimmung mit seinen Zielen an sich zu fesseln, und der gefühlsmäßige Glaube an seinen Genius, die bloße Begeisterung, muß mindestens so stark sein wie die Vernunft. Je weniger die Politik des bürgerlichen Führers mit den unmittelbaren Interessen der Massen zusammenfällt, desto ausschließlicher muß seine Größe das öffentliche Bewußtsein erfüllen, desto mehr muß sein Charakter zur »Persönlichkeit« gesteigert werden. Formale Größe, Größe ungeachtet ihres Inhalts, ist überhaupt der Fetisch der modernen Geschichtsauffassung. Das mit asketischer Strenge zusammengehende Pathos der Gerechtigkeit, die Forderung allgemeinen Glücks neben der Feindschaft gegen Sorglosigkeit und Genuß, die Gerechtigkeit, die in gleicher Liebe arm und reich umfängt, das Schwanken zwischen der Parteinahme für oben und für unten, der rhetorische Trotz gegen die Nutznießer der eigenen Politik und die realen Schläge gegen die Massen, die ihr zum Sieg verhelfen sollen – alle diese Eigentümlichkeiten des Führers ergeben sich aus seiner historischen Funktion in der bürgerlichen Welt.

In seiner Rolle, welche durch die Spannung zwischen den Interessen der entscheidenden Gruppen und der Massen bestimmt wird, gründen besondere historische Phänomene. Soweit der Führer die Massen nicht unmittelbar selbst beeinflussen kann, benötigt er Unterführer. Mangels einer eindeutigen Interessenkonstellation genügen nur selten die Argumente für sich allein, es bedarf vielmehr der stets erneuerten gefühlsmäßigen Bindung. Das psychologische Moment im Verhältnis von Führer und Geführten wird bei diesen Erhebungen ausschlaggebend. Die Unterführer müssen ihrerseits in Liebe an der Person des höchsten Führers hängen; denn die Unbestimmtheit der Zielsetzung, die aus den divergierenden Interessen folgt, reicht bis in das Bewußtsein des Führers hinein und läßt inhaltliche politische Prinzipien, an welche sich die Unterführer halten könnten, nur in beschränktem Maße zu. Im Verlauf dieser Bewegungen nehmen daher persönliche Freundschaften und Rivalitäten eine hervorragende Stelle ein; wichtige Gegensätze sozialer Gruppen verbergen sich, selbst vor ihren eigenen Repräsentanten, hinter der Empörung über die persönliche Verwerflichkeit konkurrierender Führer und ihres Anhangs. Auch die eminente Bedeutung von Symbolen, sowohl Zeremonien und Trachten als auch vieldeutigen großen Worten, die ähnliche Heiligkeit erlangen wie Fahnen und Wappenschilder, ergibt sich aus der Notwendigkeit einer irrationalen Bindung der Massen an eine Politik, die nicht ihre eigene ist. Sosehr die Aufklärung und intellektuelle Erziehung der Massen, besonders in den Zeiten des aufstrebenden Bürgertums, zur Befreiung der Gesellschaft aus den überlebten feudalen Formen gehört, so sehr entspricht andererseits das Bestreben, einen Bestand von Idolen, sei es in Gestalt von »Persönlichkeiten«, Dingen oder Begriffen aufzurichten, der Notwendigkeit, die Massen dauernd mit den Tendenzen bestimmter Gruppen der Gesellschaft zu versöhnen. Je mehr sich die Sonderinteressen dieser Gruppen verfestigen und zu einer möglichen vernünftigeren Gestalt der Gesellschaft in Widerspruch treten, desto stärker wird das öffentliche Bewußtsein nach der irrationalistischen Seite hin beeinflußt, eine desto geringere Rolle spielt die Hebung des theoretischen Niveaus der Allgemeinheit. Während etwa der Begriff der Nation zur Zeit der Französischen Revolution und der anschließenden napoleonischen Kriege angesichts der allgemeinen Interessenlage eine weitgehende Durchleuchtung nicht zu scheuen hatte, gewann eine solche im folgenden Jahrhundert mit den sich verschärfenden inneren Gegensätzen einen immer kritischeren Charakter; deshalb ist auch eine weitgehende Tabuierung dieser Kategorie eingetreten. Schon die frühbürgerlichen Bewegungen zeigen ein schwankendes Verhältnis und oft eine starke Abneigung gegen Geist und Vernunft; erst in der späteren Geschichte gewinnt freilich dieses anti-humanistische, den erreichten intellektuellen Stand herabdrückende, barbarisierende Moment eindeutig das Übergewicht.

Die oben erwähnten Erhebungen der neueren Zeit lassen die angedeuteten Strukturähnlichkeiten sogleich erkennen. Daß die Herrschaft Rienzos der Zeit entsprechende bürgerliche Forderungen erhob, liegt zutage. Sein moderner Biograph erinnert ausdrücklich daran, daß sein Tribunat von den Gedanken der Völkerversöhnung und des Weltfriedens erfüllt gewesen sei, wie sie sich für uns an die Namen Leibniz, Rousseau, Kant, Lessing und Schiller knüpften.[18] Freiheit, Friede und Gerechtigkeit waren seine Schlagworte.[19] Seine Ernennung zum päpstlichen Rektor war ein Akt gegen das feudale Regiment der römischen Barone[20], und seine gesamte Wirksamkeit ist vom Kampf gegen diese »Tyrannen« und für die nationale römisch-italienische Idee erfüllt. »...denn ohne Parteilichkeit werde ich fortfahren, zu handeln, wie ich es in meinem ganzen Leben getan habe; ich arbeite für den Frieden und den Wohlstand des gesamten Tuskiens und Italiens.«[21] Daß der öffentliche Notar Rienzo wesentlich mit Unterstützung besitzender Schichten in Rom zur Herrschaft kam, daran besteht kein Zweifel. Gregorovius schildert, wie an der von ihm geleiteten Verschwörung »Bürger vom zweiten Stande, zumal auch wohlhabende Kaufleute, eifrig teilnahmen«[22]. »Die von ihm aufgestellte Garde bildeten 390 Cavalerotti, prächtig gerüstete Bürger zu Roß, und eine Fußmiliz von 13 Fahnen zu je 100 Mann.«[23] Die »Klasse der Cavalerotti, das heißt der reichen Bürger aus alten Popolanenhäusern« stellte nach Gregorovius[24] die bürgerliche Oberschicht, einen »neuen Adel« dar, der in Rom, zusammen mit den übrigen bürgerlichen Gruppen, den Handwerkern und Ackerbauern, den Kampf gegen den alten Adel aufnahm. Strenge Justiz gegen die Störer der öffentlichen Ordnung, Aufstellung eines Volksheeres, einheitliche Regelung der Pensionen und Unterstützungen, staatliche Kontrolle der Zölle, Sicherung der Kaufleute und des gesamten Verkehrs, zentrale Verwaltung und ähnliches waren Gegenstände der ersten Dekrete Rienzos. Er hat von Anfang an erklärt, daß er »aus Liebe zum Papst und für die Rettung des Volkes sein Leben zu opfern bereit sei«[25]. Zum Papst blickte die römische Bürgerschaft als zu dem Repräsentanten einer zentralistischen

18 K. Burdach, *Briefwechsel des Cola di Rienzo*, Teil I, Berlin 1913–1928, S. 448.
19 Cf. ibid., S. 445.
20 Cf. ibid., S. 163.
21 Ibid., Band II, Teil III, S. 222: »nam sine parcialitate, dum vixero, perdurabo; pro pace et statu totius Tuscie et Italie laboro.«
22 Gregorovius, *Geschichte der Stadt Rom im Mittelalter*, Neue Ausgabe, Band II, Dresden 1926, S. 312.
23 Ibid., S. 319.
24 Ibid., S. 314.
25 Ibid., S. 316.

Gegeninstanz gegen die Willkür der Aristokraten empor, und die Papstmacht hat auch nach dem Fall Rienzos in den nächsten Jahrhunderten jene Forderungen, wenn auch mit höchst wechselndem Erfolg, zu verwirklichen gesucht. Nicht lange nach dem Sturz Rienzos berieten Kaiser und Papst in Avignon über die Reinigung Frankreichs und Italiens von den Räubern und Freibeuterkompanien, die das Land durchzogen und Handel und Verkehr bedrohten. Derselbe Kardinal (Albornoz), der Cola vor Jahren aus dem Exil nach Rom zurückführte, wurde beauftragt, die feudalen Kapitäne zu überreden, sich aus Italien zu entfernen und gegen die Türken zu ziehen.[26]

Die Beziehung Colas zu den Besitzenden ist klar; er vertritt unmittelbar ihre Interessen. Sein widerspruchsvolles Verhältnis zu den Massen tritt bei seinem Sturz hervor. Der Volksaufruhr, dem er zum Opfer fällt, war gewiß von feindlichen Aristokratengeschlechtern geschürt. Den sachlichen Grund bildeten aber »Rienzos drückende Steuern und skrupellose Finanzmaßregeln«[27]. Für die Dienste, die Rienzo dem Papst und den römischen Bürgern leistete, benötigte er nicht wenig Geld, und es wurde ihm schwer, es sich zu beschaffen. Als ihn nach seiner Verbannung römische Bürger einluden, nach Rom zurückzukehren und dort die Herrschaft wieder auszuüben, hatte Rienzo sie gebeten, ihm Geldmittel zur Verfügung zu stellen. »Die reichen Kaufleute weigerten sich dessen«[28], und ihr »Tribun« mußte zusehen, es auf andere Weise aufzutreiben. Seine für ihre Interessen ausgeübte Herrschaft wurde immer eindeutiger zur allgemeinen Unterdrückung. Die Praktiken, auf die er angewiesen war, haben seine Diktatur verhaßt gemacht. Der Verrat an Monreale, den er hinrichten ließ, hatte finanzielle Hintergründe und wurde allgemein so aufgefaßt. Mit dem Geld des Bandenführers mußte der heraufgekommene Plebejer seine Milizen entlohnen.[29] Der Papst und die Bürgerschaft hatten den Nutzen davon, Rienzo aber traf die allgemeine Verachtung. In steigendem Maß wurde er zum Tyrannen. Neben der »gewaltsamen finanziellen Ausbeutung

26 Cf. ibid., S. 411.
27 Burdach, ibid., Band I, S. 161.
28 Gregorovius, ibid., S. 376.
29 Ibid., S. 380.

reicher und mächtiger Personen«[30] war er auf alle möglichen Methoden der Finanzierung angewiesen. Die Zwangssteuer auf die Verbrauchsartikel, die er nunmehr erhob, während er früher Verbrauchssteuern beschränkte, die Annahme von Geldern für das Freilassen von Gefangenen, terroristische Akte verschiedener Art zwangen ihn zu immer umfangreicheren Schutzmaßnahmen für sein eigenes Leben. »Tod dem Verräter, der die Steuern eingeführt hat!« war der Ruf, unter dem das Volk aufs Kapitol zog, um ihn zu ermorden.[31] Die Notwendigkeit, sich den reichen Bürgern zu empfehlen und ihrem erklärten, freilich fern in Avignon weilenden Schutzherrn, dem Papst, mehr oder minder zweideutige Versicherungen der Ergebenheit und Loyalität abzustatten[32], hieß zugleich, die Massen dem bürgerlichen Regiment zu unterwerfen, und so hat seine Herrschaft, trotz ihrer großen und fortschrittlichen Ideen, mehr und mehr einen zugleich finsteren und lakaienhaften Charakter gewonnen. Die ambivalenten Gefühle der Massen für solche Führer, denen sie zunächst begeistert zu folgen pflegten, haben sich in der späteren Geschichte immer wieder gezeigt. Besonders in Situationen, in denen die vom Führer verfolgten bürgerlichen Ziele über das angesichts der gesellschaftlichen Kräfte im Augenblick Erreichbare entschieden hinausgingen, war es ein leichtes, die nicht durch Erkenntnis, sondern weitgehend nur gefühlsmäßig an den Führer gebundenen Massen von ihm zu trennen. Sofern überhaupt Mißerfolg eindeutig ruchbar wurde, was der diktatoriale Apparat freilich äußerst erschwert, konnte er rasch den Zauber brechen, der an die siegreiche, ins Übermenschliche aufgespreizte Person geknüpft war. Das Verhalten der Massen bei dem Fall Rienzos, Savonarolas, der Brüder de Witt, Robespierres und vieler anderer vergötterter Volksmänner gehört selbst zu der historisch wirksamen Grausamkeit, von der hier die Rede ist.

Die Wichtigkeit der Symbole tritt bei dieser frühen bürgerlichen Erhebung des Rienzo in helles Licht. Das Gewicht, das er seinem eigenen Anzug und Aufzug beimaß, ist bezeichnend. »Als er am Fest St. Peter und Paul zum Dome zog, saß er auf hohem Streitroß,

30 Burdach, ibid., S. 105.
31 Gregorovius, ibid., S. 381.
32 Cf. Burdach, ibid., S. 451.

in grün-gelbem Sammetgewand, einen Zepter von blitzendem Stahl in der Hand, von fünfzig Speertragenden umgeben; ein Römer hielt die Fahne mit seinem Wappen über seinem Haupte; ein anderer trug das Schwert der Gerechtigkeit vor ihm her; ein Ritter streute Geld unter das Volk, während ein feierlicher Zug von Cavalerotti und Beamten des Kapitols, von Popolanen und Edeln vorausging oder nachfolgte, Trompeter aus silbernen Tuben bliesen und Musikanten silberne Handpauken ertönen ließen. Auf den Stufen des St. Peter begrüßten den Diktator Roms die Domherren sogar mit dem Gesange ›Veni Creator Spiritus‹.«[33] Im Anschluß an die erste Biographie berichten die späteren Schilderungen, wie er nach seinem Feldzug gegen die Barone nach Rom zurückkehrt, um dort dem päpstlichen Legaten zu begegnen. Er »ritt mit seiner Begleitung nach St. Peter, holte sich dort aus der Sakristei die kostbare, mit Perlen verzierte Dalmatica, in welcher die deutschen Kaiser gekrönt wurden, und zog sie über seine Rüstung. So, gleichzeitig die silberne Krone des Tribunen auf dem Haupte, das Zepter in der Hand, begab er sich, unter dem Schmettern der Trompeten, wie ein Cäsar in den päpstlichen Palast, trat, halb einen fürchterlichen, halb einen phantastischen Anblick bietend, vor den erstaunten Legaten und brachte diesen mit grimmigen, kurzen Fragen in Schrecken und zum Verstummen.«[34] Der Papst schrieb empört über die heidnischen Neigungen Rienzos an den Kaiser. »Nicht zufrieden mit dem Amt eines Rektors, maßt er sich, frech und unverschämt, verschiedene Titel an... Im Gegensatz zu den Sitten der christlichen Religion und im Einklang mit heidnischen Gepflogenheiten hat er verschiedene Kronen und Diademe getragen und es unternommen, närrische und widerrechtliche Gesetze nach Art der Cäsaren zu verkünden.«[35] Die Zeremonie vom 1. August 1347, bei der er sich zur Ritterwürde erheben ließ und dabei vor vielen Würdenträgern und in Anwesenheit des päpstlichen Vikars in der antiken Badewanne des Kaisers Konstantin sich von jeder Sünde reinigte, geht gewiß auf

33 Gregorovius, ibid., S. 321–333.

34 Burdach, ibid., S. 449.

35 Ibid., Band II, Teil IV, S. 112f.: »... non contentus officio Rectoris, uarios titulos impudenter et temere usurpauit... christiane religionis mores abiciens ac priscos gentilium ritus amplectens, uarias coronas laureasque suscepit ac fatuas et sine lege leges more Cesarum promulgare temptauit...«; cf. ibid., Band I, S. 31.

mittelalterliche Sitten zurück. Cola trat jedoch andererseits als Volksmann auf, schaffte in demokratischem Bestreben den Gebrauch des Titels Don und Dominus ab, den er dem Papste vorbehielt, verbot aristokratische Wappen an den Häusern und dergleichen mehr.[36] Der ungeheure Nachdruck, den er auf die Symbolik legte, sofern sie mit seiner eigenen Person zusammenhing, läßt sich daher nicht aus bloßer Tradition erklären. Er gründete in der Notwendigkeit, sich selbst zur neuen, gefühlsmäßig anerkannten Autorität zu machen. Des weiteren gehört das Überreichen von Fahnen an Abordnungen zum Wesen des Führers. »Am 2. August feierte Cola das Einheitsfest Italiens oder die Verbrüderung der Städte auf dem Kapitol. Er übergab deren Boten große und kleine Fahnen mit Sinnbildern und steckte ihnen zum Zeichen der Vermählung mit Rom goldene Ringe an die Finger.«[37]

Mit der Symbolik hängt das Bestreben zusammen, alte Gebräuche wieder einzuführen und überhaupt den Glanz der Vorzeit aufzupolieren. Wie sehr diese Führer auch den Namen des Revolutionärs und Neuerers für sich in Anspruch nehmen, so entspricht es ihnen doch nicht, sich gegen das Bestehende zu empören und den Verhältnissen abzuringen, was für das Glück der Menschen im historischen Augenblick nur irgend möglich ist. Sie erleben sich selbst als Vollstrecker einer höheren, längst existierenden Macht, und das Bild, das sie im Geiste führen, trägt mehr die Züge der Vergangenheit als die einer besseren Zukunft. Die psychische Struktur, die diesem Verhalten bei Führern und Geführten zugrunde liegt, hat Fromm[38] ausführlich dargelegt. »Im Namen Gottes, des Vergangenen, des Naturlaufs, der Pflicht, ist (diesem Charaktertyp) Aktivität möglich, nicht im Namen des Ungeborenen, Zukünftigen, noch Ohnmächtigen oder des Glücks schlechthin. Aus der Anlehnung an die höheren Gewalten zieht der autoritäre Charakter seine Kraft zu aktivem Handeln.« Die Massen, an die sich jene Führer vornehmlich zu wenden hatten, befanden sich bei ihrer elenden Lage und da sie keinem rationalen Arbeitsprozeß

36 Cf. Gregorovius, ibid., S. 320.
37 Ibid., S. 332.
38 *Studien über Autorität und Familie*, Schriften des Instituts für Sozialforschung, Band V, Paris 1936, S. 120ff.

eingegliedert waren, stets in einem unentwickelten, zugleich autoritären und rebellischen psychischen Zustand[39] und besaßen kaum die Spuren eines selbständigen Klassenbewußtseins.[40] Bei aller Auflehnung gegen herrschende Verhältnisse, zu welcher der Führer das Volk zu überreden suchte, konnte ihn nicht die Absicht leiten, die Disposition dieser Massen zur inneren Abhängigkeit, ihre blinde Gläubigkeit an Autoritäten zu zerstören. Mit der Kritik einzelner zu stürzender Autoritäten verbindet die Führerpropaganda keine Tendenz zu unbeschränkter Vernünftigkeit. Waren die Massen mit Hilfe irrationaler Bindungen im alten System zusammengefaßt, so tritt jetzt nicht unmittelbar eine Gesellschaft an seine Stelle, die sich tatsächlich durch die Wirksamkeit des allgemeinen Interesses zu behaupten vermag, wie die bürgerliche Ideologie es freilich vorgibt. Je mehr geltende Autoritäten bei der Ausbreitung der Freiheit gestürzt oder wenigstens angegriffen werden, um so stärker macht sich das Bedürfnis geltend, die Autorität der neuen Herrschaft durch Rückgang auf dahinterliegende, durch ihr Alter der gegenwärtigen Unzufriedenheit entrückte Mächte zu verklären. Die Lebenden »beschwören... ängstlich die Geister der Vergangenheit zu ihrem Dienste herauf, entlehnen ihnen Namen, Schlachtparole, Kostüm, um in dieser altehrwürdigen Verkleidung und mit dieser erborgten Sprache die neue Weltgeschichtsszene aufzuführen«[41].

Cola hatte sich früh an der Vorstellung der alten Römer begeistert. Es wird geschildert, wie, lange vor seiner Machtergreifung, um seinen Mund »ein phantastisches Lächeln zu spielen pflegte, wenn er antike Statuen oder Reliefs erklärte oder Inschriften von Marmortafeln las, mit denen Rom überstreut war«[42]. Später rechtfertigte er sich gegenüber dem Papst mit der Frage, was es dem Glauben schaden könne, wenn er die römischen Titel zusammen mit den antiken

39 Über die Identität des autoritären und rebellischen Charakters cf. Fromm, ibid., S. 131.

40 Ein Dokument zu den Anfängen dieses sozialen Selbstbewußtseins kurz nach der Zeit Colas bildet die bekannte Rede des Arbeiters bei dem von Machiavelli in der Florentiner Geschichte berichteten Aufstand in Florenz (Machiavelli, ibid., Band IV, S. 175ff.).

41 Karl Marx, *Der achtzehnte Brumaire des Louis Bonaparte*, Wien und Berlin 1927, S. 21.

42 Gregorovius, ibid., S. 308.

Riten erneuert habe.[43] Seine Wahl der Festtage schließt an alte Daten und Feiern an, sein ganzes Auftreten steht unter dem Gedanken der Wiederherstellung des römischen Imperiums. Er spricht vom »heiligen Boden Roms«[44] und sucht seine gesamte Wirksamkeit gleichsam unter den Schutz des erhabenen Altertums seiner Nation zu stellen. Indem er seine Person auf diese Weise mit der Weihe eines Vollstreckers uralter geschichtlicher Mächte umgibt, stellt er sich zudem noch in den Schutz einer starken gegenwärtigen Gewalt. »Er fühlt sich als Vollstrecker, Erneuerer, Vertiefer, Fortbildner der imperialen Tendenzen Bonifaz VIII., und dabei will er doch – so schreibt er Clemens VI. – nur ein Diener und Helfer des Papstes sein und erklärt sich bereit, auf dessen Wunsch sofort zurückzutreten.«[45] Cola hat stets seine Loyalität dem Papst gegenüber beteuert und ist in seinem Namen aufgetreten. Selbstverständlich sieht er sich, außer von diesen alten und gegenwärtigen Mächten, auch noch unmittelbar von Gott beauftragt. »Er glaubt, Gott habe durch seine Berufung das Volk von Rom aus dem Dunkel der Knechtschaft der Tyrannen, d. h. der Barone, ins Licht der Freiheit, des Friedens, der Gerechtigkeit geleitet und Rom, die domina gentium, sanctissima urbium... von dem Tribut erlöst, sie aus einer Räuberhöhle in ihr ursprüngliches Wesen umgewandelt (reformata).«[46] »Das Volk sah in ihm einen von Gott auserwählten Menschen.«[47] Wenn auch er und seinesgleichen den Massen das Schauspiel der Freiheitsbewegung zu bieten suchen, so nehmen sie gleichzeitig das Pathos unverbrüchlichen Gehorsams gegen höhere Wesenheiten an und bieten damit ein Beispiel einer Ergebenheit, die sich in der Treue ihrer Gefolgschaft zu ihnen selbst und zu den bürgerlichen Lebensformen wiederholen soll. Sosehr die ganze Welt in Furcht vor ihnen zu erzittern hat, so sehr tragen sie doch das Bild der Furcht vor anderen noch höheren und höchsten Wesen zur Schau. In ihrer Psychologie macht sich ihre Rolle in der Gesellschaft geltend: sie verteidigen die besitzenden Schichten sowohl gegen alte, hemmende Privilegien, die auf der Gesamtgesellschaft lasteten,

43 Cf. Burdach, ibid., Band I, S. 454; und Band II, Teil III, S. 164.
44 Cf. ibid., Band I, S. 475 und 479.
45 Ibid., Band I, S. 451.
46 Ibid., S. 450.
47 Gregorovius, ibid., S. 321.

als auch gegen die Ansprüche der Unterklasse im eigenen System. Ihr Freiheitsdrang ist somit abstrakt und relativ. Die Abhängigkeit wird nur geändert, nicht abgeschafft. Unbehinderter und reiner als bei den Führern kommt das fortschrittliche Moment bei den Schriftstellern zum Ausdruck, welche die geistige Atmosphäre der Zeit kennzeichnen. In der Philosophie und Dichtung spiegeln sich neben der Kritik am Bestehenden auch die weitergehenden, auf eine Gesellschaft ohne Unterdrückung gerichteten Wünsche der Menschheit; in den zwiespältigen, mit Idolen durchsetzten Reden jener Politiker tritt die Härte der bürgerlichen Ordnung hervor.

Savonarola vertrat in dem von ihm entfesselten Aufstand ebenfalls bürgerliche Forderungen, die ihn zu den Massen in ein widerspruchsvolles Verhältnis brachten. Gerechte Verwaltung, unbestechliche Beamtenschaft, politische Klugheit, Wahrung des Amtsgeheimnisses, Bestrafung nationaler Unzuverlässigkeit, vor allem Reform der Rechtspflege und überhaupt gewissenhafte Erfüllung der staatsbürgerlichen Pflichten[48] waren Forderungen, die den typisch* bürgerlichen Politiker erkennen lassen. Sein Vorschlag zur Verfassung von Florenz, den er selbst ausdrücklich nicht bloß als Wiederholung von Einflüsterungen, sondern als Ergebnis seiner eigenen Überzeugung bezeichnete, ist nach dem Vorbild der venetianischen Republik entworfen.[49] Der eigentliche Feind, gegen den die politischen Neuerungen, die er befürwortete, sich richteten, waren die großen Adelsfamilien mit ihren Privilegien, vor allem die Medicis, die fürstliche Vorrechte erlangt hatten und zu den unter ihrer eigenen Herrschaft erstarkenden Mittelschichten in Gegensatz getreten waren. In Florenz war nicht, wie in Venedig, eine alte Aristokratie mit festgefügter Verwaltung in relativ kontinuierlicher Entwicklung zur Handelsoligarchie geworden, hier strebten vielmehr einzelne, durch die Expansion des Waren- und Geldverkehrs rasch emporgekommene Häuser nach der Alleinherrschaft. Das Eintreten für die Mehrzahl der aufstrebenden Bürger und Handwerker be-

[* »typisch« / 1936: »echten«.]

48 Cf. J. Schnitzer, *Savonarola,* Band I, München 1924, S. 227.

49 Cf. K. Kretschmayr, *Geschichte von Venedig,* Band II, Gotha 1920, S. 130f.; ferner J. Schnitzer, ibid., Band I, S. 210.

deutete einen Kampf mit den adligen Familien, der viele kleinbürgerliche Züge trug. Ähnlich wie etwa 150 Jahre früher Cola gegen die Barone geeifert hatte, wandte sich auch Savonarola gegen die »Tyrannen«. Sein Traktat über Verfassung und Regierung von Florenz[50] hat zwar vornehmlich religiöse Reformen zum Ziel. Der Haß jedoch, mit dem gegen den Feudaladel und sein System gesprochen wird, erinnert an den drastischen Stil Rienzos bei solchen Gelegenheiten, ja, sogar an die Publizistik* der Französischen Revolution.

Wie bei den entscheidenden Auseinandersetzungen über eine oligarchische oder demokratische Regierungsform Savonarola vor Versammlungen von 13000 bis 14000 Menschen[51] für die Volksherrschaft eintrat, so hat er zeit seines Lebens für ein geordnetes bürgerliches Regiment gekämpft. Ähnlich wie Cola war es auch ihm besonders darum zu tun, daß die Armen, die Witwen und Waisen Unterstützung erhalten sollten, freilich nur, soweit sie nicht arbeiten konnten. »Wer sich unterstützen läßt, obschon er für seinen Lebensunterhalt selbst zu sorgen vermag, der stiehlt den Armen das Brot weg und ist zu Rückerstattung alles dessen verpflichtet, was er über sein Bedürfnis hinaus empfing. Endlich müssen sich die Armen der ihnen erwiesenen Wohltaten durch einen ehrbaren Wandel würdig erweisen, sonst sind sie das Wasser nicht wert, das sie trinken.«[52] Gegen die Feudalität und für bürgerliche Freiheiten ist Savonarola eingetreten. Für das Volk hat er gesprochen. Den Gegensatz zwischen den bevorrechtigten bürgerlichen Gruppen und den unteren Schichten hat er zugleich aufrechterhalten und verwischt. Unruhen waren ihm aufs tiefste verhaßt. »Wie für die Kleinen und Geringen, so erflehte Savonarola Barmherzigkeit auch für die Großen und Vornehmen. Kaum war er aus Pisa zurückgekehrt, so war das erste Wort, das er den nach Rache an den Anhängern der gestürzten Regierung Fiebernden zurief, die Friedensmahnung: Misericordia. Und diese Mahnung wiederholte er in der nächsten Zeit unermüdlich.« Auf die Frage des Volks, ob man die Übeltäter nicht bestrafen

[* »die Publizistik« / 1936: »das Schrifttum«.]

50 *Trattato chirca il reggimento e governo della chittà di Firenze.*

51 Cf. R. Roeder, *Savonarola,* New York 1930, S. 131.

52 Schnitzer, ibid., S. 199.

müsse, erklärte er: »Wollte Gott nach der Gerechtigkeit, nach der ihr schreit, mit euch verfahren, keine zehn von euch allen blieben verschont. Fragst du mich aber: Gut, Mönch, wie verstehst du denn diesen Frieden?, so entgegne ich dir: gib allen Haß und Groll auf und vergiß und verzeih alles, was hinter der jüngsten Staatsumwälzung liegt: wer sich aber von nun an gegen das Staatswesen verfehlt, der soll bestraft werden.«[53] In der von ihm beeinflußten Verfassung selbst fand die doppelte Front des Bürgertums einen klaren Ausdruck: »Die niederen Klassen, die den Zünften nicht angehörten, hatten an der Regierungsgewalt so wenig Anteil wie die adligen Geschlechter...«[54] Die Mitgliedschaft im großen Rat war nach Alter und sozialer Stellung begrenzt. Bei der Besteuerung »waren es gerade die adligen, in den Zünften nicht vertretenen Großgrundbesitzer, die... am schwersten betroffen wurden, nicht minder aber die untersten Kreise, da durch solche Steuern die notwendigsten Lebensmittel wie Getreide, Öl und Wein, erheblich verteuert wurden.«[55]

Der Unterschied in der Bestimmtheit der Sprache Savonarolas und Rienzos ergibt sich zum großen Teil aus dem viel entwickelteren gesellschaftlichen Zustand, dem die Wirksamkeit des Dominikaners entsprach. Die Florentiner Bürger hatten zwar gegenüber dem Papst keineswegs das Selbstbewußtsein ihres Vorbilds Venedig erreicht, doch verkörperte der Hof Alexander Borgias so sehr alle ihren Interessen zuwiderlaufenden Züge der damaligen kirchlichen Hierarchie, daß Savonarola es eine Zeitlang wagen durfte, nicht bloß in Zweideutigkeiten, sondern in offenen Gegensatz zu Borgia zu treten.[56] Wenn man es auch nicht gerade auf einen Bruch mit dem Papst ankommen lassen konnte, weil kirchliche Zensuren dem Handel der Stadt ernsthaften Schaden zugefügt hätten, so war doch die Feindschaft zwischen der verkommenen höheren und niederen Geistlichkeit mitsamt ihrer damaligen Spitze und der Florentiner Bürgerschaft offenbar und

53 Ibid., S. 204 f.
54 Ibid., S. 212.
55 Ibid., S. 213 f.
56 Die Bewunderung Machiavellis für Cesare [Borgia], der in mancher Hinsicht selbst die Züge eines Diktators der bürgerlichen Epoche trägt, galt vornehmlich seinen nationalpolitischen Zielen und nicht etwa dem Zustand der Hierarchie.

gegenseitig.[57] Savonarola berief sich dabei zwar nicht auf den gegenwärtigen Papst, aber auf das echte Papsttum, die echte Kirche und auf Christus selbst. Alexander hielt er für ungläubig, ja, nicht einmal für einen Christen. Gleichwohl konnte er nicht darauf verzichten, sein Auftreten durch Berufung auf diese anerkannteste Macht der Zeit abzusichern. Stets hat er sich als Abgesandten höherer Mächte gefühlt.

Wenn auch Savonarola klarer und nüchterner erscheint als Rienzo, so betrachtete er sich doch als Propheten, zumindest als einen mit überirdischer Intuition begabten Menschen. Wie für eine Reihe von mystischen Heiligen und Stiftern »war die mystische Gottesliebe auch für den Frate die hohe Schule des Apostolats und jener heißen Liebe zur Kirche, der mystischen Heilandsbraut, die ihn mit dem heiligen Freimute beseelte, die pflichtvergessenen Hirten, die ihre Herde den reißenden Wölfen überantworteten, mit rücksichtsloser Strenge zurechtzuweisen. Der Mystiker Savonarola war der Vater des Propheten Savonarola.«[58] Die in der Schrift vom Triumph des Kreuzes ausgeführte Schilderung des von Aposteln und Predigern gezogenen Triumphwagens, auf dem Christus mit Dornenkrone und Wundmalen thront, die Heilige Schrift in der Rechten und die Marterwerkzeuge in der Linken, Kelch, Hostie nebst anderen Kultgegenständen zu seinen Füßen, dieses mit Enthusiasmus vorgetragene Bild[59] erinnert an Colas phantastische Träume und Allegorien. In der gegen Savonarola gerichteten Anklage wurde ihm vorgeworfen, daß er, um sich groß zu machen, von seiner Paradiesfahrt gesprochen habe, und zweifellos hatte er den Glauben an die magische Kraft seiner Person geschürt. Kurz vor seinem Fall hatte er »im Angesicht einer zahllosen Volksmenge den in der Hostie, die er in Händen hielt, gegenwärtigen Erlöser beschworen, Feuer vom Himmel zu senden und ihn vom Erdboden zu vertilgen, wenn er nicht in voller Wahrheit wandle. Nie hatte er einen Zweifel daran übriggelassen, daß Gott die Rechtmäßigkeit seiner prophetischen Sendung, wenn nötig, auch durch übernatürliche Mittel beweisen werde.« Er drohte seinem Gegner: »Du hast mich noch nicht zum Wunder ge-

57 Cf. Schnitzer, ibid., S. 324 ff.
58 Ibid., Band II, S. 630.
59 Cf. ibid., Band I, S. 465.

zwungen; wenn ich aber dazu genötigt bin, dann wird Gott seine Hand erweitern, soweit es seine Ehre erfordert, obgleich du bereits so viele Wunder gesehen hast, daß du keines anderen Wunders bedarfst.«[60] Ob er freilich mehr auf das Drängen seiner Anhänger oder aus Überzeugung die Feuerprobe annahm, mit deren Mißglücken sein Ende begann, ist unbestimmt. Die Aufspreizung seiner Person durch die nächsten Anhänger und durch seine eigenen Reden war ein unentbehrliches Mittel seiner Wirksamkeit auf die Massen. In der Geschichtsschreibung ist diese Aufspreizung der Person des mönchischen Volkstribunen, die ein Hauptmittel seiner Politik gewesen ist, wiederholt bemerkt worden. »Ich finde, wo von Savonarola die Rede ist«, schreibt H. Grimm[61], »seinen Untergang zu sehr als das Resultat der Bemühungen seiner Feinde und des päpstlichen Zorns dargestellt. Die zwingendste Ursache seines Falles war das Erlöschen seiner persönlichen Gewalt. Das Volk ermüdete. Er mußte stärker auf die Geister einwirken. Es gelang eine Zeitlang, die einschlafende Begeisterung wieder emporzureizen. Aber während sie nach außen hin sogar zu wachsen schien, zehrte sie doch von seinen letzten Kräften.« Wären freilich die hinter Savonarola stehenden kleinbürgerlichen Gruppen zur dauernden Aufrichtung eines eigenen Regiments befähigt gewesen, so hätte das Mißverhältnis zwischen seinen wirklichen Eigenschaften und dem Bilde des Übermenschen, das seine Anhänger entwarfen, seinen Fall keineswegs herbeigeführt. Die Ausstattung des Führers mit magischen Qualitäten war eine Bedingung seines Einflusses auf die Massen. Sein Niedergang ergab sich aus den Differenzen zwischen den herrschenden Gruppen selbst.

Bei Savonarola tritt ein Umstand hervor, der zum Wesen der bürgerlichen Erhebungen gehört. Die Bedürfnisse der in Bewegung gesetzten Massen werden in der Dynamik des revolutionären Vorgangs zwar als Motor eingesetzt; der Zustand jedoch, auf den als auf das historisch erreichbare Gleichgewicht die Bewegung tendiert, das heißt die Befestigung der bürgerlichen Ordnung, vermag sie nur in sehr beschränktem Sinn zu befriedigen. Daher kommt es darauf an, daß die entfesselten Kräfte schon während der Bewegung von

60 Ibid., Band I, S. 506f.
61 H. Grimm, *Leben Michelangelos,* Band I, Stuttgart 1922, S. 188f.

außen nach innen gewandt, gleichsam spiritualisiert werden. Der bereits im Mittelalter einsetzende Prozeß der »Verinnerlichung« hat hier eine seiner Wurzeln. Thode hat schon die Wirksamkeit der großen Ordensstifter aus dem Anfang des fünfzehnten Jahrhunderts dahingehend gedeutet. »Keine, wenn auch noch so große Gewalt«, schreibt er[62] in der Einleitung zu seinem Werk über Franziskus, »vermochte die gerechten Forderungen des zum Selbstbewußtsein erwachenden dritten Standes zum Schweigen zu bringen, wie andererseits die Ziele desselben zu unbestimmt waren, als daß die Bewegung eine einheitliche, selbständig sich regelnde hätte werden können. Da trat, von der ewigen Gesetzmäßigkeit folgerechter geschichtlicher Entwicklung hervorgerufen, Franz von Assisi auf, der aus seinem die Entscheidung ahnenden und vollziehenden genialen Vermögen das versöhnende Wort fand! Er leitete die fortschrittliche ungestüme Strömung in ein abgegrenztes Flußbett und erwarb sich so das Verdienst, sie vor einer unzeitigen Zerteilung bewahrt, ihre Kräfte gesammelt und auf ein einheitliches Ziel hin gerichtet zu haben. Das Ziel ist die Verinnerlichung des Menschen...« In der christlichen Lehre sieht Thode das erste Produkt dieses Sublimierungsprozesses. Mit der Entwicklung des Gegensatzes zwischen Bürgern und Massen in den auf Franziskus folgenden Jahrhunderten wird diese Verinnerlichung gesellschaftlicher Interessen aus einem Ausdruck der Unreife des »dritten Standes« gegenüber den die Welt regierenden Mächten zugleich zu einer Praxis dieses Standes selbst gegenüber dem von ihm beherrschten Volk. Die historischen Bewegungen, von denen hier die Rede ist, zeigen daher in zunehmendem Maß die Umsetzung von Forderungen der Individuen an die Gesellschaft in moralische und religiöse Forderungen an die unzufriedenen Individuen selbst. Die brutalen Wünsche nach einem besseren Leben, nach Abschaffung der Vermögensunterschiede und Einführung wirklicher Gemeinschaft, die in jenen Jahrhunderten von religiösen Volksmännern und theologischen Utopisten vertreten werden, sucht der bürgerliche Führer zu idealisieren und zu vergeistigen. Nicht so sehr der Aufstand wie seelische Erneuerung, nicht so sehr der Kampf gegen den Reichtum der Privile-

62 H. Thode, *Franz von Assisi und die Anfänge der Kunst der Renaissance in Italien*, Berlin 1926, 3. Auflage, S. XXIV.

gierten wie gegen die allgemeine Schlechtigkeit, nicht so sehr äußere wie innere Befreiung werden den Massen im Verlauf des revolutionären Vorgangs gepredigt. Dem deutschen Reformator war der Aufruhr selbst dann verhaßt, wenn er gegen den Papst, den Teufel in Menschengestalt, sich wandte. Wie Savonarola den Aufstand des Volks gegen die Medici »pharisäische Gerechtigkeit,... die aus der Rachsucht hervorgeht«[63], genannt hatte und wünschte, das Volk möge seine eigenen Sünden ansehen, so sagte Luther von den Bauern, »daß sie der Obrigkeit Sünde strafen wollten; gerade als wären sie selbst ganz rein und unsträflich. Darum mußte ihnen Gott den Balken zeigen in ihrem Auge, daß sie eines anderen Splitter vergessen.«[64] »...dem gemeinen Mann ist sein Gemüt zu stillen und zu sagen, daß er sich enthalte auch der Begierden und Worte, so zum Aufruhr sich lenken, und zur Sache nichts vornehme ohne Befehl der Obrigkeit oder Zutun der Gewalt... Sprichst du aber: was sollen wir denn tun, so die Obrigkeit nicht anfangen will? Sollen wir's noch länger geduldén und ihren Mutwillen stärken? Antwort: Nein, du sollst der keines tun: dreierlei sollst du dazu tun. Das Erste: du sollst erkennen deine Sünde, welche Gottes strenge Gerechtigkeit mit solchem endchristlichen Regiment geplagt hat... Das Andere: du sollst demütiglich bitten wider das päpstliche Regiment... Das Dritte: daß du deinen Mund sein lässest einen Mund des Geistes Christi, von dem S. Paulus droben sagte: Unser Herr Jesus wird ihn töten mit dem Mund seines Geistes.«[65]

Die äußerst fortschrittliche Bedeutung, welche dieser Transformationsprozeß der Energien gewonnen hat, steht hier nicht in Frage. Die Disziplinierung aller Schichten der Bevölkerung, die sich aus der Notwendigkeit ergab, die Massen in die bürgerliche Produktionsweise einzuordnen, hat auf die Entfaltung dieser Wirtschaftsform zurückgewirkt: nicht allein die unerhörte Vervollkommnung der Technik, die Vereinfachung des Arbeitsprozesses, kurz, die Steigerung der menschlichen Macht über die Natur, sondern auch

63 Schnitzer, ibid., Band I, S. 204.
64 Luther, *Ausgewählte Werke*, herausgegeben von H. H. Borcherdt, Band VI, München 1923, S. 165.
65 Ibid., S. 7ff.

die menschlichen Voraussetzungen für eine höhere Form der Gesellschaft sind ohne den Prozeß der Spiritualisierung oder Verinnerlichung gar nicht denkbar. In der zu Sittlichkeit und Religiosität antreibenden Tätigkeit der Führer tritt dieser kulturgeschichtliche Vorgang ebenso wie andere Seiten des ideologischen Prozesses, die in den sogenannten normalen Zeiten das geistige Leben beherrschen, nur besonders deutlich hervor. Das Florenz Savonarolas wird von einer Welle des religiösen und sittlichen Enthusiasmus durchzogen, ähnlich wie die vom Protestantismus ergriffenen Städte und Länder. Während in den späten Erhebungen der idealistische Heroismus sich vornehmlich den Inhalt nationaler Opferbereitschaft gibt, herrscht in den früheren die religiöse Erregung* vor. »Ein religiöser Geist durchdrang das erlöste Volk«, erklärt Gregorovius bei der Beschreibung von Rienzos Aufstand, »wie das britische in der Zeit Cromwells.«[66] In diesen Jahrhunderten vollzieht sich die Hypostasierung des Glaubens an eine höhere Freiheit und Gerechtigkeit, seine ideologische Ablösung von der dumpfen Interessengemeinschaft der Massen, aus der er hervorgegangen ist. Erst in den späten Phasen des bürgerlichen Zeitalters wird diese idealistische Entfremdung aufgehoben und der Glaube in die bewußte Solidarität der kämpfenden Menschen zurückgenommen. Der großsprecherische und leere Heroismus, der sich immer noch anmaßt, Erbe jenes ehemals fortschrittlichen Idealismus zu sein, hat alle kulturellen Funktionen eingebüßt und sinkt zur eitlen Pose, zur gemeinen Lüge herab.

Die Führerschaft, unter der das Volk zu bestimmten Zielen hingeleitet und die Verinnerlichung seiner in dieser Periode nicht zu befriedigenden Triebe erreicht werden muß, bedient sich eines spezifischen Instruments: der Rede in der Massenversammlung. Auch der Politiker der griechischen Polis ist vornehmlich ein Redner gewesen und hat zuweilen dem modernen Führer recht ähnliche Funktionen ausgeübt. Die Rede des griechischen Altertums findet jedoch in der Versammlung von Freien statt; die Sklaven bilden ein bloß zu beherrschendes, nicht anzusprechendes Element. Sosehr diese Reden auch begeisternde Züge an sich tragen, so entbehren sie doch weit-

[* »Erregung« / 1936: »Aufregung«.]

66 Gregorovius, ibid., S. 321.

gehend jener verinnerlichenden, spiritualisierenden Tendenz, jenes Aufrufs zur inneren Umkehr, der zum Wesen der neuen Rhetorik gehört. Die Rationalität der antiken ist freilich starr und eingeengt. Ihre Logik entspricht einer festen, ihrer selbst gewissen Oberschicht, sie möchte eine bestimmte Meinung über die Sachlage herbeiführen, nicht die Zuhörer menschlich ändern. Der mit Sokrates einsetzende Funktionswandel der Rede kündigt bereits den Niedergang der Polis an. Die Unterklasse wird im Altertum und weitgehend im Mittelalter durch physischen Zwang und Befehl, durch das abschreckende Beispiel furchtbarer Strafen und noch durch die Drohung mit der Hölle im Zaum gehalten. Die Volksrede der Neuzeit, die halb rationale Argumentation, halb irrationales Beherrschungsmittel ist, gehört, wenngleich sie eine lange Vorgeschichte hat, zum Wesen bürgerlichen Führertums.

Den entscheidenden Platz, den die Predigt im religiösen Leben einnimmt, verdankt sie der angedeuteten Funktion des Wortes in der neuen Gesellschaft überhaupt. Schon in den Ketzerbewegungen des zwölften Jahrhunderts in Köln und Südfrankreich wendet sich die Predigt zwar an das ganze Volk, wird jedoch hauptsächlich von den besitzenden Ständen gefördert. Im Gegensatz zu manchen Interpretationen, welche diese frühen Prediger vorwiegend aus den untersten sozialen Schichten stammen ließen, zeigt es sich, »daß vielmehr Adlige, reiche Bürger, Priester und Mönche sich vielfach unter die wandernden Ketzerprediger eingereiht haben und daß zum mindesten den Zeitgenossen gerade diese tätige Teilnahme von Klerikern, von vornehmen und reichen Leuten an der heretischen Bewegung bemerkenswert gewesen ist«[67]. Auch im ältesten franziskanischen Predigerbund sind, »soweit wir Bescheid wissen, ganz dieselben Gesellschaftsschichten vertreten, die sich überall als Träger der religiösen Armutsbewegung fanden: reiche Bürger, Adlige und Geistliche«[68]. Das städtische Bürgertum, von dem die neue Ordnung ausgegangen ist, hat auch infolge seiner besonderen Interessenlage die Entwicklung der Predigt bedingt. Im Gegensatz zu Theorien, die sich heute, wenn auch nur mit relativem Recht, vornehmlich an den

67 H. Grundmann, *Religiöse Bewegungen im Mittelalter*, Berlin 1935, S. 35f.; cf. auch S. 37.
68 Ibid., S. 164f.

Namen Max Webers knüpfen, ist der religiöse Geist der Neuzeit, der in den predigenden Volksführern seinen ersten Ausdruck findet, keine primäre und selbständige Wesenheit. Humanismus und Reformation sind an das Emporkommen des Bürgerstandes geknüpft, »der sich mit seinen neuen Anschauungen der Natur und Religion auch neue Formen des sozialen Lebens wie des kirchlichen Kultus schafft«[69]. Im Verhältnis der predigenden Bettelorden zu den Städten kommt das klar zum Ausdruck. »Die beiden gehen... Hand in Hand: Die Städte wurden die Heimat der predigenden Mönche, und die volkstümliche Religion der letzteren wird die Religion der Städte. Jeder Teil gibt, und jeder empfängt.«[70] Die Mönche selbst aber stammen weitgehend aus den gehobenen gesellschaftlichen Schichten, die begannen, mit der Hierarchie in Konflikt zu geraten. Die in der Predigt lebendigen religiösen Gedanken waren an sich nichts Neues. Eine primäre Rolle beim Entstehen der bürgerlichen Welt kann ihnen selbst nicht zugeschrieben werden; ihre folgenreiche Entfaltung durch und mit der Predigt ist dagegen nur im Zusammenhang mit dem wirtschaftlich bedingten Aufstieg des Bürgertums zu begreifen.[71] Die Verinnerlichung von Bedürfnissen und

69 Thode, ibid., S. XIX.

70 Ibid., S. 25.

71 Die Versuchung, anläßlich der Reformation ein idealistisches Bekenntnis abzulegen, hat in Deutschland seit der Jahrhundertwende zugenommen; Dilthey vertrat noch eine nationale und zugleich soziologische Auffassung. Er sagt gegen Ritschl, dieser habe nicht erkannt, daß die von ihm selbst dargelegte »neue religiöse Wertung des Lebens aus dem Fortschritt der deutschen Gesellschaft entsprang... Germanische Aktivität, gesteigert durch die Lage der Gesellschaft, als ein Wille, wirklich etwas zu tun, Wirklichkeiten zu schaffen, den Sachen in dieser Welt genugzutun, macht sich in dieser ganzen Zeit wie in Luther geltend« (W. Dilthey, ›Weltanschauung und Analyse des Menschen seit Renaissance und Reformation‹, in: *Gesammelte Schriften*, Band II, Leipzig 1914, S. 216). Troeltsch äußerte sich wie immer schwankend. Der Theologe verwahrt sich gegen den Verdacht einer materialistischen Auffassung der Reformation, indem er versichert, daß »Luthers religiöse Idee doch eine hohe persönliche Originalität hat und vor allem, daß sie rein aus der inneren Bewegung des religiösen Gedankens selbst hervorgeht. Sie ist nicht als Reflex sozialer oder gar wirtschaftlicher Umwandlungen entstanden, sondern hat ihren wesentlich selbständigen Grund in der Initiative des religiösen Gedankens, aus dem die sozialen, wirtschaftlichen und politischen Konsequenzen erst hervorgehen... Höchstens indirekt sind allerdings auch hier gewisse Einflüsse von jenen Elementen her zu erkennen... Ebendeshalb kann man auch die reformatorische Ideenwelt mit keiner bestimmten sozialen Klasse in Verbindung bringen... Wenn man trotzdem ihr im ganzen einen bürgerlichen Charakter zuerkennen will und in gewissem Sinne auch kann, wenn man sie gegen die seigneurale frühmittelalterliche Kirche und gegen die demokratisch und proletarisch

Trieben der Masse bildet eine wichtige Vermittlung in diesem dialektischen Prozeß. Die katholische Kirche selbst konnte sich zu Anfang des dreizehnten Jahrhunderts dem Bedürfnis der Zeit nicht verschließen; im vierten lateranischen Konzil hat sie die Notwendigkeit, die Predigt auszugestalten, ausdrücklich anerkannt. Savonarola war ein Vorläufer der Reformatoren. Bereits bei ihm bildete die Kirche den Ort der Massenversammlung, ähnlich wie bei Cola das Kapitol. Seine großartige Beredsamkeit kann von den Zeitgenossen nicht genug gerühmt werden. »Oft mußte er die Kanzel vor der Zeit verlassen, weil das Volk in Tränen und lautes Schluchzen ausgebrochen war und in tiefster Zerknirschung zu Gott um Barmherzigkeit flehte; oft vermochte der Schnellschreiber vor Ergriffenheit seinen Worten nicht mehr zu folgen.«[72] Nach den Anweisungen des Dominikaners soll ein überirdisches Feuer im Prediger lodern. Er muß bereit sein, selbst den Märtyrertod zu erleiden. »Bleibt trotz der Predigt alles beim alten, und schießen die Laster nach wie vor üppig ins Kraut, so ist dies ein untrügliches Zeichen, daß die Predigt einem gemalten Feuer gleich nicht zündet.«[73] Die Massen sollen in sich gehen, sie sollen moralischer, genügsamer, ergebungsvoller werden. Sie sollen Gott fürchten lernen, und der Prediger ist – dies gilt schon für Savonarola[74] – der Ausleger des göttlichen Wortes, Gottes Sprachrohr, sein Diener, sein Prophet. Die

infizierten Sekten kontrastiert, so hat dies seinen Grund nur in jenem indirekten Zusammenhang. Dieser aber wieder beruht auf der psychologisch leicht verständlichen Tatsache, daß alle breite Massen ergreifende Individualisierung des geistigen Lebens überhaupt mit der Städtebildung zusammenhängt«; usw. (E. Troeltsch, ›Die Soziallehren der christlichen Kirchen und Gruppen‹, in: *Gesammelte Schriften*, Band I, Tübingen 1923, S. 432 f.). Als ob ein »höchstens indirekter« Zusammenhang nicht auch einer wäre! Andere haben sich eindeutiger ausgelassen. Mit einer Überzeugungstreue, die sachlicher Argumente entraten kann, verkündet zum Beispiel H. Delbrück, daß »dem wirtschaftlichen Moment eine Stelle unter den Ursachen der Reformation nicht zuerkannt werden kann« (*Weltgeschichte*, III. Teil, Berlin 1931, S. 253). Die Verwirrung scheint aus dem Bedürfnis zu entspringen, sich von einem falsch verstandenen historischen Materialismus abzuheben, wie ihn etwa Kautsky vertreten hat. Aber gerade dieser Bildungs- und Weltanschauungs-Materialismus weist kraft seiner undialektischen Auffassung des Verhältnisses zwischen historischen Tatsachen und allgemeinen Prinzipien eine Verwandtschaft mit den metaphysischen Vorurteilen jener Historiker auf, die durch die inhaltliche Gegensätzlichkeit der Prinzipien zwar verdeckt, aber keineswegs aufgehoben wird.

72 Schnitzer, ibid., Band II, S. 685.

73 Ibid., S. 682.

74 Cf. ibid.

bürgerlichen Tugenden, Achtung vor den Gesetzen, Friedfertigkeit, Liebe zur Arbeit, Gehorsam gegen die Obrigkeit, Opferbereitschaft für die Nation und anderes mehr werden von der Kanzel aus in eins mit der Gottesfurcht dem Volke eingeschärft. Die Sprache der Predigt ist demokratisch, sie wendet sich an alle. Doch gehört es zu ihrem Sinn, daß Einzelne und ganze Gruppen grundsätzlich als die Bösen und Verstockten draußen bleiben. Zur Anforderung an die Masse, daß sie die adäquate Befriedigung ihrer Triebe sich versage und sie nach innen wende, gehört, gleichsam als Trost, als Kompensation*, die fortwährend erneuerte Überzeugung, daß jene, welche den Verzicht und die Anstrengung nicht leisten, verworfen sind und ihrer furchtbaren Strafe nicht entgehen werden. So grausam und streng der geistliche oder weltliche Führer mit seinen Anhängern umgehen mag, seine Brutalität schadet nichts, ja, sie erhöht sein Ansehen, wenn die Menge sich wenigstens der Fiktion hingeben kann, daß sie, im Gegensatz zu anderen, zu den Fremden und Feinden, von ihm geliebt wird. Die Menschenverachtung der Reformatoren gibt sich auch den eigenen Anhängern gegenüber recht eindeutig zu erkennen. Ein Unterführer Calvins, Chauvet, ruft am Schlusse einer Predigt aus: »Möge denn Pest, Krieg und Hunger über euch kommen.«[75] Ein anderer redet seine Zuhörer als Teufel an.[76] Luther selbst hat den Spruch gefällt: »Insgeheim sind Bürger und Bauern, Mann und Weib, Kind und Gesinde, Fürsten, Amtleute und Untertan alle des Teufels.«[77] Diese Verachtung der Masse, die vielen bürgerlichen Führern eigentümlich ist, tut ihrer Popularität nicht im mindesten Abbruch, solange draußen andere stehen, die radikal verloren sind. Von dem Evangelium sagt Luther: »Wie freundlich aber und süß diese Predigt ist für die Christen, die seine Schüler sind, so verdrießlich und unleidlich ist sie für die Juden und ihre großen Heiligen.«[78] Es muß so etwas wie Juden, Türken und Papisten geben, die außerhalb der Gemeinde stehen.

[* »Kompensation« / 1936: »Entschädigung«.]
75 F. W. Kampschulte, *Johann Calvin*, Band II, Leipzig 1899, S. 33 f.
76 Cf. ibid.
77 F. v. Bezold, *Geschichte der deutschen Reformation*, Berlin 1890, S. 570.
78 *Luthers Werke*, herausgegeben von Buchwald und anderen, Band II, Berlin 1905, 3. Folge, S. 282.

Während in den ruhigeren Zeiten Schulen und andere Bildungsanstalten, neben den Massenversammlungen, die Verinnerlichung in wirksamer und stetiger Weise an den aufeinanderfolgenden Generationen bewirken, gewinnt in revolutionären Perioden die Massenversammlung ausschließliche Bedeutung. Sie ist die kennzeichnende Form der mit irrationalen Elementen durchsetzten Lenkung gefährlicher sozialer Schichten. In diesen Situationen kommt es darauf an, die Volksseele gleichsam mechanisch zu handhaben. Das zeigt sich auch an dem Wert, welcher der äußeren Aufmachung, den Gesängen vor und nach der Rede, dem feierlichen Auftreten des Sprechers beigemessen wird. Die Rede selbst zielt gar nicht wesentlich auf die rationalen Kräfte des Bewußtseins ab, sondern bedient sich seiner ausschließlich, um bestimmte Reaktionen herbeizuführen. Wo hingegen die wirklichen Interessen der Massen einen Führer bestimmen, tritt das umgekehrte Verhältnis ein. Ziel des Redners ist dann, daß die Massen mit ihrem Bewußtsein die Situation erkennen; die Aktion ergibt sich als rationale Folge daraus. Es kommt darauf an, daß erkannt wird; denn es spielen keine anderen Interessen als die der Angeredeten hinein, und die Person des Führers kann zurücktreten, weil sie selbst nicht als unmittelbarer Faktor der Beeinflussung wirken soll. Und wie der Führer ändert die Masse ihren Charakter. Wenn zum Zweck irrationaler Beeinflussung die Massenversammlung geeignet ist, so entsprechen der gemeinsamen Arbeit an der Theorie, der Analyse einer gegebenen historischen Situation und den sich anschließenden Erwägungen über die einzuschlagende Politik kleine Gruppen von Einzelnen, die gemeinsame Interessen haben. Über die bürgerliche Ordnung hinausstrebende Bewegungen vermögen sich der Massenversammlung daher nicht mit derselben Ausschließlichkeit und demselben Erfolg zu bedienen. In der geschichtlichen Dynamik sind Massen nicht einfach miteinander identisch, selbst wenn sie zum Teil aus denselben Individuen bestehen sollten. Wie sehr in den bürgerlichen Revolten die Massenversammlung als eine psycho-physische Einwirkung, als Behandlung, als heilsame Kur verstanden werden muß, geht schon aus ihrer Häufigkeit und aus ihrem obligatorischen Charakter hervor. Ihr Besuch gilt als Pflicht, die Menschen werden dazu kommandiert, ja, zuweilen dort festgehalten. In den Kirchenordnungen, die in den Jahrzehnten nach der Reformation erlassen wurden, spiegelte sich dieser Zwangscharakter deutlich wider. In den sächsischen Generalartikeln von 1557 heißt es: »So sollen auch diejenigen, so an Festen und Sonntagen Vor- und Nachmittag (sonderlich aber auf den Dörfern) die Predigt versäumen und sich zuvor bei den Pfarrherren und Richtern jenes Ortes ihrer vorhabenden notwendigen Geschäfte halber nicht entschuldigen, mit ziemlicher Geldbuße, oder wenn sie kein Vermögen haben, mit dem Halseisen an der Kirche oder anderem Gefängnis bestraft werden.«[79] Als unter Calvin die Genfer Vorstadt Gervais einmal nicht ganz zuverlässig erschien, ging man so weit, in der Kirche »während des Gottesdienstes einen Syndik und zwei Offiziere als Wache aufzustellen, damit kein Andächtiger das Gotteshaus vor der bestimmten Zeit verlasse«[80]. – Wo es wirklich auf Erkenntnis ankommt, zeigen die Zusammenkünfte eine ganz andere Struktur. Auseinandersetzung und gedanklicher Fortschritt kennzeichnen ihren Gang, die Analyse der Situation und der praktischen Losungen bleibt in fortwährendem Zusammenhang mit den sich entwikkelnden bewußten Interessen der Teilnehmer. In der Massenversammlung mag der Inhalt der Rede wechseln, er erfüllt selbst bloß eine mechanische Funktion bei der Suggestion eines bestimmten Verhaltens. Die religiösen wie die politischen Massenredner des Bürgertums wählen die Worte nicht so sehr nach ihrer Angemessenheit an den Gegenstand als an den je zu erreichenden Effekt. Eine Entwicklung während der Rede selbst, eine rationale, nicht allein triebmäßige Wechselwirkung zwischen Sprecher und Teilnehmer pflegt nicht stattzufinden. Etwa anschließende Diskussionen haben denselben Charakter: sie entbehren des dialektischen Elements. Auch in anderen als bürgerlichen Bewegungen spielen Massenversammlungen eine Rolle. Bei aller unentwickelten, chaotischen Beschaffenheit ihrer Bewegungen haben doch die Führer der römischen Sklavenaufstände und der rebellierenden Bauern zu Beginn der neueren Zeit ihre Leute zusammengerufen, sich in tumultuarischen Versammlungen mit ihnen beraten und sie angefeu-

79 *Die evangelische Kirchenordnung des 16. Jahrhunderts*, herausgegeben von A. L. Richter, Band II, Leipzig 1871, S. 181; cf. auch die Landesordnung des Herzogtums Preußen von 1525, ibid., Band I, S. 34, die Eßlingensche Kirchenordnung von 1534, ibid., Band I, S. 247, und viele andere Verordnungen.
80 Kampschulte, ibid.

ert. Die modernen proletarischen Führer haben nicht nur die einzelnen Aktionen in kleinen Gruppen vorbereitet, sondern auch vor den Massen ihre Ansichten dargelegt und Parolen ausgegeben. Aber wenn solche Zusammenkünfte auch etwas von den eben entwickelten Zügen an sich tragen mögen, wie andererseits die Massenversammlungen bürgerlicher Art besonders zu Zeiten des verschärften Kampfes zwischen drittem Stand und Feudalmächten zuweilen revolutionäre Eigenschaften zeigten, so bleibt doch das Irrationale, Feierliche, Autoritäre überwiegend ein Merkmal der bürgerlichen Führerrede.

So verschieden die soziale Stellung Luthers und Calvins entsprechend den Umständen in Deutschland und Genf auch gewesen ist, so gegensätzlich beide Reformatoren auf Grund ihrer Herkunft und ihres Bildungsganges geartet sein mochten: kraft ihrer Funktion als Massenführer der bürgerlichen Ära weist ihr Verhalten, ihr Charakter erstaunliche Gemeinsamkeiten auf. In den ersten Jahrzehnten des sechzehnten Jahrhunderts erscheinen »als die begünstigten Gruppen der sozialen Entwicklung das bürgerliche Patriziat und das territoriale Fürstentum, die aristokratischen Schichten, die neuen partikularen Obrigkeiten der Stadt und des Landes; gedrückt sind die Untertanen, die Massen, das städtische Proletariat, die Bauern, und mit ihnen der mit dem bäuerlichen Schicksal verknüpfte, in seinen Gesinnungen wie in seiner Stellung zum neu entwickelten Hochadel der Fürsten demokratisch charakterisierte kleine Adel des Landes«.[81] In Deutschland waren die besitzenden Bürgerkreise, von welchen die Entwicklung zu jener Zeit getragen war, in ihrer ganzen Politik auf die territorialen Fürsten angewiesen. Daß Luther sich diesen völlig unterwarf, folgt aus dem Wesen seiner ganzen Wirksamkeit. Er selbst, »mit welchem Recht er sich auch einen Bauernsohn nannte, ist doch zugleich ein Kind städtischer, bergmännischer Herkunft und städtischer, bettelmönchischer Erziehung... gewiß hat er den Ackerbau einen göttlichen Beruf genannt und als die einzige Nahrung bezeichnet, die stracks vom Himmel herabkommt: ›die lieben Patriarchen haben sie auch gehabt‹. Aber trotzdem hat er die furchtbaren Schriften gegen die Bauern geschrieben und die Erhebung des Adels mißbilligt. Gewiß hat er aus seiner Abneigung

81 Karl Lamprecht, *Deutsche Geschichte,* Band V, 2. Hälfte, Berlin 1922, S. 372.

gegen die unsittlichen Seiten des patrizischen Handelsbetriebs alles andere als ein Hehl gemacht und sich bis zu einem gewissen Grade für das kanonische Zinsverbot erwärmt: aber das hat ihn nicht gehindert, das Werben des Kapitals als Handelskapital verständnisvoll zu billigen; nur dem Gedanken reinen Personalkredits war er unzugänglich. Und gewiß hat er die Fürsten Mordbuben und Henkersknechte Gottes genannt«; aber aus seiner gesamten Lage heraus mußte er dazu gelangen, »der Obrigkeit eine höhere Stellung anzuweisen, als sie bisher jemals in der christlichen Welt besessen hatte«[82].

Ursprünglich treten bei den Volksführern die Unterschiede zwischen den Zielen der Allgemeinheit und der wohlhabenden Gruppen zurück. Erst im Fortgang der Bewegung stellen sich für die niederen Schichten die Schattenseiten heraus, und es beginnt die Spannung zwischen ihnen und dem Führer. Das gilt für Calvin bei seiner zweiten Herrschaft in Genf wie für die großen Politiker der Französischen Revolution. Engels hat diesen Umstand in seiner Abhandlung über den deutschen Bauernkrieg klar herausgestellt: »Luther hat in den Jahren 1517 bis 1525 ganz dieselben Wandlungen durchgemacht, die die modernen deutschen Konstitutionellen von 1846 bis 1849 durchmachten und die jede bürgerliche Partei durchmacht, welche, einen Moment an die Spitze der Bewegung gestellt, in dieser Bewegung selbst von der hinter ihr stehenden plebejischen oder proletarischen Partei überflügelt wird. Als Luther 1517 zuerst gegen die Dogmen und die Verfassung der katholischen Kirche auftrat, hatte seine Opposition durchaus noch keinen bestimmten Charakter. Ohne über die Forderungen der früheren bürgerlichen Ketzerei hinauszugehen, schloß sie keine einzige weitergehende Richtung aus und konnte es nicht. Im ersten Moment mußten alle oppositionellen Elemente vereinigt, mußte die entschiedenste revolutionäre Energie angewandt, mußte die Gesamtmasse der bisherigen Ketzerei gegenüber der katholischen Rechtgläubigkeit vertreten werden... Aber dieser erste revolutionäre Feuereifer dauerte nicht lange... Die Parteien sonderten sich und fanden ihre Repräsentanten. Luther mußte zwischen ihnen wählen... Er ließ die populären Elemente der Bewegung

82 Ibid., S. 373f.

fallen und schloß sich der bürgerlichen, adligen und fürstlichen Suite an.«[83]

Es gibt kaum einen hervorragenden Volksführer des Bürgertums, in dessen moralischem und religiösem Pathos sich die Nuancen der ihm jeweils verbündeten Interessen so genau ausdrücken wie in Luthers großartiger Sprache. Wenn das Evangelium und die realen bürgerlichen Interessen miteinander in Konflikt geraten, kann es für Luther keinen Zweifel geben, welche Stellung er dem Evangelium auf Erden einräumt. Es »ist in der Welt not ein strenges, hartes, weltliches Regiment, das die Bösen zwinge und dringe, nicht zu nehmen noch zu rauben und wiederzugeben, was sie borgen, ob's gleich ein Christ nicht soll wiederfordern noch hoffen; auf daß die Welt nicht wüste werde, Friede untergehe, und der Leute Handel und Gemeinschaft gar zunichte werde, welches Alles geschehen würde, wo man die Welt nach dem Evangelio regieren und die Bösen nicht mit Gesetzen und Gewalt treiben und zwingen sollte, zu tun und zu leiden, was recht ist. Darum muß man Straßen rein halten, Friede in den Städten schaffen und Recht in Landen handhaben und das Schwert frisch und getrost hauen lassen auf die Übertreter, wie S. Paulus Röm. 13,4 lehrt... Es darf niemand gedenken, daß die Welt ohne Blut regiert werde, es soll und muß das weltliche Schwert rot und blutrünstig sein...«[84] Wie sehr er gegen die aufständischen Bauern wütet und sich wünscht, daß man sie »steche, schlage, würge«[85], wie sehr er Barmherzigkeit gegen sie als Versündigung brandmarkt und nur einen Rat weiß: »mit der Faust muß man solchen Mäulern antworten, daß der Schweiß aus der Nase ausgehe«, wie sehr er auch nach dem Henker ruft[86], so ist er doch aufrichtig besorgt, daß man unter diesen Bauern, die im übrigen unterschiedslos niedergemacht werden sollen und müssen, »wohl etliche gefunden, die ungern mitgezogen sind, sonderlich, was wohlhabende Leute gewesen sind«. Diesen gegenüber »muß die Billigkeit... das

83 Friedrich Engels, *Der deutsche Bauernkrieg*, Berlin 1908, S. 47f.

84 Luther, ›Von Kaufhandlung und Wucher‹, in: *Ausgewählte Werke*, herausgegeben von H. H. Borcherdt, ibid., Band VI, S. 123f.

85 Luther, ›Wider die mörderischen und räuberischen Rotten der Bauern‹, ibid., Band IV, S. 300.

86 Luther, ›Ein Sendbrief von dem harten Büchlein wider die Bauern‹, ibid., S. 310.

Recht meistern... Denn es galt der Aufruhr den Reichen ebensowohl als den Oberherren, und der Billigkeit nach zu vermuten ist, daß keinem Reichen der Aufruhr sei lieb gewesen.«[87] Und wenn Luther auch um der mit ihm verbündeten Teile des Adels willen diesen zuweilen sogar gegen die Klagen der von ihm beraubten Kaufleute in Schutz nimmt[88], so findet er doch eindeutige Töne gegen jene Adligen, die bei dem »Stechen und Würgen« gegen die Bauern wohl gar aus eigennützigen Motiven die mitgeführten Reichen nicht schonen wollen. Da heißt es mit recht kräftigen Worten gegen die »Edelleute«: »... es ist der Dreck auch vom Adel und mag sich wohl rühmen, er komme aus des Adlers Leibe, ob er wohl stinkt und nichts nütze ist. Also mögen diese auch wohl vom Adel sein. Wir Deutschen sind Deutsche und bleiben Deutsche, das ist, Säue und unvernünftige Bestien.«[89] Luthers Verhältnis zu den Parteien seiner Zeit tritt klar genug hervor.

Wenn Calvin auch im republikanischen Genf den König von Frankreich, den Beschützer der verhaßten katholischen Kirche, an die Rächer erinnert, »welche durch Gottes rechtmäßigen Beruf dazu bestimmt wurden, große Taten zu tun und die Waffen gegen Könige zu erheben«[90], so sollen wir doch nicht glauben, daß diese Rache uns als Privatleuten aufgetragen sei: »uns ward nichts befohlen, als gehorchen und leiden«[91]. Volksvertretungen dagegen, das heißt die Repräsentanten der höheren und wohlhabenden Schichten, sind unter Umständen durchaus befugt, »die Willkür der Könige einzuschränken wie bei den Römern die Volkstribunen oder in unseren Königreichen die Stände«[92]. Eine aristokratische und oligarchische Regierungsform hat er für die beste gehalten; er wird wie Luther nicht müde einzuschärfen, daß »die bürgerliche Obrigkeit vor Gott nicht bloß ihren rechtmäßigen, sondern überaus heiligen Beruf, dem im ganzen Leben der Sterblichen die höchste Ehre gebührt«,

87 Luther, ›Ob Kriegsleute auch in seligem Stande sein können‹, ibid., Band VI, S. 157f.
88 Cf. Luther, ›Von Kaufhandlung und Wucher‹, ibid., S. 134.
89 Luther, ›Ob Kriegsleute auch in seligem Stande sein können‹, ibid., S. 158.
90 Calvin, *Institutio Religionis Christianae*, übertragen von E. F. K. Müller, ibid., S. 596.
91 Ibid.
92 Ibid.

erfülle.[93] Seine Liebe zu vornehmen und vermögenden Familien ist bekannt. »Anfeindungen und scharfen Tadel von Seiten seiner Feinde hat er deshalb schon früh erfahren müssen; man warf ihm Schmeichelei gegen die Reichen und noch Schlimmeres vor. Allein solche Angriffe machten wenig Eindruck auf ihn und waren am wenigsten geeignet, ihn in seinen Grundsätzen zu erschüttern. Und in des Meisters Fußstapfen sind seine Freunde, Schüler und Gehülfen eingetreten.«[94] Die oligarchische Verfassung Berns, das im übrigen zu Genf in einem recht schwankenden Verhältnis stand, hat er gutgeheißen wie Savonarola diejenige von Venedig, wobei er, ähnlich wie dieser, den klerikalen, das heißt seinen und seiner Freunde Einfluß unter Wahrung der aristokratischen Formen zum herrschenden zu machen strebte. Alle diese Führer trachten danach, ihre Clique im staatlichen und gesellschaftlichen Leben möglichst für alle Ewigkeit zu verankern.

Die große geistige Leistung der Reformatoren liegt in der Artikulation der Idee, daß das Heil der Menschen nicht von den sakramentalen Veranstaltungen einer Priesterkaste, sondern vom seelischen Verhalten der Einzelnen abhänge; dieser Gedanke ist bei Calvin noch durch die Lehre von der Gnadenwahl verstärkt, nach der sich die ewige Bestimmung eines jeden völlig den Praktiken der Kirche entzieht. Die Reformatoren haben so dem Individuum in der Ideologie die Selbständigkeit gegeben, zu welcher es durch die Umgestaltung der Wirklichkeit berufen war, eine freilich abstrakte und weitgehend vermeintliche Selbständigkeit, die wie in der Praxis durch die von den Menschen zwar besorgte, aber unbeherrschte Wirtschaft, so in der Theorie durch die Gnadenakte eines von den Menschen entworfenen und doch als autonom betrachteten, undurchschaubaren Gottes beschnitten ist. Der von den Reformatoren angebahnte kulturelle Fortschritt der Massen war unmittelbar an eine viel aktivere Bearbeitung der Individuen geknüpft, als sie beim alten Klerus gang und gäbe war. Das Bürgertum hatte seine Mitglieder angesichts der neuen wirtschaftlichen Aufgaben zu einem ganz anderen Grad von Selbstdisziplin, Verantwortlichkeit, Arbeitseifer zu erziehen als in den alten Zeiten einer relativ undyna-

93 Ibid., S. 587.
94 Kampschulte, ibid., Band I, S. 421 f.

mischen, in festen Regeln ablaufenden Ökonomie. Gewiß verkörperten seine hervorragenden Repräsentanten wie der alte Jacob Fugger die moderne Einstellung zum Leben auch ohne Reformation. »Es habe eine viel andere Gestalt«, erwiderte er einem Freund, der ihm anriet, sich zur Ruhe zu setzen, »er wolle gewinnen, solange er könne.«[95] Die charakterologischen Vorbedingungen dieser von der neuen Wirtschaft geforderten, der Tätigkeit und nicht ihrem Inhalt verhafteten Gesinnung mußten allgemein und kontinuierlich in die einander folgenden Generationen der verschiedenen Schichten des Bürgertums und mit entsprechenden Nuancen auch in die beherrschten Klassen hineingetragen werden. Es bedurfte nur einzelner Reformatoren; sie waren schon die ersten Vertreter einer neuen Bürokratie.

Wir stoßen hier auf einen anderen gemeinsamen Zug dieser historischen Vorgänge. Sie betreffen nicht wie soziale Revolutionen den wirtschaftlichen Unterbau unmittelbar, sondern treiben darauf hin, die Stellung des Bürgertums, die es sich in der Wirtschaft bereits erobert hat, durch zeitgemäße Veränderungen in der militärischen, politischen, juristischen, religiösen und künstlerischen Sphäre auszugestalten und weiter zu fördern. Die erbittertsten Kämpfe werden darum ausgefochten, den Funktionärkörper in diesen Sphären zu erneuern, eine alte Bürokraten- und Intellektuellenschicht, eine frühere »Elite« durch eine den neuen Aufgaben besser entsprechende zu ersetzen und geeignetere Institutionen zu schaffen. Während die gewinnbringende ökonomische Tätigkeit, die Anhäufung der Vermögen von den bürgerlichen Wirtschaftssubjekten vor und nach der Erhebung schon selbst geleistet wird und nur der Befreiung von entgegenstehenden Ordnungen des alten Regimes bedarf, soll der kulturelle Überbau reorganisiert werden. Man braucht hier neue Kräfte, die den qualitativ anderen Anforderungen gewachsen sind. Mit der durch Konzentration und Zentralisation der Kapitalien herbeigeführten Verfestigung einer kleinen Schicht von Monopolisten bestimmt sich die kulturelle Tätigkeit immer ausschließlicher als Beherrschung der Massen. Obgleich die Kultur sich ebenso an die Herrschenden wendet und von ihnen besonders hoch

95 P. Joachimsen, ›Das Zeitalter der Reformation‹, in: *Propyläen-Weltgeschichte*, Band V, Berlin 1930, S. 31.

gehalten wird, pflegen diese doch zuweilen ein gutes Gefühl dafür zu besitzen, daß sie in ihrer eigenen Ordnung vornehmlich diese Funktion ausübt; und es gehört daher – im Widerspruch zu den großen künstlerischen und philosophischen Produktionen seiner eigenen Geschichte – zum Idealtyp des modernen Bürgers eine tiefe Verachtung und Gleichgültigkeit gegen den Geist, die sich freilich mehr in seinen Handlungen als in seinen Ansichten, mehr in seinen Instinkten als in seinem Bewußtsein durchsetzen, in welchem die umgekehrte Rangordnung zu herrschen pflegt. Aus der Religion, den idealen Werten, der Aufopferung für die Nation macht er die höchsten Güter der Menschheit, betet den Erfolg auch bei Größen der Kunst und Wissenschaft an, ohne inhaltliche Beziehung zu ihrem Tun, und bleibt seinem Wesen nach Atheist aus intellektueller Bedürfnislosigkeit, Vulgärmaterialist, unfähig zu jedem wirklichen Genuß. – Indem Pareto den Unterschied zwischen den ausschlaggebenden wirtschaftlichen Gruppen und ihren kulturellen Funktionären vermengt und sekundäre Scheidungen wie die zwischen politischen und nichtpolitischen Funktionären an seine Stelle rückt[96], hat er seinen ohnehin unhistorisch gefaßten Begriff der Elite und Elitenkämpfe, durch den sonst jene kulturellen Geschäftsträger des Bürgertums und ihre Händel recht brauchbar bezeichnet wären, für das Verständnis des ganzen Zeitalters verdorben.

Während es selbst in zunehmende Stumpfheit gegenüber geistiger Existenz gerät, bedarf das Bürgertum in seiner gesellschaftlichen Lage jedoch fortwährend kultureller Rührigkeit, sowohl angesichts der klerikalen und feudalen Reaktion als auch wegen der Notwendigkeit, das gesamte Volk in seine Ordnung einzugliedern. Der mächtige Ruf nach innerer Erneuerung, in welchen zu bestimmten Zeiten die materiellen Forderungen der Massen umgewandelt werden, läßt sich daher regelmäßig in den Tatbestand des Kampfes zwischen der alten und einer oder mehreren konkurrierenden Bürokratien und Intellektuellengruppen übersetzen, die jene abzulösen streben. Bei der Förderung der Reformation durch Fürsten und Bürgertum sprach neben der zeitgemäßen Besorgung der kulturel-

96 Vilfredo Pareto, *Traité de sociologie générale*. Édition française par P. Bovet, Band II, Lausanne–Paris 1919, § 2034, S. 1298; cf. auch Herbert Marcuse, ›Ideengeschichtlicher Teil‹, in: *Studien über Autorität und Familie*, ibid., S. 223 ff.

len Angelegenheiten die Erkenntnis mit, daß die protestantische Kirchenorganisation nicht nur den Abfluß des Geldes nach Rom verhindern, sondern auch den Betrieb sparsamer gestalten werde. Die Gefahr der Armutspropaganda ketzerischer Prediger hatte der katholische Klerus schon früh erkannt, und ihr erster großer Verkündiger, Arnold von Brescia, der Vorläufer Colas und der Reformatoren, war bereits gegen Ende des zwölften Jahrhunderts ein Opfer der Verständigung von Papst und Kaiser geworden. Da die Wirksamkeit der neuen zuverlässigen und sparsamen Bürokratien in ungleich höherem Grade als in den feudalen Ordnungen von den »Persönlichkeiten« abhängt, so sehen wir in solchen Zeiten des Übergangs Führer und Führercliquen, die in der Zukunft herrschen wollen, nicht nur die alten Mächte, sondern auch sich gegenseitig erbittert bekämpfen. Unter der sich entwickelnden Herrschaft des Leistungsprinzips, das auch für die höchsten Angestellten und Funktionäre gilt, streben sie danach, sich und ihre Prinzipien mit allen Mitteln zu bewähren.

Den Außenstehenden müssen diese Streitigkeiten, persönlichen Feindschaften, diese entfesselten Leidenschaften der Herrsch- und Rachsucht abstoßen, welche die Führerschichten des Bürgertums in der Renaissance, der Reformation, der Französischen Revolution und den späteren bürgerlichen Erhebungen kennzeichnen. Giordano Bruno hat wohl das Gefühl eines großen Teils der Gebildeten des sechzehnten Jahrhunderts gegenüber der Reformation formuliert. Man möge einmal nachsehen, so schreibt er[97], »was das für eine elende Art von Frieden und Eintracht ist, welche diese Reformatoren dem armen Volke verkündigen, die allem Anschein nach auf nichts anderes ausgehen und um nichts mehr eifern, als daß alle Welt sich ihrer muckerhaften und eingebildeten Dummheit anschließen und mit ihrem boshaft verkommenen Gewissen sich einverstanden erklären soll, indessen sie selber auch nicht in irgend einem Gesetz, in irgend einem Punkte der Gerechtigkeit, in irgend einem Lehrsatz einig sind, und überall in der übrigen Welt und in allen früheren Jahrhunderten sich noch keine solche Uneinigkeit

97 Giordano Bruno, ›Die Vertreibung der triumphierenden Bestie‹, ins Deutsche übertragen von L. Kuhlenbeck, in: *Gesammelte Werke*, Band II, Leipzig 1904, S. 113f.

und Zwistigkeit gezeigt hat, wie bei ihnen; findet sich doch unter 1000 dieser Pedanten kaum einer, der sich nicht schon seinen eigenen Katechismus ausgedacht hätte und, wenn er ihn noch nicht veröffentlicht hat, doch Lust hätte, ihn zu veröffentlichen, keiner, der es über sich vermöchte, irgend eine andere Einrichtung zu billigen als seine eigene, keiner, der bei allen anderen etwas anderes finden könnte, als was er meint verdammen, verwerfen, bezweifeln zu dürfen. Ja, ein großer Teil von ihnen ist sogar uneins mit sich selber, indem sie heute streichen und widerrufen, was sie gestern geschrieben und behauptet haben. Er möge zusehen, was für Folgen ihre Lehren haben, was für eine praktische Lebensführung sie hinsichtlich der Werke der Gerechtigkeit und des Mitleids, der Erhaltung und Mehrung des gemeinen Nutzens bewirkt, ob unter ihrer Lehre und Leitung Universitäten, Tempel, Krankenhäuser, Schulen und Kunstakademien gegründet oder ob solche auch nur da, wo sie sich eingenistet haben, von ihnen in dem Zustande, in welchem sie auf sie gekommen sind, erhalten, und nicht vielmehr durch ihre Nachlässigkeit in Verderb und Verfall geraten sind.«

Der Widerwille des italienischen Philosophen gegen das Regiment der Reformation versteht sich allein schon aus dem Zuge der Geistfeindschaft, den sie mit vielen bürgerlichen Erhebungen gemeinsam hat. Wenn auch der Katholizismus stets einen Unterschied zwischen der Vernunft vor und nach dem Sündenfall gemacht und im Nominalismus, der ohnehin schon bürgerliche Züge aufweist, ihr Ansehen noch weiter gemindert hat, so bildet diese in der Lehre seiner größten Philosophen doch den Stolz des Menschen. Calvin dagegen schärft ein, es sei »all unser Bemühen, unsere Einsicht und unser Verstand so verkehrt, daß wir vor Gott nichts Rechtes denken oder sinnen können«. Der heilige Geist weiß, »daß alle Gedanken der Weisen eitel sind, und verkündet deutlich, daß alles Dichten des Menschenherzens nur böse ist«[98]. Im Gegensatz zu Thomas und seinen Nachfolgern steht für Calvin »als unzweifelhafte Wahrheit fest, was durch keine Künste erschüttert werden kann: Der Verstand des Menschen ist so vollständig der Gerechtigkeit Gottes entfremdet, daß alles, was er sinnt und denkt, unfromm, verdreht, häßlich, unrein und sündhaft ist; das Herz ist so tief in das Sündengift

98 Calvin, *Institutio,* ibid., S. 135.

versenkt, daß von ihm nur ein verderbter Hauch ausgehen kann.«[99] Luther kennt in unflätigen Beschimpfungen der Vernunft kein Maß. Die Lehre, die er durch göttliche Gnade empfangen habe, so erklärt er, müsse in entschlossenem Kampf gegen »des Teufels Braut, die Vernunft, die schöne Metze« bewahrt werden; »denn es ist die höchste Hure, die der Teufel hat«. Luther ahnt den tiefen Zusammenhang zwischen Genuß und Geist und verfolgt beide mit dem gleichen Haß: »Was ich von der Brunst, so eine grobe Sünde ist, rede, solches ist auch von der Vernunft zu verstehen, denn dieselbe schändet und beleidiget Gott in geistlichen Gaben, hat auch viel greulicher Hurenübel, denn eine Hure.«[100] Wenn die Reformatoren auch persönlich in bestimmten Grenzen Kunst und Wissenschaft geschätzt haben, so sind diese doch infolge des Kampfes gegen die Bilderverehrung und gegen die Rechtfertigung durch die Werke in den vom Protestantismus beeinflußten Gebieten stark behindert worden. Zuvörderst galt die Feindschaft allem, was in der Kunst dem mit der Verinnerlichung zusammenhängenden Sittlichkeitsbegriff zuwiderlief, jedem erotischen Anklang, dem Luxus überhaupt.

Wer die Schilderungen jener erhebungsvollen Perioden liest, findet immer wieder bei der religiösen und nationalen Begeisterung die Welle von Bürgertugend und Sittsamkeit erwähnt, die, freilich durch die Obrigkeit getrieben, das Volk erfaßt. »Eine strenge Polizei bestrafte Ehebrecher und Spieler«, schreibt Gregorovius über das Rom des Volkstribunen. Unter Savonarola war ein ganzes Spitzelsystem organisiert, um Unsittlichkeiten aller Art unmöglich zu machen. Bekannt ist die Verbrennung der »Eitelkeiten«. Unter seinem und seiner Schüler Einfluß wurden die mit solcher Erweckung von Volksmassen unverträglichen Puderdosen, Schminken und sonstigen Schönheitsmittel verbrannt, auch Schach und andere Spiele, ferner Harfen, Schalmeien und so fort. Auf einem großen Scheiterhaufen vor der Signorie fanden auch unliebsame Bücher ihren Platz: »Die Werke Boccaccios und Petrarcas, der Morgante und andere Schlachtenbücher, sowie Zauber- und sonstige abergläubi-

99 Ibid., S. 161 f.

100 *Luthers Werke,* herausgegeben von Buchwald und anderen, 3. Folge, Band I, Leipzig 1924, S. 96 f.

sche Schriften; endlich unschamhafte Figuren und Gemälde, die Bilder schöner Florentinerinnen von der Hand der ausgezeichnetsten Maler und Bildhauer und kostbare ausländische Tücher mit Darstellungen unzüchtigster Art.«[101] Eine geistfeindliche Tendenz macht sich eben in all diesen Volkserhebungen geltend. Sie hängt tief damit zusammen, daß die Massen zu einer selbständigen, auf Befriedigung ihrer eigenen Interessen abzielenden Politik noch nicht fähig sind und ihre Wünsche auf dem Umweg über fetischisierte Personen und Ideen verinnerlichen müssen. Max Weber hat den rationalistischen Zug des bürgerlichen Geistes hervorgehoben, der irrationalistische ist von Anfang an mit seiner Geschichte nicht weniger verknüpft.

Nur kurz sei auf eine weitere Erscheinung hingewiesen, die zu diesem Irrationalismus gehört. Die Jugend, selbst die Kinder, spielen in diesen Bewegungen eine eigentümliche Rolle. Wenn jedesmal in Zeiten einer die Entwicklung fesselnden Herrschaft vor allem einzelne junge Menschen sich mit den Unterdrückten solidarisieren und ihr Leben im Kampf gegen die herrschenden Mächte einsetzen, so lassen in jenen bürgerlichen Erhebungen Rudel von Jungen und Mädchen sich andererseits leicht dazu gebrauchen, bei Gewaltakten und Denunziationen* voranzugehen. Die sogenannte Reinheit und Erleuchtung der Jugend kommt dann, ein weiteres magisches Element, den Zielen des Führers und der Macht seiner Persönlichkeit zugute. Farel, der Vorgänger und Freund Calvins, war anläßlich eines Kirchensturms vom Genfer Rat in lauer Form zurechtgewiesen worden. »Allein Gott«, sagt der evangelische Berichterstatter, »verachtete die Ratschläge der Weisen und erweckte gegen den Verstand der Großen die unerwachsene Jugend. Noch am Nachmittag desselben Tages fiel ein lärmender Haufen von ›kleinen Kindern‹ in die Domkirche ein... und erfüllte, ›ohne daß jemand daran dachte‹, die Kirche mit wildem Geschrei. Die ›Erweckung der Kinder‹ war das Signal für die Erwachsenen... Es folgten Szenen des rohesten Vandalismus, Auftritte, wie sie selbst im Reformationszeitalter nicht häufig vorgekommen sind.«[102]

[* »Denunziationen« / 1936: »Angebereien«.]
101 Schnitzer, ibid., Band I, S. 392.
102 Kampschulte, ibid., Band I, S. 166.

Savonarola hat eine regelrechte »Kinderpolizei« gehabt. Sie half ihm bei der Ausübung der Sittenzucht und trug die Konflikte in die einzelnen Familien hinein.[103] Die proletarischen Kinder hielten sich freilich von diesen moralischen Funktionen fern. »Die Kinder der untersten Volksschichten gehörten den Scharen Savonarolas nicht nur nicht an, sondern bezeigten ihnen im Gegenteile offene Feindseligkeit und versäumten keine Gelegenheit, ihnen einen boshaften Streich zu spielen. Auch am Frate kühlten sie ihr Mütchen, wo sie nur konnten.«[104] Das sentimentale Verhimmeln des Kindes als eines Symbols der Reinheit gehört zu jenen Äußerungen bürgerlichen Geistes, die zugleich Mittel und Ausdruck der erzwungenen Verinnerlichung von Triebregungen sind. Man dichtet dem Kind eine Freiheit von Begierden an, in der die schwere Entsagung, die man selbst zu leisten hat, mühelos verwirklicht ist.[105] Nicht etwa als Träger theoretischer und praktischer Kraft, als Garantie der unendlichen Möglichkeiten des Menschen, sondern als Symbol der »Reinheit«, »Unschuld«, »Kindlichkeit« bildet die Jugend im bürgerlichen Zeitalter ein Ideal. Die ideologische Beziehung, welche diese Gesellschaft zur Natur überhaupt, nicht bloß zum Kind, gewonnen hat, die Idealisierung der Primitivität, der »unverdorbenen« Natur, der Scholle und des Bauern hängen mit den angedeuteten Mechanismen eng zusammen.

Die Französische Revolution scheint sich auf den ersten Blick der hier umrissenen Strukturähnlichkeit bürgerlicher Erhebungen zu entziehen. Bourgeoisie und besitzlose Massen hatten ein gemeinsames Interesse, das *ancien régime* zu beseitigen. Wiederholte Massenaufstände gehen voraus, und die durch die Revolution herbeigeführten Zustände haben tatsächlich, bei allen Rückschlägen, in der ersten Hälfte des neunzehnten Jahrhunderts zu einer Verbesserung der allgemeinen Lage in Stadt und Land geführt. Insbesondere ist die »Demokratisierung des Grund und Bodens« durch Veräußerung der nationalisierten Güter in einem gewissen Umfang erreicht wor-

103 Cf. Schnitzer, ibid., Band I, S. 271 ff.
104 Ibid., S. 282.
105 Die Fetischisierung des Kindlichen reicht so weit, daß die Form des Diminutivs, die Verkindlichung, in der bürgerlichen Mystik zum kennzeichnenden poetischen Ausdrucksmittel wird.

den.[106] Trotz der relativen Interessengemeinschaft des wohlhabenden Bürgertums und der Massen haben sich jedoch die Gegensätze im gesamten Verlauf der Revolution geltend gemacht. Charakter und Handlungsweise der großen Führer entsprachen von Anfang an keineswegs einem zu jener Zeit unrealisierbaren homogenen Interesse der Allgemeinheit, sondern dem freilich fortschrittlichen, aber großen Teilen der Bevölkerung gegenüber zur Ausbeutung und Unterdrückung führenden Interesse des Bürgertums. Mathiez, der in seinen ausgezeichneten Werken über die Französische Revolution Robespierres Politik bis in die Einzelheiten hinein begründet und verteidigt, läßt diesen Gegensatz deutlich genug hervortreten. Er führt die wirtschaftlichen Schwierigkeiten während der Revolutionszeit wesentlich auf die Assignatenwirtschaft zurück. Alle sozialen Schichten, welche die sinkende Kaufkraft der Assignaten nicht durch Erhöhung von Verkaufspreisen für eigene Waren wettmachen konnten, wurden zu Opfern der Inflation. Sie nahmen den Kampf »gegen die Grausamkeit des ›laisser faire‹ und des ›laisser passer‹« auf. Sie setzten dem Recht des Eigentums das Recht zu leben entgegen. Wenn diese städtischen und ländlichen Massen selbst auch keine bedeutenden Führer fanden, erzwangen sie im Verlauf der Revolution schließlich doch eine allgemeine Zwangsbewirtschaftung, vor allem die Festsetzung von Höchstpreisen für Getreide und andere notwendige Konsumgüter. Aber dies Reglement, das der Regierung nur unter stärkstem Druck der Massen abgerungen wurde, schloß auch Höchstlöhne mit ein. Wenn das verzweifelte Bemühen der bürgerlichen Kreise gescheitert war, den für die Armen unmöglichen Zustand des freien Marktes während der Inflation, oder doch bloß eine teilweise Bewirtschaftung, aufrechtzuerhalten, so geriet die Regierung nunmehr zu den proletarischen Schichten in einen neuen Gegensatz, als sie zugleich mit den Höchstpreisen Maximallöhne festsetzen mußte. Bei der gegebenen Struktur der Gesellschaft und der herrschenden Produktionsweise reichte ohnehin selbst der Terror nicht aus, alle Umgehungen des Gesetzes über die Lebensmittel zu vereiteln. Wenn zum Beispiel in Paris zur Zeit, als die Hebertisten die revolutionären Sektionskomi-

106 Cf. M. Kowalewsky, *Die ökonomische Entwicklung Europas*, übersetzt von A. Stein, Band VII, Berlin 1914, S. 386.

tees beherrschten, die Höchstlöhne weniger rigoros eingehalten wurden als die Gesetze über Lebensmittelpreise, so konnte in den Städten des Nordens davon nicht die Rede sein. »Man würde sich schwer täuschen«, schreibt Mathiez[107], »wenn man sich einbildete, daß die Revolutionsämter überall mehr Eifer aufwandten, um die Höchstpreise der Lebensmittel zur Anwendung zu bringen. Selbst mitten in der Zeit des Terrors waren die scheinbar am meisten jakobinischen Stadtverwaltungen in den Händen der Besitzenden.« Aber ganz abgesehen von diesen Ungleichmäßigkeiten mußte sich die Regierung durch die ihr von den Verhältnissen aufgezwungene Lohnpolitik die Massen entfremden.

Zu spät entdeckte Robespierre, daß er ohne große Zugeständnisse an die unteren Schichten seine revolutionäre Politik nicht zu Ende führen konnte. »Am Vorabend seines Sturzes hatte er, von seinen Freunden Saint-Just und Couthon unterstützt, den Wohlfahrts- und Sicherheitsausschuß in ihren Sitzungen vom 4. und 5. Thermidor dahin gebracht, daß man endlich die Ventôse(Februar/März)-Verordnungen, die bis dahin nur auf dem Papier geblieben waren, zur Anwendung bringen sollte; Verordnungen, durch welche Saint-Just es hatte erreichen wollen, daß man die Verdächtigen (die inneren Feinde) enteigne und ihren Besitz unter die armen Sansculotten verteile. Dadurch sollte eine völlig neue Klasse geschaffen werden, die alles der Revolution verdankte, weil sie ihr das Eigentum verdankte, und welche die Revolution verteidigen sollte. Robespierre hatte die demokratische Politik überschritten. Er war auf dem Weg einer sozialen Revolution, und das war einer der Gründe seines Sturzes.«[108] Diese Gesetze, von denen die bürgerliche Ordnung übrigens nicht angegriffen worden wäre, wurden niemals angewandt. Robespierres Unruhe, die ihn dazu antrieb, an sie zu erinnern, war jedoch berechtigt. Gegen die Reichen, welche durch die erzwungenen Höchstpreise verärgert waren, hatte er nicht mehr die Unterstützung der Arbeiter. Man hatte teilweise dazu übergehen müssen, ihnen den Wechsel der Werkstätten zu verbieten; auf dem Land

107 A. Mathiez, *La vie chère et le mouvement social sous la Terreur,* Paris 1927, S. 586.

108 A. Mathiez, *La réaction thermidorienne,* Paris 1929, S. 2. Cf. die eingehende Erörterung der Ventôsedekrete bei G. Lefebvre, *Questions agraires au temps de la Terreur,* Strasbourg 1932, vor allem S. 46 ff.

mußten Leute zur Erntearbeit kommandiert werden, Koalitionsverbote wurden erlassen.[109] »Am 9. Thermidor blieben die Pariser Arbeiter, unzufrieden mit den neuen von der Stadtbehörde an den vorhergehenden Tagen verkündeten Tarifen, gleichgültig gegenüber dem politischen Kampf, der sich vor ihren Augen abspielte. Gerade am 9. Thermidor manifestierten sie gegen die Höchstlöhne... als Robespierre und seine Freunde zur Hinrichtung geführt wurden, riefen die Arbeiter ihnen beim Vorüberfahren zu: hol der Teufel das Maximum!«[110]
Robespierre ist ein bürgerlicher Führer. Seine Politik hat objektiv einen fortschrittlichen Inhalt; das Prinzip der Gesellschaft, das er vertritt, enthält jedoch den Widerspruch zu seiner Idee einer allgemeinen Gerechtigkeit. Die Blindheit gegen diesen Widerspruch drückt seinem Charakter trotz aller leidenschaftlichen Vernünftigkeit den Stempel der Phantastik auf. Bereits sein Lehrer Rousseau war in den gleichen Illusionen befangen. Im zweiten Buch des *Emile*[111] erklärt er, die erste Idee, die man dem Kinde geben müsse, sei »weniger die der Freiheit als die des Eigentums«. Das Lob des Eigentums wird an vielen Stellen wiederholt. »Es ist gewiß«, heißt es im Artikel über die politische Ökonomie[112], daß das Eigentumsrecht das heiligste aller Rechte der Bürger ist und in mancher Beziehung noch wichtiger als die Freiheit selbst.« Und er wiegt sich in der Hoffnung, daß eine Regierung ohne Vergesellschaftung des Eigentums an Produktionsmitteln »die übergroße Ungleichheit der Vermögen« verhindern[113], der Armut vorbeugen oder sie wenigstens erträglich machen könnte. Ganz ebenso denkt Robespierre. Es war zu seiner Zeit unmöglich, die immanenten Gesetze der bürgerlichen Wirtschaft, die in der Revolution politisch befestigt wurde, zu erkennen. Innerhalb des von Robespierre vertretenen Systems vermochte keine Regierung wider die anonymen ökonomischen Gewalten die Zuspitzung der sozialen Gegensätze unwirksam zu machen. Rousseaus und Robespierres persönliche Ideenwelt entsprach unmittelbar der Lage des Kleinbürgertums. Gegen die großen Ver-

109 Cf. Mathiez, *La vie chère*, ibid., S. 581 ff.
110 Ibid., S. 605 f.
111 Rousseau, *Œuvres complètes*, ibid., Band VI, S. 98.
112 Ibid., Band III, S. 183.
113 Ibid., S. 179.

mögen hegten sie starkes Ressentiment. Das Prinzip des Eigentums zeigte ihnen seine Schattenseiten. Bei Rousseau beginnt mit ihm sogar das ganze Unglück der Menschheit. Trotzdem erklärt er es für heilig. »Man brauchte zweifellos keine Revolution«, sagte Robespierre in der Nationalversammlung gegenüber sozialistischen Tendenzen[114], »um alle Welt darüber zu belehren, daß die übergroße Ungleichheit der Vermögen die Quelle sehr vieler Übel und Verbrechen ist, aber wir sind, nichtsdestoweniger, überzeugt, daß die Gütergleichheit eine Chimäre ist.« Der Ausruf: »la propriété; que ce mot n'alarme personne« steht am Anfang der gleichen Rede. Wenn jedoch das Eigentum für die Französische Revolution ein Menschenrecht ist, so gehört es zu Robespierres Führerpraxis, seine eigene Genügsamkeit und Armut ins rechte Licht zu rücken. Mit der Gloriole der Armut und Tugendhaftigkeit überhaupt hat er seine Person ebenso sorgfältig ausgestattet wie Cola und Savonarola die ihrigen mit der göttlichen Gnade. Wenn er versichert, lieber der Sohn des Aristides sein zu wollen, der auf Kosten Athens im Prytaneum erzogen wurde, als der Thronerbe des Xerxes[115], so ist das gar nicht so unvernünftig. Versicherungen jedoch wie die, daß er den Überfluß nicht nur als den Preis des Verbrechens, sondern auch als dessen Bestrafung ansehe und arm sein wolle, um nicht unglücklich zu sein[116], gehören bloß zur notwendigen Selbstverherrlichung des bürgerlichen Führers. Solch bewußtes Herausstellen der eigenen asketischen Tugenden durch Wort und Lebenswandel bildet eines der wichtigsten irrationalen Mittel zur Steigerung der Person Robespierres gegenüber seiner Gefolgschaft. Die meisten Geschichtsschreiber haben dieses Verhalten als eine rein psychologische Tatsache dargestellt, ohne sie freilich als eine der Praktiken zu begreifen, welche in der gesellschaftlichen Funktion dieser Politiker begründet sind. »Worin liegt das Geheimnis seiner Macht?« fragt Michelet[117], »in der Meinung, die er allen von seiner unbestechlichen Ehrsamkeit und seiner Unwandelbarkeit hatte beibringen können... Mit

114 Buchez und Roux, *Histoire parlementaire de la Révolution française*, Band XXVI, Paris 1836, S. 130.
115 Cf. die soeben zitierte Rede.
116 Cf. A. Aulard, *La société des Jacobins*, Recueil de Documents, Band V, Paris 1895, S. 179.
117 J. Michelet, *Histoire de la Révolution française*, Band VIII, Paris 1879, S. 268.

einer bewundernswerten Konsequenz, einer erstaunlichen Taktik, brachte er es fertig, den Ruf dieser Unwandelbarkeit aufrechtzuerhalten. Zum Schluß hielt er ihn durch seine bloße Versicherung aufrecht. Und sein Wort hatte ein solches Gewicht, daß man schließlich die augenscheinlichen Tatsachen leugnete, um als höchste Autorität, entgegen der Wirklichkeit, die Versicherung Robespierres anzuerkennen... Der Glaube an den Priester kehrte wieder, unmittelbar nach Voltaire. Dieser Priester leugnete die Natur und machte selbst eine aus seinem Wort. Und diese war hart gegen die andere.« In der Tat besitzt die asketische Haltung Robespierres magischen Charakter. Er bedient sich ihrer als einer höheren Legitimation.
Auch die Symbole hat er nicht entbehren können. Sie gehören zu seiner Politik und seinem Charakter. Die Kokarden und Fahnen spielen eine große Rolle in der Revolution. Wenn berichtet wird, daß Marat am Abend der Erhebung vom 10. August 1792 mit einem Lorbeerkranz auf dem Kopf durch die Straßen von Paris zog[118], so war dies gewiß nicht nach Robespierres Geschmack. Er wandte sich gegen alles exaltierte Wesen, und die vornehmlich von den Hebertisten veranstalteten Feste der Vernunft, die schroff der positiven Religion zuwiderliefen, erweckten seinen Abscheu.[119] Zum Fest des höchsten Wesens im Juni 1794, dem er präsidierte und dessen Plan er zusammen mit dem Maler David entworfen, zumindest gebilligt hat, trieb ihn jedoch seine Rolle als bürgerlicher Führer, die zu Massendarbietungen zwingt. Als er das Volk im Tuileriengarten sah, hat er begeistert ausgerufen: »Hier ist die ganze Welt versammelt!«[120] Im Verlauf der Zeremonie steckte er die zu diesem Zweck errichtete Figur des Atheismus mit einer Fackel in Brand. Inmitten der Flamme zeigte sich darauf das Standbild der Weisheit. Für die Veranstalter und ihre Zuschauer war die symbolische Bedeutung damit bestimmt. In Wahrheit zeigt der Kampf des Bürgertums gegen den Atheismus weniger die Weisheit überhaupt als die Weisheit der Regierung an. Diese Gesellschaft bedarf einer Religion als Herrschaftsmittel, weil das allgemeine Interesse sie nicht zusammenhält. Der Weg zum Marsfeld, wo der Nationalkonvent, von einem dazu

118 Cf. E. Hamel, *Histoire de Robespierre,* Band II, Paris o. J., S. 321.
119 Cf. ibid., Band III, S. 160f.
120 Ibid., S. 380.

errichteten Berg aus, Hymnen[121] und nationale Gesänge anhören sollte, wurde in feierlicher Prozession zurückgelegt. »Die gesetzgebende Versammlung folgte auf eine Gruppe von Greisen, Familienmüttern, Kindern und Jungfrauen. Robespierre schritt, in seiner Eigenschaft als Präsident, voran. Er trug eine Nankinghose, einen kornblumenblauen Rock, einen Gürtel mit den Nationalfarben, auf dem Haupt einen Hut, der mit einem Trikoloren-Federbusch geschmückt war, und in der Hand, wie alle seine Amtskollegen, einen Strauß von Ähren, Blumen und Früchten.«[122] Nicht die in den revolutionsfeindlichen Darstellungen gewöhnlich zu Unrecht hervorgehobene Seltsamkeit des Aufzugs, sondern der Zwang zu solchen eindrucksvollen und symbolhaften Kundgebungen, denen sich selbst Robespierre nicht entziehen konnte, ist kennzeichnend für Volksführer. Auf der Höhe seiner revolutionären Kraftentfaltung erinnert das Bürgertum an seine frühesten Erhebungen. »Die Verbrüderungsfeste der Französischen Revolution in Paris erscheinen in Wahrheit wie eine Nachahmung des Augustusfestes des Volkstribuns von Rom.«[123] Infolge der höchst verschiedenen historischen Situation, in der sich ihre Klasse befand, unterscheiden sich Rienzo und Robespierre durch eine Welt – und doch ist etwas in ihrem Wesen identisch, weil die Form der Gesellschaft, der ihre Wirksamkeit im letzten Grunde galt, dieselbe ist.

Auch die Diskussionen der Historiker, die sich an ihren Namen knüpfen, weisen zuweilen eine merkwürdige Übereinstimmung auf. So zeiht Colas moderner Biograph die Darstellung Gregorovius' der »Irrwege« und »polternder Kritik«, weil dieser von krankhafter Überreizung, von klassischem Karnevalspiel, von dem »wahnsinnigen, mit Blumen bekränzten Plebejer« und so fort spricht.[124] Wie oft haben ähnliche Äußerungen über Robespierre die Kritik von Historikern hervorgerufen. Michelet redet von der »krankhaften Einbildungskraft« des Unbestechlichen[125] und ist

121 Unter anderem wurde auch die Hymne Chéniers angestimmt: »Gott des Volkes, der Könige, der Städte, der Länder, Luthers, Calvins und der Kinder Israels...« (cf. Mathiez, *Autour de Robespierre*, Paris 1926, S. 121).
122 Hamel, ibid., Band III, S. 382.
123 Gregorovius, ibid., S. 332.
124 Burdach, ibid., 1. Teil, S. 116f.
125 Michelet, ibid., S. 271.

nicht sanfter zurechtgewiesen worden als Gregorovius, mit dem er an Kraft der Darstellung, an »theatralischer Pose«, wie Burdach über Gregorovius sich ausdrückt[126], wohl zu vergleichen ist. Michelet und Gregorovius haben recht und unrecht: bürgerlichen Führern haftet leicht ein Zug der Phantastik an; aber dieser ist nicht allein in ihrer Psychologie, sondern in den Verhältnissen begründet. Mit ihrer Phantastik sind sie so realitätsgerecht, wie es in dieser widerspruchsvollen Gesellschaft möglich ist, die Phantastik ist eine Erscheinungsform ihres Berufs; es gibt kaum einen unter ihnen, der nicht vor oder nach Erfüllung seiner geschichtlichen Mission wenigstens für exaltiert gehalten worden wäre. Die Eigenschaften, die ihn für seine Rolle geeignet machen, das Schwanken zwischen Liebe zum Volk, Strenge und Schrecklichkeit, die Vereinigung der Sanftmut des Kindes mit der Wut des blutigen Rächers, der Trotz des Freiheitshelden und die Ergebung in den Willen höherer Mächte, das Durcheinander von persönlicher Einfachheit, bombastischen Begriffen, Glanz und Sittenstrenge – all dies kann er nur zum Teil bewußt bei der je passenden Gelegenheit zur Schau tragen, er muß diese widerspruchsvolle Anlage schon mitbringen, sein Charakter ist für seine Leistung präformiert. Alle diese Widersprüche sind auch in der durchschnittlichen bürgerlichen Existenz enthalten. Der vorsichtige, besonders »rechnerische« Geschäftsmann, im kleinsten ein Muster von Wirklichkeitssinn, Genauigkeit und Sparsamkeit, neigt, wenigstens insgeheim, zu unwahrscheinlichen, romantischen Unternehmen, tritt zuweilen mit den abenteuerlichsten Vorstellungen hervor. Der Führer ist nur der potenzierte Typus. Seine charakterologische Struktur entspricht der Gefolgschaft. Die Massenschundliteratur des Zeitalters enthält dasselbe unvermittelte Durcheinander von Blutrausch und Tugend, Großsprecherei und Bescheidenheit, das auch im Führer angebetet wird. In seiner Person ist diese Mischung »naturgewachsen«. Es wird erzählt, wie der Fürst Johann Colonna sich zuweilen damit vergnügte, den Notar Rienzo zur Tafel zu laden und Reden halten zu lassen. »Die vornehmen Herren brachen in Gelächter aus, als er einst sagte: ›Wenn ich Herrscher oder Kaiser geworden bin, so will ich diesen Baron hängen und jenen köpfen lassen‹, und er wies mit Fingern auf die Gäste. Er ging in

126 Ibid.

Rom einher als ein Narr... Niemand ahnte, daß dieser Narr sehr bald die furchtbare Macht besitzen sollte, die Köpfe der römischen Großen von ihren Schultern springen zu machen.«[127]

Mit den Reformatoren teilt Robespierre die Feindschaft gegen die erotische Kultur. Das fortwährende Dringen auf Reinheit der Sitten und die damit verbundene Sucht, überall Schmutz aufzudecken, ist von seiner Politik nicht abzulösen. Sie sehen überall Unrat, physischen und moralischen. Müßiggang, Menschen mit lockeren Sitten, eine Haltung, die sich zu Genuß und Glück bekennt, sind ihnen verhaßt. Wenn der Genfer Rousseau in seinem Brief an d'Alembert gegen das Theater eifert und erklärt, daß es ein »amusement« sei, und müsse der Mensch schon »amusements« haben, so solle man sie wenigstens nur dulden, soweit sie unbedingt notwendig sind – »jedes unnötige amusement sei ein Übel für ein Wesen, dessen Leben so kurz und dessen Zeit so wertvoll sei«[128] –, wenn Robespierres Meister diesen Haß gegen die Lust propagiert, so kann er sich auf illustre Genfer Vorgänger berufen. Wenn auch Calvin im Gegensatz zu einigen seiner radikaleren Unterführer der Meinung war, »man dürfe dem Volk nicht alle Ergötzlichkeiten vorenthalten«[129], so wurden doch unter seiner Herrschaft Tanz, Spiel, öffentliche und private Freudenfeste entweder vollständig untersagt oder an Bedingungen geknüpft, die fast einem Verbot gleichkamen.[130] Auch Theateraufführungen mit »einer guten Tendenz«[131] wurden zwar nicht auf seine Initiative, aber durch die von ihm geleitete Kongregation aus prinzipiellen Bedenken bekämpft. »Wie es erwartet werden konnte«, heißt es in einer modernen Studie über Robespierre[132], »benutzte er seine Macht auch dazu, allgemeine Moralität zu erzwingen. Maximilien und Couthon, die oft miteinander zu Mittag aßen, stellten ein stark puritanisches Element im Ausschuß dar. Im Oktober ermutigten sie die Commune in ihrem Bestreben, die Welle von Unsittlichkeit, die Paris überschwemmt hatte, zu brechen. Sie

127 Gregorovius, ibid., S. 311.
128 Rousseau, *Lettre à M. d'Alembert*, in: *Œuvres complètes*, ibid., Band VIII, S. 232.
129 C. A. Cornelius, *Historische Arbeiten*, Leipzig 1899, S. 475.
130 Kampschulte, ibid., S. 444.
131 Ibid., S. 445.
132 R. S. Ward, *Maximilian Robespierre*, London 1934, S. 229.

erwirkten mittels Verordnung des Ausschusses die Inhaftierung des Schriftstellers und des Eigentümers eines Theaters, wo man ein unanständiges Stück spielte.« Gewiß verhält sich Robespierre nicht nur infolge des allgemeinen historischen Fortschritts, der inzwischen stattgefunden, sondern auch durch seine exponierte Politik auf dem linken Flügel des Bürgertums, unendlich viel positiver zu Theorie und Vernunft als Luther und die Seinen. Doch gilt ebenfalls für ihn die Regel, daß die bürgerlichen Volksführer hinter die Erkenntnis der Schriftsteller zurückfallen, die ihnen den Weg bereiten. Er war sehr kritisch gegen die Aufklärung. »Tugend und Begabung sind beides notwendige Eigenschaften, aber Tugend ist die notwendigste. Tugend ohne Talente kann immer noch nützlich sein. Talente ohne Tugend sind nur ein Unglück.«[133] In der oben (S. 15) zitierten Rede vom 18. Floréal 1794 eiferte er gegen den Materialismus des Altertums und der Neuzeit, vor allem gegen die Epikuräer und Enzyklopädisten. Nach einem höchst gewagten Ausflug in die Geschichte der Philosophie macht er es den letzteren zum Vorwurf, daß sie gegen den Despotismus schrieben und sich von ihm pensionieren ließen, Bücher gegen den Hof verfaßten und sie den Königen widmeten. Robespierre unterzieht die materialistische Philosophie einer Kritik, weil sie »den Egoismus zum System macht, die menschliche Gesellschaft als einen Krieg der Hinterlist, den Erfolg als Richtschnur für Recht und Unrecht, die Rechtschaffenheit als eine Sache des Geschmacks und der Schicklichkeit, die Welt als Besitztum der gerissenen Schurken auffaßt«[134]. Er spielt Rousseau gegen den Kreis Voltaires aus, bei dem der Genfer Moralist freilich recht verhaßt gewesen ist. Aber die von Robespierre verworfene harte Schilderung der Welt entsprach der Wirklichkeit genauer als sein eigener Glaube, dem zufolge nach dem Befestigen der bürgerlichen Ordnung die Gerechtigkeit von der Umkehr zur Tugend abhängt, ein Idealismus, der von Robespierres historischer Aufgabe allerdings nicht zu trennen ist. Bei seinem Sturz hat diese Ansicht gegenüber dem verschmähten Geist des Materialismus ihren Mangel gezeigt.

133 Zit. nach Ward, ibid., S. 167.
134 Robespierre, *Habt ihr eine Revolution ohne Revolution gewollt?*, ibid., S. 362.

III

Um die geschichtlichen Bedingungen des rücksichtslosen Egoismus hervortreten zu lassen, der im Gegensatz zur offiziellen Moral der neueren Zeit einen Wesenszug des alltäglichen Lebens bildet, wurde im obigen auf einige nicht alltägliche Vorgänge hingewiesen. Von den ausgezeichneten Stellen seiner Entfaltung, den Revolutionen, verbreitet sich über den bürgerlichen Geist im ganzen ein Licht, das auch der Analyse des normalen Zustandes zugute kommt. Es erhebt sich die Frage, warum es dieser historischen Betrachtung überhaupt bedurfte. Die Ableitung der seelischen und intellektuellen Beschränktheit des vorherrschenden Charakters erscheint als einfach genug. Die bürgerliche Gesellschaft beruht nicht auf bewußter Zusammenarbeit für Dasein und Glück ihrer Mitglieder. Ihr Lebensgesetz ist ein anderes. Jeder meint, für sich selbst zu arbeiten, muß auf seine eigene Erhaltung bedacht sein. Es gibt keinen Plan, der festlegt, wie das allgemeine Bedürfnis befriedigt werden soll. Indem jeder versucht, solche Dinge bereitzustellen, gegen die er sich andere, die er braucht, beschaffen kann, wird die Produktion gerade noch so reguliert, daß die Gesellschaft sich in der gegebenen Form entwickeln kann. Je mehr im Verlauf der Jahrhunderte eine bessere, rationellere Regelung technisch in den Bereich der Möglichkeit rückt, als desto gröber und umständlicher erweist sich dieses »feine« Instrument, der Markt, der nur unter schwersten Verlusten an Menschenleben und Gütern die Reproduktion der Gesellschaft vermittelt und mit dem Fortschreiten der kapitalistischen Wirtschaft die Menschheit trotz ihres wachsenden Reichtums nicht vor dem Rückfall in die Barbarei bewahren kann. Schon aus diesem Tatbestand, daß während der Epoche, die das Individuum emanzipiert, der Mensch in der grundlegenden wirtschaftlichen Sphäre sich selbst als isoliertes Subjekt von Interessen erfährt und nur durch Kauf und Verkauf mit anderen in Verbindung tritt, ergibt sich die Fremdheit als anthropologische Kategorie. Wenn die kennzeichnende Philosophie des Zeitalters den Menschen als in sich abgeschlossene Monade in transzendentaler Einsamkeit begreift, die mit jeder anderen Monade nur durch komplizierte, ihrem Willen entzogene Mechanismen in Verbindung steht, so erscheint hier die Existenzform des bürgerlichen Menschen in den Begriffen der Metaphysik. Jeder bildet selbst den Mittelpunkt der Welt, und jeder andere ist »draußen«. Jede Kommunikation ist ein Handel, eine Transaktion zwischen solipsistisch konstruierten Bereichen. Das bewußte Sein dieser Menschen läßt sich auf eine kleine Anzahl von Relationen zwischen festen Größen reduzieren. Die Sprache der Logistik ist sein angemessener Ausdruck. Aus dieser Grundstruktur der Epoche leiten sich ohne weiteres Kälte und Fremdheit her: der Unterdrückung und Vernichtung des Mitmenschen steht im Wesen des bürgerlichen Individuums nichts entgegen. Der Umstand vielmehr, daß in dieser Welt jeder dem anderen zum Konkurrenten wird und selbst bei zunehmendem gesellschaftlichem Reichtum es der Menschen in steigendem Maß zu viele gibt, verleiht dem typischen Individuum der Epoche jenen Charakter der Kälte und Gleichgültigkeit, der sich angesichts der ungeheuerlichsten Taten, wenn sie nur seinem Interesse entsprechen, mit der erbärmlichsten Rationalisierung zufriedengibt.

Die obigen Analysen betrafen nur einige Momente der historischen Verwirklichung des bürgerlichen Prinzips. Sie versuchten, die Lehre vom bürgerlichen Menschen, die sich aus der rein theoretischen Ableitung ergibt, im Hinblick auf den Zug der Grausamkeit konkreter zu gestalten, als es bei rein logischer Ableitung möglich ist. Wenn von Grausamkeit anläßlich jener Erhebungen nicht im besonderen die Rede war, so ist doch nichts an ihnen bekannter als dies. Gewiß sind die gegenrevolutionären Rückschläge in der Regel sehr viel blutiger gewesen; denn selbst die rasch schwindende Hoffnung auf durchgreifende Veränderung, die in den bürgerlichen Revolutionen dem Ressentiment entgegenwirkt, fällt hier ganz hinweg, die fortschrittlichen Elemente sind entmachtet, sie bilden das Hauptziel des Terrors. Aus einem besonderen Faktor, der, wenn auch noch nicht zum völligen Selbstbewußtsein erwacht, doch die Ereignisse vorwärtszutreiben strebt und daher eine eigene Rolle spielt, sinkt die Masse weitgehend zum bloßen Werkzeug der Rache an den avanciertesten Gruppen herab. In der bürgerlichen Revolution wird die Masse, wenn auch in wechselnder Stärke und stets schwankend, von ihrem bewußteren Flügel her bestimmt; sie ist differenziert und wachsam. Sie muß ständig beobachtet, überredet, ernst genommen werden. Sie ist nicht im gleichen Sinn Masse wie in der Gegenrevolution. Hier pflegt der »Mob« aufzutreten, der bis in die psychische Struktur seiner Einheiten hinein von der Masse in den Revolutionen verschieden ist. Die Frage, ob die Erhebungen, die sich in der jüngsten Vergangenheit in einigen europäischen Staaten vollzogen haben, mehr der einen oder anderen Art von historischen Vorgängen zuzurechnen seien, die ohnehin zuweilen ähnlichen Charakter haben und schließlich alle Phasen eines einzigen Prozesses, einer in sich zusammenhängenden Totalität bilden, läßt sich nicht so leicht beantworten, wie es einer liberalistischen Betrachtungsart wohl scheinen mag. Es handelt sich jedenfalls nicht um absolutistische oder klerikale Rückschläge, sondern um die Inszenierung einer bürgerlichen Pseudorevolution mit radikalen völkischen Allüren, entgegen einer möglichen Neuordnung der Gesellschaft überhaupt. Ihre Formen wirken wie ein schlechter Abklatsch der Bewegungen, von denen die Rede war.

Die Rolle des bürgerlichen Führers als Funktionär besitzender Schichten, die Ausstattung seiner Person mit magischen Qualitäten gegenüber den Massen, sein »Charisma«, die Wichtigkeit von Symbolen und Festen, das Übergewicht der Rede über das Tun, der Ruf zu innerer Erneuerung, die Ablösung der alten Bürokratie, die persönlichen Kämpfe zwischen Aspiranten auf Eliteposten, das weitgehend psychisch bestimmte Verhältnis von Führern, Unterführern und Gefolgschaft, die religiöse und nationale Ergriffenheit, die Verankerung des Unterschieds von arm und reich im ewigen Wesen der Welt – all dies sind Äußerungen derselben Dynamik: Massen, die unter den Parolen der Freiheit und Gerechtigkeit und mit einem ungeheuren dumpfen oder hellen Drang nach Besserung ihrer Lage, nach sinnvollem Dasein, Frieden und Glück in Bewegung geraten sind, werden in eine neue Phase der Klassengesellschaft eingegliedert. Gewiß ist dies nur eine Seite des Gesamtvorgangs. Die andere ist der sich gerade in jenen Revolutionen sprunghaft vollziehende Fortschritt eben dieser Gesellschaft, in der so und nicht anders die Voraussetzungen einer höheren sozialen Ordnung entwickelt werden. Aber jenes negative Moment hat, solange die Epoche andauert, seine eigenen anthropologischen Konsequenzen. Indem der Egoismus der von dem bürgerlichen Führer geleiteten Massen sich nicht befriedigen darf, indem ihre Forderungen zurückgedrängt werden auf innere Läuterung, Gehorsam, Ergebung, Opferbereitschaft, indem Liebe und Anerkennung vom Individuum weg zu dem zum

Popanz aufgebauschten Führer, zu erhabenen Symbolen, großen Begriffen gerichtet und das eigene Sein mit seinem Anspruch vernichtigt wird – dahin tendiert die idealistische Moral –, wird auch das fremde Individuum als ein Nichts erfahren und das Individuum überhaupt, sein Genuß und Glück, verachtet und verneint.

Das Gefühl der eigenen absoluten Nichtigkeit, das die Mitglieder der Masse beherrscht, entspricht exakt der puritanischen Ansicht, »daß praktischer Erfolg zugleich das Zeichen und den Lohn der ethischen Überlegenheit bedeutet... Die Lehre, Elend sei ein Beweis von Schuld, obgleich sie ein seltsames Licht auf das Leben der christlichen Heiligen und Weisen wirft, ist stets bei den Reichen beliebt gewesen«[135]. Daß der Arme in Wirklichkeit nichts wert ist, wird ihm jeden Tag aufs neue demonstriert; im Grunde weiß er es von Anfang an. Die herrschende Ideologie enthält zwar meist das Gegenteil, aber die tieferen seelischen Schichten der Menschen werden nicht von ihr allein, sondern ebensosehr von der beständigen Erfahrung der widersprechenden Wirklichkeit bestimmt. Die manifeste Ideologie ist nur ein Moment bei dem Zustandekommen der für die Gesellschaft typischen Charaktere. Der Humanismus, der die Geschichte des neueren Geistes durchzieht, zeigt ein doppeltes Gesicht. Er bedeutet unmittelbar die Verherrlichung des Menschen als des Schöpfers seines eigenen Schicksals. Die Würde des Menschen liegt in seiner Kraft, unabhängig von Mächten der blinden Natur in und außer ihm, sich selbst zu bestimmen, sie liegt in seiner Macht zu handeln. In der Gesellschaft, in der sich dieser Humanismus ausbreitete, ist jedoch die Macht der Selbstbestimmung ungleich verteilt; denn die inneren Energien hängen jedenfalls nicht weniger vom äußeren Schicksal ab als dieses von den Energien. Je weiter der vom Humanismus verklärte abstrakte Begriff des Menschen von ihrer wirklichen Lage entfernt war, desto erbärmlicher mußten die Individuen der Masse sich selbst erscheinen, desto mehr bedingte die idealistische Vergottung des Menschen, die in den Begriffen der Größe, des Genies, der begnadeten Persönlichkeit, des Führers und so weiter sich bekundet, die Selbsterniedrigung, Selbstverachtung des konkreten Einzelnen. In diesem spiegelt sich dabei die Realität nur wider. Wenn selbst der Glücklichste im nächsten Augenblick nicht durch die blinden

135 R. H. Tawney, *Religion and the Rise of Capitalism*, London o. J., S. 267.

Mächte der Natur, sondern aus Ursachen innerhalb der menschlichen Gesellschaft ohne ersichtliche Schuld dem Elendesten und Ärmsten gleich werden kann und das Unglück der einzige normale, nicht ungewisse Zustand ist, so kann es mit dem konkreten Individuum nicht sehr weit her sein. Stündlich bestätigt die Gesellschaft aufs neue, daß nur die Umstände, nicht die Personen tatsächlich Respekt verdienen. Die Reformation mit ihrem die Menschen moralisch zermalmenden Pathos, ihrem Haß gegen die Eitelkeit des Erdenwurms, ihrer finsteren Lehre von der Gnadenwahl ist nicht so sehr die Gegnerin des bürgerlichen Humanismus als seine andere, seine menschenfeindliche Seite. Sie ist der Humanismus für die Massen, er selbst die Reformation für die oberen Tausend.

Die Notwendigkeit, den größten Teil der Gesellschaft durch geistige Praktiken zu einem Verzicht zu bewegen, der nicht unmittelbar durch die äußere Natur, sondern durch die klassenmäßige Organisation der Gesellschaft bedingt ist, gibt den gesamten kulturellen Vorstellungen des Zeitalters einen ideologischen Charakter, der im Mißverhältnis zu der auf Grund der technischen Entwicklung möglichen Erkenntnis steht. Auch bei einer Organisation, in der einzig die noch nicht beherrschte äußere Natur und nicht soziale Verhältnisse die menschliche Freiheit beschränken, zwängen die naturbedingten Grenzen dazu, einen Teil der äußeren Wünsche und Bedürfnisse zu verinnerlichen, und trieben zur Transformation der Energien. Soweit dann andere Triebziele, andere Befriedigungen und Freuden sich entwickeln, werden diese völlig den Charakter des Höheren, Edleren, Erhabenen entbehren, der heute alle spirituellen, alle sogenannten kulturellen Strebungen gegenüber den materialistischen, nicht verinnerlichten Triebregungen bekleidet. Die medizinmännische Gewichtigkeit, die infolge der antagonistischen Verfassung der Gesellschaft dem gesamten Leben in allen nicht wirtschaftlichen Sphären anhängt, verschwindet mit den Fetischen, mittels deren die Massen bei der Stange gehalten werden und um deren Begründung, Kultivierung, Propagierung dieses Leben zentriert ist. Die Rettung ästhetischer, literarischer, philosophischer Elemente der vergangenen Epoche bedeutet nicht, daß der ideologische Zusammenhang konserviert wird, in dem sie standen. Der affirmative Charakter der Kultur, gemäß welchem über der wirklichen Welt das Sein einer ewig besseren behauptet wurde, dieser falsche Idealismus fällt ganz hinweg, aber der Materialismus, der übrigbleibt, ist nicht der bürgerliche der Gleichgültigkeit und Konkurrenz; die Voraussetzungen dieses groben atomistischen Materialismus, welcher unter der Herrschaft jenes Idealismus die eigentliche Religion der Praxis war und ist, werden dann dahingefallen sein. Mit dem Wort vom Reich der Freiheit ist nicht gemeint, daß dieses Treiben, zu dem sich die Kultur nun ausgewachsen hat, in »geläutertem« Zustand sich ausbreiten und, wie man zu sagen pflegt, dem »ganzen Volk« zugute kommen soll. Diese undialektische Ansicht, die den Kulturbegriff des Bürgertums, die asketische Rangordnung, seinen Begriff von Sittlichkeit naiv herübernimmt und seine größten artistischen Leistungen verkennt, hat die Reformbestrebungen auch fortschrittlicher Parteien des neunzehnten Jahrhunderts bis heute beherrscht, das Denken verflacht und schließlich mit zur Niederlage beigetragen. Mit zunehmender Ausweglosigkeit der Lage der Massen bleibt dem Individuum schließlich die Wahl zwischen zwei Verhaltensweisen: der bewußte Kampf gegen die Zustände der Wirklichkeit – in ihm ist das positive Element der bürgerlichen Moral, die Forderung nach Freiheit und Gerechtigkeit unmittelbar enthalten, aber seine ideologische Hypostasierung aufgehoben. Oder das ungebrochene Bekenntnis zu dieser Moral und der ihr entsprechenden Rangordnung – dies führt zur geheimen Verachtung der eigenen konkreten Existenz und zum Haß gegen das Glück der anderen, zu einem Nihilismus[136], der sich in der Geschichte der neueren Zeit als die praktische Vernichtung alles dessen, was froh und glücklich ist, als Barbarei und Zerstörung immer wieder geäußert hat.

136 Nietzsches Kritik des »europäischen Nihilismus« läuft letzten Endes auf die Verneinung der kulturellen Entwicklung seit dem Eintritt des Christentums hinaus. Der Nihilismus, von dem im Text gesprochen wird, ist enger umrissen. Er bezeichnet die geheime Selbstverachtung des Individuums auf Grund des Widerspruchs zwischen bürgerlicher Ideologie und Wirklichkeit; eine Selbstverachtung, die gewöhnlich mit dem überspannten Bewußtsein der Freiheit und der eigenen oder fremden Größe verbunden ist. Weil Nietzsche den Begriff zu weit und daher unhistorisch faßt, muß er verkennen, daß der Nihilismus entweder von der Gesellschaft überhaupt oder gar nicht überwunden wird. »Das Egoistische ist uns verleidet«, klagt er im *Willen zur Macht* (*Gesammelte Werke*, Musarionausgabe, Band XVIII, S. 13); das, wozu er absichtlich Mut macht, ist jedoch bloß das abstrakte Selbstbewußtsein antiker Sklavenhalter und unabsichtlich das gute Gewissen moderner Gewaltherren, die den allgemeinen Nihilismus reproduzieren und auch selbst in sich* tragen.
[* »in sich« / 1936: »im Herzen«.]

In ausgezeichneten historischen Augenblicken kommt dieser bürgerliche Nihilismus in der spezifischen Form des Terrors zum Ausdruck. In der bisherigen Geschichte hat der Terror zu bestimmten Perioden ein Mittel der Regierung gebildet. Allein, es sind verschiedene Elemente dabei zu unterscheiden. Sein rationales Ziel besteht darin, den Gegner einzuschüchtern. Die grauenvollen Akte gelten dem Feind, sind Schutzmaßnahmen nach außen und innen. Der Terror verfolgt jedoch auch eine andere Absicht, die seinen Urhebern nicht immer ins Bewußtsein kommt, seltener von ihnen zugestanden wird: die Befriedigung der eigenen Gefolgschaft. Soweit selbst in so fortschrittlichen Bewegungen wie der Französischen Revolution dieses zweite Element eine Rolle spielt, entspricht es jener tiefen Verachtung, jenem Haß gegen das Glück überhaupt, das mit dem moralisch vermittelten Zwang zur Askese verbunden ist. Die Predigt von der ehrenvollen Armut, die den Alltag dieses Zeitalters begleitet, das doch den Reichtum zu seinem Gott gemacht hat, eine Predigt, die sich im Verlaufe der Erhebung schließlich verstärkt und den Grundton noch der freiheitlichsten bürgerlichen Führerrede bildet, heißt für den tiefsten Instinkt der Zuhörer, daß nach Wiederkehr der Ordnung nicht ein neues sinnvolles, freudiges Dasein beginnt und das Elend wirklich ein Ende hat – dann bedürfte es keines Terrors zu ihrer Befriedigung –, sondern die Rückkehr zu einer schweren Arbeit, zu einem schlechten Lohn und die tatsächliche Unterordnung und Ohnmacht gegenüber jenen, die keine Opfer bringen müssen, um ehrlich zu sein. Die Gleichheit, welche die Individuen der Masse in solchen Augenblicken als gerecht empfinden und fordern, ist dann die allgemeine Erniedrigung zu einem kargen Leben, das man ihnen so emphatisch preist. Wenn der Genuß oder vielmehr schon die Genußfähigkeit, die sie seit ihrer Jugend in sich bekämpfen mußten, so verderblich sind, dann sollen auch die, welche dieses Laster verkörpern und in ihrem ganzen Wesen, in Aussehen, Kleidung, Haltung an es erinnern, ausgelöscht werden, damit das Ärgernis verschwinde und der eigene Verzicht bestätigt werde. Es müßte ja das ganze Leben jedes dieser Individuen der Masse ihm selbst als verfehlt erscheinen, wenn sich herausstellte, daß der Genuß wirklich etwas wert ist und die Aureole der Entsagung bloß in der Einbildung besteht. Durch die ungeschickten und gehetzten Versuche, noch mitzunehmen, was möglich ist, durch das Nachahmen von

Orgien, wie er sie sich vorstellt, dokumentiert der einen Tag zur Macht gekommene kleine Mann dieselbe innerliche Angst wie der eigensinnig tugendhafte Parvenü, sein Leben zu verfehlen. Es geht eben immer um die Seele. Getrieben von heimlicher Neugierde und unauslöschlichem Haß, suchen die Menschen das Verbotene hinter dem, was ihnen fremd ist, hinter jeder Tür, in die sie nicht hineinspazieren können, in harmlosen Vereinen und Sekten, Klostermauern und Palästen. Der Begriff des Fremden wird dem des Verbotenen, Gefährlichen, Verworfenen synonym, und die Feindschaft ist um so tödlicher, als ihre Träger fühlen, daß dies Verbotene kraft ihres eigenen erstarrten Charakters für sie selbst unwiederbringlich verloren ist. Kleinbürgerliches Ressentiment gegen den Adel und Judenhaß haben ähnliche seelische Funktionen. Hinter dem Haß gegen die Kurtisane, der Verachtung gegen die aristokratische Existenz, der Wut über jüdische Unmoral, über Epikuräismus und Materialismus, steckt ein tiefes erotisches Ressentiment, das den Tod ihrer Repräsentanten verlangt. Sie sind, möglichst unter Qualen, auszulöschen; denn der Sinn der eigenen Existenz wird jeden Augenblick durch die ihrige in Frage gestellt. In den Orgien der Aristokratie, der Weibergemeinschaft in aufständischen Städten, dem Blutrausch der Anhänger einer bekämpften Religion – in solchen ihren Opfern angedichteten Taten – verrät jene Tugend ihren eigenen Traum. Es ist nicht so sehr die Seltenheit des Luxus, welche die ideologisch beherrschte Masse in Bewegung setzt, wie die Möglichkeit des Luxus überhaupt. Dieser wird nicht darum wesentlich für frech gehalten, weil es Armut gibt, sondern weil die Armut besser sei als er. Daß alle gleichermaßen nichts sind und darauf reduziert werden, sobald sie meinen, mehr zu sein –, diese Brutalität gegenüber dem persönlichen Schicksal, die in der bürgerlichen Welt für die meisten das Gesetz ist, stellt die Guillotine jedermann vor Augen und gibt der Masse dazu noch das selige Gefühl der Allgewalt, indem ihr eigenes Prinzip zur Macht gelangt. Die Guillotine symbolisiert die negative Gleichheit, diese schlechteste Demokratie, die mit ihrem eigenen Gegensatz, der völligen Mißachtung der Person identisch ist. Entsprechend tritt in den Gefängnissen und Tribunalen der bürgerlichen Freiheitsbewegungen und Gegenrevolutionen zur Grausamkeit noch die moralische Erniedrigung, Beschimpfung und Beleidigung der Verdächtigen als kennzeichnende Behandlungsart. Zwei

Bedeutungen hat »Gleichmachen«: das, was unten ist, heraufbringen, den höchsten Anspruch auf Glück bewußt als Maßstab der Gesellschaft setzen, oder aber herabziehen, das Glück durchstreichen, alles auf das gegenwärtige Elend der Masse herunterbringen. Auch den befreienden und für die Menschheit entscheidenden Erhebungen dieses Zeitalters haftet noch etwas von dieser zweiten Bedeutung an. In den Massen wirken beide Tendenzen, und oft genug liegen sie im Streit. Wenn in den Gegenrevolutionen ausschließlich die negative zur Wirksamkeit gelangte, so hat freilich auch die positive, über die Struktur der Epoche hinausweisende bereits das Wesen einiger historischer Erscheinungen überwiegend bestimmt. Trotzdem braucht man nicht die von wilder Gegnerschaft eingegebenen Schilderungen Taines zu lesen[137], um auch im Terror der Französischen Revolution die Äußerungen jenes Nihilismus zu erkennen. Klarer als die Zusammenstellung furchtbarer Ereignisse spricht der »philosophische Polizeimann Dutard«, den Mathiez zitiert, die Funktion des Terrors für die Massen aus. In seinem Bericht über die Hinrichtung von zwölf Verurteilten heißt es: »Ich muß Ihnen sagen, daß diese Hinrichtungen in der Politik die größten Wirkungen hervorrufen, aber die wichtigsten bestehen darin, das Ressentiment des Volkes wegen der von ihm ertragenen Übel zu beruhigen. Es übt dadurch seine Rache aus. Die Frau, die ihren Gatten verloren hat, der Vater, der seinen Sohn verloren hat, der Kaufmann, der kein Geschäft mehr hat, der Arbeiter, der alles so teuer bezahlt, daß sein Lohn sich beinahe auf nichts reduziert, lassen sich nur herbei, sich mit den Übeln, die sie bedrücken, zu versöhnen, wenn sie Menschen sehen, die noch unglücklicher sind als sie und in denen sie glauben, ihre Feinde zu erblicken.«[138] Marx und Engels haben die verächtliche Seite des Terrors der Französischen Revolution nicht übersehen. »Der ganze französische Terrorismus«, heißt es in der *Neuen Rheinischen Zeitung*[139], »war nichts als eine plebeji-

137 Cf. Hippolyte Taine, *Les origines de la France contemporaine*, Band III, Paris 1881, S. 294 ff.; ferner Band IV, S. 276 ff.
138 A. Mathiez, *La Révolution française*, Band III, Paris 1928 f., S. 81 [Übersetzung von M. H.].
139 ›Bilanz der preußischen Revolution‹, in: *Aus dem literarischen Nachlaß von K. Marx und F. Engels*, herausgegeben von F. Mehring, Band III, Stuttgart 1920, S. 211.

sche Manier, mit den Feinden der Bourgeoisie, dem Absolutismus, dem Feudalismus und dem Spießbürgertum fertig zu werden.« Und im Jahre 1870 schreibt Engels: »La terreur, das sind großenteils nutzlose Grausamkeiten, begangen von Leuten, die selbst Angst haben, zu ihrer Selbstberuhigung. Ich bin überzeugt, daß die Schuld der Schreckensherrschaft Anno 1793 fast ausschließlich auf den überängsteten, sich als Patrioten gebarenden Bourgeois, auf den kleinen... Spießbürger und auf den bei der terreur sein Geschäft machenden Lumpenmob fällt.«[140] Wenn Engels den Terror hier vor allem als eine lächerliche Übertreibung des rationalen Zwecks versteht, so liegt in seinem Abscheu vor dem Kleinbürger und Lumpenmob auch der Hinweis auf die gesellschaftlich bedingte sadomasochistische Verfassung dieser Schichten, die nicht weniger am französischen Terror schuld war als die Aktivität der Gegner.

Angesichts des unabsehbaren Aufschubs einer wirklich durchgreifenden und dauernden Verbesserung für die Armen und der Gewißheit, daß die reale Ungleichheit trotz der Phrase der Gleichheit weiterdauern wird, haben die Führer das Richtige getroffen und der Masse anstatt des Glücks des Allgemeinen das Unglück des Besonderen geboten. Die schöne Claire Lacombe spielte seit dem Aufstand vom 10. August, bei dem sie sich ausgezeichnet hatte, eine gewisse Rolle in der Revolution. Diese Schauspielerin stand der radikalen Linken nahe und besaß entscheidenden Einfluß bei den revolutionären Frauen. Als sie mit Robespierre und den Seinen in Konflikt geriet, kündigte man schon vor ihrer endgültigen Festnahme den Vollzug mit folgenden Worten an: »Die Frau oder das Mädchen Lacombe ist endlich im Gefängnis und außerstande gesetzt zu schaden; diese bacchantische Konterrevolutionärin trinkt jetzt nichts mehr als Wasser; man weiß, daß sie sehr den Wein liebte, daß sie nicht weniger das gute Essen und die Männer liebte; Beweis: die intime Freundschaft, die zwischen ihr, Jacques Roux, Leclerc und Genossen herrschte.«[141] Robespierre hat diesen kleinbürgerlichen Geist in seiner Politik weitgehend repräsentiert. Persönlich war er durch seine asketische Struktur dazu disponiert; doch auch

140 Engels an Marx, Brief vom 4.9.1870, in: Marx/Engels, *Briefwechsel*, Band IV, Berlin 1931, S. 377.

141 A. Mathiez, *La vie chère et le mouvement social sous la Terreur*, ibid., S. 356.

die große fortschrittliche Bedeutung der Revolution drückt sich in seinem Charakter aus. »Das Volk«, heißt es in seinen Aufzeichnungen[142], »welches Hindernis steht seiner Belehrung entgegen? Das Elend. Wann wird das Volk denn aufgeklärt sein? – Wenn es Brot haben wird und die Reichen sowie die Regierung aufhören, niederträchtige Federn und Zungen zu kaufen, um es zu täuschen. Wenn ihr Interesse mit dem des Volkes verschmolzen ist. Wann wird ihr Interesse mit dem des Volkes verschmolzen sein? – Niemals.« Aber diese Sätze reichten tatsächlich über die von ihm geleitete Bewegung hinaus. In seinem Manuskript hat er sie durchgestrichen. – Ebenso war Saint-Just zu einer großen Einsicht gelangt: »Das Glück ist in Europa eine neue Idee.«[143] Er äußerte sie im Zusammenhang mit jenen Gesetzen, die den Sturz seiner Regierung bedingten. Nach dem Thermidor wurde nicht das Glück, sondern der gesetzlose, unbeschränkte Terror auf die Tagesordnung gesetzt.

Die Analyse der psychischen Mechanismen, durch die Haß und Grausamkeit erzeugt werden, ist in der modernen Psychologie hauptsächlich von Freud angebahnt worden. Der Begriffsapparat, den er in seinen ersten Arbeitsperioden geschaffen hat, vermag wichtige Dienste beim Verständnis dieser Prozesse zu leisten. Aus seiner ursprünglichen Lehre leuchtet ein, daß die gesellschaftlichen Verbote unter den gegebenen familialen und allgemeinen sozialen Bedingungen geeignet sind, den Menschen auf einer sadistischen Triebstufe festzuhalten oder ihn dahin zurückzuwerfen. Seine Lehre von den Partialtrieben, von der Verdrängung, der von Bleuler übernommene Begriff der Ambivalenz und so fort bilden die Voraussetzung für ein psychologisches Verständnis des hier diskutierten Vorgangs, wenn sich auch bei Freud selbst diese Anwendung im einzelnen nicht findet.[144] Ohne die psychoanalytische Betrach-

142 J. Jaurès, *Histoire socialiste de la Révolution française*, Band VIII, Paris 1924, S. 259.

143 Saint-Just, *Œuvres complètes*, Band II, Paris 1908, S. 248.

144 Eine theoretisch wichtige Fortführung innerhalb der Psychoanalyse stammt von Wilhelm Reich. Cf. vor allem *Massenpsychologie des Faschismus*, Kopenhagen 1933. Wir stimmen in vielen Punkten mit seiner psychologischen Deutung einzelner Züge des bürgerlichen Charakters überein. Reich leitet diese allerdings, hierin ein echter Schüler Freuds, im wesentlichen aus der Sexualunterdrückung ab; der Enthemmung der genitalen Sexualität schreibt er bei der Veränderung der gegenwärtigen Zustände eine fast utopische Bedeutung zu.

tungsweise läßt sich die Transformation der psychischen Energien bei der Verinnerlichung heute nicht begreifen. Während jedoch die Freudschen Kategorien ursprünglich einen dialektischen Charakter zeigten, indem sie auf die Konstruktion des Einzelschicksals in der Gesellschaft bezogen blieben und die Wechselwirkung zwischen äußeren und inneren Faktoren spiegelten, ist in den späteren Jahren das historische Moment in seiner Begriffsbildung zugunsten des rein biologischen mehr und mehr zurückgetreten. Heute scheint es, als ob jener dialektische Charakter der Theorie auch in den früheren Arbeiten sich unabhängig vom Willen des positivistisch orientierten Autors eingeschlichen hätte. Je mehr er sich umfassenderen soziologischen, geschichtlichen oder philosophischen Problemen nähert, desto deutlicher tritt der liberalistische und weltanschauliche Zug seines Denkens hervor. Aus seiner Lehre vom Narzißmus folgt bereits, daß die Liebe erklärungsbedürftiger sei als der Haß. Dieser »ist als Relation zum Objekt älter als die Liebe, er entspringt der uranfänglichen Ablehnung der reizspendenden Außenwelt von seiten des narzißtischen Ichs«[145]. Späterhin ist der Trieb zur Zerstörung, »die angeborene Neigung des Menschen zum ›Bösen‹, zur Aggression, Destruktion und damit auch zur Grausamkeit«[146] als eine unmittelbar biologisch bestimmte Grundtatsache des Seelenlebens gesetzt worden. Freud nimmt an, »es müsse außer dem Trieb, die lebende Substanz zu erhalten und zu immer größeren Einheiten zusammenzufassen, einen anderen, ihm gegensätzlichen, geben, der diese Einheiten aufzulösen und in den uranfänglichen, anorganischen Zustand zurückzuführen strebe. Also außer dem Eros einen Todestrieb.«[147] Der »Sinn der Kulturentwicklung« sei der »Kampf zwischen Eros und Tod, Lebenstrieb und Destruktionstrieb..., wie er sich an der Menschenart vollzieht«[148].

Aus diesem allgemeinen Schema Freuds ergibt sich seine einfache Geschichtsphilosophie. Infolge der »primären Feindseligkeit der

145 Sigmund Freud, ›Triebe und Triebschicksale‹, in: *Gesammelte Werke*, Band X, Frankfurt am Main [3]1967, S. 231.
146 Sigmund Freud, *Das Unbehagen in der Kultur*, in: ibid., Band XIV, Frankfurt am Main [3]1963, S. 479.
147 Ibid., S. 477f.
148 Ibid., S. 481.

Menschen gegeneinander«[149] ist die Kulturgesellschaft ständig vom Zerfall bedroht und eine dauernde Verbesserung der sozialen Zustände unmöglich. Alle Arten von Zwang, die Gesetze, ferner auch Moral und Religion sind Versuche, den Folgen des ewigen Destruktionstriebs zu begegnen. Es wird ständig einer »Elite« bedürfen, um die zerstörungssüchtigen Massen im Zaum zu halten. In der Geschichte empfangen wir den Eindruck, »die ideellen Motive hätten den destruktiven Gelüsten nur als Vorwände gedient, andere Male, z. B. bei den Grausamkeiten der heiligen Inquisition, meinen wir, die ideellen Motive hätten sich im Bewußtsein vorgedrängt, die destruktiven ihnen eine unbewußte Verstärkung gebracht. Beides ist möglich.«[150] Sicher ist jedenfalls, »daß es keine Aussicht hat, die aggressiven Neigungen der Menschen abschaffen zu wollen«[151]. Wenn nach Freud das Leben gewisser primitiver Völkerstämme und die Lehre der Bolschewisten solche utopistischen Vorstellungen zu bekräftigen scheinen, so verharrt er doch in seiner Skepsis. »Ich halte das für eine Illusion.«[152] Man soll vor allem nicht meinen, der Krieg sei so bald abzuschaffen. Die »Kultureignung«, das heißt »die einem Menschen zukommende Fähigkeit zur Umbildung der egoistischen Triebe unter dem Einflusse der Erotik«[153], besteht aus »zwei Anteilen..., einem angeborenen und einem im Leben erworbenen«[154]. Wir sind geneigt, den angeborenen zu überschätzen, und mit dem erworbenen ist es gewöhnlich nicht weit her. Die meisten sind im Hinblick auf ihre Kultiviertheit »Heuchler«. Freud erklärt die im Krieg und nicht nur im Krieg geäußerte Grausamkeit nicht aus einer Transformation von Triebregungen, die auf materielle Ziele gehen, in letzter Linie aus dem Zwang zu geduldig ertragenem Elend. Er neigt dazu, den »Druck der Kultur«, soweit er nicht die Sexualität betrifft, als Druck auf den angeborenen Destruktionstrieb anstatt auf die gesamten Bedürfnisse zu verstehen, welche die Massen entgegen den gesellschaftlichen Möglichkeiten verdrängen

149 Ibid., S. 471.
150 Sigmund Freud, ›Warum Krieg?‹, in: ibid., Band XVI, Frankfurt am Main ²1961, S. 21 f.
151 Ibid., S. 23.
152 Ibid.
153 Freud, ›Zeitgemäßes über Krieg und Tod‹, in: ibid., Band X, S. 334.
154 Ibid.

müssen. Der ewige Destruktionstrieb soll, wie der Teufel im Mittelalter, an allem Bösen schuld sein. Und Freud hält sich mit dieser Ansicht auch noch für besonders kühn. »Wahrscheinlich würde es auf geringen Widerstand stoßen«, schreibt er als Erklärung für das lange Zögern der Psychoanalyse, den Todestrieb in ihre Lehre aufzunehmen[155], »wenn man den Tieren einen Trieb mit solchem Ziel zuschreiben wollte. Aber ihn in die menschliche Konstitution aufzunehmen, erscheint frevelhaft; es widerspricht zu vielen religiösen Voraussetzungen und sozialen Konventionen.« Er weiß nicht, wie sehr diese neue Phase seiner Lehre und Bewegung bloß die soziale und religiöse Konvention wiederholt.

Die geschichtlichen Erscheinungen, von denen oben die Rede war, sollten die Ansicht erhärten, daß die Genußfeindschaft, die in der optimistischen und pessimistischen Menschenauffassung der neueren Zeit enthalten ist, aus der gesellschaftlichen Lage des Bürgertums hervorgeht. Das überspannte Musterbild des Menschen, der zugleich sentimentalische und harte Begriff der Tugend und Selbsthingabe, der Kultus eines abstrakten Heroismus haben die gleiche Wurzel wie der individualistische Egoismus und Nihilismus, mit dem sie zugleich in Widerspruch und Wechselwirkung stehen. Die Überwindung dieser Moral liegt nicht im Aufstellen einer besseren, sondern im Herbeiführen von Zuständen, unter denen ihr Daseinsgrund hinwegfällt. Die Verwirklichung der Sittlichkeit, eines menschenwürdigen Zustandes von Gesellschaft und Individuen, ist kein bloß seelisches, sondern ein geschichtliches Problem. Durch diese Einsicht hat Hegel den Idealismus über seine ursprünglichen Grenzen hinausgeführt. Die Freiheit ist »zunächst nur Begriff, Prinzip des Geistes und Herzens«, sie ist jedoch dazu bestimmt, »sich zur Gegenständlichkeit zu entwickeln«[156]. »Auf die Frage eines Vaters nach der besten Weise, seinen Sohn sittlich zu erziehen, gab ein Pythagoreer (auch anderen wird sie in den Mund gelegt) die Antwort: wenn du ihn zum Bürger eines Staats von guten Gesetzen machst.«[157] Die Aufgabe ist somit nicht nur innerlich. Sie ist in der

155 Sigmund Freud, *Neue Folge der Vorlesungen zur Einführung in die Psychoanalyse*, in: ibid., Band XV, Frankfurt am Main [4]1967, S. 110.
156 Hegel, *Enzyklopädie der philosophischen Wissenschaften*, 3. Ausgabe, § 482; 2. Ausgabe, § 483.
157 Hegel, *Grundlinien der Philosophie des Rechts*, § 153.

Gegenwart auch keine Angelegenheit der guten Orientierung und geschickten Auswahl. Ob die künftigen Generationen menschenwürdig leben werden, hängt vom Ausgang einer Periode von Kämpfen ab, deren Relevanz für seinen eigenen Standpunkt Hegel noch nicht sehen konnte. Wenn jedoch Freud spottet, daß nach Ansicht gewisser Leute die Brutalität, Gewalttätigkeit, Grausamkeit des Menschen bloß vorübergehend seien oder durch die Umstände provoziert, ja, »vielleicht nur Folge der unzweckmäßigen Gesellschaftsordnungen, die er (der Mensch) sich bisher gegeben hat«[158], so referiert er zwar eine dialektische Theorie in allzu flachen Worten, aber selbst in der pragmatistischen Übersetzung entspricht diese bekämpfte Ansicht dem gegenwärtigen Zustand besser als die biologistische Metaphysik, zu der auch Freud sich bekennt.

In keinem Phänomen tritt das Verhältnis zwischen praktischer Rücksichtslosigkeit und idealistischer Moral prägnanter hervor als in dem Nebeneinander zartester Rücksichtnahme, harmloser Gutmütigkeit und zynischer Härte, das nicht bloß dem Individuum, das Macht gewinnt, sondern auch den Ideal- und Phantasiegestalten dieses Zeitalters eigentümlich ist. Die Besitzer der Riesenvermögen und die Politiker, deren Geschäft eine furchtbare Rücksichtslosigkeit bedingt, pflegen zu Hause zartfühlende und rührende Kameraden zu sein. Von der Rolle der Kinder war schon die Rede. Das grausigste Tagewerk wird von der Freundschaft und dem Lächeln gegenüber dem Kind umrahmt. Je tiefer die gesellschaftlich Schwachen sich ducken müssen, desto höher steigt das Symbol der natürlich Schwachen, der Kinder und ehrenwerten Greise. In der Blindheit gegen das Dasein der Tiere hat sich in der bisherigen europäischen Gesellschaft die gehemmte Entwicklung der Intelligenz und Instinkte gezeigt. Ihr Los in unserer Zivilisation spiegelt die ganze Kälte und Borniertheit des vorherrschenden menschlichen Typus wider. Wenn jedoch die Individuen bewußt zu besonders blutigen Mitteln greifen, haben sie gewöhnlich ihre Liebe zu den Tieren, wenn nicht entdeckt, so wenigstens behauptet. »Sie nennen mich grausam, obgleich ich kein Insekt leiden sehen kann«, sagt Marat, als er die Tötung einer Reihe von politischen Gegnern

158 Sigmund Freud, *Neue Folge der Vorlesungen*, ibid.

empfiehlt.[159] Die sentimentale Liebe zu Tieren gehört in dieser Gesellschaft mit zu den ideologischen Veranstaltungen. Es ist nicht eine allgemeine Solidarität, die sich selbstverständlich auch auf diese lebendigen Wesen erstreckte, sondern zumeist ein Alibi gegenüber dem eigenen Narzißmus und dem öffentlichen Bewußtsein, gleichsam ein Test, daß man der idealen Moral entspricht. Das Bekenntnis der Grausamkeit, das Eingeständnis, Freude an der Grausamkeit zu haben, die man begeht, widerspräche völlig der notwendigen Stimmung dieser Zeit. Eine Regierung, zu deren täglich angewandten wichtigsten Mitteln jener Terror im negativen Sinn gehört, die der nihilistischen Verfassung ihrer eigenen Gefolgschaft die schrecklichsten Opfer bringt und gegen ihre spontane Betätigung wohlüberlegte Nachsicht zeigt, würde sich selbst aufheben, wollte sie dies wirklich eingestehen. Nichts wiese sie weiter von sich als die begeisternde Funktion der Grausamkeit. Ja, es gehört seit langem gewissermaßen zum Handwerk des Terrors, ihn nach außen hin zu bagatellisieren oder ganz zu verleugnen. Schon Calvin lobt die Milde der Genfer Ratsbehörde, als er seine Gegner durch sie foltern ließ[160], und unterschlägt die Folter in einem für das entrüstete Zürich bestimmten Bericht.[161] Es ertönen die Stimmen, daß im terrorisierten Genf »unglaubliche Ruhe« und »Eintracht unter allen Guten«[162] herrsche, und jene Kundgebungen der Außenwelt hatten »keine weiteren Folgen«[163]. – »Der Richter ist ein sublimierter Henker«, sagt Nietzsche.[164] Wenn das wahr ist, so lockerte sich doch der Tatbestand, wenn ihn der Richter in Wahrheit zu seinem Bewußtsein machte. Freud sagt mit Recht, daß der Destruktionstrieb aus kulturellen Gründen jeweils einen Vorwand, eine Rationalisierung braucht – die Schlechtigkeit des Gegners, die pädagogische Zweckmäßigkeit, die Verteidigung der Ehre, einen Krieg oder irgendeine Volkserhebung. Aber diese Rationalisierung wirkt nicht dem Verfall jeder menschlichen Gemeinschaft überhaupt, sondern bloß dem

159 Zitiert nach H. Cunow, *Die Parteien der großen französischen Revolution und ihre Presse*, Berlin 1912, S. 334.
160 Cf. Kampschulte, ibid., Band II, S. 268.
161 Cf. ibid., S. 270.
162 Ibid.
163 Ibid., S. 271.
164 Nietzsche, in: ibid., Band XI, S. 205.

der gegenwärtigen entgegen. Der für ewig gehaltene Destruktionstrieb wurde bisher aus gesellschaftlichen Verhältnissen stets reproduziert und auch mit Hilfe ideologischer Praktiken im Zaum gehalten. Unter veränderten Umständen können die Wirksamkeit und Erkenntnis gemeinschaftlicher Interessen die gesellschaftlichen Beziehungen der Menschen bestimmen; der »Destruktionstrieb« wird sie nicht mehr stören. In der gegenwärtigen Epoche ist der Egoismus tatsächlich destruktiv geworden, sowohl der gefesselte und abgelenkte Egoismus der Massen als auch das veraltete egoistische Prinzip der Ökonomie, das nur noch seine brutalste Seite zeigt. Indem dieses überwunden wird, vermag jener in einem neuen Sinn produktiv zu werden. Die Schlechtigkeit des Egoismus liegt nicht an ihm selbst, sondern an der geschichtlichen Situation; wird sie verändert, so geht sein Begriff in den der vernünftigen Gesellschaft über.

Da die praktische wie die theoretische Lösung der anthropologischen Fragen nur durch den Fortschritt der Gesellschaft selbst zu leisten ist und die wirkliche Beschaffenheit des bürgerlichen Menschen sich erst ganz aufhellt, wenn er sich verwandelt hat, so wird keine Philosophie und keine geschickte Methode der Erziehung dem Problem gerecht. Die den Einblick behindernde idealistische Moral ist nicht etwa zu verwerfen, sondern historisch zu verwirklichen und deshalb heute auch nicht auszuschalten. Die Frage, wie das Schicksal des allgemein verfemten Egoismus, des »Zerstörungs- und Todestriebs« in einer vernünftigeren Wirklichkeit sich gestalten werde, findet keine bestimmte Antwort. Doch gibt es in der neueren Zeit Anzeichen, die in eine und dieselbe Richtung einer Lösung weisen. Einige Denker haben, im Gegensatz zum herrschenden Geist, den Egoismus weder verhüllt noch verkleinert noch angeklagt, sondern sich selbst zu ihm bekannt. Nicht zu jener abstrakten und jämmerlichen Fiktion, in welcher er bei manchen Nationalökonomen und bei Jeremias Bentham auftritt, sondern zum Genuß, zum Höchstmaß an Glück, in das auch die Befriedigung grausamer Regungen mit eingeschlossen ist. Sie haben keinen der Triebe, die ihnen historisch als ursprünglich gegeben waren, idealisiert, sondern die von der offiziellen Ideologie hervorgerufene Verbiegung der Triebe gebrandmarkt. Diese Denker, seit Aristipp und Epikur, sind in der neueren Geschichte wesentlich nur nach ihrem Gegensatz zur herrschenden Moral verstanden worden. Von da her wurden sie verteidigt und verdammt. Aber mit diesen Apologeten des unbeschränkten Egoismus hat es eine eigene Bewandtnis. Indem sie selbst den verpönten Triebregungen nachspürten und sie ohne Ablehnung und Verkleinlichung ins Bewußtsein hoben, verloren die Mächte ihre dämonische Gewalt.

Diese hedonistischen Psychologen wurden in der Regel als die Feinde der Menschheit hingestellt oder von eben diesen auf den Schild gehoben. Am meisten ist das Nietzsche widerfahren. Man hat den Übermenschen, den problematischsten Begriff, mit dem der Psychologe den von ihm beherrschten analytischen Bereich verließ, nach dem Wunschtraum des Spießbürgers gedeutet und Nietzsche selbst mit diesem verwechselt. Das Abenteuerliche schien daran so schön. Größe, Blut und Gefahr waren auf Bildern und Denkmälern seit je beliebt. Aber Nietzsche ist das Gegenteil dieses aufgespreizten Kraftgefühls. Sein Irrtum liegt in dem Mangel an historischem Verständnis der Gegenwart, der ihn zu absonderlichen Hypothesen treibt, wo klare theoretische Erkenntnis möglich war. Gegenüber der geschichtlichen Dynamik seiner Zeit und damit gegenüber dem Weg zu seinem Ziel ist er blind gewesen; deshalb gerät auch noch seine großartigste Analyse, die Genealogie der Moral und des Christentums, bei aller Feinheit zu grob. Aber dieser Prophet der epikuräischen Götter und des Lustcharakters der Grausamkeit hat sie bei sich selbst von dem Zwang zur Rationalisierung befreit. Indem der Wille, leiden zu machen, aufhört, sich »im Namen« Gottes, »im Namen« der Gerechtigkeit, der Sittlichkeit, der Ehre oder der Nation zu betätigen, verliert er, mittels der Erkenntnis seiner selbst, die furchtbare Gewalt, die er ausübt, solange er sich auf Grund der ideologischen Verleugnung vor seinem eigenen Träger verbirgt. Er wird als das, was er ist, in die Ökonomie der Lebensführung aufgenommen und vernünftig beherrschbar. Nicht die Aufhebung der Ideologie und ihrer Basis, das heißt der Übergang zu einer besseren Gesellschaft, sondern die Entfesselung der gegenwärtig aus gesellschaftlichen Gründen reproduzierten und verdrängten Aggression durch die bürgerlichen Autoritäten selbst, zum Beispiel in Krieg und Aufbruch der Nation, macht aus ihr eine kulturvernichtende Gewalt. Nietzsche selbst kann man sich nicht als Henker denken wie manchen seiner Jünger. Seine inoffensive Existenz entspringt aus der tiefsten Erkenntnis seelischer Zusammenhänge, die es vielleicht in der Geschichte gegeben hat. Nietzsches Vorläufer in der Analyse von Egoismus und Grausamkeit, Mandeville, Helvétius, de Sade, sind wie er selbst von Freuds herablassender Toleranz gegen den »leider« nun einmal vorhandenen Destruktionstrieb, von seiner resignierenden Skepsis so frei wie vom Ressentiment des liebenden Rousseau.

Durch ihr eigenes Dasein scheinen diese Psychologen darauf hinzuweisen, daß die Befreiung von der asketischen Moral mit ihren nihilistischen Konsequenzen eine menschliche Veränderung im umgekehrten Sinne zu bewirken vermag wie die Verinnerlichung. Dieser sie aufhebende Prozeß wirft den Menschen nicht auf die vorhergehende seelische Stufe zurück, gleichsam als ob jener erste Prozeß nicht geschehen wäre, sondern bringt ihn zu einer höheren Lebensform. Sie zur allgemeinen Wirklichkeit zu machen, haben jene Denker wenig beigetragen; dies ist vornehmlich die Aufgabe der historischen Personen, bei denen Theorie und geschichtliche Praxis zur Einheit wurden. Bei ihnen treten die Mechanismen der bürgerlichen Psychologie als bestimmende Mächte ihres Lebens wie als theoretischer Gegenstand hinter ihre welthistorische Mission zurück. Sofern mit ihrer Hilfe die Menschheit in ein höheres Zeitalter eintritt, wird sie mit der Veränderung der Wirklichkeit rasch auch die freiere seelische Verfassung gewinnen, wie sie die große Zahl der Kämpfer und Märtyrer für jene allgemeine Umwandlung schon ohne psychologische Vermittlung besitzt, weil das düstere, glückverneinende Ethos einer vergehenden Epoche nichts mehr über sie vermag.

Nach der ästhetischen Theorie des Aristoteles bewirkt das Ansehen von Leiden in der Tragödie eine Lust.[165] Die Menschen werden reiner, indem sie diesen Trieb, die Freude am Mitleiden, befriedigen. Die Anwendung der Theorie des Aristoteles auf die neuere Zeit scheint problematisch zu sein, sie ist, selbst von Lessing, im Sinn der idealistischen Moral umgedeutet und »versittlicht« worden. Die Katharsis durch das Schauspiel, durch das Spiel überhaupt, setzt eine veränderte Menschheit voraus.

165 Cf. das 6. Kapitel der *Poetik*.

Zu Theodor Haeckers *Der Christ und die Geschichte*[1]

(1936)

In der Endlichkeit gibt es nach Ansicht des wahren Christen nur ein einziges wirkliches Ziel, den Tod, »die Ruhe des Grabes«. Ob Menschenwerk Sekunden, Jahre, Jahrhunderte, Jahrmillionen dauert: »Der Wind oder Sturm, der die Spuren *aller* endlichen Ziele verwischt und auslöscht, wird kommen. Ein Intellekt, der das nicht einsieht, ist noch nicht zu seiner eigenen natürlichen Höhe gelangt. Ist er es aber, dann ist es nicht wahr, daß er es aushält.« Wahnsinn ist eine Gnade für ihn, Lüge und verzweifelte Irrlehren wie die von der ewigen Wiederkehr der Dinge sind seine Zuflucht.[2] Die Rettung aus solchem Versinken ist einzig durch den christlichen Ausblick und Glauben gegeben. Die endlichen Ziele sind im Dienst Gottes, im Dienst der Rückkehr zu Gott gesetzt. Gott ist das unendliche Ziel. Mag die Welt der Hölle zu gleichen scheinen, Gott allein ist der Herr der Geschichte[3], sein Wille allmächtig; des Willens von Menschen und Teufeln bedient er sich »zu Seinen unwandelbaren Zwecken und Zielen«[4]. Die Rolle der Völker in der Tragödie oder Komödie der Geschichte »wird ihnen zugeteilt von dem Schöpfer, von dem göttlichen Dramaturgen und Richter selber«[5].

Haeckers Buch ist nicht aus der Absicht hervorgegangen, eine neue Theorie der Geschichte aufzustellen. Er will einzig die christliche oder vielmehr die katholische Auffassung umreißen. Durch die Klarheit des Gedankens und der Sprache, durch die Beschränkung auf das Wesentliche beweist diese kleine für breite Leserschichten bestimmte Schrift die Lebendigkeit des katholischen Gedankens. Bei allem Wissen um die Kompliziertheit der geschichtsphilosophischen Probleme flieht Haecker nirgends vor den entscheidenden

1 Leipzig 1935.
2 Ibid., S. 30.
3 Ibid., S. 117.
4 Ibid., S. 91.
5 Ibid., S. 129.

Fragen in die fest umhegten Bezirke einer infolge der Isolierung belanglosen spezialistischen Fertigkeit. Er entwickelt die christliche Ansicht im ganzen.

Alles, was Anfang und Ende hat, was existiert, hat auch Geschichte; alle besonderen Geschichten vereinigen sich zur Universalhistorie, die einmal begonnen hat und zu Ende kommen wird. Die besonderen Geschichten haben eine Rangordnung: »Die Geschichte selber eines Helden oder eines Heiligen ist hierarchisch höher und gefüllter« als die des Durchschnittsmenschen[6]; die der Tiere, Pflanzen und Dinge sind bezogen »auf die Geschichte des Menschen als die Mitte und den Zweck der Schöpfung«[7]. Gott selbst ist ebenso geschichtslos wie die Werte und Ideen. Daß diese verwirklicht oder »verleiblicht« werden, macht den Inhalt des geschichtlichen Verlaufs aus und bestimmt seinen Sinn, welcher der katholischen Auffassung gemäß in der Erhebung und Erhöhung des Menschen aus seinem Fall besteht. Jeder Einzelne muß den Aufstieg für sich allein vollziehen. Wenn auch nicht Individuen, sondern Gesellschaftsgruppen die primären Träger der Geschichte sind[8], so geht es letzten Endes doch um das Heil jeder besonderen Seele. Auf das Heil der Personen bezogen, gewinnen alle Vorgänge der menschlichen und außermenschlichen Geschichte Ordnung und Sinn. Geschichtliche Verläufe unterliegen durchaus den fachwissenschaftlichen Methoden des Geologen, Biologen, Nationalökonomen, Psychologen ebenso wie der kritischen Sichtung des Historikers; sie bleiben jedoch eine sinnlose Mannigfaltigkeit, ein Chaos ohne das Licht des christlichen Glaubens, daß durch die Menschwerdung Christi der göttlich-menschliche Prozeß in den profanen verwoben ist, wodurch dieser erst seine eigentliche Realität und unendliche Bedeutung gewinnt.

Gott, Mensch und Teufel sind die wirkenden Kräfte. Bei der Entscheidung, ob der Mensch der Versuchung des Teufels anheimfällt oder der göttlichen Gnade sich anvertraut, mögen äußere Ereignisse eine wichtige Rolle spielen, zuletzt geht sie im Inneren des Subjekts vor sich. Dieses ist zwischen zwei ungleiche Mächte gestellt. Die

6 Ibid., S. 47.
7 Ibid., S. 43.
8 Ibid., S. 50–52.

böse versucht, innerhalb der ihr im Weltplan zugewiesenen Grenzen, den Menschen zum Mißbrauch seiner vom Schöpfer gewährten Freiheit zu verführen; Gott selbst zeigt ihm dagegen durch seine Kirche den Weg zum Heil. Während die Völker herrschen und verschwinden, wird die Kirche bis zum Ende aller Tage bestehen. Mögen, »was offenbar ist«, viele ihrer Vertreter den ihr vom Evangelium vorgezeichneten Weg verlassen und die Vorschrift mißachten, ohne Waffen und allein durch den Geist zu siegen und die zu segnen, »die euch fluchen«[9]: wenigstens verkündet sie immer noch dieses Prinzip in der Predigt, und viele ihrer Diener haben es immer wieder durch ihr Leben besiegelt. Das Volk Gottes aber, das zum Evangelium halten und vor der Ewigkeit bestehen wird, ist nicht etwa eine heute sich aufspreizende natürliche Gemeinschaft, Rasse oder Nation, sondern – so dürfen wir glauben – Einzelne werden es sein, die aus allen Völkern kommen.

Im Gegensatz zu den Schriften mancher moderner Religionsphilosophen, die den Inhalt des Glaubens so sehr spiritualisieren, verflüchtigen oder gar beiseite lassen, daß der Leser nurmehr aus der theologischen Färbung des Stils errät, worauf der Autor schließlich hinauswill, verkündet Haecker* wirklich einen Glauben. Durch die Unabhängigkeit von erfolgreichen Zeitströmungen, durch die Treue zu bestimmten Ideen und vor allem durch die ihm innewohnende Sehnsucht nach universaler Gerechtigkeit erweckt sein Wort Achtung, wenngleich es trügt. Den Grund von Haeckers Denken bildet – anders als bei vielen bestallten Funktionären der Kirche – die Spannung zwischen dem gegenwärtigen Geschehen und dem Glauben. An vielen Stellen tritt die Verachtung der zeitgemäßen »Weltanschauung« hervor, die bloße Naturmächte, die Nation oder einen Führer verhimmelt. Die Inhalte des die Völker versklavenden Massenwahns, der, wie uns scheinen will, weniger darin besteht, daß jemand im Ernst den marktgängigen Torheiten anhinge, als darin, daß jeder über der Gewohnheit, die führende Gesinnung zu zeigen, die Möglichkeit einer wirklichen vergißt, diese Inhalte enthüllt bereits die Sprache: »Ewige Heroen, ewige Völker« – zeitliche Ewigkeiten, *contradictiones in adiecto*! Haecker weiß sehr wohl,

[* Im Erstdruck von hier an stets »H.« für »Haecker«.]
9 Ibid., S. 134.

daß kein Urteil zu falsch, keine Zwangsvorstellung zu abgeschmackt und subaltern ist, um nicht als Trost und Beruhigung für die entwürdigten Menschen gerade recht zu sein. Als ob die Ein- und Unterordnung unter das, was sich gerade als höchste Nation und Rasse aufspielt, die zeitgemäße Preisgabe der männlichen Selbständigkeit im Denken und Handeln, diese idealistische Hingabe, die sich mißversteht, gleichbedeutend mit der richtigen Demut wäre! Eine Welt, in der die gehorsame Masse als falsche Kollektivität zum Idol geworden ist, sollte sich daran erinnern, daß innerhalb der Völker die Geschichte ursprünglich immer von Einzelnen gegen die Trägheit des Bestehenden weitergetrieben wird. Bedingung des Fortschritts ist »die zeitweise oft tragische Loslösung des Individuums von seiner Gemeinschaft«[10] – also der Kampf innerhalb der nationalen Gruppe. Und wenn »die Mitarbeit des freien Menschen an der Gestaltung dieser Welt vom Nichtchristen, wenigstens dem europäischen, in der Regel überschätzt« wird[11], so erklärt dieser Katholik, daß der Christ dagegen nicht meinen solle, Geschichte werde allein von Gott oder dem Teufel gemacht, und der Mensch könne nichts Wesentliches ändern. Veränderung und Fortschritt sind weitgehend in die Hände des Menschen gelegt. Es gilt, gegen die schlechte Politik die gute durchzusetzen. Ohne ihn zu nennen, kennzeichnet Haecker den totalitären Staat. Der Nebensinn des Politischen, der »leider die Vorherrschaft hat«[12], ist »der Gebrauch und die Handhabung der Menschen als Mittel, auf Grund psychologischer Erkenntnis oder Einfühlung, zur Erreichung irgendeines Zweckes oder Zieles, auch eines unrechten oder ungerechten«. Eben das ist die Definition der modernen Massenbeherrschung. Die Substanz der wahren Politik zielt auf »die gerechte Ordnung unter den Menschen«.

Das Buch fordert zur Entscheidung über seinen Inhalt heraus, zu einem Verhalten, das dem Zeitgeist gegenüber religiösen Ansichten aus dem Sinn gekommen ist. Mit Recht geißelt Haecker das vage Denken, welches den Umstand, daß im Lauf der Geschichte einander widersprechende Lehren mit demselben Grad von Wahrhaftig-

10 Ibid., S. 79.
11 Ibid., S. 128.
12 Ibid., S. 56.

keit vertreten worden sind, mit der Existenz widersprechender Wahrheiten verwechselt.[13] Über den gesellschaftlichen Grund für diese Laxheit verbreitet er sich nicht. Der Relativismus, der dem Bürgertum in seiner liberalistischen Phase eigen war, zeichnet es, trotz der unbedingten Redeweise und der Reglementierung des Denkens, auch in der totalitären aus. Die Religion, die seiner gesellschaftlichen Praxis einwohnt, ist allemal der vulgäre engstirnige Materialismus von Profit und Macht. Indem die entscheidenden Gruppen dazu nicht offen stehen konnten, haben sie sich der Wahrheit überhaupt entfremdet und die Idee mit dem klassischen Idealismus ins Reich einer »höheren« Region verwiesen, mit dem Positivismus zur bloßen Fiktion verflüchtigt und mit dem »heroischen Realismus« unserer Tage zum nackten Beherrschungsmittel degradiert. Wenn heute ein Demagoge aus Gründen äußerer Politik die Prinzipien und Taten seiner Auftraggeber von sich weist, sind seine Worte zuweilen von einem Augenzwinkern zu der verführten Masse hin begleitet, das man draußen nicht merken kann. Dieses Zwinkern, das besagt, daß nur die schlechten Absichten ehrlich sind, relativiert den bestimmten Inhalt seiner Worte und macht die dürre Wahrheit seiner Rede aus. Die sogenannte echte Kultur trägt schon dieses physiognomische Vorzeichen des völkischen Massenredners. Soweit es um die Religion geht, ist dieser Sachverhalt seit langem offenbar: der Bürger glaubt leidenschaftlich an ihre Notwendigkeit, nicht so sehr an ihre Wahrheit. Bei Haecker jedoch, der von dieser Analyse freilich absieht, ist das Wort kein bloßes Mittel zu einem anderen Zweck, den die Komplicen und schließlich die Feinde erraten können, sondern es ist ihm wirklich ernst damit. Der humanistische Katholik ist frei von der Geistfremdheit des relativistischen Bürgertums.

Die geforderte Entscheidung über seine Denkart wird durch die innere Zufälligkeit ihrer beiden konstitutiven Züge erleichtert: des Humanismus und des katholischen Dogmas. Die Verkündigung des unendlichen Wertes der Person, die Treue zum angeborenen Recht des Individuums[14], der Kampf gegen die Ideologien von Rasse, Nation und Führertum, diese Momente seines Denkens bilden Eigen-

13 Ibid., S. 13f.
14 Ibid., S. 78.

schaften einer vor der anbrechenden Dunkelheit auf dem Rückzug befindlichen Gesinnung und Zivilisation und verbinden Haecker mit denen, die um eine bessere Zukunft der Menschheit kämpfen. Aus dem Komplex der katholischen Gedankenwelt kann diese humanistische Struktur in der Tat hervorgehoben werden, die Haeckersche Gesinnung findet in der großen Tradition einen Halt.[15] Die katholische Philosophie gleicht jedoch der von Haecker verworfenen idealistischen darin, daß aus ihren Thesen ohne Widerspruch, ohne Gewaltsamkeit jedes beliebige Verhalten zur bestehenden Gesellschaft, sei es ein kritisches oder apologetisches, ein reaktionäres oder rebellisches, schließlich begründet werden kann. Mit den geschichtsphilosophischen Thesen von Gott als dem Herrn der Geschichte und dem Seelenheil als ihrem Ziel lassen sich Auffassungen verbinden, die der Haeckerschen fortschrittlichen Kritik des Zeitgeistes unmittelbar zuwiderlaufen. Der bestimmte Zusammenhang der Dogmen mit den realen geschichtlichen Problemen ist in jenen selbst nicht eindeutig vorgezeichnet, sondern wird ebensosehr von den die kirchliche Politik jeweils beherrschenden Interessen gestiftet. Gegen die Menschlichkeit, die in Haeckers Sprache durchklingt, zeugen die katholischen Prediger des Weltkriegs und ihre Nachfolger, die sich ebenso auf das Evangelium berufen wie der Verfasser des *Nachworts*[16]. Auch gehören die großen kulturellen Leistungen der katholischen Kirche, die Sozialpolitik des Mittelalters, die umspannende Vernünftigkeit der thomistischen Summen

15 Ein neues Dokument des katholischen Humanismus der Gegenwart bildet das Buch von Jacques Maritain, *Humanisme intégral*, Paris 1936. Maritain befaßt sich darin unmittelbar mit der Anwendung dieser Denkart auf gesellschaftliche Probleme. »Ce nouvel humanisme, sans commune mesure avec l'humanisme bourgeois, et d'autant plus humain qu'il n'adore pas l'homme, mais respecte réellement et effectivement la dignité humaine et fait droit aux exigences intégrales de la personne, nous le concevons comme orienté vers une réalisation sociale-temporelle de cette attention évangélique à l'humain qui ne doit pas exister seulement dans l'ordre spirituel, mais s'incarner, et vers l'idéal d'une communauté fraternelle. Ce n'est pas au dynamisme ou à l'impérialisme de la race, de la classe ou de la nation qu'il demande aux hommes de se sacrifier, c'est à une meilleure vie pour leurs frères, et au bien concret de la communauté des personnes humaines; c'est à l'humble vérité de l'amitié fraternelle à faire passer – au prix d'un effort constamment difficile, et de la pauvreté – dans l'ordre du social et des structures de la vie commune; c'est par là qu'un tel humanisme est capable de grandir l'homme dans la communion, et c'est par là qu'il ne saurait être qu'un humanisme héroïque.« (S. 15.)

16 Theodor Haecker, *Ein Nachwort*, Hellerau 1918.

und die christliche Kunst nicht enger zum Begriff der Kirche als die blutige Geschichte ihres Grundbesitzes und die heilige Inquisition. Der Terror, den die Kirche im Bund mit dem Adel zu verschiedenen Zeiten ihres Bestehens begünstigt hat, entbehrt völlig des rationalen Elements, das in manchen fortschrittlichen Bewegungen die blutige Abschreckung gegen die Feinde einer vernünftigeren Gesellschaftsform motiviert hat. Wenn aber die Offenbarung – sei es an sich selbst, sei es auf Grund intelligenter Interpretations- und Scheidungskünste – im geschichtlichen Kampf um bessere Zukunft oder Untergang der Menschheit so zweideutig ist, dann werden die, welchen es um eben diese geht, bei aller Achtung vor Haeckers Humanismus, Gleichmut gegenüber seiner dogmatischen Legende bewahren, aus der die Haeckersche Unabhängigkeit gegenüber den finsteren Tendenzen der Gegenwart nur scheinbar hervorgeht.
Die von Haecker herangezogenen Lehren sind trotz ihres ehrwürdigen Alters nicht wahrer als andere Meinungen irgendeiner anderen Religion oder Sekte. Länge der Tradition und Stufe der Wahrheit stehen in keinem unmittelbaren Verhältnis. Gott der Herr soll sich des Teufels und des Menschen zu seinen ewigen Zwecken bedienen, kein Sperling ohne seinen Willen vom Dach fallen[17], geschweige denn ein Kopf unter dem Beil des Henkers; Engel, das heißt Geister ohne Leib, sollen die Welt erhalten helfen oder hindern, Mord und Totschlag sich forterben, bis Gott in der Unendlichkeit siegt und triumphiert: der ganze teils trostreiche, teils schaurige Mythos wird nicht vernünftiger durch Haeckers achtungheischende Wahrhaftigkeit. Solcher Glaube vermag der Wirklichkeit zwar einen Sinn, aber dem Sinn keine Wirklichkeit zu verleihen, er wird von der Geschichte desavouiert. Die schöne Prophezeiung, daß »wer gegen Ihn den Eckstein anrennt, früher oder später von ihm erschlagen werden wird«[18], ist um keinen Grad vertrauenswürdiger als ihr eigener Gegensatz, daß auch der Gerechte – erschlagen wird. Es gibt eine alte chinesische Erzählung[19], die der christlichen Legende in diesem Punkt weit überlegen ist. In ihr wird über das Schicksal eini-

17 Haecker, ibid., S. 84.
18 Ibid., S. 62.
19 Cf. Liä Dsi, *Das wahre Buch vom quellenden Urgrund*, herausgegeben von R. Wilhelm, Jena 1911, S. 85 ff.

ger Fürsten berichtet, vier guter und zwei schlechter. Die schlechten, Tyrannen und Aussauger des Volkes, führen ein reiches und frohes Leben bis zu ihrem Ende. Der Schrecken, den sie verbreiten, erstickt jeden Ungehorsam. Nach ihrem Tod sagt man ihnen wohl Übles nach, aber »von allen Verleumdungen wissen sie nichts mehr, von allen Beschimpfungen wissen sie nichts mehr. Sie unterscheiden sich in nichts von einem dürren Baumstumpf und einem Erdenkloß.« Die guten, Freunde ihrer Untertanen, Diener des Landes, erleben Mißerfolge und Hungersnot, Einfall der Feinde und Aufstand im Innern. Sie sterben in Elend und Verbannung. Nach ihrem Tod ernten sie jahrhundertlangen Ruhm, aber »von allen Ehrungen wissen sie nichts mehr. Sie unterscheiden sich in nichts von einem dürren Baumstumpf oder Erdenkloß.« Die Erzählung verzichtet auf die Nutzanwendung. Haecker unterläßt es zwar, in der Gegenwart Beweise für Gottes Triumph zu suchen, dieser »zielt auf die Ewigkeit, nicht auf die Zeit«[20]; doch seien wenigstens »Zeichen« des göttlichen Erfolges in der Geschichte zu erkennen. Der bescheidene Anspruch auf die Glaubwürdigkeit dieser christlichen Geschichtsauffassung tritt bei solcher Zeichendeutung in seinem Gegensatz zum Ausmaß sonstiger kirchlicher Ansprüche hervor. Die Meinung etwa, daß Napoleons Rückzug aus Rußland mit seiner Exkommunikation in Verbindung stehe und unbeschadet aller sonstigen Erklärungen dieses militärischen Ereignisses als »die Konsequenz des Anathemas eines Papstes« zu interpretieren sei, fordert zur Überlegung heraus, ob andere Oberhäupter, die anstelle der Exkommunikation zugleich mit dem Fluch unglücklicher Völker sich den Segen eines Papstes verdienten, auch dem Ewigen genehmer seien. Selbst wenn sich der Sinn aller weltgeschichtlichen Ereignisse, der Krisen, Kriege und Revolutionen wirklich nach ihrer Bedeutung für das Seelenheil bestimmte, wie Haecker meint, so bildete die Freundschaft der Kirche wahrlich eine schlechte Anweisung, wie dieser Maßstab anzulegen sei. Die anständigen menschlichen Verhaltensweisen, zu denen Haeckers Buch an manchen Stellen ermutigen mag, sind dem geschichtlich wirksamen Christentum jedenfalls nicht näher verwandt als der ärgsten Häresie. Mit dem Einwand, daß es nicht so sehr auf die Stellung zu den Menschen als

20 Haecker, ibid., S. 84.

zu Gott ankomme, mit diesem dem Gläubigen vielleicht naheliegenden Gedanken ist es nicht besser bestellt als mit den soeben bestrittenen Meinungen, zu denen er gehört.

Die der Haeckerschen Geschichtsauffassung sachlich entgegengesetzte Ansicht, die einen überirdischen Sinn der Geschichte leugnet, ohne dabei wie der positivistische Pseudophilosoph das Verständnis »für die unzerreißbaren Zusammenhänge des Ganzen und aller Teile«[21] zu verlieren, wird von Haecker kaum berücksichtigt. Der »reinliche Atheist«, sagt er, sei »eine durchaus aristokratische Erscheinung«[22], jedoch gehöre seine Überzeugung »natürlich« zu einer »Afterart von Theologie«[23]. Nach dieser Behauptung, die Haecker mit dem sonst von ihm bekämpften Max Scheler gemeinsam ist, soll jeder Kampf gegen die von ihnen verkündigte religiöse Ansicht schon deshalb eitel sein, weil dann notwendig irgendein zeitliches Gut als höchstes an die Stelle Gottes gesetzt werde – Macht, Ruhm, Geld, Genuß. Trotz des Scharfsinns, den Theologen immer schon auf dieses Argument verwandten, trifft es zwar historisch auf den Bürger zu, der sich zur Religion wie zum Geist überhaupt im Grunde gleichgültig verhält, auch auf den »modernen Tatmenschen«, diese Haekker besonders verhaßte Spezies. Gegenüber dem seiner selbst bewußten Materialisten bleibt es jedenfalls eine leere Versicherung. Die jeweils gegen die Kirche erstrebten Zustände müssen noch lange nicht verdinglicht und verewigt werden. Vor dem Götzendienst bewahrt die Gemeinschaft mit den wirklichen Interessen der gefesselten Menschheit und die Schärfe des dialektischen Denkens gründlicher als der Gehorsam gegen die Kirche, mag dieser dem heute verbreiteten Gehorsam gegen sogenannte Führerpersönlichkeiten auch wesentlich überlegen sein. Die Aftertheologie scheint uns weit eher in der Theologie selbst zu bestehen, sofern diese die Idee der höchsten Weisheit, Liebe und Gerechtigkeit zum Herrn der Geschichte degradiert. Die unmögliche Leistung, diesen Widersinn dennoch glaubhaft zu machen, wird von der Theodizee erwartet, von der Haecker sagt, daß Gott sie nicht bloß zuläßt, sondern will.[24] Aber auch Leibniz hat sich damit nur traurigen Ruhm erworben.

21 Ibid., S. 92.
22 Ibid., S. 15.
23 Ibid., S. 89.
24 Ibid., S. 85.

Es gibt die Möglichkeit, Geschichte zu begreifen, ohne den vergeblichen Versuch zu machen, sie allein durch Interpretation in einen Heilsprozeß zu verwandeln. Das Gute, das auf Grund der Theorie jeweils als möglich erscheint, Gerechtigkeit und Weisheit, sind nicht schon wirklich, solange sie noch ein Bild in den Köpfen der Menschen bleiben. Die, welche das Bild verwirklichen wollen, brauchen es keineswegs zum Gott zu machen; sie wissen vielmehr, daß auch dieses Gute, wenn es einmal verwirklicht ist, eine Geschichte hat und vergehen wird. Die endlichen Ziele, für welche die Kämpfer und Aufklärer aller Zeiten in den Tod gegangen sind, gleichen deshalb, weil sie nicht ewige sind, noch lange nicht dem Tod, wie Haekker meint. Sie unterscheiden sich vom Tod gerade durch die kurze Spanne Glück, für welche die Kämpfer gestorben sind. Diese haben sich nicht vor der höheren religiösen Mathematik gebeugt, nach der unter dem Aspekt der Unendlichkeit ein qualvolles und ein genußreiches Leben einander gleich und nichtig sind. Als gleich galten ihnen vielmehr die Objekte des herrschenden Unrechts. Sie haben sich selbst aufgegeben, damit andere leben sollten.

Im Gegensatz zu ihnen war es dem Materialisten des bürgerlichen Alltags und dem gläubigen, selbst zum Martyrium bereiten Katholiken stets gemeinsam, daß ihr Handeln wesentlich auf das Wohl der eigenen Person bezogen war. Die Vorstellung der ewigen Seligkeit der frühen Christen wie auch der Masse der späteren unterscheidet sich zwar der Dauer, aber weitaus weniger dem Inhalt nach von den irdischen Zwecken der Weltkinder. Deshalb gehen beide Haltungen in denselben Personen oft eine ausgezeichnete Verbindung ein, und auch die Kirche überhaupt pflegt auf der Seite des größeren Eigentums zu stehen. Der kindliche Glaube, den Haecker verbreitet, hat in der Weltgeschichte nicht selten den naiven Überbau einer unmenschlichen Wirklichkeit gebildet. Dabei gehört es zur Größe und Weisheit des Katholizismus, den Gedanken der Ewigkeit nicht völlig zu verdünnen und von materiellen Wünschen abzulösen, wie es bei protestantischen Richtungen die Regel ist. Wenn jedoch die materialistische bürgerliche Praxis in gewisser Weise die Wahrheit der Theologie darstellt, so sind in der von Haecker abgelehnten materialistischen Theorie, die eben dieser Praxis den Spiegel vorhält, die theologischen Motive nicht einfach vergessen, sondern aufgehoben. Diese Kritik der Religion nimmt freilich die theologische Hypostasierung des abstrakten Menschen dadurch zurück, daß sie den Gottesbegriff aus bestimmten historischen Verhältnissen entwickelt. Sie versteht diese vom Glauben beseelte und geheiligte Abstraktion als ein Ergebnis der gesellschaftlichen Dynamik. Indem die Menschen, so lehrt sie, sich nicht mehr vornehmlich als Herren und Sklaven, sondern als Freie gegenübertreten und das Leben des Ganzen sich vermittels des Tausches erneuert, setzen sie ihre Tätigkeiten, ihre Arbeitsprodukte, sich selbst einander gleich und gelangen so zu der Vorstellung des Menschen überhaupt, das heißt des Menschen ohne Zeit und Ort und ohne bestimmtes Schicksal, die im Gottesbegriff der Neuzeit vollzogen ist. Wirklich sind die zu dieser Form des gesellschaftlichen Lebens verbundenen, geschichtlich bestimmten Menschen, also die Subjekte jener Abstraktion, die das gesellschaftliche Sein nur ungenau, eben abstrakt reflektiert; wirklich ist nicht ihr hypostasierter, verewigter Inhalt. Nicht jede Gedankenstruktur, jeder Zusammenhang der Erkenntnis ist ein gesellschaftlich bedingter Schein; der Gottesbegriff der letzten Jahrhunderte, zu dem auch Haeckers Vorstellung gehört, erweist sich jedoch als gebunden an eine vergängliche Form des gesellschaftlichen Seins. Aber die hier angedeutete Theorie und alle darin eingeschlossenen psychologischen und sonstigen Hypothesen hindern nicht im geringsten daran, die christliche Ideologie als einen entscheidenden kulturellen Fortschritt gegenüber heidnischen Religionsformen zu betrachten, noch wird durch sie gar die Wahrheit und Tragweite der Gedanken, die sich mit dem Christentum verbunden haben, verkleinert und verhüllt. Im Gegenteil. Indem die Ideen der Auferstehung der Toten, des Jüngsten Gerichts, des ewigen Lebens als dogmatische Setzungen negiert sind, wird das Bedürfnis der Menschen nach unendlicher Seligkeit ganz offenbar und tritt zu den schlechten irdischen Verhältnissen in Gegensatz.

Es trifft nicht zu, daß der theoretische Materialist, ähnlich wie der bürgerliche, vergängliche Güter als absolute setzen muß. Er weiß nur, daß der Wunsch nach Ewigkeit des Glücks, dieser religiöse Traum der Menschheit, unerfüllbar ist. Der Gedanke, daß die Gebete der Verfolgten in höchster Not, daß die der Unschuldigen, die ohne Aufklärung ihrer Sache sterben müssen, daß die letzten Hoffnungen auf eine übermenschliche Instanz kein Ziel erreichen und daß die Nacht, die kein menschliches Licht erhellt, auch von keinem göttlichen durchdrungen wird, ist ungeheuerlich. Die ewige Wahrheit hat ohne Gott ebensowenig einen Grund und Halt wie die unendliche Liebe, ja, sie wird zum undenkbaren Begriff. Aber ist Ungeheuerlichkeit je ein stichhaltiges Argument gegen die Behauptung oder Leugnung eines Sachverhalts gewesen, enthält die Logik das Gesetz, daß ein Urteil falsch ist, wenn seine Konsequenz Verzweiflung wäre? Der Irrtum, daß »diese kleine Erde ein vorher bestimmter Raum und in der Unzahl der Sterne ein auserlesener und privilegierter Stern ist«, dieser fromme Glaube, den Haecker wieder einmal durch Aussagen der »modernen Astronomen« und »auf Grund von Erfahrungen« erhärtet sieht[25], entspricht einer Sehnsucht, die auch Atheisten verstanden haben. Alle diese Wünsche nach Ewigkeit und vor allem nach dem Eintritt der universalen Gerechtigkeit und Güte sind dem materialistischen Denker mit dem religiösen, im Gegensatz zur Stumpfheit der positivistischen Haltung, gemeinsam. Wenn dieser aber bei dem Gedanken, der Wunsch sei ohnehin erfüllt, sich beruhigt, so ist jener von dem Gefühl der grenzenlosen Verlassenheit des Menschen durchdrungen, das die einzige wahre Antwort auf die unmögliche Hoffnung ist. Entgegen Haeckers Ansicht braucht er nicht in Wahnsinn zu verfallen, wenn auch eine metaphysische Trauer in den Schriften der großen Materialisten zu spüren ist. Die Lust, um die es im materialistischen Denken wesentlich zu tun ist, trägt schon als Phänomen das Bewußtsein der Vergänglichkeit und die Bitterkeit des Endes an sich. Dieses Wissen gehört zu ihrem Wesen. Die Empörung über das sinnlos geschmälerte Leben der Mehrzahl aller Menschen, die Affinität von Hedonismus und geschichtlicher Parteinahme hat in der Erfahrung von der Unwiederbringlichkeit des Glücks ihren Ursprung.

Die Frage, warum ein Verhalten zur Welt, dem auch das Gute seinem Wesen nach mit einem Negativen behaftet erscheint, nicht in Verzweiflung umschlägt, dieses psychologische Problem, das Haecker *a priori* abtut, wird weniger durch die Analyse des Atheismus als durch den Nachweis zu lösen sein, daß die Fähigkeit zur Lust nicht an die egoistische Seelenverfassung der meisten Religiösen gebunden ist. Die psychologische Struktur, von der aus Haekker, im Widerspruch zu bestimmten Seiten seines Werks, das Aus-

25 Ibid., S. 138.

harren in der materialistischen Theorie für unmöglich hält, bildet einen freilich verbreiteten Spezialfall, der, wie wir glauben, einmal aufhören wird, natürlich zu erscheinen. Wenn nicht nur der »Massenwahn und -wahnsinn«[26], durch den nach Haeckers wahrem Wort heute die Erfahrung des irreparablen Vergehens bei den Völkern übertönt und abgedichtet wird, sondern auch der Trost der Religion seine Kraft verliert, also mit dem Eintritt von Zuständen, die der Legenden entraten können, fiele gewiß nur der gesellschaftliche, nicht auch »der natürliche Grund der Schwermut, der Melancholie, die im Menschen ist«, hinweg. Aber nicht nur, daß dieser natürliche Grund, der Tod, unter Verhältnissen, in denen die Zwecke des Einzelnen – anders als in der Konkurrenzgesellschaft – im Ganzen aufgehoben wären, seinen Anblick veränderte: er vermöchte, der religiösen und nichtreligiösen Ideologien entkleidet, die Solidarität alles Lebendigen grenzenlos zu steigern. Der religiöse Glaube an die Neuerschaffung der Welt nach ihrem Untergang[27] geht im Bekämpfen der Schwermut um eine Spanne zu weit.

26 Ibid., S. 118.
27 Ibid., S. 22.

[Bemerkung zu Donald Greers *The Incidence of the Terror during the French Revolution* *]

(1936)

Zwei gesellschaftliche Funktionen des Terrors sind zu unterscheiden: die Abschreckung des Feindes, die eine Regierung oder eine kämpfende Gruppe ausübt, um sich durchzusetzen; das Ziel ist ausschließlich der Gegner. Der Terror wurde jedoch in der Geschichte auch dann angewandt, wenn die abzuwendende Gefahr nicht so sehr in der Kraft des Feindes als in der schwankenden Haltung der eigenen Anhänger zu suchen war. Das Ziel bildete in diesem Fall die eigene Gefolgschaft selbst.

Die Unterscheidung, welcher der beiden Arten jeweils bestimmte terroristische Akte zuzuordnen sind, ist für den Historiker schwierig. In der Regel spielen beide zusammen eine Rolle. Dies gilt besonders für die Französische Revolution, auf die sich das Greersche Buch bezieht. Aus den Ansichten, die in der Arbeit über Egoismus und Freiheitsbewegung in dieser Zeitschrift entwickelt worden sind **, lassen sich jedoch theoretische Maßstäbe herleiten, die bei dem Verständnis des Einzelfalles von Bedeutung sein können.

Die Freiheitsbewegungen der neueren Zeit haben zum großen Teil einen typischen Verlauf genommen. Besitzlose Massen haben unter der Führung des Bürgertums gegen veraltete, aus dem Feudalismus herrührende Zustände angekämpft und sind dann selbst in die neue soziale Ordnung eingegliedert worden. Diese zweite Phase der Bewegung, die sich meist schon in den Anfängen bemerkbar machte, geht auf den Umstand zurück, daß auch in dieser Ordnung die Masse zum Verzicht gezwungen ist und in Gegensatz zu den herrschenden bürgerlichen Schichten gerät. Soweit nun die Interessen der Besitzenden und der breiten Massen zusammengehen, besteht kein besonderer Grund für den Terror im zweiten, auf die Gefolg-

[* Cambridge, Mass. 1935. – Horkheimers Bemerkung erschien als Ergänzung zu einer Besprechung von Georges Bourgin.]
[** Hier S. 9ff.]

schaft berechneten Sinn. Die Massen hoffen, nicht bloß in ihrem Bewußtsein, sondern auch in ihren Instinkten, auf eine radikale Wendung ihres Schicksals, es bedarf keiner besonderen Maßnahme, um sie durch blutige Schauspiele für Enttäuschungen zu entschädigen. Wie grausam der Kampf gegen den Feind, d. h. die Mächte der Vergangenheit, auch sein mag, wie sehr auch die in der Regel unmenschlichen Akte der Gegenseite von der bürgerlichen Revolution damit beantwortet werden mögen, daß sie die Anhänger des Absolutismus in ihrem eigenen Machtbereich gefangennimmt und hinrichtet, so handelt es sich, solange der Kampf in voller Heftigkeit andauert, wesentlich um Abschreckung. Insofern jedoch der Terror zunimmt, obgleich der Feind weitgehend abgewiesen ist, wird er immer mehr die zweite, irrationale Bedeutung gewinnen, es zeigt sich der Gegensatz zwischen den zur Macht gelangten besitzenden Schichten und den materiell zu Entbehrung gezwungenen, besitzlosen Teilen der Anhängerschaft. Da die radikaleren Elemente der Bevölkerung dann bereits in offenen Gegensatz zur siegreichen Partei geraten, sind die Opfer des Terrors schon viel weniger die Mitglieder des Adels oder der Geistlichkeit und ihr Anhang als eben diese radikalen Gruppen selbst. Hier pflegt sich der Unterschied zwischen Revolution und Gegenrevolution des bürgerlichen Zeitalters auch insofern zu verwischen, als der Terror dann besonders grausame und erniedrigende Formen annimmt. Erst in diesem Stadium werden dem Nihilismus der kleinbürgerlichen Massen die großen Konzessionen gemacht.

Insofern die berechtigte Hoffnung besteht, daß eine geschichtliche Bewegung nicht bloß das Glück einer bestimmten Schicht verwirklicht, sondern die gesamte Gesellschaft gleichermaßen in den Genuß aller Kulturgüter setzt, entbehrt sie der wichtigsten Antriebe zum Terror der zweiten Art. Die meisten Erhebungen der bürgerlichen Epoche mochten wohl eine Zeitlang über die Qualität des zu erreichenden Zustandes eine Unklarheit bestehen lassen, mit ihrem Fortschreiten wurde die Gewalt der gesellschaftlichen Unterschiede in der erstrebten neuen Ordnung offenbar. An diesen Revolutionen haben jedoch, und zwar in steigendem Maße mit dem Fortgang des Zeitalters, auch solche Gruppen teilgenommen, deren historisches Ziel nicht bloß die ideale, sondern die reale Gemeinschaft aller Individuen war. Da die ewige Notwendigkeit des Triebverzichts und der

Armut, die Verinnerlichung der materiellen Ansprüche, die idealistische Moral von den Gruppen, die auf eine solidarische Gesellschaft gerichtet sind, nicht mehr anerkannt werden, sind diese auch frei von jenem Ressentiment, das aus subjektiven Gründen zum Terror führt. Sie stehen zur politischen und kriminellen Justiz, die mit dem Terror eng zusammenhängt, in einem anderen Verhältnis. Eine Hauptwurzel der Grausamkeit bildet die Verzweiflung an der Möglichkeit des allgemeinen Glücks. Die Gruppen, welche dieses kraft ihres gesellschaftlichen Seins bewußt herbeizuführen suchen, haben bei aller Entschlossenheit und Gegenwehr kein psychologisches Bedürfnis nach dem Anblick von Blut und Elend. Je stärker der Glaube an die Befreiung der Menschheit ist, um so geringer auch der Wunsch nach Opfern. Wenn die richtige Theorie der Gesellschaft den rationalen Terror erklärt, so bewahrt sie vor dem irrationalen, der zu allen Zeiten der schrecklichere war.

Vorwort zum VI. Jahrgang [der *Zeitschrift für Sozialforschung*]

(1937)

Mit dem vorliegenden Heft beginnt der sechste Jahrgang unserer Zeitschrift. Die Mitarbeiter des Instituts für Sozialforschung, als dessen Organ sie gegründet wurde, haben in den letzten fünf Jahren zuweilen daran gezweifelt, ob sie ihre gemeinsamen Studien fortsetzen könnten. Daß es bis heute möglich war, erscheint uns im Hinblick auf das Schicksal verwandter theoretischer Bestrebungen als ein besonderer Glücksfall. Die Zeitschrift sowie die übrigen Publikationen des Instituts sind heute eine der wenigen wissenschaftlichen Erscheinungen, die im Ausland deutsche geisteswissenschaftliche Traditionen in deutscher Sprache fortsetzen. Die Verantwortung ist dadurch größer geworden, als wir im Anfang erwarteten.

Als die Zeitschrift von dem Verlag, in dem sie seit dem Herbst 1933 erscheint, übernommen wurde, lag es nahe, sie für alle wertvollen Arbeiten aus dem Gebiet der Geisteswissenschaften zur Verfügung zu stellen, welche infolge der Ereignisse andernorts nicht mehr veröffentlicht werden konnten. Der Umfang unserer Zeitschrift erwies sich jedoch als zu gering. Wir haben uns daher entschlossen, auch insofern eine philosophische Tradition fortzusetzen, als neben der wissenschaftlichen Zulänglichkeit vor allem Denkart und Richtung des Interesses bei der Auswahl der Aufsätze entscheiden. Die tragenden Artikel auf den verschiedenen Gebieten sollen eine gemeinsame philosophische Ansicht entwickeln und zur Anwendung bringen. Wenn schon auf anderen Lebensgebieten die Gleichgültigkeit gegenüber allgemeinen menschlichen Angelegenheiten und der Verzicht auf vernünftige Entscheidung Platz greifen und der Relativismus gerade unter den Aufrichtigen zur eingestandenen geistigen Haltung wird, so darf die Wissenschaft selbst um so weniger darauf verzichten, bestimmte Gedanken durchzuhalten.

Der sachliche Zusammenhang der theoretischen Aufsätze in ihrer zeitlichen Folge sowie innerhalb der einzelnen Hefte ist unseren Lesern bekannt. Auch in diesem Heft ergänzen sich die deutschen

Aufsätze wechselseitig. Die Arbeit über den ›Angriff auf die Metaphysik‹ will darlegen, daß die Sachlichkeit der modernen positivistischen Lehre die geistige Verwirrung in der Gegenwart vermehrt. Sie gewährt eine Scheinsicherheit, indem sie die Fachwissenschaft in ihrer gegebenen Gestalt als die einzig berechtigte Erkenntnis verklärt und Ideen, die darüber hinausgehen, als sinnlos hinstellt. Diese Darlegung, die freilich selbst zum vollen Verständnis die in früheren Heften erschienenen Arbeiten des Verfassers über das ›Problem der Wahrheit‹, den ›Rationalismusstreit in der gegenwärtigen Philosophie‹* usf. voraussetzt, bliebe einseitig, wenn nicht zugleich positiv gezeigt würde, wie den metaphysischen Träumen auf theoretischem Gebiet wirklich zu begegnen ist. Einen Beitrag dazu liefert die Analyse des »affirmativen Kulturbegriffs«**, die zusammen mit der Arbeit über den Positivismus auf Grund gemeinsamer Diskussionen entstanden ist. Metaphysische Kategorien, die der Positivismus verwirft, zum Beispiel eine höhere Wirklichkeit, ferner Seele, Persönlichkeit, Freiheit usf., werden auch hier kritisiert, aber nicht unter dem Gesichtspunkt, ob die Fachwissenschaft gerade Verwendung für sie hat, sondern im Zusammenhang einer auf die Praxis bezogenen Geschichtstheorie. Dieser Aufsatz zeigt ein solches Denken bei der Arbeit, von dem der Positivismus vollends abzulenken droht. Der psychologische Mechanismus, auf den die Bemerkungen zum ›Gefühl der Ohnmacht‹*** hinweisen, wird unter den allgemeinen gesellschaftlichen Verhältnissen der Gegenwart immer aufs neue erzeugt. Erst im Rahmen der Theorie des gesellschaftlichen Lebens, die in der Zeitschrift gefördert wird, erhalten auch diese psychologischen Beschreibungen daher ihre richtige Bedeutung. Sie wollen im Sinn der vom Autor in unseren Publikationen entworfenen Sozialpsychologie verstanden sein.

Wenn angesichts der intellektuellen Ratlosigkeit die unbeirrte Verfolgung bestimmter Ideen auf den verschiedenen Gebieten der Gesellschaftstheorie besonders notwendig ist, so bedarf doch jede Art philosophischen Denkens einer fortwährenden Beobachtung der

[* Beide Aufsätze in: *Gesammelte Schriften* Bd. 3.]

[** Herbert Marcuse, ›Über den affirmativen Charakter der Kultur‹, in: *Zeitschrift für Sozialforschung*, VI, 1937, S. 54 ff.]

[*** Erich Fromm, ›Zum Gefühl der Ohnmacht‹, ibid., S. 95 ff.]

einzelwissenschaftlichen Arbeit. Diese Orientierung soll für den Leser unserer Zeitschrift vor allem durch die Besprechungen erleichtert werden. Wir versuchen, auf jede für die Theorie der Gesellschaft auch auf abgelegenen Fachgebieten nur irgend wichtige Publikation wenigstens hinzuweisen. Der Aufsatzteil selbst ist durch solche Studien von Spezialisten erweitert, die mit Fragen der Sozialwissenschaft zusammenhängen. Unterschiede der theoretischen Einstellung treten hier ganz hinter die Klärung einzelner Sachverhalte zurück. Die Kritik an der positivistischen Schule hindert uns nicht, ihre fachlichen Leistungen anzuerkennen und zu fördern. Wir sind außerdem einer Reihe führender Gelehrter verschiedener Gebiete zu Dank verpflichtet, daß sie durch Beiträge in ihrer Sprache die Anteilnahme an dieser Zeitschrift dokumentieren.
Die empirische Forschungsarbeit des Instituts erstreckt sich auch weiterhin auf den Zusammenhang zwischen kulturellen und wirtschaftlichen Vorgängen. Ein erster Bericht über diese Arbeiten ist unter dem Titel *Studien über Autorität und Familie, Forschungsberichte aus dem Institut für Sozialforschung* in Paris 1936 erschienen. Über den Fortgang dieser Arbeiten, vor allem in den Vereinigten Staaten, werden gegenwärtig einige Veröffentlichungen vorbereitet. Die Forschungen über chinesische Wirtschaftsgeschichte und über die chinesische Familie, die unser Institut gemeinsam mit dem Institute for Pacific Relations an Ort und Stelle durchführen läßt[1], sind so weit gediehen, daß bereits in wenigen Monaten mit der Sichtung der umfangreichen Materialsammlung begonnen werden kann. Vorberichte sollen in der Zeitschrift veröffentlicht werden.
Den Plan, vier Hefte der Zeitschrift anstatt bloß drei jährlich erscheinen zu lassen, können wir in diesem Jahrgang nicht verwirklichen. Um nicht allzuviel Beiträge zurückstellen oder gar ausscheiden zu müssen, haben wir wenigstens diese Nummer um die Hälfte des gewöhnlichen Umfangs vermehrt.
Englische und französische Übersetzungen einer Reihe der wichtigeren Artikel aus den letzten fünf Jahren sind von verschiedenen Seiten bereits in Angriff genommen worden.

New York, Ende Februar 1937

1 Cf. [Karl August Wittfogel, ›The Foundations and Stages of Chinese Economic History‹, in: *Zeitschrift für Sozialforschung*,] IV, 1935, S. 26ff.

Der neueste Angriff auf die Metaphysik

(1937)

Wissenschaft und Metaphysik sind schwer miteinander in Einklang zu bringen. In der Metaphysik ist von Wesenheit, Substanz, Seele, Unsterblichkeit die Rede, mit denen die Wissenschaft wenig anzufangen weiß. Die Metaphysik beansprucht, mit Erkenntnismitteln, die grundsätzlich jedem zur Verfügung stehen sollen, das Sein zu erfassen, die Totalität zu denken, einen vom Menschen unabhängigen Sinn der Welt zu entdecken. Aus der Beschaffenheit alles dessen, was existiert, werden Anweisungen für das Leben hergeleitet, zum Beispiel die These, daß eben diese Beschäftigung mit den höchsten Ideen, dem Transzendenten oder dem Urgrund, die dem Menschen angemessenste, würdigste Tätigkeit sei. Das metaphysische Bewußtsein verträgt sich in der Regel mit dem Glauben an die ewige Notwendigkeit eines harten Daseins für die Mehrzahl der Menschen und der Selbstaufgabe des Individuums für die jeweiligen Zwecke der Obrigkeit. Dabei beruft sich die Metaphysik auf vorgeblich unbezweifelbare Einsichten, nicht etwa auf die Bibel. Ihre Systeme haben in der neueren Zeit, in der das Ansehen der Offenbarung erschüttert ist, den Glauben an eine tiefere Bedeutung des Menschenlebens aufrechterhalten und die Kategorien des Glaubens mit den Mitteln des natürlichen Denkens zu begründen versucht.
Sie lassen sich aber nicht begründen, ihre Behauptung gerät fortwährend mit dem Denken in Konflikt, das sie stützen soll. Das zeigt sich an zwei verschiedenen geschichtlichen Prozessen: in der gegenseitigen Destruktion der metaphysischen Systeme und darin, daß ihre Begriffe aus der vorhandenen Wissenschaft ausgemerzt werden, in welcher die von der Metaphysik bemühte natürliche Vernunft ihre eigentliche Stätte hat. In den wissenschaftlichen Lehrbüchern des zwanzigsten Jahrhunderts ist nur wenig von der Substanz als solcher, wenig vom Menschen und von der Seele, gar nicht von einem Sinn die Rede. Die Wissenschaftler glauben auch keineswegs, daß ihre Theorien etwa aus logischen Rücksichten der Lehren über

solche Gegenstände als Prämisse oder auch nur als Ergänzung bedürften. Sie sind im Gegenteil damit beschäftigt, ihre Entwürfe selbständig, ohne Hilfe der Metaphysik, auf immer einfachere Prinzipien zurückzuführen; metaphysische und moralische Kategorien haben in ihrer Ansicht keinen Platz. Das bedeutet nicht, wie man zuweilen meint, daß die Wissenschaft eine eigene Welt hinter der wirklichen errichte, so daß schließlich die Beziehung zwischen beiden ganz verschwinde oder verhüllt sei. Die mathematischen Formeln, in denen die physikalischen Vorstellungen formuliert sind, enthalten vielmehr die Erkenntnis, die infolge der entfalteten Technik mit den geschärften Instrumenten und den verfeinerten, rationalisierten Rechenmethoden über die Körperwelt als isolierte Sphäre bis jetzt erreicht ist. Die Kompliziertheit des Zusammenhangs zwischen der Welt der Wahrnehmung und der Physik schließt nicht aus, daß er jederzeit nachgewiesen werden kann. Die heutige Wissenschaft ist das Wissen, das die gegebene Gesellschaft in der Auseinandersetzung mit der Natur entwickelt hat. In der Gegenwart, in der die herrschenden gesellschaftlichen Formen weitgehend zum Hemmnis der menschlichen Kräfte geworden sind, bieten gerade die abstrakten Zweige der Wissenschaft, Mathematik und theoretische Physik, die vornehmlich innerwissenschaftlichen Tendenzen folgen, eine weniger verzerrte Erkenntnis als der unmittelbar mit dem Leben zusammenhängende Wissenschaftsbetrieb, dessen Nützlichkeit seinen realistischen Charakter scheinbar jedem Zweifel enthebt.

Obgleich nun die Wissenschaft die Erkenntnis über die Natur formuliert, mit der diese Gesellschaft es zu tun hat, fahren die Menschen fort, sich der alten Denkformen weiter zu bedienen, die in der Theorie erledigt sind. Erschienen sie in der wissenschaftlichen Arbeit bloß als überflüssig, so stünde dieses Beharren nur zum Prinzip der Denkökonomie, diesem Kennzeichen des bürgerlichen Geistes, im Widerspruch. Aber in der Wissenschaft stellt sich die Nichtigkeit vieler solcher Wesenheiten heraus. Wie die Begriffe des absoluten Raums und der absoluten Zeit sind auch andere metaphysische Kategorien als unhaltbar erwiesen worden. Auch die Vorstellungen der Substanz, der Kraft, der Kausalität, der Seele, des seelisch-leiblichen Zusammenhangs sind zumindest in ihrer traditionellen Fassung mit den heutigen theoretischen Verfahrensweisen in Konflikt geraten, ohne daß doch die Struktur des allgemeinen Bewußtseins sich deshalb geändert hätte. In der Tat setzt sich in diesem Zustand bloß ein Widerspruch fort, der durch die neuere Periode hindurchgeht. Das öffentliche Bewußtsein des Bürgertums und seine Wissenschaft haben noch nie recht zueinander gepaßt. Die religiöse Idee einer ursprünglich gesetzten Ordnung aller Dinge, in der auch der Mensch seine Stätte hat, ist schon in der Wissenschaft des siebzehnten Jahrhunderts aufgegeben. Soweit der Mensch bei Descartes nicht ein bloßer Mechanismus ist wie das Tier, eine Ansammlung von blind umgetriebenen Korpuskeln, besteht sein Wesen im reinen Denken, im Ich, über das die cartesianische Wissenschaft selbst so wenig auszusagen vermag wie Kant über das Ich der reinen und ursprünglichen Apperzeption, nämlich daß alles, was wir wissen, eine notwendige Beziehung auf es habe. Im übrigen wurde dieser höchste Punkt der Philosophie, dieser Grundbegriff der neueren Weltansicht mehr dem Glauben überlassen als der Wissenschaft, welche ihn nicht gebrauchen kann. Auch die Psychologie führt nicht aus dem blinden Spiel der Materie heraus. Sie hat sich schon früh als eine Lehre vom Ablauf der Affekte konstituiert, die nach Descartes so wenig zum Wesen des Ichs gehören, daß sie es vielmehr bloß stören und zu vernichten drohen. Wenn die Metaphysiker seit Jahrhunderten fortfahren, davon zu reden, daß eine Seele existiere, die ethischen Geboten unterworfen sei und ein ewiges Schicksal habe, so verraten sie ihre Unsicherheit allein schon durch den Umstand, daß ihre Systeme an den entscheidendsten Stellen durch pure Meinungen, unwahrscheinliche Behauptungen und Fehlschlüsse geflickt sind. Sie drücken dabei das widerspruchsvolle Bewußtsein der Gebildeten nach seinen verschiedenen Gestalten hin aus. Die wissenschaftliche Erkenntnis des Zeitalters wird formell für richtig gehalten; zugleich wird in metaphysischen Ansichten fortgefahren. Die Wissenschaft als Spiegel der sinnlosen Realität in Natur und Gesellschaft hätte die unbefriedigten Massen und das denkende Individuum einem gefährlichen und verzweifelten Zustand überlassen, weder im eigenpsychischen noch im öffentlichen Haushalt war ohne überwölbende Ideologie auszukommen. So hielt man beides, Wissenschaft und metaphysische Ideologie, nebeneinander aufrecht.

Das ganze neuere Denken hat sich mit diesem Widerspruch abgemüht. Schon die traditionelle, vom Mittelalter überkommene Aufgabe der Philosophie bestand darin, die in der Religion enthaltene Weltauffassung mit den Mitteln der bloßen Vernunft, das heißt wissenschaftlich zu konstruieren. Die cartesianische Lösung mit den zwei Substanzen herrscht heute noch im allgemeinen Bewußtsein als plausibelste Auskunft vor. Danach gibt es einerseits die Sinnenwelt, mag diese nun realistisch oder idealistisch* gedeutet werden. In ihr lassen sich Regelmäßigkeiten beobachten und errechnen; sie existiert jedoch nicht durch sich selbst und ist der allgemeinen Vergänglichkeit anheimgegeben. Andererseits ist der Mensch ein geistbegabtes Wesen und nimmt an einer höheren Ordnung teil, sei es nun, daß sein Charakter und seine Taten als ein Ausfluß transzendenter Mächte und Entscheidungen angesehen werden, sei es, daß sie transzendente Konsequenzen haben; jedenfalls gehört der Mensch mit seinem eigentlichen Sein anderen Zusammenhängen als der natürlichen oder nur menschlichen Geschichte an. So war der Glaube an einen Sinn mit der Wissenschaft verbunden. Ihre Beobachtungen und Theorien zu leugnen, war ohnehin absurd. Ihre Lehrgebäude sind selbst nichts anderes als die verfeinerte Erfahrung des bürgerlichen Individuums. Aber diese Gesellschaft kann auch der Illusion nicht entraten. Metaphysische Illusionen und höhere Mathematik bilden gleichermaßen Elemente ihrer Mentalität. Die Philosophie bezeichnet bloß den kulturellen Ort, an dem die Versuche, beides notdürftig zusammenzubringen, systematische Gestalt annehmen. Jeder Gelehrte, ja, in gewissem Maß jeder Angehörige der bürgerlichen Gesellschaft überhaupt, löst für sich das Problem in irgendeiner Weise oder hat es doch unbestimmt im Hintergrund des Bewußtseins. Man braucht sich bloß in die Denkwürdigkeiten und Biographien der typischen Vertreter dieser Epoche zu versenken. Bei den exakten Wissenschaftlern pflegt mit zunehmender Isolierung ihrer Interessen die Naivität der Lösungen in krassem Mißverhältnis zur Differenziertheit ihres wissenschaftlichen Verfahrens zu stehen. Der Schöpfer der Quantentheorie, Max Planck, ist auf Grund seiner wissenschaftlichen Erfahrung von der durchgängigen Bedingtheit alles Geschehens, auch in der »Geisteswelt«, durch natürliche Vorgänge überzeugt. Andererseits mag er den metaphysischen Begriff der Willensfreiheit nicht entbehren, die moralischen

[* »idealistisch« / 1937: »spiritualistisch«.]

und politischen Auffassungen, zu denen er sich bekennt, setzen ihn voraus. Seine Lösung lautet: »Fremder Wille ist kausalgebunden, jede Willenshandlung eines anderen Menschen läßt sich, wenigstens grundsätzlich, bei hinreichend genauer Kenntnis der Vorbedingungen als notwendige Folge aus dem Kausalgesetz verstehen und in allen Einzelheiten vorausbestimmen... Der eigene Wille dagegen ist nur für vergangene Handlungen kausal verständlich, für zukünftige Handlungen ist er frei...«[1] Die geringe Glaubwürdigkeit dieser Auskunft kennzeichnet den redlicheren Teil der Gelehrten des Zeitalters. Infolge einer durch alte bürgerliche Traditionen bestimmten Erziehung werden sie beim Anblick der Welt, der sie dienen, die Unruhe nicht los. Der Preis in Geld, Amt, Einfluß, den sie erhalten, bescheinigt zwar ihren Beitrag zum gesellschaftlichen Ganzen, aber zu einem »vielfach trostlosen«[2]. Sie wagen nicht, es in seiner vorhandenen Gestalt in Frage zu stellen, und flüchten zum metaphysischen Glauben, etwa zum Idealismus des Gewissens und der Freiheit. Das Weltbild aus Wissenschaft und solchem Glauben ist, ohne großen Aufwand, durch Philosophie geflickt, damit es »uns in unserer Lebensführung die dauernde Übereinstimmung mit dem eigenen Ich, den inneren Frieden, gewährleistet«[3], und mit diesem Frieden im Herzen wohnen sie dem Untergang der Menschheit bei.

Die verschiedenen Versuche der Harmonisierung lassen sich nach den zwei Extremen hin gruppieren: das eine ist die Behauptung der Wissenschaft als der einzig möglichen Erkenntnisform, vor der die Reste metaphysischen Denkens immer mehr zu verschwinden haben, das andere die Bagatellisierung der Wissenschaft als einer durch untergeordnete Belange der menschlichen Existenz bedingten intellektuellen Technik, von der die wahre Einsicht sich emanzipieren müsse. Romantischer Spiritualismus, Lebensphilosophie, materiale und existentiale Phänomenologie sind die typischen Richtungen dieser wissenschaftsfeindlichen Ansicht in der Kriegs- und Nachkriegszeit. Als Ausläufer der Religion bewahrt auch die neue Metaphysik den Glauben, daß der Mensch von sich und für sich mehr erwarten dürfe als sein gegenwärtiges Schicksal unter den Verhält-

1 Max Planck, *Vom Wesen der Willensfreiheit*, Leipzig 1936, S. 20f.
2 Ibid., S. 24.
3 Ibid.

nissen der bestehenden Welt. Sie ist der Ausdruck des Ungenügens an dem, was der Mensch jetzt gilt und von sich erfährt. Worin diese Geltung besteht, die das metaphysische Denken zu kompensieren strebt, ist rasch geklärt. Das tritt hervor, sobald einer ohne Geld, Beziehungen, großen Namen, ohne zu den Mächtigen zu gehören oder ihnen wenigstens angenehm zu sein, eben bloß als Mensch mit allen Möglichkeiten des Menschen dasteht. Dann wird er gewahr, daß nichts weniger bedeutet, als sich auf eben diese Qualität zu berufen; sie steht so nieder im Kurs, daß sie nicht einmal notiert wird. Die strenge Wissenschaft, die den Begriff des Menschen höchstens im Sinn der Biologie verwenden kann, spiegelt sein Schicksal in der Wirklichkeit; an sich ist der Mensch bloß ein Exemplar. Die Qualität der Menschheit begründet im öffentlichen Geist nicht den Anspruch auf Dasein, nicht einmal auf einen Aufenthalt. Die besonderen sozialen Umstände, deren es zur Begründung des Anspruchs bedarf, werden durch das Vorweisen von Papieren dokumentiert. Wenn diese nicht genügen oder gar nicht vorhanden sind, ist der Mensch im besten Fall ein Fremder und erfährt die Antwort auf seinen Anspruch an jedem Schalter, vor dem er erscheint. Die Kategorie des Fremden ist nur die andere Seite des bürgerlichen Selbstinteresses, und von den freien Städten im Mittelalter über landesherrliche Territorien und Nationalstaaten bis zu den feindlichen Massenheerlagern, zu denen die Vaterländer nun geworden sind, wurden beide Momente nicht in einer neuen Einheit aufgehoben. Das Ich des Bürgers hat den Fremden sich gegenüber als sein ihn bestimmendes Gegenteil. Jener weiß von sich als von einem, der nicht irgendeiner ist. Irgendein Mensch ist etwas Verächtliches. Weil aber in der Warengesellschaft die Gleichheit aller trotz dieser Besonderung jedes Einzelnen mit zum gemeinen Bewußtsein gehört, so verachtet sich der Bürger im Grunde ebenso beharrlich, wie er sich achtet und sein Interesse verfolgt. Jedes Individuum steht im Mittelpunkt seiner Welt und weiß zugleich, daß es in der wirklichen überflüssig ist. Aus dieser Erfahrung des Alltags, die – mag einer noch so sehr von ihr absehen – in seine Seele gegraben ist, sollen die metaphysischen Träume einen Ausweg bilden. Das isolierte und nichtige Individuum denkt sich vermittels ihrer in die Vereinigung mit übermenschlichen Mächten hinein, mit der allgewaltigen Natur, dem Strome des Lebens oder einem unerschöpflichen Weltgrund.

Die Metaphysik unterlegt seinem Dasein einen Sinn, indem sie sein Schicksal in dieser Gesellschaft als bloße Erscheinung versteht, die durch innerliche Entscheidungen, durch die metaphysische Freiheit der Person ihre Würde erhält und auf die »eigentliche«, wahre Existenz bezogen ist. Die Degradierung des Zeugnisses der Erfahrung gegenüber einer metaphysischen Scheinwelt ergibt sich aus dem Konflikt zwischen dem emanzipierten Individuum der Industriegesellschaft und seinem Schicksal in ihr. Die philosophische Bagatellisierung der Wissenschaft ist im Privatleben eine Beschwichtigung, in der Gesellschaft ein Betrug.
Die positivistische Tendenz hingegen ist allen Illusionen feindlich. Einzig die Erfahrung, die gereinigte Erfahrung in der strengen Form, die sie in der Naturwissenschaft erhalten hat, heißt nach ihr Erkenntnis. Wissen ist nicht Glauben oder Hoffen, und was die Menschheit weiß, ist in der Wissenschaft am angemessensten formuliert, mögen im übrigen Beobachtung und Sprache des Alltags, von denen die Wissenschaft ja ausgeht, als grobe Behelfsmittel daneben weiter Dienste leisten. In der Geschichte der Philosophie läßt sich diese Tendenz nicht auf einzelne Namen fixieren. Sie ist auch bei Metaphysikern wie Descartes und Spinoza zu finden, andererseits enthält der Positivismus Comtes und Spencers, von dem sie den Namen hat, noch zuviel weltanschauliches Beiwerk, um sie rein zu verkörpern. Der gegenwärtige Positivismus pflegt sich selbst einerseits auf Hume, andererseits auf Leibniz zu berufen. Den skeptischen Empirismus vereinigt er mit einer Rationalisierung der Logik, die er für die Wissenschaften produktiver machen will. Sein Ideal ist die Erkenntnis als mathematisch formulierte, aus möglichst wenig Axiomen zu deduzierende Universalwissenschaft, ein System, das es gestattet, den wahrscheinlichen Eintritt aller Ereignisse zu berechnen. Auch die Gesellschaft soll physikalisch erklärt werden. Damit ist man nur noch weit zurück. Man darf jedoch hoffen, daß viel später einmal auch dieses Stück Erfahrung sowohl weiter ausgebaut als auch mit den Prämissen des Gesamtsystems gehörig verbunden wird. Die Ereignisse in der Menschenwelt werden sich schließlich mit ähnlicher Wahrscheinlichkeit vorhersehen lassen wie andere Vorgänge. Bei den gesellschaftlichen und sogenannten geistigen Gegenständen muß man bloß noch länger auf fachwissenschaftliche Untersuchungen warten als auf dem

Gebiet der Psychologie oder Biologie. Neben der Wissenschaft gibt es noch die Kunst. Soweit Metaphysik nicht reiner Unsinn ist, gehört sie der Dichtung an. Erkannt wird in der Wissenschaft. Was der Mensch ist, erfährt er außer durch den Gang des täglichen Lebens in der Lehre von seinem Körper und etwa noch in der Psychologie, die auf diese zurückführbar ist. Die Unterscheidung zwischen dem, was einer ist, und als was er erscheint, ist ganz bedeutungslos.

Angesichts des autoritären Regierungssystems in Deutschland, an dessen geistiger Vorbereitung die Nachkriegsmetaphysik ihren guten Anteil hat, übt diese neopositivistische Denkart auch auf weite, dem Faschismus entgegengesetzte Kreise eine Anziehung aus. Der philosophische Kampf gegen metaphysische Begriffe bezog sich schon in seiner besten Zeit nicht bloß auf das Jenseits, sondern auch auf die menschenfeindlichen organizistischen Theorien des Staates und der Gesellschaft. Die Illusion der Gottesvorstellung wurde früh schon zusammen mit der Fetischisierung des Staates kritisiert, was noch der modernen positivistischen Begriffserklärung* zugute gehalten wird. Die Römer verehrten ihre Republik, so heißt es in einem der bedeutenden Dokumente der Aufklärung[4], »als ein irgendwie von allen einzelnen Bürgern, die sie bildeten, unterschiedenes Wesen. So sprachen sie davon, und entsprechend verlangten sie auch, daß jeder Bürger dieser Vorstellung seine Interessen, sein Glück und sein Leben opfere, obwohl die Ruhe und das Wohlsein dieser Republik doch nichts anderes waren als die Ruhe aller besonderen Bürger«. Ähnlich verhalte es sich mit der Idee Gottes, einem Phantasma, das die menschliche Entwicklung hemme. Wenn nun auch heute nicht mehr der Kampf gegen sozial derart bedeutsame Begriffe das Hauptinteresse des Szientivismus bildet und auf die Frage nach dem eigentlichen Bestreben der betreffenden Theoretiker gewöhnlich geantwortet wird, es gelte, Schwierigkeiten der mathematischen und naturwissenschaftlichen Arbeit wegzuräumen, so hält sich die nach intellektuellen Waffen gegen den totalitären Rausch greifende Jugend an die große Vergangenheit dieser Philo-

[* »Begriffserklärung« / 1937: »Begriffsklärung«.]

4 ›Lettre de Thrasibule à Leucippe‹, in: M. Fréret, *Œuvres complètes*, Band IV, London 1775, S. 5f.

sophie, die besonders an den Universitäten als radikalste antimetaphysische Schule auftritt. Und doch ist sie in ihrer gegenwärtigen Gestalt nicht weniger fest als die Metaphysik mit den herrschenden Zuständen verknüpft. Wenn ihr Zusammenhang mit den totalitären Staaten nicht offen zutage liegt, so ist er doch unschwer zu entdecken. Neuromantische Metaphysik und radikaler Positivismus gründen beide in der traurigen Verfassung eines großen Teils des Bürgertums, das die Zuversicht, durch eigene Tüchtigkeit die Verhältnisse zu verbessern, restlos aufgegeben hat und aus Angst vor einer entscheidenden Änderung des Gesellschaftssystems sich willenlos der Herrschaft seiner kapitalkräftigsten Gruppen unterwirft.

Die Vereinigung des Empirismus mit der modernen mathematischen Logik macht das Wesen dieser neuesten positivistischen Schule aus. »In der Wissenschaft«, so erklärte Bertrand Russell 1935 auf dem Internationalen Kongreß für Wissenschaftliche Philosophie[5], »hat diese Vereinigung seit der Zeit Galileis bestanden; aber in der Philosophie waren diejenigen, die durch die mathematische Methode beeinflußt waren, anti-empiristisch, und die Empiristen hatten eine geringe Kenntnis der Mathematik. Die moderne Wissenschaft ist der Ehe zwischen Mathematik und Empirismus entsprungen. Drei Jahrhunderte später entspringt dieser Vereinigung ein zweites Kind, die wissenschaftliche Philosophie, die vielleicht zu einer ebenso großen Laufbahn berufen ist; denn sie allein kann die intellektuelle Verfassung herbeiführen, in der es möglich ist, eine Kur für die Krankheiten der modernen Welt zu finden.« Das heißt selbstbewußt reden. Die Richtung gibt sich in letzter Zeit auch den Namen des logischen Empirismus. Sie stellt eine fest umrissene Schule dar, innerhalb derer, wie seinerzeit in der von Husserl begründeten Phänomenologie, einige Fraktionen voneinander zu unterscheiden sind und die sich andererseits der Sympathie einzelner bekannter Forscher aus verschiedenen Wissenschaftszweigen erfreuen darf.

Da hier nicht vorgesehen ist, den Werdegang der Vereinigung zu schildern, sondern den Mangel dieser Denkart und ihren Zusam-

5 *Actes du Congrès International de Philosophie Scientifique*, erschienen bei Hermann & Cie, Paris 1936, Nr. I, S. 11 [Übersetzung von M. H.].

menhang mit der Geschichte des Bürgertums aufzuweisen, so wird auf Schattierungen nicht eingegangen. Der logische hat mit dem älteren Empirismus die Ansicht gemeinsam, daß alles inhaltliche Wissen über Gegenstände in letzter Linie aus Tatsachen der Sinneserfahrung fließe. Es hat sich ergeben, meint auch Rudolf Carnap, daß alle Begriffe »auf Wurzelbegriffe zurückzuführen sind, die sich auf das ›Gegebene‹, die unmittelbaren Erlebnisinhalte, beziehen«[6]. Soweit es sich um das Zutreffen oder vielmehr die Wahrscheinlichkeit von Theorien handelt, verweisen die Wissenschaften auf Beobachtung und Erfahrung als letzte Instanz. Auf die möglichst geschickte Voraussage des Eintreffens von Sinnesdaten laufe, wenn man sie im ganzen betrachte, die Erkenntnisarbeit auf allen Gebieten hinaus. Bereits in dieser Ansicht besteht freilich ein gewisser Unterschied zwischen dem traditionellen Empirismus und seinen modernen Nachfolgern. Jener behauptete den Anspruch der Individuen, daß die Gesellschaft um ihretwillen funktioniere, auch gegenüber der Wissenschaft; sie hatte sich vor dem Einzelnen zu bewähren. Dies geschah durch die Versicherung, daß sie nur behaupte, was jeder sehen und hören könne. Dem Bürger wurde gezeigt, daß Physik und alle Wissenschaft nur der abgekürzte Ausdruck, die gereinigte Gestalt seiner eigenen alltäglichen Erlebnisse sei, nichts weiter als eine Prozedur zur rascheren Orientierung in der Wirklichkeit, wie er sie selbst, wenn auch weniger systematisch, im praktischen Leben übe. Die Lehre vom Menschen bildet daher, wenn auch in beschränkter Form, den Inhalt dieser Philosophie. Es wird gezeigt, wie die Wissenschaft mit der Sinneserfahrung anhebt und an ihr sich stets wieder zu orientieren hat. Locke will auf »historische, schlichte Weise über die Mittel, wodurch unser Verstand dazu kommt, unsere Kenntnisse von den Dingen zu erwerben, einige Rechenschaft geben und gewisse Maßstäbe der Sicherheit unseres Wissens oder der Gründe der Überzeugung aufstellen«[7]. Hume bezeichnet es als seine Aufgabe, »die Prinzipien der menschlichen Natur klarzulegen«. Dies

6 Rudolf Carnap, ›Die alte und die neue Logik‹, in: *Erkenntnis*, Band I, 1930, S. 23 f.
7 John Locke, *Über den menschlichen Verstand*, übersetzt von Th. Schulze, Band I, Leipzig 1897, § 2.

sei die einzige philosophische Grundlage, »auf welcher die Wissenschaften mit einiger Sicherheit stehen können«[8]. Mögen Locke und Hume, so wie es ihrer liberalistischen Gesellschaftsauffassung entspricht, diese Ableitung der Wissenschaft als menschlichen Produkts rein individualistisch verstehen und die Genesis des Wissens ausschließlich durch psychologische Erkenntnistheorie zu begreifen suchen, ihre Philosophie enthält wenigstens dieses dynamische Element, die Beziehung auf ein erkennendes Subjekt.

Im neuesten Empirismus wird vollends davon abgesehen. Der Zusammenhang tritt nicht einmal mehr in einer Theorie der Entstehung von Begriffen und Urteilen hervor. Da die Physik als fest umgrenzte intellektuelle Technik es immer schon mit geformten Urteilen von Beobachtern und nicht unmittelbar mit den Wahrnehmungen zu tun hat, so bedeutet das Kriterium der Erfahrung hier nicht die Empfindung selbst, wie bei Locke oder Hume, sondern jeweils das fertige Urteil über die Empfindung. Es sei die ausschließliche Aufgabe der Wissenschaft, ein System aufzubauen, aus dem Sätze abgeleitet werden können, die eindeutig durch Urteile von Beobachtern, durch »Protokollsätze«, bestätigt werden. Ein deskriptives Zeichen gilt als ausgewiesen, wenn es durch Definitionen oder mittels neu aufgestellter Grundsätze auf Zeichen zurückzuführen ist, die in Protokollsätzen vorkommen.[9] Mit dem Gegebenen habe daher die Wissenschaft und somit auch die wissenschaftliche Philosophie nur in der Form von Sätzen *über* das Gegebene zu rechnen. Der Wissenschaftler kümmert sich um die Welt nur, soweit sie sprachlich fixiert ist. Er hält sich an das, was in angemessener Form zu Protokoll gegeben wird. Die Analyse des Umwandlungsprozesses vom Erlebnis bis zum Protokoll gehört in die empirische Psychologie. Diese mag auf gleiche Weise Feststellungen über das Verhalten von Versuchspersonen treffen, wie die Physik über das Verhalten anderer Körper. Auch die Psychologie hat es nicht unmittelbar mit den Wahrnehmungen zu tun. Nicht die Selbstbeobachtung, sondern die durch

8 David Hume, *Traktat über die menschliche Natur*, übersetzt von Th. Lipps, Hamburg und Leipzig 1895, S. 4.
9 Cf. Rudolf Carnap, *Logische Syntax der Sprache*, Wien 1934, S. 247.

objektive Beobachter bestätigten, also in Urteilen formulierten Tatsachen bilden auch hier den Stoff. Das Unsagbare und das Ungesagte sollen für das Denken keine Rolle spielen, sie dürfen nicht einmal erschlossen werden.

Mag auch die Weise, in welcher der Begriff des Erkenntnismaterials in den einzelnen Phasen des Empirismus gefaßt wird, eine Verflachung des bürgerlichen Denkens anzeigen, eine zunehmende Abneigung, den unmenschlichen Dingen auf den menschlichen Grund zu sehen, so ist doch das Prinzip, daß unser Wissen über die Welt von den Sinnen ausgeht, dasselbe geblieben. Sofern es sich darin erschöpft, daß jede Behauptung über irgendein Seiendes in Natur oder Geschichte schließlich auf entsprechende Empirie verweist, steht es einzig zum reinen Jenseitsglauben in Gegensatz. Der Rationalismus hat diesem Prinzip gar nicht widersprochen, er hat es nur nicht isoliert zum Grundsatz der Philosophie gemacht. In den rationalistischen Systemen des siebzehnten Jahrhunderts gehört es zu einer Gesinnung, nach der nicht so sehr die Aufmerksamkeit auf das einzelne Seiende, wie es nun einmal besteht, entscheidend ist, als die Fähigkeit, das Seiende in Gedanken und in Wirklichkeit zu konstruieren. Von dem Glauben an die vollständige Beherrschbarkeit der Natur und Menschenwelt bestimmt, hält sich der Rationalismus an das Problem der intellektuellen Durchdringung der Welt, an die Verfahrensweisen der Vernunft. Die Mathematik gilt dem Rationalismus als Mittel, die Gegenstände aus Prinzipien zu erzeugen, die das Subjekt in sich selbst zu entwickeln vermag. Die höchsten Einsichten fallen mit den Gründen des Seins zusammen, sie sind nicht aus Einzelerfahrungen abgezogen oder willkürlich festgesetzt. Sie machen die eigenste Natur des vernünftigen Denkens aus, dessen konstruktiver Gewalt schließlich jedes Geheimnis sich entschleiern muß. Jedes Seiende hat sich in einer Wahrnehmung zu legitimieren. Aber wenn wir es bloß auf diese Weise kennen, ist es noch ein Ding an sich; erst wenn wir es machen können, wird es zu einem Ding für uns. Das ist die rationalistische Ansicht.

Im Gegensatz dazu bedeutet für den Empirismus der Ausweis durch Wahrnehmung das A und O. Er hält sich an das, was ist, an die Feststellung. »Die Welt ist alles, was der Fall ist... Die Welt zerfällt in Tatsachen«, heißt es im philosophischen Hauptwerk seiner modernen Anhänger.[10] Soweit die Zukunft in Frage kommt, ist nicht Konstruktion, sondern Induktion die kennzeichnende Leistung von Wissenschaft. Je öfter etwas da war, um so gewisser wird es in aller Zukunft da sein. Die Erkenntnis bezieht sich einzig auf das, was ist, und seine Wiederholung. Neue Formen des Seins, vor allem solche, die der geschichtlichen Aktivität des Menschen entspringen, liegen jenseits der empiristischen Theorie. Gedanken, die nicht allein aus dem schon herrschenden Bewußtsein aufzunehmen, sondern in eigener Zielsetzung und Entschlußkraft zu fassen sind, alle über das Vorhandene und sich Wiederholende hinausreichenden geschichtlichen Tendenzen, fallen nach dieser Auffassung nicht unter die Begriffe der Wissenschaft. Der Empirismus versichert zwar unermüdlich seine Bereitschaft, jede Ansicht aufzugeben, wenn zukünftige Erfahrung ihn eines Besseren belehren sollte. »Keine Bestimmung der physikalischen Sprache ist endgültig gesichert«, und die Nachprüfung betrifft »im Grund nicht eine einzelne Hypothese, sondern das gesamte System der Physik als ein Hypothesensystem (Duhem, Poincaré)«[11]. Der Empirismus reduziert jedoch die Nachprüfung auf neutrale, objektive, wertfreie, das heißt trotz allem isolierte Gesichtspunkte. Man ändert entweder die physikalischen Grundsätze, mit denen eine Beobachtung in Konflikt gerät, oder erkennt die Feststellung nicht an. Darin steckt aber keine Notwendigkeit; der Gesichtspunkt des Zweckmäßigen, der hier entscheidet, läßt sich nicht selbst theoretisch bestimmen.[12] Dem Denken wird die Funktion abgesprochen, die Beobachtungen sowie die Art, in der die Wissenschaft sie zusammenfaßt, auf Grund einer auch die Wissenschaft selbst und ihre Formen noch einbeziehenden Theorie zu beurteilen. Der Empirismus setzt die je anerkannte Wissenschaft in ihrer gegebenen, mit dem Bestehenden versöhnten Struktur und Betriebsweise als höchste geistige Autorität überhaupt. Sie gilt ihm als bloßer Ordnungs- und Umordnungsapparat von Fakten, gleich-

10 Ludwig Wittgenstein, *Tractatus logico-philosophicus*, London/New York 1922, S. 30.

11 Rudolf Carnap, ibid., S. 246.

12 In der Ansicht, die Lösung des Konflikts zwischen Tatsache und Theorie sei selbst nicht theoretisch faßbar, stimmt der logische Empirismus mit der vorherrschenden Erkenntnistheorie überein. »...hier tritt das Genie in seine Rechte«, erklärt auch Hermann Weyl, ›Philosophie der Naturwissenschaft‹, in: *Handbuch der Philosophie*, Abteilung 2, München und Berlin 1927, S. 113.

viel, welche Fakten sie aus deren Unendlichkeit aufnimmt; gerade, als ob die Auswahl, Beschreibung, Anerkennung und Zusammenstellung in dieser Gesellschaft keinen Akzent und keine Richtung hätten. Die Wissenschaft wird danach wie ein System von Schläuchen immer mehr gleichsam bloß angefüllt und durch Reparaturen instand gehalten. Dieses Tun, das man früher die Tätigkeit des Verstandes nannte, steht nach dem Empirismus nicht selbst wieder in Zusammenhängen, die rückwirkend ihm erst Richtung und Sinn verleihen. Alles, was im Idealismus Idee und Zielsetzung, im Materialismus gesellschaftliche Praxis und bewußte geschichtliche Aktivität hieß, hat nach dem Empirismus, soweit er es überhaupt als Voraussetzung der Erkenntnis zuläßt (Otto Neurath[13]), mit der Wissenschaft wesentlich nur als Beobachtungsgegenstand und nicht als konstitutives Interesse und Direktiv zu tun. Es existiert kein an den Methoden und Resultaten der Wissenschaft orientiertes, mit bestimmten Interessen verflochtenes Denken, das ihre Begriffsbildung und ihre Gesamtgestalt, sosehr es von ihnen abhängt, auch wieder kritisieren dürfte. Es gibt überhaupt keine Kritik einer Fachdisziplin außerhalb einer Fachdisziplin, kein Denken, das, mit den Kenntnissen der Zeit ausgerüstet, auf bestimmte historische Ziele lossteuernd, den Fachleuten etwas zu sagen hätte. Solches Denken und das von ihm in den Erkenntnisprozeß eingehende kritische, dialektische Element, wodurch dieser mit dem geschichtlichen Leben bewußt verbunden wird, ferner die damit zusammenhängenden Kategorien, wie der Unterschied von Wesen und Erscheinung, Identität im Wechsel, Vernünftigkeit von Zielsetzungen, ja, der Begriff des Menschen, der Person oder gar der Gesellschaft und Klasse in einem Sinn, der bestimmte Aspekte und Stellungnahmen voraussetzt – all das existiert für den empiristischen Gelehrten nicht. Soweit er solche Begriffe ausnahmsweise gebraucht, sind sie rein klassifikatorisch gemeint wie etwa zoologische Gattungen. Eben deshalb steht die Gestalt der Erkenntnis und damit des Seins, soweit wir von ihm wissen können, für ihn so fest wie nur je für einen Dogmatiker.

Im Grunde ist die empiristische der rationalistischen Denkart auch

13 Cf. vor allem: ›Soziologie im Physikalismus‹, in: *Erkenntnis*, Band II, 1931, S. 423 ff.; und: *Empirische Soziologie*, Wien 1931, S. 128 ff.

hierin verwandter, als sie glaubt. Trotz seines Kampfes gegen den rationalistischen Grundbegriff, die synthetischen Urteile *a priori*, die sachhaltigen Aussagen, denen keine künftige Erfahrung widersprechen könne, setzt der empiristische Philosoph die Formen des Seins als konstant. Die ganze Welt hat grundsätzlich in einem festen System Platz, das freilich jeweils nicht endgültig ist. Für einen Empiristen »ist es absurd, von einem einzigen und totalen System der Wissenschaft zu reden«[14]. Und doch setzt die Versicherung, die richtige Gestalt der gesamten Erkenntnis sei mit Physik identisch, diese sei die große »Einheitswissenschaft«, in der alles aufgehen müsse, bestimmte Formen als unveränderlich. Sie stellt ein Urteil *a priori* dar. Es wird behauptet, der Sinn aller Begriffe der Wissenschaft sei durch physikalische Bestimmungen zu definieren, und davon abstrahiert, daß schon der Begriff des Körperlichen im physikalischen Verstand ein ganz besonderes, subjektives Interesse, ja, die gesamte gesellschaftliche Praxis involviert.[15] Der naiv-harmonistische Glaube, der solcher Idealvorstellung von Einheitswissenschaft und schließlich diesem ganzen neuen Empirismus zugrunde liegt, gehört der entschwindenden Welt des Liberalismus an. Man kann sich mit jedem über alles verständigen. Das ist nach den empiristischen Philosophen ein »glücklicher Umstand«, den man nicht etwa

14 Otto Neurath, ›L'encyclopédie comme modèle‹, in: *Revue de Synthèse*, Band XII, Paris 1936, Nr. 2.

15 Die philosophischen Folgen des Umstands, daß die puren körperlichen Dinge der Physik in Abstraktion von allem Subjektiven, von der gesamten menschlichen Praxis, wie konkrete Realitäten genommen werden, erörtert Edmund Husserl in einer soeben erschienenen Arbeit (›Die Krisis der europäischen Wissenschaften und die transzendentale Phänomenologie‹, in: *Philosophia*, Band I, Belgrad 1936, S. 77ff.). Sie ist mir erst nach der Abfassung dieses Artikels bekannt geworden. Wenn sich diese späte Publikation des letzten wirklichen Erkenntnistheoretikers auch nicht speziell auf die »›Physikalische Bewegung‹ (›Wiener Kreis‹, ›logisierender Empirismus‹)« bezieht, sondern auf den Physikalismus überhaupt, dessen Idee in historischem Rückblick entwickelt wird, so haben die Hypostasierungen, die Husserl aufdeckt, auch zu dieser neuesten Abart geführt. Der unkritische Objektivismus, die Verabsolutierung der Fachwissenschaft, die – von der heutigen Problematik aus gesehen – mannigfache Affinität von Empirismus und Rationalismus, die Entgiftung der Humeschen Skepsis bei den Nachfolgern, alle diese auch im Text berührten Verhältnisse werden in der Analyse Husserls vermerkt und zu erklären versucht. Bei aller Gegensätzlichkeit der Denkart Husserls zu der hier vertretenen Theorie hat seine Altersstudie mit ihrer höchst abstrakten Problematik mehr mit den gegenwärtigen geschichtlichen Aufgaben zu tun als der sich zeitgemäß dünkende Pragmatismus oder das vermeintlich dem »Mann am Schraubstock« angepaßte Reden und Denken mancher jüngeren Intellektuellen, die sich schämen, es zu sein.

selbst erst zu begreifen hat, um seine Bedeutung und Reichweite zu bestimmen, sondern als »ganz allgemeinen ordnungshaften Zug der Erfahrung«[16] eben hypostasiert. Schon Ernst Mach hatte die subjektiven Faktoren, die er nur als Einfluß der »Nerven unseres Leibes«[17] auf die Wahrnehmungen zuließ, als grundsätzlich eliminierbar angesehen. Die Naturwissenschaft ermittle diese Abhängigkeit, indem sie Ereignisse nicht von einem Subjekt, sondern von vielen beobachten lasse. Dadurch gelinge es, die zufällige Verschiedenheit der individuellen Nervensysteme auszuschalten und die reine Abhängigkeit der beobachteten physikalischen Ereignisse zu konstatieren. »Hierbei verhalten sich die KLM..., K'L'M'... (die verschiedenen Beobachter beziehungsweise ihre Nervensysteme, M.H.) wie physikalische Apparate, von deren Eigentümlichkeiten, speziellen Konstanten usw. die Anzeigen, die Ergebnisse befreit werden müssen... So wird von hier aus eine sichere Basis für das ganze Gebiet der Forschung gewonnen.«[18] Der Gedanke*, nicht etwa nur in der Physik, sondern in der Erkenntnis überhaupt das Subjekt radikal verschwinden zu lassen, indem die individuellen Verschiedenheiten selbst als Tatsachenreihen festgestellt werden, ist in Wahrheit eine genau zu umgrenzende Forschungsmaxime. Die Umwandlung dieses Postulats in den Glauben an seine in jedem historischen Moment gegebene grundsätzliche Erfüllbarkeit, der nur zufällige Schwierigkeiten entgegenstünden, führt notwendig zu einem unhistorischen, unkritischen Begriff der Erkenntnis und zur Hypostasierung einzelner naturwissenschaftlicher Verfahrensweisen.

Es gibt danach keine Verschiedenheit theoretischer Strukturen, die auf geschichtlich bedingten Interessengegensätzen beruht und anstatt durch »gemeinsames Experiment« etwa durch konsequentes Zuwiderhandeln ausgetragen wird. Das harmonische Verhältnis der Subjekte zueinander wird auch zu einem Faktum, und zwar zu einem solchen, das noch allgemeineren Charakter hat als selbst ein

[* »Der Gedanke« / 1937: »Die Vorstellung«.]

16 Rudolf Carnap, ›Die physikalische Sprache als Universalsprache der Wissenschaft‹, in: *Erkenntnis*, Band II, 1931, S. 445ff.

17 Ernst Mach, *Die Analyse der Empfindungen*, Jena 1922, S. 28f.

18 Ibid., S. 281f.

Naturgesetz, gewissermaßen zu einem ewigen Faktum – das mit den rationalistischen und transzendentalen Prinzipien also direkt zusammenfällt. »Die Feststellung des Wertes einer physikalischen Größe für einen konkreten Fall ist… von dem untersuchenden Subjekt unabhängig. … Wenn zwei Subjekte verschiedener Meinung sind in bezug auf die Länge eines Stabes, die Temperatur eines Körpers, die Frequenz einer Schwingung«, wird man »versuchen, durch ein gemeinsames Experiment zu einer Einigung zu kommen. Die Physiker sind der Ansicht, daß… wo die Übereinstimmung praktisch nicht erreicht wird, nur technische Schwierigkeiten (Unvollkommenheit der technischen Hilfsmittel, Mangel an Zeit u. dergl.) im Wege stehen… Die physikalischen Bestimmungen gelten intersubjektiv.«[19] Und so steht es auch in Biologie, Psychologie und Theorie der Gesellschaft: »Alle sonst noch in der Wissenschaft… verwendeten Sprachen lassen sich… auf die physikalische Sprache zurückführen«[20], und dadurch »wird die gesamte Wissenschaft zur Physik«[21]. Für den logischen Empirismus bleiben trotz einiger anders klingender Versicherungen die Formen der Erkenntnis und somit das Verhältnis der Menschen zur Natur und zueinander ewig dieselben. Auch nach dem Rationalismus sind alle subjektiven und objektiven Möglichkeiten in Einsichten beschlossen, die das Individuum je schon besitzt. Indem er jedoch zum Maßstab der Zukunft nicht allein Feststellungen über vorhandene Sachen, sondern ebensosehr die aktive, aus dem Innern wirkende Subjektivität mit ihren Strebungen und Ideen nimmt, ist er nicht so sehr der Gegenwart verhaftet wie der Empirismus, der den Begriff des Neuen mit dem einer Unzulänglichkeit von Prognosen verwechselt. Leibnizens Theorie des Subjekts als der *»substantia ideans«*[22], im Sinn des Urhebers von Entscheidungen und Akten, steht einer materialistischen Auffassung der Geschichte näher als eine Philosophie, die das denkende Subjekt darauf reduziert, Protokollsätze unter allgemeinere Aussagen zu befassen und wieder daraus abzuleiten.

Der Empirismus verwirft den Begriff des Subjekts überhaupt, und

19 Rudolf Carnap, ibid.
20 Ibid.
21 Ibid., S. 463.
22 Leibniz, *Hauptschriften zur Grundlegung der Philosophie*, Band II, Leipzig 1906, S. 299.

derjenige der Tendenz bereitet ihm keine Schwierigkeit. Für den Empirismus bedeutet Tendenz nur das wahrscheinliche Verhalten von Gegenständen, das auf Grund beobachteter Regelmäßigkeiten zu errechnen ist. Die bekannten Verhaltensweisen aller Gegenstände in einer bestimmten Umgebung sind die Teiltendenzen; das wahrscheinliche Ereignis wird als Resultante aus ihnen kombiniert. Die behavioristische Psychologie setzt es sich zum Ziel, eine Lehre vom Menschen aufzustellen, in der ausschließlich Begriffsbildungen und sonstige Verfahrensweisen angewandt werden wie nach empiristischer Deutung in den Wissenschaften der anorganischen Natur. Geschichtliche Tendenzen, so könnte man im Sinne des Behaviorismus etwa folgern, scheinen sich deshalb von physikalischen zu unterscheiden, weil menschliche Willensakte dabei eine Rolle spielen. Aber mit dem sogenannten Willen steht es ebenso wie mit anderen Regelmäßigkeiten in der Natur. Schon William James erklärte Willensakte als Bewegungen, die durch Denkvorgänge bedingt sind. Das Kind stellt durch Beobachtung fest, daß es bestimmte Bewegungen machen kann, wenn es vorher an sie denkt. Gewisse Vorstellungen und Gedanken sind mit gewissen Bewegungen so verknüpft wie etwa das Aufstellen zweier entgegengesetzt geladener Metallkugeln in gehöriger Entfernung mit dem Funken. Zwischen Motiv und Ursache gibt es keinen qualitativen Sprung, beide sind bloß Bedingungen, auf die regelmäßig ein bestimmtes Ereignis eintritt. Auf A folgt B. Ein Kopf ersinnt eine Handlung, und sie wird ausgeführt, auf den Kopf fällt ein Ziegelstein, der Kopf zerbricht. Es ist dieselbe Art von objektiver Gesetzmäßigkeit. Soweit der erwachsene Mensch an Bewegungen denken kann, ohne sie auszuführen, rührt das nur daher, daß sonstige Gedanken oder Umstände vorhanden sind, deren Folgen diesen Zusammenhang durchkreuzen.[23] Sonst müßte man nach dieser Theorie immer auch tun, was man denkt. Jeder Willensakt ist als die Resultante aus den verschiedenen Regelmäßigkeiten menschlichen Verhaltens aufzufassen, die in der gegebenen Situation im Spiel sind. In der Tat ist Regel der Ausdruck für wiederholt beobachtete Folgen, und bei vorhandenem A wird das Ereignis B wahrscheinlich, wenn es früher häufig nach ihm eingetreten ist. Nur hängt es zuweilen von den Menschen

23 Cf. Bertrand Russell, *Mensch und Welt*, München 1930, S. 246f.

ab, ob das Wahrscheinliche auch eintritt, und davon bleibt die Kategorienbildung des Behaviorismus unberührt. Diese Erwägung gehöre in ein anderes Fach.

Die Tätigkeit der Wissenschaft, Vorgänge in allgemeinere Zusammenhänge einzuordnen, sie unter Regeln zu befassen, besorgt ein legitimes und nützliches Geschäft. Die Verwahrung dagegen im Namen einer »Freiheit« von Bedingungen ist ein Kampf gegen Windmühlen, sofern die Wissenschaft die Abstraktionen, die sie Regeln und Gesetze nennt, nicht naiv mit real wirkenden Kräften gleichsetzt und etwa die Wahrscheinlichkeit, daß B auf A folgt, mit der wirklichen Anstrengung verwechselt, es herbeizuführen; eine Identifikation, die auch dann noch vorliegt, wenn Anstrengung, Handlung immer bloß als Zustand oder Ereignis verdinglicht und niemals als die besondere Struktur eines Zusammenhangs von Subjekt und Objekt begriffen wird. Dieses Befassen unter Regeln, das Deduzieren aus allgemeinen Begriffen und Sätzen als ausschließliche Form des Beurteilens von Vorkommnissen, war im Beginn des Positivismus noch mit der ausgesprochenen Ansicht verknüpft, A sei von vornherein schon Teil eines festen Zusammenhangs AB oder AC oder AD, und man müsse nur abwarten, wie es sich nun zeige, während es doch an den Menschen mitsamt ihrer Wissenschaft liegen kann, was ein Zustand wirklich ist, das heißt, was sie aus ihm machen, zum Beispiel, ob sie zur Stunde die Menschheit vollends zu Grabe tragen oder erst wirklich ins Leben rufen. Nach den heutigen Empiristen bleibt das für die Beurteilung der Gegenwart belanglos – der jetzt herrschende Zustand ist ein Faktum, ebenso die Anstrengung, ihn zu verändern, soweit sie nicht allein in ihren Trägern lebendig, sondern vom gemeinen Bewußtsein angemessen verstanden wird. Der nächste Zustand ist ein anderes Faktum. »Zusammenfassungen« wie Anfang oder Ende der Menschheit sind weder bequeme noch sonst vertretbare Abkürzungen, weil man auch bei größerem Zeitaufwand sich schwerlich darüber einigen wird, wenigstens – so fügen wir hinzu – solange jene nicht solider begründet sind als in der Gegenwart. Natürlich läßt sich jedes Geschehen in Fakten zerlegen, und das Faktum spielt – freilich in jeweils der Situation entsprechender und höchst verschiedener Weise – eine entscheidende Rolle im Beweisgang, aber auf diesen Umstand eine empiristische Sekte abzustellen, das ist nicht mehr an der Zeit. Es sieht wie ein Versprechen aus, daß die Erkenntnis beim Gesicherten bleiben und sich auf die historisch strittigen Fragen nicht oder doch erst viel später einlassen wird. »Die Auffassung, wir hätten im Denken ein Mittel zur Hand, mehr über die Welt zu wissen, als beobachtet wurde... scheint uns durchaus mysteriös«, heißt es in einer Veröffentlichung des Wiener Kreises.[24] Dieses Prinzip zu beherzigen, ist besonders in einer Welt angezeigt, deren geschmückte Fassade in allen Teilen Einigkeit und Ordnung spiegelt, während in ihrem Inneren der Schrecken wohnt. Alleinherrscher, schlechte Gouverneure kolonialer Provinzen und sadistische Gefängniskommandanten haben sich immer schon Besucher dieser Geistesart gewünscht. Nimmt aber die Wissenschaft als ganze einen solchen Charakter an, verliert das Denken überhaupt den Eigensinn und die Unbeirrbarkeit, einen Wald von Beobachtungen zu durchdringen und »mehr über die Welt zu wissen« als selbst die wohlmeinende Tagespresse, so nehmen sie passiv am allgemeinen Unrecht teil.

Gegen diese Reflexion vermöchte der Empirismus einzuwenden, woher denn die Unbeirrbarkeit des Denkens stamme, wenn es nicht den unzähligen Beobachtungen des Tages andere entgegenzusetzen habe. Es könne sich gegen Erfahrung nur wieder auf Erfahrung berufen; seine Begriffe seien ja nicht eingeboren oder inspiriert. Aber gerade weil auf Fakten auch dort eingegangen wird, wo man andere Fakten durchschaut oder abschafft, weil überall gleichermaßen Fakten im Spiel sind, kommt es bei der Entscheidung auf das konstruktive, die Fakten wertende, Oberfläche und Kern voneinander scheidende Denken an, und der Name des Empirismus ist heute entweder ganz nichtssagend oder wirklich der Verzicht auf Vernunft im eigentlichen Wortsinn. Die Rolle des Empirismus in der Welt läßt sich an vielen Situationen verdeutlichen. Die folgende Szene ist einem Artikel E. de Spenglers[25] entnommen, in dem vom Sohn Carl Vogts, des Gegners von Marx, die Rede ist: »Dans son beau volume consacré à son père, il rappelle avec complaisance que les membres d'une association antivivisectionniste ayant demandé de visiter les laboratoires de l'université, le professeur Schiff leur fit remarquer que les

24 H. Hahn, *Logik, Mathematik und Naturerkennen*, Wien 1933, S. 9.

25 *Le Gutenberg*, Organe de la Fédération Suisse des Typographes, vom 26.8. 1936.

animaux n'étaient nullement endormis, mais que pas un cri se faisait entendre. Une habile section des cordes vocales leur avait simplement enlevé le moyen d'exhaler leurs plaintes.« Das Wohlgefallen des jüngeren Herrn Vogt an der getäuschten Gutgläubigkeit jener Vereinsmitglieder ist ein Muster des Wohlgefallens an einem bescheidenen Empirismus in der auf Täuschung abgestellten Welt.

Wie die Handlungen von Individuen durch Verfahrensweisen vorherzusagen sind, die mit den Prognosen physikalischer Prozesse genau übereinstimmen, so lassen sich auch Prognosen über gesellschaftliche Gruppen anstellen. Die empiristische Theorie der Gesellschaft ist der »Sozialbehaviorismus«. »Staaten, Völker, Altersgruppen, Religionsgemeinschaften, das sind alles Komplexe, die aus Einzelelementen, den Individuen, gebildet werden. Solche zusammengesetzten Gruppen weisen gewisse gesetzmäßige Zusammenhänge auf, sie haben eine bestimmte Physiognomie... Die wissenschaftliche Untersuchung hat gezeigt..., daß die Abgrenzung der ›Gesellschaftsklassen‹, die politisch eine wachsende Rolle spielt, soziologisch sich vertreten läßt. Eine ›Anthropologie der nichtbesitzenden Klassen‹ bringt biologisch bemerkenswertes Material.«[26] Die Theorie der Gesellschaft hat es freilich mit den Experimenten nicht so leicht wie die Physik. Aber schließlich bestehen die angeführten »Großgebilde« aus »einzelnen Lebewesen, Menschen und anderen Tieren. Deren Verhalten unter dem Einfluß von Reizen untersucht der ›Behaviorismus‹ als Teil der Biologie (vgl. Pawlow u. a.).«[27] Die Soziologie sei einer Biologie vergleichbar, der nur ein einziges Tierindividuum zur Verfügung stehe und die »aus Gesetzen über die Arme, Gesetze über die Beine ableiten müßte, aus Gesetzen über das vierjährige Tier, solche über das sechsjährige, wobei aber Erfahrungen über Wandlungen auch schon gesetzmäßige Veränderungen der Gesetze gelehrt haben«[28]. Dabei sind sich die Empiristen klar, daß auf solche Weise »gerade bedeutsame Wandlungen... nicht im vorhinein erfaßt werden. Die Vergleiche der Gesamtkomplexe geben uns keine Möglichkeit, Revolutionen anzukündigen, wenn sie nicht eine übliche Erscheinung sind. Man

26 Otto Neurath, *Empirische Soziologie*, Wien 1931, S. 105.
27 Ibid., S. 67.
28 Ibid., S. 66.

muß die neue Erscheinung abwarten, um dann für sie wieder neue Gesetzmäßigkeiten zu finden«[29]. Natürlich soll man nicht müßig dabei zusehen. »Wer Späne braucht, muß das Holzhacken erwarten oder mitbetreiben. Dazu kommt, daß soziologische Einsicht in gegenwärtige Zusammenhänge im allgemeinen der am besten erringt, der enger mit der sozialen Struktur der Gegenwart verbunden ist. Auch in der Physik übt die enge Verbindung mit der technischen Praxis einen Anreiz aus. Noch mehr gilt das von der Soziologie. Der Gelehrte ist ein Element wie jedes andere.«[30]

Individuelle und gesellschaftliche Tendenzen bilden also für den Empiristen keine Ausnahme in seinem Begriffsapparat. Es handelt sich dabei um Formulierung von Beobachtungen. Für den Soziologen bietet die Praxis einen Anreiz. Auf das Subjekt trifft man selbst hier nicht. Ob die »bedeutsamen Wandlungen« passiv oder aktiv erwartet werden, auch als Handelnde gelten die Menschen in der Wissenschaft nur als Tatsachen und Gegenstände. Der Gelehrte ist objektiv genug, sich als Element vorzustellen. Diese Sachlichkeit hat ihre theoretischen Konsequenzen. Da die Gesellschaft selbst bloß ein Inbegriff von Individuen sei, erweist sich der Unterschied zwischen Subjekt und Objekt, zwischen der Erkenntnis und ihrem Gegenstand, zwischen Theorie und Praxis auch im gesellschaftlichen Maßstab nicht etwa als stets zu überwindender, in der Geschichte sich verschiebender, sondern als gar nicht vorhanden, als leere Redensart. Das Problem dieser Spannung zwischen Bewußtsein und Sein, das im Zentrum der Philosophie der Idealisten und Materialisten gestanden ist, hat sich diesem Empirismus gleichsam von selbst gelöst, es gibt bloß Tatsachen, und der begriffliche Apparat der Wissenschaft dient dazu, sie zu fixieren und vorauszuberechnen. Soweit sie selbst betrachtet wird, hat man es wiederum mit Tatsachen zu tun, etwa mit Gewohnheiten, die physiologisch oder sonstwie bedingt sind. Eine andere sinnvolle Betrachtungsart gibt es nicht.

Unter der bürgerlichen Produktionsweise, deren Wissenschaft mehr auf Resultate der Abstraktion als auf die theoretische Rekonstruktion des Ganzen abzielt, gelten Tiere, Menschen und Gesell-

29 Ibid., S. 106.
30 Ibid., S. 131.

schaft gleicherweise als Summen von Dingen und Ereignissen; der Prozeß, wie diese Abstrakta im Zusammenhang der gesellschaftlichen Praxis zustande kommen, fällt nicht ins Bewußtsein. Der Empirismus hält es jeweils auf der erreichten Stufe fest. Soweit er an die Genesis erinnert wird, verweist er das Problem an die psychologische oder soziologische oder sonst eine Disziplin, die schon dafür sorgen werde. Seine Behauptungen laufen darauf hinaus, daß alles, was man konstatieren kann, immer nur Gegenstände sind und nichts als Gegenstände. Wenn wir unsere Willensakte analysieren, kommen wir auf Wünsche, Gefühle, Vorstellungen und Bewegungen, die miteinander zusammenhängen. Es sei ein Widersinn, vom Subjekt oder auch von einer Wirklichkeit zu reden, die nicht gegeben sein könnten, die vor oder hinter den einzelnen Tatsachen und ihren Zusammenhängen lägen. Wenn wir vom Subjekt allein reden, ohne weiterzugehen, ist es ein isolierter Gegenstand, eine körperliche Ereignisreihe wie jede andere, und als solche wird es ausschließlich angesehen. Wie sollte man sonst in einer Welt der Mißverständnisse Einigung darüber erzielen? Und hinter dieser oder einer anderen sprachlichen Festlegung, die treffend sein mag oder nicht, verschwindet das reale Subjekt. Man soll davon nicht einmal sprechen dürfen – ebensowenig wie, nach den logischen Empiristen, von einer bewußtseinsunabhängigen Wirklichkeit. Mit solcher zweifelhaften Sprachreinigung glaubt man die Probleme aus der Welt geschafft zu haben.

Die Auffassung, daß die Wissenschaft sich darin erschöpfe, gegebene Tatsachen zu konstatieren und zu ordnen, um künftige vorauszusagen, isoliert die Erkenntnis, ohne die Isolierung wieder aufzuheben. Die Konsequenz ist ein von den Empiristen gespenstisch verzerrtes Bild der Welt, das sie als solches nicht erkennen. Sofern die Wissenschaftler handeln, werden sie nach dieser Überzeugung aus Gelehrten zu Handelnden, sie verwandeln sich in Elemente, Gegebenheiten, Tatsachen, um sogleich wieder Gelehrte zu werden, wenn sie davon reden. Als Wissenschaftler versteht sich der geschulte Spezialist als eine Kette von Urteilen und Schlüssen, als sozialer Faktor erscheint er sich als bloßer Gegenstand. Dasselbe gelte für jedermann. Die Person fällt in zahllose Funktionen auseinander, der Zusammenhang ist unbekannt. In der Gesellschaft ist der Mensch einerseits Familienvater, andererseits Geschäftsmann, andererseits Gedanke, oder vielmehr: er ist gar nicht Mensch, sondern dies alles und noch vieles andere in einer schicksalhaften Reihenfolge. Ebenso besteht Wissen aus Tatsachen und Handeln aus Tatsachen; die Komponenten des Wissens, die Wahrnehmungen, Begriffe und Fakten kann man zu nichts anderem, etwa zum Subjekt, erkennend in Beziehung setzen, weil das andere dabei selbst zur Tatsache würde und somit kein anderes wäre. Logisch gesehen, beruht diese unangreifbare Abgeschlossenheit der Wissenschaft auf der Hypostasierung des abstrakten Begriffs des Gegebenen oder der Tatsache. Während seit Descartes bloß das als existierend gelten sollte, was jeder Einzelne feststellen konnte, wurde im Empirismus durch die Preisgabe des Subjekts als der kritisch sichtenden Instanz der Unterschied zwischen dem Begriff des Gegebenen und dem des Etwas überhaupt verwischt, so daß Gegebenes, Tatsache, Gegenstand nur scheinbar noch etwas Bestimmtes besagen. Mit dem Besonderen und Unterschiedenen sollen es nur die Fachwissenschaften zu tun haben, die Philosophie dagegen nur mit dem Nebel des Allgemeinen, den Tatsachen als solchen, den bloßen Aussagen, der Sprache unabhängig vom Inhalt, der puren Form. Dem anonymen Verwertungsprozeß der Gesellschaft bleibt es überlassen, wie bei anderen differenten Branchen die Produkte beider Zweige zusammenzubringen. Über die Elemente der Erkenntnis, das Allgemeine und das Besondere, wird so wenig durch Vernunft befunden wie über sonstige Elemente der gesellschaftlichen Reproduktion. Vernunft gibt es nur innerhalb der Einzelbetriebe und Fächer, das heißt, sie existiert nur als Verstand. Diese nichtssagende Allgemeinheit des Gegebenen, als welches die Welt aufzufassen der Philosophie bei solcher Teilung übrigbleibt, wird durch den Begriff des Empirismus, den man als spezifische Lehre festhält, weiterhin als Besonderes und Bestimmtes hingestellt, das einzige, woran zu glauben sei.

Im älteren Empirismus war diese Identifikation der ganzen Welt mit bloßen Gegebenheiten, diese Einebnung der gesamten Praxis gegenüber dem Erkennen, durch religiöse oder skeptische Gedanken vermittelt und wenigstens dadurch als problematisch dargestellt. Die Unfähigkeit, das Bestehende als Ergebnis des gesellschaftlichen Lebensprozesses zu begreifen, an dem das Individuum selbst teilnimmt, die Entfremdung des Produkts der gesellschaftlichen Tätigkeit gegenüber den isolierten Individuen, eine Entfremdung, die auch als Hypostasierung von Tatsachen erscheint, wird bei Berkeley im offen religiösen Glauben empfunden, die Tatsachen seien dem Individuum von Gott gegeben, und bei Hume in der eingestandenen Verzweiflung an der Lösung ihrer Herkunft. Bei ihnen ist die Fragwürdigkeit der hermetischen Isolierung der Erkenntnis wenigstens durch Erinnerung daran, und bestehe sie lediglich in der Skepsis, noch offengehalten. Hume versank zuzeiten über dieses Resultat in »philosophische Melancholie«. »Die intensive Betrachtung der mannigfachen Widersprüche und Unvollkommenheiten in der menschlichen Natur«, heißt es gegen Ende des theoretischen Teiles des *Treatise*[31], »hat ja derartig auf mich gewirkt und mein Gehirn so erhitzt, daß ich im Begriffe bin, allen Glauben und alles Vertrauen auf unsere Schlüsse wegzuwerfen und keine Meinung für möglicher und wahrscheinlicher anzusehen als jede beliebige andere. Wo bin ich, oder was bin ich? Aus welchen Ursachen leite ich meine Existenz her, und welches zukünftige Dasein habe ich zu hoffen? Um wessen Gunst soll ich mich bewerben, und wessen Zorn muß ich fürchten? Was für Wesen umgeben mich? und auf wen wirke ich, oder wer wirkt auf mich? Ich werde verwirrt bei allen diesen Fragen: ich fange an, mir einzubilden, daß ich mich in der denkbar beklagenswertesten Lage befinde, daß ich umgeben bin von der tiefsten Finsternis, des Gebrauchs jedes Gliedes und jedes menschlichen Vermögens vollständig beraubt.« Er hat den Bankrott des konstruktiven Denkens, die Einebnung des Gegensatzes von Subjekt und Objekt, Theorie und Praxis, Denken und Wollen, wohin seine Philosophie des zur Macht gekommenen Bürgertums geführt hat, auch als etwas Negatives empfunden. Bei seinen Nachfolgern ist davon keine Rede mehr, über die Ohnmacht der Vernunft findet sich kein Ausdruck der Trauer. Die Stellungnahme des modernen Empirismus besteht nur noch im Verschweigen, wenn sie nicht in ahnungslosem Anklang an ein Hegelsches Wort erklärt, bei den Lebensproblemen beginne »das Mystische«.

Man kann die Wissenschaft von allen übrigen Sphären des gesellschaftlichen Lebens trennen, man kann sie als Feststellung und Vorhersage von Tatsachen auffassen. Aber wir wissen mindestens seit Hegels *Phänomenologie*, daß das Unmittelbarste, die Gegeben-

31 David Hume, ibid., S. 346 f.

heit der Empfindung und Wahrnehmung, bloß dem beschränktesten Verstand als ein Letztes erscheint und in Wahrheit vermittelt und abhängig ist. »Dieser Barbarei«, schreibt Hegel schon in seiner Kritik der Philosophie von E. Schulze[32], einer Kritik, in der aller logische Empirismus schon im vorhinein erfaßt ist, »dieser Barbarei, die unleugbare Gewißheit und Wahrheit in die Tatsachen des Bewußtseins zu legen, hat sich weder der frühere Skeptizismus, noch ein Materialismus, noch selbst der gemeinste Menschenverstand, wenn er nicht ganz tierisch ist, schuldig gemacht, sie ist bis auf die neuesten Zeiten in der Philosophie unerhört. Ferner bieten nach diesem neuesten Skeptizismus unsere Physik und Astronomie und das analytische Denken aller vernünftigen Zweifelsucht Trotz; und es fehlt ihm also auch die edle Seite des spätern alten Skeptizismus, nämlich welche sich gegen das beschränkte Erkennen, gegen das endliche Wissen wendet.« Die Entwicklung der idealistischen Philosophie in Deutschland von ihren Anfängen bei Leibniz bis zur Gegenwart hat jedenfalls die Einsicht zu begründen vermocht, nach der die Welt der Wahrnehmung nicht ein bloßer Abklatsch oder irgend etwas Festes und Substantielles ist, sondern immer auch ein Produkt menschlicher Aktivität. Kant hat den Nachweis erbracht, daß die Welt, von der wir im individuellen und wissenschaftlichen Bewußtsein Kenntnis haben, nicht einfach von Gott gegeben da ist und von uns hingenommen wird, sondern mit ein Erzeugnis unseres verarbeitenden Verstandes ist. Das Kapitel vom »Schematismus der reinen Verstandesbegriffe« soll überdies zeigen, wie auch die in der empirischen Wahrnehmung aufgenommenen Inhalte, wenn sie ins Bewußtsein kommen, bereits durch produktive menschliche Vermögen vorgeformt und gesondert sind. Die Neukantianer haben dieses Erbe wenigstens bewahrt, indem sie es differenzierten und ausbreiteten. So wurde, hauptsächlich im Anschluß an Fortschritte der Ethnologie und Psychologie, die konstitutive Bedeutung der Sprache für die sinnlichen Gegebenheiten dargelegt. »Die Bezeichnung«, so wird erklärt[33], »entwickelt sich nicht am fertigen Gegenstand, sondern der Fortschritt des Zeichens und die dadurch er-

32 Hegel, ›Verhältnis des Skeptizismus zur Philosophie‹, in: *Gesammelte Werke*, Glockner, Band 1, S. 253.

33 Ernst Cassirer, *Philosophie der symbolischen Formen*, Teil 1, Berlin 1923, S. 233.

reichte immer schärfere ›Distinktion‹ der Bewußtseinsinhalte ist es, wodurch sich für uns immer klarere Umrisse der Welt, als eines Inbegriffs von ›Gegenständen‹ und ›Eigenschaften‹, von ›Veränderungen‹ und ›Tätigkeiten‹, von ›Personen‹ und ›Sachen‹, von örtlichen und zeitlichen Beziehungen ergeben.« Das Gegebene wird durch die Sprache nicht bloß ausgedrückt, sondern auch gestaltet, es ist vielfach vermittelt. Gemäß seiner weltanschaulichen Voraussetzung hat freilich der Neukantianismus die Praxis, welche die Tatsachen erzeugt und strukturiert, als geistigen Prozeß verstanden. Wenn Cassirer die menschliche Bedingtheit der Wahrnehmungswelt erkennt, so erklärt er doch den die Abhängigkeit vermittelnden Faktor, die Sprache, »als ein Vehikel in jenem großen Prozeß der ›Auseinandersetzung‹ zwischen Ich und Welt..., in dem die Grenzen beider sich erst bestimmt abscheiden«[34]. Auch diese Auffassung ist noch zu eng. Um das Tatsachenbewußtsein der gegenwärtigen Menschen in den richtigen Zusammenhang zu bringen, genügt es nicht, das abstrakte Prinzip des Ichs in seiner geschichtlichen Verflechtung zu verfolgen. Der Gegensatz von Ich und Welt gehört in seiner bestimmten Gestalt jeweils einem vergänglichen historischen Ganzen an. Der Begriff des Ichs als monadisch abgeschlossener Wesenheit erweist sich der Idee und Sache nach als abstrakt. Wenn jedoch der klassische Idealismus und seine Nachfolger die Bedingtheit der Wahrnehmung eben idealistisch verstanden und die einseitige Kennzeichnung des Wissens als Tatsachenfeststellung wesentlich bloß durch eine Theorie transzendentaler, das heißt intellektueller Faktoren zu überwinden strebten, so sind sie doch nicht so beschränkt, Tatsachenwissen und Seinserkenntnis unvermittelt gleichzusetzen, eine Beschränktheit, die schon der Titel des Empirismus verrät. Die Tatsachen der Wissenschaft und die Wissenschaft selbst sind Ausschnitte aus dem Lebensprozeß der Gesellschaft, und um wirklich zu begreifen, was es jeweils mit den Tatsachen wie mit dem wissenschaftlichen Ganzen auf sich hat, muß man den Schlüssel zur historischen Situation haben, das heißt die richtige gesellschaftliche Theorie.

Dem Empirismus, besonders dem der neuesten Observanz, der auch das Kriterium der individuellen Selbstwahrnehmung preisge-

34 Ibid., S. 232.

geben hat und sich in restloser Sauberkeit lediglich auf logische Intaktheit des Systems und auf Protokollsätze verlassen will, könnte ein Mißgeschick passieren. Nehmen wir an, zu einer bestimmten Zeit und in einem bestimmten Land arbeiteten die Wissenschaften vom Menschen, Nationalökonomie, Geschichte, Psychologie und Soziologie nach seinen eigensten Prinzipien. Sie machten genaue Feststellungen, besäßen einen äußerst feinen logistischen Zeichenapparat und gelangten in einer Reihe von Fällen zu scharfen Prognosen. Die Tagesereignisse wirtschaftlicher und politischer Art werden genau registriert, einige Preisschwankungen am Markt genau berechnet, wenn freilich nur in begrenztem Zeitraum, die Reflexe und Reaktionen des durchschnittlichen Menschen vom Säuglings- bis zum Greisenalter werden aufgenommen und die Affekte in Verbindung zu meßbaren physiologischen Vorgängen gebracht. Über das Verhalten der Mehrzahl aller Menschen in dem betreffenden Land werden zutreffende Voraussagen gemacht, zum Beispiel über ihren Gehorsam gegen strenge Verordnungen, ihre Genügsamkeit bei allgemeinem Nahrungsmangel infolge kriegerischer Politik, ihre Passivität angesichts der Verfolgung und Ausrottung ihrer bewährtesten Freunde, ihren Jubel bei öffentlichen Festen und den positiven Ausgang von Wahlen für eine brutale und lügnerische Bürokratie. So weit und noch weiter könnten die Sozialwissenschaften aller Art in dem Bestreben gelangt sein, der empiristisch ausgelegten Physik es gleichzutun. Die »Tatsachen der reinen Sinneserfahrung«, die beweisenden Protokollsätze, strömten den Gelehrten in ähnlicher Fülle zu wie die spontanen Beifallskundgebungen der schlechten Regierung, welche diese genau registrierende, vergleichende, Zusammenhänge feststellende Wissenschaft ohne Zweifel in den Dienst ihres alles erfassenden Herrschaftsapparats zu stellen wüßte. – Und doch könnte das Bild von Welt und Menschen, das so zustande käme, von der in diesem Zeitpunkt erreichbaren Wahrheit sehr weit entfernt sein. In den jede innere Freiheit vernichtenden ökonomischen Mechanismus eingespannt, durch abgefeimte Methoden der Erziehung und Propaganda in der Entwicklung ihrer Intelligenz gehemmt, durch Angst und Schrecken um ihr Selbstbewußtsein gebracht, könnten die Menschen jenes Landes verkehrte Eindrücke haben, ihnen selbst widersprechende Handlungen begehen, in jeder Empfindung, jedem Ausdruck und jedem Urteil bloß

Täuschungen und Lügen produzieren. Sie könnten im strengen Sinn des Wortes in allen Äußerungen besessen sein. Jenes Land gliche einem Tollhaus und einem Gefängnis zugleich, und seine glatt funktionierende Wissenschaft merkte es nicht. Sie verfeinerte die physikalischen Theorien, spielte in Nahrungs- und Zerstörungsmittelchemie sowie in der Sternkunde eine führende Rolle und leistete nie Dagewesenes im Bereitstellen von Mitteln der menschlichen Verwirrung und Selbstvernichtung. Aber das Entscheidende merkte sie nicht. Sie merkte auch nicht, daß sie längst zu ihrem eigenen Gegenteil geworden wäre, aus Wissenschaft trotz einzelner virtuos eingerichteter Teilsysteme zu barbarischem Unwissen und Borniertheit. Der Empirismus aber müßte sie fernerhin verklären; denn unerschütterlich stellte sie Tatsachen fest, bezeichnete, ordnete, prognostizierte sie Tatsachen, und wo sollte man übrigens sonst erfahren, was Wissenschaft ist, wenn nicht bei ihr selbst, bei den Gelehrten, die sie betreiben, und diese stimmen darin überein, daß alles in Ordnung ist.

Dieses Mißgeschick könnte dem Empirismus leicht passieren. Er kann sich nicht einmal vorstellen, wie es zu vermeiden sei. Sollte etwa der sich dem wissenschaftlichen Registriermechanismus entziehende Kampf unbeirrbarer Gruppen, denen das Leben unter den herrschenden Verhältnissen unerträglich war, zum Ziele führen und das Bild mit einem Schlage sich ändern, so fiele nach dem Empirismus doch kein Schatten auf die überraschte Wissenschaft. Zwar zeigte sich das frühere Bewußtsein und Verhalten der Menschen als falsch, als erzwungene Anpassung und Produkt einer sie versklavenden Situation. Nach wenigen Jahren freier Entwicklung gälte die alte Epoche als Verwirrung des Denkens und Deformation aller menschlichen Kräfte unter einem ungeheuren Druck. Zwar erkennten die Massen selbst ihre früheren Reden, Handlungen, selbst ihre geheimen Gedanken nunmehr als schlecht und unwahr, aber wie hätte denn die Wissenschaft damals etwas davon merken sollen? Die Aufgabe des Gelehrten ist es doch festzustellen und nicht Prophetie zu treiben. Wissenschaftliche Prognosen beziehen sich selten auf »bedeutsame Wandlungen«, begreiflicherweise mangelt es an Beobachtungsmaterial. »Man muß die neue Erscheinung abwarten, um dann für sie wieder neue Gesetzmäßigkeiten zu finden.« Die aktiven Gruppen und Individuen jedoch, die jenen Umschwung herbeiführten, standen anders zur Theorie, sie haben sich nicht in ununterbrochener Reihenfolge von Gelehrten in Praktiker und von Praktikern wieder in Gelehrte zurückverwandelt. Ihr Kampf gegen das Bestehende war die wirkliche Einheit des Gegensatzes von Theorie und Praxis. Weil sie eine bessere Wirklichkeit im Sinn hatten, haben sie die gegebene zu durchschauen vermocht. In der Art ihres Wahrnehmens steckte ihr spezifisches Tun, wie in der geprellten Wissenschaft die Praxis der schlechten Gesellschaft. Sie blieben auch in der »Sinnlichkeit« bewußt und aktiv.

Von dem protokollarisch registrierten Zauber haben sie nichts übersehen, sondern ihn vielmehr durchschaut. Empirisches Material, die ganze erreichbare Wissenschaft wird auch von der Dialektik in strenger Genauigkeit aufgenommen, und Einzeltatsachen und ihre Häufung können, wenn Denken mit im Spiel ist, durchaus entscheidend sein. Aber sie erscheinen jeweils in einem spezifischen Zusammenhang, der in jeden Begriff eingeht und als ganzer die Realität zu spiegeln versucht. In der empiristischen Methodenlehre werden die Begriffe und Urteile bloß isoliert, als selbständige feste Bausteine genommen, die man zusammensetzen, auswechseln, teilweise erneuern kann, was nur in Sonderfällen den Sinn nicht zerstört, wenn es nämlich unproblematische Erfahrungen in fester Form zu bewahren und mit ihnen zu operieren gilt. Sofern das Denken jedoch ein Bild der lebendigen Sache zu entwerfen versucht, wobei erst im Ende des Gedankenzugs die Funktion der einzelnen Teile erhellt und das Ganze klar wird, versagt die empiristische Lehre; die empirischen Bestandteile werden im dialektischen Denken zu Strukturen der Erfahrung vereinigt, die nicht allein für die beschränkten Zwecke, denen die Wissenschaft zu dienen hat, sondern auch für die historischen Interessen von Bedeutung sind, mit denen jenes verbunden ist. Im Gegensatz zur gewohnheitsmäßigen Betriebsamkeit tendiert das seiner selbst bewußte Individuum nicht nur dazu, seine Aufmerksamkeit auf die Möglichkeit bestimmter Prognosen und Nutzeffekte zu richten, wie sie in der Naturwissenschaft durch allgemeine Bedürfnisse in gewissem Grade vorgezeichnet ist. Wenn der gesunde Menschenverstand die Welt so wahrnimmt, wie es der Situation seiner Träger entspricht, so bildet die Veränderung des Bestehenden den Aspekt, unter dem das aktive Individuum das Gegebene gruppiert und zur Theorie konstruiert. Die Theorie ist in ihren

Verfahrensweisen und Kategorien sowie in ihrem Wandel nur im Zusammenhang mit eben dieser Parteinahme begreiflich, die selbst noch jenen gesunden Menschenverstand und seine Welt enthüllt. Das richtige Denken hängt ebensosehr vom richtigen Wollen ab wie das Wollen vom Denken.

Für das wirkliche, bewußt handelnde Individuum bedeutet Theorie etwas anderes als für den empiristischen Gelehrten. Dieser übernimmt ihre Formen als Konvention aus dem herrschenden Wissenschaftsbetrieb. Reicht jedoch ein Denken über die Fortsetzung des gesellschaftlichen Lebens in seiner gegebenen Gestalt hinaus, so sind auch die Formen der Darstellung nicht vorgegeben; in der Theorie werden vielmehr die empirischen Elemente zu einem Gesamtbild konstruiert, das die Wirklichkeit bewußt *sub specie* der eigenen, weitergreifenden Interessen spiegelt. Konstruktion und Darstellung sind im Zusammenhang mit der Forschung eigene Momente der Erkenntnis. In der Physik bedeutet nach den Empiristen der Körper »eine Ereignisreihe…, die durch gewisse Kausalbeziehungen zusammenhängt und genügend Einheit besitzt, um einen Einzelnamen zu verdienen«[35]. Der Gebrauch solcher Namen gilt dann als »bequeme Abkürzung«, und es entsteht wenig Streit darüber, was so zusammenhängt. Im Hinblick auf die Menschenwelt stimmen die Ansichten über Kausalbeziehungen, Einheit und Bequemlichkeit des Ausdrucks nicht so bruchlos überein wie in der Physik. Der unabhängig Handelnde sieht Einheit und Abhängigkeit, wo für das ergebene Bewußtsein alles disparat erscheint und umgekehrt, und doch gilt, wo jener in seinem Kampfe Einheit antrifft, zum Beispiel in dem erwähnten System von Repression und Ausbeutung, diese »Ereignisreihe« nicht bloß als Abkürzung und Fiktion, sondern als bittere Realität. Das sich geschichtlich wandelnde Interesse an der Entfaltung des Allgemeinen, dieses subjektive und sich selbst verändernde Moment, wird in der dialektischen Theorie nicht als bloße Fehlerquelle, sondern als inhärierender Faktor der Erkenntnis verstanden. Alle Grundbegriffe der dialektischen Gesellschaftstheorie, wie Gesellschaft, Klasse, Ökonomie, Wert, Erkenntnis, Kultur und so fort bilden Teile eines theoretischen Zusammenhangs, den subjektives Interesse durchherrscht.

35 Bertrand Russell, *Mensch und Welt*, ibid., S. 130.

Tendenzen und Gegentendenzen, aus denen die geschichtliche Welt sich konstituiert, bedeuten Entwicklungen, die ohne den Willen zu menschenwürdigem Dasein, den das Subjekt in sich selbst erfahren oder vielmehr produzieren muß, nicht zu erfassen sind. Nicht einmal als »Ballungen« ließe der Empirist sie zu, als welche er doch die Begriffe der »vulgären« Sprache zu seinen Formeln in Beziehung setzt.[36] Die Anlage und Verfassung des Menschen, die sich *post factum*, also nach dem Umschwung in jenem eingebildeten Land als die wahren auch für den Empiristen enthüllten, der freilich diese Redeweise verschmähen muß, hatte die Erkenntnis der handelnden Gruppen im ganzen und in den Teilen schon während ihres Kampfes bestimmt, ohne daß sie eine Tatsache hätten behaupten müssen, die nicht grundsätzlich auch damals schon empirisch erweisbar war – wenn das richtige Interesse den Blick lenkte. Die vernünftige Erkenntnis widerspricht nicht den Feststellungen der Wissenschaft, nur bleibt sie nicht bei ihnen stehen wie die empiristische Philosophie.

Diese könnte daran erinnern, daß die verwirklichte Freiheit jenes erfundenen Landes bloß von uns erdichtet sei. Wenn im obigen vom »Entscheidenden« die Rede war, das die empirische Wissenschaft nicht merkte, wenn vom Interesse am Allgemeinen und von der Idee eines menschenwürdigen Daseins gesprochen wurde, so erklärt der Empirismus solche Ausdrücke als Vermengung von persönlichen Wünschen, moralischem Glauben und Gefühlen mit der Wissenschaft. Wertung und Wissenschaft auseinanderzuhalten, sei eine der wichtigsten Errungenschaften des modernen Denkens. Jenem auf die Freiheit gerichteten Willen stünden andere Zielsetzungen gegenüber, und es sei nicht Beruf der Wissenschaft zu entscheiden, welche von allen die richtige sei. Bevor jene Kämpfer ihr Ziel erreichten, habe sich das Interesse, das ihre Vorstellungen und ihre ganze Theorie strukturierte, in nichts von anderen Wünschen unterschieden, ihnen nichts vorausgehabt. Der Begriff einer vom Interesse durchherrschten Theorie sei unvereinbar mit objektiver Wissenschaft. Nun ist es freilich nicht zu leugnen, daß die Gelehrten der letzten

36 Die empiristische Sachlichkeit dringt sogar in die französische Sprache vor. Um den »Ballungen« gerecht zu werden, hat der Übersetzer seine Sprache um »grégats« bereichern müssen. Cf. Otto Neurath, ›L'encyclopédie‹, in: ibid., S. 190.

Jahrzehnte im Gegensatz zu den politischen Ökonomen und anderen Sozialwissenschaftlern, die noch bis zur Mitte des neunzehnten Jahrhunderts ihre Theorien und Systeme erklärtermaßen im Hinblick auf eine günstige Entwicklung des Menschengeschlechts konzipierten, eben davon nichts wissen wollen und über dem Ausschalten aller bewußten sozialen Impulse bei ihrer Arbeit nur noch von den unbewußten sich leiten lassen. Sie empfangen ihre Problematik und die Richtung, in der Lösung und »Prognosen« erwartet werden, ohne viel darüber nachzudenken, aus der Lage ihrer Wissenschaft und aus der Situation des akademischen beziehungsweise öffentlichen Geistes. Die subalterne Rolle des Denkens, das nur noch die Stellung einer Dienstmagd für die je geltenden Zwecke der Industriegesellschaft mit ihrem zweifelhaften Schicksal bekleidet, wird von diesen späten Apologeten der Wertfreiheit verklärt. Die zielsetzenden Mächte bedienen sich des Denkens, das auf jede bestimmende Rolle verzichtet hat. Und die Gelehrten, in deren allgemein gesunkener sozialer Geltung dieser Zustand sich genau ausdrückt, bescheiden sich dabei und versprechen, sich an diese Ordnung der Dinge zu halten, indem sie den Verzicht, in den einzelnen Schritten der theoretischen Reflexion auch zu wissen, wohin sie laufen soll, gehorsam als Sauberkeit, wissenschaftliche Strenge oder sonstwie hinstellen, ähnlich wie die Bürger eines schlechten Staates ihre schweigende Duldung der Tyrannei als Treue und Loyalität.[37]

37 Der Relativismus im Sinn einer Indifferenz der Wissenschaft gegenüber Werten und Zielen wird heutzutage ohne Widerspruch als Kennzeichen liberaler Gesinnung hingestellt. Mit Unrecht. Die Toleranz der Aufklärung war nicht neutral. Sie hieß Parteinahme für das Bürgertum gegen den Feudalismus, für den Deismus gegen die Kirche, für profitable Zwangsarbeit der Kriminellen gegen ihre Verstümmelung und so fort. Der moderne Relativismus ist vielmehr die ideologische Kapitulation des Liberalismus vor der neuen Autokratie, das Eingeständnis seiner Ohnmacht, der Übergang zur autoritären Gesinnung, die wie auf anderen Gebieten so auch hier die natürliche Fortsetzung, den »Super-Relativismus«, darstellt. »Wir erkennen grundsätzlich die Forderung des Relativismus an«, sagen die Positivisten (Otto Neurath, ›L'encyclopédie comme modèle‹, in: ibid., S. 189). Naiv genug bringen sie den Relativismus mit der Demokratie und einem friedliebenden Charakter zusammen und meinen, diese neigen »einer relativistischen Grundanschauung zu« (Hans Kelsen, ›Wissenschaft und Demokratie‹, Feuilleton der *Neuen Zürcher Zeitung* vom 23.2.1937, Nr. 321). Mussolini hat die Situation besser erkannt. Seit je hat er sich gerühmt, den Relativismus gegenüber den Sozialisten und allen übrigen politischen Bekenntnissen angewandt zu haben. Daß die von ihm geführte Bewegung sich auf kein Programm festgelegt und sich je nach der Sachlage aristokratisch und demokratisch, revolutionär und reaktionär, proletarisch und antiproletarisch, pazifistisch und antipazifistisch ge-

Die intellektuelle Redlichkeit* braucht dort, wo die Verhältnisse von bewußtem Interesse aus begriffen werden, wahrhaftig nicht geringer zu sein als bei jenen, die es auszuschalten trachten, und es ist ferner kein Wort darüber zu verlieren, daß es eine unbeirrbare Parteinahme gibt, welche die historische Situation erhellt, wogegen innere Abhängigkeit vom jeweils Vorhandenen, die sich mit virtuosen Leistungen auf Spezialgebieten verbinden mag, zumindest in menschlichen Dingen die Einsicht verbaut. Wenn das dialektische Denken sich des weiteren zutraut, angesichts des drohenden Untergangs der Menschheit in Kriegen und endloser Barbarei von allgemeinem Interesse zu sprechen, Entscheidendes von Unwichtigem zu sondern und von dieser Einstellung her seine Begriffe zu strukturieren, so läßt sich dafür freilich kein unzweifelhafter Beweis erbringen, um so weniger, als der Umstand mit zur Situation gehört, daß die Allgemeinheit heute noch blind ist und den desavouiert, der für sie denkt und handelt. Die Empiristen pflegen zu sagen, zwischen Physik und Theorie der Gesellschaft bestehe kein grundsätzlicher Unterschied, diese habe es nur noch nicht so weit gebracht. In der Tat herrscht aus guten Gründen hier noch nicht die gleiche Kollegialität wie dort. Doch daraus folgt nicht, daß die Begriffsbildung nun solange aussetzen müsse und Kategorien wie Allgemeininteresse, Fesselung menschlicher Kräfte, Glück und Entfaltung nichts in der Wissenschaft zu suchen haben. Die Auswahl des Materials, die Übernahme begrifflicher Bestimmungen, die dort unproblematisch und unbelastet vor sich gehen, bedeuten hier vielmehr bewußte Entscheidungen, ohne die man in einer Scheinobjektivität verharrt, welche für bestimmte zeitgenössische Soziologenschulen auch charakteristisch ist. Der empiristische Wahrheitsbegriff, der

[* »Redlichkeit« / 1937: »Sauberkeit«.]

nannt hat, begründet nach Mussolini ihren Anspruch, sich »unmittelbar von den aktuellsten Richtungen des europäischen Geistes herzuleiten«, nämlich von den relativistischen Strömungen der Philosophie. »Aus dem Umstand, daß alle Ideologien einander wert, nämlich alle miteinander bloße Fiktionen sind, schließt der moderne Relativist, daß jedermann das Recht hat, sich die seine zu machen und ihr mit aller Energie, zu der er nur fähig ist, Geltung zu verschaffen« (cf. Benito Mussolini, ›Relativismo e fascismo‹, in: *Diuturna*, Mailand 1924, S. 374ff.). Der philosophisch unmögliche Relativismus bildet ein Moment in der gesellschaftlichen Dynamik, die auf autoritäre Formen hintreibt. Die Gleichgültigkeit gegenüber der Idee in der Theorie ist der Vorbote des Zynismus in der Praxis.

freilich die Beziehung auf das mit allen erreichbaren Kenntnissen ausgestattete subjektive Interesse an einer vernünftigen Gesellschaft und die damit gesetzte Unsicherheit nicht an sich hat, bringt die Erkenntnis auf die Idee eines bürgerlichen Berufs herunter, dessen Angehörige die Erlebnisse des gemeinen Bewußtseins aufnehmen, systematisieren und reproduzieren helfen. Es gehört geradezu zum Wesen dieses Begriffs der Erkenntnis, daß sie, wenn neun Zehntel aller Menschen Gespenster sehen, wenn sie unschuldige Gruppen der Gesellschaft als Teufel und Dämonen ausrufen und Räuberhauptleute zu Göttern erklären, also angesichts jener furchtbaren Verwirrung, die der Auflösung einer Gesellschaftsform voranzugehen pflegt, grundsätzlich unfähig ist, diesem Anschwellen prätendierter Erfahrungen ein anderes Bild der Realität vorzuhalten und das gemeine Bewußtsein zu kritisieren. Wo die gedankenlose Menge verrückt ist, kann die gedankenlose Philosophie nicht bei Sinnen sein. Dem Geisterglauben sind die Empiristen ohnehin nicht unzugänglich gewesen.[38] Und diese Schule ruft auf zum Kampf gegen die Metaphysik.

Nun ist oben bereits erwähnt worden, der moderne Empirismus unterscheide sich selbst vom älteren. Immer wieder versichert die neueste empiristische Schule, über den älteren und gewöhnlichen Empirismus hinauszugehen. »Unser logisches Wissen«, schreibt Russell, »ist... nicht von der Erfahrung allein ableitbar, und der Empirismus kann daher nicht in seiner Gesamtheit anerkannt werden, trotz der vorzüglichen Dienste, die er auf verschiedenen außerlogischen Gebieten zu leisten vermag.«[39] Die Sätze der formalen Logik und Mathematik sind danach nicht von empirischen Gegebenheiten abzuleiten. Indem der logische Empirismus diese von ihm selbst vornehmlich gepflegten Teile der Wissenschaft als solche anerkennt, ohne auch sie noch wie John Stuart Mill auf empirische Befunde zurückführen zu wollen, sieht er sich als eigene Schule an. Aber die Gestalt, die sich hier das vom bloßen Feststellen unterschiedene Denken gegeben hat, ist dem Vorhandenen gegenüber be-

38 Cf. hierzu Friedrich Engels, ›Dialektik und Natur‹, in: *Marx-Engels-Archiv*, Frankfurt am Main 1927, S. 207ff.; cf. auch ›Materialismus und Metaphysik‹ [in: Horkheimer, *Gesammelte Schriften* Bd. 3, Frankfurt am Main 1988, S. 70ff.]; sowie ›Zum Problem der Wahrheit‹ [ibid., S. 277ff.].
39 Bertrand Russell, *Unser Wissen von der Außenwelt*, Leipzig 1926, S. 47.

scheiden genug. Hatte die traditionelle Logik von ihrem Ursprung her das Bewußtsein bewahrt, in ihren Grundsätzen die allgemeinste Beschaffenheit des Seins zu erfassen, so erklärt diese moderne Logik, daß sie überhaupt nichts erfasse, sondern völlig inhaltsleer* sei. Aus ihren Sätzen soll gar nichts über die Wirklichkeit erschlossen werden. Vielmehr ist die ganze Logik ebenso wie die Mathematik, die nach den Untersuchungen von Russell und Whitehead selbst als Teil der Logik erscheint, nur ein äußerst differenziertes System von Sätzen über Begriffe, Urteile und Schlüsse, wie sie in der Wissenschaft und schließlich auch in der Sprache des gewöhnlichen Lebens verwandt werden. Die Untersuchung dieser logischen Elemente und ferner die Aufstellung eines Begründungssystems für die verschiedenen Urteilsformen machen nach Russell die Aufgabe der Logik aus. Weil die sprachlichen Elemente dabei ohne Rücksicht auf ihr Verhältnis zur Wirklichkeit betrachtet werden, das heißt auf die Wahrheit oder Unwahrheit des Gedankens, zu dem sie gehören, wird diese Logik als formale bezeichnet. Darüber, wie die Form ohne das Eingehen auf den Inhalt zu bestimmen sei, wird in den Schriften wenig Klares gesagt. Gewöhnlich werden einige Beispiele angeführt, in denen über die Verschiedenheit der bezeichneten Tatbestände keine Meinungsdifferenz aufzutreten pflegt, und dann gesagt, was trotz dieser Verschiedenheit in allen Beispielen dasselbe bleibe, das sei die Form, das Unterschiedliche dagegen der Inhalt, und zugleich werden Sätze angeführt, in denen das Auftreten eines und desselben Gegenstands unbestritten ist, wobei dann das Verschiedene als Form bezeichnet wird. Nachdem Russell zunächst Beispiele verschiedenartiger Sätze über Sokrates angeführt hat, in denen der Gegenstand, Sokrates, derselbe bleibt, fährt er fort: »Nehmen wir als Beispiel die folgende Reihe von Sätzen: ›Sokrates trank den Giftbecher‹, ›Coleridge trank den Giftbecher‹, ›Coleridge trank Opium‹, ›Coleridge aß Opium‹. Hier bleibt die Form durch die ganze Reihe durch konstant, alle Bestandteile dagegen werden ausgewechselt. Die Form ist also kein Bestandteil, sondern die Art, wie die Bestandteile zusammengefügt werden.«[40] Die Logik biete dann die Möglichkeit, durch Analyse der

[* »inhaltsleer« / 1937: »gehaltleer«.]
40 Ibid., S. 55.

formalen Elemente der Wissenschaft begriffliche Unklarheiten, scheinbare Gegensätze, Widersprüche aufzudecken, übersehene Alternativen nachzuweisen, anstelle komplizierter theoretischer Strukturen einfachere und übersichtlichere zu setzen, verschiedene Ausdrucksweisen in verschiedenen oder auch denselben Disziplinen aufeinander abzustellen und größere Einheitlichkeit zu schaffen. Sie verwendet für alle Formelemente sowie für die einzelnen Operationen Zeichen wie die Mathematik. Insbesondere beim Schließen verfährt sie rechenmäßig mit den symbolisch fixierten Sätzen, was Mißverständnisse erschwert und die Übersichtlichkeit erleichtert. Mit Stolz sagt diese Logik von sich aus, daß sie nirgends die sachhaltige Erkenntnis vermehrt, wie sie von den Einzelwissenschaften in ihrer gegenwärtigen Struktur gefördert und verstanden wird. Sie will ihnen bei der Formulierung der Resultate und gegenseitigen Verständigung behilflich sein, kurz, den Betrieb rationalisieren. »Es gibt keine Philosophie als Theorie, als System eigener Sätze neben denen der Wissenschaft.«[41] Die Ansicht, daß die besondere logische Zutat den oben dargelegten allgemeinen Charakter des Empirismus änderte, wäre daher verfehlt.

Das Selbstverständnis der Logik als eines Systems von Sprachformen, das inhaltsleer sei, erweist sich freilich im Fortgang als problematisch und wird im Kampf mit der Metaphysik rasch preisgegeben. Die Trennung von Form und Inhalt ist entweder undurchführbar oder unzutreffend. Es ist ein Schein, daß sie ohne sachliche Stellungnahme möglich sei. In der theoretischen Physik, in der sie in Wirklichkeit gründet, erscheint sie deswegen plausibel, da hier zur Zeit das »Gegebene« als isolierte Wahrnehmungen gegenüber den komplizierten Vorgängen der Formulierung und Neuformulierung eine untergeordnete Rolle spielt. Daß jene Trennung in der Menschenwelt mit läppischen Beispielen belegt zu werden pflegt, ist kein Zufall. Die Verknüpfung mit Sachentscheidungen zeigt sich bereits bei den ersten Schritten dieser Wissenschaft. Jeder Ausdruck in der Sprache habe eine feste Bedeutung. Das Urteil gilt als zusammengesetztes Zeichen, und jedes Teilzeichen ist darin entweder einer bestimmten oder einer unbestimmten

41 Rudolf Carnap, *Die alte und die neue Logik*, ibid., S. 26.

Sache zugeordnet. Man kann also mit jedem Urteil verfahren wie mit irgendeinem festen Ding, Lücken lassen und ausfüllen, Sokrates durch Coleridge ersetzen und so fort.[42] Bei solcher Vertauschung von Zeichen müssen gewisse Regeln befolgt werden, wenn nicht der Charakter des Urteils vernichtet werden und an seiner Stelle ein sinnloses Gebilde entstehen soll. Der Ausbau dieses Regelsystems, zu dem vornehmlich logische Schwierigkeiten innerhalb der Mathematik den Anstoß gaben, bildet einen besonders gepflegten Teil dieser modernen Logik. Das Kriterium dafür, welche Zeichenverbindung als sinnvoll anzusprechen sei, das heißt die Unterscheidung zwischen Aussagen und bedeutungslosen Lautgebilden, ist aber von den konkreten Entscheidungen über sachliche Probleme nicht zu trennen. Die Idee, daß der Logiker bei den Kollegen von den anderen Fakultäten oder gar bei Journalisten und Kaufleuten bloß herumzugehen brauchte, um anerkannte Urteile einzusammeln, damit er zu Hause den Begriff der Form davon abstrahieren kann, reduziert ihn auf besondere Kenntnisse, die zu bestimmten Zwecken greifbar aufgestapelt sind, auf ein Denken, das sich streng innerhalb der jeweils anerkannten Klassifikationssysteme bewegt und lediglich Relationen zwischen fixierten Begriffen erforscht.

Der Denkprozeß, in dem die festen Begriffe in Strukturen einbezogen werden, wo sie spezifische Bedeutungsfunktionen üben, entzieht sich dem formalistischen Logiker. Bei Urteilen über menschliche Dinge ist er auf triviale Elemente und Verknüpfungen beschränkt. Er findet in der Wissenschaft wie im alltäglichen Leben außer den mathematischen Formeln gewiß unzählige Sätze, über deren Sinn, auch wenn sie isoliert genommen werden, kein Zweifel herrscht. Die darin vorkommenden Begriffe lassen sich in unproblematischer Weise auf »Wurzelbegriffe« zurückführen, und diese beziehen sich auf Erlebnisse, die in dieser Gesellschaft grundsätzlich jederzeit und von jedem wiederholbar sind. Es handelt sich da um Qualitäten und Strukturen, über die kein Streit besteht. Der Satz: »Arthropoden sind Tiere mit gegliedertem Körper, gegliederten Extremitäten und einer Körperdecke aus Chitin« wird in der Zoologie gewiß als sinnvoll gelten, auch daß

42 Cf. Rudolf Carnap, *Abriß der Logistik*, Wien 1929, S. 3ff.

Humboldt in Amerika gewesen ist oder Tommy einen Schnupfen hat, gibt kein Problem wegen des Sinns auf. Aber schon die Behauptung, irgendein Richterspruch sei gerecht oder ungerecht, ein Mensch sei zurückgeblieben oder hochentwickelt, ferner die Aussage, aus einer Gestalt des Bewußtseins gehe eine andere hervor, die Ware sei Einheit von Gebrauchswert und Tauschwert, oder gar der Satz, das Wirkliche sei vernünftig oder unvernünftig – diese Urteile lassen sich weder durch statistische Erhebungen bei kleinen Leuten noch bei Universitätsgelehrten als erlaubt feststellen. Die Erfahrung, das »Gegebene«, ist hier nicht etwas allgemein und unabhängig von der Theorie Vorhandenes, sondern durch das erkenntnismäßige Ganze, in dem jene Sätze fungieren, vermittelt, wenngleich die Realität, auf die es zielt, recht substantiell, will sagen unabhängig vom Bewußtsein des Theoretikers existiert. Dieses theoretische Ganze, das auf seinen einzelnen Stufen bestimmt strukturierte Erfahrungen bedingt, kann in seinem Verhältnis zu den Menschen und zur gegebenen Wirklichkeit nicht ein für allemal bestimmt werden. Ebenso wie die Alltagssprache oder die Sprache der Klassifikationssysteme des ordnenden Verstandes geschichtliche Einheiten darstellen, haben bestimmte geistige Leistungen, sosehr sie auch in vielen allgemeinen Zügen mit jenen Systemen übereinstimmen mögen, ihre eigene Struktur und ihre eigene Geschichte. Die Weise, in der das Gegebene hier durch das Denken vermittelt, Zusammenhänge zwischen den Gegenständen sichtbar gemacht, differenziert und umgeformt werden, die sprachliche Struktur, welche die Wechselwirkung zwischen Gedanken und Erfahrung, diese innere Entwicklung bewirkt, ist die Darstellungsform oder der Stil; er ist für diese Logik ein unüberwindliches Hindernis. Auch die Entwicklung der Naturwissenschaft beeinflußt die Wahrnehmung. Die Relativitätstheorie ist ein wichtiger Faktor bei der Umstrukturierung der Erfahrung, wenn man die Vorstellungswelt des alltäglichen Lebens mit hinzurechnet. Innerhalb ihres eigenen Gebiets, der Physik, bleibt freilich die Empirie, sofern man sie vom Denken isoliert, von derselben Art wie auf dem früheren Stand der Forschung, nämlich ein Inbegriff »atomischer« Wahrnehmungen. Dies liegt im Wesen der Physik als isolierter Disziplin und schmälert die Bedeutung ihrer Theorien nicht im geringsten – nur die empiristische Logik, die solche Leistungen in gehörigem Abstand von individueller Existenz und gesellschaftlicher Praxis betrachtet und dann bestimmte Momente an ihnen zum Prototyp der Erkenntnis macht.

Von diesen ganzen Verhältnissen sieht die neue Logik ab. Ihre Leistungen beziehen sich auf das verstandesmäßige Denken, das für die Reproduktion des Lebens in seinen gegebenen Formen, der die Wissenschaft dient, typisch ist. Im Hinblick darauf formuliert sie ihre Regeln und ist sie überhaupt strukturiert.[43] Sie sollte sich jedoch hüten, Denkgebilden gegenüber, die nicht dazu passen, eine kritische Stellung einzunehmen. Solange sie erklärt, die von ihr aus Vergleichen häufiger Denkgebilde abstrahierten und in systematischen Zusammenhang gebrachten Prinzipien definiere sie als Form des Denkens, wäre nur gegen den fragwürdigen Gebrauch des Wortes etwas einzuwenden. Es besteht kein Grund, das Denken auf jene Fälle einzuschränken, denen diese Logik die Beispiele entnimmt. Doch wäre dann die Versicherung, daß ihre Sätze Tautologien seien, einigermaßen berechtigt. Was wir als Denken bezeichnen, bezeichnen wir als Denken. Angesichts eines Gebildes von eigentümlicher Struktur und eigener Form der Darstellung wäre nach alter naturwissenschaftlicher Verfahrensweise dieser Begriff des Denkens neu zu formulieren, etwa als Spezies einer umgreifenderen Gattung zu fassen; die logischen Empiristen jedoch machen hier von der Möglichkeit Gebrauch, störende Protokollsätze auch abzulehnen. Indem ihre Logik denkerischen Leistungen gegenüber, die in der Entwicklung der Menschengeschichte ihre Rolle gespielt haben und spielen, einfach die von ihr berücksichtigten Fälle als die echten und wahren Gedanken hinstellt, fällt sie ganz aus der Rolle der Tautologie heraus und erweist sich als eine dem Empirismus widerstreitende, subjektive Stellungnahme.

Es kommt zum Vorschein, daß die beiden Elemente des logischen Empirismus bloß äußerlich miteinander vereinigt sind. Trotz mancher Neuerungen, die bei allem auf sie verwandten Scharfsinn noch fragwürdig sind, wie zum Beispiel die Typenlehre, ist die neue Logik im wesentlichen mit der formalistischen überhaupt identisch, und was gegen diese zu sagen war, gilt ohne Einschränkung auch für

43 Cf. dazu besonders die Ausführungen in: ›Zum Problem der Wahrheit‹ [in: *Gesammelte Schriften* Bd. 3, S. 314 ff.].

jene. Die »Form« ist aus einem der Art und dem Umfang nach beschränkten Material von Begriffen, Urteilen und sonstigen theoretischen Gebilden abstrahiert. Erklärt eine logische Doktrin sich selbst nun als die Logik schlechthin, so ist sie damit aus dem Formalismus herausgetreten, und ihre Aussagen haben inhaltliche Bedeutung und weitgehende philosophische Konsequenzen. Von der bekämpften materialen Logik, die sich selbst als Moment der jeweils erreichten inhaltlichen Erkenntnis versteht, von Aristoteles und Hegel, unterscheidet sie wesentlich der Umstand, daß sie es nicht weiß. Oder sie beugt jedem Mißverständnis, einen universalen Anspruch zu erheben, der mit dem Namen der Logik freilich geschichtlich verbunden ist, unzweideutig vor und verbietet ausdrücklich jede normative Wendung ihrer Sätze oder gar einen kritischen Schluß daraus. Dann verliert sie die philosophische, im besonderen die antimetaphysische Bedeutung, die sie im Empirismus angenommen hat. Diesem widerstreitet sie auf jeden Fall, und stets haben sie und die Mathematik denn auch in seinen Systemen eine ungelöste Schwierigkeit gebildet. Die Versuche John Stuart Mills und Machs, logische Sätze aus fragwürdigen psychologischen Tatsachen abzuleiten, sind offenkundig gescheitert, auch wenn man Husserls logische Untersuchungen in dem Formalismus, den sie selbst an sich haben, nicht gelten läßt. Hume war überlegen genug, eine derartige Ableitung der mathematischen und ihnen verwandten Sätze gar nicht zu versuchen. Dafür stehen dann die evidenten Ideenrelationen bei ihm neben den empirischen Tatsachen, ohne daß ihr Verhältnis klargeworden wäre. Für Berkeley war die Mathematik eine ähnliche Pest wie der Materialismus. Der *Analyst* und andere Streitschriften bezeugen es. Offen und konzessionslos setzt er den Empirismus der modernen wissenschaftlichen Entwicklung entgegen und bekennt sich zur Bibel und zum gesunden Menschenverstand – ohne Ausstattung mit neuer Mathematik, deren Anfänge, wie M. Cantor sagt, durch ihn gefährdet waren. In Berkeleys eigenem Denken hat sich die starre Scheidung von sinnlicher und rationaler Erkenntnis, die jedem Empirismus einwohnt, in der bekannten Weise geltend gemacht: er wurde vom Empiristen zum Platoniker. Dem Leser von Lockes *Essay*, der in den drei ersten Büchern im Empirismus unterrichtet wurde, war seit je im vierten eine Überraschung aufbewahrt. Moral und Mathematik sollen von der Erfahrung nicht abhängen und doch für sie gelten. Das Grundbuch der Lehre enthält denselben Widerspruch zwischen dem empirischen Begriff der Wissenschaft und den rationalen Elementen, die sich in ihr finden, wie die moderne Ansicht, welche die beiden Pole dieses Widerspruchs in der Überschrift zusammensetzt.

Trifft die moderne formalistische Logik auf theoretische Gebilde, die als ganze oder in isolierten Teilen zu ihrem Begriff von Denken nicht passen wollen, so stellt sie nicht etwa die Universalität ihrer eigenen Prinzipien in Frage, sondern den widerspenstigen Anlaß, mag er beschaffen sein, wie immer er wolle. Während ihre Vertreter verkünden, es sei falsch, das Denken als ein Mittel anzusehen, »etwas zu wissen, was immer und überall in der Welt unbedingte Geltung haben muß«[44], während sie dem Denken beharrlich die »Exekutivgewalt« absprechen, geben sie gegenüber dem fremden Gedanken die Zurückhaltung auf. Diese ganze philosophische Haltung besäße aber, wie wir gesehen, ihrem Wesen nach kein legitimes Mittel, einem Wahn entgegenzutreten, wäre er nur verbreitet genug. Der Hexenglaube wurde mit den Mitteln streng rationalistischer Philosophie bekämpft. Die Empiristen hätten angesichts einer größeren Quantität von Protokollsätzen nicht einmal auf der Unwahrscheinlichkeit bestehen dürfen. Dafür gelten ihnen Aristoteles, Kant und Hegel als die größten Wirrköpfe, ihre Philosophie als ein wissenschaftliches Nichts, bloß weil sie nicht zur Logik* paßt und die Beziehung zu den »Wurzelbegriffen« und »Elementarerlebnissen« des Empirismus problematisch ist. In der Oberflächlichkeit und Anmaßung, mit der hier über geistige Leistungen geurteilt wird, kündigt sich ein Verhältnis zum kulturellen Erbe an, das sich praktisch zuweilen bei nationalen Erhebungen und ihren Freudenfeuern zu betätigen pflegt, mögen diese jenen Autoren persönlich noch so zuwider sein. Russell ist zum Beispiel auf Hegels materiale Logik gestoßen und hat gefunden, daß darin Logik und Metaphysik gleichgesetzt sind. Dies erklärt sich Russell wie folgt: »Hegel war der Ansicht, es wäre möglich, auf Grund apriorischen Denkens zu zeigen, die Welt *müßte* verschiedene wichtige und interessante

[* »Logik« / 1937: »Logistik«.]
44 Heinrich Hahn, ibid.

Eigenschaften haben, weil jede Welt ohne diese Eigenschaften voll innerer Widersprüche und darum unmöglich wäre. So ist das, was er ›Logik‹ nennt, eine Untersuchung über die Natur des Weltalls, insofern als diese Natur allein aus dem Prinzip gefolgert werden kann, das Weltall müsse seiner Struktur nach logisch mit sich selbst in Übereinstimmung sein. Ich für meine Person glaube nun zwar nicht, daß aus diesem Prinzip allein in bezug auf die bestehende Welt irgend etwas von Bedeutung gefolgert werden könnte. Aber wie dem auch sei, Hegels Beweisführung gehört jedenfalls nicht in die Logik, die er übrigens aus der Tradition in unkritischer Weise in seine eigenen Schriften übernommen hat.«[45] Über die Geistesverfassung des typischen Philosophen vor ihm selbst hat Russell eine klare Vorstellung: »Die Paradoxa, die seine (des Nicht-Empiristen, M. H.) Logik scheinbar ›beweist‹, entstammen in Wahrheit... seiner mystischen Intuition. Sie sind gleichzeitig das Ziel, das, seinem dunklen Empfinden nach, seine logischen Überlegungen erreichen müssen, denn das logische Bedürfnis will in Einklang kommen mit der unmittelbaren Erkenntnis. Das ist die Art, in welcher unter den großen Philosophen die Mystiker – vor allen anderen Plato, Spinoza und Hegel – die Logik auffaßten und zur Anwendung brachten. Da die Richtigkeit ihrer vermeintlichen, während der mystischen Ekstase empfangenen Überzeugung gewöhnlich von vornherein für sie selbst feststand, so fiel der logische Unterbau oft etwas dürftig aus« und so weiter. Er kann es ihnen nicht verzeihen, daß sie »um ein treffendes Wort von Santayana zu gebrauchen – *maliziös* gegenüber der Welt der Wissenschaft und des gesunden Menschenverstandes« gewesen sind.[46] Während Russell in den Büchern der späteren Periode, denen diese Zitate entstammen, meist einen populären Ton anschlägt, treten in den Schriften des Wiener Kreises solche Urteile in streng sachlichen Zusammenhängen auf. Sie sind daher auch unerbittlich. »Alle Philosophie im alten Sinn«, heißt es schlicht bei Carnap, »knüpfe sie nun an Plato, Thomas, Kant, Schelling oder Hegel an, oder baue sie eine neue ›Metaphysik des Seins‹ oder eine ›geisteswissenschaftliche Philosophie‹ auf, erweist sich vor dem unerbittlichen Urteil der neuen Logik nicht etwa nur als inhaltlich

45 Bertrand Russell, *Unser Wissen von der Außenwelt*, ibid., S. 48.
46 Ibid., S. 59 f.

falsch, sondern als logisch unhaltbar, das heißt sinnlos.«[47] Im Gegensatz zu den übrigen Philosophen, die, soweit sie nicht mit dem logischen Empirismus übereinstimmen, gerade noch eines absprechenden Urteils gewürdigt werden, ist Kant (durch Reichenbach) differenziert widerlegt worden. Viel ist von ihm offenbar nicht übriggeblieben. Seine Kritik der reinen Vernunft war »im Effekt« großartig. Sie sollte die Leibnizsche Logik treffen. »Wir Logistiker wissen... heute, daß diese Kritik nun längst schon durch unumstößliche Tatsachen widerlegt ist.«[48]

Unter den vom Empirismus unverstandenen Ansichten wird besonders die Lehre bekämpft, daß Wahrheit nicht ein isoliertes und in seiner Isolierung festgehaltenes Urteil sei, sondern jeweils ein Ganzes der Erkenntnis. Die Logistiker halten sich bei diesem mit ihren Ansichten in der Tat unverträglichen Prinzip gewöhnlich nicht an Hegel, sondern an seinen englischen Schüler Bradley. Was sie diesem entgegenzusetzen wissen, möge das folgende Muster deutlich machen: »Die durch die Einzeldisziplinen entdeckten Wahrheiten verhalten sich zueinander nun nicht etwa so, daß sie, jede für sich, nur relativ wären, nur einseitige Ansichten böten und erst durch alle übrigen Ansichten ergänzt werden müßten, um wirklich wahr zu werden. Eine solche von manchen Philosophen (wie etwa Bradley) vertretene Meinung enthält einen schweren Verstoß gegen die Logik. (Der Fehler, den sie begeht, ist etwa der, daß sie glaubt, anstelle des Satzes ›es ist ziemlich kalt‹ sagen zu dürfen: ›es ist nicht ganz wahr, daß es kalt ist, aber ziemlich wahr‹.) Sondern jeder Satz, bei dessen Gewinnung keine Irrtümer oder Fehler unterlaufen sind, ist für sich selbst vollkommen wahr, er ist ein Teil der ganzen Wahrheit, nicht bloß eine Annäherung an sie oder ein Aspekt von ihr. (Enthält er aber einen Fehler, so ist er eben einfach falsch, und wiederum kein Aspekt der Wahrheit.)«[49] Diese Sätze, die selbst ein Beispiel dafür bilden, daß etwas ziemlich falsch sein kann, ohne doch absolut falsch sein zu müssen, weil es unter Umständen eine gewisse Annäherung an einen richtigen Gedanken bilden könnte, ermangeln an

47 Rudolf Carnap, *Die alte und die neue Logik*, ibid., S. 13.
48 Heinrich Scholz, ›Die klassische deutsche Philosophie und die neue Logik‹, in: *Actes du Congrès International de Philosophie Scientifique*, VIII, Paris 1936, S. 2.
49 Moritz Schlick, ›Philosophie und Naturwissenschaft‹, in: *Erkenntnis*, Band IV, 1934, S. 381.

der entscheidenden Stelle, nämlich dort, wo vom Fehler die Rede ist, der Bestimmtheit. Das naive Mißverständnis liegt jedoch vor allem darin, daß es mit jedem Urteil in jedem Gedankengang dieselbe Bewandtnis habe wie mit der Konstatierung des relativ einfachen Sachverhalts der Kälte. Sie meinen, jedes intellektuelle Ganze sei aus Urteilen zusammengesetzt, über deren Wahrheit sich im einzelnen und unabhängig vom Ganzen ebenso entscheiden ließe wie über die Kälte, während es in der Realität, zumindest in vielen recht wichtigen Fällen, darauf ankommt, erst das Ganze zu wissen, bevor entschieden werden kann. Die erreichte Einsicht mag in einem einfachen Satz ausgedrückt sein, wie zum Beispiel eben dieser Hegelschen Formulierung, daß das Wahre das Ganze ist. Aber um solche Einsichten zu begreifen, genügt es nicht, wie beim Urteil »es ist ziemlich kalt« an den durchschnittlichen Grad der Bildung zu appellieren und einen normalen Stoffwechsel vorauszusetzen. Vielmehr bezeichnet der Gedanke, der in allgemeinen philosophischen Formulierungen ausgedrückt ist, ein Bewußtsein, das durch eine Reihe von Überlegungen, die zu ihm geführt haben, wirklich hindurchgegangen ist. Das, was es dann weiß, ist, wenn man will, ebenso »empirisch« wie eine einfache Feststellung. Nur ist der Gedanke an seinem Zustandekommen in aktiverer Weise beteiligt als in dem Satz »es ist ziemlich kalt«. Dies drückt Hegel so aus, »daß das Absolute wesentlich als Resultat zu begreifen sei«. Aber nicht bloß für das absolute Wissen, dessen Problematik freilich nicht so einfach zu erledigen ist, wie die Empiristen meinen, sondern für die meisten Theorien, die über die Gegenwart hinauszielen, gilt die Hegelsche Ansicht. Die dialektische Logik bezieht sich auf das Denken bei der Nachkonstruktion der lebendigen Realität, auf das Denken im Prozeß, nicht nur auf einen fest gewordenen Ausdruck. Sie ist keine »Physik der Sprache«, sondern die inhaltliche Erkenntnis selbst unter dem Aspekt ihrer Darstellung. Wenn Schlick den Satz »es ist ziemlich kalt« und Russell die bereits erwähnte Konstatierung »Tommy hat einen Schnupfen« gegen Bradley ins Feld führt[50], so ist damit wenig getan. Der Forderung an den Philosophen, sein »instinktives Gegengefühl«[51] zu überwinden und erst einmal Logi-

50 Cf. Bertrand Russell, *Mensch und Welt*, ibid., S. 279ff.
51 Rudolf Carnap, ibid., S. 13.

stik zu lernen, die von dieser Schule immer wieder verkündigt wird, ist entgegenzuhalten, daß man die Anfangsgründe der Dialektik kennen muß, bevor man sie widerlegt. Der Standpunkt, »von dem aus die alte Philosophie aus den Angeln zu heben ist«[52], kann gewiß nicht in der primitiven Verkennung gefunden werden, mit der die neuen Empiristen von ihr sprechen. Das gilt um so mehr, als nicht allein die Logistik dieser Fähigkeit entbehrt, sondern auch jede andere Theorie, mag sie selbst mit der bekämpften Tradition hinlänglich vertraut sein. Die idealistische Philosophie, die Metaphysik überhaupt ist nicht dadurch aus den Angeln zu heben, daß man sie bloß theoretisch ablehnt; ihre Negation liegt auch nicht darin, daß man »der Philosophie den Rücken kehrt und abgewandten Hauptes – einige ärgerliche und banale Phrasen über sie hermurmelt«[53], sondern darin, daß man sie verwirklicht.

Die Harmonie und sinnvolle Existenz, welche die Metaphysik mit Unrecht als die eigentliche Realität gegenüber den Widersprüchen der erscheinenden behauptet, ist nicht bedeutungslos. Das Bekenntnis, daß man damit nichts anzufangen wisse und sich an die Tatsachen halten solle, der Vorsatz der Wissenschaft, keinen wesentlichen Unterschied zu machen zwischen der Verschwörung brutaler Machthaber gegen jede menschliche Aspiration auf Glück und Freiheit und andererseits dem Kampfe dagegen, diese ganze Philosophie, die beides bloß auf den abstrakten Begriff des Gegebenen bringt und diese Haltung auch noch als Objektivität verherrlicht, ist auch den übelsten Gewalten noch willkommen. Man verlangt vom Gelehrten nichts weiter, als daß er die technischen Mittel zur Verewigung des Bestehenden, vor allem zur Kriegswirtschaft, bereitstellt, die längst den Frieden in sein Gegenteil verkehrte. Den großen Gruppen der Mittelklassen, die im freien Spiel der wirtschaftlichen Kräfte ins Hintertreffen geraten sind, bleibt dort, wo sie sich den ökonomisch Mächtigsten nicht völlig anschließen, nur die Möglichkeit einer stillen Existenz, die Zurückhaltung in allen entscheidenden Fragen. Das Denken verzichtet auf seinen Anspruch, zugleich kritisch und zielsetzend zu sein. Seine rein registrierenden und kalkulatorischen

52 Ibid.
53 Karl Marx, ›Zur Kritik der Hegelschen Rechtsphilosophie‹, in: Marx/Engels, *Werke*, Band I, Berlin 1957, S. 384.

Funktionen werden von seiner Spontaneität getrennt. Entscheidung und Praxis gelten nun als etwas dem Denken nur Entgegengesetztes, als »Wertungen«, private Willkür, unkontrollierbare Gefühle; der Intellekt dagegen soll mit dem bewußten Interesse, einer bestimmbaren Richtung seiner Tätigkeit höchstens äußerlich verbunden sein, der Idee soll er entbehren. Man hat Denken und Wollen, die Momente des geistigen Prozesses, gedanklich voneinander geschieden, wogegen logisch nichts einzuwenden ist. Man stellt sie nun in ihrer Abstraktheit als Schemata auf, in deren Rahmen die Vernunft zu verbleiben habe, so daß einerseits bloß berechnet und andererseits bloß entschieden werden dürfe, wogegen logisch sehr viel einzuwenden ist. Das gilt auch, wenn von den Vertretern solcher mißverstandenen Strenge zugestanden wird, daß die Entscheidungen die Rechnungsresultate »benutzen« dürften. Diese Ideologie, die Identifikation des Denkens mit den Fachwissenschaften, läuft angesichts der herrschenden ökonomischen Gewalten, die sich der Wissenschaft wie der gesamten Gesellschaft für ihre besonderen Zwecke bedienen, in der Tat auf die Verewigung des gegenwärtigen Zustands hinaus. Die erwähnten liberalistischen Gruppen, deren Bewußtsein durch diese Philosophie am besten umrissen wird, haben ihn mit ihrer zunehmenden Ohnmacht in Europa mindestens seit vielen Jahrzehnten als den natürlichen angesehen und finden angesichts seiner Akzentuierung in den totalitären Staaten eben diese vom logischen Empirismus propagierte Sauberkeit als gegebenes theoretisches Verhalten. (Die Einsicht in den tiefen Zusammenhang zwischen der Verklärung der isolierten Qualität der Sauberkeit und dem Bedürfnis nach Säuberung, dem in jenen Staaten die furchtbarsten Konzessionen gemacht werden, muß diesen Philosophen schon deshalb entgehen, weil sie in ihrem barbarischen Verhältnis zur Sprache den im Wort gelegenen Hinweis bloß als verwirrend betrachten. Sie machen den umgekehrten Fehler wie eine bestimmte moderne Art der Metaphysik, welche die Philosophie in Hermeneutik verwandelt und den Sachen allein dadurch auf die Spur kommen will, daß sie die geschichtlich ursprüngliche Bedeutung der Worte verfolgt. Die modernen Empiristen dagegen glauben, man könne durch ein ausdenkbares Verfahren, wobei lediglich eine genaue Kenntnis der »Sprechgewohnheiten« vorausgesetzt wird, die lebendige Sprache »gehalttreu« in irgendeine erfundene übersetzen, zum Beispiel in die physikalische, ohne dabei etwas zu verlieren. Sie meinen, man könne statt Mensch ebensogut Larifari sagen und statt Kapitalismus Ruarua, ja, soweit diese Begriffe nicht überhaupt auf die Liste der verbotenen Worte gehören, sei die Wahl »neutraler« Ausdrücke noch vorzuziehen, weil sie, einmal richtig definiert, Mißverständnisse unmöglich machten.)

Die Verwechslung kalkulatorischen Denkens mit der Vernunft schlechthin hypostasiert das in dieser Wirtschaftsform monadologisch gegen andere abgeschlossene Individuum. Das folgende Bild möge die Täuschung erhellen. Mehrere hundert Personen sind auf Lebenszeit in einem Gefängnis eingesperrt. Es besteht nur aus einem einzigen großen Raum. Für die Lebensnotwendigkeiten wird von außen, freilich ungenügend, gesorgt. Es gibt zu wenig Speise, auch ist die Anzahl der guten Ruhelager zu gering. Gewöhnlich herrscht ein Höllenlärm; denn manchen hat man ihre Instrumente zum Spielen gelassen, außerdem sind unzivilisierte Leute darunter. Es waltet die Atmosphäre eines Asyls dritter Klasse für Geisteskranke. Der denkende Einzelne hat für sich zu sorgen. Er muß seine Mitgefangenen beobachten, ihr Verhalten in allen Details studieren, um beim Verteilen der Speisen nicht ganz leer auszugehen. Er errechnet die Zeiten, in denen am wenigsten Lärm herrscht oder gewöhnlich eine Ruhestatt frei ist, und wägt beides gegeneinander ab. Er treibt Psychologie und Soziologie, jede Art empirischer Wissenschaft, die ihm nützen kann. Es mögen sich einzelne Gruppen zusammentun, Kämpfe stattfinden, Ausgleiche getroffen werden. Je nach ihren Kräften und Interessen stoßen die Individuen zu den einzelnen Gruppen oder trennen sich von ihnen. Am Ende unterwerfen sie sich vielleicht den Stärksten und Brutalsten; denn sie selbst bilden in ihrer Zersplitterung kein organisiertes und selbsttätiges Subjekt. Die Klugheit, der Verstand, die Berechnung bleiben die kennzeichnenden intellektuellen Verhaltensweisen der Gefangenen. Mögen sich diese Fähigkeiten auch in unerhörter Weise entfalten – sie repräsentieren nur einen Spezialfall des Denkens. Das Kalkulieren ist in menschlichen Angelegenheiten ein armseliges Auskunftsmittel. Es sind Formen denkbar, in denen die geistigen Kräfte der Individuen nicht nur dazu dienen, sich dem Wechselspiel anzupassen, das aus ihrem chaotischen Handeln entspringt, sondern selbst ihr Leben bestimmen und einrichten. Dem innerlich isolierten Gefangenen erscheinen das Gedränge um die Speise, die drohende Haltung der übrigen, der Lärm und die relative

Stille als Naturmächte, von denen er unweigerlich abhängt. Es bleibt ihm nichts übrig, als sich diesen Fakten in möglichst rationaler Weise zu unterwerfen. Sie sind Realitäten, wie die Gefängnismauern und die jeweils gelieferte Quantität des Unterhalts. Sofern jedoch den Menschen Sachverhalte, die von ihnen selbst abhängen, noch als fremde, unabänderliche gegenüberstehen, ist ihr Denken schwächlich und abstrakt; denn dort, wo heute nur Abhängigkeit besteht, könnte in solchem Maß konstruktive Entscheidung stattfinden, daß der Charakter des intellektuellen Verhaltens sich änderte. Das kalkulatorische, das »Verstandes«-Denken ist einem Menschentypus zugeordnet, der noch relativ ohnmächtig ist. Er ist trotz aller Betriebsamkeit in entscheidenden Dingen passiv. Auch die Funktionen des Disponierens und Regulierens, die ohnehin immer ausschließlicher zum Privileg der Stärksten werden, haben in dieser gespaltenen Welt den Charakter der Anpassung und Schlauheit weit mehr noch als der Vernunft. Da die Entfaltung einer höheren Spontaneität von der Konstitution eines gemeinschaftlichen Subjekts abhängt, kann sie der Einzelne nicht dekretieren. Zu den Wegen, die dahin führen, gehört jedoch selbst in dem Bild vom Gefängnis, daß der Einzelne nicht im Registrieren und Prognostizieren von Fakten, im puren Kalkulieren verharrt, sondern daß er lernt, hinter die Fakten zu blikken, die Oberfläche vom Wesen zu unterscheiden, ohne sie freilich für nichts zu achten, Begriffe zu konzipieren, die keine bloßen Klassifikationen des Gegebenen sind, und seine gesamte Erfahrung fortwährend auf bestimmte Zielsetzungen hin zu strukturieren, ohne sie dabei zu verfälschen, kurz, daß er lernt, dialektisch zu denken. Der moderne Empirismus mitsamt der Logistik ist eine Logik von Monaden; die Kritik, die sie wegen ihres »Solipsismus« erfahren hat, ist ganz berechtigt.[54]

54 Vom solipsistischen Charakter des modernen Positivismus war im Text nicht noch einmal die Rede. Seit Lenins Buch gegen den Empiriokritizismus (1908) ist er wiederholt erörtert worden. Inzwischen hat sich nichts geändert, es sei denn, daß die positivistischen Formulierungen größere Vorsicht zeigen. Nicht daß es kein Bewußtsein und psychisches Leben gebe, sondern daß die psychologischen Begriffe auf physikalische zurückzuführen seien, lautet jetzt die These, die freilich auf dasselbe hinausläuft. Der logische Empirist kann sich offenbar gar nicht vorstellen, daß es zuweilen auf das Innere der Menschen ankommt und nicht nur auf die äußeren Folgen. Es mache für die Erkenntnis keinen Unterschied, ob wir dem Menschen Bewußtsein zusprechen oder nicht. Die Ansicht des Empedokles, daß Anziehung und Abstoßung

Zu Beginn dieser Betrachtungen wurde der logische Empirismus als Versuch angezeigt, unter den Widersprüchen des modernen Bewußtseins Einheit und Harmonie herzustellen. Während neuromantische Philosophen diese Absicht durch Entwertung der Wissenschaft zu verwirklichen strebten, glaubt es die neueste Spielart des Positivismus durch Hypostasierung der Fachwissenschaft zu erreichen. Zu beiden philosophischen Richtungen gehört es, die Realität nicht im bewußten Zusammenhang mit einer bestimmten geschichtlichen Aktivität als Inbegriff von Tendenzen zu fassen, sondern sich an sie in ihrer gegenwärtigen Gestalt zu halten. Die prometaphysische Ansicht entschuldigt das Gegebene, indem sie es auf ein sinnvolles Sein bezieht, das unabhängig von geschichtlichen Veränderungen existiere. Der Wissenschaftsglaube verwirft die metaphysischen Kategorien überhaupt und fühlt »genug Lebenskraft in sich..., die Gegenwart zu bejahen«, das heißt, er will hinter der Physik »eine Wissenschaft voll lebendiger Darstellungen erkennen, voll innerer Bewegtheit und voll der großen Spannung, Antwort zu finden auf die Fragen des Erkenntnis suchenden Geistes«[55]. Er romantisiert die Fachwissenschaft, indem er in den physikalischen Lehren den Beweis erblickt, »daß der Mensch mit der Erkenntnis wächst und in sich die Möglichkeit zu Denkformen trägt, die er auf früherer Stufe noch nicht zu ahnen vermochte«[56]. Aber wenn die Metaphysik auch im Unrecht ist, die Menschen durch ein Sein zu vertrösten, das mit den Mitteln der Wissenschaft grundsätzlich nicht festzustellen ist, so wird doch die Wissenschaft selbst naiv

der Materie als Liebe und Haß zu verstehen seien, gibt Carnap als metaphysische Schaumschlägerei zum besten (Carnap, ›Logic‹, in: *Factors Determining Human Behavior*, Cambridge, Mass. 1937, S. 110). Er meint, diese Versicherung bedeute überhaupt nichts. Was der Materie recht ist, ist, im Physikalismus, dem Menschen billig. Auch im Hinblick auf den Leib soll es keinen Sinn haben, ihn von Liebe und Haß, Lust und Schmerzen bewegt zu denken. Nach der eigenen Terminologie der Schule bedingt freilich dieses logische Verdikt keinen Solipsismus oder gar Nihilismus, welch letzterer in der Versicherung bestünde, daß nicht bloß du nichts bist, sondern auch ich selbst nichts bin, was ziemlich genau dem Selbstgefühl totalitärer Gefolgschaften entspräche, sondern eine methodische Vorschrift: die Behauptung, daß einer ein Bewußtsein habe, ist nicht falsch, sondern lediglich bedeutungslos!

55 Hans Reichenbach, ›Die philosophische Bedeutung der modernen Physik‹, in: *Erkenntnis*, Band I, 1930, S. 70f.

56 Ibid.

metaphysisch, wo sie sich mit Erkenntnis und Theorie überhaupt verwechselt und sogar den Namen der Philosophie, das heißt jeder ihr gegenüber kritischen Instanz, diskreditieren möchte. Soweit sich von einer Anschauung zeigen läßt, daß sie mit bestimmten wissenschaftlichen Einsichten unverträglich ist, hat sie in der Tat als falsch und antiquiert zu gelten. Auch ein konstruktives Denken findet die einzelnen Kenntnisse, deren es sich bedient, fachlich geprägt vor, als physikalische, geographische, psychologische und so fort. Indem es im Hinblick auf ein konkretes Problem Begriffe verschiedener Disziplinen einbezieht, ohne die Grenzen zu respektieren, setzt es sich nicht über den Inhalt hinweg oder mißachtet ihn, wie die ungebundene metaphysische Schau, es bringt ihn vielmehr in den situationsgemäß richtigen Zusammenhang. Dieses positive Verhältnis zur Wissenschaft heißt aber nicht, ihre Sprache sei nun selbst die eigentliche und wahre Form der Erkenntnis. Der von den Disziplinen erfaßte Teil der Realität ist sowohl der Ausdehnung als der Art nach, wie von ihm gesprochen wird, gegenüber der heute erreichbaren Erkenntnis beschränkt. Wenngleich es falsch ist, gegen die Resultate der Wissenschaft zu verstoßen, so ist es naiv und sektenhaft, bloß ihr entsprechend zu denken und zu reden. In diesen Jahren will uns eine Sprache, die in der Angst das Nichts sich offenbaren sieht und nach der das »Nichts selbst nichtet«, trotz ihrer Verwandtschaft mit den entfesselten Urmächten jedenfalls nicht sinnloser erscheinen als die zuversichtliche Exaktheit, die noch in dem Urteil, daß ein Mensch qualvoll gestorben ist, eine Prognose entdeckt, eine Exaktheit, die es mit jener Metaphysik gemein hat, vom qualitativen Sprung in der Geschichte abzusehen, und in ihrem geradlinigen Fortschrittsglauben das Bestehende ebensowenig in Frage stellt wie der ausweglose Pessimismus einer vor-autoritären Metaphysik. Der sektenhafte Geist dieser harmonischen Weltansicht ist auch da vorhanden, wo man zwar fortfährt, sich einer lebenden Sprache zu bedienen, aber mit einem überlegenen Bewußtsein, daß man es »eigentlich« meine wie die Physik und nur der Bequemlichkeit halber »grob« verfahre. Die Wissenschaft und ihre Interpretation sind zwei verschiedene Dinge. Wenn ein anderer Wiener Schüler Machs erklärt: »Subjekte und Objekte sind also Elementenbüschel resp. Elementenbündel, die aus nacheinander auftretenden Gruppen von miteinander auftretenden Elementen bestehen«[57], so hat dies nicht etwa die Physik bewiesen, sondern der Satz gehört zu einer vereinheitlichten »Weltanschauung«, an die man sich hält, wie die modernen europäischen und amerikanischen Buddhisten oder die Christian Science an die für sie spezifischen Formeln und Redeweisen. Das Aufstellen eines *»index verborum prohibitorum«*, in den alle Worte hineinkommen, die irgendein berühmter Fachgelehrter als entbehrlich betrachtet, die Aufstellung einer Einheitssprache und Einheitswissenschaft gehören, ihre spezifische Nützlichkeit einmal zugestanden, jedenfalls nicht zu der Wissenschaft, die vom philosophischen Denken zu respektieren wäre.

All dies soll freilich dem Selbstverständnis der Schule nach gar nicht zur Sache gehören. Die fruchtbare Diskussion beginnt nach ihr erst dort, wo Teilfragen der Logistik, der logischen Syntax der Sprache, der Wahrscheinlichkeitsrechnung erörtert werden. Aber auch diese Apologetik einer heute fragwürdigen Sachlichkeit gehört nicht in die Wissenschaft, sondern zum Verhalten einer philosophischen Sekte, die ihre Ruhe in einer bestimmten, in sich geschlossenen Weltanschauung gefunden hat, einer Weltansicht allerdings, die wie die meisten Religionen ihren Anhängern das verschiedenartigste Verhalten gegenüber den geschichtlichen Problemen ermöglicht. Wie Ernst Mach ein fortschrittlicher Mensch gewesen ist, so haben sich viele Mitglieder des Kreises für freiheitliche Ziele eingesetzt. Nach ihrer Doktrin ist das zufällig, sie bietet so wenig ein Gegenmittel gegen politischen wie gegen spiritistischen Aberglauben. Die aufrechte Gesinnung einzelner Vertreter und der Scharfsinn mancher ihrer fachlichen Leistungen machen ihre Philosophie nicht besser. Die Logistiker mögen das kalkulatorische Denken auf einen dem heutigen Entwicklungsgrad der Industrie und Technik adäquaten Stand bringen und wirklich mit einigen altertümlichen Moden dort aufräumen, ihre Reflexion über den Sinn dessen, was sie tun, kann doch veraltet sein, wie die Funktion einer Fabrik im ganzen der Wirtschaft bloß zur allgemeinen Verwirrung und zum Fortbestehen des gesellschaftlichen Chaos beitragen kann, auch wenn sie noch so modern eingerichtet und durchrationalisiert ist. Jener

57 Friedrich Adler, *Ernst Machs Überwindung des mechanischen Materialismus*, Wien 1918, S. 88.

Ruf zur Sache, um die es doch allein zu tun sei, ist von Hegel als eine Gestalt des gegenwärtigen Bewußtseins in der *Phänomenologie des Geistes* schon erschöpfend behandelt worden, worauf nach obigem hier nur zu verweisen ist.[58]

Durch irgendeine Lehre im eigenen Inneren den Frieden herzustellen, als ob der Gang der äußeren Geschichte nichts damit zu tun hätte, erzielt immer nur eine vermeintliche Harmonie und Abgeschlossenheit gegen die Welt, gleichviel ob die Metaphysik oder die Wissenschaft ein größeres Gewicht in ihr hat. An sich bilden sowohl die Probleme, die, wenn auch in verkehrter Form, in der Metaphysik bewahrt sind, wie auch die Resultate der Wissenschaft Elemente kultureller Entwicklung. Wenn der Humanität durch den Empirismus gedient wird, indem dieser fordert, daß Behauptungen sich vor dem Verstande auszuweisen haben, so gibt es andererseits metaphysische Schriften, in denen mehr Einsicht in die Realität enthalten ist als in den Werken der den Bedürfnissen der Gegenwart angepaßten Fachwissenschaft. Gewiß lassen sich Metaphysik und Wissenschaft nicht etwa wie gleichberechtigte Zweige der Erkenntnis hinstellen. Das hat Bergson getan und ist damit im Unrecht.[59] Die Wissenschaft ist weitgehend selbst die Kritik der Metaphysik. Der logische Empirismus wirft jedoch das Denken, das allein diese Verhältnisse aufzuhellen vermag, ja, jede die Fachwissenschaft selbst kritisch einbeziehende Theorie mit der Metaphysik zusammen. Wenn die Metaphysiker an den herrschenden Zuständen mitschuldig sind, indem ihre Sinndeutung diese glorifizierte, wenn ihre Verkehrtheit im Reden besteht, so verstummt bei den Szientivisten der Mensch, und die Fachwissenschaft führt allein das Wort. Einer mittleren gesellschaftlichen Position entsprechend, erscheint ihnen der Feind auf beiden Seiten. Sie sind gegen das Denken, ob es mit der Vernunft nach vorwärts oder mit der Metaphysik nach rückwärts will. Die Verteidigung der Wissenschaft gegen die Theologie mittels erkenntnistheoretischer und logischer Argumente war fortschrittlich im siebzehnten Jahrhundert, die Philosophen machten sich zum Anwalt eines Ele-

58 Cf. Hegel, *Phänomenologie des Geistes*, in: *Sämtliche Werke*, Glockner, Band 2, S. 303 ff., cf. besonders S. 317.

59 Cf. ›Zum Problem der Wahrheit‹ [in: Horkheimer, *Gesammelte Schriften* Bd. 3, S. 308].

ments der neuen gesellschaftlichen Lebensweise. In unseren Tagen, in denen diese geschichtliche Form ihre Bedeutung für die Menschen längst geändert hat, immer noch zu meinen, das ihr zugehörige Fachwissen und der Betrieb, worin es hergestellt wird, sei die einzig legitime intellektuelle Betätigung, und was über sie hinausgehe, sei prinzipiell Theologie oder sonst ein transzendenter Glaube, oder die krasse Reaktion und Sinnwidrigkeit, zu meinen, der entscheidende Gegensatz habe sich nicht verschoben und sei nach wie vor und in derselben Schattierung Wissenschaft contra Metaphysik und Metaphysik contra Wissenschaft, setzt eine allzu einfache Ansicht der historischen Situation voraus. Die Kenntnis, die von der Wissenschaft zutage gefördert ist, dient der Reproduktion des gesellschaftlichen Mechanismus und wird andererseits mobilisiert, ihn zu überwinden. Die widerspruchsvollen Gestalten, in die sie auf solche Weise eingeht, kennzeichnen längst die geistige Situation, in der Fachwissen und Metaphysik, ohne es zu ahnen, zusammengekommen sind. Das Denken, das nicht dem Bestehenden und seinen vorgezeichneten Erlebnisformen, sondern einer glücklicheren Zukunft verhaftet ist, geht aus diesem Bestehenden selbst hervor. In einer Periode der Niederlage ist es naturgemäß wieder seltener geworden, sein Mangel ist identisch mit der allgemeinen Entmutigung. Für die Empiristen, auch die fortschrittlichsten, gibt es jedoch nur einen erkennbaren Feind. Sie verwirren heillos die Fronten und schimpfen jeden einen Metaphysiker oder Dichter, gleichviel, ob er die Dinge in ihr Gegenteil verkehrt oder sie beim Namen nennt. Aber auch den Dichter muß eine Philosophie verkennen, welche die Logik mit Logistik und die Vernunft mit Physik verwechselt; denn sein Ziel braucht nicht nur die Dichtung zu sein, sondern die Wahrheit, und es könnte leicht eintreten, daß eine Dichtung, die sich ebenso sauber in ihren Grenzen hält, wie es nach dem Positivismus das Erkennen tun soll, angesichts des Grauens dieser Tage ebenso verstummt wie die unmittelbar betroffene Wissenschaft.

Auf den neuen Angriff darf die Metaphysik stolz sein; sie wird mit dem Denken verwechselt.

Traditionelle und kritische Theorie

(1937)

Die Frage*, was Theorie sei, scheint nach dem heutigen Stand der Wissenschaft keine großen Schwierigkeiten zu bieten. Theorie gilt in der gebräuchlichen Forschung als ein Inbegriff von Sätzen über ein Sachgebiet, die so miteinander verbunden sind, daß aus einigen von ihnen die übrigen abgeleitet werden können. Je geringer die Zahl der höchsten Prinzipien im Verhältnis zu den Konsequenzen, desto vollkommener ist die Theorie. Ihre reale Gültigkeit besteht darin, daß die abgeleiteten Sätze mit tatsächlichen Ereignissen zusammenstimmen. Zeigen sich dagegen Widersprüche zwischen Erfahrung und Theorie, so wird man diese oder jene revidieren müssen. Entweder hat man schlecht beobachtet oder mit den theoretischen Prinzipien ist etwas nicht in Ordnung. Im Hinblick auf die Tatsachen bleibt die Theorie daher stets Hypothese. Man muß bereit sein, sie zu ändern, wenn sich beim Bewältigen des Materials Unzuträglichkeiten herausstellen. Theorie ist das aufgestapelte Wissen in einer Form, die es zur möglichst eingehenden Kennzeichnung von Tatsachen brauchbar macht. Poincaré vergleicht die Wissenschaft mit einer Bibliothek, die unaufhörlich wachsen soll. Die Experimentalphysik spielt die Rolle des Bibliothekars, der die Ankäufe besorgt, das heißt, sie bereichert das Wissen, indem sie Material herbeischafft. Die mathematische Physik, die Theorie der Naturwissenschaft im strengsten Sinn, hat die Aufgabe, den Katalog herzustellen. Ohne den Katalog könnte man sich der Bibliothek trotz aller Reichtümer nicht bedienen. »Das ist also die Rolle der mathematischen Physik, sie muß die Verallgemeinerung in dem Sinne leiten, daß sie... den Nutzeffekt erhöht.«[1] Als Ziel der Theorie überhaupt erscheint das universale System der Wissenschaft. Es

[* »Die Frage« / 1937: »Das Problem«.]

1 Henri Poincaré, *Wissenschaft und Hypothese*, deutsche Ausgabe von F. und L. Lindemann, Leipzig 1914, S. 146.

ist nicht mehr auf ein besonderes Gebiet beschränkt, sondern umfaßt alle möglichen Gegenstände. Die Trennung der Wissenschaften ist aufgehoben, indem die auf verschiedene Bereiche bezogenen Sätze auf dieselben Prämissen zurückgeführt werden. Derselbe begriffliche Apparat, der zur Bestimmung der toten Natur bereitsteht, dient auch zum Einordnen der lebendigen, und jeder, der seine Handhabung, das heißt die Regeln des Ableitens, das Zeichenmaterial, das Verfahren beim Vergleich von deduzierten Sätzen mit der Feststellung von Tatsachen und so fort einmal gelernt hat, kann sich seiner jederzeit bedienen. Von diesem Zustand sind wir noch entfernt.

Das ist, freilich im groben, die heute verbreitete Vorstellung vom Wesen der Theorie. Sie pflegt sich aus den Anfängen der neueren Philosophie herzuleiten. Als die dritte Maxime seiner wissenschaftlichen Methode bezeichnet Descartes den Entschluß, »der Ordnung nach meine Gedanken zu leiten, also bei den einfachsten und am leichtesten zu erkennenden Gegenständen zu beginnen, um nach und nach sozusagen gradweise bis zur Erkenntnis der zusammengesetztesten aufzusteigen, wobei ich selbst unter denen Ordnung voraussetzte, die nicht in der natürlichen Weise aufeinander folgen«. Die Ableitung, wie sie in der Mathematik üblich ist, sei auf die gesamte Wissenschaft anzuwenden. Die Ordnung der Welt erschließt sich einem deduktiven gedanklichen Zusammenhang. »Die langen Ketten von ganz einfachen und leicht einzusehenden Vernunftgründen, deren sich die Geometer zu bedienen pflegen, um zu ihren schwierigsten Beweisen zu gelangen, hatten mich darauf geführt, mir vorzustellen, daß alle Dinge, die unter die Erkenntnis der Menschen fallen können, untereinander in derselben Beziehung stehen und daß, wenn man nur darauf achtet, kein Ding für wahr zu halten, das es nicht ist, und stets die Ordnung beibehält, die erforderlich ist, um die einen von den andern abzuleiten, es keine so entfernten Erkenntnisse geben kann, zu denen man nicht gelangte, noch auch so verborgene, die man nicht entdeckte.«[2] Je nach der übrigen philosophischen Einstellung des Logikers werden die allgemeinsten Sätze, von denen die Deduktion ihren Ausgang nimmt, selbst noch

2 Descartes, *Discours de la méthode*, II, Übersetzung von A. Buchenau, Leipzig 1911, S. 15.

als Erfahrungsurteile, als Induktionen angesehen, wie bei John Stuart Mill, als evidente Einsichten, wie in rationalistischen und phänomenologischen Strömungen, oder als willkürliche Festsetzungen, wie in der modernen Axiomatik. In der fortgeschrittensten Logik der Gegenwart, wie sie in Husserls *Logischen Untersuchungen* repräsentativen Ausdruck gefunden hat, wird Theorie »als in sich geschlossenes Sätzesystem einer Wissenschaft überhaupt« bezeichnet.[3] Theorie im prägnanten Sinn ist »eine systematische Verknüpfung von Sätzen in der Form einer systematisch einheitlichen Deduktion«[4]. Wissenschaft heißt »ein gewisses Universum von Sätzen…, wie immer aus theoretischer Arbeit erwachsen, in deren systematischer Ordnung ein gewisses Universum von Gegenständen zur Bestimmung kommt«[5]. Daß alle Teile durchgängig und widerspruchslos miteinander verknüpft sind, ist die Grundforderung, die jedes theoretische System befriedigen muß. Einstimmigkeit, welche Widerspruchslosigkeit einschließt, sowie das Fehlen überflüssiger, rein dogmatischer Bestandteile, die ohne Einfluß auf die beobachtbaren Erscheinungen sind, bezeichnet Weyl als unerläßliche Bedingung.[6]

Soweit dieser traditionelle Begriff von Theorie eine Tendenz aufweist, zielt sie auf ein rein mathematisches Zeichensystem ab. Als Elemente der Theorie, als Teile der Schlüsse und Sätze, fungieren immer weniger Namen für erfahrbare Gegenstände, sondern mathematische Symbole. Auch die logischen Operationen selbst sind bereits so weit rationalisiert, daß zumindest in großen Teilen der Naturwissenschaft die Theorienbildung zur mathematischen Konstruktion geworden ist.

Die Wissenschaften von Mensch und Gesellschaft sind bestrebt, dem Vorbild der erfolgreichen Naturwissenschaften nachzufolgen. Der Unterschied zwischen den Schulen der Gesellschaftswissenschaft, die mehr auf Tatsachenforschung und denen, die mehr auf Prinzipien eingestellt sind, hat unmittelbar mit dem Begriff der Theorie als solcher nichts zu tun. Die emsige Sammelarbeit in allen

3 Edmund Husserl, *Formale und transzendentale Logik*, Halle 1929, S. 89.
4 Ibid., S. 79.
5 Ibid., S. 91.
6 Hermann Weyl, ›Philosophie der Naturwissenschaft‹, in: *Handbuch der Philosophie*, Abteilung 2, München und Berlin 1927, S. 118ff.

Fächern, die sich mit sozialem Leben befassen, das Zusammentragen gewaltiger Mengen von Einzelheiten über Probleme, die mittels sorgfältiger Enqueten oder anderer Hilfsmittel betriebenen empirischen Forschungen, wie sie seit Spencer besonders in den angelsächsischen Universitäten einen großen Teil der Aktivität ausmachen, bieten gewiß ein Bild, das dem sonstigen Leben unter der industriellen Produktionsweise äußerlich verwandter erscheint als die Formulierung abstrakter Prinzipien, als die Erwägungen über Grundbegriffe am Schreibtisch, wie sie etwa für einen Teil der deutschen Soziologie kennzeichnend waren. Aber das bedeutet keinen strukturellen Unterschied des Denkens. In den späten Perioden der gegenwärtigen Gesellschaft haben die sogenannten Geisteswissenschaften ohnehin nur einen schwankenden Marktwert; sie müssen schlecht und recht versuchen, es den glücklicheren Naturwissenschaften gleichzutun, deren Verwendungsmöglichkeit jeder Frage enthoben ist. Über die Identität der Auffassung von Theorie in den verschiedenen Soziologenschulen untereinander und mit den Naturwissenschaften kann jedenfalls kein Zweifel herrschen. Die Empiriker haben keine andere Vorstellung von durchgebildeter Theorie als die Theoretiker. Sie sind bloß der selbstbewußten Überzeugung, daß angesichts der Kompliziertheit der gesellschaftlichen Probleme und des Standes der Wissenschaft die Arbeit an allgemeinen Prinzipien als bequeme und müßige Angelegenheit zu betrachten sei. Soweit theoretische Arbeit geleistet werden müsse, vollziehe sie sich in stetigem Umgang mit dem Material; an umfassende theoretische Darstellungen sei in absehbarer Zeit noch gar nicht zu denken. Die Methoden exakter Formulierung, besonders mathematische Verfahrensweisen, deren Sinn mit dem umrissenen Begriff von Theorie aufs engste zusammenhängt, sind bei diesen Gelehrten sehr beliebt. Es ist weniger die Theorie überhaupt als die von anderen und ohne eigenen Umgang mit den Problemen einer empirischen Fachwissenschaft von »oben her« entworfene Theorie, deren Bedeutung von dieser Seite bestritten wird. Unterscheidungen wie die zwischen Gemeinschaft und Gesellschaft (Tönnies), zwischen der mechanischen und organischen Solidarität (Durkheim), zwischen Kultur und Zivilisation (A. Weber) als Grundformen menschlicher Vergesellschaftung enthüllten sogleich ihre Problematik, wenn man sie auf konkrete Probleme anzuwenden versuche. Der Weg, den die

Soziologie beim gegenwärtigen Stand der Forschung nehmen müsse, sei der mühsame Aufstieg von der Beschreibung gesellschaftlicher Phänomene zum eingehenden Vergleichen und von da erst zur Bildung allgemeiner Begriffe.

Der hier vorliegende Gegensatz läuft darauf hinaus, daß die Empiriker ihrer Tradition gemäß nur abgeschlossene Induktionen als die höchsten Sätze der Theorie gelten lassen wollen und glauben, man sei von solchen noch weit entfernt. Ihre Gegner halten für die Bildung der höchsten Kategorien und Einsichten auch andere, nicht so sehr vom Fortschreiten der Materialsammlung abhängige Verfahrensweisen für richtig. Mag zum Beispiel Durkheim selbst vielfach mit den Grundansichten der Empiristen übereinstimmen; soweit es ihm um Prinzipien zu tun ist, erklärt er den Induktionsprozeß für abkürzbar. Die Klassifikation gesellschaftlicher Vorgänge auf Grund bloß empirischer Bestandsaufnahmen ist nach ihm weder möglich noch könnte sie die Forschung derart erleichtern, wie man es von ihr erwartet. »Ihre Rolle ist es, uns Anhaltspunkte an die Hand zu geben, an die wir andere Beobachtungen anknüpfen können als die, durch welche wir diese Anhaltspunkte selbst erworben haben. Zu diesem Zweck jedoch muß sie nicht nach einem vollständigen Inventar aller individuellen Züge entworfen sein, sondern nach einer kleinen, sorgfältig ausgewählten Anzahl von ihnen... Sie kann dem Beobachter sehr viele Schritte ersparen, weil sie ihn führen wird... Wir müssen also für unsere Klassifikation besonders wesentliche Züge heraussuchen.«[7] Ob nun aber die höchsten Prinzipien durch Auswahl, durch Wesensschau oder durch reine Festsetzung gewonnen werden, bedeutet hinsichtlich ihrer Funktion im idealen theoretischen System keinen Unterschied. Gewiß ist, daß der Wissenschaftler seine mehr oder minder allgemeinen Sätze an die neu auftretenden Tatsachen als Hypothesen heranbringt. Der phänomenologisch orientierte Soziologe wird freilich versichern, daß es nach Feststellung eines Wesensgesetzes unzweifelhaft sicher sei, daß sich jedes Exemplar ihm entsprechend verhalten müsse. Aber der hypothetische Charakter des Wesensgesetzes macht sich dann in dem Problem geltend, ob im Einzelfall ein Exemplar des

7 Emile Durkheim, *Les règles de la méthode sociologique*, Paris 1927, S. 99 [Übersetzung von M. H.].

betreffenden oder eines verwandten Wesens vorliegt, ob es sich um ein schlechtes Exemplar des einen oder ein gutes der anderen Gattung handelt. Immer steht auf der einen Seite das gedanklich formulierte Wissen, auf der anderen ein Sachverhalt, der unter es befaßt werden soll, und dieses Subsumieren, dieses Herstellen der Beziehung zwischen der bloßen Wahrnehmung oder Konstatierung des Sachverhalts und der begrifflichen Struktur unseres Wissens heißt seine theoretische Erklärung.

Von den verschiedenen Arten der Einordnung braucht hier im einzelnen nicht die Rede zu sein. Es sei nur kurz angedeutet, wie es sich nach diesem traditionellen Begriff von Theorie mit dem Erklären geschichtlicher Ereignisse verhält. In der Kontroverse zwischen Eduard Meyer und Max Weber tritt das deutlich hervor. Meyer hatte die Frage, ob bei Ausbleiben gewisser Willensentschlüsse bestimmter historischer Personen die von ihnen entfesselten Kriege früher oder später doch zustande gekommen wären, unbeantwortbar und müßig genannt. Weber wollte im Gegensatz dazu erweisen, daß dann Geschichtserklärung überhaupt unmöglich sei. Er entwickelte im Anschluß an Theorien des Physiologen v. Kries und juristischer und nationalökonomischer Autoren wie Merkel, Liefmann und Radbruch die »Theorie der objektiven Möglichkeit«. Die Erklärung des Historikers bestehe ebensowenig wie die des Strafrechtlers in einer möglichst vollständigen Aufzählung aller beteiligten Umstände, sondern im Hervorheben des Zusammenhangs zwischen bestimmten, für den geschichtlichen Fortgang interessanten Bestandteilen des Ereignisses und einzelnen, determinierenden Vorgängen. Dieser Zusammenhang, also etwa das Urteil, daß ein Krieg durch die Politik eines zielbewußten Staatsmanns entfesselt worden sei, setzt logisch voraus, daß im Fall des Unterbleibens dieser Politik nicht der durch sie erklärte Effekt, sondern ein anderer eingetreten wäre. Wird eine bestimmte historische Verursachung behauptet, so schließt das immer ein, daß bei ihrem Fehlen infolge der bekannten Erfahrungsregeln unter den vorhandenen Umständen eine bestimmte andere Wirkung sich geltend gemacht hätte. Die Erfahrungsregeln sind dabei nichts anderes als die Formulierungen unseres Wissens über die ökonomischen, gesellschaftlichen und psychologischen Zusammenhänge. Mit ihrer Hilfe konstruieren wir den wahrscheinlichen Verlauf, wobei wir das Ereignis weglassen und einsetzen, das zur Erklärung dienen soll.[8] Es ist ein Operieren mit Konditionalsätzen, angewandt auf eine gegebene Situation. Unter Voraussetzung der Umstände a b c d muß das Ergebnis q erwartet werden, fällt d weg, das Ereignis r, tritt g hinzu, das Ereignis s, und so fort. Solches Kalkulieren gehört zum logischen Gerüst der Historie wie der Naturwissenschaft. Es ist die Existenzweise von Theorie im traditionellen Sinn.

Was die Wissenschaftler auf den verschiedensten Gebieten somit als das Wesen der Theorie ansehen, entspricht in der Tat ihrer unmittelbaren Aufgabe. Sowohl die Handhabung der physischen Natur wie auch diejenige bestimmter ökonomischer und sozialer Mechanismen erfordert eine Formung des Wissensmaterials, wie sie in einem Ordnungsgefüge von Hypothesen gegeben ist. Die technischen Fortschritte des bürgerlichen Zeitalters sind von dieser Funktion des Wissenschaftsbetriebs nicht abzulösen. Einerseits werden durch ihn die Tatsachen für das Wissen fruchtbar gemacht, das unter den gegebenen Verhältnissen verwertbar ist, andererseits das vorhandene Wissen auf die Tatsachen angewandt. Es besteht kein Zweifel, daß solche Arbeit ein Moment der fortwährenden Umwälzung und Entwicklung der materiellen Grundlagen dieser Gesellschaft darstellt. Soweit der Begriff der Theorie jedoch verselbständigt wird, als ob er etwa aus dem inneren Wesen der Erkenntnis oder sonstwie unhistorisch zu begründen sei, verwandelt er sich in eine verdinglichte, ideologische Kategorie.

Sowohl die Fruchtbarkeit neu entdeckter tatsächlicher Zusammenhänge für die Umgestaltung der vorhandenen Erkenntnis wie deren Anwendung auf Tatbestände sind Bestimmungen, die nicht auf rein logische oder methodologische Elemente zurückgehen, sondern jeweils nur im Zusammenhang mit realen gesellschaftlichen Prozessen* zu verstehen sind. Daß eine Entdeckung die Umstrukturierung vorhandener Ansichten veranlaßt, ist nie ausschließlich durch logische Erwägungen, des näheren durch den Widerspruch zu bestimmten Teilen der herrschenden Vorstellungen begründbar. Es sind immer Hilfshypothesen ausdenkbar, durch die eine Änderung

[* »Prozessen« / 1937: »Verläufen«.]

8 Max Weber, ›Kritische Studien auf dem Gebiet der kulturwissenschaftlichen Logik‹, in: *Gesammelte Aufsätze*, Tübingen 1922, S. 266ff.

der Theorie im ganzen vermieden werden könnte. Daß gleichwohl neue Ansichten sich durchsetzen, steht, auch wenn für die Wissenschaftler selbst nur immanente Motive bestimmend sind, in konkreten historischen Zusammenhängen. Das wird von den modernen Erkenntnistheoretikern nicht geleugnet, wenn sie auch bei den maßgebenden außerszientivischen Faktoren weniger an die gesellschaftlichen Verhältnisse als an Genie und Zufall denken. Daß man im siebzehnten Jahrhundert begann, die Schwierigkeiten, in welche die traditionelle astronomische Erkenntnisweise geraten war, nicht mehr durch zusätzliche Konstruktionen zu erledigen, sondern zum kopernikanischen System überging, lag nicht an seinen logischen Eigenschaften – etwa der größeren Einfachheit – allein. Daß diese als Vorzüge wirkten, führt selbst auf die Grundlagen der gesellschaftlichen Praxis jener Epoche. Wie das im sechzehnten Jahrhundert kaum erwähnte kopernikanische System dazu kam, zu einer revolutionären Macht zu werden, bildet einen Teil des geschichtlichen Prozesses, in dem das mechanistische Denken zur Herrschaft gelangt.[9] Daß die Änderung wissenschaftlicher Strukturen von der jeweiligen gesellschaftlichen Situation abhängt, gilt jedoch nicht allein für so umfassende Theorien wie das kopernikanische System, sondern auch für die speziellen Forschungsprobleme im Alltag. Ob das Auffinden neuer Varietäten auf einzelnen Gebieten der anorganischen oder organischen Natur, sei es im chemischen Laboratorium oder bei paläontologischen Forschungen, zur Änderung alter Klassifikationen oder zum Entstehen neuer den Anlaß bildet, läßt sich keineswegs nur aus der logischen Situation ableiten. Die Erkenntnistheoretiker pflegen sich hier mit einem nur scheinbar ihrer Wissenschaft immanenten Begriff der Zweckmäßigkeit zu helfen. Ob und wie neue Definitionen zweckmäßig aufgestellt werden, hängt in Wahrheit nicht bloß von der Einfachheit und Folgerichtigkeit des Systems, sondern unter anderem auch von Richtung und Zielen der Forschung ab, die aus ihr selbst weder zu erklären noch gar letztlich einsichtig zu machen sind.

9 Eine Darlegung dieses Prozesses findet sich in der *Zeitschrift für Sozialforschung*, IV, 1935, S. 161ff., in dem Aufsatz von Henryk Großmann, ›Die gesellschaftlichen Grundlagen der mechanistischen Philosophie und die Manufaktur‹.

Und wie der Einfluß des Materials auf die Theorie so ist auch die Anwendung der Theorie auf das Material nicht nur ein innerszientivischer, sondern zugleich ein gesellschaftlicher Vorgang. Die Beziehung von Hypothesen auf Tatsachen vollzieht sich schließlich nicht im Kopf der Gelehrten, sondern in der Industrie. Die Regeln, daß Steinkohlenteer, wenn er bestimmten Einwirkungen unterworfen wird, Farbqualitäten entwickelt oder daß Nitroglyzerin, Salpeter und andere Stoffe eine hohe Sprengkraft haben, sind aufgestapeltes Wissen, das in den Fabriksälen der großen Industrien wirklich auf die Tatsachen angewendet wird.

Unter den verschiedenen philosophischen Schulen scheinen besonders die Positivisten und Pragmatisten die Verflechtung der theoretischen Arbeit in den Lebensprozeß der Gesellschaft zu berücksichtigen. Sie bezeichnen die Voraussicht und Brauchbarkeit der Resultate als Aufgabe der Wissenschaft. In der Realität ist diese Zielbewußtheit, der Glaube an den sozialen Wert seines Berufs für den Gelehrten jedoch eine Privatangelegenheit. Er mag ebensowohl an ein unabhängiges, »suprasoziales«, freischwebendes Wissen glauben wie an die soziale Bedeutung seines Fachs: dieser Gegensatz der Interpretation beeinflußt sein faktisches Tun nicht im geringsten. Der Gelehrte und seine Wissenschaft sind in den gesellschaftlichen Apparat eingespannt, ihre Leistung ist ein Moment der Selbsterhaltung, der fortwährenden Reproduktion des Bestehenden, gleichviel, was sie sich selbst für einen Reim darauf machen. Sie müssen nur ihrem »Begriff« entsprechen, das heißt Theorie in dem Sinn herstellen, wie er oben beschrieben wurde. In der gesellschaftlichen Arbeitsteilung hat der Gelehrte Tatsachen in begriffliche Ordnungen einzugliedern und diese so instand zu halten, daß er selbst und alle, die sich ihrer bedienen müssen, ein möglichst weites Tatsachengebiet beherrschen können. Das Experiment hat innerhalb der Wissenschaft den Sinn, die Tatsachen in einer Weise festzustellen, die der jeweiligen Situation der Theorie besonders angemessen ist. Das Tatsachenmaterial, der Stoff wird von außen geliefert. Die Wissenschaft besorgt seine klare, übersichtliche Formulierung, so daß man die Kenntnisse handhaben kann, wie man will. Für den Gelehrten ist das Aufnehmen, Umformen, Durchrationalisieren des Tatsachenwissens, gleichviel, ob es sich um ein möglichst eingehendes Darlegen des Stoffes wie in der Historie und den beschreibenden

Zweigen anderer Einzelwissenschaften oder um die Zusammenfassung von Datenmassen und das Gewinnen allgemeiner Regeln wie in der Physik handelt, seine besondere Art der Spontaneität, die theoretische Betätigung. Der Dualismus von Denken und Sein, Verstand und Wahrnehmung ist ihm natürlich.

Die traditionelle Vorstellung der Theorie ist aus dem wissenschaftlichen Betrieb abstrahiert, wie er sich innerhalb der Arbeitsteilung auf einer gegebenen Stufe vollzieht. Sie entspricht der Tätigkeit des Gelehrten, wie sie neben allen übrigen Tätigkeiten in der Gesellschaft verrichtet wird, ohne daß der Zusammenhang zwischen den einzelnen Tätigkeiten unmittelbar durchsichtig wird. In dieser Vorstellung erscheint daher nicht die reale gesellschaftliche Funktion der Wissenschaft, nicht was Theorie in der menschlichen Existenz, sondern nur, was sie in der abgelösten Sphäre bedeutet, worin sie unter den historischen Bedingungen erzeugt wird. In Wahrheit resultiert jedoch das Leben der Gesellschaft aus der Gesamtarbeit der verschiedenen Produktionszweige, und wenn die Arbeitsteilung unter der kapitalistischen Produktionsweise auch nur schlecht funktioniert, so sind ihre Zweige, auch die Wissenschaft, doch nicht als selbständig und unabhängig anzusehen. Sie sind Besonderungen der Art und Weise, wie sich die Gesellschaft mit der Natur auseinandersetzt und in ihrer gegebenen Form erhält. Sie sind Momente des gesellschaftlichen Produktionsprozesses, mögen sie selbst auch wenig oder gar nicht produktiv im eigentlichen Sinne sein. Weder die Struktur der industriellen und agrarischen Produktion noch die Trennung von sogenannten leitenden und ausführenden Funktionen, Diensten und Arbeiten, geistigen und manuellen Verrichtungen sind ewige oder natürliche Verhältnisse; sie gehen vielmehr aus der Produktionsweise in bestimmten Gesellschaftsformen hervor. Der Schein der Selbständigkeit von Arbeitsprozessen, deren Verlauf sich aus einem inneren Wesen ihres Gegenstandes herleiten soll, entspricht der scheinhaften Freiheit der Wirtschaftssubjekte in der bürgerlichen Gesellschaft. Sie glauben, nach individuellen Entschlüssen zu handeln, während sie noch in ihren kompliziertesten Kalkulationen Exponenten des unübersichtlichen gesellschaftlichen Mechanismus sind.

Das falsche Selbstbewußtsein des bürgerlichen Gelehrten unter der liberalistischen Ära zeigt sich in den verschiedensten philosophischen Systemen. Einen besonders prägnanten Ausdruck hat es um die Jahrhundertwende im Neukantianismus Marburger Prägung gefunden. Einzelne Züge der theoretischen Tätigkeit des Fachgelehrten werden hier zu universalen Kategorien, gleichsam zu Momenten des Weltgeistes, des ewigen »Logos«, gemacht, oder vielmehr entscheidende Züge des gesellschaftlichen Lebens werden auf die theoretische Tätigkeit des Gelehrten reduziert. Die »Kraft der Erkenntnis« wird »die Kraft des Ursprungs« genannt. Unter »Erzeugen« wird die »schöpferische Souveränität des Denkens« verstanden. Sofern etwas als gegeben erscheint, müsse es gelingen, alle Bestimmungen an ihm aus den theoretischen Systemen, in letzter Linie aus der Mathematik zu konstituieren; alle endlichen Größen lassen sich mittels der Infinitesimalrechnung aus dem Begriff des unendlich Kleinen herleiten, und eben dies sei ihre »Erzeugung«. Das einheitliche System der in diesem Sinn allmächtigen Wissenschaft ist das Ideal. Und weil am Gegenstand sich alles in gedankliche Bestimmung auflöst, ist als Resultat dieser Arbeit nichts Festes, Materielles vorzustellen; die bestimmende, einordnende, einheitstiftende Funktion ist das einzige, worin alles gründet, worauf alle menschliche Anstrengung abzielt. Die Erzeugung ist Erzeugung der Einheit, und die Erzeugung selbst ist das Erzeugnis.[10] Der Fortschritt im Bewußtsein der Freiheit besteht nach dieser Logik eigentlich darin, daß von dem armseligen Ausschnitt der Welt, den der Gelehrte zu Gesicht bekommt, immer mehr in der Form des Differentialquotienten ausdrückbar wird. Während in Wirklichkeit der wissenschaftliche Beruf ein unselbständiges Moment in der Arbeit, der geschichtlichen Aktivität der Menschen ist, wird er hier an ihre Stelle gesetzt. Sofern die Vernunft in einer künftigen Gesellschaft tatsächlich die Ereignisse bestimmen soll, ist diese Hypostasierung des Logos als der Wirklichkeit auch eine verkleidete Utopie. Die Selbsterkenntnis des Menschen in der Gegenwart ist jedoch nicht die mathematische Naturwissenschaft, die als ewiger Logos erscheint, sondern die vom Interesse an vernünftigen Zuständen durchherrschte kritische Theorie der bestehenden Gesellschaft.

Die isolierende Betrachtung einzelner Tätigkeiten und Tätigkeits-

10 Cf. Hermann Cohen, *Logik der reinen Erkenntnis*, Berlin 1914, S. 23ff.

zweige mitsamt ihren Inhalten und Gegenständen bedarf, um wahr zu sein, des konkreten Bewußtseins ihrer eigenen Beschränktheit. Es muß zu einer Konzeption übergegangen werden, in der die Einseitigkeit, welche durch die Abhebung intellektueller Teilvorgänge von der gesamtgesellschaftlichen Praxis notwendig entsteht, wieder aufgehoben wird. In der Vorstellung der Theorie, wie sie sich dem Gelehrten selbst von seinem eigenen Beruf her unausweichlich ergibt, bietet das Verhältnis von Tatsache und begrifflicher Ordnung einen wichtigen Ansatzpunkt zu einer solchen Überwindung. Auch die herrschende Erkenntnistheorie hat die Problematik dieses Verhältnisses erkannt. Es wird immer wieder hervorgehoben, daß dieselben Gegenstände in der einen Disziplin Probleme bilden, die in kaum absehbarer Zeit zu lösen sind, und in der anderen als schlichte Tatbestände hingenommen werden. Zusammenhänge, die in der Physik der Forschung als Thema aufgegeben sind, werden in der Biologie als selbstverständlich vorausgesetzt. In der Biologie selbst gilt das gleiche für die physiologischen im Verhältnis zu den psychologischen Abläufen. Die Sozialwissenschaften nehmen die gesamte menschliche und außermenschliche Natur als gegeben und interessieren sich für den Aufbau der Beziehungen zwischen Mensch und Natur und der Menschen untereinander. Aber nicht durch den Hinweis auf diese der bürgerlichen Wissenschaft immanente Relativität des Verhältnisses von theoretischem Denken und Tatsachen ist der Begriff von Theorie weiter zu entwickeln, sondern durch eine Erwägung, die nicht allein den Wissenschaftler, sondern die erkennenden Individuen überhaupt betrifft.

Die gesamte wahrnehmbare Welt, wie sie für das Mitglied der bürgerlichen Gesellschaft vorhanden ist und in der damit in Wechselwirkung stehenden traditionellen Weltauffassung interpretiert wird, gilt ihrem Subjekt als Inbegriff von Faktizitäten, sie ist da und muß hingenommen werden. Das ordnende Denken jedes Einzelnen gehört mit zu den gesellschaftlichen Reaktionen, die dahin tendieren, sich in einer den Bedürfnissen möglichst entsprechenden Weise anzupassen. Zwischen dem Individuum und der Gesellschaft besteht hier aber ein wesentlicher Unterschied. Dieselbe Welt, die für den Einzelnen etwas an sich Vorhandenes ist, das er aufnehmen muß und berücksichtigt, ist in der Gestalt, wie sie da ist und fortbesteht, ebensosehr Produkt der allgemeinen gesellschaftlichen Praxis. Was wir in der Umgebung wahrnehmen, die Städte, Dörfer, Felder und Wälder tragen den Stempel der Bearbeitung an sich. Die Menschen sind nicht nur in der Kleidung und im Auftreten, in ihrer Gestalt und Gefühlsweise ein Resultat der Geschichte, sondern auch die Art, wie sie sehen und hören, ist von dem gesellschaftlichen Lebensprozeß, wie er in den Jahrtausenden sich entwickelt hat, nicht abzulösen. Die Tatsachen, welche die Sinne uns zuführen, sind in doppelter Weise gesellschaftlich präformiert: durch den geschichtlichen Charakter des wahrgenommenen Gegenstands und den geschichtlichen Charakter des wahrnehmenden Organs. Beide sind nicht nur natürlich, sondern durch menschliche Aktivität geformt; das Individuum jedoch erfährt sich selbst bei der Wahrnehmung als aufnehmend und passiv. Der Gegensatz von Passivität und Aktivität, der in der Erkenntnistheorie als Dualismus von Sinnlichkeit und Verstand auftritt, gilt für die Gesellschaft nicht im gleichen Maß wie für das Individuum. Wo sich dieses als passiv und abhängig erfährt, ist jene, die sich doch aus Individuen zusammensetzt, ein wenn auch bewußtloses und insofern uneigentliches, jedoch tätiges Subjekt. Dieser Unterschied in der Existenz von Mensch und Gesellschaft ist ein Ausdruck der Zerspaltenheit, die den geschichtlichen Formen des gesellschaftlichen Lebens bisher eigen war. Die Existenz der Gesellschaft hat entweder auf unmittelbarer Unterdrückung beruht oder ist eine blinde Resultante widerstrebender Kräfte, jedenfalls nicht das Ergebnis bewußter Spontaneität der freien Individuen. Daher wechselt die Bedeutung der Begriffe von Passivität und Aktivität, je nachdem, ob sie auf die Gesellschaft oder das Individuum bezogen werden. In der bürgerlichen Wirtschaftsweise ist die Aktivität der Gesellschaft blind und konkret, die des Individuums abstrakt und bewußt.

Die menschliche Produktion enthält stets auch Planmäßiges. Insofern, als die Tatsache, die für das Individuum äußerlich zur Theorie hinzukommt, gesellschaftlich produziert ist, muß daher, wenn auch in eingeschränktem Sinn, Vernunft in ihr zu finden sein. In der Tat steckt in der gesellschaftlichen Praxis immer auch das vorhandene und angewandte Wissen; die wahrgenommene Tatsache ist daher schon vor ihrer bewußten, vom erkennenden Individuum vorgenommenen theoretischen Bearbeitung durch menschliche Vorstellungen und Begriffe mitbestimmt. Dabei ist nicht etwa nur an das naturwissenschaftliche Experiment zu denken. Die sogenannte Reinheit des tatsächlichen Verlaufs, die durch die experimentelle Prozedur erreicht werden soll, ist gewiß an technische Bedingungen geknüpft, deren Zusammenhang mit dem materiellen Produktionsprozeß unmittelbar einleuchtet. Aber es wird hier leicht die Frage nach der Vermittlung des Tatsächlichen durch die gesellschaftliche Praxis als ganzer mit der Frage nach der Beeinflussung des beobachteten Gegenstands durch das Meßinstrument, also durch dieses besondere Verfahren, vermengt. Das letztere Problem, das die Physik selbst fortwährend verfolgt, hängt mit dem hier aufgeworfenen nicht enger zusammen als das der Wahrnehmung überhaupt, auch der alltäglichen. Der physiologische Sinnesapparat des Menschen arbeitet selbst schon längst weitgehend in der Richtung physikalischer Versuche. Die Art, wie im aufnehmenden Betrachten Stücke geschieden und zusammengefaßt werden, wie einzelnes nicht bemerkt, anderes hervorgehoben wird, ist ebensosehr Resultat der modernen Produktionsweise, wie die Wahrnehmung eines Mannes aus irgendeinem Stamm primitiver Jäger und Fischer Resultat seiner Existenzbedingungen und freilich auch des Gegenstandes ist. Bezogen darauf ließe sich der Satz, die Werkzeuge seien Verlängerungen der menschlichen Organe, so umdrehen, daß die Organe auch Verlängerungen der Instrumente sind. Auf den höheren Stufen der Zivilisation bestimmt die bewußte menschliche Praxis unbewußt nicht bloß die subjektive Seite der Wahrnehmung, sondern in höherem Maß auch den Gegenstand. Was das Mitglied der industriellen Gesellschaft täglich um sich sieht, Mietskasernen, Fabriksäle, Baumwolle, Schlachtvieh, Menschen, und ferner nicht allein die Körper, sondern auch die Bewegung, in der sie wahrgenommen werden, von Untergrundbahnen, Förderkörben, Autos, Flugzeugen aus, diese sinnliche Welt trägt die Züge der bewußten Arbeit an sich, und die Scheidung, was davon der unbewußten Natur, was der gesellschaftlichen Praxis angehört, ist real nicht durchzuführen. Selbst dort, wo es sich um die Erfahrung natürlicher Gegenstände als solcher handelt, ist deren Natürlichkeit durch den Kontrast zur gesellschaftlichen Welt bestimmt und insoweit von ihr abhängig.

Das Individuum nimmt jedoch die sinnliche Wirklichkeit als bloße Folge von Tatsachen in die begrifflichen Ordnungen auf. Auch diese haben sich, freilich in wechselndem Zusammenhang, mit dem Lebensprozeß der Gesellschaft entwickelt. Wenn daher das Einordnen in die Systeme des Verstandes, die Beurteilung der Gegenstände, in der Regel mit großer Selbstverständlichkeit und bemerkenswerter Übereinstimmung unter den Mitgliedern der gegebenen Gesellschaft vor sich geht, so ist diese Harmonie sowohl zwischen Wahrnehmung und traditionellem Denken wie zwischen den Monaden, das heißt den individuellen Erkenntnissubjekten, kein metaphysischer Zufall. Die Macht des gesunden Menschenverstandes, des *common sense*, für den es keine Geheimnisse gibt, ferner die allgemeine Geltung von Ansichten auf den Gebieten, die nicht unmittelbar mit den gesellschaftlichen Kämpfen zusammenhängen, wie etwa den Naturwissenschaften, ist dadurch bedingt, daß die zu beurteilende Gegenstandswelt in hohem Maß aus einer Tätigkeit hervorgeht, die von denselben Gedanken bestimmt ist, mittels deren sie im Individuum wiedererkannt und begriffen wird. In Kants Philosophie ist dieser Sachverhalt in idealistischer Form ausgedrückt. Die Lehre von der bloß passiven Sinnlichkeit und dem aktiven Verstand zeitigt bei ihm die Frage, woher der Verstand die sichere Voraussicht nehme, das Mannigfaltige, das in der Sinnlichkeit gegeben sei, in aller Zukunft unter seine Regeln zu befassen. Die These einer prästabilierten Harmonie, eines »Präformationssystems der reinen Vernunft«, daß dem Denken die Regeln als gewiß eingeboren seien, nach denen die Gegenstände sich dann auch richteten, wird von ihm ausdrücklich bekämpft.[11] Seine Erklärung lautet, daß die sinnlichen Erscheinungen vom transzendentalen Subjekt, also durch vernünftige Aktivität, schon geformt sind, wenn sie von der Wahrnehmung aufgenommen und mit Bewußtsein beurteilt werden.[12] Die »transzendentale Affinität«, die subjektive Bestimmtheit des sinnlichen Materials, von der das Individuum nichts weiß, hat er in den wichtigsten Kapiteln der *Kritik der reinen Vernunft* näher zu begründen versucht.

Die Schwierigkeit und Dunkelheit, welche die hierauf bezüglichen Hauptstücke von der Deduktion und vom Schematismus der reinen

11 Cf. Kant, *Kritik der reinen Vernunft*, Transzendentale Deduktion der reinen Verstandesbegriffe, § 27, B 167.

12 Ibid., Der Deduktion der reinen Verstandesbegriffe zweiter Abschnitt, 4. Vorläufige Erklärung der Möglichkeit der Kategorien als Erkenntnisse *a priori*, A 110.

Verstandesbegriffe nach Kant selbst an sich tragen, mag damit zusammenhängen, daß er sich die dem empirischen Subjekt unbewußte, überindividuelle Tätigkeit nur in der idealistischen Form eines Bewußtseins an sich, einer rein geistigen Instanz vorstellt. Er sieht, gemäß der in seiner Periode erreichbaren theoretischen Übersicht, die Realität nicht als Produkt der im ganzen freilich chaotischen, im einzelnen aber zielgerichteten gesellschaftlichen Arbeit an. Wo Hegel bereits die List einer immerhin weltgeschichtlichen objektiven Vernunft erblickt, sieht Kant »eine verborgene Kunst in den Tiefen der menschlichen Seele, deren wahre Handgriffe wir der Natur schwerlich jemals abraten und sie unverdeckt vor Augen legen werden«[13]. Jedenfalls hat er begriffen, daß hinter der Diskrepanz zwischen Tatsache und Theorie, die der Gelehrte in seinem fachlichen Geschäft erfährt, eine tiefere Einheit steckt, die allgemeine Subjektivität, von der das individuelle Erkennen abhängt. Die gesellschaftliche Aktivität erscheint als transzendentale Macht, das heißt als Inbegriff geistiger Faktoren. Kants Behauptung, daß ihre Wirksamkeit von einem Dunkel umgeben, das heißt trotz aller Rationalität irrational sei, entbehrt jedoch nicht eines wahren Kerns. Die bürgerliche Wirtschaftsweise ist bei allem Scharfsinn der konkurrierenden Individuen von keinem Plan beherrscht, nicht bewußt auf ein allgemeines Ziel gerichtet; das Leben des Ganzen geht aus ihr nur unter übermäßigen Reibungen in verkümmerter Gestalt und gleichsam als Zufall hervor. Die inneren Schwierigkeiten, mit denen die höchsten Begriffe der Kantischen Philosophie, vor allem das Ich der transzendentalen Subjektivität, die reine oder ursprüngliche Apperzeption, das Bewußtsein an sich behaftet sind, zeugen von der Tiefe und Aufrichtigkeit seines Denkens. Der Doppelcharakter dieser Kantischen Begriffe, die einerseits die höchste Einheit und Zielrichtung, andererseits etwas Dunkles, Bewußtloses, Undurchsichtiges bezeichnen, trifft genau die widerspruchsvolle Form der menschlichen Aktivität in der neueren Zeit. Das Zusammenwirken der Menschen in der Gesellschaft ist die Existenzweise ihrer Vernunft, so wenden sie ihre Kräfte an und bestätigen ihr Wesen. Zugleich jedoch ist dieser Prozeß mitsamt seinen Resultaten ihnen selbst entfremdet, erscheint ihnen mit all seiner Verschwendung von

13 Ibid., Von dem Schematismus der reinen Verstandesbegriffe, B 181.

Arbeitskraft und Menschenleben, mit seinen Kriegszuständen und dem ganzen sinnlosen Elend als unabänderliche Naturgewalt, als übermenschliches Schicksal. In Kants theoretischer Philosophie, in seiner Analyse der Erkenntnis, ist dieser Widerspruch aufbewahrt. Die unaufgelöste Problematik des Verhältnisses von Aktivität und Passivität, Apriori und sinnlichem Datum, Philosophie und Psychologie, ist daher keine subjektive, sondern eine sachlich notwendige Unzulänglichkeit. Hegel hat diese Widersprüche aufgedeckt und entfaltet, aber am Ende im Medium einer höheren geistigen Sphäre versöhnt. Aus der Verlegenheit vor dem allgemeinen Subjekt, das Kant behauptet und doch nicht recht zu bezeichnen vermag, hat sich Hegel frei gemacht, indem er den absoluten Geist als das Allerrealste setzt. Das Allgemeine hat sich nach ihm bereits adäquat entfaltet und ist identisch mit dem, was sich vollzieht. Die Vernunft braucht nicht mehr bloß kritisch gegen sich zu sein; sie ist bei Hegel affirmativ geworden, bevor noch die Wirklichkeit als vernünftig zu bejahen ist. Angesichts der real weiterbestehenden Widersprüche der menschlichen Existenz, angesichts der Ohnmacht der Individuen vor den von ihnen selbst erzeugten Verhältnissen erscheint diese Lösung als private Behauptung, als persönlicher Friedensschluß des Philosophen mit einer unmenschlichen Welt.

Das Einordnen der Tatsachen in bereitliegende Begriffssysteme und deren Revision durch Vereinfachung oder Bereinigung von Widersprüchen ist, wie ausgeführt, ein Teil der allgemeinen gesellschaftlichen Praxis. Bei der Gespaltenheit der Gesellschaft in Gruppen und Klassen versteht es sich, daß die theoretischen Gebilde je nach ihrer Zugehörigkeit zu einer von ihnen auch eine verschiedene Beziehung zu dieser allgemeinen Praxis haben. Solange unter einer feudalen Gesellschaft die bürgerliche Klasse sich erst formierte, hatte die mit ihr aufkommende rein wissenschaftliche Theorie eine jener Epoche gegenüber weitgehend auflösende, gegen die alte Form der Praxis aggressive Tendenz. Im Liberalismus kennzeichnete sie den herrschenden Menschentypus. Heute wird die Entwicklung weitaus weniger* durch die mittleren Existenzen bestimmt, die in ihrer Konkurrenz untereinander darauf angewiesen sind, den materiellen Produktionsapparat und die Erzeugnisse zu

[* »weitaus weniger« / 1937: »nicht mehr so sehr«.]

verbessern, als durch die nationalen und internationalen Gegensätze von Führercliquen auf den verschiedenen Kommandohöhen in Wirtschaft und Staat. Sofern das theoretische Denken nicht auf höchst spezielle, mit diesen Kämpfen zusammenhängende Zwecke, vor allem den Krieg und seine Industrie, bezogen ist, hat das Interesse an ihm abgenommen. Es werden weniger Energien darauf verwendet, die Denkfähigkeit, unabhängig von der Anwendungsart, auszubilden und weiterzuführen.

Diese Unterschiede, denen sich noch viele andere hinzufügen ließen, ändern jedoch nichts daran, daß die Theorie in der traditionellen Gestalt, die Beurteilung des Gegebenen anhand eines auch im einfachsten Bewußtsein noch wirksamen herkömmlichen Begriffs- und Urteilsapparats, ferner die Wechselwirkung, die zwischen den Tatsachen und den theoretischen Formen auf Grund der alltäglichen, beruflichen Aufgaben vor sich geht, eine positive gesellschaftliche Funktion ausübt. In dieses intellektuelle Tun sind die Notwendigkeiten und Zwecke, die Erfahrungen und Fertigkeiten, die Gewohnheiten und Tendenzen der gegenwärtigen Form des menschlichen Seins eingegangen. Wie ein materielles Produktionsinstrument stellt es der Möglichkeit nach ein Element nicht nur des gegenwärtigen, sondern auch eines gerechteren, differenzierteren und harmonischeren kulturellen Ganzen dar. Soweit sich dieses theoretische Denken nicht bewußt an äußere, dem Gegenstand fremde Interessen anpaßt, sondern wirklich an die Probleme hält, wie sie ihm infolge der fachlichen Entwicklung entgegentreten, im Zusammenhang damit auch neue Probleme aufwirft und alte Begriffe umbildet, wo es nötig erscheint, darf es mit Recht die Leistungen des bürgerlichen Zeitalters in Technik und Industrie als seine Legitimation ansehen und seiner selbst sicher sein. Freilich versteht es sich als Hypothese und nicht als Gewißheit. Aber dieser Hypothesencharakter wird auf manche Weise kompensiert. Die Unsicherheit ist nicht größer, als sie jeweils auf Grund der vorhandenen intellektuellen und technischen Mittel sein muß, die ihre Brauchbarkeit im allgemeinen erwiesen haben, und die Aufstellung solcher Hypothesen, mag ihre Wahrscheinlichkeit auch nur gering sein, gilt selbst als eine gesellschaftlich notwendige und wertvolle Leistung, die an sich jedenfalls nicht hypothetisch ist. Die Hypothesenbildung, die theoretische Leistung überhaupt ist eine Arbeit, für die unter den vorhandenen gesellschaftlichen Verhältnissen grundsätzliche Verwendungsmöglichkeit, das heißt Nachfrage vorhanden ist. Sofern sie unter ihrem Wert bezahlt wird oder gar liegenbleibt, teilt sie nur das Schicksal anderer konkreter und möglicherweise nützlicher Arbeiten, die bei dieser Wirtschaft verloren sind. Sie setzen sie jedoch voraus und gehören zum ökonomischen Gesamtprozeß, wie er sich unter den bestimmten historischen Bedingungen vollzieht. Mit der Frage, ob die wissenschaftlichen Bestrebungen selbst im strengen Sinn produktiv sind, hat das gar nichts zu tun. Für eine Unmasse sogenannter wissenschaftlicher Erzeugnisse gibt es in dieser Ordnung der Dinge eine Nachfrage; sie werden in der verschiedensten Weise honoriert, ein Teil der Güter, die wirklich produktiver Arbeit entstammen, wird für sie ausgegeben, ohne daß damit im geringsten etwas über ihre eigene Produktivität ausgemacht wäre. Auch der Leerlauf gewisser Teile des Universitätsbetriebs sowie nichtssagender Scharfsinn, metaphysische und nicht-metaphysische Ideologienbildung haben ebenso wie andere, aus den gesellschaftlichen Gegensätzen hervorgehende Notwendigkeiten ihre soziale Bedeutung, ohne in der gegenwärtigen Periode den Interessen irgendeiner nennenswerten Mehrheit der Gesellschaft wirklich gemäß zu sein. Eine Tätigkeit, die zur Existenz der Gesellschaft in ihren gegebenen Formen beiträgt, braucht durchaus nicht produktiv, das heißt wertbildend für ein Unternehmen zu sein. Trotzdem kann sie zu dieser Ordnung gehören und sie mit ermöglichen, wie dies bei der Fachwissenschaft wirklich der Fall ist.

Es gibt nun ein menschliches Verhalten[14], das die Gesellschaft selbst zu seinem Gegenstand hat. Es ist nicht nur darauf gerichtet, irgendwelche Mißstände abzustellen, diese erscheinen ihm vielmehr als notwendig mit der ganzen Einrichtung des Gesellschaftsbaus verknüpft. Wenngleich es aus der gesellschaftlichen Struktur hervorgeht, so ist es doch weder seiner bewußten Absicht noch seiner objektiven Bedeutung nach darauf bezogen, daß irgend etwas in dieser Struktur besser funktioniere. Die Kategorien des Besseren, Nütz-

14 Dieses Verhalten wird im folgenden als das »kritische« bezeichnet. Das Wort wird hier weniger im Sinn der idealistischen Kritik der reinen Vernunft als in dem der dialektischen Kritik der politischen Ökonomie verstanden. Es bezeichnet eine wesentliche Eigenschaft der dialektischen Theorie der Gesellschaft.

lichen, Zweckmäßigen, Produktiven, Wertvollen, wie sie in dieser Ordnung gelten, sind ihm vielmehr selbst verdächtig und keineswegs außerwissenschaftliche Voraussetzungen, mit denen es nichts zu schaffen hat. Während es zum Individuum in der Regel hinzugehört, daß es die Grundbestimmungen seiner Existenz als vorgegeben hinnimmt und zu erfüllen strebt, während es seine Befriedigung und seine Ehre darin findet, die mit seinem Platz in der Gesellschaft verknüpften Aufgaben nach Kräften zu lösen und bei aller energischen Kritik, die etwa im einzelnen angebracht sein sollte, tüchtig das Seine zu tun, ermangelt jenes kritische Verhalten durchaus des Vertrauens in die Richtschnur, die das gesellschaftliche Leben, wie es sich nun einmal vollzieht, jedem an die Hand gibt. Die Trennung von Individuum und Gesellschaft, kraft deren der Einzelne die vorgezeichneten Schranken seiner Aktivität als natürlich hinnimmt, ist in der kritischen Theorie relativiert. Sie begreift den vom blinden Zusammenwirken der Einzeltätigkeiten bedingten Rahmen, das heißt die gegebene Arbeitsteilung und die Klassenunterschiede, als eine Funktion, die, menschlichem Handeln entspringend, möglicherweise auch planmäßiger Entscheidung, vernünftiger Zielsetzung unterstehen kann.

Der zwiespältige Charakter des gesellschaftlichen Ganzen in seiner aktuellen Gestalt entwickelt sich bei den Subjekten des kritischen Verhaltens zum bewußten Widerspruch. Indem sie die gegenwärtige Wirtschaftsweise und die gesamte auf ihr begründete Kultur als Produkt menschlicher Arbeit erkennen, als die Organisation, die sich die Menschheit in dieser Epoche gegeben hat und zu der sie fähig war, identifizieren sie sich selbst mit diesem Ganzen und begreifen es als Willen und Vernunft; es ist ihre eigene Welt. Zugleich erfahren sie, daß die Gesellschaft außermenschlichen Naturprozessen, bloßen Mechanismen zu vergleichen ist, weil die auf Kampf und Unterdrückung beruhenden Kulturformen keine Zeugnisse eines einheitlichen, selbstbewußten Willens sind; diese Welt ist nicht die ihre, sondern die des Kapitals. Die bisherige Geschichte kann nicht eigentlich verstanden werden, verständlich sind in ihr nur Individuen und einzelne Gruppen, und auch diese nicht ohne Rest, da sie kraft ihrer inneren Abhängigkeit von einer unmenschlichen Gesellschaft auch im bewußten Handeln noch weitgehend mechanische Funktionen sind. Jene Identifikation ist daher widerspruchsvoll, ein Widerspruch, der alle Begriffe der kritischen Denkart kennzeichnet. So gelten ihr die ökonomischen Kategorien Arbeit, Wert und Produktivität genau als das, was sie in dieser Ordnung gelten, und sie betrachtet jede andere Ausdeutung als schlechten Idealismus. Zugleich erscheint es als die gröbste Unwahrheit, die Geltung einfach hinzunehmen: die kritische Anerkennung der das gesellschaftliche Leben beherrschenden Kategorien enthält zugleich seine Verurteilung. Dieser dialektische Charakter der Selbstinterpretation* des gegenwärtigen Menschen bedingt letzten Endes auch die Dunkelheit der Kantischen Vernunftkritik. Die Vernunft kann sich selbst nicht durchsichtig werden, solange die Menschen als Glieder eines vernunftlosen Organismus handeln. Der Organismus als natürlich wachsende und vergehende Einheit ist für die Gesellschaft nicht etwa ein Vorbild, sondern eine dumpfe Seinsform, aus der sie sich zu emanzipieren hat. Ein Verhalten, das, auf diese Emanzipation gerichtet, die Veränderung des Ganzen zum Ziel hat, mag sich wohl der theoretischen Arbeit bedienen, wie sie innerhalb der Ordnungen der bestehenden Wirklichkeit geschieht. Es entbehrt jedoch des pragmatischen Charakters, der sich aus dem traditionellen Denken als einer gesellschaftlich nützlichen Berufsarbeit ergibt.

Dem herkömmlichen theoretischen Denken gelten, wie dargelegt, sowohl die Genesis der bestimmten Sachverhalte als auch die praktische Verwendung der Begriffssysteme, in die man sie befaßt, somit seine Rolle in der Praxis, als äußerlich. Diese Entfremdung, die in der philosophischen Terminologie als Trennung von Wert und Forschung, Wissen und Handeln sowie anderen Gegensätzen sich ausdrückt, bewahrt den Gelehrten vor den angezeigten Widersprüchen und verleiht seiner Arbeit ihren festen Rahmen. Einem Denken, das ihn nicht anerkennt, scheint der Boden entzogen zu sein. Was könnte ein theoretisches Verfahren, das nicht zuletzt mit der Bestimmung von Tatsachen aus möglichst einfachen und differenzierten Begriffssystemen zusammenfällt, anderes darstellen als ein direktionsloses intellektuelles Spiel, halb begriffliche Dichtung, halb ohnmächtiger Ausdruck von Gemütszuständen? Die Untersuchung der sozialen Bedingtheit von Tatsachen sowie von Theorien

[* »Selbstinterpretation« / 1937: »Selbstauffassung«.]

mag wohl ein Forschungsproblem, ja, ein ganzes Feld theoretischer Arbeit bilden, aber es ist nicht einzusehen, inwiefern sich derartige Studien von anderen fachlichen Bestrebungen grundsätzlich unterscheiden sollten. Ideologieforschung oder Wissenssoziologie, die man aus der kritischen Theorie der Gesellschaft herausgenommen und als besondere Disziplinen etabliert hat, stehen ja weder ihrem Wesen noch ihrem Ehrgeiz nach zum üblichen Betrieb der ordnenden Wissenschaft in Gegensatz. Die Selbsterkenntnis des Denkens wird dabei auf die Enthüllung von Beziehungen zwischen geistigen Positionen und sozialen Standorten reduziert. Die Struktur des kritischen Verhaltens, dessen Absichten über die der herrschenden gesellschaftlichen Praxis hinausgehen, ist solchen sozialen Disziplinen gewiß nicht verwandter als der Naturwissenschaft. Sein Gegensatz zum traditionellen Begriff von Theorie entspringt überhaupt nicht so sehr aus einer Verschiedenheit der Gegenstände als der Subjekte. Den Trägern dieses Verhaltens sind die Tatsachen, wie sie aus der Arbeit in der Gesellschaft hervorgehen, nicht im gleichen Maße äußerlich wie dem Gelehrten oder den Mitgliedern sonstiger Berufe, die alle als kleine Gelehrte denken. Es kommt ihnen auf eine Neuorganisation der Arbeit an. Insofern aber die Sachverhalte, die in der Wahrnehmung gegeben sind, als Produkte begriffen werden, die grundsätzlich unter menschliche Kontrolle gehören und jedenfalls künftig unter sie kommen sollen, verlieren sie den Charakter bloßer Tatsächlichkeit.

Während der Fachgelehrte »als« Wissenschaftler die gesellschaftliche Realität mitsamt ihren Produkten für äußerlich ansieht und »als« Staatsbürger sein Interesse an ihr durch politische Artikel, Mitgliedschaft bei Parteien oder Wohltätigkeitsorganisationen und Beteiligung an den Wahlen wahrnimmt, ohne diese beiden und einige weitere Verhaltensweisen seiner Person anders als höchstens durch psychologische Interpretation zusammenzubringen, ist das kritische Denken heute durch den Versuch motiviert, über die Spannung real hinauszugelangen, den Gegensatz zwischen der im Individuum angelegten Zielbewußtheit, Spontaneität, Vernünftigkeit und der für die Gesellschaft grundlegenden Beziehungen des Arbeitsprozesses aufzuheben. Das kritische Denken enthält einen Begriff des Menschen, der sich selbst widerstreitet, solange diese Identität nicht hergestellt ist. Wenn von Vernunft bestimmtes Handeln zum

Menschen gehört, ist die gegebene gesellschaftliche Praxis, welche das Dasein bis in die Einzelheiten formt, unmenschlich, und diese Unmenschlichkeit wirkt auf alles zurück, was sich in der Gesellschaft vollzieht. Der intellektuellen und materiellen Aktivität der Menschen wird immer etwas äußerlich bleiben, nämlich die Natur als Inbegriff der jeweils noch unbeherrschten Faktoren, mit denen die Gesellschaft es zu tun hat. Soweit aber dazu als weiteres Stück Natur die einzig von den Menschen selbst abhängenden Verhältnisse, ihre Beziehung bei der Arbeit, der Gang ihrer eigenen Geschichte gehören, ist diese Äußerlichkeit nicht nur keine überhistorische, ewige Kategorie – das ist auch bloße Natur im angegebenen Sinn nicht –, sondern das Zeichen einer erbärmlichen Ohnmacht, in die sich zu schicken widermenschlich und widervernünftig ist.
Das bürgerliche Denken ist so beschaffen, daß es in der Reflexion* auf sein eigenes Subjekt mit logischer Notwendigkeit das Ego erkennt, das sich autonom dünkt. Es ist seinem Wesen nach abstrakt, und die als Urgrund der Welt oder gar als Welt überhaupt sich aufblähende, vom Geschehen abgeschlossene Individualität ist sein Prinzip. Der unmittelbare Gegensatz dazu ist die Gesinnung, die sich für den unproblematischen Ausdruck einer schon bestehenden Gemeinschaft hält, wie etwa die völkische Ideologie. Das rhetorische Wir wird hier im Ernst gebraucht. Das Reden glaubt, das Organ der Allgemeinheit zu sein. In der zerrissenen Gesellschaft der Gegenwart ist dieses Denken, vor allem in gesellschaftlichen Fragen, harmonistisch und illusionär. Das kritische Denken und seine Theorie ist beiden Arten entgegengesetzt. Es ist weder die Funktion eines isolierten Individuums noch die einer Allgemeinheit von Individuen. Es hat vielmehr bewußt ein bestimmtes Individuum in seinen wirklichen Beziehungen mit anderen Individuen und Gruppen, in seiner Auseinandersetzung mit einer bestimmten Klasse und schließlich in der so vermittelten Verflechtung mit dem gesellschaftlichen Ganzen und der Natur zum Subjekt. Es ist kein Punkt wie das Ich der bürgerlichen Philosophie, seine Darstellung besteht in der Konstruktion der geschichtlichen Gegenwart. Auch das denkende Subjekt ist nicht der Ort, an dem Wissen und Gegenstand zusammenfallen, von dem aus daher ein absolutes Wissen zu gewin-

[* »Reflexion« / 1937: »Rückwendung«.]

nen wäre. Dieser Schein, in dem seit Descartes der Idealismus lebt, ist Ideologie im strengen Sinn, die beschränkte Freiheit des bürgerlichen Individuums erscheint in der Gestalt vollendeter Freiheit und Autonomie. Aber das Ich, ob es sich nun bloß als denkendes oder auch in anderer Weise betätigt, ist in einer undurchsichtigen, bewußtlosen Gesellschaft auch seiner selbst nicht gewiß. Im Denken über den Menschen klaffen Subjekt und Objekt auseinander; ihre Identität liegt in der Zukunft und nicht in der Gegenwart. Die Methode, die dahin führt, mag nach dem cartesianischen Sprachgebrauch Klärung heißen, aber diese bedeutet im wirklich kritischen Denken nicht nur einen logischen, sondern ebensosehr einen konkret-geschichtlichen Prozeß. In seinem Verlauf ändert sich sowohl die soziale Struktur im ganzen wie das Verhältnis des Theoretikers zur Gesellschaft überhaupt, das heißt, es ändert sich das Subjekt wie auch die Rolle des Denkens. Die Annahme der wesentlichen Unveränderlichkeit des Verhältnisses von Subjekt, Theorie und Gegenstand unterscheidet die cartesianische Auffassung von jeder Art dialektischer Logik.

Wie aber hängt das kritische Denken mit der Erfahrung zusammen? Wenn es nicht bloß ordnen, sondern auch die dem Ordnen transzendenten Zwecke, seine Richtung aus sich selbst nehmen soll, dann bleibt es immer nur bei sich, wie in der idealistischen Philosophie. Soweit es nicht zu utopistischen Phantasien seine Zuflucht nehme, versinke es in formalistische Spiegelfechterei. Der Versuch, auf legitime Weise praktische Ziele denkend zu bestimmen, müsse immer mißlingen. Bescheide sich das Denken nicht bei der Rolle, die ihm in der bestehenden Gesellschaft zugewiesen ist, treibe es nicht im traditionellen Sinn Theorie, so kehre es notwendig zu längst überwundenen Illusionen zurück. Diese Reflexion begeht den Fehler, daß in ihr das Denken in der abgelösten fachlichen und daher spiritualistischen Weise verstanden ist, wie es sich unter den Bedingungen der gegenwärtigen Arbeitsteilung vollzieht. In der gesellschaftlichen Wirklichkeit ist die Vorstellungstätigkeit nie bei sich selbst geblieben, sondern hat seit je als unselbständiges Moment des Arbeitsprozesses fungiert, der eine eigene Tendenz hat. Durch die gegensätzliche Bewegung aufsteigender und rückschrittlicher Epochen und Kräfte erhält, steigert und entfaltet er das menschliche Leben. In den geschichtlichen Daseinsformen der Gesellschaft kam die Fülle der produzierten Genußgüter auf der erreichten Stufe jeweils bloß einer kleinen Gruppe von Menschen unmittelbar zugute, und diese Lebensverfassung erschien auch im Denken, sie drückte der Philosophie und Religion ihren Stempel auf. In der Tiefe regte sich jedoch seit Anbeginn das Streben nach Ausbreitung des Genusses auf die Mehrheit; bei aller materiellen Zweckmäßigkeit der Klassenorganisation hat jede ihrer Formen am Ende sich als unangemessen herausgestellt. Sklaven, Leibeigene und Bürger haben ihr Joch abgeschüttelt. Auch dieses Streben hat sich in den Kulturgebilden Gestalt verliehen. Indem nun in der neueren Geschichte von jedem Individuum gefordert ist, daß es die Zwecke des Ganzen zu den eigenen mache und diese im Ganzen wiedererkenne, besteht die Möglichkeit, daß die ohne bestimmte Theorie und als Resultante disparater Kräfte eingeschlagene Richtung des gesellschaftlichen Arbeitsprozesses, an deren Wendepunkten zuweilen die Verzweiflung der Massen ausschlaggebend war, ins Bewußtsein aufgenommen und zum Ziel gemacht wird. Das Denken spinnt dies nicht aus sich heraus, es wird vielmehr seiner eigenen Funktion inne. Die Menschen gelangen im geschichtlichen Gang zur Erkenntnis ihres Tuns und begreifen damit den Widerspruch in ihrer Existenz. Die bürgerliche Wirtschaft war darauf angelegt, daß die Individuen, indem sie für ihr eigenes Glück sorgen, das Leben der Gesellschaft erhalten. Dieser Struktur wohnt jedoch eine Dynamik ein, kraft deren schließlich in einem Ausmaß, das an die alten asiatischen Dynastien erinnert, phantastische Macht auf der einen, materielle und intellektuelle Ohnmacht auf der anderen Seite sich anhäuft. Die ursprüngliche Fruchtbarkeit dieser Organisation des Lebensprozesses verwandelt sich in Unfruchtbarkeit und Hemmung. Die Menschen erneuern durch ihre eigene Arbeit eine Realität, die sie in steigendem Maß versklavt.*

Und doch besteht im Hinblick auf die Rolle der Erfahrung ein Unterschied zwischen der traditionellen und der kritischen Theorie. Die Gesichtspunkte, welche diese als Ziele menschlicher Aktivität der historischen Analyse entnimmt, vor allem die Idee einer vernünftigen, der Allgemeinheit entsprechenden gesellschaftlichen

[* »versklavt.« / 1937: »versklavt und mit jeder Art von Elend bedroht. Das Bewußtsein dieses Gegensatzes stammt nicht aus der Phantasie, sondern aus Erfahrung.«.]

Organisation, sind der menschlichen Arbeit immanent, ohne den Individuen oder dem öffentlichen Geist in richtiger Form gegenwärtig zu sein. Es gehört ein bestimmtes Interesse* dazu, diese Tendenzen zu erfahren und wahrzunehmen. Daß es im Proletariat notwendig** erzeugt wird, ist die Lehre von Marx und Engels. Auf Grund seiner Situation in der modernen Gesellschaft erfährt das Proletariat den Zusammenhang zwischen einer Arbeit, welche den Menschen in ihrem Kampf mit der Natur immer mächtigere Hilfsmittel an die Hand gibt, und der fortwährenden Erneuerung einer veralteten gesellschaftlichen Organisation. Arbeitslosigkeit***, Wirtschaftskrisen, Militarisierung, terroristische Regierungen, der ganze Zustand der Massen ist nicht**** etwa in den geringen technischen Möglichkeiten begründet, wie es in früheren Epochen der Fall sein mochte, sondern in den der Gegenwart nicht mehr angemessenen Verhältnissen, unter denen produziert wird. Die Anwendung der gesamten geistigen und physischen Mittel der Naturbeherrschung wird dadurch behindert, daß sie unter den herrschenden Verhältnissen partikularen, sich widerstreitenden Interessen anheimgegeben sind. Die Produktion ist nicht auf das Leben der Allgemeinheit abgestellt und besorgt auch die Ansprüche der Einzelnen, sondern auf den Machtanspruch von Einzelnen und besorgt auch zur Not das Leben der Allgemeinheit. Das hat sich aus dem fortschrittlichen Prinzip, daß es genügt, wenn die Individuen für sich selber sorgen, unter der gegebenen Ordnung des Eigentums zwangsläufig ergeben.

Aber auch die Situation des Proletariats bildet in dieser Gesellschaft keine Garantie der richtigen Erkenntnis. Wie sehr es die Sinnlosigkeit als Fortbestehen und Vergrößerung der Not und des Unrechts an sich selbst erfährt, so verhindert doch die von oben noch geförderte Differenzierung seiner sozialen Struktur und die nur in ausgezeichneten Augenblicken durchbrochene Gegensätzlichkeit von

[* »ein bestimmtes Interesse« / 1937: »eine bestimmte Richtung des Interesses«.]

[** »Proletariat notwendig« / 1937: »Proletariat, der unmittelbar produktiven Klasse, notwendig«.]

[*** Organisation. Arbeitslosigkeit« / 1937: »Organisation, die es immer elender und ohnmächtiger macht. Arbeitslosigkeit«.]

[**** »ist nicht« / 1937: »ist, wie die Produzenten zu jener Stunde erfahren, nicht«.]

persönlichem und klassenmäßigem Interesse, daß dieses Bewußtsein sich unmittelbar Geltung verschaffe. An der Oberfläche sieht vielmehr die Welt auch für das Proletariat anders aus. Eine Haltung, welche seine wahren Interessen und damit auch die der Gesellschaft im ganzen nicht auch ihm selbst entgegenzusetzen imstande wäre, sondern ihre Richtschnur von Gedanken und Stimmungen der Massen bezöge, geriete selbst in sklavische Abhängigkeit vom Bestehenden. Der Intellektuelle, der nur in aufblickender Verehrung die Schöpferkraft des Proletariats verkündigt und sein Genüge darin findet, sich ihm anzupassen und es zu verklären, übersieht, daß jedes Ausweichen vor theoretischer Anstrengung, die er in der Passivität seines Denkens sich erspart, sowie vor einem zeitweiligen Gegensatz zu den Massen, in den eigenes Denken ihn bringen könnte, diese Massen blinder und schwächer macht, als sie sein müssen. Sein eigenes Denken gehört als kritisches, vorwärtstreibendes Element mit zu ihrer Entwicklung. Daß es sich völlig der jeweiligen psychologischen Lage der Klasse unterordnet, die an sich die Kraft zur Veränderung darstellt, führt jenen Intellektuellen zum beglückenden Gefühl, mit einer ungeheuren Macht verbunden zu sein, und in einen professionellen Optimismus. Wird dieser in Perioden schwerster Niederlagen erschüttert, so gerät mancher Intellektuelle in Gefahr, in ebenso bodenlosen sozialen Pessimismus und in Nihilismus zu verfallen, wie sein Optimismus übertrieben war. Sie ertragen es nicht, daß gerade das aktuellste, die geschichtliche Situation am tiefsten erfassende, zukunftsreichste Denken in bestimmten Perioden es mit sich bringt, seine Träger zu isolieren und auf sich selbst zu stellen.*

Bestünde die kritische Theorie wesentlich im Formulieren der jeweiligen Gefühle und Vorstellungen einer Klasse, so zeigte sie keine strukturelle Differenz gegenüber der Fachwissenschaft; es handelte sich dabei um die Beschreibung psychischer Inhalte, die für bestimmte Gruppen der Gesellschaft typisch sind, um Sozialpsychologie. Das Verhältnis von Sein und Bewußtsein ist bei den verschiedenen Klassen der Gesellschaft verschieden. Die Ideen, mittels deren das Bürgertum seine eigene Ordnung erklärt, der gerechte

[* »stellen.« / 1937: »stellen. Sie haben die Beziehung von Revolution und Unabhängigkeit verlernt.«.]

Tausch, die freie Konkurrenz, die Harmonie der Interessen und so fort erweisen, wenn man Ernst mit ihnen macht und sie wirklich als Prinzipien der Gesellschaft zu Ende denkt, ihren inneren Widerspruch und damit auch den Gegensatz zu dieser Ordnung. Die bloße Beschreibung des bürgerlichen Selbstbewußtseins gibt also nicht schon die Wahrheit über diese Klasse. Auch die Systematisierung der Bewußtseinsinhalte des Proletariats vermöchte kein wahres Bild seines Daseins und seiner Interessen zu liefern. Sie wäre eine traditionelle Theorie mit besonderer Problemstellung, nicht die intellektuelle Seite des historischen Prozesses seiner Emanzipation. Dies gilt selbst dann, wenn man sich darauf beschränken wollte, zwar nicht die Vorstellungen des Proletariats im allgemeinen, aber die eines fortgeschrittenen Teils, einer Partei oder ihrer Leitung aufzunehmen und zu verkünden. Das Registrieren und Einordnen in einen den Tatsachen möglichst angepaßten Begriffsapparat bildete auch dabei die eigentliche Aufgabe, und das Vorhersehen künftiger sozialpsychologischer Daten erwiese sich als letztes Ziel des Theoretikers. Das Denken, der Aufbau der Theorie, bliebe eine Sache, und sein Gegenstand, das Proletariat, eine andere. Wird jedoch der Theoretiker und seine ihm spezifische Aktivität mit der beherrschten Klasse als dynamische Einheit gesehen, so daß seine Darstellung der gesellschaftlichen Widersprüche nicht allein als ein Ausdruck der konkreten historischen Situation, sondern ebensosehr als stimulierender, verändernder Faktor in ihr erscheint, dann tritt seine Funktion hervor. Der Gang der Auseinandersetzung zwischen den fortgeschrittenen Teilen der Klasse und den Individuen, welche die Wahrheit über sie aussprechen, ferner die Auseinandersetzung zwischen diesen fortgeschrittensten Teilen mitsamt ihren Theoretikern und der übrigen Klasse ist als ein Prozeß von Wechselwirkungen zu verstehen, bei dem das Bewußtsein mit seinen befreienden zugleich seine antreibenden, disziplinierenden, aggressiven* Kräfte entfaltet. Seine Schärfe zeigt sich in der stets gegebenen Möglichkeit der Spannung zwischen dem Theoretiker und der Klasse, der sein Denken gilt. Die Einheit der sozialen Kräfte, von denen die Befreiung erwartet wird, ist – im Sinne Hegels – zugleich ihr Unterschied, sie existiert nur als Konflikt, welcher ständig die in ihm begriffenen

[* »aggressiven« / 1937: »gewalttätigen«.]

Subjekte bedroht. In der Person des Theoretikers tritt das deutlich zutage; seine Kritik ist aggressiv nicht nur gegenüber den bewußten Apologeten des Bestehenden, sondern ebensosehr gegenüber ablenkenden, konformistischen oder utopistischen Tendenzen in den eigenen Reihen.

Die traditionelle Gestalt der Theorie, von der die formale Logik eine Seite erfaßt, gehört zum arbeitsteiligen Produktionsprozeß in seiner gegenwärtigen Form. Da die Gesellschaft sich auch in künftigen Epochen mit der Natur auseinanderzusetzen hat, wird auch diese intellektuelle Technik nicht irrelevant werden, sondern im Gegenteil so weit wie möglich zu entwickeln sein. Die Theorie als Moment einer auf neue gesellschaftliche Formen abzielenden Praxis ist dagegen kein Rad eines Mechanismus, der sich in Gang befindet. Wenn auch Siege und Niederlagen eine vage Analogie zur Bewährung und zum Versagen von Hypothesen in der Wissenschaft bilden, so hat der oppositionelle Theoretiker nicht die Beruhigung, daß sie zu seinem Fach gehören. Er kann sich nicht das Loblied singen, das Poincaré auf die Bereicherung durch Hypothesen gesungen hat, die man verwerfen mußte.[15] Sein Beruf ist der Kampf, zu dem sein Denken gehört, nicht das Denken als etwas Selbständiges, davon zu Trennendes. Zwar gehen in sein Verhalten viele theoretische Elemente im gewohnten Sinn ein, die Kenntnis und Prognose relativ isolierter Tatsachen, wissenschaftliche Urteile, Problemstellungen, die wegen seiner spezifischen Interessen von den üblichen abweichen, jedoch dieselbe logische Form aufweisen. Was die traditionelle Theorie ohne weiteres als vorhanden annehmen darf, ihre positive Rolle in einer funktionierenden Gesellschaft, die freilich vermittelte und undurchsichtige Beziehung zur Befriedigung allgemeiner Bedürfnisse, die Teilnahme an dem sich erneuernden Lebensprozeß des Ganzen, alle diese Erfordernisse, um die sich die Wissenschaft selbst gar nicht zu kümmern pflegt, weil durch die soziale Position des Gelehrten ihre Erfüllung belohnt und bestätigt wird, stehen beim kritischen Denken in Frage. Das Ziel, das es erreichen will, der vernünftige Zustand, gründet zwar in der Not der Gegenwart. Mit dieser Not ist jedoch das Bild ihrer Beseitigung nicht schon gegeben. Die Theorie, die es entwirft, arbeitet nicht im Dienst einer schon vor-

15 Cf. Henri Poincaré, ibid., S. 152.

handenen Realität; sie spricht nur ihr Geheimnis aus. Wie genau sich in jedem Augenblick Verkehrtheiten und Trübungen erweisen lassen, wie sehr sich jeder Fehler rächen kann, so hat doch die Gesamttendenz des Unternehmens, das intellektuelle Tun selbst, auch wenn es als erfolgversprechend gilt, keine Sanktion des gesunden Menschenverstands, keine Gewohnheit für sich. Theorien dagegen, die sich in Maschinenbauten, militärischen Organisationen, selbst erfolgreichen Kinostücken bewähren oder nicht bewähren können, laufen, auch wenn sie unabhängig von ihrer Anwendung betrieben werden, wie die theoretische Physik, auf irgendeinen deutlich zu umreißenden Konsum hinaus, und wenn er nur in der Freude am virtuosen Umgang mit mathematischen Zeichen bestünde, durch dessen Belohnung die gute Gesellschaft ihren Sinn für Humanität zu erkennen gibt.

Dafür jedoch, wie die Zukunft konsumiert wird, um die es dem kritischen Denken zu tun ist, gibt es keine solchen Beispiele. Trotzdem hat die Idee einer künftigen Gesellschaft als der Gemeinschaft freier Menschen, wie sie bei den vorhandenen technischen Mitteln möglich ist, einen Gehalt, dem bei allen Veränderungen die Treue zu wahren ist. Als die Einsicht, daß und wie die Zerrissenheit und Irrationalität jetzt beseitigt werden kann, wird diese Idee unter den herrschenden Verhältnissen stets reproduziert. Aber die in ihr beurteilte Tatsächlichkeit, die zu einer vernünftigen Gesellschaft hintreibenden Tendenzen werden nicht jenseits des Denkens durch ihm äußerliche Gewalten hervorgebracht, in deren Produkt es sich dann gleichsam durch einen Zufall wiederzuerkennen vermöchte, sondern dasselbe Subjekt, das die Tatsachen, die bessere Wirklichkeit, durchsetzen will, stellt sie auch vor. Aus der rätselhaften Übereinstimmung zwischen Denken und Sein, Verstand und Sinnlichkeit, menschlichen Bedürfnissen und ihrer Befriedigung in der heute chaotischen Wirtschaft, einer Übereinstimmung, die in der bürgerlichen Epoche als Zufall erscheint, soll in der zukünftigen das Verhältnis vernünftiger Absicht und Verwirklichung werden. Der Kampf um die Zukunft spiegelt dieses Verhältnis * gebrochen wider, indem ein Wille, der sich auf die Gestaltung der Gesellschaft im ganzen bezieht, bewußt schon im Aufbau der Theorie und Praxis

[* »dieses Verhältnis« / 1937: »die Übereinstimmung«.]

wirksam ist, die dahin führen soll. In der Organisation und Gemeinschaft der Kämpfenden erscheint trotz aller Disziplin, die in der Notwendigkeit, sich durchzusetzen, begründet ist, etwas von der Freiheit und Spontaneität der Zukunft. Wo die Einheit von Disziplin und Spontaneität verschwunden ist, verwandelt sich die Bewegung in eine Angelegenheit ihrer eigenen Bürokratie, ein Schauspiel, das schon zum Repertoire der neueren Geschichte gehört.

Die Lebendigkeit der erstrebten Zukunft in der Gegenwart ist jedoch keine Bestätigung. Die Begriffssysteme des ordnenden Verstandes, die Kategorien, in die Totes und Lebendiges, gesellschaftliche, psychologische, physikalische Vorgänge gemeinhin aufgenommen werden, die Aufspaltung der Gegenstände und Urteile in die Fächer der einzelnen Wissensgebiete, all dies ist der gedankliche Apparat, wie er sich im Zusammenhang mit dem realen Arbeitsprozeß bewährt und eingeschliffen hat. Diese Begriffswelt macht das allgemeine Bewußtsein aus, sie hat eine Grundlage, auf die sich ihre Vertreter berufen können. Auch die Interessen des kritischen Denkens sind allgemein, aber nicht allgemein anerkannt. Die Begriffe, die unter ihrem Einfluß entstehen, kritisieren die Gegenwart. Die Marxschen Kategorien Klasse*, Ausbeutung, Mehrwert, Profit, Verelendung, Zusammenbruch sind Momente eines** begrifflichen Ganzen, dessen Sinn nicht in der Reproduktion der gegenwärtigen Gesellschaft, sondern in ihrer Veränderung zum Richtigen zu*** suchen ist. Wenngleich die kritische Theorie nirgends willkürlich und zufällig verfährt, erscheint sie der herrschenden Urteilsweise daher subjektiv und spekulativ, einseitig und nutzlos. Da sie den herrschenden Denkgewohnheiten, die zum Fortbestehen der Vergangenheit beitragen und die Geschäfte der überholten Ordnung besorgen, diesen Garanten einer parteiischen Welt zuwiderläuft, wirkt sie als parteiisch und ungerecht.

Vor allem aber hat sie keine materielle Leistung aufzuweisen. Die Veränderung, welche die kritische Theorie zu bewirken sucht, setzt

[* »Die Marxschen Kategorien Klasse« / 1937: »Klasse«.]
[** »eines« / 1937: »des«.]
[*** »zum Richtigen zu« / 1937: »zu«.]

sich nicht etwa allmählich durch, so daß ihr Erfolg, wenngleich langsam, so doch stetig wäre. Das Anschwellen der Zahl mehr oder minder klarer Anhänger, der Einfluß einzelner von ihnen auf Regierungen, die Machtstellung von Parteien, die der Theorie positiv gegenüberstehen oder sie wenigstens nicht verfemen, all dies gehört zu den Wechselfällen im Kampf um die höhere Stufe des menschlichen Zusammenlebens und ist nicht schon ihr Beginn. Solche Erfolge können sich nachträglich sogar als Scheinsiege und Fehler erweisen. Ein Düngeverfahren in der Agrikultur oder die Anwendung einer medizinischen Therapie kann noch sehr weit von der idealen Wirksamkeit entfernt sein und doch schon etwas leisten. Vielleicht müssen die Theorien, die solchen technischen Versuchen zugrunde liegen, im Zusammenhang mit der speziellen Praxis und mit Entdeckungen auf anderen Gebieten verfeinert, revidiert oder umgestoßen werden, ein Quantum Arbeit wurde im Verhältnis zum Erzeugnis wenigstens gespart, manche Krankheit geheilt oder gelindert.[16] Die Theorie dagegen, die zur Transformation des gesellschaftlichen Ganzen treibt, hat zunächst zur Folge, daß sich der Kampf verschärft, mit dem sie verknüpft ist. Auch soweit materielle Verbesserungen, die der erhöhten Resistenzkraft bestimmter Gruppen entspringen, mittelbar auf die Theorie zurückgehen, sind dies keine Sektoren der Gesellschaft, aus deren stetiger Verbreiterung schließlich die neue hervorginge. Solche Vorstellungen mißverstehen die fundamentale Verschiedenheit eines zerspaltenen Gesellschaftsganzen, in dem die materielle und ideologische Macht zur Aufrechterhaltung von Privilegien funktioniert, gegenüber der Assoziation freier Menschen, bei der jeder die gleiche Möglichkeit hat, sich zu entfalten. Von abstrakter Utopie* unterscheidet sich diese Idee durch den Nachweis ihrer realen Möglichkeit beim heutigen Stand der menschlichen Produktivkräfte. Wie viele Tendenzen jedoch zu ihr hintreiben mögen, wie viele Übergänge erreicht sind, wie wünschenswert und in sich wertvoll einzelne Vorstufen sein können – was sie geschichtlich für die Idee bedeuten, ist ausgemacht erst dann, wenn sie verwirklicht

[* »abstrakter Utopie« / 1937: »Utopie«.]

16 Ähnlich verhält es sich mit nationalökonomischen und finanztechnischen Einsichten und ihrer Auswertung in der Wirtschaftspolitik.

ist. Das eine hat dieses Denken mit der Phantasie gemeinsam, daß ein freilich aus dem tiefsten Verständnis der Gegenwart entspringendes Bild der Zukunft auch in solchen Perioden Gedanken und Aktionen bestimmt, in denen der Gang der Dinge weit von ihr wegzuführen und jede Lehre eher zu begründen scheint als den Glauben an die Erfüllung. Zu diesem Denken gehört zwar nicht das Willkürliche und vermeintlich Unabhängige, aber der Eigensinn der Phantasie. Innerhalb der avanciertesten Gruppen ist es der Theoretiker, der diesen Eigensinn aufbringen muß.* Harmonie waltet auch in diesen Verhältnissen nicht. Wird der Theoretiker der herrschenden Klasse, vielleicht nach mühsamen Anfängen, in eine relativ sichere Position gebracht, so gilt auf der Gegenseite der Theoretiker zuweilen als Feind und Verbrecher, zuweilen als weltfremder Utopist, und endgültig ist der Streit darüber auch nach seinem Tod nicht entschieden. Die historische Bedeutung seiner Leistung spricht nicht für sich selbst; sie hängt vielmehr davon ab, daß die Menschen für sie sprechen und handeln. Sie gehört nicht zu einer schon fertigen geschichtlichen Gestalt.

Die Fähigkeit zu Denkakten, wie sie in der alltäglichen Praxis, sowohl im geschäftlichen Leben als auch in der Wissenschaft, erfordert werden, ist in den Menschen durch eine jahrhundertelange realistische Erziehung entwickelt worden; ein Versagen führt hier zu Schmerz, Mißerfolg und Strafe. Diese intellektuelle Verhaltensweise besteht wesentlich darin, daß die Bedingungen für den Eintritt eines Effekts, der bei gleichen Voraussetzungen immer schon eingetreten ist, erkannt und unter Umständen selbständig herbeigeführt werden. Es gibt einen Anschauungsunterricht durch die guten** und schlechten Erfahrungen und das organisierte Experiment. Hier geht es um die unmittelbare individuelle Selbsterhaltung, und den Sinn für sie zu entwickeln, haben die Menschen in der bürgerlichen Gesellschaft Gelegenheit gehabt. Die Erkenntnis in diesem traditionellen Sinn einschließlich jeder Art von Erfahrung ist in der kritischen Theorie und Praxis enthalten. Aber im Hinblick auf die wesentliche Veränderung, auf die sie abzielt, fehlt so lange

[* »muß.« / 1937: »muß, innerhalb der beherrschten Schichten überhaupt sind es jene avancierten Gruppen in ihrer Aktivität.«.]
[** »guten« / 1937: »eigenen guten«.]

die entsprechende konkrete Wahrnehmung, bis sie wirklich eintritt. Wenn das Essen die Probe auf den Pudding ist, so steht sie jedenfalls hier noch bevor. Der Vergleich mit ähnlichen geschichtlichen Ereignissen ist nur in sehr bedingter Weise anzustellen. Daher spielt das konstruktive Denken im Ganzen dieser Theorie gegenüber der Empirie eine bedeutendere Rolle als im Leben des gesunden Menschenverstandes. Hier liegt einer der Gründe, warum in den Fragen, welche die Gesamtgesellschaft betreffen, Leute, die in einzelnen wissenschaftlichen Fächern oder sonstigen Berufszweigen äußerst Tüchtiges zu leisten vermögen, sich trotz guten Willens beschränkt und unfähig zeigen können. In allen Zeiten, in denen soziale Veränderungen auf der Tagesordnung standen, galten im Gegensatz dazu Leute, die »zuviel« dachten, als gefährlich. Dies führt auf das Problem der Intelligenz in ihrem Verhältnis zur Gesellschaft überhaupt.

Der Theoretiker, dessen Geschäft* darin besteht, eine Entwicklung zu beschleunigen, die zur Gesellschaft ohne Unrecht führen soll, kann sich, wie dargelegt, im Gegensatz zu Ansichten befinden, die beim Proletariat** gerade vorherrschen. Ohne die Möglichkeit dieses Konflikts bedürfte es keiner Theorie; denen, die sie brauchen, fiele sie unmittelbar zu. Mit der individuellen Klassenlage des Theoretikers hat der Konflikt nicht notwendig zu tun; sie hängt nicht von der Form seines*** Einkommens ab. Engels war ein *businessman*. In der Fachsoziologie, die ihren Klassenbegriff nicht aus der Kritik der Ökonomie, sondern aus eigenen Beobachtungen hernimmt, entscheidet über die soziale Zugehörigkeit des Theoretikers weder die Einkommensquelle noch der faktische Inhalt seiner Theorie, sondern das formale Element der Bildung. Die Möglichkeit des größeren Überblicks, nicht etwa desjenigen der Industriemagnaten, die den Weltmarkt kennen und hinter den Kulissen ganze Staaten dirigieren, sondern der Universitätsprofessoren und mittleren Staatsbeamten, Ärzte, Rechtsanwälte und so fort soll die »Intelligenz«, das heißt eine besondere soziale oder gar eine suprasoziale Schicht konstituieren. Ist es Aufgabe des kritischen Theoretikers, die Spannung

[* »Geschäft« / 1937: »einziges Geschäft«.]
[** »beim Proletariat« / 1937: »bei den Ausgebeuteten«.]
[*** »seines« / 1937: »des«.]

zwischen seiner Einsicht und der unterdrückten Menschheit, für die er denkt, zu verringern, so wird in jenem soziologischen Begriff das Schweben über den Klassen zum Wesensmerkmal der Intelligenz, zu einer Art Vorzug, auf den sie stolz ist.* Die Neutralität dieser Kategorie entspricht der abstrakten Selbsterkenntnis des Gelehrten. Wie das Wissen im bürgerlichen Konsum des Liberalismus erscheint, nämlich als unter Umständen brauchbare Kenntnis, ganz gleichgültig, worum es geht, wird es von dieser Soziologie auch theoretisch zusammengefaßt. Marx und Mises, Lenin und Liefmann, Jaurès und Jevons, das gehört soziologisch in eine Rubrik, wenn man nicht gar die Politiker wegläßt und in der Rolle möglicher Schüler den politischen Wissenschaftlern, Soziologen und Philosophen als den Wissenden gegenüberstellt. Von diesen sollen die Politiker dann lernen, »die und die Mittel« anzuwenden, wenn sie »die und die Stellung« einnehmen; sie sollen lernen, ob ihre praktische Stellungnahme überhaupt »mit innerer Konsequenz« vertretbar ist.[17] Eine Arbeitsteilung tut sich auf zwischen den Menschen, die in den gesellschaftlichen Kämpfen auf den Gang der Geschichte einwirken und dem soziologischen Diagnostiker, der ihnen den Standort zuweist.

Zum formalistischen Begriff des Geistes, der solcher Vorstellung von Intelligenz zugrunde liegt, steht die kritische Theorie in Widerspruch. Nach ihr existiert nur eine Wahrheit, und die positiven Prädikate der Ehrlichkeit und inneren Konsequenz, der Vernünftigkeit, des Strebens nach Frieden, Freiheit und Glück sind nicht im gleichen Sinn irgendeiner anderen Theorie und Praxis zuzusprechen. Es gibt keine Theorie der Gesellschaft, auch nicht die des generalisierenden Soziologen, die nicht politische Interessen mit einschlösse, über deren Wahrheit anstatt in scheinbar neutraler Reflexion nicht selbst wieder handelnd und denkend, eben in konkreter geschichtlicher Aktivität, entschieden werden müßte. Daß der Intellektuelle sich so hinstellt, als bedürfe es zunächst einer nur von ihm zu leistenden schwierigen Denkarbeit, um zwischen revolutio-

[* Horkheimer spielt hier und im folgenden Abschnitt auf die wissenssoziologische Theorie Karl Mannheims von der spezifischen Lage und Denkweise der Intelligenz im bürgerlichen Zeitalter an.]

17 Max Weber, ›Wissenschaft als Beruf‹, in: *Gesammelte Aufsätze zur Wissenschaftslehre*, Tübingen 1922, S. 549 f.

nären, liberalistischen und faschistischen Zielen und Wegen die Wahl zu treffen, ist überhaupt verwirrend. Die Situation ist seit Jahrzehnten nicht mehr danach. Die Avantgarde bedarf der Klugheit im politischen Kampf, nicht der akademischen Belehrung über ihren sogenannten Standort. Zu einem Zeitpunkt vollends, wo die freiheitlichen Kräfte in Europa selbst desorientiert sind und sich neu zu formieren suchen, wo alles an Nuancen innerhalb ihrer eigenen Bewegung hängt, wo die aus Niederlage, Verzweiflung und korrupter Bürokratie entstehende Gleichgültigkeit gegen den bestimmten Inhalt alle Spontaneität, Erfahrung, Erkenntnis der Massen trotz des Heldenmuts Einzelner zu vernichten droht, bedeutet die überparteiliche und daher abstrakte Konzeption der Intelligenz eine Fassung der Probleme, welche die entscheidenden Fragen bloß verdeckt. Der Geist ist liberal. Er verträgt keinen äußeren Zwang, keine Anpassung seiner Ergebnisse an den Willen irgendeiner Macht. Von dem Leben der Gesellschaft ist er jedoch nicht losgelöst, er schwebt nicht über ihr. Soweit er auf Autonomie, auf die Herrschaft der Menschen über ihr eigenes Leben wie über die Natur abzielt, vermag er diese Tendenz als wirkende Kraft in der Geschichte zu erkennen. Isoliert betrachtet, erscheint das Feststellen der Tendenz als neutral; aber wie der Geist sie ohne Interesse nicht zu erkennen vermag, so vermag er sie auch nicht ohne realen Kampf zum allgemeinen Bewußtsein zu machen. Insofern ist der Geist nicht liberal. Die gedanklichen Bemühungen, die ohne bewußten Zusammenhang mit einer bestimmten Praxis je nach den wechselnden akademischen oder sonstigen Aufgaben, die zu fördern Erfolg verspricht, hier und dort ansetzen und einmal dies, einmal jenes für ihre Sache halten, können für die eine oder andere historische Tendenz nützliche Dienste leisten, sie können jedoch selbst bei formaler Richtigkeit – welches zutiefst verkehrte theoretische Gebilde vermöchte nicht schließlich die Forderung formaler Richtigkeit zu erfüllen! – die geistige Entwicklung auch hemmen und ablenken. Der abstrakte, als soziologische Kategorie festgehaltene Begriff einer Intelligenz, die dazu noch missionarische Funktionen haben soll, gehört seiner Struktur nach zur Hypostasierung der Fachwissenschaft. Die kritische Theorie ist weder »verwurzelt« wie die totalitäre Propaganda noch »freischwebend« wie die liberalistische Intelligenz.

Aus der verschiedenen Funktion des traditionellen und des kritischen Denkens ergeben sich die Unterschiede der logischen Struktur. Die obersten Sätze der traditionellen Theorie definieren Allgemeinbegriffe, unter die alle Tatsachen des Gebietes zu befassen sind, zum Beispiel den Begriff eines physikalischen Vorgangs in der Physik oder des organischen Geschehens in der Biologie. Dazwischen gibt es die Hierarchie von Gattungen und Arten, zwischen denen überall entsprechende Verhältnisse der Unterordnung bestehen. Die Tatsachen sind Einzelfälle, Exemplare oder Verkörperung der Gattungen. Zeitliche Unterschiede zwischen den Einheiten des Systems gibt es nicht. Die Elektrizität existiert nicht vor einem elektrischen Feld, und umgekehrt das Feld nicht vor der Elektrizität, ebensowenig wie der Löwe als solcher vor oder nach den besonderen Löwen ist. Wenn im individuellen Erkennen die eine oder andere zeitliche Abfolge dieser Verhältnisse bestehen mag, so jedenfalls nicht auf der Seite der Gegenstände. Die Physik ist auch davon abgekommen, die allgemeineren Züge als verborgene Ursachen oder Kräfte in den konkreten Tatsachen aufzufassen und diese logischen Verhältnisse zu hypostasieren, nur in der Soziologie herrscht darüber noch Unklarheit. Werden einzelne Gattungen dem System hinzugefügt oder sonstige Veränderungen vorgenommen, so wird dies üblicherweise nicht etwa in dem Sinn aufgefaßt, daß die Bestimmungen notwendig zu starr sind, sich als inadäquat erweisen müssen, da entweder das Verhältnis zum Gegenstand oder derselbe Gegenstand sich ändert, ohne dabei seine Identität zu verlieren. Änderungen werden vielmehr als Mangel unserer früheren Erkenntnis oder als Ersetzung einzelner Stücke des Gegenstands durch andere betrachtet, wie etwa eine Landkarte veraltet, weil Wälder abgeholzt, neue Städte hinzugekommen, andere Grenzen entstanden sind. So wird in der diskursiven oder Verstandeslogik auch die lebendige Entwicklung begriffen. Dieser Mensch ist jetzt ein Kind, dann erwachsen, kann nach ihr nur heißen, es gibt einen festen Kern, der sich gleichbleibt: »dieser Mensch«; ihm werden beide Eigenschaften, Kind- und Erwachsensein nacheinander angeheftet. Nach dem Positivismus bleibt überhaupt nichts identisch, sondern zuerst ist ein Kind da, später ein Erwachsener, beides sind zwei verschiedene Tatsachenkomplexe. Daß der Mensch sich ändert und doch mit sich identisch bleibt, vermag diese Logik nicht zu fassen.

Die kritische Theorie der Gesellschaft beginnt ebenfalls mit abstrakten Bestimmungen; soweit sie die gegenwärtige Epoche behandelt, mit der Kennzeichnung einer auf Tausch begründeten Ökonomie.[18] Die bei Marx* auftretenden Begriffe wie Ware, Wert und Geld können als Gattungsbegriffe fungieren, zum Beispiel, wenn Beziehungen im konkreten gesellschaftlichen Leben als Tauschbeziehungen beurteilt werden und vom Warencharakter der Güter gesprochen wird. Aber die Theorie selbst erschöpft sich nicht darin, die Begriffe über Hypothesen auf die Realität zu beziehen. Der Anfang umreißt bereits den Mechanismus, kraft dessen die bürgerliche Gesellschaft nach Abschaffung der feudalistischen Regulierungen, des Zunftsystems und der Leibeigenschaft nicht sogleich an ihrem anarchischen Prinzip zugrunde ging, sondern sich am Leben erhielt. Es wird die regulierende Wirkung des Tauschs gezeigt, auf der die bürgerliche Wirtschaft beruht. Die Konzeption des Prozesses zwischen Gesellschaft und Natur, die hier schon mitspielt, die Idee einer einheitlichen Epoche der Gesellschaft, ihrer Selbsterhaltung und so fort entspringen bereits einer gründlichen, vom Interesse an der Zukunft geleiteten Analyse des geschichtlichen Verlaufs. Das Verhältnis der ersten begrifflichen Zusammenhänge zur Faktenwelt ist nicht wesentlich das von Gattungen und Exemplaren. Das durch sie bezeichnete Tauschverhältnis beherrscht infolge seiner Dynamik die gesellschaftliche Wirklichkeit, wie etwa der Stoffwechsel den pflanzlichen und tierischen Organismus weitgehend beherrscht. Auch in der kritischen Theorie müssen spezifische Elemente eingefügt werden, um von dieser grundlegenden Struktur zur differenzierten Realität zu gelangen. Aber ein solches Einfügen von Bestimmungen, man denke etwa an das Vorhandensein aufgestapelter Goldmengen, die Ausbreitung in noch vorkapitalistische** Räume der Gesellschaft, den Außenhandel, geschieht nicht durch einfache Deduktion wie in der fachlich abgekapselten Theorie. Vielmehr gehört zu jedem Schritt die Kenntnis über Mensch und Natur, die in

[* »bei Marx« / 1937: »dabei«.]
[** »vorkapitalistische« / 1937: »feudalistische«.]
18 Zur logischen Struktur der Kritik der politischen Ökonomie cf. ›Zum Problem der Wahrheit‹ [in: Horkheimer, *Gesammelte Schriften* Bd. 3, S. 311 f. und 316 f.].

den Wissenschaften und in der geschichtlichen Erfahrung vorliegt. Im Hinblick auf die Lehre von der industriellen Technik versteht sich dies von selbst. Aber auch nach anderen Richtungen hin wird die differenzierte Kenntnis menschlicher Reaktionsweisen bei der hier erörterten gedanklichen Entwicklung angewandt. Der Satz etwa, daß die untersten Schichten der Gesellschaft unter bestimmten Bedingungen auch die meisten Kinder haben, spielt beim Nachweis, wie die bürgerliche Tauschgesellschaft notwendig zum Kapitalismus mit industrieller Reservearmee* und Krisen führt, eine wichtige Rolle. Ihn psychologisch zu begründen, bleibt den traditionellen Wissenschaften überlassen. Die kritische Theorie der Gesellschaft beginnt also mit einer durch relativ allgemeine Begriffe bestimmten Idee des einfachen Warentausches; unter Voraussetzung des gesamten verfügbaren Wissens, der Aufnahme des aus fremden und eigenen Forschungen angeeigneten Stoffes wird dann gezeigt, wie die Tauschwirtschaft bei der gegebenen und sich freilich unter ihrem Einfluß verändernden Beschaffenheit von Menschen und Dingen, ohne daß ihre eigenen, von der fachlichen Nationalökonomie dargestellten Prinzipien durchbrochen würden, notwendig zur Verschärfung der gesellschaftlichen Gegensätze führen muß, die in der gegenwärtigen geschichtlichen Epoche** zu Kriegen und Revolutionen treibt.

Der Sinn der hier gemeinten Notwendigkeit ist wie derjenige der Abstraktheit der Begriffe den entsprechenden Zügen der traditionellen Theorie ähnlich und unähnlich zugleich. In beiden Arten von Theorie beruht die Strenge der Deduktion darauf, daß erhellt, wie die Behauptung vom Zutreffen allgemeiner Bestimmungen diejenige vom Zutreffen gewisser tatsächlicher Verhältnisse einschließt. Handelt es sich um einen elektrischen Vorgang, so muß sich, weil zum Begriff der Elektrizität diese und jene Merkmale gehören, dieser und jener Vorfall ereignen. Soweit die kritische Theorie der Gesellschaft die gegenwärtigen Zustände aus dem Begriff des einfachen Tauschs entwickelt, enthält sie in der Tat diese Art der Notwendigkeit, nur daß die generell hypothetische Form relativ gleichgültig ist. Der Nachdruck liegt nicht darauf, daß überall, wo

[* »industrieller Reservearmee« / 1937: »Reservearmee«.]
[** »Epoche« / 1937: »Situation«.]

einfache Tauschgesellschaft herrscht, sich auch Kapitalismus entwickeln muß, wenngleich dies wahr ist, sondern auf der Ableitung dieser realen, von Europa aus die Erde umfassenden kapitalistischen Gesellschaft, für welche die Theorie als gültig behauptet wird, aus dem Grundverhältnis des Tausches überhaupt. Während selbst die kategorischen Urteile der Fachwissenschaften im Grunde hypothetischen Charakter tragen und Existenzialurteile, wenn überhaupt, nur in eigenen Kapiteln, beschreibenden oder praktischen Teilen geduldet werden[19], ist die kritische Gesellschaftstheorie als ganze ein einziges entfaltetes Existenzialurteil. Es besagt, grob formuliert, daß die Grundform der historisch gegebenen Warenwirtschaft, auf der die neuere Geschichte beruht, die inneren und äußeren Gegensätze der Epoche in sich schließt, in verschärfter Form stets aufs neue zeitigt und nach einer Periode des Aufstiegs, der Entfaltung menschlicher Kräfte, der Emanzipation des Individuums, nach einer ungeheuren Ausbreitung der menschlichen Macht über die Natur schließlich die weitere Entwicklung hemmt und die Menschheit einer neuen Barbarei zutreibt. Die einzelnen Denkschritte innerhalb dieser Theorie sind, wenigstens der Intention nach, von der gleichen Strenge wie die Deduktionen innerhalb einer fachwissenschaftlichen Theorie, jeder ist dabei ein Moment in der Konstitution jenes umfassenden Existenzialurteils. Einzelne Teile können in allgemeine oder besondere hypothetische Urteile verwandelt werden und im Sinne des traditionellen Theoriebegriffs verwandt werden, wie etwa, daß bei steigender Produktivität das Kapital sich regelmäßig entwertet. Bei manchen Partien der Theorie entstehen auf solche Weise Sätze, deren Beziehung zur Realität schwierig ist. Daraus, daß die Darstellung eines einheitlichen Gegenstands als ganze wahr ist, läßt sich nämlich nur unter speziellen Bedingungen folgern, inwiefern einzelne von ihr losgelöste Teile in ihrer Isolierung auf isolierte Teile des Gegenstands zutreffen. Die

19 Zwischen den Urteilsformen und den geschichtlichen Epochen bestehen Zusammenhänge, über die eine kurze Andeutung gestattet sei. Das kategorische Urteil ist typisch für die vorbürgerliche Gesellschaft: so ist es, der Mensch kann nichts daran ändern. Die hypothetische wie die disjunktive Urteilsform gehören im besonderen zur bürgerlichen Welt: unter gewissen Umständen kann dieser Effekt eintreten, entweder ist es so oder anders. Die kritische Theorie erklärt: es muß nicht so sein, die Menschen können das Sein ändern, die Umstände dafür sind jetzt vorhanden.

Problematik, die entsteht, sobald Teilsätze der kritischen Theorie auf einmalige oder wiederholbare Vorgänge in der gegenwärtigen Gesellschaft anzuwenden sind, betrifft die Eignung der kritischen Theorie zu traditionellen Denkleistungen mit fortschrittlichem Zweck, nicht ihre Wahrheit selbst. Die Unfähigkeit der Fachwissenschaften, besonders der zeitgenössischen Nationalökonomie, bei den von ihnen bearbeiteten stückhaften Fragestellungen Nutzen aus ihr zu ziehen, liegt weder an ihnen noch an der kritischen Theorie allein, sondern an ihrer spezifischen Rolle in der Wirklichkeit.

Auch die kritische und oppositionelle Theorie leitet, wie soeben dargelegt, ihre Aussagen über die realen Verhältnisse aus allgemeinen Grundbegriffen her und läßt diese Verhältnisse eben dadurch als notwendig erscheinen. Wenn im Hinblick auf die Notwendigkeit im logischen Sinn beide Arten theoretischer Strukturen ähnlich sind, so besteht ein Gegensatz, sobald nicht mehr bloß von logischer, sondern von sachlicher Notwendigkeit, von derjenigen faktischer Abläufe die Rede ist. Die Aussage des Biologen, daß eine Pflanze auf Grund immanenter Prozesse verwelken muß oder daß gewisse zum menschlichen Organismus gehörige Vorgänge notwendig zu seinem Untergang führen, läßt es dahingestellt, ob irgendwelche Einwirkungen diese Verläufe in ihrem Charakter beeinflussen oder total verändern können. Auch wenn eine Krankheit als heilbar bezeichnet wird, gilt doch der Umstand, ob entsprechende Maßnahmen wirklich ergriffen werden, als eine der Sache selbst äußerliche, zur Technik gehörige und daher in der Theorie als solcher unwesentliche Ereignisreihe. Die Notwendigkeit, von der die Gesellschaft beherrscht wird, könnte in diesem Sinn als biologisch angesehen und der besondere Charakter der kritischen Theorie deshalb bezweifelt werden, weil in der Biologie wie auch in anderen Naturwissenschaften in ähnlicher Weise einzelne Verläufe theoretisch konstruiert werden, wie es nach dem oben Dargelegten in der kritischen Theorie der Gesellschaft geschieht. Die Entwicklung der Gesellschaft gälte damit als eine bestimmte Ereignisreihe, zu deren Darstellung Resultate aus verschiedenen Gebieten herangezogen werden, wie etwa ein Mediziner bei einem Krankheitsverlauf oder ein Geologe bei der Vorgeschichte der Erde verschiedene Wissenszweige anzuwenden haben. Die Gesellschaft erscheint hier als Individuum, das auf Grund von fachwissenschaftlichen Theorien beurteilt wird.

Wie viele Analogien zwischen diesen intellektuellen Bestrebungen auch obwalten mögen, so besteht doch hinsichtlich des Verhältnisses von Subjekt und Objekt und damit der Notwendigkeit des beurteilten Geschehens ein entscheidender Unterschied. Die Sache, mit der es der Fachwissenschaftler zu tun hat, wird von seiner eigenen Theorie überhaupt nicht berührt. Subjekt und Objekt sind streng getrennt, auch wenn es sich zeigen sollte, daß in einem späteren Zeitpunkt das objektive Geschehen durch menschlichen Zugriff beeinflußt wird; dieser ist in der Wissenschaft ebenso als Faktum zu betrachten. Das gegenständliche Geschehen ist der Theorie transzendent, und die Unabhängigkeit von ihr gehört zu seiner Notwendigkeit: der Betrachter als solcher kann nichts daran ändern. Zur Entwicklung der Gesellschaft gehört aber das bewußt kritische Verhalten. Die Konstruktion des Geschichtsverlaufs als des notwendigen Produkts eines ökonomischen Mechanismus enthält zugleich den selbst aus ihm hervorgehenden Protest gegen diese Ordnung und die Idee der Selbstbestimmung des menschlichen Geschlechts, das heißt eines Zustands, in dem seine Taten nicht mehr aus einem Mechanismus, sondern aus seinen Entscheidungen fließen. Das Urteil über die Notwendigkeit des bisherigen Geschehens impliziert hier den Kampf um ihre Verwandlung aus einer blinden in eine sinnvolle Notwendigkeit. Den Gegenstand der Theorie von ihr getrennt zu denken, verfälscht das Bild und führt zum Quietismus oder Konformismus. Jeder ihrer Teile setzt die Kritik und den Kampf gegen das Bestehende in der von ihr selbst bestimmten Richtung voraus.

Nicht ohne Gründe, wenn auch nicht mit vollem Recht, haben die von der Physik ausgehenden Erkenntnistheoretiker die Verwechslung der Ursachen mit dem Wirken von Kräften gebrandmarkt und zuletzt den Begriff der Ursache mit dem der Bedingung oder der Funktion vertauscht. Dem rein registrierenden Denken * bieten sich nämlich immer nur Erscheinungsreihen, niemals Kräfte und Gegenkräfte dar, was freilich nicht in der Natur liegt, sondern im We-

[* »Dem rein registrierenden Denken« / 1937: »Der rein registrierenden Betrachtung«.]

sen jenes Denkens. Wird dieses Verfahren auf die Gesellschaft angewandt, so ergibt sich Statistik und beschreibende Soziologie, die für jeden Zweck, auch für die kritische Theorie, wichtig werden können. Notwendig ist für die traditionelle Wissenschaft entweder alles oder gar nichts, je nachdem, ob man unter Notwendigkeit die Unabhängigkeit vom Beobachter oder die Möglichkeit absolut gewisser Prognosen verstehen will. Sofern jedoch das Subjekt sich auch als denkendes nicht radikal von den gesellschaftlichen Kämpfen isoliert, an denen es teilnimmt, sofern es nicht Erkennen und Handeln bloß als getrennte Begriffe sieht, hat Notwendigkeit einen anderen Sinn. Soweit sie, vom Menschen unbeherrscht, ihm entgegensteht, gilt sie einerseits als das Naturreich, das trotz der weitreichenden Eroberungen, die noch zu machen sind, nie ganz verschwinden wird, andererseits als die Ohnmacht der bisherigen Gesellschaft, den Kampf mit dieser Natur in einer bewußten und zweckmäßigen Organisation zu führen. Hier sind Kräfte und Gegenkräfte gemeint. Beide Momente dieses Begriffs der Notwendigkeit, die miteinander zusammenhängen, Macht der Natur und Ohnmacht der Menschen, beruhen auf der selbst erlebten Anstrengung der Menschen, sich vom Zwang der Natur und den zur Fessel gewordenen Formen des gesellschaftlichen Lebens, der juristischen, politischen und kulturellen Ordnung zu befreien. Sie gehören zum wirklichen Streben nach einem Zustand, in welchem, was die Menschen wollen, auch notwendig ist, in welchem die Notwendigkeit der Sache zu der eines vernünftig beherrschten Geschehens wird. Die Anwendbarkeit, selbst das Verständnis dieser und anderer Begriffe der kritischen Denkart sind an die eigene Aktivität und Anstrengung, an einen Willen im erkennenden Subjekt geknüpft. Der Versuch, dem mangelnden Verständnis solcher Ideen und der Weise ihrer Verkettung dadurch abzuhelfen, daß bloß ihre logische Prägnanz gesteigert wird, daß scheinbar exaktere Definitionen oder gar eine »Einheitssprache« zustande kommen, muß mißlingen. Es handelt sich nicht nur um ein Mißverständnis, sondern um den wirklichen Gegensatz verschiedener Verhaltensweisen. Der Begriff der Notwendigkeit ist in der kritischen Theorie selbst ein kritischer; er setzt den der Freiheit voraus, wenn auch nicht als einer existierenden. Die Vorstellung einer Freiheit als einer, die immer schon da ist, auch wenn die Menschen in Ketten liegen, also einer bloß inneren Freiheit, gehört der idealistischen Denkweise an. Die Tendenz dieser nicht völlig unwahren, aber schiefen Idee hat am deutlichsten der junge Fichte gezeigt: »Ich bin jetzt gänzlich überzeugt, daß der menschliche Wille frei sei und daß Glückseligkeit nicht der Zweck unseres Daseins sei, sondern nur Glückwürdigkeit.«[20] Es zeigt sich hier die schlechte Identität radikaler metaphysischer Gegensätze und Schulen. Die Behauptung absoluter Notwendigkeit des Geschehens meint letzten Endes dasselbe wie diejenige der realen Freiheit in der Gegenwart: die Resignation in der Praxis.

Die Unfähigkeit, die Einheit von Theorie und Praxis zu denken und die Beschränkung des Begriffs der Notwendigkeit auf ein fatalistisches Geschehen gründen erkenntnistheoretisch in der Hypostasierung des cartesianischen Dualismus von Denken und Sein. Dieser ist der Natur wie auch der bürgerlichen Gesellschaft angemessen, soweit sie selbst einem natürlichen Mechanismus gleicht. Die Theorie, die zur realen Macht wird, das Selbstbewußtsein der Subjekte einer großen geschichtlichen Umwälzung, geht über die Mentalität hinaus, für welche dieser Dualismus kennzeichnend ist. Soweit die Gelehrten ihn nicht nur im Kopf haben, sondern mit ihm Ernst machen, können sie nicht selbständig handeln. Sie führen dann ihrem eigenen Denken gemäß praktisch nur aus, wozu der geschlossene Kausalzusammenhang der Realität sie bestimmt, oder sie kommen als individuelle Einheiten statistischer Größen in Betracht, in denen eben die individuelle Einheit keine Rolle spielt. Als Vernunftwesen sind sie ohnmächtig und isoliert. Die Erkenntnis dieses Tatbestandes bildete einen Schritt zu seiner Aufhebung*, aber er geht nur in metaphysischer, unhistorischer Gestalt in das bürgerliche Bewußtsein ein. Als Glaube an die Unabänderlichkeit der Gesellschaftsform beherrscht er die Gegenwart**. In ihrer Reflexion sehen sich die Menschen als bloße Zuschauer, passive Teilnehmer eines gewaltigen Geschehens, das man vielleicht vorhersehen, jedenfalls aber nicht beherrschen kann. Sie wissen von Notwendigkeit nicht im

[* »Aufhebung« / 1937: »Überwindung«.]
[** »die Gegenwart« / 1937: »in der Tat die Gegenwart«.]
20 Johann Gottlieb Fichte, *Briefwechsel,* herausgegeben von H. Schulz, Band I, Leipzig 1925, S. 127.

Sinne von Ereignissen, die man selbst erzwingt, sondern bloß von solchen, die man mit Wahrscheinlichkeit vorausberechnet. Wo die Verflechtung von Wollen und Denken, Anschauen und Handeln zugestanden wird wie in manchen Teilen der neuesten Soziologie, gilt dies selbst nur unter dem Aspekt einer zu beachtenden Kompliziertheit des Objekts. Man muß alle Theorien, die vorkommen, den praktischen Stellungnahmen, den sozialen Schichten zuordnen, die damit zusammenhängen. Das Subjekt zieht sich aus der Affäre, es hat kein Interesse* als – die Wissenschaft.

Die Feindschaft gegen das Theoretische überhaupt, die heute im öffentlichen Leben grassiert**, richtet sich in Wahrheit gegen die verändernde Aktivität, die mit dem kritischen Denken verbunden ist. Wo es nicht beim Feststellen und Ordnen in möglichst neutralen, das heißt für die Lebenspraxis in den gegebenen Formen unerläßlichen Kategorien bleibt, regt sich sogleich ein Widerstand. Bei der überwiegenden Mehrheit der Beherrschten steht die unbewußte Furcht im Weg, theoretisches Denken könnte die mühsam vollzogene Anpassung an die Realität als verkehrt und überflüssig erscheinen lassen; bei den Nutznießern erhebt sich der allgemeine Verdacht gegen jede intellektuelle Selbständigkeit. Die Tendenz, Theorie als Gegensatz zur Positivität aufzufassen, ist so stark, daß selbst die harmlose traditionelle Theorie zuweilen davon betroffen wird. Weil die fortgeschrittenste Gestalt des Denkens in der Gegenwart die kritische Theorie der Gesellschaft ist und jede konsequente intellektuelle Anstrengung, die sich um den Menschen kümmert, sinngemäß in sie einmündet, gerät Theorie überhaupt in Verruf. Auch jeder anderen wissenschaftlichen Aussage, die keine Angabe von Tatsachen in den gebräuchlichsten Kategorien und womöglich in der neutralsten Form, der Mathematik, darstellt, wird bereits vorgeworfen, sie sei zu theoretisch. Diese positivistische Haltung muß nicht bloß fortschrittsfeindlich sein. Wenn sich auch bei den verschärften Klassengegensätzen der letzten Jahrzehnte die Herrschaft zunehmend auf den realen Machtapparat verlassen muß, so bildet doch die Ideologie einen nicht zu unterschätzenden Kittfaktor des rissig gewordenen Gesellschaftsbaus. In der Losung, sich an die Tat-

[* »Interesse« / 1937: »Anliegen«.]
[** »grassiert« / 1937: »zum Ausdruck kommt«.]

sachen zu halten und jede Art von Illusion preiszugeben, steckt selbst heute noch etwas wie eine Reaktion gegen den Bund von Unterdrückung und Metaphysik. Es wäre jedoch ein Fehler, den wesentlichen Unterschied zwischen der empiristischen Aufklärung im achtzehnten Jahrhundert und in der Gegenwart zu verkennen. Damals hatte eine neue Gesellschaft sich bereits im Rahmen der alten entwickelt. Es galt, die schon vorhandene bürgerliche Wirtschaft aus den feudalen Hemmnissen zu befreien, sie einfach »gehen zu lassen«. Das ihr entsprechende fachwissenschaftliche Denken brauchte ebenfalls die alten dogmatischen Bindungen wesentlich nur abzuschütteln, um den schon erkannten Weg zu gehen. Im Übergang von der gegenwärtigen zu einer künftigen Gesellschaftsform soll die Menschheit sich jedoch erstmals zum bewußten Subjekt konstituieren und aktiv ihre eigenen Lebensformen bestimmen. Wenn auch die Elemente der zukünftigen Kultur schon vorhanden sind, so bedarf es doch einer bewußten Neukonstruktion der ökonomischen Verhältnisse. Die undifferenzierte Feindschaft gegen die Theorie bedeutet daher heute ein Hemmnis. Wird die theoretische Anstrengung, die im Interesse einer vernünftig organisierten zukünftigen Gesellschaft die gegenwärtige kritisch durchleuchtet und anhand der in den Fachwissenschaften ausgebildeten traditionellen Theorien konstruiert, nicht fortgesetzt, so ist der Hoffnung, die menschliche Existenz grundlegend zu verbessern, der Boden entzogen. Die Forderung nach Positivität und Unterordnung, die auch in den fortschrittlichen Gruppen der Gesellschaft den Sinn für die Theorie abzustumpfen droht, trifft notwendig nicht allein die Theorie, sondern auch die Praxis der Befreiung.

Die einzelnen Teile der Theorie, welche die komplizierten Verhältnisse des liberalistischen und schließlich des Kapitalismus der Konzerne aus dem Schema der einfachen Warenwirtschaft abzuleiten unternimmt, verhalten sich nicht so gleichgültig zur Zeit wie die Stufen eines deduktiven Ordnungsgefüges. Wie die auch für den Menschen wichtige Verdauungsfunktion in der Stufenreihe der Organismen sich in gleichsam nacktem Zustand in Gestalt der »Schlauchtiere« als Gattung vorfindet, so gibt es historische Formen der Gesellschaft, die der einfachen Warenwirtschaft wenigstens nahekommen. Die gedankliche Entwicklung steht, wie oben dargelegt, zur geschichtlichen, wenn auch nicht in Parallele, so doch in feststellbarer Relation. Die wesentliche Bezogenheit der Theorie auf die Zeit liegt jedoch nicht in der Entsprechung einzelner Teile der Konstruktion zu geschichtlichen Abschnitten, eine Lehre, in der Hegels *Phänomenologie des Geistes* und seine *Logik* ebenso wie das *Kapital* von Marx als Zeugnisse der gleichen Methode übereinstimmen, sondern in der ständigen Veränderung des theoretischen Existenzialurteils über die Gesellschaft, die durch seinen bewußten Zusammenhang mit der geschichtlichen Praxis bedingt ist. Mit dem Prinzip, fortwährend jeden bestimmten theoretischen Inhalt »radikal in Frage zu stellen« und immer wieder von vorne anzufangen, durch das die moderne Metaphysik und Religionsphilosophie alle konsequente Theorienbildung bekämpft haben, hat das nichts zu tun. Die kritische Theorie hat nicht heute den und morgen einen anderen Lehrgehalt. Ihre Änderungen bedingen keinen Umschlag in eine völlig neue Anschauung, solange die Epoche sich nicht ändert. Die Festigkeit der Theorie rührt daher, daß bei allem Wandel der Gesellschaft doch ihre ökonomisch grundlegende Struktur, das Klassenverhältnis in seiner einfachsten Gestalt, und damit auch die Idee seiner Aufhebung identisch bleibt. Die hierdurch bedingten entscheidenden Züge des Inhalts können sich vor dem geschichtlichen Umschlag nicht ändern. Andererseits steht aber die Geschichte auch bis dahin nicht still. Die historische Entwicklung der Gegensätze, in die das kritische Denken verflochten ist, verlagert die Wichtigkeit seiner einzelnen Momente, zwingt zu Differenzierungen und verschiebt die Bedeutung der fachwissenschaftlichen Erkenntnisse für die kritische Theorie und Praxis.

Am Begriff der sozialen Klasse, die über die Mittel der Produktion verfügt, sei näher bezeichnet, was hier gemeint ist. In der liberalistischen Periode war die ökonomische Herrschaft weitgehend mit dem juristischen Eigentum an den Produktionsmitteln verknüpft. Die große Klasse der Privateigentümer war gesellschaftlich führend, und die gesamte Kultur jener Zeit ist durch dieses Verhältnis gekennzeichnet. Die Industrie war noch in eine große Anzahl von heute aus gesehen kleiner, selbständiger Unternehmen differenziert. Die dieser technischen Entwicklungsstufe angemessene Direktion der Fabrik war die durch einen oder mehrere Eigentümer oder ihren unmittelbaren Beauftragten. Mit der im letzten Jahrhundert durch die Entfaltung der Technik vermittelten, rapide fortschreitenden

Konzentration und Zentralisation des Kapitals werden die juristischen Eigentümer großenteils von der Leitung der sich bildenden Riesenunternehmen, die ihre Fabriken aufsaugen, getrennt, wobei sich die Leitung gegenüber dem juristischen Eigentumstitel verselbständigt. Es entstehen die industriellen Magnaten, die Führer der Wirtschaft. In sehr vielen Fällen behalten sie zunächst noch den größeren Teil des Eigentums an ihren Konzernen. Heute ist dieser Umstand schon unwesentlich geworden, und es zeigen sich einzelne mächtige Manager, die ganze Sektoren der Industrie beherrschen und nur einen verschwindenden Teil der von ihnen dirigierten Werke zum juristischen Eigentum haben. Dieser ökonomische Prozeß bringt eine Wandlung der Funktionsweise des juristischen und politischen Apparats sowie der Ideologien mit sich. Ohne daß etwa die juristische Definition des Eigentums im geringsten geändert wird, werden die Eigentümer gegenüber den Leitern und ihrem Stab zunehmend ohnmächtig. Die direkte Verfügung über die Mittel des Riesenunternehmens gibt während eines Prozesses, den die Eigentümer bei Meinungsverschiedenheiten etwa anstrengen sollten, der Leitung ein solches Übergewicht, daß an einen Sieg ihrer Gegner in der Regel kaum zu denken ist. Der Einfluß der Leitung, der sich zunächst nur auf niedere juristische und administrative Instanzen beziehen mag, erstreckt sich schließlich auch auf die höheren, am Ende auf den Staat und seine Machtorganisation. Durch die Trennung von der wirklichen Produktion und durch ihren sinkenden Einfluß verengt sich der Horizont der bloßen Inhaber von Besitztiteln; ihre Lebensbedingungen und ihr Auftreten* werden immer ungeeigneter für sozial ausschlaggebende Positionen, und schließlich erscheint der Anteil, den sie aus dem Eigentum noch beziehen, ohne etwas zu seiner Vergrößerung wirklich leisten zu können, als gesellschaftlich nutzlos und moralisch zweifelhaft. Es entstehen die eng mit diesen und einigen anderen Veränderungen zusammenhängenden Ideologien von der großen Persönlichkeit und vom Unterschied der produktiven und parasitären Kapitalisten. Die Vorstellung eines der Allgemeinheit gegenüber selbständigen Rechts mit festem Inhalt verliert an Gewicht. Von der gleichen Seite, welche die private Verfügungsgewalt über die Produktionsmittel, dieses Kern-

[* »ihr Auftreten« / 1937: »ihre Persönlichkeit«.]

stück der herrschenden Gesellschaftsordnung, brutal aufrechterhält, gehen politische Lehren aus, daß unproduktives Eigentum und parasitäre Einkünfte verschwinden müßten. Indem sich der Kreis der wirklich Mächtigen verkleinert, wächst die Möglichkeit bewußter Ideologienbildung, der Etablierung einer doppelten Wahrheit, bei der das Wissen den Insidern und die Version dem Volk vorbehalten bleibt, und der Zynismus gegen Wahrheit und Denken überhaupt breitet sich aus. Am Ende des Prozesses steht eine nicht mehr von selbständigen Eigentümern, sondern von industriellen und politischen Führercliquen beherrschte Gesellschaft.

Diese Veränderungen lassen auch die Struktur der kritischen Theorie nicht unberührt. Dem Schein freilich, als ob Eigentum und Profit jetzt nicht mehr ihre entscheidende Rolle spielten, dieser in den Sozialwissenschaften sorglich geförderten Illusion, fällt sie nicht anheim. Einerseits hat sie die juristischen Beziehungen auch früher nicht als Wesen, sondern als Oberfläche des gesellschaftlichen Sachverhalts angesehen und weiß, daß die Verfügung über Menschen und Dinge bei einer besonderen Gruppe der Gesellschaft bleibt, die zwar weniger im Inland, desto erbitterter aber im Weltmaßstab mit anderen ökonomischen Machtgruppen konkurriert. Der Gewinn stammt aus denselben sozialen Quellen, muß letzten Endes durch dieselben Methoden gesteigert werden wie seither. Andererseits scheint der Theorie mit der Beseitigung jedes inhaltlich bestimmten Rechts, die durch die ökonomische Machtkonzentration bedingt ist und in den Verhältnissen der autoritären Staaten vollendet wird, mit einer Ideologie zugleich ein Kulturfaktor zu verschwinden, der keineswegs nur eine negative, sondern auch eine positive Seite hat. Indem sie diese Veränderungen der inneren Struktur der Unternehmerklasse berücksichtigt, werden auch andere ihrer Begriffe differenziert. Die Abhängigkeit der Kultur von den sozialen Verhältnissen muß sich mit diesen selbst bis in die Einzelheiten wandeln, wenn anders die Gesellschaft ein Ganzes ist. Auch in der liberalistischen Periode konnten politische und moralische Auffassungen der Individuen aus ihrer ökonomischen Situation abgeleitet werden. Die Schätzung eines lauteren Charakters, das Stehen zum gegebenen Wort, die Selbständigkeit des Urteils und so fort ergeben sich aus einer Gesellschaft relativ unabhängiger Wirtschaftssubjekte, die durch Kontrakte miteinander in Verbindung treten. Aber diese

Abhängigkeit war psychologisch weitgehend vermittelt, und die Moral selbst gewann infolge ihrer Funktion im Individuum eine Art von Festigkeit. (Die Wahrheit, daß die Abhängigkeit von der Ökonomie auch diese Moral durchherrschte, trat freilich hervor, als mit der Gefährdung der ökonomischen Positionen des liberalistischen Bürgertums, die in der jüngsten Gegenwart eintrat, auch die freiheitliche Gesinnung dahinschmolz.) Unter den monopolkapitalistischen Verhältnissen ist es jedoch auch mit solcher relativen Selbständigkeit des Individuums zu Ende. Es hat keinen eigenen Gedanken mehr. Der Inhalt des Massenglaubens, an den niemand recht glaubt, ist ein unmittelbares Produkt der herrschenden Bürokratien in Wirtschaft und Staat, und seine Anhänger folgen insgeheim nur ihren atomisierten und daher unwahren Interessen; sie handeln als reine Funktionen des ökonomischen Mechanismus. Der Begriff der Abhängigkeit des Kulturellen vom Ökonomischen hat sich daher verändert. Er ist mit der Vernichtung des typischen Individuums gleichsam vulgärmaterialistischer zu verstehen als früher. Die Erklärungen sozialer Phänomene werden einfacher und zugleich komplizierter. Einfacher, weil das Ökonomische unmittelbarer und bewußter die Menschen bestimmt und die relative Widerstandskraft und Substantialität der Kultursphären im Schwinden begriffen ist, komplizierter, weil die entfesselte ökonomische Dynamik, zu deren bloßen Medien die meisten Individuen erniedrigt sind, in raschem Tempo immer neue Gestalten und Verhängnisse zeitigt. Selbst fortgeschrittene Teile der Gesellschaft werden entmutigt, von der allgemeinen Ratlosigkeit ergriffen. Auch die Wahrheit ist in ihrem Bestand an Konstellationen der Realität geknüpft. Im Frankreich des achtzehnten Jahrhunderts hatte sie ein wirtschaftlich bereits entwickeltes Bürgertum hinter sich. Unter den Verhältnissen des Spätkapitalismus* und der Ohnmacht der Arbeiter gegenüber den Unterdrückungsapparaten der autoritären Staaten ist die Wahrheit zu bewunderungswürdigen kleinen Gruppen geflüchtet, die, unter dem Terror dezimiert, wenig Zeit haben, die Theorie zu schärfen. Die Scharlatane profitieren davon, und der allgemeine intellektuelle Zustand der großen Massen geht rapide zurück.

[* »Spätkapitalismus« / 1937: »Monopolkapitalismus«.]

Das Gesagte sollte verdeutlichen, daß die beständige Umwälzung der sozialen Verhältnisse, die sich unmittelbar aus ökonomischen Entwicklungen ergibt und im Aufbau der herrschenden Schicht ihren nächsten Ausdruck findet, nicht bloß einzelne Zweige der Kultur, sondern auch den Sinn ihrer Abhängigkeit von der Ökonomie und damit die entscheidenden Begriffe der ganzen Konzeption betrifft. Dieser Einfluß der gesellschaftlichen Entwicklung auf die Struktur der Theorie gehört zu ihrem eigenen Lehrbestand. Die neuen Inhalte kommen daher nicht mechanisch zu schon gegebenen Teilen hinzu. Da die Theorie ein einheitliches Ganzes bildet, das nur in der Bezogenheit auf die gegenwärtige Situation seine eigentümliche Bedeutung hat, befindet sie sich in einer Evolution, die freilich ebensowenig ihre Grundlagen aufhebt, wie das Wesen des von ihr reflektierten Gegenstands, der gegenwärtigen Gesellschaft, etwa durch ihre neuesten Umbildungen ein anderes wird. Selbst die scheinbar entferntesten Begriffe sind jedoch in den Prozeß mit einbezogen. Die logischen Schwierigkeiten, die der Verstand in jedem Gedanken entdeckt, der ein lebendiges Ganzes spiegelt, gründen vornehmlich in dieser Eigenheit. Nimmt man einzelne Begriffe und Urteile aus der Theorie heraus und vergleicht sie mit den aus einer früheren Auffassung isolierten Begriffen und Urteilen, so entstehen Widersprüche. Das gilt sowohl für die historischen Entwicklungsstufen der Theorie als ganzer zueinander wie auch für die logischen Stufen innerhalb ihrer selbst. Im Begriff der Unternehmung und des Unternehmers besteht bei aller Identität doch ein Unterschied, je nachdem, ob er aus der Darstellung der ersten Form bürgerlicher Wirtschaft oder der Lehre vom entfalteten Kapitalismus genommen ist und je nachdem, ob er der Kritik der politischen Ökonomie im neunzehnten Jahrhundert, die den liberalistischen Fabrikanten oder derjenigen im zwanzigsten entstammt, die den Monopolisten vor sich hat. Die Vorstellung des Unternehmers macht wie er selbst eine Entwicklung durch. Die Widersprüche der für sich genommenen Teile der Theorie gehen also nicht etwa aus Irrtümern oder vernachlässigten Definitionen hervor, sondern daraus, daß die Theorie einen sich historisch verändernden Gegenstand hat, der bei aller Zerrissenheit doch einer ist. Sie speichert keine Hypothesen auf über den Gang einzelner Vorkommnisse in der Gesellschaft, sondern konstruiert das sich entfaltende Bild des Ganzen, das in die

Geschichte einbezogene Existenzialurteil. Was der Unternehmer, ja, der bürgerliche Mensch überhaupt gewesen ist, daß etwa in seinem Charakter mit dem rationalistischen ebensosehr der in den Massenbewegungen der Mittelklassen gegenwärtig dominierende irrationalistische Zug enthalten ist, geht auf die ursprüngliche ökonomische Situation des Bürgertums zurück und ist in den Grundbegriffen der Theorie angelegt. Aber dieser Ursprung selbst enthüllt sich in dieser differenzierten Form erst in den Kämpfen der Gegenwart, und zwar nicht nur, weil in ihr das Bürgertum Veränderungen durchmacht, sondern weil im Zusammenhang damit Interesse und Aufmerksamkeit des theoretischen Subjekts andere Akzentuierungen bedingen. – Es mag nun einem systematischen Interesse entsprechen und auch nicht ganz ohne Nutzen sein, die verschiedenen Arten der Abhängigkeit, der Ware, der Klasse, des Unternehmers und so fort, wie sie in den logischen und historischen Phasen der Theorie vorkommen, zu klassifizieren und nebeneinanderzustellen. Da der Sinn in letzter Linie jedoch nur im Zusammenhang mit der gesamten gedanklichen Konstruktion klar wird, die sich immer neuen Situationen anzupassen hat, so pflegen solche Systeme von Arten und Unterarten, Definitionen und Spezifikationen von Begriffen, die aus der kritischen Theorie herausgenommen sind, nicht einmal den Wert der Begriffsinventare anderer Fachwissenschaften zu besitzen, die wenigstens in der relativ gleichförmigen Praxis des täglichen Lebens verwendet werden. Die kritische Theorie der Gesellschaft in Soziologie zu verwandeln, ist überhaupt ein problematisches Unternehmen.

Die hier angedeutete Frage nach dem Verhältnis von Denken und Zeit ist freilich mit einer besonderen Schwierigkeit verknüpft. Es ist nämlich unmöglich, im eigentlichen Sinn von Wandlungen einer richtigen Theorie zu sprechen. Das Aussprechen solcher Wandlungen setzt vielmehr schon eine Theorie voraus, die mit dem gleichen Problem behaftet ist. Niemand kann sich zu einem anderen Subjekt machen als zu dem des geschichtlichen Augenblicks. Das Reden über Konstanz oder Wandelbarkeit der Wahrheit ist streng genommen nur in polemischem Verstand sinnvoll. Es richtet sich gegen die Annahme eines absoluten, übergeschichtlichen Subjekts oder gegen die Auswechselbarkeit der Subjekte, als ob man sich aus dem gegenwärtigen historischen Augenblick hinaus und ganz im Ernst in jeden beliebigen hineinversetzen könnte. Inwiefern es möglich und inwiefern es unmöglich ist, soll hier nicht verfolgt werden. Jedenfalls ist mit der kritischen Theorie der idealistische Glaube nicht vereinbar, daß sie selbst etwas die Menschen Übergreifendes darstelle und etwa gar ein Wachstum habe. Die Dokumente haben eine Geschichte, aber nicht die Theorie ein Schicksal. Die Aussage, daß bestimmte Momente zu ihr hinzugetreten seien, daß sie sich in Zukunft neuen Situationen anzupassen habe, ohne daß ihr wesentlicher Lehrgehalt verändert würde, all dies gehört mit zur Theorie, wie sie heute existiert und die Praxis zu bestimmen sucht. Die Menschen, die sie im Kopfe haben, haben sie als Ganzes im Kopf und handeln diesem Ganzen gemäß. Die stetige Zunahme einer den Subjekten gegenüber selbständigen Wahrheit, das Vertrauen in den Fortschritt der Wissenschaften kann sich in seiner beschränkten Gültigkeit nur auf jene Funktion des Wissens beziehen, die auch in einer künftigen Gesellschaft notwendig bleibt, die Beherrschung der Natur. Auch dieses Wissen gehört freilich zur vorhandenen gesellschaftlichen Totalität. Die Voraussetzung für Aussagen über seine Dauer oder Veränderung, nämlich der Fortgang der wirtschaftlichen Produktion und Reproduktion in bekannten Formen, ist hier jedoch tatsächlich in gewissem Sinn mit der Auswechselbarkeit der Subjekte gleichbedeutend. Daß die Gesellschaft in Klassen gespalten ist, vereitelt hier nicht die Identifikation der menschlichen Subjekte. Das Wissen ist hier selbst ein Ding, das eine Generation der anderen weitergibt; sofern sie leben müssen, bedürfen sie seiner. Auch in dieser Hinsicht kann der traditionelle Wissenschaftler beruhigt sein.

Die Konstruktion der Gesellschaft unter dem Bilde einer radikalen Umwandlung, das die Probe seiner realen Möglichkeit noch gar nicht bestanden hat, ermangelt hingegen des Vorzugs, vielen Subjekten gemeinsam zu sein. Das Streben nach einem Zustand ohne Ausbeutung und Unterdrückung, in dem tatsächlich ein umgreifendes Subjekt, das heißt die selbstbewußte Menschheit existiert und in dem von einheitlicher Theorienbildung, von einem die Individuen übergreifenden Denken gesprochen werden kann, ist noch nicht seine Verwirklichung. Die möglichst strenge Weitergabe der kritischen Theorie ist freilich eine Bedingung ihres geschichtlichen Erfolgs; aber sie vollzieht sich nicht auf dem festen Grund einer eingeschliffenen Praxis und fixierter Verhaltensweisen, sondern vermittels des Interesses an der Umwandlung, das sich zwar mit der herrschenden Ungerechtigkeit notwendig reproduziert, aber durch die Theorie selbst geformt und gelenkt werden soll und gleichzeitig wieder auf sie zurückwirkt. Der Kreis der Träger dieser Tradition wird nicht durch organische oder soziologische Gesetzmäßigkeiten umgrenzt und erneuert. Er ist weder durch biologische noch durch testamentarische Vererbung konstituiert und zusammengehalten, sondern durch die verbindende Erkenntnis, und diese garantiert nur ihre gegenwärtige, nicht ihre zukünftige Gemeinschaft. Mit dem Siegel aller logischen Kriterien versehen, entbehrt sie bis ans Ende der Epoche doch der Bestätigung durch den Sieg. Bis dahin währt auch der Kampf um ihre richtige Fassung und Anwendung. Die Version etwa, die den Apparat der Propaganda und die Mehrheit für sich hat, ist nicht schon deshalb auch die bessere. Vor dem allgemeinen historischen Umschlag kann die Wahrheit bei zahlenmäßig geringen Einheiten sein. Die Geschichte lehrt, daß solche selbst von den oppositionellen Teilen der Gesellschaft kaum beachtete, verfemte, aber unbeirrbare Gruppen auf Grund ihrer tieferen Einsicht im entscheidenden Augenblick zur Spitze werden können. Heute, da die ganze Macht des Bestehenden zur Preisgabe aller Kultur und zur finstersten Barbarei hindrängt, ist der Kreis wirklicher Solidarität ohnehin eng genug bemessen. Die Gegner freilich, die Herren dieser Periode des Niedergangs, haben selbst weder Treue noch Solidarität. Solche Begriffe bilden Momente der richtigen Theorie und Praxis. Von ihr losgelöst, verändern sie ihre Bedeutung wie alle Teile eines lebendigen Zusammenhangs. Daß etwa innerhalb einer Räuberbande positive Züge einer menschlichen Gemeinschaft sich entwickeln können, ist wahr, aber diese Möglichkeit zeigt stets einen Mangel der größeren Gesellschaft an, innerhalb deren die Bande existiert. In einer ungerechten Gesellschaft müssen die Kriminellen nicht notwendig auch menschlich minderwertig sein, in einer völlig gerechten wären sie zugleich unmenschlich. Den richtigen Sinn gewinnen Einzelurteile über Menschliches erst im Zusammenhang.

Allgemeine Kriterien für die kritische Theorie als Ganzes gibt es nicht; denn sie beruhen immer auf der Wiederholung von Ereignissen und somit auf einer sich selbst reproduzierenden Totalität. Ebensowenig existiert eine gesellschaftliche Klasse, an deren Zustimmung man sich halten könnte. Das Bewußtsein jeder Schicht vermag unter den gegenwärtigen Verhältnissen ideologisch beengt und korrumpiert zu werden, wie sehr sie ihrer Lage nach auch zur Wahrheit bestimmt sei. Die kritische Theorie hat bei aller Einsichtigkeit der einzelnen Schritte und der Übereinstimmung ihrer Elemente mit den fortgeschrittensten traditionellen Theorien keine spezifische Instanz für sich als das mit ihr selbst verknüpfte Interesse an der Aufhebung des gesellschaftlichen Unrechts*. Diese negative Formulierung ist, auf einen abstrakten Ausdruck gebracht, der materialistische Inhalt des idealistischen Begriffs der Vernunft. In einer geschichtlichen Periode wie dieser ist die wahre Theorie nicht so sehr affirmativ als kritisch, wie auch das ihr gemäße Handeln nicht »produktiv« sein kann. An der Existenz des kritischen Verhaltens, das freilich Elemente der traditionellen Theorien und dieser vergehenden Kultur überhaupt in sich birgt, hängt heute die Zukunft der Humanität. Eine Wissenschaft, die in eingebildeter Selbständigkeit die Gestaltung der Praxis, der sie dient und angehört, bloß als ihr Jenseits betrachtet und sich bei der Trennung von Denken und Handeln bescheidet, hat auf die Humanität schon verzichtet. Selbst zu bestimmen, was sie leisten, wozu sie dienen soll, und zwar nicht nur in einzelnen Stücken, sondern in ihrer Totalität, ist das auszeichnende Merkmal der denkerischen Tätigkeit. Ihre eigene Beschaffenheit verweist sie daher auf geschichtliche Veränderung, die Herstellung eines gerechten Zustands unter den Menschen.** Unter dem lauten Ruf von »sozialem Geist« und »Volksgemeinschaft«*** vertieft sich heute der Gegensatz von Individuum und Gesellschaft mit jedem Tag. Die Selbstbestimmung der Wissenschaft wird immer abstrakter. Der Konformismus des Denkens, das Beharren darauf, es sei ein fester Beruf, ein in sich abgeschlossenes Reich innerhalb des gesellschaftlichen Ganzen, gibt das eigene Wesen des Denkens preis.

[* »des gesellschaftlichen Unrechts« / 1937: »der Klassenherrschaft«.]
[** »verweist sie daher auf geschichtliche Veränderung, ...Menschen.« / 1937: »treibt sie daher zur geschichtlichen Veränderung.«]
[*** »›sozialem Geist‹ und ›Volksgemeinschaft‹« / 1937: »sozialem Geist und Volksgemeinschaft«.]

Nachtrag*

(1937)

In meinem Aufsatz[1] habe ich auf den Unterschied zweier Erkenntnisweisen hingewiesen; die eine wurde im *Discours de la méthode* begründet, die** andere in der Marxschen Kritik*** der politischen Ökonomie. Theorie im traditionellen, von Descartes begründeten Sinn, wie sie im Betrieb der Fachwissenschaften überall lebendig ist, organisiert die Erfahrung auf Grund von Fragestellungen, die sich mit**** der Reproduktion des Lebens innerhalb der gegenwärtigen Gesellschaft ergeben. Die Systeme der Disziplinen enthalten die Kenntnisse in einer Form, die sie unter den gegebenen Umständen für möglichst viele Anlässe verwertbar macht. Die soziale Genesis der Probleme, die realen Situationen, in denen die Wissenschaft gebraucht, die Zwecke, zu denen sie angewandt wird, gelten ihr selbst als äußerlich. – Die kritische Theorie der Gesellschaft hat dagegen die Menschen als die Produzenten ihrer gesamten historischen Lebensformen zum Gegenstand. Die Verhältnisse der Wirklichkeit, von denen die Wissenschaft ausgeht, erscheinen ihr nicht als Gegebenheiten, die bloß festzustellen und nach den Gesetzen der Wahrscheinlichkeit vorauszuberechnen wären. Was jeweils gegeben ist, hängt nicht allein von der Natur ab, sondern auch davon, was der Mensch über sie vermag. Die Gegenstände und die Art der Wahrnehmung, die Fragestellung und der Sinn der Beantwortung zeugen von menschlicher Aktivität und dem Grad ihrer Macht.

[* Der ›Nachtrag‹ wurde in der *Zeitschrift für Sozialforschung*, VI, Heft 3, gemeinsam mit einem Diskussionsbeitrag von Herbert Marcuse unter dem Titel ›Philosophie und kritische Theorie‹ veröffentlicht; Marcuses Aufsatz ist inzwischen wieder erschienen in: *Kultur und Gesellschaft*, I, Frankfurt am Main 1965, S. 102ff.]

[** »die« / 1937: »dessen Erscheinungsjubiläum man in diesem Jahr gefeiert hat, die«.]

[*** »Marxschen Kritik« / 1937: »Kritik«.]

[**** »mit« / 1937: »im Zusammenhang mit«.]

1 Cf. hier S. 162ff.

In der Beziehung des Materials scheinbar letzter Tatsachen, an das der Fachgelehrte sich halten muß, auf menschliche Produktion stimmt die kritische Theorie der Gesellschaft mit dem deutschen Idealismus überein; seit Kant hat er dieses dynamische Moment gegen die Tatsachenverehrung und den mit ihr verbundenen sozialen Konformismus geltend gemacht. »So wie es... in der Mathematik ist«, heißt es bei Fichte[2], »so ist es in der ganzen Weltanschauung; der Unterschied ist nur der, daß man sich beim Konstruieren der Welt seines Konstruierens nicht bewußt ist, denn es ist nur notwendig und nicht mit Freiheit.« Dieser Gedanke war im deutschen Idealismus allgemein. Die Tätigkeit, die im gegebenen Material zum Vorschein kommt, galt ihm jedoch als geistig; sie gehörte zum überempirischen Bewußtsein an sich, zum absoluten Ich, zum Geist, und die Überwindung ihrer dumpfen, bewußtlosen, irrationalen Seite fiel daher prinzipiell ins Innere der Person, in die Gesinnung. Nach der materialistischen Auffassung dagegen handelt es sich bei jener grundlegenden Tätigkeit um die gesellschaftliche Arbeit, deren klassenmäßige Form allen menschlichen Reaktionsweisen, auch der Theorie, ihren Stempel aufprägt. Die rationale Durchdringung der Prozesse, in denen die Erkenntnis und ihr Gegenstand sich konstituieren, ihre Unterstellung unter die Kontrolle des Bewußtseins verläuft daher nicht im rein geistigen Bezirk, sondern fällt mit dem Kampf um bestimmte Lebensformen in der Wirklichkeit zusammen. Wenn das Aufstellen von Theorien im traditionellen Sinn einen gegen andere wissenschaftliche und sonstige Tätigkeiten abgegrenzten Beruf in der gegebenen Gesellschaft ausmacht und von historischen Zielsetzungen und Tendenzen, in die solches Geschäft verflochten ist, selbst gar nichts zu wissen braucht, folgt die kritische Theorie in der Bildung ihrer Kategorien und allen Phasen ihres Fortgangs ganz bewußt dem Interesse an der vernünftigen Organisation der menschlichen Aktivität, das aufzuhellen und zu legitimieren ihr selbst auch aufgegeben ist. Denn es geht ihr nicht nur um Zwecke, wie sie durch die vorhandenen Lebensformen vorgezeichnet sind, sondern um die Menschen mit allen ihren Möglichkeiten.

2 Johann Gottlieb Fichte, ›Logik und Metaphysik‹, in: *Nachgelassene Schriften*, Band II, Berlin 1937, S. 47.

Insofern bewahrt die kritische Theorie über das Erbe des deutschen Idealismus hinaus das der Philosophie schlechthin; sie ist nicht irgendeine Forschungshypothese, die im herrschenden Betrieb ihren Nutzen erweist, sondern ein unablösbares Moment der historischen Anstrengung, eine Welt zu schaffen, die den Bedürfnissen und Kräften der Menschen genügt. Bei aller Wechselwirkung zwischen der kritischen Theorie und den Fachwissenschaften, an deren Fortschritt sie sich ständig zu orientieren hat und auf die sie seit Jahrzehnten* einen befreienden und anspornenden Einfluß ausübt, zielt sie nirgends bloß auf Vermehrung des Wissens als solchen ab, sondern auf die Emanzipation des Menschen aus versklavenden Verhältnissen. Darin entspricht sie der griechischen Philosophie, nicht so sehr in der hellenistischen Periode der Resignation als in ihrer Blüte unter Plato und Aristoteles. Wenn Stoiker und Epikuräer sich nach den vergeblichen politischen Entwürfen jener beiden Philosophen auf die Lehre individualistischer Praktiken zurückzogen, so hat die neue dialektische Philosophie die Erkenntnis festgehalten, daß die freie Entwicklung der Individuen von der vernünftigen Verfassung der Gesellschaft abhängt. Indem sie den gegenwärtigen Zuständen auf den Grund ging, wurde sie zur Kritik der Ökonomie.

Kritik jedoch ist nicht identisch mit ihrem Gegenstand. Aus der Philosophie hat sich nicht etwa eine Volkswirtschaftslehre herauskristallisiert. Die Kurven der mathematischen Nationalökonomie unserer Tage vermögen den Zusammenhang mit dem Wesentlichen ebensowenig zu wahren wie die positivistische oder die existentielle Fachphilosophie. Die Begriffe jener Disziplin haben die Beziehung zu den grundlegenden Verhältnissen der Epoche verloren. Wenn strenge Untersuchung seit je die Isolierung von Strukturen erfordert hat, so bilden heute nicht mehr wie bei Adam Smith bewußte, weitertreibende, historische Interessen dabei den Leitfaden; die Zugehörigkeit moderner Analysen zu irgendeinem auf die wirkliche Geschichte zielenden Ganzen der Erkenntnis ist verschwunden. Man überläßt es anderen oder einer späteren Zeit oder dem Zufall, die Beziehung zur Wirklichkeit und zu irgendwelchen Zwecken herzustellen. Solange für sie selbst gesellschaftliche Nachfrage und Aner-

[* »seit Jahrzehnten« / 1937: »seit siebzig Jahren«.]

kennung vorhanden ist, beunruhigen sich die Wissenschaften darüber nicht, oder sie schieben die Sorge auf andere Disziplinen, zum Beispiel auf Soziologie und Fachphilosophie, die ihrerseits wieder dasselbe tun. Die Kräfte, die in der Gesellschaft den Ausschlag geben, die jeweilige Herrschaft wird damit stillschweigend von der Wissenschaft selbst als Richter über ihren Sinn und Wert bestätigt und die Erkenntnis für ohnmächtig erklärt.

Im Unterschied zum Betrieb der modernen Fachwissenschaft ist jedoch die kritische Theorie der Gesellschaft auch als Kritik der Ökonomie philosophisch geblieben: ihren Inhalt bildet der Umschlag der die Wirtschaft durchherrschenden Begriffe in ihr Gegenteil, des gerechten Tauschs in die Vertiefung der sozialen Ungerechtigkeit, der freien Wirtschaft in die Herrschaft des Monopols, der produktiven Arbeit in die Festigung produktionshemmender Verhältnisse, der Erhaltung des Lebens der Gesellschaft in die Verelendung der Völker. Es handelt sich hier nicht so sehr um das, was gleichbleibt, als um die geschichtliche Bewegung der Epoche, die zum Abschluß kommen soll. Das *Kapital* ist in seinen Analysen nicht weniger genau als die kritisierte Nationalökonomie, doch bis in die subtilsten Berechnungen isolierter, sich periodisch wiederholender Vorgänge bleibt die Erkenntnis des historischen Verlaufs des Ganzen das treibende Motiv. Der Hinblick auf die Tendenzen der gesamten Gesellschaft, der noch in den abstraktesten logischen und ökonomischen Erwägungen entscheidend ist, nicht ein spezieller philosophischer Gegenstand, bezeichnet den Unterschied zu rein fachlichen Betrachtungen.

Der philosophische Charakter der kritischen Theorie tritt nicht allein gegenüber der Nationalökonomie, sondern auch gegen den Ökonomismus in der Praxis hervor. Der Kampf gegen die harmonistischen Illusionen des Liberalismus, die Aufdeckung der ihm einwohnenden Widersprüche und der Abstraktheit seines Freiheitsbegriffs wird an den verschiedensten Orten der Welt dem Wortlaut nach übernommen und zur reaktionären Phrase verdreht. Daß die Wirtschaft, anstatt die Menschen zu beherrschen, ihnen dienen solle, führen eben die im Munde, die seit je unter der Wirtschaft bloß ihre eigenen Auftraggeber verstanden wissen wollten. Das Ganze und die Gemeinschaft werden dort verklärt, wo man sie ohne ausschließenden Gegensatz zum Individuum, also ihrem schlichten

Sinne nach, nicht einmal denken kann; sie werden mit der verkommenen Ordnung, die man selbst vertritt, in eins gesetzt. Im Begriff des »heiligen Egoismus« und des Lebensinteresses der eingebildeten »Volksgemeinschaft« * wird das Interesse der wirklichen Menschen auf ungehinderte Entfaltung und glückliche Existenz mit dem Machthunger der ausschlaggebenden Gruppen vertauscht. Der vulgäre Materialismus der schlechten Praxis, die der dialektische kritisiert, ist, durch idealistische Phrasen verdeckt, deren Durchsichtigkeit für die zuverlässigsten Anhänger ihren Reiz ausmacht, zur wahren Religion des Zeitalters geworden.[3] Wenn das Fachdenken in beflissenem Konformismus jede innere Verbindung mit sogenannten Werturteilen ablehnt und in unentwegter Sauberkeit die Trennung von Erkenntnis und praktischer Stellungnahme durchführt, so hat der Nihilismus der Machthaber in der Wirklichkeit mit solcher Illusionslosigkeit brutalen Ernst gemacht. Werturteile gehören nach ihm entweder in die nationale Dichtkunst oder vor das Volksgericht, jedenfalls nicht vor die Instanz des Denkens. Die kritische Theorie dagegen, die das Glück aller Individuen zum Ziel hat, verträgt sich, anders als die wissenschaftlichen Diener der autoritären Staaten, nicht mit dem Fortbestand des Elends. Die Selbstanschauung der Vernunft, die für die alte Philosophie die höchste Stufe des Glücks bildete, ist im neueren Denken in den materialistischen Begriff der freien, sich selbst bestimmenden Gesellschaft umgeschlagen; vom Idealismus bleibt dabei übrig, daß die Möglichkeiten des Menschen noch andere sind, als im heute Bestehenden aufzugehen, andere als die Akkumulation von Macht und Profit.

Erscheinen einzelne Momente der kritischen Theorie mit verkehrtem Sinn in der gegnerischen Theorie und Praxis, so hat sich seit der Niederlage aller fortschrittlichen Bestrebungen in den hochentwickelten Ländern Europas die Verwirrung selbst unter ihren Verfech-

[* »›heiligen Egoismus‹ ... ›Volksgemeinschaft‹« / 1937: »heiligen Egoismus ... Volksgemeinschaft«.]

3 Form und Inhalt des Glaubens sind nicht gleichgültig gegeneinander. Das Geglaubte wirkt auf den Akt des Fürwahrhaltens zurück. Die Inhalte der völkischen Ideologie, die dem Stand des Geistes in der industriellen Welt zuwiderlaufen, werden nicht wie eine Wahrheit gewußt. Selbst die Abhängigsten hegen sie nur im oberflächlichen Denken, alle wissen eigentlich, was es damit auf sich hat. Wenn die Zuhörer den Redner dahin verstehen, daß er nicht glaubt, was er sagt, wird seine Macht nur verstärkt. In seiner Bosheit sonnen sie sich. Wenn die Verhältnisse sich sehr verschlechtern, hält freilich diese Gemeinschaft nicht stand.

tern verbreitet. Die Aufhebung der gesellschaftlichen Verhältnisse, welche die Entwicklung gegenwärtig hemmen, ist in der Tat das nächste historische Ziel. Aufhebung ist jedoch ein dialektischer Begriff. Die Übernahme des individuellen in Staatseigentum, die Ausbreitung der Industrie, selbst die weitgehende Zufriedenheit von Massen sind Elemente, über deren geschichtliche Bedeutung erst die Natur des Ganzen entscheidet, dem sie angehören. So wichtig sie gegenüber veralteten Zuständen sein mögen, können sie doch in eine rückläufige Bewegung mit hineingezogen werden. Die alte Welt geht an einem überholten wirtschaftlichen Organisationsprinzip zugrunde. Der kulturelle Verfall ist damit verknüpft. Die Ökonomie ist die erste Ursache des Elends, und die theoretische und praktische Kritik hat sich zunächst auf sie zu richten. Aber es wäre mechanistisches, nicht dialektisches Denken, auch die Formen der zukünftigen Gesellschaft einzig nach ihrer Wirtschaft zu beurteilen. Die geschichtliche Veränderung läßt das Verhältnis der Kultursphären nicht unberührt, und wenn beim gegenwärtigen Zustand der Gesellschaft die Wirtschaft die Menschen beherrscht und daher den Hebel bildet, durch den er umzuwälzen ist, so sollen in Zukunft die Menschen angesichts der natürlichen Notwendigkeiten ihre gesamten Beziehungen selbst bestimmen; abgelöste ökonomische Daten werden daher auch nicht das Maß bilden, an dem ihre Gemeinschaft zu messen ist. Das gilt auch für die Periode des Übergangs, in der die Politik im Verhältnis zur Ökonomie eine neue Selbständigkeit gewinnt. An ihrem Ende erst lösen die politischen Probleme sich in Fragen reiner Sachverwaltung auf. Vorher kann sich immer alles noch wenden, selbst der Charakter des Übergangs bleibt unbestimmt.

Der Ökonomismus, auf den die kritische Theorie mancherorts reduziert ist, wo man sich auf sie beruft, besteht nicht darin, das Ökonomische zu wichtig, sondern darin, es zu eng zu nehmen. Ihre ursprüngliche, aufs Ganze zielende Intention verschwindet hinter der Berufung auf abgegrenzte Phänomene. Nach der kritischen Theorie ist die gegenwärtige Wirtschaft wesentlich dadurch bestimmt, daß die Produkte, welche die Menschen über ihren eigenen Bedarf hinaus erzeugen, nicht unmittelbar in die Hände der Gesellschaft übergehen, sondern privat angeeignet und umgesetzt werden. Mit der Aufhebung dieses Zustands ist ein höheres wirtschaftliches Organisationsprinzip gemeint und keineswegs eine philosophische Utopie. Das alte Prinzip treibt die Menschheit in Katastrophen hinein. Aber der Begriff der Vergesellschaftung, welcher die Veränderung bezeichnet, enthält nicht nur Elemente, die in der Nationalökonomie oder auch der Jurisprudenz aufgehen. Wird die industrielle Produktion der Kontrolle eines Staats unterstellt, so ist das ein geschichtliches Faktum, dessen Bedeutung im Sinn der kritischen Theorie jeweils erst zu analysieren ist. Ob es sich um wahrhafte Vergesellschaftung handelt, inwiefern also darin ein höheres Prinzip sich entfaltet, hängt nicht etwa nur von der Änderung bestimmter Eigentumsverhältnisse, von der Steigerung der Produktivität in neuen Formen gesellschaftlicher Zusammenarbeit ab, sondern ebensosehr von Wesen und Entwicklung der Gesellschaft, in der sich all dies vollzieht. Es kommt darauf an, wie die neuen Verhältnisse der Produktion genau beschaffen sind. Auch wenn die durch individuelle Begabung und Leistungsfähigkeit bedingten »natürlichen Privilegien« zunächst noch fortbestehen, so dürfen jedenfalls keine neuen gesellschaftlichen Privilegien an ihre Stelle treten. In diesem vorläufigen Zustand darf die Ungleichheit nicht fixiert, sie muß vielmehr in steigendem Maß überwunden werden. Das Problem, was und wie produziert wird, ob relativ feste Gruppen mit speziellen Interessen existieren, soziale Unterschiede festgehalten werden oder sich gar vertiefen, ferner die aktive Beziehung des Einzelnen zur Regierung, das Verhältnis aller entscheidenden, die Individuen betreffenden Verwaltungsakte zu ihrem eigenen Wissen und Willen, die Abhängigkeit aller vom Menschen beherrschbaren Zustände von wirklicher Übereinkunft, kurz, der Entwicklungsgrad der wesentlichen Momente realer Demokratie und Assoziation gehört mit zum Inhalt des Begriffs der Vergesellschaftung. Vom Ökonomischen ist keine dieser Bestimmungen abzulösen, und die Kritik des Ökonomismus liegt nicht in der Abkehr von ökonomischer Analyse, sondern darin, auf ihre Vollständigkeit und historisch angezeigte Richtung zu dringen. Die dialektische Theorie übt keine Kritik aus der bloßen Idee. Schon in ihrer idealistischen Gestalt hat sie die Vorstellung von einem an sich Guten, das der Wirklichkeit bloß entgegengehalten wird, verworfen. Sie urteilt nicht nach dem, was über der Zeit, sondern nach dem, was an der Zeit ist. Indem die totalitären Staaten zur partiellen Nationalisierung des Eigentums schreiten, berufen auch sie sich auf Gemeinschaft und kollektive Praktiken. Bei ihnen liegt die Unwahrheit offen zutage. Aber auch dort, wo es ehrlich zugeht, hat die kritische Theorie die dialektische Funktion, jede historische Etappe nicht allein an einzelnen isolierten Daten und Begriffen, sondern an ihrem ursprünglichen und ganzen Inhalt zu messen und dafür zu sorgen, daß er in ihr lebendig sei. Die richtige Philosophie besteht heute nicht darin, sich von den konkreten ökonomischen und sozialen Analysen zu entleerten, beziehungslosen Kategorien zurückzuziehen, sondern, im Gegenteil, zu verhüten, daß sich die ökonomischen Begriffe zu entleertem, beziehungslosem Detailwerk verflüchtigen, das auf allen Seiten die Realität zu verdecken geeignet ist. In ökonomischer Fachwissenschaft ist die kritische Theorie nie aufgegangen. Die Abhängigkeit der Politik von der Wirtschaft war ihr Gegenstand und nicht etwa ihr Programm.

Unter denen, die sich heute auf die kritische Theorie berufen, erniedrigen einige sie mit vollem Bewußtsein zur bloßen Rationalisierung ihrer jeweiligen Unternehmen; andere halten sich an verflachte, selbst dem Wortlaut nach fremd gewordene Begriffe und machen aus ihr eine ausgleichende Ideologie, die jeder versteht, weil er sich nichts dabei denkt. Aber seit seinem Ursprung bezeichnet das dialektische Denken den fortgeschrittensten Stand der Erkenntnis, und nur aus diesem kann letzten Endes die Entscheidung kommen. Seine Träger waren zu Zeiten des Rückschlags stets noch relativ isoliert, und auch dies haben sie mit der Philosophie gemein. Solange das Denken nicht endgültig gesiegt hat, kann es sich nie im Schatten einer Macht geborgen fühlen. Es erfordert Unabhängigkeit. Aber wenn seine Begriffe, die gesellschaftlichen Bewegungen entstammen, heute eitel klingen, weil nicht viel mehr hinter ihm steht als seine Verfolger, so wird sich die Wahrheit doch herausstellen; denn das Ziel einer vernünftigen Gesellschaft, das heute freilich nur in der Phantasie aufgehoben scheint, ist in jedem Menschen wirklich angelegt.

Das ist keine befriedende Affirmation. Die Erfüllung der Möglichkeiten hängt von geschichtlichen Kämpfen ab. Die Wahrheit über die Zukunft ist nicht eine Feststellung über Gegebenes, die bloß einen besonderen Index hätte. Der eigene Wille spielt eine Rolle dabei, er darf sich nicht beruhigen lassen, wenn die Prognose wahr sein soll. Und selbst nach dem Errichten der neuen Gesellschaft böte das Glück ihrer Mitglieder kein Äquivalent für die Not derer, die in der heutigen zugrunde gehen. Die Theorie verschafft ihren Trägern nicht das Heil. Mit einem bestimmten Trieb und Willen unlösbar verknüpft, predigt sie doch keinen psychischen Zustand wie die Stoa oder das Christentum. Die Märtyrer der Freiheit haben nicht ihre Seelenruhe gesucht. Ihre Philosophie war Politik. Wenn ihre Seele im Angesicht des Schreckens ruhig blieb, hat dies doch nicht ihr Ziel gebildet. Auch ihre Angst könnte nicht gegen sie zeugen. Die Apparatur der Macht ist wahrlich seit Galileis Buße und Widerruf nicht gröber geworden; war sie im neunzehnten Jahrhundert gegenüber anderen Maschinerien zurückgeblieben, so hat sie ihren Rückstand in den letzten Jahrzehnten reichlich aufgeholt. Auch hierin erweist sich das Ende der Epoche als Rückkehr des Anfangs auf höherer Stufe. Wenn die Persönlichkeit nach Goethe als Glück gilt, so hat ein anderer Dichter eben erst hinzugefügt, daß auch ihr Besitz sozial gestiftet ist und jederzeit verlorengehen kann. Besser als er ahnte, hat der dem Faschismus zuneigende* Pirandello seine Zeit gekannt. Unter der totalitären Herrschaft des Schlechten dürfen die Menschen nicht bloß ihr Leben, sondern auch ihr Ich nur aus Zufall behalten, und Widerrufe besagen heute noch weniger als in der Renaissance. Die Philosophie, die bei sich selbst, bei irgendeiner Wahrheit, Ruhe zu finden meint, hat daher mit kritischer Theorie nichts zu tun.

[* »dem Faschismus zuneigende« / 1937: »Faschist«.]

Bemerkungen zu Jaspers' *Nietzsche* *

(1937)

Für Jaspers ** ist es »das Verwirrende, daß Nietzsche zwar niemals ästhetisch beschauend und genießend wird, vielmehr leidet bis zur Verzweiflung, und doch für seinen Anker keinen Grund zu finden vermag, daher nie eins werden kann mit einem Menschen, mit der Idee eines Berufes, mit dem Vaterlande. Er ist eins allein mit seinem Werke.« Die Verwunderung darüber, daß eine Verzweiflung existiert, die sich nicht bei der Pflege privater Beziehungen, der Familie, eines Berufs oder des Vaterlands beruhigt, weist deutlich auf den Ursprung dieser »Einführung in das Verständnis« Nietzsches hin. Der Spießbürger führt das Wort.

Der formalistische Idealismus, in dessen Gestalt die Philosophie nach den aufregenden Erfahrungen der Öffentlichkeit mit der Hegelschen Schule wieder an deutschen Universitäten geduldet war, ist nachgerade jedem als der Weg bekannt, über die Welt nachzudenken, ohne mit ihr in Konflikt zu geraten. Er verlieh dieser Epoche die Sicherheit, daß der Mensch seiner Bestimmung genügen könne, wenn er alles mitmache, was die je herrschenden Gewalten von ihm verlangten. Die Reaktion auf diesen Idealismus, der von der Hegelschen Metaphysik nur das schlechteste Erbteil bewahrte, die Verklärung gegebener Formen des gesellschaftlichen Lebens, war die Wendung zum »Realismus«. Die Versicherungen, daß es darauf ankomme, eine materiale Philosophie aufzurichten, zum »Konkreten« vorzudringen, die »echte« Realität aufzudecken, eine »Sachphilosophie« zu liefern, das Denken »existentiell« zu machen, haben jedoch an dem formalistischen und konformistischen Charakter dieses Denkens nicht das geringste geändert. Im Gegenteil. Da die

[* Karl Jaspers, *Nietzsche. Einführung in das Verständnis seines Philosophierens*, Berlin und Leipzig 1936. – Horkheimers Bemerkungen erschienen als Ergänzung zu einer Besprechung von Karl Löwith.]
[** Im Erstdruck immer »J.« für »Jaspers«.]

sozialen Schichten, mit denen die Universitäten in Deutschland lebensnotwendig verbunden sind, in immer größeren Gegensatz zu den wahren Interessen der Massen gerieten, wurde die jeder bewußten Beziehung zur geschichtlichen Aktualität entbehrende Philosophie immer eindeutiger reaktionär. Zwar blieben auch die scheinbar sachhaltigen Kategorien nichtssagend wie ihre formalistischen Vorgänger, aber das fortwährende Reden von Geschichtlichkeit, Echtheit, Heroismus, Mythos, Schicksal und Tod, dieser einerseits vornehme, andererseits volkhafte Stil, bei dem nur eines klar ist, nämlich, daß es nicht um die Veränderung der ungerechten Verhältnisse geht, trug auch in den Fällen, wo er noch Bildung und Kulturliebe bezeugt, den Stempel der heutigen Zustände an sich, in denen solche Eigenschaften freilich entbehrlich geworden sind. Die zynische Denkfeindschaft des neusachlichen Positivismus und der neusachliche Ton der gepflegten Metaphysik haben es gemeinsam, daß man sich im Besitz der Wahrheit wähnen und dabei ein Spießbürger bleiben kann.

Jaspers macht aus Nietzsche auch so einen Denker. Er bringt das Kunststück fertig, ihn darzustellen, ohne anzustoßen. Dabei braucht er sich selbst keine Gewalt anzutun. Seine verbindliche Sprache bezeugt ihre Herkunft aus der liberalistischen Ideologie noch dadurch, daß in ihrem Medium alle Gegensätze untergehen.

Nietzsche hat den objektiven Geist seiner Zeit, die psychische Verfassung des Bürgertums analysiert. Angesichts der irdischen Möglichkeiten des Menschen, die er überschwenglich beurteilt wie nur je ein Utopist, erschien ihm der Typus, den er vor sich sah, mit seinen masochistischen Trieben unerträglich. Verwandt mit repräsentativen Denkern des frühen Bürgertums, wie Hobbes und Mandeville, hat er die Wahrheit der bürgerlichen Ordnung ausgesprochen: »Man hat kein Recht weder auf Dasein, noch auf Arbeit, noch gar auf ›Glück‹: es steht mit dem einzelnen Menschen nicht anders, als mit dem niedrigsten Wurm.« Das Christentum, vor allem Luther, vaterländische Begeisterung, jede Art, die gegebene Wirklichkeit zu vernebeln, erschien ihm als Vorzeichen einer neuen Barbarei. Die Ersatzbefriedigungen des Kleinbürgertums, metaphysische und andere Sekten, den Germanenkult, den Antisemitismus, hat er verabscheut. Sein Ziel war eine Zukunft, in der auf Grund äußerst gesteigerter Naturbeherrschung unbestimmbar viele menschliche Kräfte freiwerden. Der Begriff des Übermenschen bezeichnet diesen Zustand. Nietzsches Theorie, wie er verwirklicht werden kann, die naiven eugenischen und anderen sozialpolitischen Maßnahmen, unter denen die Rassenmischung immerhin eine besondere Rolle spielt, gehören zum Preis, den er für seine Einsamkeit bezahlte. Er hat trotz allem gewußt, daß es viele »Übermenschen« geben wird oder gar keine: »alle Güte entwickelt sich nur unter ihresgleichen«. Die Idee, die den Übermenschen aus einer undenkbaren, sich selbst widersprechenden Utopie zum substanziellen geschichtlichen Ziel gemacht hätte, der Begriff der klassenlosen Menschheit, war ihm durch ihre Träger verleidet. Er hat nicht Marx, sondern bloß die damalige Sozialdemokratie gekannt; sie hat er gar nicht so verkehrt beurteilt. Infolge seines Widerwillens, sich auf politische Ökonomie einzulassen, eines Widerwillens, in dem auch der Haß gegen eine von der Ökonomie beherrschte Welt enthalten ist, mißverstand er den geschichtlichen Charakter der Arbeit. Er meinte, daß sie ihre versklavende Wirkung nicht verlieren könnte. Die Massenbeherrschung erschien ihm daher als Bedingung des Übermenschen. Hinter seinen scheinbar menschenfeindlichen Formulierungen steckt aber nicht so sehr dieser Irrtum als der Haß gegen den geduldigen, sich duckenden, mit der Gegenwart ausgesöhnten, passiven und konformistischen Charakter.

Die schönrednerische Überdeckung des Widerspruchs von Nietzsches Lehre zur Gesellschaft der Epoche korrumpiert Jaspers' gesamte Darstellung. Die Existenz jener politischen Illusionen Nietzsches verbietet es gewiß, einem Urteil, das ihn mit der Vorbereitung der totalitären Gesellschaft in Zusammenhang bringt, jeden Grund abzusprechen. Einige Apologeten dieser staatlichen Wirklichkeit drehen ihm daraus einen Strick und machen ihn zum Propheten von Unterdrückung und Lakaientum. Jaspers weiß es besser. Er bemerkt die Kluft zwischen der Lehre vom Übermenschen und dem, was er in Deutschland vor sich sieht. Daher bietet er Nietzsche erst einmal als großen deutschen Denker an, er gilt ihm als »Philosoph von Rang«, der ein »angemessenes Studium« verdient. Er entschuldigt ihn, er macht ihn akzeptabel. Man darf Nietzsche nicht »fälschlich dogmatisieren«, soll sich nicht an »falsche Vergegenständlichungen, Verfestigungen, Verabsolutierungen, Naturalisierungen« halten, kurz ihn um jeden bestimmten Inhalt bringen.

Was bedeutet schon für Jaspers Philosophie! »Philosophieren als solches führt weder zu Gott noch von Gott fort, sondern geschieht aus dem Ursprung transzendenter Bezogenheit des Selbstseins. Es ist die menschliche Wirklichkeit, die suchend aus der Tiefe der Vernunft und der Existenz hervorholen will, woraus es faktisch lebt, und zwar in dem heimlich-offenbaren Gespräch durch die Jahrtausende«, also wirklich eine Angelegenheit innerhalb der Fachschaft. Jaspers braucht schreckhafte Worte. Er spricht vom »Grauen dieses faktischen Kommunikationsabbruchs«, von Abgründen, Opfern und Unerbittlichkeit. Aber er versichert, gleichsam als Fürsprech vor einem imaginären Volksgericht, Nietzsches Kampf vollziehe sich »auf einer Ebene, auf der keine realen Kampffronten des Daseins entstehen; es ist der tiefere, entscheidendere Kampf in der Seele jedes einzelnen und in der Seele der Völker, der innere, unsichtbare und unhörbare Kampf, für dessen existentiellen Sinn Nietzsche die Waffen gibt: suchende Fragen; als Mißverstehbarkeiten, als Bewährungsmöglichkeiten«. Gewiß sind diese Waffen harmlos, und schließlich wird sich auch Nietzsche trotz Mißverstehbarkeiten, die man heute freilich nicht so leicht verzeiht, bewähren.

»In seinen zahllosen verwerfenden Wendungen über die Masse« wolle man nicht »eine existenzlose Volksfremdheit« finden. »Daß er oft Volk sagt, wenn er Masse meint, darf als Sprachgebrauch nicht irreführen.« Ob nicht angesichts dessen, was sich inzwischen ereignet hat, Nietzsche im Gegenteil versucht sein könnte, sich zu entschuldigen, weil er die Masse mit den Taten des Volks belastet, diese Frage kommt seinem Anwalt nicht in den Sinn. – Gewiß hat Nietzsche aus dem Atheismus unangenehme Konsequenzen gezogen. Aber alles ist »zweideutig«, und jedenfalls kann man nicht sagen, es handle sich »um eine fraglos und platt gewordene Gottlosigkeit«. Ominöse Formulierungen lassen sich in eine Sprache übersetzen, die man auch heute noch dulden kann. Die Reformation hat Nietzsche »eine der verlogensten Eruptionen von gemeinen Instinkten« genannt; Luther »einen wüsten und uneigentlichen Bauern, der mit der ›evangelischen Freiheit‹ allen aufgehäuften gewalttätigen Bedürfnissen Luft macht: man will einmal wieder Herr sein, rauben, niederwerfen, verfluchen, eingerechnet daß die Sinne ihre Befriedigung finden wollen: vor allem man sieht lüstern nach dem ungeheuren Reichtum der Kirche«. »Ein Volk, welches sich der Intelligenz eines Luther unterordnet!« Der Protestantismus hat sich bisher nur »im mediokren Norden zu konservieren gewußt«. So dachte er über jenes frühe deutsche Erwachen. Auch bei Jaspers findet sich der Hinweis auf Nietzsches Stellung zur Reformation. Er lautet wie folgt: »Immer von ihm abgelehnt werden Paulus, Rousseau, fast immer Luther.« »Urzeiten, antike Welt, Indien, das Christentum, Renaissance und Reformation, Aufklärung, die modernen Völker, erreicht sein (Nietzsches) Blick und umkreist sie mit knappen, charakterisierenden Formulierungen«, deren Wortlaut man besser für sich behält. Eine besonders charakterisierende Formulierung Nietzsches lautet, daß die deutsche Reformation »ein wüstes und pöbelhaftes Gegenstück zur Renaissance Italiens« gewesen sei.

Daß Jaspers Nietzsche nicht durch seine Stellung zu den Juden kompromittiert, versteht sich von selbst. Hätte er dann aber nicht aus Gerechtigkeit auch die Griechen beiseite lassen sollen? Hat doch Nietzsche gesagt, diese hätten bei gewissen Juden des Alten Testaments in die Schule gehen können. Man mag darüber im Zweifel sein, ob in der Gegenwart Nietzsches Beziehung zu Griechen, Juden, Deutschen oder Franzosen für das Verständnis seiner Lehre am entscheidendsten ist. Jedenfalls wird es erschwert, wenn man die Juden und Franzosen ganz fortläßt. Jaspers hat es nicht einmal beim Schweigen bewenden lassen. Nachdem er die verständigsten und ehrendsten Zeilen über diese europäischen Kulturfaktoren, die je aus einer deutschen Feder geflossen sind, hat unterschlagen müssen, wagt er es zwar nicht, die paar drastischen Äußerungen über ihre Mängel hinzusetzen. Aber er richtet es so ein, daß Juden und Franzosen, wenn schon einmal von ihnen gesprochen wird, wenigstens in abfälligem oder nur neutralem Sinn Erwähnung finden. »Ich glaube nur an französische Bildung«, sagt Nietzsche. »Ich sehe durchaus nicht ab, in welchem Jahrhundert der Geschichte man so neugierige und zugleich so delikate Psychologen zusammenfischen könnte, wie im jetzigen Paris: ich nenne versuchsweise – denn ihre Zahl ist gar nicht klein – die Herrn Paul Bourget, Pierre Loti, Gyp, Meilhac, Anatole France, Jules Lemaître, oder um einen von der starken Rasse hervorzuheben, einen echten Lateiner, dem ich besonders zugetan bin, Guy de Maupassant. Ich ziehe diese Generation, unter uns gesagt, sogar ihren großen Lehrern vor, die allesamt durch deutsche Philosophie verdorben sind (Herr Taine zum Beispiel durch Hegel, dem er das Mißverständnis großer Menschen und Zeiten verdankt). Soweit Deutschland reicht, verdirbt es die Kultur.« Bei Jaspers heißt es, Nietzsche habe »*eine Zeitlang* die Franzosen La Rochefoucauld, Fontenelle, Chamfort, besonders aber Montaigne, Pascal und Stendhal ganz außerordentlich geschätzt« *, und zitiert wird der Satz »Im heutigen Frankreich ist der Wille am schlimmsten erkrankt«. Daß Nietzsche »Pascal und Stendhal« geschätzt hat, mag ihm in Deutschland noch verziehen werden – der Umgang mit Maupassant und Anatole France ist eine »Mißverstehbarkeit«.

Die Juden hat Nietzsche immer und offenkundig nicht bloß »eine Zeitlang« mit höchster Achtung genannt. Er war ein aufgeklärter Bürger. Die Juden sind nach ihm »die älteste und reinste Rasse. Überall, wo sie zu Einfluß gekommen sind, war es ihre Aufgabe, ein Volk ›zur raison‹ zu bringen.« Juden, Franzosen und Chinesen haben esprit. »Die Antisemiten vergeben es den Juden nicht, daß die Juden Geist haben – und Geld. Die Antisemiten – ein Name der ›Schlechtweggekommenen‹.« Ihr Kampf ist immer »ein Zeichen der schlechteren, neidischeren und feigeren Naturen gewesen: und wer jetzt daran teilnimmt, muß ein gutes Stück pöbelhafter Gesinnung in sich tragen«. Dies darf Jaspers nicht sagen, aber wo er einen Satz zitieren kann, nach dem mit Manu, Plato und Konfuzius auch »die jüdischen und christlichen Lehrer« nicht an ihrem Recht zur Lüge zweifelten, oder wo er einen Gegensatz Nietzsches gegen das Judentum zu erkennen meint, hat er daraus kein Hehl gemacht.

»Für das Prinzip ›Deutschland, Deutschland über alles‹ oder für das deutsche Reich uns zu begeistern, sind wir nicht dumm genug.« »›Deutschland, Deutschland über alles‹ ist vielleicht die blödsinnigste Parole, die je gegeben worden ist.« Der Nationalismus, die »Vaterländerei« galt Nietzsche als »kulturwidrigste Krankheit und Unvernunft, die es gibt«. Seine Äußerungen darüber sind so eindeutig und nehmen soviel Raum in seinem Werk ein, daß selbst Jaspers schwerlich über es schreiben könnte, ohne ein Wort davon zu sagen. Aber es geschieht mit Vorsicht: »Wie immer *versucht* Nietzsche

[* Kursivierung von M. H.]

auch diesen Gedanken bis zu seiner äußersten Konsequenz. Daher kann für ihn in *solchem* Zusammenhang ›jetzt, wo alles auf größere und gemeinsame Interessen hinweist‹, das ihm in seiner Zeit sichtbare Nationale *eher* eine Gefahr bedeuten: ›das Nationale, wie es jetzt verstanden ist, fordert als Dogma geradezu die Beschränktheit‹.«* Nietzsches Gedanken heute bis »zu seiner äußersten Konsequenz« auszusprechen oder auch nur zu denken, könnte in unserer Zeit freilich »eher« eine Gefahr bedeuten.

Daß Nietzsche nicht bloß an der Oberfläche ein »freier Geist«, ein »guter Europäer« war und den Nationalismus, »die Krankheit dieses Jahrhunderts«, nie zu hassen aufhörte, erhellt aus der Schärfe seiner sozialpsychologischen Urteile über den sogenannten deutschen Charakter. »Deutschland in seiner Aktion und Reaktion zeigt sich barbarisch.« Die Deutschen, »ein Volk der ungeheuerlichsten Mischung und Zusammenrührung von Rassen, vielleicht sogar mit einem Überwiegen des vorarischen Elementes«, hat er um ihrer logischen und moralischen »Unsauberkeit« willen seine Feinde genannt. »Wie entartet in seinem Geschmack, wie sklavisch vor Würden, Ständen, Trachten, Pomp und Prunk muß ein Volk gewesen sein, als es das Schlichte als das Schlechte, den schlichten Mann als den schlechten Mann abschätzte! Man soll dem moralischen Hochmute der Deutschen immer dies Wörtlein ›schlecht‹ und nichts weiter entgegenhalten!« Ihre Grausamkeit malt er in den grellsten Farben. Das Rädern sei »die eigenste Erfindung und Spezialität des deutschen Genies im Reich der Strafe«. Es finden sich wahrhaft prophetische Urteile, die allein schon genügten, Nietzsche trotz aller Beschränktheiten als Theoretiker ernst zu nehmen. »Die Deutschen meinen, daß die Kraft sich in Härte und Grausamkeit offenbaren müsse, sie unterwerfen sich dann gerne und mit Bewunderung: sie sind ihre mitleidige Schwäche, ihre Empfindlichkeit für alle Nichtse auf einmal los und genießen andächtig den Schrecken. Daß es Kraft gibt in der Milde und Stille, das glauben sie nicht leicht.« »Bei unseren größten Männern muß man immer noch sagen: möchten sie etwas mehr Genie haben und etwas weniger Schauspieler sein.« »Den Deutschen geht jeder Begriff davon ab, wie gemein sie sind, aber das ist der Superlativ der Gemeinheit – sie schämen sich nicht

[* Kursivierungen von M. H.]

einmal, bloß Deutsche zu sein... Sie reden über alles mit, sie halten sich selbst für entscheidend, ich fürchte, sie haben selbst über mich entschieden... Mein ganzes Leben ist der Beweis de rigueur für diese Sätze. Umsonst, daß ich in ihm nach einem Zeichen von Takt, von délicatesse gegen mich suche. Von Juden ja, noch nie von Deutschen.« Und wirklich »entscheidet« Jaspers über ihn: Er macht ihn zum wahren Deutschen. »Durch sein ganzes Leben geht die ursprüngliche Identifizierung eigener Möglichkeiten mit den griechischen, sie ist eins mit seinem Willen zur Verwirklichung des hohen Deutschtums, das dem Griechentum verwandt sei. Während aber das Griechentum abgeschlossen ist und in zweifelsfreier Schätzung als der Knotenpunkt der Geschichte für Nietzsche dasteht (fast wie die Erscheinung Christi für die gläubigen Christen), ist das deutsche Wesen ihm durchaus Zukunft, in unerhörter Gefahr durch sich selbst, so daß Nietzsches Liebe zum eigentlich Deutschen, von dem er in der zerfallenden Welt Alles erhofft, in der Erscheinung einer leidenschaftlichen, im Laufe seines Lebens sich steigernden Kritik zutage tritt«, die also nur aus »grenzenloser oft enttäuschter Liebe« stammt. Und dazu wird dann die »Wiedergeburt Griechenlands aus der Erneuerung des deutschen Geistes« nach einem gelegentlich notierten Plan des jungen Nietzsche zitiert, und ferner was sonst an wenigen im »deutschen« Sinn verwertbaren Stellen ausfindig zu machen war. Auch dies ist freilich noch mager und unbestimmt genug. Mit der Wagnerbegeisterung verschwinden nämlich selbst die spärlichen, an Heine gemahnenden Wünsche des »ersten Nietzsche« und des ersten Nachlaßbandes nach einem besseren Deutschland, denn »die große Enttäuschung und der große Ekel kommt«, wie der Herausgeber Nietzsches selbst es nennt.[1] Die räumliche Nähe, in die Jaspers Nietzsches »ganzes Leben« und seinen angeblichen Willen zur Verwirklichung des »hohen Deutschtums« bringt, ist ein Trick. Von den »wahren« Germanen hat er zuweilen gewiß gesprochen. Sie »gingen ins Ausland; das jetzige Deutschland ist eine vorslavische Station und bereitet dem panslavistischen Europa den Weg«.

Die europäische Demokratie als möglicher Boden einer neuen

1 Cf. das Vorwort zu Band 9 und 10 des Nachlasses in der Großoktavausgabe bei Kröner.

Tyrannis ist von Nietzsche gut durchschaut worden. Wenn auch seine Vorstellung von der letzteren schwankend war, so daß er nicht wußte, ob sie der Beginn zur Barbarei oder zu einer höheren Stufe der menschlichen Entwicklung sei, treffen seine Formulierungen jedenfalls die sozialpsychologische Wirklichkeit. »Zuletzt wird die Unsicherheit so groß, daß die Menschen vor jeder Willenskraft, die befiehlt, in den Staub fallen.« Jaspers zitiert diese Stelle. Bei der Erörterung dieses Problems und Nietzsches Sorge, ob auch die richtigen Führer kommen werden, heißt es jedoch: »Das Bild dieser wirklichen neuen Herren umkreist Nietzsche, ohne sie schon als plastische Gestalt hinstellen zu können.« Das »schon« enthüllt einen Charakter. Die Zitate zum Lob des Führertums und die Betonung, daß nach der Nivellierung in der Demokratie endlich die »Sklaverei« kommen müsse, die zur Steigerung des Menschen notwendig sei, greifen so geschickt ineinander, daß die neuen Herren Nietzsche viel verzeihen können. Seine Erinnerung an »die moralische Heuchelei der Befehlenden« kann dabei in Vergessenheit geraten. Dabei trifft Nietzsches Führerpsychologie ins Herz der Gegenwart. »Sie wissen sich nicht anders vor ihrem schlechten Gewissen zu schützen als dadurch, daß sie sich als Ausführer älterer oder höherer Befehle gebärden (der Vorfahren, der Verfassung, des Rechts, der Gesetze oder gar Gottes) oder selbst von der Herden-Denkweise her sich Herden-Maximen borgen, zum Beispiel als ›erste Diener ihres Volks‹ oder als ›Werkzeuge des gemeinen Wohls‹.« Daß sich die Deutschen besonders gut auf »das Berauschen« verstehen, hat er früh erkannt und richtig gedeutet. Nicht verborgen blieb ihm in diesem Zusammenhang »die Bedientenseele (idealisiert als Gelehrten- und Soldatentugend, auch als schlichter Sinn)«. Der Umstand, daß Jaspers die Verwechslung zwischen der von Nietzsche gemeinten Zukunft und der heutigen Gegenwart infolge seines Stils und seiner existentiellen Pose nicht auszuschließen vermag und sogar nahezulegen scheint, zeigt vielleicht besser als alles übrige die Unangemessenheit dieser »Einführung«. Nach ihr muß Nietzsche dem Leser ebenso erscheinen, wie ihm selbst Richard Wagner erschienen ist, nämlich als ein wohlgeratener »Typus deutscher Unklarheit«, von dem man im Gegensatz zu Stendhal, Heinrich Heine und Schopenhauer nicht einmal etwas über seinen Widerwillen gegen »die nationale Beschränktheit der Vaterländer« ohne ein »vielleicht« aussagen könnte.

Im Ausland ist Nietzsche so unbekannt, daß er selbst von vielen fortgeschrittenen Geistern als ein Vorläufer der gegenwärtigen Zustände angesehen wird. Man denkt ihn etwa als eine Mischung von größenwahnsinnigem Genie und bramarbasierendem Feldwebel. Das Jaspersssche Buch wirkt daher zuweilen wie die mutige Zerstörung einer Legende. Es wird also hüben und drüben toleriert. Trotz dieser Bildungslücken der anderen Völker im Hinblick auf deutsche Philosophen ist das Jaspersssche Buch aber im tiefsten unwahr. Man kann von Nietzsche nicht sprechen, ohne ihn eindeutig zur Aktualität in Beziehung zu bringen. Er war nicht »eins allein mit seinem Werke«, sondern hatte bestimmte historische Ziele, auf deren Verwirklichung es ihm ernsthaft ankam. Großartig sagt Jaspers, »Nietzsches Denken schreckt vor nichts zurück«. Aber er selbst schreckt davor zurück, Nietzsches Kritik der gegenwärtigen Zustände und des gegenwärtig herrschenden Menschentypus, die beide inzwischen noch viel schlimmer geworden sind, auch nur richtig darzustellen, geschweige denn richtig zu interpretieren. Ohne sie gibt es jedoch kein Verständnis Nietzsches. Die Unabhängigkeit, die in seiner Philosophie zum Ausdruck kommt, die Freiheit von den versklavenden ideologischen Mächten ist die Wurzel seines Denkens. Wollte sich Jaspers einen historischen Stoff wählen, den er in seinem Wesen nicht entstellen mußte, um ihn einigermaßen akzeptabel zu machen, so durfte er jedenfalls nicht auf Nietzsche verfallen. Als Kant sich in religiösen Dingen einer ähnlichen Situation gegenübersah wie Jaspers in philosophischen Problemen überhaupt, entschied er sich, ganz darüber zu schweigen. Seine Sentenz, daß alles, was man sage, wahr sein müsse, daß man aber nicht alles, was wahr sei, zu sagen brauche, kann man auf Nietzsche jedenfalls nicht so anwenden, daß man die bedenklichen Stellen draußen läßt. Der tolerierte Nietzsche wird sonst selbst zum Spießbürger wie sein Apologet.

Montaigne und die Funktion der Skepsis

(1938)

In zwei Perioden der europäischen Geschichte hat die philosophische Skepsis glänzende Vertreter gefunden, am Ende der Antike und in der Renaissance. Bei den tiefen Unterschieden zwischen den Wirtschaftsformen der griechischen Polis und der Städte, die in den Entstehungsprozeß der neuzeitlichen Nationalstaaten einbezogen sind, weisen die Erscheinungen des Übergangs doch gewisse Ähnlichkeiten auf. Beide Male finden auf dem Boden einer alten städtischen Kultur soziale Umschichtungen und Kämpfe statt. Die zentralistisch organisierten Gewalten schicken sich an, die führende geschichtliche Rolle zu übernehmen. Aus dem städtischen Bürgertum hervorgegangene, hochentwickelte Individuen sehen die Welt in einer politischen Entwicklung begriffen, welche die Aspekte eines geordneten Lebens: auf lange Zeiträume berechnete Wirksamkeit, persönliche Sicherheit, Zusammenarbeit der Parteien, Entfaltung von Gewerbe, Kunst und Wissenschaft in Frage stellt. Beide Male erstreckt sich der Prozeß über Jahrhunderte. Die Ordnung war auch früher bedroht gewesen, jetzt wird die Unruhe permanent. Ökonomischer Aufstieg und schwere Krisen wechseln ab, reich gewordene Bürger dringen in die alten Patrizierschichten ein, ja, depossedieren sie, alle sozialen Gegensätze differenzieren und verschärfen sich. Die städtische Blüte hat jedoch lange genug gedauert, daß mit der Arbeitsteilung die Verfeinerung der Bedürfnisse und Fertigkeiten einen hohen Grad erreichte; es gab dort Menschen, die wußten, was Glück war, und eine zu gründliche Bildung besaßen, um bei den Umwälzungen, die es fortwährend gefährdeten, in religiöse und metaphysische Illusionen zu flüchten.
Die Geburt Pyrrhos, des Begründers der antiken Skepsis, fällt in die Zeit der Siege und des Todes von Epaminondas. »Nachdem«, so heißt es bei Burckhardt, »Epaminondas noch einen Reflex in diese jammervollen Zeiten hineingeworfen hat, wird es in dieser Nation allmählich dunkel; es erfolgt die definitive Zerrüttung der Poleis.

Während die Städte der Diadochenlande wenigstens ein ruhiges ökonomisches Dasein führten und nur die größten sich etwa zu momentanen Krawallen erhoben, wankt in einer ganzen Anzahl alter griechischer Poleis der Boden unaufhörlich... Und jetzt geht neben aller Parteiung zwischen Makedoniern, Achäern und Ätolern die Ausartung des Staates ihren Weg unerbittlich weiter in Tyrannien spätester Bildung mit schrecklicher Söldnerwirtschaft und in gewaltsamen Oligarchien und Demokratien, welche sich durch Gemetzel, Verbannungen und Aufteilungen des Grundeigentums manifestieren. Die unvermeidliche, letzte Konsequenz jeder Demokratie, der Hader um den Besitz, führt zu einem wahren Höllenleben; immer wieder tritt der Kommunismus auf, und beide Parteien nehmen jede Allianz an, die zum Ziele führt, und erlauben sich alle Mittel. Indem allgemach alles, was geschieht, in immer schlechtere Hände fällt, vollendet sich der Bankrott der griechischen Staatsidee, der im Grunde mit jenem unsinnigen Emporschrauben des Bürgertums begonnen hatte. Echt griechisch ist zwischen dies alles hinein die Wonne, womit etwa eine Konspiration mit allen möglichen Finessen vorbereitet wird, aber man gerät in sonderbare Stimmung, wenn man daneben die gewaltige innere Festigkeit des vordringenden Roms in Betracht zieht, wo die Individuen vom Staat noch nicht innerlich losgelöst sind, einander auch noch nicht verfolgen, sondern zusammenwirken. Angesichts von Polybs Schilderung der letzten zwanzig Jahre des dritten Jahrhunderts sollte man glauben, daß damals der größte Menschenverlust über die Nation gekommen sei, wenn man nicht wüßte, was schon vorher und dann wieder später geschah.«[1]

Als Begründer der modernen Skepsis gilt Montaigne. Sein Leben fällt in die Sturmjahre des sich formierenden Absolutismus. 1533, zur Zeit seiner Geburt, erreicht die einigermaßen friedliche Periode, in die Frankreich seit dem Ende des Hundertjährigen Kriegs eingetreten war, ihren Abschluß. Eine gehobene Bürgerklasse ist entstanden. »Sie setzt sich zusammen aus Leuten, die ihr Glück in gewissen gewinnbringenden Gewerbezweigen gemacht haben, wie der Metzgerei, dem Tuchhandel, der Goldschmiedekunst, aus Reedern und

1 Jacob Burckhardt, *Griechische Kulturgeschichte*, Band IV, in: *Gesamtausgabe*, Band XI, Stuttgart 1931, S. 507f.

besonders aus Finanzleuten, die Geldgeschäfte betrieben haben oder als Beamte des Königs oder der großen Lehnsstaaten zu Geld und Gut gekommen sind. Diese reich gewordenen Bürger kaufen vielfach ländlichen Grundbesitz und selbst große Herrschaften und dringen so in die Reihen des Adels ein. Die Inhaber königlicher Ämter erhalten ebenfalls häufig Adelsbriefe... Das stellt den Beginn einer gesellschaftlichen Bewegung dar, die sich im Laufe des sechzehnten Jahrhunderts in bemerkenswerter Weise verbreitern sollte.«[2] Durch die Ausdehnung des Handels werden die Mittel der Zirkulation vermehrt, die Inflation ruiniert den alten Adel, und die unteren sozialen Schichten verelenden in großem Maßstab. Die Entlohnung der Arbeiter sinkt infolge der Geldentwertung furchtbar. Natürlich wird die ganze Teuerung der Heraufsetzung der Löhne zugeschrieben, die in lächerlichem Tempo der rapiden Steigerung der Preise nachhinkt. Die Behörden springen den Arbeitgebern bei, setzen Höchstlöhne fest, verhindern proletarische Zusammenschlüsse, verbieten den Streik. Durch Elend bedingte Volksaufstände in den Städten folgen einander, Seuchen und Hungersnöte sind an der Tagesordnung.[3]

Die Klassenkämpfe zwischen Bürgertum und Proletariat wurden durch die zwischen den herrschenden Schichten kompliziert. Von der finanziellen Zerrüttung des Feudaladels gestärkt, schwankt der Hof unter den letzten Valois zwischen einem Bunde mit den alten Mächten, der Kirche und der nach Spanien schielenden Aristokratie und andererseits den fortschrittlichen Bürgern und der Reformation. Zum großen Teil gehen die religiösen Bürgerkriege unmittelbar auf die ökonomischen Gegensätze der Herrschenden zurück. Das Elend der Massen diente zum Hebel, um sie für die jeweiligen Zwecke der Parteien zu mobilisieren. Vor allem in den Händen des Klerus war der Mob ein ausgezeichnetes Werkzeug. Michelet findet den Ursprung der Bartholomäusnacht in dem 1561 in Paris geäußerten Vorschlag, die geistlichen Güter zu verkaufen. »Seit dem Tag, wo die Kirche den König schwankend und nach dieser Beute begierig sah, machte sie eine lebhafte Wendung nach dem Volke zu, gebrauchte alle ihre Mittel der Predigt, des Almosens, des vielfältigen

2 Henri Sée, *Französische Wirtschaftsgeschichte*, Band I, Jena 1930, S. 57.
3 Cf. ibid., S. 120–126.

Einflusses, ferner ihre ungeheure Kundschaft, ihre Klöster, ihre Kaufleute, ihre Bettler und organisierte den Mord.«[4] Der Zustand Frankreichs nach den Bürgerkriegen gleicht dem des Deutschen Reiches im Dreißigjährigen Krieg. Die Bauern, denen die militärischen und sonstigen Banden ein Schicksal des Grauens bereiteten[5], drängten nach den Städten, deren Aufgaben unlösbar wurden. »Schon durch die Armen bedrängt, welche die Arbeitslosigkeit und der Geschäftsrückgang unter ihren Bürgern vermehrten, sahen sie mit wachsender Sorge die Leute vom flachen Lande zu ihren Toren strömen. Unnütze Mäuler, Hände ohne Arbeit, Demoralisierung, ansteckende Krankheiten, Verrat, Aufruhr, all das hatten sie von ihnen zu erwarten. Man schloß ihnen die Tore, aber sie hintergingen die Wachsamkeit und schlichen sich einzeln in die Städte oder drangen halb mit Erlaubnis, halb mit Gewalt in Massen ein. Man wies sie aus, indem man Bürger unter dem vielsagenden Namen Gaunerjäger (chasse-coquins) damit beauftragte, oder man konzentrierte sie in Lagern für Erd- und Abbruchsarbeiten, wo sie besondere Marken trugen. Pest und Hungersnot kehrten periodisch wieder und dezimierten die durch das Elend geschwächten städtischen Massen.«[6] Der miserable Zustand der Wege, die zahllosen Abgaben und Gebühren an jedem Ort, den man zu Land oder auf den Flüssen passierte, die Horden von Wölfen und Banditen machten die Unsicherheit so groß, daß in manchen Gegenden der Handel völlig stockte.[7] Raub war an der Tagesordnung. »Tausendmal bin ich in meinem eigenen Haus ins Bett gegangen«, schreibt Montaigne[8], »und habe mir vorgestellt, daß man mich in dieser Nacht verraten und umbringen wird.«

Ebensowenig wie die Skeptiker der antiken Verfallsperioden flieht Montaigne unter den Schrecknissen des Übergangs zur Neuzeit in einen starken Glauben. Er verschmäht die Illusion der unbedingten Sicherheit. Es gibt allzu viele, die ihre Ansicht, sei es auf theoretischem oder moralischem Gebiet, für die absolute halten und sich

4 J. Michelet, *Histoire de la Révolution française*, Band I, Paris 1879, S. 71.
5 Cf. Montaignes eigene Schilderungen, zum Beispiel *Les Essais*, herausgegeben von P. Villey, Paris 1930, Buch II, Kap. 32, S. 781 f.
6 G. Fagniez, *L'économie sociale de la France sous Henri IV*, Paris 1897, S. 78 f.
7 Cf. ibid., S. 167.
8 Montaigne, ibid., Buch III, Kap. 9, S. 373 [Übersetzung von M. H.].

gegenseitig widersprechen. Man braucht sich nur in der Literatur und in der Welt umzusehen, um darüber Bescheid zu wissen. Niemand kann zu Gericht sitzen und bestimmen, wer von den Herrschaften, die ihrer Sache alle so sicher sind, im Recht ist. Im Grunde sind sie bloß ungebildet. Schon die Sinne sind unsicher, erst recht die Begriffe. Einer Theorie sich zu verschreiben, ist immer beschränkt. Der Weise sieht die Masse der unbedingt gewissen Urteile an, von denen eines das andere umstößt, und lächelt. Bei jeder neuen Doktrin denkt er, daß ihr eine andere vorherging, die einmal ebenso im Schwange war, und eine dritte kommen wird, welche die gegenwärtige ablöst. Ihre sogenannten Überzeugungen pflegen die Menschen durch die Sitten, Erziehung, materielles Interesse oder sonstige Umstände zu erwerben. Sie werden ihnen zugetragen »ohne Urteil und Wahl, meistens vor dem Alter, in dem man überhaupt etwas unterscheiden kann... Ist es da nicht ein Vorteil, von dem Zwang frei zu sein, der die anderen gefesselt hält? Ist es nicht besser, sein Urteil in der Schwebe zu lassen, als sich in all diese Einbildungen zu verstricken, nicht besser, unentschieden zu bleiben, als sich unter die turbulenten und streitsüchtigen Sekten zu mischen?... Man ergreife die anerkannteste Partei, niemals wird sie doch so sicher sein, daß man, um sie zu verteidigen, nicht hundert und aber hundert entgegengesetzte Parteien angreifen und bekämpfen müßte. Sollte man da nicht lieber überhaupt draußen bleiben!«[9] Montaignes Reaktion auf die furchtbaren Zustände ist der Rückzug aus jeder Art von Unbedingtheit auf ein gemäßigtes Selbstinteresse. Pyrrho hat ganz recht gehabt. »Er hatte keine Lust, Hammer oder Amboß zu sein; er wollte ein lebendiger Mensch bleiben, der vernünftig nachdenkt, die Vergnügungen und natürlichen Bequemlichkeiten genießt, von seinen körperlichen und geistigen Fähigkeiten schlecht und recht Gebrauch macht. Das phantastische, eingebildete und falsche Privileg, daß der Mensch sich anmaßt, die Wahrheit zu dozieren, vorzuschreiben und ein für allemal aufzurichten, hat er in gutem Glauben endgültig abgelehnt und aufgegeben.«[10]

Auch durch seine Weltkenntnis und staatsmännische Begabung er-

9 Ibid., Buch II, Kap. 12, S. 341 f.
10 Ibid., S. 344 f.

weist sich Montaigne als Erneuerer der alten Skepsis. Pyrrho war mit dem Heer Alexanders nach Indien gegangen.[11] Karneades, der bedeutendste Vertreter der akademischen Skepsis, hat an der Gesandtschaft griechischer Philosophen nach Rom teilgenommen und durch sein geschicktes Verhalten Erfolge erzielt.[12] Montaigne war seinem Charakter nach ein Diplomat. Er gehörte dem neuen, aus dem Bürgertum heraufgekommenen Adel an und fühlte sich darum ganz als Adliger. Wenn er sich als Konservativer auch streng zur katholischen Staatsreligion bekannte und anläßlich der Religionskonflikte erklärte, es sei »weder schön noch anständig, bei den inneren Kämpfen seines Landes neutral zu bleiben«[13], so hat er doch seine Rolle wesentlich in Verhandlungen und nicht etwa im Kampf gesehen. Als Bürgermeister von Bordeaux war er mustergültig objektiv. Seine gemäßigte Haltung in den allgemeinen Fragen entspricht der Partei der »Politiker«, die es gefährlich fanden, die katholische Staatsreligion gegen den Protestantismus des fanatischen Calvin einzutauschen, aber auch kein Bündnis mit dem rückständigen Spanien wollten. Die Formel »Ein Glaube, ein Gesetz, ein König« erschien ihnen keineswegs als selbstverständlich. Sie begannen zu versichern, daß »zwischen der römischen und der Genfer Intoleranz zwei Religionen in einem Staat Platz haben«[14]. Montaigne hat das nicht so deutlich ausgesprochen, doch er hat mit beiden Parteien, dem Hof in Paris und den Hugenotten, Diskussionen geführt. Der Vertreter der Inquisition versicherte ihn in Rom seiner Gnade, und die protestantische Majestät von Navarra war bei ihm zu Gast. Es hat Goethes Bewunderung erweckt, daß »ein der römischen Kirche wie dem Königtum treulich und eifrig zugetaner Ritter ... in Deutschland eifrige, freie Unterhaltungen mit katholischen sowohl als protestantischen Geistlichen und Schullehrern über abweichende Glaubensbekenntnisse und Meinungen« führte.[15] Die philoso-

11 Cf. Eduard Zeller, *Die Philosophie der Griechen in ihrer geschichtlichen Entwicklung*, Teil 3, Abt. 1, Leipzig 1923, S. 497.
12 Cf. ibid., S. 516.
13 Montaigne, ibid., Buch III, Kap. 1, S. 14f.
14 H. Hauser, *La prépondérance espagnole*, Paris 1933, S. 57 [Übersetzung von M. H.]. Cf. hierzu besonders Albert Elkan, *Die Publizistik der Bartholomäusnacht*, Heidelberg 1905, S. 87ff.
15 Cf. Goethe, ›Besprechung des deutschen Gil Blas‹, in: *Sämtliche Werke*, Cottasche Jubiläumsausgabe, Band XXXVII, S. 206.

phische Skepsis setzt bei Montaigne wie bei den Alten einen weiten Horizont voraus. Sie ist das Gegenteil von Engstirnigkeit. Ihr Stil ist die Beschreibung, nicht die Theorie. »Ich lehre nicht, ich erzähle«, sagt Montaigne, und Goethe spricht es begeistert nach.[16] Daß der skeptische Relativismus das Handeln unmöglich mache, wurde schon seinen griechischen Vertretern vorgeworfen. Sie erwiderten, um zu handeln, brauche man kein Wissen, es genüge die Wahrscheinlichkeit.[17] Die Menschen handeln nicht aus absoluten Einsichten heraus, die es gar nicht gibt, sondern zumeist aus Vorurteilen und Gewohnheit. Da keine Ansicht einen Vorzug vor der anderen hat, so ist es auch niemals ratsam, den gegebenen Sitten und Einrichtungen entgegenzuwirken. Karneades verhielt sich »als echter Skeptiker«, sagt Zeller[18]; »er verzichtete darauf, etwas über die Gottheit zu wissen, aber er ließ sich vom praktischen Standpunkt aus den Götterglauben als eine mehr oder weniger wahrscheinliche und nützliche Meinung gefallen«. In der Praxis bedeutet die Skepsis Verständnis für das Hergebrachte und Mißtrauen gegen jede Utopie. Wenn es keine Wahrheit gibt, ist es nicht klug, sich für sie einzusetzen. Zuweilen freilich ist es selbst gefährlich, Zurückhaltung zu bekunden. Es gibt Zeiten, in denen der Staat nicht einmal die Freiheit gewährt, die herrschende Ideologie, wenngleich ihr gehorcht wird, bloß für wahrscheinlich zu halten. In solchen Perioden pflegt die Skepsis nur im stillen zu blühen; denn ihr Element ist nicht der Kampf, sei es auch nur der um ihre eigene Entfaltung als besondere Lehre. Wo Konflikte eintreten und der Skeptiker sich als mutig erweist, wird er weniger durch seine Philosophie getrieben, dazu genügt auch nicht die zuweilen mit ihr verbundene Liberalität und Toleranz. Es tritt dann militante Menschenliebe hervor, die auch hinter einer skeptischen Gesinnung schlummern und das Individuum ergreifen kann. Seiner ganzen Art nach läßt der Skeptiker jedoch Erfahrung walten und den gesunden sensualistischen Menschenverstand. Unsere Sinne sind zwar ein armseliger Leitfaden, zumal selbst die Tiere schärfere und vielleicht zahl-

16 Goethe, ›Besprechung der *Principes de philosophie zoologique* von G. de St.-Hilaire‹, in: ibid., Band XXXIX, S. 228.
17 Cf. Zeller, ibid., S. 513.
18 Ibid., S. 540.

reichere haben als wir. Die Wissenschaft, mit der es freilich nicht weit her ist, beginnt und endigt gleichwohl bei den Sinnen; »sie sind unsere Meister«[19].

Im Sensualismus stimmen die Skeptiker überein. Stets haben sie die Schulen bekämpft, die dem Denken, insbesondere der konstruktiven Theorie, eine eigene Rolle zugestehen wollten. Wenngleich es völlig eitel, ja, sinnlos ist, von so etwas wie dem Wesen einer Sache auch nur zu reden, so lassen sich doch Erscheinungen beobachten und verknüpfen, und man kann zu Vermutungen gelangen darüber, ob sie sich wiederholen. Auf Erfahrung beruhen die praktischen Fertigkeiten und Berufe, gegen die nicht das geringste einzuwenden ist. Nur ein Denken, das über die gegebenen Erscheinungen hinausgreift, jede Art des Urteils, die dem Plausiblen zuwiderläuft, ist dem Skeptiker als Dogmatismus und Spekulation verhaßt. Unmittelbare Wahrnehmung und Reflexion, natürliches Bedürfnis, Gesetze und Herkommen, eingeschliffene Geschicklichkeit und hergebrachtes Wissen werden als die Normen des Handelns genannt.[20] Die mit relativer Freiheit verbundene, fest gegründete Ordnung, die zu den Voraussetzungen bürgerlichen Verkehrs gehört, ist den Repräsentanten skeptischen Geistes zum maßgebenden persönlichen Bedürfnis geworden. Die Ausbreitung der ökonomischen Beziehungen setzt sich in ihnen als Genuß der allgemeinen praktischen und theoretischen Bildung fort. Das gesellschaftliche Leben erscheint ihnen nur als Reproduktion des Bestehenden. Alles, was zur Reproduktion gehört, die praktischen und geistigen Tätigkeiten, werden ernsthaft nicht von ihnen angegriffen. Der Gedanke oder die Tat jedoch, die das Ganze in Frage stellt und die sie in jenen Perioden des Übergangs vor allem in Gestalt der inneren und äußeren Kriege kennenlernen, ist für sie der Schrecken. Die philosophische Skepsis ist der genaue Gegensatz zur Destruktion, als welche sie zuweilen ihren eigenen Anhängern und Gegnern erscheint. Sie ist ihrem Wesen nach konservativ.

Die konservativen Züge treten bei Montaigne noch stärker hervor

19 Montaigne, ibid., Buch II, Kap. 12, S. 510f.

20 Cf. hierzu Zeller, ibid., Teil 3, Abt. 2, S. 71–73. Cf. auch Raoul Richter, *Der Skeptizismus in der Philosophie und seine Überwindung*, Band I, Leipzig 1904, S. 102f.

als bei den Alten, denen er sich anschließt. Im Reich Alexanders oder unter der Herrschaft der römischen Kaiser kündigten sich keine neuen Lebensformen an, die das gebildete Individuum zum Optimismus leiteten. In der skeptischen Philosophie der Alten zeigen sich Hoffnungslosigkeit und Leere, sie hat in der Macht der Imperatoren, vor der sie sich beugt, keinen vernünftigen weltlichen Inhalt mehr vor sich. Es besteht keine begründete Aussicht für das Individuum, in der Welt Befriedigung zu finden. Die alte Skepsis bereitet den mystischen Neuplatonismus und die christliche Askese vor. Montaigne dagegen sieht einen Absolutismus heraufziehen, mit dem er sich identifizieren kann, weil er die Konservierung des bürgerlichen Eigentums garantiert. Bei aller Schrecklichkeit der Bürgerkriege weiß er, daß das Leben weitergeht und auch diese Schwierigkeiten überwunden werden. Der Nationalstaat wird das neue Bürgertum beschützen und die Ruhe herstellen. Die Ataraxie Montaignes besteht in der behaglichen Einrichtung des seelischen Inneren, in dem man von jeder Unbill ausruht. Die Enthaltung vom Urteil, die ἐποχή, wird hier zum Rückzug in die private Innerlichkeit, in der man, des Zwanges der beruflichen Lasten ledig, sich angemessen erholen kann. Das Innere spielt im individuellen Leben die Rolle, die den Kirchen, Museen und Vergnügungsstätten, überhaupt der Freizeit im gesellschaftlichen Leben zukommt. In der bürgerlichen Ära sind die kulturellen Sphären, im einzelnen Menschen wie im sozialen Ganzen, von der Wirtschaft getrennt. In Beruf und Wirtschaft gebieten Pflicht und ökonomische Gesetze, die sich im Konkurrenzkampf durchsetzen. Im Reich der Kultur aber waltet ewige Harmonie.

Aus der Philosophie folgt keine besondere Handlungsweise, versichern die Skeptiker. Die Konsequenzen des Denkens erscheinen bei ihnen immer nur darin, daß sie gute und loyale Bürger sind. Montaigne tadelt die Stoiker und Christen, »welche sich selbst bedienen, auf hartem Lager schlafen, die Augen ausstechen, ihre Reichtümer fortwerfen und den Schmerz aufsuchen (sei es, um durch die Qual in diesem Leben die Seligkeit in einem andern zu erwerben oder um dem Sturz zu entgehen, indem man sich auf eine tiefe Stufe stellt)«[21]. Er selbst praktiziert eine andere Methode. »Es genügt mir, solange

21 Montaigne, ibid., Buch I, Kap. 39, S. 466f.

ich unter der Gunst des Glücks stehe, mich auf seine Ungunst vorzubereiten und mir, während es mir noch gut geht, das künftige Übel vorzustellen, so stark es in der Einbildung nur gehen will: Auf diese Weise gewöhnen wir uns an die Abstiege und Wendungen des Schicksals und begegnen dem Krieg, wenn wir noch mitten im Frieden sind.«[22] Das ist der Stoizismus der reichen Leute. Montaigne hat »nichts Extravagantes in seinem Verhalten«, sagt Pascal[23], »er handelt wie die anderen, und alles, was jene in dem dummen Gedanken tun, daß sie das wahrhaft Gute verfolgen, tut er nach einem anderen Prinzip. Nachdem die Gründe für die eine oder andere Richtung nämlich gleich wahrscheinlich sind, läßt er sich durch das Beispiel und die Bequemlichkeit bestimmen.« Kurz, er handelt weniger nach dem, was er denkt, als nach dem, was er hat. Seine Unabhängigkeit stellt er in kennzeichnender Weise dar: »Man muß Frau, Kinder und Reichtum haben und vor allem Gesundheit, wenn's möglich ist; aber man soll sich nicht so daran hängen, daß unser Glück davon abhängt. Man soll sich ein Hinterstübchen reservieren, das ganz uns gehört, ganz frei ist und in dem wir unsere wahre Freiheit, Zurückgezogenheit und Ruhe haben. Darin sollen wir unsere gewöhnliche Unterhaltung mit uns selber führen, so privat, daß keine Störung, keine Beziehung zur Außenwelt stattfindet. Darin können wir reden und lachen, wie wenn wir keine Frau, keine Kinder und kein Vermögen hätten, kein Gefolge und keine Diener, so daß, falls wir sie gelegentlich verlieren, es nicht neu für uns sei, sie zu entbehren.«[24] Er zieht sich in sein inwendiges Allerheiligstes zurück wie auf sein Schloß Montaigne und dort in seine Bibliothek, ganz so, wie er sich auch auf Reisen begab. Das Leben zerfällt in den Beruf, andererseits in Zerstreuung, Erbauung und so fort. Der Beruf schließt die Sorge um die Familie und staatsbürgerliche Pflichten ein. Jenseits davon beginnt der Zeitvertreib. Das verantwortliche Denken gehört einzig jenen realistischen Sphären an, in ihnen erschöpft sich der Ernst, im übrigen will man sich gehenlassen. »Denen, die mich nach dem Grund meiner Reisen fragen, pflege ich

22 Ibid., S. 467.
23 ›Entretiens de Pascal avec M. de Sacy‹, nach dem Bericht von Fontaine, in: Pascal, *Œuvres complètes*, herausgegeben von F. Strowski, Band III, Paris 1931, S. 401 f.
24 Montaigne, ibid., S. 462.

zu antworten, daß ich wohl weiß, was ich fliehe, aber nicht, was ich suche«[25]. Das heißt, ich reise »pour mon plaisir«[26]. Aus der Ataraxie wird in der neueren Skepsis zugleich die Zerstreuung und die beziehungslose und behaglich ausgestattete Innerlichkeit. Das Vergnügen an der Welt und der Rückzug ins eigene Innere sind bei Montaigne identisch. Wer in seiner Bibliothek sitzt oder eine schöne Reise macht, ruht angenehm bei sich selber aus. Die soziale Schicht in Frankreich, der er angehörte, besaß die Mittel, ihr Privatleben erfreulich zu gestalten.

Bei den Massen bildete sich zur gleichen Zeit eine Innerlichkeit heraus, die nichts von Erholsamkeit an sich hatte. Der Zusammenbruch der ständischen Lebensordnung trieb die Armen zur neuartigen und schweren Arbeit in die Manufaktur. Die Arbeitslosigkeit und die steigenden Preise der Lebensmittel zwangen dazu, sich zu verdingen, wo nur immer eine Möglichkeit bestand. Eine neue Arbeitsdisziplin wurde notwendig. Mit der neuzeitlichen Konkurrenz war die gemütliche Arbeitsweise, die noch im Frankreich des sechzehnten Jahrhunderts vorherrscht, immer weniger vereinbar. Die vielen Feiertage, die Freizeit überhaupt, mußte beschnitten, die Arbeit selbst intensiviert werden. Es begann die Entwicklung, die den Arbeiter einerseits zu immer höherer Verantwortlichkeit und größerer Leistung und andererseits zu dauernder Entbehrung zwang. Die Anpassung der Massen an diesen Zustand vollzog sich durch Erneuerung des Christentums, im Protestantismus und im Katholizismus nach Trient. Eine Seite des Protestantismus entspricht genau dem Skeptizismus: wir vermögen keine sinnvolle Ordnung in der Welt zu erkennen. Die unteren Schichten sollen nicht mehr in der Erwartung auf die oberen blicken und die Menschen nicht mehr auf Gott, daß sich die Mächtigen der Ohnmächtigen annehmen und für sie sorgen. Solche Hoffnungen sind töricht und verwerflich. Nicht an die Höheren hat das Individuum Forderungen zu richten, sondern an sich selbst. Es muß sich in Zucht nehmen. Seine materiellen Bedürfnisse kehren sich introvertiert in ebenso viele Anklagen gegen die eigene Erbärmlichkeit um. Ziehen daher die Individuen der Masse sich in ihr Inneres zurück, so finden sie dort keine vergnüg-

25 Ibid., Buch III, Kap. 9, S. 376.
26 Ibid., S. 402.

liche Ruhe wie die kultivierten Bürger des Übergangs, sondern das eigene strenge Gewissen, das sie der Sündenschuld anklagt, nach ihren Fehlern und Lässigkeiten im Alltag durchforscht und zu weiterer Arbeit antreibt. Die genußfeindliche, die Personen in sich entzweiende Innerlichkeit breitet sich in den folgenden Jahrhunderten immer mehr aus. Der Reichtum und die Bildung, die Montaigne mitbekommt, sind noch die Frucht der untergehenden ständischen Verhältnisse. In der neu aufkommenden bürgerlichen Ordnung existiert Kultur nur auf Grund der kapitalistischen Arbeitsform.

Wie die mystische Religiosität im Altertum skeptische Züge trägt[27], so stimmt der Protestantismus mit Montaignes Kritik am Wissen überein. Der Angriff Luthers auf Vernunft und Wissenschaft unterscheidet sich einzig durch Grobheit des Ausdrucks von der skeptischen Ironie. In der Vernunft sieht er eine Hure, die Gott schändet und beleidigt.[28] Nach Calvin sind alle Gedanken des Weisen eitel. In der Verdammung des theoretischen Denkens können sie sich nicht genugtun. Gottes Wort und der Obrigkeit soll sich der Mensch unterwerfen und nicht glauben, er sei aus sich selbst zur besseren Erkenntnis der Wahrheit und zum Aufstellen der Richtschnur seines Handelns fähig. Montaigne geht noch weiter. Das berühmteste Kapitel der *Essais* gilt der Verteidigung von Raymond Sebonds *Natürlicher Theologie*, die nach thomistischer Tradition auch in geistlichen Dingen das Licht der Vernunft nicht entbehren wollte, ja, sich bemühte, den Glauben auf ihr zu begründen. Sein Verteidiger aber spricht ihr jeden Wert ab, nicht nur in der Theologie, sondern auch auf dem Gebiet der Wissenschaft.[29] »Kann man sich etwas Lächerlicheres denken«, sagt er in echt reformatorischem Stil[30], »als daß dieses elende und armselige Geschöpf, das nicht einmal Herr über sich selbst und von allen Dingen abhängig ist, sich Herr und Meister des Universums nennt, das es noch nicht einmal im kleinsten Teil zu kennen, geschweige denn zu beherrschen ver-

27 Der neuplatonische Theosoph Philo bestritt die Möglichkeit des Wissens mit den gleichen Gründen, ja, mit denselben Worten wie die Skeptiker. Cf. Zeller, ibid., S. 9f. und 390.
28 Cf. die Zitate in ›Egoismus und Freiheitsbewegung‹, hier S. 58.
29 Cf. die Einführung Villeys zu Buch II, Kap. 12, der *Essais*, ibid., S. 208f.
30 Montaigne, ibid., S. 235.

mag.« Unter den Ansichten der Alten schätzt Montaigne am höchsten »die, welche uns am meisten verachten, schlecht machen und vernichtigen; die Philosophie hat, scheint mir, nie so leichtes Spiel, als wenn sie unseren Dünkel und unsere Anmaßung bekämpft, wenn sie mit Recht unsere Entschlußunfähigkeit, Schwäche und Unwissenheit erkennt«[31]. Nicht Luther, aber der humanistisch geschulte Calvin hat von der Vernunft noch höher gedacht. Zwar muß nach ihm »der Mensch, gerade indem er die Wahrheit sucht, inne werden, wie unzulänglich seine Denkkraft ist, sie zu suchen und zu finden... Keineswegs bleiben aber die Anstrengungen unseres Geistes in allen Fällen vergeblich und erfolglos, zumal wenn sie sich auf mehr untergeordnete Gegenstände richten«[32]. Montaigne ist entschiedener. »Die Pest des Menschen ist die Meinung, etwas zu wissen.«[33] – »Nur die Dinge, die vom Himmel kommen, haben Recht und Autorität; sie allein tragen den Index der Wahrheit: die Wahrheit sehen wir daher auch nicht mit unseren eigenen Augen, noch empfangen wir sie durch unsere eigenen Mittel: diese heilige und große Idee könnte an einem so ärmlichen Ort gar nicht haften, wenn Gott ihn zu diesem Zweck nicht vorbereitete, wenn Gott ihn durch seine Gnade und besondere und übernatürliche Gunst nicht bildete und stärkte.«[34] Menschliche Vernunft ist nicht bloß schwach, sie ist auch schädlich und gefährlich. »Leute, die richten und ihre Richter kontrollieren, ordnen sich niemals unter, wie es sich gehört. Um wieviel gehorsamer gegen die religiösen und politischen Gesetze und um wieviel lenkbarer sind doch die einfachen Geister ohne vorlaute Wißbegierde als jene, die in göttlichen und menschlichen Dingen Bescheid wissen und darin schulmeistern wollen!«[35]

Nimmt er die skeptische Ansicht an, so sieht sich der Mensch als »nackt und leer, er erkennt seine natürliche Schwäche und ist geeignet, von oben eine ihm fremde Kraft zu empfangen. Der menschlichen Wissenschaft entbehrend, ist er um so fähiger, die göttliche

31 Ibid., Kap. 17, S. 604f.

32 J. Calvin, *Unterricht in der christlichen Religion (Institutio religionis christianae)*, übertragen von E. F. K. Müller, Neukirchen 1928, S. 126f.

33 Montaigne, ibid., Kap. 12, S. 311.

34 Ibid., S. 460.

35 Ibid., S. 346.

in sich aufzunehmen; um dem Glauben besser Platz zu machen, vernichtet er seine Vernunft. Er ist nicht ungläubig, noch stellt er irgendein Dogma gegen die allgemeinen Sitten und Gebräuche auf; er ist demütig, gehorsam, lenkbar, arbeitsam, ein geschworener Feind der Häresie und daher gegen die eitlen und irreligiösen Lehren immun, die von den falschen Sekten aufgebracht werden. Er ist ein unbeschriebenes Blatt, bereit, die Linien aufzunehmen, die es Gott gefällt, darauf zu schreiben.«[36] Das Wort gegen die Sekten ist gewiß auf die Hugenotten gemünzt, aber nicht auf ihren Glauben, sondern auf ihren Anspruch als französische Partei, die das ruhige Werden der Nationalmacht gefährdet. Mit der Gesinnung des siegreichen Protestantismus stimmt es überein. Auch Calvin hat politisches Denken und Aktivität gegen die Papisten entschuldigt und gefördert; in der Republik Genf war jedoch Demut beliebter als menschliche Eitelkeit, und der Glaube galt mehr als die Wissenschaft. »Auch den besten Geistern«, heißt es in der *Institutio*[37], »dünkt es Torheit, eine ungerechte und tyrannische Herrschaft zu tragen, wenn man sie mit irgendeinem Scheingrunde abschütteln kann. Nach menschlichem Urteil wird es immer das Kennzeichen eines knechtischen und niedrigen Geistes sein, sie geduldig zu tragen; sie abzuschütteln aber, das Zeichen eines tapferen und großen Herzens. Auch Beleidigungen zu begegnen, hält bloß menschliche Sittenlehre nicht für ein Unrecht. Der Herr aber verwirft solchen gar zu ›hohen‹ Sinn und fordert Geduld, die bei den Menschen verächtlich ist.« Im Hinblick auf die Staatsform ist menschliches Räsonieren der Privatpersonen müßig und eitel.[38] Bei Luther wird den Menschen völlige Passivität auferlegt. Gegen seine These von der Anmaßung der menschlichen Vernunft erscheint Montaignes skeptische ἐποχή als schwächlich und Calvin als krasser Katholik. »Der Mensch muß gleich einem Lahmen mit schlaffen Händen und Füßen die Gnade als Werkmeisterin des Handelns erflehen.«[39] Wir müssen, sagt er[40], »auf den Punkt zurückkehren, nichts zu wissen, nichts zu begeh-

36 Ibid., S. 346f.
37 Calvin, ibid., S. 135.
38 Cf. J. Bohatec, *Calvins Lehre von Staat und Kirche*, Breslau 1937, S. 117. Bohatec erkennt auch, daß Calvin in diesem Punkt mit Montaigne übereinstimmt.
39 Luther, *Kritische Gesamtausgabe*, Band II, Weimar 1883ff., S. 240.
40 Luther, *Sermo Die Epiphaniae*, ibid., Band I, S. 123f.

ren, nichts zu sein. Das ist ein kurzer Weg, ein Kreuzweg, auf dem wir am schnellsten zum Leben gelangen.« Der Mensch »sündigt, wenngleich er tut, was er kann; denn aus sich kann er weder wollen noch denken«[41]. Die Lehre von der Schwäche der menschlichen Vernunft teilt Montaigne also mit den Protestanten. Beide verwerfen freilich das Denken nur, soweit es zum rechtmäßig Bestehenden, zur gegebenen Ordnung in Gegensatz tritt, nicht die Wissenschaft als solche. Für Montaignes alte Philosophen hat auch Calvin nicht wenig Sinn. »Wollen wir wirklich leugnen, daß die Rechtsgelehrten des Altertums etwas vom Licht der Wahrheit hatten, die mit solcher Billigkeit das Staatswesen geordnet und das Strafrecht entworfen haben? Sollten die Philosophen in ihrer ausgezeichneten Beobachtung und kunstvollen Beschreibung der Natur ganz blind gewesen sein? Hat es denen an Verstand gefehlt, welche ein System richtiger Stoffbehandlung ausgedacht und uns die Kunst der Rede gelehrt haben? ...Ganz im Gegenteil können wir die Schriften der Alten über diese Dinge mit höchster Bewunderung und Anerkennung lesen.«[42] Die Schroffheit Luthers in diesem Punkte ist durch Melanchthon gemildert. Schlecht ist der Geist nur als kritische Theorie und Praxis; sofern er sich ein- und unterordnet, als Gewohnheit, bürgerliche Tüchtigkeit, praktischer Verstand und als Kulturgut ist er im Protestantismus wie in der Skepsis geduldet.

Im Gegensatz zur Reformation erkennt Montaigne als höchste Tugend jedoch nicht die absolute Selbstverachtung, sondern die Mäßigung. Er sieht die kämpfenden Parteien als aufgeklärter Diplomat, Gewissensfreiheit bedeutet ihm Voraussetzung des Friedens. Nach ihm hat niemand recht, es gibt kein Recht, sondern Ordnung und Unordnung. Aus den Unterhaltungen mit deutschen Protestanten zieht er den Schluß, daß die religiöse Frage auf einen Wortstreit hinausläuft. Luther legt die Bibel anders aus als die Papisten. Luther hat eine Partei gebildet; schon bilden sich Parteien, wie jetzt Luther auszulegen sei.[43] Nicht religiös, sondern politisch hält Montaigne den Protestantismus in Frankreich für gefährlich; er fürchtet die Er-

41 Luther, *Quaestio de viribus et voluntate hominis sine gratia disputata 1516*, ibid., S. 148.
42 Calvin, ibid., S. 128.
43 Cf. Montaigne, ibid., Buch III, Kap. 13, S. 572.

schütterung. »Denn der gemeine Mann hat nicht die Fähigkeit, die Sachen nach ihrem Sinn hin abzuschätzen. Er urteilt nach Zufall und dem Augenschein. Hat man ihm einmal die Freiheit gestattet, Meinungen, die er vorher aufs höchste respektiert hat, wie die, welche sein Seelenheil betreffen, zu verachten und zu bekritteln, hat man einige Religionsartikel erst einmal bezweifelt und auf die Waagschale gelegt, so gelten ihm sogleich auch die anderen Teile des Glaubens als geradeso unsicher; denn sie waren bei ihm weder durch größere Autorität noch durch bessere Begründung gestützt als die, welche man erschüttert hat. Alle Eindrücke, die durch Gesetz und Brauch geheiligt waren, ... schüttelt er nun ab, ›denn begeistert tritt man mit Füßen, was man vorher nur allzusehr gefürchtet hat‹ (Lukrez). Er will von nun an nichts mehr gelten lassen, als was er seinem eigenen Urteil unterworfen und für gut befunden hat.«[44] Die katholischen Orthodoxen sind freilich nicht viel besser. Die Liga von Kirche, Spanien, dem Hause Guise und der ganzen, verkommenen Aristokratie verteidigte die ständisch-mittelalterlichen Lebensformen, in denen die parasitär gewordene Existenz der Partner noch möglich war. Auch sie verhetzen nach Montaigne das Volk, und zwar nicht nur »aus wahrem Eifer gegen ihre Religion und heiliger Sorge, den Frieden und die überkommene Ordnung in ihrem Land zu erhalten«[45], sondern auch um ihres persönlichen Vorteils willen. Weder der gemeine Mann im Heer noch die Führer meinen es ernst mit der Religion. Den Herzögen von Guise waren schließlich auch die Lutheraner angenehm, wenn es gegen Calvinisten ging.[46] Die gerechte Sache, welche die Katholiken nach Montaignes Ansicht für sich haben, »ist nur Schmuck und Deckmantel; sie berufen sich wohl auf sie, aber sie ist bei ihnen nicht aufbewahrt, beheimatet und wahrhaft ergriffen: sie ist dort wie im Munde des Advokaten, nicht wie im Herzen und der Sorge des Klienten«[47]. Montaignes Stellung entspricht der seines Zeitgenossen Bodin, der

44 Ibid., Buch II, Kap. 12, S. 213f.
45 Ibid., Kap. 19, S. 673.
46 Cf. E. Lavisse, *Histoire de France*, Band VI, Paris 1904, S. 57–59 über die Begegnung der katholischen Würdenträger mit dem Herzog von Württemberg vierzehn Tage vor dem Massaker in Vassy, über das Guise den Herzog als einen »accident« informierte.
47 Montaigne, ibid., Kap. 12, S. 220f.

dem König gegenüber den Protestanten »die mildesten und heiligsten Wege« empfiehlt[48] und aus dem gleichen Grunde gegen die gewaltsame Unterdrückung des Protestantismus ist wie Montaigne gegen seine Ausbreitung. Es kann sonst geschehen, sagt Bodin[49], »daß diejenigen, die von ihrem religiösen Kult enttäuscht und von den anderen angewidert sind, überhaupt Atheisten werden, wie wir es vor uns sehen, und dann, wenn sie die Gottesfurcht verloren haben, auch die Gesetze und Behörden mit Füßen treten. Sie werden sich in aller Art von Gottlosigkeit und Bosheit ergehen, gegen die man mit menschlichen Gesetzen nichts mehr ausrichten kann. Genau so, wie die stärkste Tyrannei nicht so elend ist wie die Anarchie, wo es keinen Fürsten und keine Behörde gibt, ist auch der allerstärkste Aberglaube bei weitem nicht so abscheulich wie der Atheismus.« Die Neigung, in religiösen Fragen persönlich neutral zu sein, die Religion der Staatsräson unterzuordnen, die Hinwendung zum starken Staat als dem Garanten des sicheren Handels und Verkehrs entspricht den Existenzbedingungen der zu Geld gekommenen Bürger und ihrem Bund mit der absoluten Monarchie. Er machte in Frankreich unter Heinrich IV. seine glücklichste Periode durch und ist, widerwillig genug, erst am Ende des achtzehnten Jahrhunderts gekündigt worden.

In Montaigne sind wichtige Züge des bürgerlichen Geistes ausgedrückt. Die Belanglosigkeit des religiösen Inhalts im Vergleich zu den Staatsinteressen haben repräsentative Denker in anderen Ländern, Machiavelli in Italien, Spinoza in Holland, Hobbes in England ausgesprochen. Die Tendenz, die Wahrheit der Macht unterzuordnen, ist nicht erst im Faschismus aufgekommen; in der ökonomischen Situation des Bürgertums ebenso tief verwurzelt wie die freiheitlichen Züge, durchzieht der Irrationalismus die gesamte Geschichte der Neuzeit und beschränkt ihren Begriff der Vernunft. Die religiösen Ideen, die allgemeinen Ziele überhaupt, treten hinter den Erfordernissen der Kapitalverwertung zurück. Aber nicht allein in religiöser, auch in wissenschaftlicher Hinsicht hat Montaigne eine kennzeichnende Entwicklung eingeleitet. Den klassi-

48 Cf. Lavisse, ibid., S. 181.

49 Jean Bodin, *Les six livres de la république*, Ausgabe von Gabriel Cartier, 1599, Buch IV, Kap. 7, S. 655.

schen Rationalisten Descartes und Leibniz steht seine Denkart näher, als es scheinen möchte. Sie widerspricht nicht der durch sie begründeten Wissenschaft, bloß den Unternehmungen der alchimistischen und sonstigen Scharlatane, die er vor sich sah. Montaignes Einfluß auf den cartesianischen Zweifel und damit auf die kritische Haltung der modernen Naturerkenntnis wird stets hervorgehoben. Manche Stellen der *Essais* scheinen auf Kant zu weisen. »Man hat ganz recht, dem menschlichen Geist möglichst enge Grenzen zu setzen. In der Wissenschaft wie überhaupt muß man seine Schritte berechnen und regulieren, künstlich sein Gebiet ausschneiden.«[50] Montaignes Vorsatz, sich selbst zu schildern, dem sein ganzes Werk gewidmet ist, war für den Ursprung der großen französischen Psychologie bedeutsam. Die unsystematische Form der Darstellung hat auch bei den systematischen Philosophen Schule gemacht. Man hat bemerkt[51], daß Descartes seine Lehren zuerst in essayistischer Weise geäußert hat. Der *Discours de la méthode* enthält eine biographische Darstellung. Wie Montaigne teilt er die Gedanken als persönliche Ansichten mit. In England hat der »Essay« eine glänzende Entwicklung erlebt[52], und Voltaire hat ihn, wahrscheinlich von dorther angeregt, in Frankreich wieder eingeführt.

Als Subjektivismus bildet Skepsis einen wesentlichen Zug der ganzen neueren Philosophie. Solange religiöse und weltliche Erkenntnis noch nicht getrennt waren und die irdische Ordnung auch als die von Gott gesetzte erschien, galt Wissenschaft als objektiv. Die Struktur des Universums, welche die Menschen zu erkennen strebten, war seine wahre Struktur, die zentralen Begriffe spiegelten objektive Verhältnisse, echte Ideen wider, nach denen Gott Natur, Mensch und Gesellschaft geschaffen hatte. Im Nominalismus wurde diese Auffassung erschüttert. Die aristotelische Lehre, nach der die Dinge ihr Wesen in sich haben und wir sie nach dem erkennen, was sie wirklich sind, verlor ihre Autorität. Mit dem fortschreitenden Zerfall des mittelalterlichen Ordo erschien ihr Mißverhältnis zur Realität der neuen Gesellschaft. Nicht durch die

50 Montaigne, ibid., Kap. 12, S. 450.

51 Cf. E. Cassirer, *Die platonische Renaissance in England und die Schule von Cambridge*, Berlin 1932, S. 110f.

52 Cf. G. Lanson, *Les ›Essais‹ de Montaigne*, Paris 1930, S. 326f.

Harmonie von Materie und Form ist die Wirklichkeit gekennzeichnet, sondern durch den Gegensatz zwischen Materie und Form, zwischen der widrigen, zu bewältigenden Außenwelt und dem mit seinen eigenen Zwecken und Ideen gegen sie kämpfenden Individuum. Die Skepsis ist die Quintessenz des Nominalismus. Sie steckt in allen Tendenzen, die der aristotelischen Scholastik zu Beginn der Neuzeit zuwiderliefen; denn die Subjektivierung der Erkenntnis, in der die widersprechendsten Systeme zusammenstimmen, ist eine skeptische Funktion. Auch der Platonist Ficinus bekämpft die Ansicht, daß die objektive Realität auf irgendeine Weise in den Geist gelange. Das Denken begreife in Wahrheit nur sich selbst und was es hervorbringe. Wissen ist keine Reflexion eines Objekts. »Das Urteil folgt der Form und Natur des Urteilenden, nicht des beurteilten Gegenstands.«[53] In dieser Hinsicht gehören Descartes, Hume und Kant zu einer Schule. Zur gleichen Zeit, als die fortschreitende Wissenschaft den Triumph erlebt, die Gültigkeit der Naturgesetze räumlich und zeitlich ins Unendliche auszudehnen und der himmlischen Seligkeit nicht mehr die kleinste Stätte läßt, wo sie sich ereignen kann, sinkt sie selbst zum subjektiven Auskunftsmittel herab. Ihre Begriffe erhalten den Wert von Orientierungsmarken. Solange diese philosophische Tendenz wie bei Pico mit einer exaltierten Auffassung vom Menschen zusammengeht, ist ihr skeptischer Inhalt verschleiert. Aber solcher Glaube schwindet schon während der Renaissance dahin.[54] Die Reduktion der Philosophie auf eine Logik und Erkenntnistheorie, deren Gegenstand die allgemeinen, gleichbleibenden Formen des Denkens bilden, wurde in den nächsten Jahrhunderten vollendet. Die Wissenschaften sind danach die Art und Weise, wie das Individuum mittels dieser Formen sich im Chaos der Gegebenheiten auskennt. Das einsame Ich, ein Kraftpunkt, ist die einzige verständliche Realität; zu dem, was sonst noch sein mag, gibt es keine sinnvolle Verbindung, die Welt wird zum unverständlichen Draußen, dessen Existenz nicht einmal sicher ist, sondern durch komplizierte Schlüsse nachgewiesen werden muß. Das Ich

53 Ficinus, *Theologia platonica de immortalitate animorum*, zitiert nach E. Cassirer, *Das Erkenntnisproblem in der Philosophie und Wissenschaft der neueren Zeit*, Band I, Berlin 1911, S. 92. Cf. die gesamte dort gegebene Darstellung des Ficinus.

54 Cf. dazu die ausgezeichnete Schilderung H. Ritters in seiner *Geschichte der Philosophie*, Band X, Hamburg 1851, S. 288 ff.

ist allein in einer unsicheren, wechselnden, trügerischen Welt. So steckt Montaignes Denkart im Erkenntnisbegriff der neueren Philosophie.

Der positive Gehalt der Skepsis ist das Individuum. Trotz aller Reden über seine Unbeständigkeit und Kleinheit, seine Unfähigkeit zum wahren Wissen bleibt das Ich mit seinen Kräften das einzige Prinzip, auf das wir uns in Theorie und Praxis verlassen können. Von uns selbst hängt unser Glück ab. In der Analyse, welcher Hegel den Skeptizismus unterzogen hat, ist dies klar erkannt. »Das skeptische Selbstbewußtsein erfährt... in dem Wandel alles dessen, was sich für es befestigen will, seine eigene Freiheit als durch es selbst sich gegeben und erhalten; es ist sich diese Ataraxie des sich selbst Denkens, die unwandelbare und wahrhafte Gewißheit seiner selbst.«[55] So sehr die Ironie der eigentlichen Skeptiker gegen das schwache, wandelbare, empirische Ich, dem wir uns nun einmal anvertrauen müssen, vom Pathos des Rationalismus verschieden ist, mit dem dieser vom Subjekt als dem Prinzip der Erkenntnis spricht, bilden doch bei ihnen Wissen und Handeln des isolierten Einzelnen den Inhalt der richtigen Philosophie. »Wir brauchen wenig Wissenschaft, um ordentlich zu leben«, sagt Montaigne[56], »...Sokrates lehrt uns, daß und wie sie in uns zu finden ist und wie wir uns ihrer bedienen können. Alle unsere Kenntnisse, die über die natürlichen hinausgehen, sind meist bloß eitel und überflüssig. Es ist schon viel, wenn sie uns nicht mehr belasten und stören als weiterhelfen.« Die Menschen sind auf ihre eigenen Kräfte angewiesen.

Montaignes Ansicht von dem, was wir dabei erwarten dürfen, ist maßvoll. Die Stellung des Menschen in der Schöpfung ist nicht imponierend, und jedes Individuum ist ein Nichts im allgemeinen Geschehen. Die höchste Weisheit besteht darin, mit gesundem Verstand unsere Gaben zu entwickeln, gelassen dem Glück nachzugehen, das die Natur gewährt, uns ihr anzupassen, wie sie in und außer uns, als Ablauf der Lebensalter, als physisches und psychisches Temperament sowie als Schicksal in der Welt jedem von uns gegeben ist. Natürlich handeln, ist die Maxime. Gewalt gegen sich selbst und

55 Hegel, *Phänomenologie des Geistes*, in: *Sämtliche Werke*, Glockner, Band 2, S. 164.

56 Montaigne, ibid., Buch III, Kap. 12, S. 510.

andere, gegen Mensch und Tier ist Torheit. Es gibt keinen logischen Beweis gegen Tyrannei und Grausamkeit. Montaigne wendet sich nur von ihnen ab. Freie Entwicklung, Erziehung ohne Zwang, Entfaltung der naturgegebenen individuellen Kräfte ist sein humanes Programm, das er freilich nicht als Doktrin, sondern als Vorliebe und private Ansicht ausdrückt. Zwischen Stoa und Skepsis macht er keinen großen Unterschied. Der Inbegriff der Philosophie ist *amor fati et naturae*, letztlich die Überwindung der Todesfurcht. Das ist die Quintessenz der Lebensweisheit, die er zu Anfang durch unablässige methodische Vorbereitung und später durch Beobachten des einfachen Mannes, des »natürlichen« Menschen zu praktizieren sucht.[57] Der richtige Tod wie das richtige Leben sind in die Hand des Einzelnen gegeben, er kann sich von den äußeren Wechselfällen unabhängig machen. »Was wir aus dem Leben ziehen, liegt nicht an seiner Ausdehnung, sondern an seinem Gebrauch: mancher hat lang gelebt, der wenig gelebt hat. Bedenkt es, solange ihr da seid. Ob ihr genug gelebt habt, hängt von eurem Willen, nicht von der Zahl der Jahre ab.«[58] Hinsichtlich der Möglichkeit des Selbstmords schreibt er den falschen Satz: »Keinem geht es lange schlecht ohne eigene Schuld.«[59] Aber nicht nur die Natur, sondern mehr noch die Gefängniswärter haben seit je schon Vorkehrungen gegen diesen Weg zur Flucht getroffen. Der leichte Tod in Reichweite eines jeden müßte die Angst vor dem Terror verringern, der noch stets die Gesellschaft am Ende zusammenhielt.

Die natürliche, ungehemmte Art, sich zu geben, wie sie aus Montaignes Ansicht folgt, war im ganzen bürgerlichen Zeitalter das Muster des gebildeten Mannes. Die gute Erziehung, in letzter Zeit auch die Psychoanalyse, hat dieses Ziel. Wer es an ihr fehlen läßt, lenkt Verdacht auf sich. Er ist nicht angepaßt, sein Verhältnis zur Realität gestört. Er trägt dieser etwas nach, insgeheim ist er aggressiv. Bei den Spitzen der Gesellschaft und des Geschäfts hat sich ein feiner Instinkt für die Unnatürlichkeit eines Charakters ausgebildet. Wer sich im Umgang mit der Welt nicht frei und ohne Rankünе bewegt,

57 Cf. Villeys Einleitung zu Kap. 20 in Buch I (S. 145) und zu Kap. 12 in Buch III (S. 504f.) der *Essais*.
58 Montaigne, ibid., Buch I, Kap. 20, S. 171.
59 Ibid., Kap. 14, S. 121.

wird an unmerklichen Zeichen rasch erkannt und hat keinen Erfolg. Im besseren Fall ist er neurotisch, im schlimmeren oppositionell. Der Anspruch, der Natur ihr Recht zu lassen, der mit der Emanzipation des Bürgertums zusammenhängt, nimmt die Bedeutung an, unmittelbar und unbefangen zu einer Welt zu stehen, in der nichts in Ordnung ist. Zu Beginn der Neuzeit treten humanistische Charaktere von der Art Montaignes hervor und erklären das natürliche Verhalten der gebildeten Persönlichkeit als die Norm des Handelns. An der aufsteigenden Bürgerklasse erfahren sie, daß der Mensch des[*] physischen wie des religiösen Zwangs entraten kann. Bei allen Unterschieden ihrer Theorien und Temperamente verbindet diese weltoffenen Geister der Genuß der intellektuellen und materiellen Güter der Kultur, die große politische Einsicht, die Schärfe des psychologischen Urteils und die Toleranz im Religiösen. Die gelassene Befriedigung der individuellen Bedürfnisse im Bestehenden ist ihre Lebensart, sie gehören selbst zum kultivierten Bürgertum. Bei einigen finden sich Beispiele großen persönlichen Muts und der Solidarität mit den Unterdrückten, vor allem bei Agrippa von Nettesheim, dem tiefsten dieser Skeptiker, aber auch bei Montaigne.[60] Irgendeine Verpflichtung jedoch wird abgelehnt. Montaigne zitiert einen alten Philosophen, »der lehrte, daß der Weise nur für sich selbst etwas tun soll; um so mehr, als er allein würdig ist, daß man etwas für ihn tut«[61]. Es ist Geschmacksache, wenn er sich einmal anders verhält.

Angesichts solcher Verständigkeit erscheinen die Reformatoren inhuman. Durch ihren Fanatismus vermittelt, entsteht der bürger-

[* »des« / 1938: »an sich des«.]

60 Montaigne ließ den Satz gegen die barbarische Justiz der Christen im Kapitel über die Grausamkeit (ibid., Buch II, Kap. 11, S. 198) stehen, obgleich ihm bei seinem römischen Aufenthalt der Vertreter der Inquisition, wenn auch höflich und lau, die Änderung empfahl. Der Essay über die Kannibalen (ibid., Buch I, Kap. 31), aus dem Shakespeare und Goethe einzelne Stellen wörtlich in ihre Dichtungen aufgenommen haben, gehört zu den schönsten des Werkes. Dort findet sich auch der gegen den Terror der herrschenden Mächte gerichtete Satz: »Ich meine, es ist barbarischer, einen Menschen lebendig aufzufressen, als ihn tot aufzufressen; barbarischer, einen Körper, der noch voll von Empfindung ist, in Martern und Höllenqualen zu zerreißen, ihn langsam zu rösten, ...als ihn zu rösten und aufzufressen, wenn er schon hin ist« (ibid., S. 404). – Die Mächtigen der Christenheit rangieren also tiefer als die Menschenfresser.

61 Ibid., Buch I, Kap. 50, S. 582.

liche Massenmensch, der durch Umkehrung der materiellen Wünsche, Unterjochung der sinnlichen Regungen unter das unablässig antreibende Ich, Introjektion des ökonomischen und politischen Drucks als Pflicht in die eigene Seele dem Kindheitszustand des mittelalterlichen Menschen entwächst. Auch er fügt sich in die werdende bürgerliche Ordnung ein, aber mit Rankünе und einem starken Glauben, mit Eifersucht und Schuldgefühl, mit Sexualneid und Menschenhaß. Die Idee der mütterlichen Kirche verliert die geschichtliche Basis in dem Maße, wie die Kirche infolge der wirtschaftlichen Umwälzung ihre schützenden Funktionen aufgab und parasitäre Züge gewann; die einigende Führung der Christenheit durch den Papst weicht der Politik der Nationalstaaten und die geistliche Fürsorge der ökonomischen Selbstverantwortung des Individuums. Die Gläubigen nehmen einen verschlossenen Charakter an wie der Gott, an den sie glauben, und Gott trägt die Züge der Welt, die er regiert. Sie brauchen den Umweg über den unerforschlichen Gott, um sich anzupassen, weil ihre Existenz den natürlichen Bedürfnissen und jeder Idee von Gerechtigkeit zuwiderläuft. Die Höhe des Einkommens, das sich irrational, auf Grund des ökonomischen Wertgesetzes verteilt, wird zum Siegel der Gnade, auf die der Tüchtige hoffen, aber nicht bauen darf. In ihrer barbarischen Doktrin jedoch, mit der die geistlichen Führer das Volk an den neuen Weltzustand gewöhnen, wird ihm eine Konzession gemacht: mag Gott auch in Entfernung und Undurchsichtigkeit verharren, mag die himmlische Ordnung mit ihrer dunklen Prädestination oder ihrer irrationalen Rechtfertigungsgnade sich als Abbild des irdischen Verhängnisses entpuppen, immerhin existiert ein Prinzip, das mit der Welt nicht schlechthin identisch ist. Die Bestimmung des Menschen erschöpft sich nicht mit seiner Rolle in dieser Ordnung. Gewiß hat Luther die innere Freiheit eigentlich als Bejahung der äußeren Knechtschaft aufgefaßt und christliche Liebe und Gleichheit kurzerhand mit Repression, Ausbeutung und Mord vereinbart, sobald es gegen aufsässige Massen und nicht gegen die Obrigkeit ging. Aber schon die Notwendigkeit, die christlichen Begriffe aufzunehmen und in verständlicher Sprache vom Evangelium zu reden, übt, wenn auch gegen den Willen der Reformatoren, eine kritische Funktion. Gewiß ist der Freiheitsbegriff Calvins fast auf nichts reduziert: der unbegnadete Mensch wählt mit Notwendigkeit, aber ohne Zwang das Böse. Trotz solcher kniffliger Bestimmungen, trotz vorsichtigster Beschränkung des Resistenzrechts, das Calvins Lehre einschließt, vermag auch er die Spannung zwischen Gott als höchstem Souverän und den irdischen Mächten nicht völlig auszugleichen.[62]

Die Reformatoren konnten ihre Funktion, die Menschen zu frei sich unterordnenden Individuen zu erziehen, nicht erfüllen, ohne den Gegensatz zwischen dem Menschen und der Wirklichkeit, in die er sich zu schicken hatte, wenn auch in verzerrter Weise, in ihre Lehren aufzunehmen. Gott und Welt, Freiheit und Knechtschaft, Naturtrieb und Gewissen, göttliches und irdisches Gebot sind darin unaufgelöste Widersprüche, unter denen der reale Widerspruch des Individuums, das sich zu entfalten strebt, zu den Verhältnissen des beginnenden Kapitalismus verborgen ist. Die historische Überwindung des Widerspruchs kann sich erst am Ende des Zeitalters vollziehen, wenn die materiellen Voraussetzungen zur Aufhebung der Klassen entwickelt sind. An seinem Beginn ist kein Ausweg zu erblicken, die soziale Ungleichheit erweist sich als Mittel des Fortschritts, und die Individuen werden dem Weltgeist gleichsam zum Opfer gebracht. Die Form jedoch, in der die Menschheit solches Unrecht wußte und das Bestehende an einem Ideellen maß, war die neue Religiosität. Die Vorstellung des göttlichen Gebots oder der Pflicht, die zu jener Zeit den Protestanten zur Verdrängung oder Sublimierung, jedenfalls zum Aufschub seiner materiellen Triebregungen verhielt, hat keine unmittelbare Beziehung zu einer vernünftigen Gesellschaft. Die Funktion der Reformatoren bestand ja in der Introvertierung der Massenwünsche, im Abwenden der Forderungen der Beherrschten von den Herrschenden auf ihr eigenes Innere.[63] Der ökonomische Zwang wurde als göttlich verklärt. Aber die Menschheit war schon zu weit gediehen, um die Fürsten, Behörden und reichen Bürger schlicht als Götter und den Gehorsam gegen sie als das absolut Gute hinzustellen. Sie hat den Zustand eines primitiven Fetischismus überwunden. Auch das erneuerte Christen-

62 Cf. hierzu die Darstellung des Verhältnisses von Luther und Calvin zur Autorität in *Studien über Autorität und Familie*, Paris 1936, S. 136ff.

63 Cf. über diesen Mechanismus den Aufsatz ›Egoismus und Freiheitsbewegung‹, hier S. 40ff.

tum ist keine blanke Anbetung von Macht und Erfolg, wenn auch einige seiner Tendenzen diese Gesinnung gefördert haben; es enthält vielmehr im Gottesbegriff die Idee der Indifferenz des Menschen gegen die sozialen Unterschiede und weist über die Verhältnisse der Klassengesellschaft hinaus. Die Erkenntnis, »sie sagen Christus und meinen Kattun«, erhellt das Zeitalter. Aber sie gilt für die Klassen nicht in gleichem Maß. Die Unterdrückten sagen Christus und meinten seit je eine menschenwürdige Existenz. Mag der Aufstand der Bauern, der unmittelbar eine gerechtere Praxis der grundherrlichen Ordnung anstrebte, bloß als reaktionäre oder wegen seiner Ideen von Gleichheit, Brüderlichkeit und Billigkeit zugleich als fortschrittliche Bewegung gelten: die gequälten Bauern und Proletarier, die das wiedererweckte Evangelium mit ihren Forderungen identifizierten, fielen nicht nur einem Irrtum anheim. Daß Luther in seiner Hetze, ein Blutbad unter ihnen anzurichten, keine Grenzen kannte, erinnert an die Wut des Renegaten. Er ahnte, daß seine Lehre Elemente enthielt, an die jene sich nicht ganz mit Unrecht halten konnten.[64] Je deutlicher mit dem Fortgang der bürgerlichen Gesellschaft eine überlegene, rationale Organisationsform der Menschheit sichtbar wird und als Kampfziel in den bewußten Willen sozialer Gruppen übergeht, desto unangemessener wird die religiöse Ausdrucksform für die weitertreibenden historischen Tendenzen. In der gesamten Periode des Frühkapitalismus, von der Entstehung der Bettelorden bis in die Anfänge des neunzehnten Jahrhunderts hinein, besaß jedoch das Evangelium nicht allein verklärende, sondern auch revolutionäre Bedeutung. Die Reformatoren haben es jedoch nicht mit der irdischen Ordnung identifiziert; die oppositionellen religiösen Geister von Müntzer bis Tolstoi haben es als »Gesetz, wie es im Herzen geschrieben ist«[65], den bestehenden Verhältnissen entgegengehalten.

Das Evangelium ist so die Negation der Skepsis, nach welcher das Handeln Geschmacksache oder eine Frage individueller Klugheit ist. Beim Skeptiker erscheint Menschlichkeit als eine Art Schmuck seiner Person, als Besonderheit des Temperaments, wie der Sinn

64 F. v. Bezold, *Geschichte der deutschen Reformation*, Berlin 1890, S. 500f.
65 Thomas Müntzer. Cf. Günther Franz, *Der deutsche Bauernkrieg*, München und Berlin 1933, S. 418.

fürs Reisen. Sein Begriff vom Menschen erschöpft sich in der Vorstellung des isolierten, empirischen Ichs, das sich aus den vielen Augenblicken des Lebens zusammensetzt. So mild er gegen Mensch und Tier gestimmt sein mag, logisch bleibt sein Denken bloß um innere Ruhe und Sicherheit seines empirischen Ichs zentriert. Da er nicht einmal gedanklich und im Gegensatz zu seiner eigenen Erlebnisfähigkeit und Existenz etwas gelten läßt, wogegen sein Ich an Wichtigkeit verliert oder durch Solidarität über sich hinausreicht, wird dem Skeptiker das psychologische Befinden der so verarmten und abstrakt gemachten Seele zum höchsten strukturierenden Prinzip und ferner – sosehr er alle objektiven Werte leugnet – zum höchsten, ja, zum einzigen philosophisch relevanten Wert. Ein weiterreichendes Interesse spielt bewußt keine Rolle und ist nach ihm im Menschen nicht notwendig angelegt. Montaigne haßt die Unterdrückung sozial und privat. Aber die Anstrengung auf sich zu nehmen, das Unrecht abzuschaffen, liegt ihm seinem eigenen Zeugnis zufolge ganz fern. »Montaigne«, heißt es in einer modernen Studie[66], »will weder herrschen noch sich beherrschen noch beherrscht werden; er ist bewegt und geblendet von moralischen Phänomenen; er gibt sich der Betrachtung des vielfältigen Spiels des inneren Lebens hin; er wächst, altert und stirbt in diesem Zustand einer angenehmen und schlaffen Passivität... Er schreckt vor dem Handeln zurück; er verleugnet die Anstrengung; er praktiziert sie nicht.«

Das Verhältnis von Skepsis und Religiosität hat in der neueren Zeit eine Entwicklung durchgemacht. Im siebzehnten Jahrhundert wird hauptsächlich der Gegensatz herausgestellt. Pascal erkennt Montaignes Quietismus. Er mache aus dem richtigen Prinzip, daß die menschliche Vernunft sich selbst als unzulänglich erkenne und außerhalb des Glaubens alles unsicher sei, ein sanftes Ruhekissen. Aus Angst, daß er im Verweilen bei einzelnen Problemen zu tief in sie eindringe, gleite er über sie hinweg.[67] Vauvenargues hat das Urteil später wiederholt. Er verachtet Montaignes Unentschlossenheit und Neutralität.[68] Auch die rationalistische Philosophie hat sich von

66 F. Tavera, *L'idée d'humanité dans Montaigne*, Paris 1932, S. 239.
67 Cf. Pascal, ibid.
68 Cf. Vauvenargues, *Œuvres*, herausgegeben von Gilbert, Band I, Paris 1857, S. 22 und 274–276.

Montaigne abgegrenzt. Dieselben historischen Tendenzen, die in der Religion den Menschen als Gewissen und Trieb in sich selbst entzweien, treiben in der Erkenntnistheorie zur Lehre vom rationalen Ich, das der Affekte Herr zu werden hat. Die Religion entspricht den Massen, deren geschichtlich notwendige Unterordnung nicht durch rationale Gründe motivierbar ist, sondern als Kreuz ertragen werden muß; die Philosophie kennzeichnet das Verhalten des Bürgertums, das den unmittelbaren Genuß aus Berechnung zurückstellt. Die bloße Beschreibung empirischer Zustände des eigenen Ichs, der Gewohnheiten, Sorgen und Vorlieben, der physiologischen und anatomischen Eigenheiten, wie sie in den *Essais* sich findet, hat nach Malebranche mit dem Studium des Geistes nichts zu tun. Montaignes vielgerühmte psychologische Kenntnis gilt ihm als oberflächlich.[69] Von der konformistischen Lebensklugheit, die aus ihr hervorgeht, scheint sich auch Descartes in späteren Jahren abgewandt zu haben.[70] Selbst Locke, der Montaigne in erkenntnistheoretischen und pädagogischen Lehren so weit gefolgt ist, nennt ihn auf gut puritanisch »voll von Stolz und Eitelkeit«.[71]

Aber der Gegensatz schleift sich ab: mit dem Übergang von der absolutistischen zur liberalistischen Periode werden die vorwärtstreibenden Züge der Religion überdeckt. Sie gewinnen unter den besonderen Bedingungen des geschichtlich zurückgebliebenen Deutschlands im deutschen Idealismus eine neue Gestalt, deren Entwicklung auch hier vor dem siegreichen Liberalismus in der offiziellen Philosophie abbricht und nur in der sozialistischen Opposition weitergeht. Die Religion aber wird in der herrschenden Klasse zur ungebrochenen Bejahung der gesellschaftlichen Formen. Ihre Morallehre fällt mit der Praxis des anständigen Geschäftsmanns und ihre Pädagogik mit der Erziehung zu Sparsamkeit und Profitmachen zusammen. Zwischen dem kapitalistischen Verteilungsmechanismus und den Wegen Gottes wird der Unterschied ausgelöscht. Troeltsch hat die Differenz zwischen altem und neuem Protestantismus ausführlich dargestellt. »Der Glaube wird einfach

69 Cf. Malebranche, *De la recherche de la vérité*, Buch II, Teil 3, Kap. 5.
70 Cf. Charles Adam, *Vie et œuvres de Descartes*, Paris 1910, S. 415.
71 P. King, *The Life of John Locke, with extracts from his correspondence, journals, and common-place books*, Band I, London 1830, S. 296.

zum Vertrauen und zur Hingabe an den gnädigen und heiligen Willen Gottes, wie er in der gegenwärtigen Entscheidung des von der Gemeinschaft erzogenen Gewissens sich äußert... Das Dogma tritt weit hinter die Ethik zurück. Zugleich ermäßigt sich die Spannung zwischen christlicher und nichtchristlicher Ethik, zwischen Weltleben und christlichem Leben, geht die Bekehrungsidee in die der Läuterung über. Wie sehr die Sünde auch den Menschen hemmen und hindern mag, ... die Welt der Schöpfung ist von keiner Erbsünde in ihrem Wesen verändert worden... Die große Masse protestantischer Ethik schließt theoretisch ihren unendlich mannigfaltigen Kompromiß mit den neuen ethischen Theorien... und denkt nicht mehr an den altprotestantischen Weltgegensatz und an die altprotestantische Einheitlichkeit eines christlichen Kulturlebens.«[72] Der merkbare Unterschied zwischen dem Handeln aus Gewohnheit und Herkommen bei innerer Reserve, das die Skepsis lehrt, und dem absoluten religiösen Anspruch geht in der liberalen Theologie verloren. Es gibt nur noch das Fortkommen im Geschäft, von dem »Kultur« nur einen anderen Zweig darstellt.

Das Verhältnis des liberalistischen Menschen zur Religion entspricht der skeptischen Denkart. Es ist nichts weniger als ein kämpferischer Atheismus. Der Glaube an einen verborgenen Sinn kann in einer Ordnung nicht verschwinden, in der den Menschen die Resultate ihrer gesellschaftlichen Arbeit, die Schwankungen des Marktes, die ökonomischen Gegensätze und Krisen als Äußerungen unabhängiger Mächte, als Verhängnis oder Naturgesetz erscheinen. Die Religion spielt im Leben der Klassen eine verschiedene Rolle. Während sie denen, welche die Last der Gesellschaft zu tragen haben, zum Trost wird, der bestimmt ist, sie von der Verzweiflung und freilich auch von der Revolution abzuhalten, übt sie beim Individuum der herrschenden Klasse bloß die Funktion, seine persönlichen Verhältnisse wie die bürgerliche Einrichtung der Gesellschaft überhaupt zu sanktionieren. Als Werkzeug bei der Erziehung ist sie im Liberalismus auch in den oberen Schichten unentbehrlich. Die bürgerlichen Tugenden beruhen auf dem Zurückstellen der materiellen Triebregungen hinter die weitergehenden

72 Ernst Troeltsch, ›Die Kultur der Gegenwart‹, in: *Geschichte der christlichen Religion*, Teil I, Abt. IV, I, 2. Hälfte, Leipzig und Berlin 1922, S. 616f.

Interessen des abstrakten Ichs. Wirtschaftlicher Gewinn wird nicht um des Genusses, sondern um weiteren Gewinnes willen erstrebt, und dieses Streben selbst setzt sich bei jedem Gelingen immer aufs neue als sein eigenes Ziel. Der Mensch wird zum Agenten des Kapitals. Solche Gesinnung ist weder mit Gründen noch allein mit physischem Zwang zu erzielen. Im Gottesglauben gibt daher die Pädagogik dem Zögling das Mittel an die Hand, die gesellschaftlich geforderten Eigenschaften in sich auszubilden. Wo in der Erziehung der Name der Vernunft (oder vielmehr der »cooperation«) an die Stelle Gottes tritt, wie weitgehend im amerikanischen System der Gegenwart, ist sie auch ein irrationales Wesen, eine gebieterische, quasi religiöse Macht, die dem Menschen immer nur vorhält, daß er auf sich angewiesen ist, die Gegenwart der Zukunft unterordne, den ökonomischen Nutzen als Gesetz seiner Handlungen anerkenne und in der Konkurrenz bestehe. Im Bewußtsein des Erwachsenen tritt später die religiöse, irrationalistische Begründung seiner rationalistischen Denkart zurück, und sein Verhalten im Beruf und anderen Lebenszweigen gilt ihm als Ausfluß seines eigenen Charakters oder gar des Menschenwesens. Montaigne hat das Verhältnis zur Religion in dieser Periode mit eingeleitet. Es wird über sie kein negatives Urteil gefällt, sei es auch nur »esoterisch«, nur insgeheim.[73] Aber ihre Rolle im Denken und Handeln verändert sich. Die spezifisch religiösen Inhalte und die besonderen Angelegenheiten, Sorgen und Ziele des Einzelnen treten auseinander, die Bereiche des bürgerlichen Lebens, der private und öffentliche, ebenso der geschäftliche, religiöse, politische grenzen sich gegeneinander ab. Die Freiheit der Erwachsenen von der Religion, der eigentümlich bürgerliche Unglaube besteht darin, daß jeder alles denken kann, ohne mit seinem Glauben in Konflikt zu kommen, ja, ohne überhaupt eine andere Konsequenz aus ihm zu ziehen als die, welche ohnehin sozial gefordert ist. Die Vermittlung zwischen Denken und Existenz, die seit der Emanzipation des Individuums auseinandergetreten sind, wird unendlich differenziert. Die zu-

73 Die Darstellung Montaignes als Heiden in Fritz Mauthners sonst exakter Kennzeichnung (*Geschichte des Atheismus*, Band II, Stuttgart und Berlin 1922, S. 188) trifft nicht zu. Cf. neuerdings gegen solche Auffassung M. Dréano, *La pensée religieuse de Montaigne*, Paris 1937.

höchst geachteten Ideen gelten insgeheim als Schein. Die verpönteste Gesinnung, der Menschenhaß, beherrscht, ins Unbewußte verdrängt, diese Welt der Klassen und der Konkurrenz. Daß die Vermittlung unterbrochen ist, stört keinen mehr. Alle wissen, was es mit Zucht- und Irrenhäusern auf sich hat, alle kennen den Zustand von Freiheit, Gleichheit und Gerechtigkeit, jenen vergotteten Ideen, alle ertragen den Zustand und reproduzieren ihn. In dieser Periode wird das Ganze nur von Einzelnen in Gang gehalten, und jeder Einzelne wäscht seine Hände in Unschuld, er beruft sich auf die Übermacht, die sich wieder auf ihn beruft. Die Gesellschaft ist in unzählige Sphären und Subjekte auseinandergefallen und hat sich noch nicht als Subjekt zusammengefaßt.

Hume, dessen Skepsis für die liberalistische Philosophie und Wissenschaft repräsentativ ist, entfernt die Religion noch weiter von der Erkenntnis und vom Handeln als Montaigne. Auch er hat einen scharfen Blick für das Elend und die Ungerechtigkeit, er nimmt Schopenhauer vorweg. »Wenn ein Fremder plötzlich in diese Welt hinein versetzt würde, so würde ich ihm als ein Beispiel ihrer Übel ein Krankenhaus voll von Kranken, ein Gefängnis gefüllt mit Verbrechern und Schuldnern, ein Schlachtfeld besät mit Leichnamen, eine Flotte versinkend im Ozean, ein Volk darniederliegend unter Tyrannei, Hungersnot oder Pestilenz zeigen. Die heitere Seite des Lebens hervorzukehren und ihm einen Begriff von seiner Lust zu geben, wohin sollte ich ihn führen? Auf einen Ball, in eine Oper, an einen Hof?«[74] Diese Erkenntnisse schaden jedoch nach Hume, der darin nur ein konsequenter Schüler Montaignes ist, der Staatsreligion nicht im mindesten. Die religiösen Ideen nehmen im Bewußtsein eine so erhabene Stellung ein, daß sie die Einsicht, welche mit der Praxis verknüpft ist, weder beeinflussen können noch von ihr verletzt oder bestätigt werden. Wo der Gegensatz zwischen der Religion und den Zuständen in der Wirklichkeit ernst genommen und entweder bis zur Negation der Religion oder der Wirklichkeit fortgeschritten wird, was bei den wahrhaft religiösen Denkern sowie bei den militanten Atheisten der Fall ist, entsetzt sich der Skeptiker. Die Philosophie erweist der Religion den schuldigen Respekt. »Es

74 David Hume, *Dialoge über natürliche Religion*, Teil 10, übersetzt von F. Paulsen, Philos. Bibliothek, Leipzig, S. 106f.

ist«, beginnt Hume in echt antikem Geist[75], »für die Philosophie, deren allbeherrschende Autorität überall anerkannt werden sollte, eine Art von Beleidigung, daß sie bei jeder Gelegenheit gezwungen ist, für ihre Ergebnisse Entschuldigungsgründe zu suchen und sich gegenüber den einzelnen Künsten und Wissenschaften, die sich von ihr gekränkt fühlen mögen, zu rechtfertigen. Dies erinnert an einen König, der des Hochverrats gegen seine Untertanen angeklagt ist. Nur eine Gelegenheit gibt es, bei welcher die Philosophie es für nötig und selbst für ehrenwert halten muß, sich zu rechtfertigen. Diese Gelegenheit tritt dann ein, wenn die Religion, deren Rechte ihr ebenso teuer sind wie ihre eigenen und die auch tatsächlich dieselben Rechte wie sie selbst besitzt, im geringsten angegriffen erscheint... Wenn... meine Philosophie zu den Beweisgründen für die Religion nichts hinzufügt, so habe ich wenigstens die Genugtuung, zu wissen, daß sie nichts von ihnen fortnimmt, also alles genau so bleibt wie zuvor.«

Das philosophische Denken des liberalen Bürgers geht den gesellschaftlichen Dingen nicht auf den Grund. Soweit es nicht in einer der Sparten dieser Ordnung berufliche Funktionen ausübt, gilt es zunehmend sich selbst als müßig. Die Philosophie und Literatur beziehen sich zwar auch im neunzehnten Jahrhundert noch auf das Ganze. Aber einerseits dienen auch sie durch Verklärung, Ablenkung und Beruhigung dem Fortgang des ökonomischen Prozesses in seiner gegebenen Form, andererseits werden die Werke der radikalen Schriftsteller, die das Ganze der Wirklichkeit religiös, künstlerisch oder philosophisch in Frage stellen, als bloßer Bildungsstoff assimiliert. Arbeit und wirtschaftliches Fortkommen sind als Inhalt und Ziel der Existenz den Mitgliedern des Bürgertums und weitgehend auch den beherrschten Schichten in Fleisch und Blut übergegangen. Sie sitzen so tief, daß es darüber nicht mehr zur Reflexion kommt. Was nach Balzac »der Skeptizismus anerkennt: des Goldes Allwissenheit und Allmacht«[76], ist zum wahren Gott geworden. Über Arbeit verfügt, wer im Besitz der Mittel zur Produktion des

75 Hume, *Traktat über die menschliche Natur*, Teil 1, herausgegeben von Th. Lipps, Hamburg und Leipzig 1895, S. 324 f.

76 Balzac, *Das Haus Nucingen*, übersetzt von G. Etzel, in: *Menschliche Komödie*, Band VIII, Leipzig, S. 319.

gesellschaftlichen Reichtums ist. Die Freiheit der anderen besteht darin, ihre Fähigkeiten zu verkaufen. Art und Ausmaß der Güter, die der Erhaltung des Lebens und seiner Bereicherung dienen, werden durch den Verwertungsprozeß des Kapitals bestimmt. Das Leben des Einzelnen hat an sich in diesem System nur insofern einen Wert, als es in der ökonomischen Dynamik verwendet wird, und auch hier nicht um seiner selbst willen, weil der Mensch leben soll, sondern als Kostenelement in der Profitwirtschaft. In der herrschenden Wissenschaft wird dieser Sachverhalt nicht dargestellt, es sei denn historistisch als irgendeine Ansicht, der andere entgegenstehen. Die kritische Literatur, die ihn im Roman gestaltet, wird bloß als Kunstwerk aufgenommen. Wie das bürgerliche Individuum seine eigene Philosophie den Stunden der Muße vorbehält und damit zum müßigen Denken macht, wird in der Gesellschaft die Erkenntnis und Kritik zum besonderen Geschäftszweig isoliert. Er soll Kultur besorgen, die bei solchen Produktionsbedingungen in der Unterhaltung aufgeht. Der Unterschied zwischen Wahrheit und bloßem Spaß wird gesellschaftlich ausgelöscht. Nach dem Sieg über den Feudalismus wird der kritische Geist des Bürgertums aus einer allgemeinen zur privaten Angelegenheit, aus einer praktischen zur kontemplativen Reaktion. So verbreitet sich die skeptische Denkart.

Mit dem Verschwinden des Liberalismus in der spätkapitalistischen* Periode ändert die Skepsis aufs neue ihre Bedeutung. Wie zu Anfang sieht sie sich einem Absolutismus gegenüber, den sie gelten läßt. Er unterscheidet sich jedoch von dem des sechzehnten und siebzehnten Jahrhunderts. Damals bestand die Rolle des Staates in der freilich antagonistischen Protektion des aufstrebenden Handels und Verkehrs. In der Gegenwart tendiert der Staat auch dort, wo reformistische Regierungen ihn zum Schutz der ökonomisch Schwächeren lenken wollen, schließlich dazu, Organ der stärksten kapitalistischen Gruppen zu werden. Seine kennzeichnendste Form ist der Führerstaat, in dem die industriellen und politischen Bürokratien verschmelzen. Er setzt die ökonomische Enteignung der kleineren Kapitalisten durch die größeren mit politischen Mitteln fort und reguliert Handel und Verkehr im Interesse der industriellen

[* »spätkapitalistischen« / 1938: »monopolkapitalistischen«.]

und politischen Gruppen, die aus der Konzentration und Zentralisation der Kapitalien hervorgegangen sind. Unter diesen Verhältnissen zeigt sich die Haltlosigkeit des Skeptizismus. Die skeptische Negation hat bewußt auch das Ich nicht geschont. Hume hat seine Existenz geleugnet, Montaigne nennt bereits in der Widmung an den Leser sich selbst einen »nichtigen und eitlen Gegenstand«. Und doch machen sie das Ich zum fast ausschließlichen Thema der Philosophie, und doch bildet die Unabhängigkeit des Ichs vom äußeren Geschehen, der Versuch, sich nicht zu verlieren, Sinn und Ziel der skeptischen Denkart. Aber der Rückzug aufs Ich ist selbst ein Vorgang in der empirischen Welt. Er setzt innere Kraft und Persönlichkeit voraus. Diese aber fällt nicht vom Himmel. Sie ist gesellschaftlich produziert und vergeht mit ihren Bedingungen. In bürgerlichen Demokratien ist es ohnehin zufällig, welchem Individuum die Möglichkeit gegeben ist, sich zu entfalten; die Schicht, die in Frage kommt, ist schmal genug. Unter der Herrschaft des totalitären Staats verschwindet die Möglichkeit überhaupt. Das Ich hat nicht bloß keine Gelegenheit mehr, sich zur Persönlichkeit zu bilden, auch die Festigkeit der noch vorhandenen Charaktere hängt vom Zufall ab. Gerät das Individuum in die Klauen der Macht, so kann es nicht nur vernichtet, sondern auch verdreht und umgestülpt werden, je nach dem Grad, in dem die chemische und psychologische Technik fortgeschritten ist. Es stellt sich als Wahn der Skepsis heraus, trotz allem das Ich für einen sicheren Ort der Zuflucht zu halten. Durch jede Faser ist es mit der materiellen Realität verbunden. Die Fähigkeiten, die es konstituieren, Sinne, Gedächtnis und Verstand, hängen nicht allein am gut funktionierenden Körper, sondern ebenso am stetig fortlaufenden sozialen Prozeß. Das Verhalten der Umwelt, ihre Sprache, ihre Vorschriften, ihr Glaube bedingen die Existenz und Reaktionsform jedes einzelnen Ichs. Bis in die Nuancen hinein besteht es nur in Wechselwirkung. Die Ansicht, etwas Festes, in sich Ruhendes an ihm zu haben, ist purer Schein. Wie aktiv das individuelle Ich auch sein mag, für sich genommen, ist es eine Abstraktion, und wer es in seiner Isolierung zum Prinzip oder inneren Halt verdinglicht, macht aus ihm nur einen Fetisch. Die Spannung gegen die Umwelt, der Widerstand, den ein unabhängiges Ich ihr gegenüber zu leisten vermag, ist gesteigerte Unabhängigkeit von der aktuellen Situation, nicht gegenüber der Geschichte insgesamt. In der Auseinandersetzung mit der Realität hat es ein relativ festes Gefüge entwickelt. Seine Spannkraft und die Ideen, die es der Wirklichkeit entgegensetzt, sind in ihr selbst geworden. Das skeptische Ich macht nicht sowohl bestimmte Ideen als den Zweifel zu seinem Wesen und glaubt, damit bei sich selbst zu sein. Aber es bleibt ihm, die Erfahrung zu machen, daß es ebensowohl Angst und Schmerz, Bejahung oder Empörung sein kann. Das Selbstbewußtsein und die Unabhängigkeit, in denen das Ich sich durch den Zweifel zu erhalten sucht, gehen sogar als psychologische Fakten mit dem Verfall der liberalistischen Gesellschaft zurück. Die Freiheit des Urteils, die das Lebenselement der Skepsis bildet, ist nur durch die Freiheit des sozialen Ganzen zu erfüllen, wozu im Unterschied zur skeptischen Distanz persönliche Hingabe verlangt wird. Soweit die Skepsis sich als vernünftige Denkweise nicht bewahrt, indem sie sich aufhebt und bewußt zu ihrem eigenen Anderen, zum Glauben an die konkreten Möglichkeiten des Menschen wird, soweit sie, anstatt den herrschenden Zuständen zu widerstehen, die Gegenwart nach skeptischer Art mit innerem Vorbehalt gelten läßt und, scheinbar unverändert, als Skepsis weiterexistiert, hat sie die Eigenschaft, eine Gestalt des Geistes zu sein, schon verloren. Das Ich kann sich nur noch bewahren, indem es die Menschheit auch im Ganzen zu bewahren sucht.

Die ἐποχή, die Zurückhaltung des Urteils, die innere Ruhe sind nach Montaigne nicht »frivol«. Sie waren es auch damals nicht im gleichen Maß wie heute. Von der geschichtlichen Unruhe sich freizuhalten: die skeptische Mäßigkeit bezeichnete im sechzehnten Jahrhundert ein fortgeschrittenes Verhalten. »Auch die Tugend kann man zu sehr lieben, einer gerechten Handlung sich allzu heftig widmen... Ich liebe die gemäßigten und mittleren Charaktere. Soweit selbst die Maßlosigkeit gegen das Gute mich nicht schokkiert, wundert sie mich, und ich weiß nicht, was ich zu ihr sagen soll.«[77] Darin lag historische Vernunft, solches Maßhalten war identisch mit dem Bewahren der eigenen Person, dem Beschreiten des objektiv richtigen Wegs der Toleranz im nationalen Staat. Es war die Unabhängigkeit vom Wahn der Religionsparteien. Das Augenmerk auf die Gestaltung der eigenen Person, die gehörige

77 Montaigne, ibid., Buch I, Kap. 30, S. 379.

Distanz zu jenen Volksbewegungen mit ihren vernebelten Zielen war eine fortschrittliche, der Lösung historisch gestellter Probleme förderliche Haltung. Trotz des bewußten Quietismus enthielt sie ein dynamisches Moment wie die Religion. Montaignes ἐποχή entbehrt nicht der Solidarität mit der Menschheit. Sie zu praktizieren, enthielt die Tendenz, das Glück, um das es ihm fürs eigene Ich zu tun war, nicht bloß im Besonderen, sondern allgemein zu fördern. In der Gegenwart aber zeigt sich bloß die Eitelkeit des Prinzips. Im Frieden, den der liberale Skeptiker heute mit der autoritären Ordnung schließt, äußert sich keine Praxis der Menschlichkeit, sondern der Verzicht auf sie. Der Faschismus protegiert nicht wie die absolute Staatsmacht jener Zeiten die wichtigsten sozialen Kräfte. Der Gehorsam, den Montaigne als guter Skeptiker gepredigt hat, galt einem Königtum, das mit reaktionären Gewalten im Streite lag. Der Gehorsam gegen die modernen Diktaturen, denen heute der Skeptiker sich anbequemt, ist die Gefolgschaft in die Barbarei. Montaignes relative Neutralität in den Kriegen der Hugenotten und Guisen war der Rückzug in die Bibliothek und ins feindliche Ausland. Die Neutralität im Kampf gegen die Führer und Bürokratien, das Sich-Abfinden mit den Verhältnissen des autoritären Staats im zwanzigsten Jahrhundert heißt an der totalen Mobilmachung teilnehmen. Das Bündnis zwischen Absolutismus und Bourgeoisie, dem Montaignes Gesinnung zugehört, entspringt dem Emanzipationsprozeß des Bürgertums aus dem bankrotten Feudalismus. Das Bündnis zwischen der Bourgeoisie und den faschistischen Organisationen entspringt der Angst vor dem Proletariat. Aus der skeptischen Toleranz gegen die Freiheit des Gewissens wird der Konformismus mit dem Regime der Geheimpolizei.

Montaigne hat immerhin geschrieben: »Ich bin nach der Freiheit so begierig, daß ich mich um einiges beschränkter fühlte, würde mir auch nur der Zugang eines Landstrichs von Indien untersagt. Und solange ich anderswo Erde und Luft offen finde, werde ich nirgends herumlungern, wo ich mich verstecken muß. Mein Gott, wie würde ich unter den Verhältnissen schmachten, in denen ich so viele Leute sehe: festgehalten in einem Distrikt unseres Königreichs, ausgeschlossen vom Eintritt in die wichtigsten Städte und Höfe, ja vom Gebrauch der öffentlichen Wege, weil sie mit unseren Gesetzen in

Konflikt gekommen sind. Wenn die Gesetze, unter denen ich stehe, auch nur die Spitze meines kleinen Fingers bedrohten, sogleich machte ich mich auf, um andere zu finden, wo immer es sei.«[78] In solchen Worten ist nicht nur reaktionäre Gleichgültigkeit, sondern auch ein revolutionärer Humanismus ausgedrückt. Heute gehen die Skeptiker nicht außer Landes, wenn die Bürokratie sie drinnen nur existieren läßt, und schließlich hat es keinen Sinn mehr zu gehen, weil »Erde und Luft« nirgendwo mehr offen sind und jener Landstrich in Indien denselben Gesetzen untersteht, vor denen man fliehen möchte. Die autoritäre Ordnung, die das Kapital in seiner gegenwärtigen Phase einigen Ländern aufgezwungen hat, beginnt schon, die Erde zu umspannen, und die skeptischen Staatsmänner der anderen, die Schüler Montaignes und Montesquieus, sinken vor ihr zusammen. Verhandeln hat in verschiedenen Zeitaltern ein verschiedenes Gewicht. Was jetzt dadurch erreicht wird, ist die Festigung der Herrschaft des hochkonzentrierten Kapitals in ganz Europa. Die nationalen Gegensätze zwischen den industriellen europäischen Großmächten werden gegenüber der* Notwendigkeit politischer Neuorganisation zurückgestellt. Schleichend oder in auffälligen administrativen Akten nähert sich die Welt innen- und außenpolitisch der Diktatur als der dem Monopol am besten angepaßten Regierungsform. Die Bourgeoisie muß sich damit vertraut machen, wie vor dem Krieg mit den technisch besseren Methoden und dem sogenannten Unternehmungsgeist der expansiven Industrienationen, was den konservativen Industriellen Westeuropas auch nicht leichtgefallen ist.

Kraft der ihr eigenen ökonomischen Gesetze hat die herrschende Gesellschaftsform die Stufe erreicht, wo die Menschen jene zufällige und abstrakte Freiheit vollends verlieren, die sie im Liberalismus besaßen. Falls der Einzelne nicht durch Natur und Gesinnung der Macht genehm ist, findet er keine Zuflucht mehr, weil die Erde sich rapide uniformiert. Wenn die Dinge so liegen, wenn schon das Bekenntnis zu persönlicher Unabhängigkeit, geschweige denn ihre noch so bescheidene Betätigung zu jenem Übermaß an Tugend gehört, von dem Montaigne so befremdet war, wenn die Menschheit

[* »gegenüber der« / 1938: »im Augenblick hinter die«.]
78 Ibid., Buch III, Kap. 13, S. 577.

trotz ihrer unendlich gesteigerten Kräfte durch den Terror nationaler Cliquen daran gehindert wird, ihre Angelegenheiten vernünftig zu gestalten, dann wird das skeptische Ausweichen, der Relativismus und die liberale Toleranz zur Rationalisierung der Menschenverachtung, eine nicht bloß theoretisch, sondern auch praktisch jede Objektivität verneinende Attitüde. Sie weist nicht einmal unbewußt und im Widerspruch zu sich selbst Solidarität mit den Menschen auf. Die Humanität, die bei den Alten wie bei Montaigne und selbst bei Hume als Weltbürgertum und Diplomatie sich äußerte, hat ihre friedliche Gestalt längst abgestreift; jene Attitüde offenbart nur noch den Wunsch, an der verkommenen Macht ein wenig zu partizipieren. Die Dummheit, daß ein Individuum oder Kollektiv durch Verständigung mit der sich ausbreitenden Gewaltherrschaft sich selbst oder die Welt vor ihr bewahren könne, ist als solche bereits so offenbar geworden, daß sie nur noch als leichte Verhüllung der inneren Sympathie oder der Sorge um das investierte Kapital verstanden werden kann. Die skeptischen Diplomaten der nichtautoritären Länder in Europa, die aus Kulturliebe der Barbarei Konzessionen machen, haben dogmatische Bankiers hinter sich, die um ihre Guthaben bangen. Und selbst diese werden schwerlich gerettet werden. Machiavelli schreibt, »daß ein Feldherr der Schlacht nicht ausweichen kann, wenn der Gegner durchaus schlagen will«[79]. Er verhöhnte die »Müßiggänger von Fürsten oder solche weibische Republiken«[80], die ihren Feldherrn bloß die Instruktion der Vorsicht geben. Die skeptischen Individuen und Gemeinwesen, die am Ende der bürgerlichen Epoche diese kraftlose Taktik einschlagen, sind solchem Vorwurf entrückt; sie wollen gar nicht siegen. Weder die Bourgeoisie insgesamt noch ihre Mitglieder sehen in der autoritären Ordnung ihren wahren Gegner – solches wird ihnen bloß im Wunschtraum versprengter Mitglieder angedichtet, die aus irgendeinem Grund das Unheil getroffen hat. Der Stil jener Emigranten, die, aus autoritären Staaten entflohen, die demokratische Umwelt zu »beeinflussen« suchen, indem sie jene denunzieren, dieser kluge Stil, in welchem die Gastländer im angeblich eigensten Interesse

79 Machiavelli, *Discorsi*, Buch III, Kap. 10. Zitiert nach: *Gesammelte Schriften*, Band I, München 1925, S. 355.
80 Ibid., S. 356.

gewarnt werden, wie weltfremd ist er! Trotz aller inneren und äußeren Gegensätze, die zum Kriege treiben, haben die Vertreter der veralteten Ordnung einen gemeinsamen und größeren Feind: die vernünftige Gemeinschaft der Menschen, deren Möglichkeit im Bewußtsein der Völker bestimmtere Umrisse annimmt und nur mit nacktem Terror für eine weitere Spanne auszubrennen ist. Die Skepsis, einst die Negation der geltenden Illusionen, steht* heute gegen gar nichts mehr als gegen das Interesse an einer besseren Zukunft.

Der Wandel der Skepsis aus einer humanistischen Geistesverfassung zum reinen Konformismus ist im ökonomischen Prinzip der Epoche angelegt. Die Unabhängigkeit des Ichs, auf die der Skeptiker sich zurückzieht, gründet in der Freiheit des Individuums, die jedes ökonomische Subjekt in einer Warenwirtschaft genießt. In der Neuzeit ist im Gegensatz zu den antiken Sklavenstaaten diese Freiheit allgemein. Jeder existiert dadurch, daß er ein Produkt von soviel Aufwand im Tausch zurückerhält, wie er durch seine eigene Arbeit zum Leben der Gesellschaft beiträgt. Alle sind frei, »jeder einzelne Mensch trägt die ganze Menschheit in sich«[81]. Daß in der Philosophie das Individuum im Zentrum steht, daß der Autor der *Essais* sich selbst zum Thema macht, läuft der Humanität nicht zuwider. In einer Gesellschaft, die auf solchem Tauschprinzip beruht, mag sich jeder in sich zurückziehen, er ist sein eigener Herr, und in seinem Verhältnis zu den anderen wie der anderen zu ihm geht es mit rechten Dingen zu. Bei so geregelter Existenz hat die skeptische Ablehnung umwälzender Aktivität, die Feindschaft gegen die Kritik am Ganzen nichts Zynisches an sich. Die Menschen sind als Gleiche anerkannt. Aber das Prinzip der bürgerlichen Gesellschaft hat eine andere Seite, deren Entfaltung im Kapitalismus die Geschichte beherrscht und ihn der Auflösung entgegentreibt. Wenn Arbeit und Verfügung über Arbeitsmittel jeweils nicht in einer Hand vereinigt, sondern sozial getrennt, das heißt auf verschiedene Klassen verteilt sind, dann vollzieht sich der freie Tausch als Arbeitsvertrag. Der eine Kontrahent gibt seine produktive Kraft, der andere das Geld, um sie durch Lebensmittel zu ersetzen. Dieser Akt entspricht dem

[* »Die Skepsis … steht« / 1938: »Die Skepsis steht«.]
81 Montaigne, ibid., Kap. 2, S. 40.

Prinzip. Mit den Produkten, die der Arbeiter für seinen Lohn sich kaufen kann, läßt sich normalerweise die Kraft ersetzen, die er dafür verausgabt hat; er kann sein Leben fristen. Im gesellschaftlichen Resultat jedoch ist die Gleichheit verschwunden. In den Produkten, welche die arbeitende Menschheit auf Grund der Verträge hervorbringt, steckt viel mehr Arbeitszeit, als zur Reproduktion des Lebens der Arbeiter notwendig ist. Über die Differenz verfügt das Kapital. Die Gleichheit der freien Individuen, die sich durch den Tausch erneuert, die Arbeit jedes Menschen als Grund seines Eigentums und seiner Macht, das Prinzip des Bürgertums also, auf dem seine Ideologie beruht, erweist sich daher als bloßer Schein, der die wahren Verhältnisse verschleiert. Je weiter die Gesellschaft sich entwickelt, um so mehr zeigen das Prinzip und mit ihm der bürgerliche Freiheitsbegriff ihren inneren Widerspruch. Das Walten-Lassen des Prinzips, die skeptische Ablehnung umwälzender Aktivität, die Feindschaft gegen die Kritik am Ganzen haben daher etwas Zynisches an sich. Sie bezeugen nicht die Einordnung in vernünftige, sondern die Unterordnung unter unvernünftige Verhältnisse. Die Skepsis ist bereit, die Freiheit jedes Individuums zu respektieren – sofern es sie nicht durch die Wirksamkeit der ökonomischen Gesetze und ihre politischen Konsequenzen verliert. Durch diesen Widerspruch trägt die moderne skeptische Gesinnung mitsamt ihrer Liberalität, ihrem Subjektivismus und Relativismus einen harten, menschenfeindlichen Zug; sie ist nicht so gerecht und aufgeschlossen, wie es zuweilen aussieht. Die essentielle Harmonie mit Lebensformen, die auf sozialer Ungleichheit beruhen und durch den Vernichtungskampf der Konkurrenz vermittelt sind, macht den herrschenden Typus im tiefsten ungerecht und destruktiv, mag er im Rahmen des Möglichen, das heißt ohne die Basis anzutasten, zuweilen hilfsbereit und aufgeschlossen sein. Die Gleichheit und faire Chance für den Tüchtigen, die von den oberen Klassen so erfolgreich verkündet wird, sollte an dem Gefühl gemessen werden, mit dem einer von ihnen sein Vermögen verliert. Da er die Güter, die beim heutigen Stand der gesellschaftlichen Kräfte alle genießen könnten, einmal genossen hat, wird er jetzt dessen inne, daß ein Leben, in dem man nur die eigene Arbeitskraft zu verkaufen hat, für ihn die Hölle ist.

Die Nachfolger Montaignes haben seit Hume ihre Redeweise nur wenig geändert. Im Grunde wird immer dasselbe wiederholt, daß alles begriffliche Wissen subjektiv, ein bloßes Ordnen sei, die Theorie aber relativ und von der Praxis getrennt. Die Skeptiker sind nach wie vor liberal; sie fordern, daß auch der Person, die der herrschenden Partei nicht unbedingt willkommen ist, eine intellektuelle Wirksamkeit gestattet werde. Solche Bekenntnisse haben keine weitreichende Konsequenz. Einerseits sollen in den Universitäten nach der skeptischen Ansicht kritische Tendenzen bloß gegen die Einbildung, gegen sogenannte Ideologien und gar nicht gegen das Bestehende laut werden. Das ist schon darum harmlos, weil der Grund der autoritären Herrschaft wahrlich nicht in dem Wahn liegt, mit dem sie sich rationalisiert, sondern in der Struktur der gesellschaftlichen Produktion, die das Zeitalter beherrscht und den Menschen je nach der Stellung, die sie in ihr einnehmen, den Charakter aufprägt. Ideologien sind nicht primär. Eben weil der bürgerliche Typus kraft seiner Existenzbedingungen so nüchtern ist und heute* wie im Liberalismus die Skepsis gegen den Geist zum Wesensmerkmal hat, kann der Faschismus seine Losungen fast wie seine Generale wechseln. Was die Menschen heute ernst nehmen, ist nach wie vor das individuelle Fortkommen, jeder andere Glaube ist oberflächlich. Durch die Etablierung als eigene Sphäre, eben durch seine Emanzipation als Geist, ist dieser zugleich zur Ideologie, das heißt zum Schein geworden. Im Liberalismus erweist sich die Ideologie als relativ konstant und substantiell, das abstrakte Bewußtsein der Freiheit ist ihr wesentlicher Inhalt; unter der Herrschaft des Monopols, in der Periode des bürgerlichen Verfalls, nimmt eine Parole nach der anderen das manifeste Denken ein. Die Skeptiker, die ohne Theorie, rein im Namen des Zweifels gegen Rassen- und andere Irrlehren auftreten, sind Sancho Pansas, die sich als Don Quixotes verkleiden. Im Grunde wissen sie, daß sie gegen Windmühlen kämpfen.[82] Andererseits hat

[* »heute« / 1938: »in der Periode des Monopolkapitalismus«.]

82 Gide bedauert (*Essai sur Montaigne*, Paris 1929, S. 109), daß Cervantes' Buch erst nach dem Tod Montaignes erschien. Es sei geradezu für ihn geschrieben. »Auf Kosten Don Quixotes wuchs langsam Sancho Pansa in ihm.« Die Verwandtschaft des heutigen Skeptikers mit Sancho duldet von Anbeginn keinen Zweifel. Neu ist, daß er sorgsam sich als Don Quixote gibt. Sein Rezept besteht darin, philosophisch radikal und sozial konformistisch zu sein. Daß Montaigne so verstanden wird, ist das Geheimnis seiner andauernden Popularität.

ihr Feldzug sogar das Gute, daß in den Augen des Publikums die Wahrheit leicht als auch so eine Irrlehre mit unterläuft. Der Skeptiker kennt keine Ideen mehr, er kennt nur noch Illusionen, die Unterschiede verwischen sich.[83] Wer ohne Darstellung der Basis nur die Ideologie angreift, übt schlechte oder vielmehr gar keine Kritik, wie geistreich sie auch sei. Das nicht mit einer bestimmten Theorie verknüpfte sogenannte Durchschauen und Auflösen von Ideologien, das schon Montaigne als Konfrontieren der zeitlich und räumlich verschiedenen Moral- und Religionsansichten von den Alten übernahm, hat heute leichtes Spiel. Das gesellschaftliche Ganze, nicht so sehr die Ideologie, bildet den Gegenstand der adäquaten Kritik in Theorie und Praxis.

Nicht bloß die Intellektuellen, die sich mit der neuen Herrschaft* abzufinden suchen, auch der gemeine Mann ist sich im Prinzip gleichgeblieben. Daß der Massenmensch der modernen Periode, wie er besonders in den autoritären Staaten vorkommt, von der Skepsis frei sei, ist ein Irrtum. Die ökonomischen Bedingungen, aus denen er hervorgeht, haben seit dem Liberalismus ihr Wesen nicht verändert, sondern eine soziale Gestalt erzeugt, in der das Individuum noch weniger gilt. Die Periode übt auf das Denken eine verkrüppelnde Wirkung aus; sie ersetzt die Idee der Allgemeinheit durch den Fetisch des Volkes. Aber »Denken heißt etwas in die Form der Allgemeinheit bringen; sich denken, heißt, sich in sich als Allgemeines wissen, sich die Bestimmung des Allgemeinen geben, sich auf sich beziehen. Darin ist das Element der praktischen Freiheit enthalten.«[84] Die Emanzipation der bürgerlichen Gesellschaft aus dem Mittelalter war gleichsam eine Reaktion »vom Element der Allgemeinheit aus, gegen die in Partikularität gesplitterte Wirklichkeit«[85]. Das Prinzip, das die bürgerliche Gesellschaft beherrscht, hat eine höhere Allgemeinheit als das der feudalen Lebensordnung. Nach ihm soll jeder zu seinem Recht und seinem Glück kommen.

[* »der neuen Herrschaft« / 1938: »der Herrschaft des Monopolkapitals«.]

83 Cf. hierüber Raymond Aron, ›La sociologie de Pareto‹, in: *Zeitschrift für Sozialforschung*, VI, 1937, S. 489 ff.

84 Hegel, *Vorlesungen über die Geschichte der Philosophie*, in: *Sämtliche Werke*, Glockner, Band 17, S. 129.

85 Hegel, *Vorlesungen über die Philosophie der Geschichte*, in: ibid., Band 11, S. 475.

Die Zwiespältigkeit des Tauschverhältnisses jedoch, von dem oben die Rede war, erzeugt notwendig und so, daß sich der Grund dem Bewußtsein der Menschen entzieht, stets wieder und auf erweiterter Stufenleiter die Ungleichheit. Indem der Faschismus unter dem Titel der »Nation« und »Volksgemeinschaft« * einige formelle Erinnerungen an den Feudalismus, äußere Zeichen von Standesvorrechten, religiöse Erziehung und den Rest von Kindlichkeit und Faulheit abschafft, ja, einige Gruppen der Masse durch materielle Vorteile korrumpiert, um desto brutaler die ökonomische Ungleichheit zu verschärfen; indem er ferner das Ganze für die Zwecke der herrschenden Gruppen militärisch organisiert und damit das Leben der Gemeinschaft »total« unter den Profitwillen der wenigen zwingt, verliert das Denken seinen Charakter. Die Begriffe Volk, Nation und Vaterland haben reale Gültigkeit, doch sind sie keine konkreten und zielsetzenden Ideen. Losgelöst vom Interesse an einer vernünftigen Gesellschaft, der Reichweite jedes kritischen Gedankens entrückt und in seiner gegebenen Gestalt zum Allerhöchsten aufgespreizt, kann der Begriff des Volks zum Götzen herabsinken. Der Tod für das Frankreich der großen Revolution hatte einen anderen Sinn als Kriegsdienst unter Napoleon III. und MacMahon. Im Munde der Führer aber pflegt das Vaterland der Freiheit das gleiche Vaterland zu bleiben, auch wenn die Freiheit schon ausgerottet und der letzte Kämpfer verbannt oder erschlagen ist. Der Zwang gegen das Denken, daß es mit solchen verdinglichten Begriffen unbedingt im Einklang bleibe, dieses vorgegebene und seinem Wesen widersprechende Ziel wird ihm zur Fessel, in der es verkommt. Da freilich heute die Individuen zu fortgeschritten sind, um solche vorschriftsmäßige Gesinnung ganz ernst zu nehmen, und andererseits zu unselbständig, um sie bewußt zu verneinen, nehmen sie den völkischen Inhalt oberflächlich an, wie der liberalistische Bürger seit je Geist annahm, und werden im Inneren skeptisch und fanatisch zugleich. ** Die Substanzlosigkeit aller Motive, die jeder zugunsten der

[* »›Nation‹ und ›Volksgemeinschaft‹« / 1938: »Nation und Volksgemeinschaft«.]
[** »skeptisch und fanatisch zugleich.« / 1938: »zu enttäuschten Skeptikern, die wie jener an gar nichts glauben als an Fortkommen und Erfolg. Skepsis und Mystizismus erweisen wie im Untergang der Antike und in der Renaissance auch heute ihre Affinität, nur daß heute der Skeptizismus nicht mehr religiös, sondern bloß noch völkisch ist.«]

Verhältnisse vorbringt, von der Begnadung des Führers bis zur jüdischen Weltgefahr, wird verschieden deutlich gefühlt. Solches Gefühl macht sich als Zynismus geltend. Das hat auch eine progressive Seite. Daß die Bedürfnisse des modernen Lebens dazu zwingen, unter dem uniformen Handeln und Sprechen das richtige Wissen, wenn auch nur als Instinkt, als Ahnung, eben als tiefe Skepsis gegen alles, was Geltung hat, doch auszubilden, das Sich-Lockern der Beziehung von Ideologie und Überzeugung, die insgeheim sich entwickelnde Rationalität auch bei zurückgebliebenen Schichten, sind Prozesse, die unabhängig vom Willen der Herrschenden stattfinden. Sie setzen alte Tendenzen in beschleunigtem Tempo fort. Die Gesellschaft hat sich nach dem Liberalismus keineswegs als Subjekt zusammengefaßt. Sie hat noch kein Bewußtsein, mit dem sie sich in Freiheit und Gerechtigkeit entfalten könnte. Sie besitzt im Führer jedoch einen Mund, der ihre Ungerechtigkeit und Knechtschaft glorifiziert. Im Zusammenhang mit der strafferen ökonomischen Organisation, die, wenn auch verzerrt, eine geschichtliche Notwendigkeit vorwegnimmt, bedingt die weitgehende Illusionslosigkeit der als »idealistisch« und »rauschhaft« mißverstandenen Mentalität des Faschismus dessen Überlegenheit über die liberalistische Umwelt. Die individuelle Freiheit im Inneren der Staaten und gar die idealistische Verbrämung der imperialistischen Außenpolitik war eine Ideologie, deren Widerspruch zur Realität immer offenbarer wurde. Sofern nun die Religion der Macht und ein brutaler Realismus besser zum Aufrechterhalten der sozialen Hierarchie als* das Christentum passen, was schon Machiavelli ahnte, ist die zynische und begeisterte Skepsis des Faschismus der idealistischen Skepsis des letzten Jahrhunderts überlegen.

Der Faschismus ist nicht wider die bürgerliche Gesellschaft, sondern unter bestimmten historischen Bedingungen ihre konsequente Form. Kraft der Gesetzmäßigkeit, die seinem eigenen System einwohnt, vermag das Kapital in der gegenwärtigen Periode immer größer werdende Bevölkerungsteile nicht mehr für die Befriedigung vitaler Bedürfnisse zu beschäftigen. Es nimmt den Charakter oligarchischer Cliquen an, die sich anschicken, die Welt neu aufzuteilen,

[* »als« / 1938: »des Monopols als«.]

um sie mit modernen Mitteln auszubeuten. Dahin geht die europäische Entwicklung. In dieser Periode legen die vermittelnden Kategorien ihren humanitären Schein ab. Das allgemeine Äquivalent, das Geld, das die Menschen grundsätzlich einander gleichzustellen schien, verliert den ephemeren Charakter der Selbständigkeit. Stets hat es gesellschaftliche Beziehungen vermittelt und ausgedrückt. Heute tritt dies offen zutage. Die nationale Gruppe, die einen guten Produktions- und Unterdrückungsapparat besitzt und infolgedessen zur straffen militärischen und sozialen Organisation fortschreitet, wird immer unabhängiger vom Geld oder zwingt es vielmehr schließlich in seinen Dienst, wo es anzutreffen ist. Im Inneren werden die Finanzen auch formell vom Kapital und seinem Staat in die Hand genommen. Er bestimmt darüber, wie die beherrschten Gruppen leben. Die Staatsausgaben, um die Massen ans Regime zu binden, voneinander zu trennen und zweckmäßig durchzuorganisieren, öffentliche Arbeiten, offizielle Hilfswerke und so fort, der sogenannte Sozialismus, begegnen nur im Übergang zum Faschismus ernsthaftem Widerstand, solange keine unzweideutig der großen Industrie verschworene Regierung existiert. Die Klagen der kleineren Unternehmer werden eingespannt, bis die wirklich autoritäre Macht formiert ist, vor der das Aufbegehren rasch zum harmlosen Nörgeln herabsinkt. So lange geht die Obstruktion und erweist die Ohnmacht jedes anderen als des faschistischen Rezepts. Mit der scheinbaren Unabhängigkeit des Parlaments verschwindet die scheinbare Unabhängigkeit der Geldmacht. Die Schicht, die über die Mittel der materiellen Produktion verfügt, die industrielle und politische Bürokratie, tritt auch formell als maßgebend hervor. Die Konkurrenz hat stets nur als vermittelndes Moment funktioniert. Sie tritt nun im Inneren der Staaten zurück. In Deutschland war die schwere Industrie, die mit dem autoritären Staat zur offenen Herrschaft kam, in jenem Augenblick insolvent, gegen andere Industrien weit zurückgeblieben. Nach liberalistischen Konkurrenzprinzipien war sie trotz ihrer Macht ganz ungesund. Im Faschismus konkurriert die Macht jedoch wesentlich nur international, im Inneren setzt sie den Kampf gegen widerstrebende Industrien wie gegen die Arbeiterschaft mit staatlichen Mitteln fort. Es zeigt sich ferner, daß der Vertrag nur der Form nach dem Arbeitsvertrag zugrunde lag; Dekret und Befehl treten jetzt offen an seine Stelle, er gewinnt neue Bedeutung als Abkommen zwischen gleich starken Cliquen innerhalb des Staats, nicht unähnlich manchen Verhältnissen im Mittelalter. Im neuen Recht werden die Allgemeinheit des Gesetzes und die Unabhängigkeit des Richters offen preisgegeben.[86] War die Ungleichheit im Liberalismus durch das gleiche Recht verschleiert, was, da der Schleier selbst nicht substanzlos war, ein Minimum an Freiheit garantierte, so wird jetzt mit den Menschenrechten als mit einer Ideologie reiner Tisch gemacht. Einzelne Gruppen, selbst Individuen werden besonders vom Gesetz betroffen, Rechtsgesetze rückwirkend in Kraft gesetzt. Der Richter wird von dem verspotteten Phonographenamt befreit, in dem er das Recht bloß interpretiert und verlautbart hat; er rückt zum unmittelbaren Vollstrecker der höheren Befehle auf und wird damit dem Henker gleichgestellt. Auch mit anderen sozial kennzeichnenden Wesenheiten vollzieht sich diese Entschleierung.

Angesichts des Grauens, das während der gegenwärtigen Zersetzung einer historischen Lebensform der Menschheit ausbricht, sieht es aus, als sei neben der völkischen Mystik, die letztlich auf einem skeptischen Nihilismus beruht, auch die Zeit der edleren Skepsis wiedergekommen, die in der Antike die letzte Auskunft des verzweifelten Einzelnen war. Aber die Geschichte ist inzwischen fortgeschritten, und die Menschen haben die Mittel erobert, auf der Erde das Glück einzurichten. Daher ist die Skepsis der Gebildeten, die schweigend ihren Frieden mit dem Bestehenden machen, heute nicht edler als die gemeine Skepsis der Mitläufer. Mit den heutigen Skeptikern käme Montaigne in Konflikt. Es ist seine Lust »und vielleicht nicht ohne Übermaß, daß er einen Polen so gut wie einen Franzosen ins Herz schließt und die nationale Verbindung der universellen und allgemeinen unterordnet«[87]. Nur teilweise dürfen solche Bekenntnisse darauf zurückgeführt werden, daß Montaigne dem nationalen Prinzip, das sich später als revolutionär erwies, nicht folgen konnte und dem Mittelalter noch verhaftet war. Menschenliebe ist nie bloß reaktionär. Mit der Neutralität gegen den

86 Cf. Franz Neumann, ›Der Funktionswandel des Gesetzes im Recht der bürgerlichen Gesellschaft‹, in: *Zeitschrift für Sozialforschung*, VI, 1937, S. 542ff., besonders S. 565ff.

87 Montaigne, ibid., Kap. 9, S. 378.

Faschismus, mit dem heruntergekommenen modernen Skeptizismus hat sie nichts zu tun. Der faschistische Typus Mensch und sein Ideal, die Erniedrigung des Menschen unter Menschen, sind das Widerspiel des Humanismus, erscheine er in religiöser oder in skeptischer Gestalt. »Die Mehrzahl der freien Personen«, sagt Montaigne in dem Zusammenhang, in dem er die Tiere noch über die Menschen stellt[88], »verkaufen um sehr geringe Bequemlichkeit ihr Leben und ihr Wesen an fremde Macht... Hat es den Tyrannen jemals an Menschen gefehlt, die ihnen ergeben waren, einige sogar mit der Verpflichtung, sie wie im Leben so in den Tod zu begleiten? Ganze Armeen haben sich derart ihren Führern verpflichtet. Die Eidesformel der Gladiatoren gelobt das Folgende: Wir schwören, uns fesseln, schlagen und mit dem Schwert töten zu lassen und alles zu erdulden, was die wahren Gladiatoren von ihrem Herrn und Meister erleiden; wir verpfänden feierlich und heilig Körper und Seele zu seinem Dienst. ›Verbrenne mir den Kopf, wenn du willst, renne mir ein Schwert durch den Leib oder zerfleische mir den Rükken mit Peitschenhieben‹ (Tibull). Das war eine wirkliche Verpflichtung[89], und tatsächlich fanden sich in irgendeinem Jahr zehntausend, die sie auf sich nahmen und dabei zugrunde gingen.« Trotz aller Mahnungen zum Gehorsam, die Montaigne in die Nähe der Reformatoren bringen – den als Mannestreue bis zum letzten Hauch maskierten Sado-Masochismus hat er immerhin durchschaut. Die Konformität mit der schlechten Wirklichkeit, die Exzision der Idee der Allgemeinheit aus dem Denken, seine Beschränkung auf Geschäft und Fachwissen, verfälscht in der Gegenwart auch bei den Gebildeten alle essentiellen Begriffe. Auch der Weise bleibt jedoch auf die Dauer theoretisch nicht immun, wenn er sich in der Praxis den Feinden der Menschheit assimiliert.

An der Beurteilung Montaignes im neunzehnten Jahrhundert läßt sich das Werden des neuen Geistes verfolgen. Es wird immer stärkerer Nachdruck auf seine Persönlichkeit, seine Distanz zur Aktuali-

88 Ibid., Buch II, Kap. 12, S. 256 f.

89 Die Eidesformel entspricht nicht der Wirklichkeit, sie stammt aus der Belletristik. Ein moderner Kommentator (cf. die englische Übersetzung der *Essais* von E. J. Trechmann, Band I, London 1935, S. 453) meint, sie sei weder von den Gladiatoren der Wirklichkeit noch des Romans ernst genommen worden. Dafür verleiht sie der Gesinnung autoritärer Gefolgschaften in der Gegenwart um so exakteren Ausdruck.

tät, vor allem auf seinen Haß gegen die Masse gelegt. Montaigne gilt als großer Mann. Nicht die schlechtesten bürgerlichen Denker haben die armselige Verfassung der Menschen und die Verlogenheit des öffentlichen Geistes in der liberalistischen Periode erkannt, ohne freilich einen anderen Ausweg zu sehen als die romantische Illusion einer neuen Aristokratie, die »Adelsmenschen«, wie Ibsen sagt. Die harmonische, von der gesellschaftlichen Umwelt unabhängige, isolierte Persönlichkeit, abgehoben gegen den Herdenmenschen, galt ihnen als das geschichtliche Ziel. Sie konnten sich an Montaigne bestätigt sehen. Die Massenkultur war seine Sache nicht. Es gibt Unterschiede zwischen den Menschen. Das Wissen ist sehr hoch zu schätzen; es kommt nur darauf an, wer es besitzt. »Für eine wohlgestaltete Seele ist es ein nützliches Zubehör, für eine andere korrumpierend und schädlich; oder besser, es ist eine Sache von äußerst kostspieliger Anwendung, ihr Besitz erfordert großen Aufwand; in der Hand des einen ist es ein Szepter, in der des andern ein Narrenstab.«[90] Seine Stellung zu den Bürgerkriegen scheint derjenigen Goethes ähnlich zu sein, wenn man davon absieht, daß zwischen den religiösen Kämpfen in Frankreich und der großen Französischen Revolution ein Unterschied besteht. »Das wenige, was ich an Verstand habe«, sagt Montaigne[91], »verwende ich bei den gegenwärtigen Bürgerkriegen darauf, daß sie meine Bewegungsfreiheit nicht beschränken.« Ausdrücklich heißt es: »Ich verabscheue die Neuerung, welches Gesicht sie auch trägt, und ich bin im Recht, denn ich habe sehr üble Wirkungen von ihr gesehen.«[92] Das Mißtrauen gegen die Volksbewegung enthält auch im neunzehnten Jahrhundert nicht nur ein reaktionäres Element, sondern wie im sozialen Pessimismus, zu dem es gehört, eine Erkenntnis. In der Bitterkeit des Pessimismus verbirgt sich die Ahnung, daß es um das allgemeine Glück in der herrschenden Gesellschaft trotz der Versicherungen ihrer Apologeten schlecht bestellt ist. Der Widerspruch zwischen den Errungenschaften der Technik und dem wachsenden Druck auf die Massen, zwischen den Erfolgen der Naturwissenschaft und der steigenden Unsicherheit, den die Liberalisten

90 Ibid., Kap. 8, S. 287.
91 Ibid., Kap. 13, S. 577.
92 Ibid., Buch I, Kap. 23, S. 223.

durch die Lehre von der gesellschaftlichen Harmonie und von der Möglichkeit unbegrenzten Fortschritts zu verhüllen suchen, wird bei den konservativen Denkern ernst genommen. In den politischen Bewegungen, die das Zeitalter durchziehen, ist ferner die Masse noch nicht fähig, eigene Ziele durchzusetzen. Sie erscheint als Material der bürgerlichen Politik und wird benutzt, das System zu entwickeln und zu erneuern, dessen Last sie selbst zu tragen hat. Sie zieht aus, um sich zu befreien, und befreit die bürgerliche Form des Eigentums. Ihre Aktion ist widerspruchsvoll wie die Ordnung, die sie schließlich befestigt. Die sozialpsychologische Erfahrung, die nicht nur in der grauenvollen Lehre De Maistres und Bonalds, sondern auch von Goethe und Nietzsche verkündigt wird, ist besser begründet als der Mythos von der Kraft des Volks, der unentwegte Glaube an die gesunden Instinkte der Masse. Für den Theoretiker der proletarischen Gruppen, die heute über die bürgerliche Welt hinaustreiben, ist naiver Respekt bloß schädlich. Im Kampf um die Gesellschaft ohne Klassen, der seit Mitte des neunzehnten Jahrhunderts aktuell wird, muß die Masse sich aus einem bloßen Material zum Subjekt erst organisieren, den Charakter der Masse abstreifen. Dem Theoretiker ist dabei eine bewundernde Haltung nicht angemessen. In seiner Solidarität mit der Sache der Unterdrückten ist die Negation der Masse oder des Volks, wie es von der bürgerlichen Politik gelenkt wird, enthalten und aufgehoben. Die Solidarität bezieht sich nicht ausschließlich auf den Menschen, wie er ist, sondern auch darauf, wie er sein kann. Das negative Moment, die Erkenntnis der dunklen Züge des Menschen, fehlt dem dialektischen Denken nicht, die Kritik ist sein Lebenselement.

So tief jedoch die durch Feindschaft geleitete Analyse der Beschaffenheit bestimmter bürgerlicher Massen dringen mag, das aristokratische Ideal, an dem sich das konservative Verdammungsurteil orientiert, ist unhaltbar. Der abgelöste Begriff der Persönlichkeit, deren Wesen es nicht berühren soll, ob sie in einer aufsteigenden oder die Menschen erniedrigenden, in einer grauenvollen oder vernünftigen Gesellschaft existiert, hat in der Renaissance eine progressivere Funktion als in der gegenwärtigen Periode des Verfalls. Nietzsche hat sich erst allmählich von der Geschichte distanziert. »Die Einzelnen können gar nicht schöner leben, als wenn sie sich im Kampfe um Gerechtigkeit und Liebe zum Tod reif machen und opfern... Man kann nicht glücklich sein, solange um uns herum alles leidet und sich Leiden schafft; man kann nicht sittlich sein, solange der Gang der menschlichen Dinge durch Gewalt, Trug und Ungerechtigkeit bestimmt wird; man kann nicht einmal weise sein, solange nicht die ganze Menschheit im Wetteifer um Weisheit gerungen hat und den Einzelnen auf die weiseste Art ins Leben und Wissen hineinführt.«[93] Solche Urteile, die freilich durch das, was schließlich gefordert wird, nämlich die tragische Gesinnung, schon damals gemildert waren, haben noch nichts mit Aristokratismus und Massenfeindschaft zu tun. Damals hat Nietzsche Montaigne richtig auf die Gegenwart bezogen. »Was der Einzelne Montaigne in der Bewegtheit des Reformations-Geistes bedeutet, ein In-sich-zur-Ruhe-kommen, ein friedliches Für-sich-sein und Ausatmen – und so empfand ihn gewiß sein bester Leser, Shakespeare, – das ist jetzt die Historie für den modernen Geist. Wenn die Deutschen seit einem Jahrhundert besonders den historischen Studien obgelegen haben, so zeigt dies, daß sie in der Bewegung der neueren Welt die aufhaltende, verzögernde, beruhigende Macht sind: was vielleicht einige zu einem Lobe für sie wenden dürften. Im ganzen ist es aber ein gefährliches Anzeichen...«[94] Nietzsches Lob ist zweischneidig. »Mit ihm würde ich es halten, wenn die Aufgabe gestellt wäre, es sich auf der Erde heimisch zu machen.«[95] Später wächst seine Bewunderung für den skeptischen Franzosen mit dem Ekel vor den Deutschen und freilich auch mit seinem Irrtum über den Sinn der Revolution. Er verhimmelt die Persönlichkeit. Wenn Montaigne erklärt, er sei von allen Seiten schlecht behandelt worden und den Ghibellinen Welfe, den Welfen Ghibelline gewesen; die Anklagen seien jedoch stumm geblieben, weil er sich peinlich ans Gesetz gehalten[96], sieht ihn Nietzsche schon zu Lebzeiten »auf den Index im Vatikan gesetzt, allen Parteien längst verdächtig« und spricht von »seiner gefährlichen To-

93 Nietzsche, *Unzeitgemäße Betrachtungen*, Viertes Stück, in: *Gesammelte Werke*, Musarionausgabe, Band VII, S. 269f.
94 Ibid., S. 261.
95 *Unzeitgemäße Betrachtungen*, Drittes Stück, in: ibid., S. 49.
96 Cf. Montaigne, ibid., Buch III, Kap. 12, S. 520f.

leranz seiner verleumdeten Unparteilichkeit«[97]. Er macht ihn zum Heroen, der er gewiß nicht war.[98]
Trotz allem spricht aus Nietzsche mehr noch die Kritik am Bürgertum des Verfalls als die Achtung vor der sich verfestigenden Kapitalmacht. Seine Bewunderung für Montaigne weist auf den humanen Sinn der Utopie vom Übermenschen und läßt die »Führergestalten« der Gegenwart als ihr Zerrbild erscheinen. Sie stellen gleichsam die geschichtliche Antwort auf Nietzsches Irrtum dar, daß in Zukunft noch Persönlichkeiten existieren könnten, wenn die bürgerliche Masse weiterexistiert; daß nicht die Emanzipation, sondern die Versklavung der Masse die Bedingung einer menschlichen Zukunft sei. Nietzsche ist widerspruchsvoll wie Montaigne selbst. Die ungebrochene Tendenz, Montaigne durch Betonen seiner harten Züge mit dem kaiserlichen Deutschland zu versöhnen, tritt dagegen in einer Fehlleistung Diltheys hervor. Montaigne stimme »den Stoikern bei in der Bevorzugung der starken männlichen und freudigen Gefühle vor der Passion des Mitleids, die er Frauen, Kindern und dem eingebildeten Haufen zuweist«[99]. Aber es steht bei Montaigne an der von Dilthey angeführten Stelle[100] gar nicht, daß er den Stoikern bei-

97 Nietzsche, ibid., Band XVII, S. 347.

98 In Wirklichkeit waren die kritischen Äußerungen über Montaigne zu seinen Lebzeiten nicht sehr bedrohlich (cf. Pierre Villey, *Montaigne devant la postérité*, Paris 1935, S. 56ff.). Die Inquisitoren des Sacro Palazzo haben nach der Lektüre der *Essais* Montaigne versichert, daß sie seine gute Absicht und Liebe gegen die Kirche zu ehren wüßten. Er solle in Rom bleiben und in Harmonie mit ihnen leben (cf. Montaigne, *Journal de voyage*, herausgegeben von Lautrey, 2. Auflage, Paris 1909, S. 274). Er hat es erreicht, den Titel eines Römischen Bürgers zu erlangen. Der Wortlaut der Urkunde war, wie er selbst bemerkt, so ehrenvoll gehalten wie der Bürgerbrief des Herzogs von Sore, des eigenen Sohns des Papstes (ibid., S. 266f.). »Sokrates aus Frankreich« nannte man ihn im Vatikan (cf. ibid., S. 268 Anm.). Auch an sonstigen Ehrungen war sein Leben nicht arm. Auf den Index wurden die *Essais* erst 1676, fast hundert Jahre nach ihrem Erscheinen, gesetzt (cf. P. Bonnefon, *Montaigne et ses amis*, Band II, Paris 1898, S. 38). Nietzsches Urteil entspricht der Version, die auch Buckle annimmt. »Unter der Maske eines Mannes von Welt, der natürliche Gedanken in gemeinfaßlicher Sprache ausdrückt, verbarg Montaigne einen hohen und kühnen Forschergeist... er war kühn, denn er ließ sich durch die Vorwürfe nicht irre machen, womit die unwissenden Dogmatiker allemal die überschütten, deren Einsicht den Zweifel herbeiführt.« (G. Th. Buckle, *Geschichte der Zivilisation in England*, deutsch von A. Ruge, Band I, Abt. 2, Leipzig und Heidelberg 1865, S. 14f.)

99 Wilhelm Dilthey, ›Weltanschauung und Analyse des Menschen seit Renaissance und Reformation‹, in: *Gesammelte Schriften*, Band II, Leipzig und Berlin 1921, S. 37.

100 Montaigne, *Essais*, ibid., Buch I, Kap. 1, S. 7f.

gestimmt, sondern nur, daß sie Entsprechendes behauptet hätten. Und nicht bloß Frauen, Kinder und der gemeine Mann[101] waren nach Montaignes Urteil dem Mitleid unterworfen, sondern ebenso er selbst. »Sowohl aus Natur als aus Vernunft«, heißt es in den *Essais*[102], »hasse ich unter allen Lastern als das äußerste grausam die Grausamkeit, und zwar geht das bis zu solcher Weichheit, daß ich nicht ohne Unbehagen sehen kann, wie man einem Huhn den Hals umdreht, und mit Pein einen Hasen unter den Zähnen meiner Hunde stöhnen höre, obgleich doch die Jagd ein großes Vergnügen ist.« Es kommt ihm mehr auf die Zerstreuung dabei an als aufs Töten und Beutemachen. Diltheys kleiner Irrtum ist nur ein Symptom. Die professorale Verachtung der Masse in der Wilhelminischen Ära bestand nicht in der Feindschaft gegen das System, das die Masse erzeugt, sondern im Haß gegen die Kräfte, die es überwinden könnten. Die Weltkriegsbegeisterung meldet sich in ihr an, die, mit den ökonomischen Bedingungen unlösbar verknüpft, verjüngt aus der Niederlage wieder emporsteigt und als völkisches Erwachen endlich die ganze Erde genesen läßt, wie es damals schon versprochen war. Die unparteiische Skepsis der modernen Wissenschaft heftet die deutschen Gelehrten mit oder ohne ihren Willen an diesen Triumphzug.

Noch rascher als die Wissenschaft hat die liberale Theologie an die neue Mentalität herangeführt. Schon David Friedrich Strauß hatte gezeigt, wie von der Theologie zu unverhüllt autoritärer und arbeiterfeindlicher Gesinnung überzugehen sei.[103] Dieser vulgärmaterialistische Theologe hat den Faschismus geradezu vorweggenommen. Die Schule Ritschls, die ihm »viel verdankte«[104], hat mit ihrem skeptischen Agnostizismus die Aussöhnung von Kapitalismus und Protestantismus auf die Spitze getrieben. »Es ist eine prinzipiell unphilosophische und antiphilosophische Theologie, die nur soviel Philosophie oder Erkenntnistheorie verwendet, als sie nötig hat, um philosophische und metaphysische Konkurrenzen loszuwer-

101 Der »eingebildete Haufe« ist ein Druckfehler oder Mißverständnis.
102 Ibid., Buch II, Kap. 11, S. 195.
103 Cf. insbesondere David Friedrich Strauß, *Der alte und der neue Glaube*, 8. Auflage, Bonn 1875, S. 279–302.
104 Cf. Ernst Troeltsch, ›Rückblick auf ein halbes Jahrhundert der theologischen Wissenschaft‹, in: *Gesammelte Schriften*, Band II, Tübingen 1922, S. 203.

den.«[105] Ein Vertreter dieser Schule war der Pfarrer Traub; sein rebellischer Liberalismus trieb ihn vor dem Krieg bis zum Konflikt mit der Kirche. Im Kriege enthüllte sich als Kern der Rebellion die restlose Bejahung der imperialistischen Politik. Für seine eiserne Propaganda erhielt er einen Platz im Oberkirchenrat. Agnostizismus, skeptische Feindschaft gegen jede die Fachwissenschaften transzendierende Theorie, Friedensschluß mit der herrschenden Ordnung kennzeichnen seinen theologischen Standpunkt.

Die Erinnerung an vorwärtstreibende Elemente der Religion, an das Evangelium als eine Instanz, die zum Bestehenden auch in Gegensatz geraten kann, findet sich außer in vereinzelten katholischen Kreisen bei verschiedenen orthodoxen Richtungen des Protestantismus. Wie manche politisch Konservativen und vor allem die kleinen Sekten, »Bibelforscher« und andere, die heute ihre Märtyrer zählen, haben sie wenigstens einen Glauben, der wie jeder Glaube in einer zerspaltenen Gesellschaft stets die Idee der Gerechtigkeit enthält. In den Grenzen der positiven Religion kann der Glaube jedoch nur noch verstümmelt existieren. Gegenüber dem totalen Nihilismus der Liberalen zeigt der Mut der Orthodoxen freilich eine höhere Wahrheit. Gleichsam wider ihren Willen sind sie durch die Totalitären auf die richtige Seite gedrängt. Diese kann jedoch nicht auf sie zählen; denn die Beschränkung auf Bibelwort und Kultus ist schon ein verstockter Glaube, der trotz allem den Konformismus in sich hat. Im Evangelium ist die christliche Freiheit verkündigt, jeder soll sie besitzen und betätigen. Das ist kein ausschließlich innerer Tatbestand, schon deshalb nicht, weil selbst die Freiheit des Gewissens sich nicht mit jeder Einrichtung von Staat und Gesellschaft verträgt. Luther und Calvin haben das gewußt, und nicht umsonst sind sie selbst sowie ihre unmittelbaren Anhänger in politische Konflikte geraten. Je mehr sich der Kapitalismus aus seiner liberalistischen Phase nach der autoritären hin entwickelt, um so mehr wird praktisch die Illusion widerlegt, als sei die innere Freiheit nur durch eine Klausel in der Verfassung oder das gnädige Nicken eines Führers zu garantieren. Das Christentum ist nicht identisch mit der mittleren und neueren Akademie von Athen. Die Meinung, das Evangelium lehre wie Arkesilaos und Karneades den Rückzug ins eigene Innere

105 Ibid., S. 204.

und den Gehorsam gegen die jeweilige Obrigkeit, nur mit dem Unterschied, daß der Christ auf die Erlösung hoffe, höbe das Christentum nicht etwa auf, sondern müßte es schlechthin vernichten. Das Prinzip des Gewissens ist nicht von vornherein darauf festgelegt, in allen gesellschaftlichen Fragen zur Unterwerfung zu treiben und höchstens einmal aufzumucken, wenn sich bei der Zusammensetzung der Kirchenbehörde der Staat offiziell einmischt.
Das Gewissen ist aus der Introjektion gesellschaftlicher Forderungen hervorgegangen. Im Gegensatz zur skeptischen Ataraxie treibt es zur Selbstbetätigung des Individuums, zur Aktivität, zur Arbeit. Diese ist jedoch auch in der bürgerlichen Wirtschaft kein so formaler Begriff, wie es scheint. Er bedeutet vielmehr, daß sie ein Beitrag zum Leben der menschlichen Gesellschaft mit allen ihren Individuen sei. Weder das Moment der Freiheit noch das der Allgemeinheit ist aus ihr wegzudenken. Somit hat auch das Gewissen in der Geschichte eine Tendenz; es weist wie der Gottesbegriff über die Verhältnisse der Klassengesellschaft hinaus. »Das Christentum«, sagt Hegel[106], »hat es in seinen Anhängern zu ihrer Wirklichkeit gemacht, z.B. nicht Sklaven zu sein; wenn sie zu Sklaven gemacht, wenn die Entscheidung über ihr Eigentum in das Belieben, nicht in Gesetze und Gerichte gelegt würde, so fänden sie die Substanz ihres Daseins verletzt.« Das gilt nicht nur für das besondere Individuum als ausschließend egoistisches, sondern für die Gesellschaft insgesamt. Es ist nicht so gemeint, daß das Gewissen beruhigt sein könnte, wenn nur das christliche Individuum selbst in der angegebenen Bedeutung kein Sklave ist, sondern andere. »Recht, Eigentum, Sittlichkeit, Regierung, Verfassung usw. müssen nun auf allgemeine Weise bestimmt werden, damit sie dem Begriff des freien Willens gemäß und vernünftig seien. So nur kann der Geist der Wahrheit im subjektiven Willen, in der besonderen Tätigkeit des Willens erscheinen; indem die Intensität des subjektiven freien Geistes sich zur Form der Allgemeinheit entschließt, kann der objektive Geist erscheinen. In diesem Sinne muß man es fassen, daß der Staat auf Religion gegründet sei.«[107] Die religiöse

106 Hegel, *Enzyklopädie*, § 482.
107 Hegel, *Vorlesungen über die Philosophie der Geschichte*, in: *Sämtliche Werke*, Glockner, Band 11, S. 524.

Freiheit hat eine Dialektik in sich, die sie aus der Innerlichkeit heraustreibt.

Was im sechzehnten Jahrhundert Reformation und Skepsis einander entgegensetzte, einerseits die fanatische Spontaneität, andererseits der Humanismus, hat sich aus diesen Lebensformen gelöst und ist in eine Theorie und Praxis übergegangen, die als aktiver Humanismus den Gegensatz überwindet und bewahrt. Es ist die kritische Theorie und die historische Anstrengung, zu der sie gehört. Konkret ist sie bei denen anzutreffen, die in den autoritären Staaten und solchen, die es werden wollen, die Zellen einer neuen Welt bilden. Ihnen ist das Denken auch nach der Niederlage nicht zu einem Inneren geworden, das innen bleibt und sich der widersprechenden Wirklichkeit adaptiert. Sie waschen ihre Hände nicht in Unschuld. Es ist möglich, daß alles zugrunde geht, aber die nüchternste Analyse zeigt, daß eine vernünftige Gesellschaft möglich ist. Humanismus besteht darin, sich für sie einzusetzen. Das auf eine bestimmte geschichtliche Praxis bezogene Wissen*, die das Ganze der Menschheit betrifft, die Masse scheinbar atheoretischer Tatsachen, mit denen man schon das Kind, erst recht den Studenten, am Denken hindert, die philosophischen und politischen Doktrinen, die im Antiquitätenladen der relativistischen Geistesgeschichte billig abgegeben werden, dies alles ist ein Chaos. Seine Funktion entwöhnt weit mehr von der Wahrheit, als daß sie sie darstellt. Daß Religion und Skepsis sich auf vergangene Kulturleistungen berufen, führt irre; denn sie haben sich im Kern gewandelt, nicht weil der Wortlaut ihrer Lehre, sondern weil die Welt sich verändert hat. Der Geist, der ihnen einst immanent war, ficht fern von ihnen, zersplittert in theoretische und politische Gruppen und scheinbar schon überwältigt, einen verzweifelten Kampf, dessen Dauer und Ausgang nicht abzusehen ist. Spontaneität ist in dieser neuen Gesinnung, weil sie nicht bei sich ausruht, sondern im Willen besteht, Vernunft und Freiheit in die Welt zu bringen; Humanität, weil sie den Bildungsschatz und die Fähigkeit zum Genuß in eben dieser Spontaneität lebendig erhält.

Die Skepsis ist eine krankhafte Art intellektueller Unabhängigkeit,

[* »Das... Wissen« / 1938: »Das Wissen ohne Beziehung auf eine bestimmte geschichtliche Praxis«.]

sie ist gegen Wahrheit und Unwahrheit immun. Wenn Pyrrho nach Diogenes Laertius auf einem Schiff im Sturm den Mitreisenden ein Schwein, das ruhig fortfraß, zeigte und erklärte, solche Ataraxie müsse auch die des Weisen sein[108], so mag die vom Menschen durch Vernunft zu erwerbende natürliche Sorglosigkeit angesichts des Todes am Platze sein. Den Interessen der Menschheit gegenüber, an denen der skeptische Bürger es betätigt, ist das Verhalten des Schweins weder natürlich noch vernünftig, mag es auch noch so verbreitet sein. Wie die tote Religiosität, die Kirchen und die Hierarchie, gehört die tote Skepsis, das Verschließen der Menschen gegeneinander, ihr Zurückziehen auf das eigene und eben deshalb nichtige Individuum zu einer geistigen Verfassung, die zum Stand der menschlichen Kräfte, der im gegenwärtigen Zeitalter erreicht ist, in Widerspruch steht. Der Augenschein der verkommenen Menschheit, überwältigend und entmutigend genug, ist trotz allem Grauen trügerisch. Wie in jenen vergangenen Zeiten des Übergangs, am Ende der städtischen Freiheit in der Antike und in der Renaissance, sind freilich die Verhältnisse dazu angetan, den Einzelnen skeptisch oder religiös oder beides zugleich zu machen. Aber nicht diese Wiederholung, sondern der aktive Humanismus, wie er sich aus der geschichtlichen Entwicklung selbst ergibt, spielt jetzt die Rolle, die einmal den skeptischen Philosophen und den Reformatoren zukam. Nicht irgendwelche, sondern die wahren Ideen in ihrer historisch adäquaten Gestalt unterscheiden »Bildung« vom bloßen Wissen. Der pädagogische Versuch, den pragmatischen Bürger mit Tradition, mit Griechenland, zuweilen auch mit dem Thomismus gegen Barbarei immun zu machen, ist ganz weltfremd. Es gibt keinen Humanismus ohne klare Stellungnahme zu den geschichtlichen Problemen der Epoche; als bloßes Bekenntnis zu sich selbst kann er nicht existieren. Der Humanismus der Vergangenheit bestand in der Kritik der feudalistischen Weltordnung mit ihrer Hierarchie, die zur Fessel der Entfaltung des Menschen geworden war. Der Humanismus der Gegenwart besteht in der Kritik der Lebensformen, unter denen die Menschheit jetzt zugrunde geht, und in der Anstrengung, sie in vernünftigem Sinn zu verändern.

108 Cf. Montaigne, ibid., Kap. 12, S. 315.

Was nun das Verhältnis der kritischen und dialektischen Theorie zum spezifischen Inhalt des Skeptizismus betrifft, so hat Hegel das abschließende Urteil darüber gesprochen. Die Dialektik enthält die Skepsis in sich, indem sie das Einseitige, Beschränkte, Vergängliche der einzelnen Vorstellungen und Meinungen zeigt. Das dialektische Denken unterscheidet sich vom Skeptizismus dadurch, daß es die Ansichten durch diesen Aufweis nicht für vernichtet hält und sich auf das Ich zurückzieht, welches all dies in Gedanken vollbracht hat, bis dann auch das Ich als Täuschung oder Fiktion erscheint und absurd über sich selbst triumphiert. Wenn Montaigne wie die Alten aus der Unsicherheit der sinnlichen und der Verstandeserkenntnis sowie aus der Vielheit der moralischen, metaphysischen und religiösen Ansichten nur den Schluß zieht, daß man eben gar nichts wissen könne, erkennt die Dialektik in der negativen Betätigung an den Vorstellungen, die sich selbst für fest und absolut halten, die Macht des Denkens als des »Negativen« und sein eigenes Wesen. Theorie besteht nicht im bloßen Verwerfen, sondern gerade in der Analyse der Formen und Inhalte, die im Denken und Leben sich verfestigt haben, in der besonderen Erkenntnis der Gründe, warum sie einseitig und widersprechend sind. Das Resultat ist dann nicht der Standpunkt, daß man jetzt alles vergessen dürfe, weil es doch nichts wert sei, gleichsam die Leere des Bewußtseins als Ideal, sondern der gesamte Gedankenprozeß mit allen Behauptungen, Analysen, Einschränkungen und so fort, in welchem nicht allein die aufgetretenen Meinungen, sondern auch die realen Verhältnisse in ihrer Relativität und Vergänglichkeit erkannt werden; in welchem sie vorkommen, aber nicht als schlechthin wahre oder schlechthin falsche, sondern so, wie sie nach dem Stande gewußt werden, den die Erkenntnis im historischen Moment erreicht hat.[109] Die Wahrheit in solcher kritischen und historischen Gestalt hat Hegel die spekulative Idee genannt; sie hat selbst die Kraft in sich, das Negative an jeder bestimmten Struktur, an jedem ihrer eigenen Momente zu betätigen. Sie fällt nach ihm nicht nur mit dem philosophischen Bewußtsein, sondern auch mit der konkreten Geschichte zusammen,

109 Cf. über das Verhältnis von Skeptizismus und Dialektik auch ›Zum Problem der Wahrheit‹ [in: Horkheimer, *Gesammelte Schriften*, Bd. 3, Frankfurt am Main 1988, S. 285 f., besonders S. 291 ff.].

die sich darin als das Negative zeigt, daß jedes Vergängliche an seiner Beschränktheit, an seinen inneren Widersprüchen zugrunde und in ein differenzierteres, besser angepaßtes Sein übergeht. »Die Philosophie ist dialektisch«, heißt es bei Hegel[110], »diese Dialektik ist die Veränderung: die Idee als abstrakte Idee ist das Träge, Seiende, aber sie ist nur wahrhaft, insofern sie als lebendige sich faßt; dies ist, daß sie dialektisch in sich ist, um jene Ruhe, jene Trägheit aufzuheben. Die philosophische Idee ist so in sich dialektisch und nicht nach Zufälligkeit; der Skeptizismus dagegen übt seine Dialektik aus nach Zufälligkeit, – wie ihm der Stoff, der Inhalt gerade vorkommt, zeigt er auf, daß er in sich das Negative sei.«

Von der materialistischen Dialektik, wie sie in der kritischen Theorie enthalten ist, wird im Unterschied zu Hegel die Einheit von Denken und Geschichte nicht hingenommen. In der Gegenwart existieren reale geschichtliche Lebensformen, deren Irrationalität sich dem Denken bereits ergeben hat. Die Dialektik ist nicht abgeschlossen. Zwischen Denken und Sein herrscht keine Harmonie, sondern der Widerspruch erweist sich noch heute als treibende Macht; und zwar nicht bloß zwischen Mensch und Natur, sondern namentlich zwischen den Menschen selbst mit ihren Bedürfnissen und Fähigkeiten und der Gesellschaft, die sie hervorbringen. Die Überwindung vollzieht sich daher im realen historischen Kampf zwischen jenen Individuen, welche die Bedürfnisse und Fähigkeiten, das heißt die Allgemeinheit, und jenen anderen, welche die erstarrten Formen, das heißt partikulare Interessen vertreten. So geht das skeptische und kritische Moment des Denkens in das der konkret-historischen Aktivität über, anstatt in das ephemere Ich zurück; und infolge dieser Beziehung zwischen Denken und Geschichte ist es der kritischen Theorie versagt, für sich selbst in ihrer Totalität das rein logische Kriterium der kampflosen Sicherheit zu besitzen, auf dessen Suche als einem je schon Vorhandenen die Skepsis zum Nihilismus kommt. Wenn sich die wahren von den falschen Theorien durch viele Merkmale unterscheiden, so ist doch die theoretische Sicherheit so wenig wie die praktische vorausge-

110 Hegel, *Vorlesungen über die Geschichte der Philosophie*, in: ibid., Band 18, S. 540.

setzt, sondern einem historischen Prozeß anheimgegeben, zu dem sowohl die Schärfe des Verstandes wie unter Umständen der Einsatz des Lebens gehört.

Auf den letzten Seiten der *Essais* findet sich der Satz: »Es ist eine unendliche, fast göttliche Vollkommenheit, in richtiger Weise sein eigenes Wesen zu genießen.«[111] Daß solche Forderung sich nicht im unmittelbaren Bejahen des individuellen Ichs erfüllen läßt, hat der klassische deutsche Idealismus philosophisch dargetan. Nicht die Verwirklichung des empirischen, sondern des transzendentalen Ichs erfüllt nach ihm das Wesen. In der Entwicklung dieser Philosophie hat es sich dann herausgestellt, daß die transzendentale Instanz nicht allein in Vorgängen des einzelnen Bewußtseins, sondern in der Gestaltung der menschlichen Verhältnisse sich auswirkt. Im Grunde der Kantischen ursprünglichen Apperzeption liegt Hegels Begriff des Geistes und die Idee der vernünftigen Gesellschaft als der Sinn des Transzendentalsubjekts.[112] In einer zerspaltenen und abstoßenden Gesellschaft ist auch das Ich zerspalten und abstoßend. Wenn es zufrieden ist, muß es noch nicht glücklich sein; denn Glück ist nicht bloß eine Empfindung, sondern eine reale Verfassung des Menschen.[113] Über das Glück kann man sich täuschen. Ein gesellschaftlicher Zustand, in dem die Abhängigkeit des Individuums von der Allgemeinheit wie sein Beitrag zu ihr verschleiert und seinem Willen entzogen sind, hemmt notwendig die Entfaltung seiner Fähigkeiten und damit sein Glück, auch wenn es sich davon nichts träumen läßt. Sie können nicht zum Genuß ihrer Vernunft kommen, weil die Vernunft als partikulare, als Berechnung des individuellen Nutzens und somit in unvernünftiger Form existiert. Außer durch die universelle, mit dem Organisationsprinzip der bisherigen Gesellschaft verknüpfte Schranke sind die Fähigkeiten der meisten Individuen physisch und psychisch durch den Druck der Arbeit, durch Demütigungen und Entbehrungen eingeengt. Die Erniedrigung des Individuums, das Tabu, das auf dem Praktizieren, selbst auf dem Bekunden entscheidender Triebregungen lastet, die

111 Montaigne, ibid., Buch III, Kap. 13, S. 666.
112 Cf. hierzu ›Traditionelle und kritische Theorie‹, hier S. 176ff.
113 Cf. hierzu Herbert Marcuse, ›Zur Kritik des Hedonismus‹, in: *Zeitschrift für Sozialforschung*, VII, 1938, S. 55ff. (wiederabgedruckt in: Herbert Marcuse, *Kultur und Gesellschaft*, I, Frankfurt am Main 1965, S. 128ff.).

Verpönung des Genusses, die fortwährende Angst vor der Niederlage im Konkurrenzkampf und der entsprechende falsche Ehrgeiz, solche »psychologischen« Einflüsse lassen den Menschen nicht weniger verkümmern als die unmittelbar materielle Schädigung der Sinne durch Hunger, Krankheit und harte Arbeit. Erst in einer freieren Gestalt der Menschheit kann sich das Wort Montaignes erfüllen. Der Skeptizismus hebt sich auch in dieser Hinsicht auf. Wo das Glück zum Prinzip gemacht wird, ist auch das umwälzende Handeln gefordert.

Wenngleich dies offenbar ist, bildet die Skepsis in ihrer liberalen und autoritären Form einen Zug des vorherrschenden bürgerlichen Typus Mensch, und zwar deshalb, weil charakterologische Strukturen nicht durch Erkenntnis oder Aufklärung, sondern durch materielle Verhältnisse befestigt und verändert werden. Die Fortschritte der Waffentechnik, mittels deren ganze Völker von einer gut genährten Truppe in Schach gehalten werden, ist für die Beharrlichkeit der Skepsis als anthropologischen Wesensmerkmals viel entscheidender als die Argumente, mit denen das skeptische Verhalten sich zu rationalisieren pflegt. Man könnte entgegnen, Einsichten wie diese machten gerade das Wesen der Skepsis aus, und in der Tat gehört es zu ihr wie zum herrschenden Charakter überhaupt, vulgäre Motive, nach denen die Herren der Welt einzig zu handeln wissen, nicht ihnen und ihrem Prinzip, sondern der Idee des Menschen zuzuschreiben. Der Unterschied besteht hier darin, daß die kritische Theorie, die wir im Gegensatz zur Skepsis vertreten, aus der Einsicht in die Schlechtigkeit des Bestehenden und in die Vergänglichkeit der Erkenntnis keinen antitheoretischen Absolutismus macht, sondern auch bei pessimistischen Feststellungen von dem unbeirrten Interesse an einer besseren Zukunft sich leiten läßt.

Die Philosophie der absoluten Konzentration

(1938)

Das neue Buch von Marck[1] stellt offenbar den Entwurf einer Ideologie dar, zu der sich die verschiedenen Gruppen der Opposition in Deutschland und außerhalb verstehen sollen, eine Art weltanschaulichen Einigungsprogramms. Angesichts der vielen ähnlichen Versuche fordert es keine besondere Kritik heraus. Die Angemessenheit des Zwecks, der deutlich aus jeder Zeile spricht, im einzelnen zu erörtern, kann hier ohnehin nicht die Aufgabe sein. Die lautere Gesinnung, die Marck stets praktiziert hat und die sich auch in diesem Buch wieder zu erkennen gibt, rechtfertigt es jedoch, daß wir uns an dieser Stelle mit ihm befassen. Das unversöhnliche Urteil gilt nicht dem Autor, sondern der Sache. Jenem traut es zu, sie doch noch aufzugeben. Die pazifistische Haltung, die 1918 vor dem Frieden dem Philosophen als Ausweg aus dem Dunkel erschien, ist inzwischen ein dunkler Ausweg aus der Philosophie geworden.

Marck bekennt sich zum »Neuhumanismus«. Es ist nicht ganz klar, was er unter dem alten Humanismus versteht, den christlichen Humanismus, die Philologie der Renaissance oder gar Feuerbachs Materialismus. Jedenfalls läßt er keinen Zweifel, daß der neue über den alten Humanismus erhaben sei. »Eine Bewegung, die sich als Phönix aus der Asche erhebt, hat ihre naive Unmittelbarkeit verloren.« Das Gefieder des mythischen Vogels schimmert diesmal in blauer, gelber und roter Farbe; er wiederholt kurrente philosophische Begriffe der Nachkriegszeit. Es gibt unter den philosophischen und wissenschaftlichen Modeströmungen seit dem Expressionismus, die in Deutschland eine vorübergehende Stätte gefunden und ihre Ausläufer jetzt in die Welt hinaus gesandt haben, kaum eine, die im Neuhumanismus nicht wenigstens durch terminologische Anspielungen beschworen würde. So ziemlich allen politischen und religiösen Gruppen, die mit dem Faschismus vielleicht unzufrieden

1 Siegfried Marck, *Der Neuhumanismus als politische Philosophie*, Zürich 1938.

sein könnten, wird etwas geboten, worin sie sich wiedererkennen. Die einzelnen Anschauungen werden dabei so zugerichtet, daß immer auch die anderen Kontrahenten sich damit einverstanden erklären können. Die Gedanken verlieren jeden Unterschied voneinander und damit den letzten Rest ihrer ohnehin problematischen Substanz. Der Neuhumanismus ist eigentlich nicht einmal bunt, sondern eintönig grau.

Am schlimmsten ergeht es der Religion. In den Gottesbegriffen der Geschichte reflektieren* sich die Wünsche der Menschen, die Sehnsucht nach ewigem Leben, Macht, Gerechtigkeit. Das neuhumanistische Gottesbild verrät nur die Sehnsucht nach der regierungsfähigen Mehrheit, die in der Weimarer Republik schließlich nicht mehr zustande kam. Gott ist »die eigentliche Mitte, zu der die Gegensätze, die Totalität, zu der die Teile konvergieren. Er ist die absolute Konzentration, dem alles Begrenzte und Dämonische als Exzentrizität gegenübersteht.« Wer gegen solche Bestimmungen Gottes nicht durch die Erinnerung an eine bessere theologische Tradition gefeit ist, könnte allein schon durch die geschichtliche Erfahrung gewarnt werden, daß Konzentrationen, welche die »Exzentrizitäten« rechts und links als dämonisch austreiben, sich in der Praxis entscheiden müssen, mit welchem Teufel anzufangen sei. Nachdem in Deutschland im Jahr 1919 diese Entscheidung gefallen war, ist die Entwicklung bis 1933 konsequent gewesen. Das Bewußtsein, welches die angebliche Mitte von sich selbst besaß, blieb als politische Ideologie erhalten, während seine längst erschütterte gesellschaftliche Grundlage vollends zerfiel.

»Gott ist ein Grenzbegriff«, sagt Marck, damit auch der Neukantianismus nicht leer ausgehe. Aber bei Cohen, dem diese grausliche Behauptung so kaum zuzutrauen ist, gibt es wenigstens kein rechts und links, kein oben und unten von einer göttlichen Mitte, geschweige denn bei irgendeinem, der »in naiver Unmittelbarkeit« auf himmlisches Erbarmen hofft. Die Vorstellung von dämonischen »Exzentrizitäten« ist in der Religion wie in der Politik unmöglich. Die unfreiwillige Offenheit, mit der in den scheinbar tiefsinnigen Ausdrücken der neuhumanistischen Religionsphilosophen eine falsche politische Absicht zum Vorschein kommt, rührt daher, daß die

[* »reflektieren« / 1938: »reflektierten«.]

religiösen Impulse nicht in der richtigen Politik zum Vorschein kommen. Die in der Politik aus Taktik gemäßigte Wahrheit nimmt Rache und macht die Religion zum Bekenntnis einer mäßigen Politik.

Die Religion bildet nur eine der Komponenten des Neuhumanismus. Auch der Liberalismus liefert »unsterbliche Motive zur humanistischen Konzentration«. Der Liberalismus aber ist in Europa dahin. Das nach ihm benannte Gesellschaftssystem des letzten Jahrhunderts war die schrankenlose Herrschaft des kapitalistischen Wertgesetzes: Aufklärung, übergegangen in die Praxis des Konkurrenzprinzips. Soweit die gegen Kirche und Absolutismus gerichteten Parolen über die Bedürfnisse des Bürgertums hinausgingen und den Anspruch aller Menschen auf freie Entfaltung und Glücksmöglichkeiten ausdrückten, wurden sie hypostasiert. Die Harmonie wurde in der Idee gepriesen und von der Praxis desavouiert. Das Mittelalter hatte den Herrn einen Herrn und den Knecht einen Knecht genannt. In der Neuzeit verschwand die Ungleichheit hinter dem Begriff des Bürgers. Der Übergang zu dieser Wirtschaftsweise war ein geschichtlicher Fortschritt, der eine Periode der Produktivität und des Grauens eingeleitet hat. Die Geschichte dieser Periode enthält nicht nur das Kapitel der Judenemanzipation, sondern auch das der Workhouse Tests, der Niederwerfung der Kommune und des Schreckens der Kolonialverwaltung. Die Fortdauer ihrer Ideologie ist ebensowenig möglich wie die ihrer ökonomischen Grundlagen. Der Einwand, daß der klassische Liberalismus wenigstens die richtigen Ideen hatte und es nun bloß darum zu tun sei, sie auch anzuwenden, kann hier nicht verfangen. Wer heute Freiheit sagt, muß sehr genau zu verstehen geben, was er meint. Die Freiheit *in abstracto* verträgt sich zu gut mit den Erlassen französischer Polizeipräfekturen und der Erlösung unserer österreichischen Brüder.

Der isolierte Gebrauch solcher Kategorien ist seit Hegel unmöglich geworden. Sie sind wahr nur im Ganzen der Erkenntnis, und zwar als kritische, die partikularen Wahrheiten und Zustände im einzelnen negierende, über sie hinaustreibende Funktionen. Sie bewähren sich als solche nicht dadurch, daß man sie verkündet oder sie zustimmend oder mißbilligend den Menschen vorhält. Die Darstellung der jeweils herrschenden Wirklichkeit als einer widerspruchsvollen, inadäquaten, schlechten Wirklichkeit, die erst noch zu sich selbst kommen muß, und die entsprechende Praxis ist die einzig legitime Art, sich der Ideen zu bedienen. In der Französischen Revolution gingen die Losungen der Menschenrechte noch nicht völlig in den Zwecken auf, die in ihrem Namen angestrebt wurden. Im neunzehnten Jahrhundert aber ist das Reden von Freiheit und Gleichheit bereits neuhumanistisch geworden, nicht weil die Ziele schon verwirklicht gewesen wären, sondern weil jede klare Beziehung zur historischen Gegenwart und Aktivität verschwunden ist. Sie sinken zu Idealen herab. Im Liberalismus verklärt das Ideal die Wirklichkeit, der man es vorhält; die dem Verfall zutreibende herrschende Gesellschaftsform erscheint als Moment des ungebrochenen Fortschritts. Das Ideal übt einen versittlichenden Einfluß aus. Das Bekenntnis zur Freiheit, die ihren Sinn behält, »gerade weil sie niemals voll realisiert wird«, sanktioniert die stets realisierte Unfreiheit. Die Massen waren damit nicht zu halten. Auch die sinnvolle Teilnahme an »Konzentrationen« setzt voraus, daß man illusionslos analysiert und theoretisch stichhaltige Ziele hat.

»Bildungsliberalismus, Prinzip der Kritik, Religion der Freiheit, Menschenrechte, die ›droben hangen unveräußerlich‹, bilden die gegenüber dem Machtstaat defensiven Elemente des Liberalismus, ohne die keine Zivilisation möglich ist, mit deren Vernichtung die Barbarei beginnt.« Die defensiven Elemente haben es nicht verhindert, daß die Liberalen, die es durften, in Deutschland zum »Machtstaat« übergelaufen sind, nicht weil sie schlechte Liberale waren, sondern weil im Liberalismus die droben hangenden Menschenrechte ihren wahren Sinn und Halt, ihren Daseinsgrund im fest verankerten Verfügungsrecht über Produktionsmittel besitzen und daher folgerichtig preisgegeben werden, wo eben diese gefährdet ist. Die richtigen Liberalen saßen damals nicht in der *Frankfurter Zeitung*, sondern im Direktorium der I. G. Farbenindustrie, und sie sind sich alle treu geblieben. Wie stark die »gegenüber dem Machtstaat defensiven Elemente des Liberalismus« sich in der übrigen Welt erweisen, bleibt abzuwarten.

Auch der Sozialismus darf in der Konzentration nicht fehlen. Der Neuhumanismus will eine gerechte genossenschaftliche Ordnung des ökonomischen Lebens und »vor allem« eine krisenfeste Wirtschaft. Marx hat den Sozialismus nicht richtig verstanden. Der Marxismus enthält zwar »humanistische Motive, aber er kann den sozialistischen Humanismus nicht positiv definieren, da er als politische Philosophie unzureichend ist«. Marck lehnt den »revolutionären Opportunismus« ab. »Eine autonome Geschichtsphilosophie und Anthropologie wird der christlichen wie der marxistischen die kritische Dialektik der immanent transzendenten Betrachtungsweise entgegenstellen.« Wie mit so etwas die gerechte Ordnung des ökonomischen Lebens und vor allem die krisenfeste Wirtschaft herzustellen ist, wird bloß angedeutet. Es scheint jedoch so, daß eher Oppenheimer als Marx zur positiven Definition des Sozialismus berufen wäre, den der Neuhumanismus im Sinn hat. Oder sollte Marck überhaupt an keine Theorie des Eigentums und der Klassen denken? Dann bliebe nicht nur vom Liberalismus, sondern auch vom Sozialismus bloß eine »Bildungsidee« übrig; er rückte in die Nähe des Großen Kurfürsten und des vulgären, unverbindlichen Sprachgebrauchs.

Marck stimmt sonach nicht dem marxistischen, sondern einem »kulturell und antimaterialistisch gerichteten Sozialismus« zu und hätte nichts dagegen, wenn er als idealistisch bezeichnet würde, wäre nicht »das Wort Idealismus durch den Gebrauch schöngeistiger Epigonen abstrakt geworden und in Mißkredit gekommen«. Er zitiert so viele Philosophen der Gegenwart mit offenkundigem Respekt, daß nicht leicht zu erraten ist, wen er hier im Auge hat. Die Schöngeistigen unter den approbierten deutschen Philosophen der Gegenwart sind bekanntlich alle realistisch und konkret. Nicht der idealistische, sondern der »sozialistische Humanismus« ist nach Marck der richtige Begriff. »In seinem Namen bereits bringt er es deutlich zum Ausdruck, was er sein will: ein Kultursozialismus, ein freiheitlicher Sozialismus. Freilich ein Kultursozialismus, der sich der ›materiellen‹ Emanzipation des Proletariats nicht entgegensetzt, der diese vielmehr zu seiner Voraussetzung hat und sich als ein ihr notwendiges und sie geradezu konstituierendes Element betrachtet.« Der Sozialismus ist »als Gesamtbewegung ein Kampf für Kultur« – und nicht einmal gegen die »materielle« Emanzipation des Proletariats gerichtet. Die Geschichte der deutschen Sozialdemokratie sollte vor der Kulturliebe warnen. Anstelle des kritischen Verhaltens zur herrschenden Kultur, das die einzige Zukunftschance für die Erhaltung ihrer Elemente gewesen wäre, war vielfach das Bestreben zu erkennen, sich die bürgerliche Weisheit von vorgestern als Prunkstück umzuhängen, wie die Bauern die vergangene Mode ihrer Herren anlegen. Eben weil der Kampf um Kultur zugleich ein Kampf gegen eine bestimmte Kultur ist, ja, als solcher unmittelbar auftritt, ist er keine »Gesamtbewegung« im Sinne Marcks.

Der Neuhumanismus unterhält auch enge Beziehungen zu Wissenschaft und Literatur. Ein wenig verspätet stellt Marck die Behauptung auf, die philosophische Anthropologie, die doch vor fünfzehn Jahren in Köln in Blüte stand, beginne »sich heute ihr Recht zu erobern«. Die Vorstellung, gerade jene Schelersche Invention stelle »die Freiheit als konstitutives Element des menschlichen Wesens wieder her«, ist sehr übertrieben. Das Herstellen der menschlichen Freiheit geschieht, wenn überhaupt, so jedenfalls nicht durch die falsche anthropologische Versicherung, daß sie in »sterblichen Erscheinungsformen« und »vergänglichen Gewändern« existiere, sondern durch die theoretische und praktische Kritik der bestehenden Unfreiheit. Marck bekennt sich ferner zur »Gestaltwissenschaft«. Überall findet er neuhumanistische Ansätze und erklärt deshalb, daß »die Gegenwart von den verschiedensten Seiten her zu einem konkreten Bild des Menschen« vordringt. »Kritische Denkpsychologie, neue Monadologie, Gestaltdenken, Philosophie der schöpferischen Mitte, organische Ganzheit« – Begriffe, die eben an die wahren »schöngeistigen Epigonen« gemahnen – führt er als solche hoffnungsvollen Titel an. Marck meint, sie bringen den Menschen zu sich selbst, »zur Erkenntnis des eigenen Mittelpunkts, zu jenem ›Bei-sich‹, das die Freundschaft mit dem Sein nicht ausschließt, das aber vor der Auslieferung an ein impersonales Sein schützt«. Philosophie ist hierzu nicht imstande. Solange die Welt nicht von Grund auf verändert ist, gibt es keine Freundschaft mit irgendeinem Sein, und wäre es das des Führers, die auf die Dauer vor der Auslieferung an das impersonale Sein der Wand schützt, an die man gestellt wird. Es wäre ein großer Fehler anzunehmen, daß vor den Herren des »Machtstaats« die schöpferische Mitte oder der eigene Mittelpunkt oder wie solche dubiosen Namen für ein angebliches personales Zentrum lauten mögen, sich frei erhalten könnten, wenn die Peripherie verhaftet wird. Seit den guten alten Zeiten der Inquisition ist die Technik fortgeschritten, und eben deshalb trifft die philosophische Anthropologie nicht zu.

Als höchster Protektor des Neuhumanismus aber ist nicht Cohen oder Scheler, sondern Thomas Mann auserwählt. In grenzenloser Bewunderung wird seine »philosophische und politische Sendung« gepriesen. Sie faßt alles zusammen. »In dichterischer und prophetischer Form konzentriert diese Botschaft das, was eine philosophische Anthropologie der Epoche reflektierend herausarbeitet.« Wir wollen den sachlichen Gründen dieser Krönung Thomas Manns zum *summus philosophus* nicht weiter nachgehen. Sie sind im wesentlichen auf einem Satz aus dem *Zauberberg* aufgebaut: »Der Mensch ist Herr der Gegensätze.« Der Satz, übrigens von Nietzsche inspiriert, enthält nach Marck »das Programm eines der Menschenliebe durchaus nicht entbehrenden, sie im Gegenteil bedingenden Nichtkonformismus. Es stellt die Person und ihren Urgrund über jede, auch die erhabenste Sache. Die Person erst muß diese weihen in ihrer freien Entscheidung.« In Hegels Philosophie werde der Mensch »logisch und historisch zur Marionette des Weltgeistes herabgesetzt«. Die Wahrheit der Hegelschen Logik, ganz zu schweigen von der Marxschen Theorie, kann sich mit Thomas Manns humanistischem »Personalismus« nicht messen. Mann stellt sich »außerhalb des Schemas der impersonalen Dialektik«. Er hütet das Weimarer Erbe und formt das Bild des neuen Menschen: »Ältester Mythos und jüngste Gegenwart begegnen sich in seinem Schaffen.«

Die Vermutung liegt nahe, daß Thomas Mann sich bei der »philosophisch-politischen Botschaft«, die ihm der Neuhumanismus aufträgt, nicht ganz wohl fühlt. Dem Autor des *Felix Krull* mag es schwerfallen, als Verkünder einer autonomen Geschichtsphilosophie und Anthropologie und als Parteigänger der kritischen Dialektik der immanent transzendenten Betrachtungsweise zu figurieren. Sein Werk enthält auch virtuell kein der Gegenwart angemessenes Programm, gewiß nicht dasjenige eines »die Menschenliebe... im Gegenteil bedingenden Nichtkonformismus«. Die Lasurfarbe der Ironie jedoch, die der Erfahrene noch über Thomas Manns politischen Kompositionen entdecken mag, läßt etwas vom Grunde durchscheinen: eine sehr passive Resistenz. Sie hat mehr mit nonkonformistischer Praxis zu tun als die weltanschaulichen Deckfarben, an denen das Auge des Neuhumanisten haftet. Daß Thomas Mann sich heute, ebenso wie es sein von Marck nur beiläufig erwähnter Bruder schon seit langem getan hat, gegen die Vollstrecker der totalen Weltordnung erklärt, ist befreiend. Auf Grund seines literarischen Werks wiegt sein Zeugnis schwerer als das eines Unbekannten. Prophetische Ambitionen liegen ihm fern.

Thomas Mann darf erwarten, daß die politische Theorie und Praxis sich selbständig und notfalls im Widerspruch zu seinen Ideen entwickeln. Er hätte das Zeug, sich auch dann für sie zu entscheiden. Nach seinem eigenen Wort besitzt er »die Selbstkritik, die unsere bedingte Lebens- und Geistesform sich öffnen läßt dem, was wir nicht mehr sind, was nach uns kommt, der Zukunft«. Bei der Hochflut ergebenen Ansinnens an ihn muß ihm zuweilen die Unterscheidung schwerfallen, ob für eine neue Menschheit eingetreten oder Reklame für betriebsame Eliten durch ihn gedeckt werden soll. Die Absicht auszuführen, nicht einfach seiner gütigen Natur zu folgen, sondern mit Vorsicht und Gerechtigkeit seine Entscheidung zu treffen, wird Thomas Mann in diesem Lärm nicht leichtgemacht. Für Politiker jedoch, die aus der korrupten Umwelt herausführen wollen, sollte ein guter Name in ihr noch keine Empfehlung sein. Das krampfhafte Bemühen um Größen möglichst unverdächtiger Herkunft ist Opportunismus, wenn auch kein revolutionärer.

Auch Goethe wird dem Neuhumanismus eingegliedert. Man könne »den Sinn des Schöpferischen, Übergegensätzlichen und Menschlichen am besten an ihm studieren. Die Auswertung der Goethebotschaft, die Erfassung seines Mittlertums in seinem kritischen Sinn... gehört zum spezifisch neuhumanistischen Betätigungsfeld.« Dabei haben die deutschen Nachkriegsuniversitäten sich auf diesem Betätigungsfeld doch nach Kräften getummelt. Marck ist nicht damit zufrieden. 1932, das hundertste Todesjahr Goethes, »wurde von der Auseinandersetzung Hindenburg–Hitler beherrscht, vom Hunger der Arbeitslosen, vom schleichenden Bürgerkrieg. Die schöpferische Mitte hatte in jenem Jahr keine Erfüllungschancen. Wird einmal die Zeit kommen, in der den Deutschen ihre größte Gestalt zu einem Modell für Verwirklichungen im Bereich von Volk und Staat werden wird?« Hindenburg und Hitler haben sich nicht auseinander-, sondern zwecks Verwirklichungen im Bereiche von Volk und Staat zueinandergesetzt. Hitler entspricht viel besser dem Begriff einer »größten Gestalt« und erst recht der Vorstellung des Modells als Goethe. Marck ist ein ehrlicher Gegner des Faschismus. Deshalb sollte die Durchsetzung seines Denkens mit Klischees der bekämpften Geistesart ihn an seinem Neuhumanismus irremachen. Bei aller Besorgnis vor dem Dogmatismus und sonstigen Unannehmlichkeiten, welche der Gebrauch der alten Terminologie mit sich bringt, ist es immer noch theoretisch einwandfreier und zeitgemäßer, sich für die Entfesselung der Produktivkräfte einzusetzen, als sich nach Erfüllungschancen für die schöpferische Mitte umzusehen. Die Wahrscheinlichkeit, in eine hoffnungslose Minorität zu geraten, ist zu einer Zeit, wo die Hoffnung der Menschheit nicht so sehr bei Konzentrationen als im Konzentrationslager aufgehoben ist, kein ganz so vernichtendes Kriterium, wie es manchem politischen Philosophen scheint. Eine Vereinigung philosophischer Anthropologen und anderer Autonomisten, mit dem massenfeindlichen Ortega y Gasset an der Spitze, kann von der Theorie und Praxis der Geschichte hermetischer abgeschlossen sein als der isolierteste Literat, der an jenen Konzentrationen bloß zu nörgeln weiß.

Marck verkennt den Nationalsozialismus, weil er die Republik verkennt, in der er groß geworden ist. Der autoritäre Staat charakterisiert den Abschnitt der europäischen Gesellschaft, der den Liberalismus ablöst. Er bedeutet Unterdrückung auf höherer Stufe. Die Aufgabe, die von den Produktionsmitteln getrennten Massen zu beherrschen und das Volk für den Kampf auf dem Weltmarkt zu ertüchtigen, die jetzt von der eigens dafür etablierten Bürokratie systematischer betrieben wird, hat sich aus dem Liberalismus ergeben. Weil sie mit der Trennung der Gewalten, mit der Parlamentsregierung nicht mehr zu lösen war, hat die Bourgeoisie, das heißt ihr wenn nicht bilanzmäßig, so ökonomisch mächtigster Kern wohl oder übel zum Faschismus gegriffen. Die Entscheidung war mit Risiken und schweren Kosten verknüpft. Sie hat sich inzwischen als richtig erwiesen. Die deutsche Armee war keine Fehlinvestition. In der internationalen Konkurrenz ist es nicht anders als in der nationalen: den letzten beißen die Hunde. Den Vorteil haben die, welche sich unter dem Druck der Verhältnisse am raschesten zur Umstellung entschließen. Die anderen müssen mit weniger vorliebnehmen. Die Beute aber, die dem Faschisten zufällt, gehört ihm von Rechts wegen; er ist des Liberalismus legitimer Sohn. Die großen Vermögen haben ihm nichts vorzuwerfen. Noch das äußerste Entsetzen heute hat seinen Ursprung nicht 1933, sondern 1919 in der Erschießung von Arbeitern und Intellektuellen durch die feudalen Helfershelfer der ersten Republik. Die sozialistischen Regierungen waren essentiell ohnmächtig. Anstatt zur Basis vorzudringen, blieben sie lieber auf dem schwankenden Boden der Tatsachen stehen. Die Theorie hielten sie insgeheim für eine Schrulle. Die Regierung machte die Freiheit zur politischen Philosophie anstatt zur politischen Praxis. Selbst wer privat allen Grund dazu hätte, sollte der Menschheit keine Wiederholung wünschen. Sie verliefe genau so wie das Original.

Der Nationalsozialismus ist nicht eine Art kitschiger Literatur, über die man sich in der Emigration mokieren könnte, sondern das geschliffenste politische System der Gegenwart. Die autoritären Regierungen durchschauen den Neuhumanismus der Staatsmänner des Völkerbunds bis ins letzte. Auf die durchgebildete Begrifflichkeit einer Ideologie kann der Nationalsozialismus verzichten und seine sogenannte Weltanschauung nach Bedarf konstruieren, weil er die unterdrückten Massen durch Gewalt, ökonomische Zukunftschancen und seine Art Befriedigung bei der Stange hält. In verkehrter Form zeigt seine theoretische Kritik der parlamentarischen Ideologie und seine Praxis einer Planwirtschaft der Herrschenden mehr Sinn für die gesellschaftliche Wirklichkeit, als der Neuhumanismus sich träumen läßt. Die Nation im Munde Hitlers ist so substantiell wie das Christentum des amtierenden Erzbischofs von Canterbury. Der Versuch, den Nationalsozialismus wesentlich bei der nordischen Physik, der Rassenlehre oder der Machtphilosophie, anstatt stets zugleich in seinem »Quellpunkt«, den er mit dem Liberalismus gemein hat, anzupacken, ist oberflächlich, wie gut gemeint er sei. Der Nationalsozialismus kann es sich gestatten, in der idealistischen Philosophie ein Stümper zu sein, weil er in der kapitalistischen Realität ein Meister ist.

Das Ende des Buches eröffnet einen politischen Ausblick. Marck will »keine schöngefärbten Bilder der Zukunft malen«, denkt jedoch »bei all dem hier Angeführten an die Möglichkeit einer zweiten deutschen Republik«. Sie hat wie die erste andere Staaten zum Vorbild. »Die drei großen westlichen Demokratien, der Staat Masaryks und Beneschs haben Wirklichkeiten dieser Art vorgelebt, – mit allen Realitäten und Beschränktheiten, die dem Menschlichen eigen sind.« Die Vorbilder, die damals alle noch existiert haben, werden von Marck als freiheitliche Volksstaaten interpretiert. Vom Dritten Reich aber übernimmt die zweite Republik drei Errungenschaften, »den Einheitsstaat, das Propagandaministerium und die Wehrsouveränität«. Diese neuhumanistische Lösung ist nach Marck nur im Rahmen einer Lösung »des gesamteuropäischen Problems in demselben Sinne« möglich. In einer Anmerkung erklärt er bekümmert, der Verlauf des Jahres 1938 habe »bisher unsere Hoffnungen sinken lassen«. Auch eine richtige Theorie kann zu trügerischen Hoffnungen Anlaß geben. Die Enttäuschung kann zu Revisionen und zuweilen auch zur Überwindung von Revisionen führen. Die großen westlichen Demokratien haben seit dem Erscheinen des Buches dem Staate Masaryks und Beneschs eine Lektion erteilt, die auch dem Neuhumanismus dienen könnte.

Marck erhebt gegen die *Zeitschrift für Sozialforschung* den Vorwurf, daß nach ihrer Auffassung alle philosophischen und wissenschaftlichen Kategorien »durch ihre Verflechtung in den menschlichen Arbeits- und Produktionsprozeß definiert werden. Begründungen dieser Forderung aus der Sache selbst, das heißt den immanenten Gesetzlichkeiten des Philosophierens und der Analyse der Zeitkategorien, wird man allerdings bei Horkheimer vergeblich suchen«. Wenn unsere Intention damit auch nicht eigentlich getroffen ist, so meinen wir immerhin, daß Philosophie, die sich als politische bezeichnet, längst in die Kritik der politischen Ökonomie umgeschlagen ist. Sie demaskiert entweder die geschichtliche Situation oder fällt den schöngeistigen Epigonen zu. In der Immanenz der gesellschaftlichen Verhältnisse des Monopolkapitalismus läßt sich die immanent transzendente Behandlung der Freiheit nicht durchhalten: sie ist ihnen zu transzendent. Die philosophische Anthropologie muß zur denunzierenden Physiognomik werden. Im Jahre 1935 sind in dieser Zeitschrift ›Bemerkungen zur philosophischen Anthropologie‹[2] publiziert worden. Ein Vergleich jenes Aufsatzes mit der Lehre vom Herrn der Gegensätze kann die Differenz erhellen. Unter anderen anthropologischen Qualitäten wird die der Treue zum gegebenen Wort erörtert. Die Grundlage von Versprechungen, heißt es im Zusammenhang mit einem ökonomischen Exkurs,

2 Cf. Horkheimer [*Gesammelte Schriften* Bd. 3, Frankfurt am Main 1988, S. 249ff.]

»wird schmäler von Tag zu Tag. Denn nicht mehr der Vertrag, sondern Befehlsgewalt und Gehorsam kennzeichnen jetzt in steigendem Maß den inneren Verkehr. Die ökonomischen Vorgänge wirken durch die sozialen Verhältnisse auf die gesamte geistige Welt und damit auf die Beschaffenheit der menschlichen Natur. Früher galt die Macht als unmoralisch, wenn sie mit Verträgen in Konflikt kam. Heute verstößt ein Vertrag gegen die Moral, wenn er den Machtverhältnissen zuwiderläuft. Das wissen alle, die damit zu tun haben, und schon darum müssen Verträge sich zuweilen rascher aufeinanderfolgen, und der Abschluß mag leichter fallen als ehedem. Ihre Tragweite steht fest: Sie gelten *praemissis praemittendis*, sie umreißen oberflächlich die Landkarte der Interessen in einem historischen Moment«[3].

Wir haben inzwischen unsere Auffassung noch differenziert und veröffentlichten geraume Zeit vor dem *meeting* in Godesberg eine weitere Reflexion über ein mit jenem ersten verwandtes Thema.

»Verhandeln hat in verschiedenen Zeiten ein verschiedenes Gewicht. Was jetzt dadurch erreicht wird, ist die Festigung der Herrschaft des hochkonzentrierten Kapitals in ganz Europa. Die nationalen Gegensätze zwischen den industriellen europäischen Großmächten werden augenblicklich gegenüber der Notwendigkeit politischer Neuorganisation zurückgestellt. Schleichend oder in auffälligen administrativen Akten nähert sich die Welt innen- und außenpolitisch der Diktatur als der dem Monopol am besten angepaßten Regierungsform ... Die skeptischen Diplomaten der nichtautoritären Länder in Europa, die aus Kulturliebe der Barbarei Konzessionen machen, haben dogmatische Bankiers hinter sich, die um ihre Guthaben bangen. Und selbst diese werden schwerlich gerettet werden. Machiavelli schreibt, ›daß ein Feldherr der Schlacht nicht ausweichen kann, wenn der Gegner durchaus schlagen will‹. Er verhöhnt die ›Müßiggänger von Fürsten oder solche weibische Republiken‹, die ihren Feldherrn bloß die Instruktion der Vorsicht geben. Die skeptischen Individuen und Gemeinwesen, die am Ende der bürgerlichen Epoche diese kraftlose Taktik einschlagen, sind solchem Vorwurf entrückt; sie wollen gar nicht siegen.«[4]

3 [Ibid., S. 264.]
4 Cf. ›Montaigne und die Funktion der Skepsis‹, hier S. 271 f.

Solche Analyse von Zeitkategorien, die freilich zu Existentialien des Daseins nur umständlich sich verdünnen ließen, verzichtet gern darauf, sich wie die neuhumanistische Ontologie des Völkerbunds aus angeblichen immanenten Gesetzlichkeiten des Philosophierens herzuleiten.

Das illusionäre Bild der großen westlichen Demokratien ist einer »politischen Philosophie« nicht so äußerlich, daß sie vom Schicksal der Demokratien nicht betroffen wäre. Der philosophische Begriff des Menschen wird besser noch durch die getreue Zeichnung des verhandelnden Staatsmanns negativ bestimmt als positiv durch das Lob des Herrn der Gegensätze. In dieser Zeit, in der eine saubere Elite von Wirtschafts- und anderen Führern sich verschwört, um die Massen mit Blindheit und die Intellektuellen mit dem unentwegten Sinn fürs Große zu schlagen, fällt die Theorie mit dem Versuch zusammen, bei dem Verstand zu bleiben, zu dem die Menschheit kommen muß, wenn sie nicht von vorne anfangen soll. Die Furcht vor der Isolierung, die in bestimmten Phasen der Aktion das Handeln des Politikers mit Recht bestimmen mag, steht dem Philosophen nicht an. Marck wird eines Tages noch begreifen, daß »die Weltveränderung, ganz in der Art einer dogmatischen Prämisse des Philosophierens«, mehr Wahrheit enthält als die Prämisse der absoluten und eben deshalb vergeblichen Konzentration.

Die Juden und Europa

(1939)

Wer den Antisemitismus erklären will, muß den Nationalsozialismus meinen. Ohne Begriff von dem, was in Deutschland geschehen ist, bleibt das Reden über den Antisemitismus in Siam oder in Afrika bedeutungslos. Der neue Antisemitismus ist der Sendbote der totalitären Ordnung, zu der die liberalistische sich entwickelt hat. Es bedarf des Rückgangs auf die Tendenzen des Kapitals. Aber es ist, als seien die vertriebenen Intellektuellen nicht bloß des Bürgerrechts, sondern auch des Verstands beraubt worden. Denken, die einzige Verhaltensweise, die ihnen anstünde, ist in Mißkredit geraten. Der »jüdisch-hegelianische Jargon«, der einst aus London bis zur deutschen Linken drang und schon damals in den Brustton von Gewerkschaftsfunktionären übertragen werden mußte, gilt jetzt vollends als überspannt. Aufatmend werfen sie die unbequeme Waffe weg und kehren zum Neuhumanismus, zu Goethes Persönlichkeit, zum wahren Deutschland und anderem Kulturgut zurück. Die internationale Solidarität habe versagt. Weil die Weltrevolution nicht eintrat, seien die theoretischen Gedanken nichts wert, nach denen sie als Rettung aus der Barbarei erschien. Jetzt, da es wirklich so gekommen ist, da Harmonie und Progressionsmöglichkeit der kapitalistischen Gesellschaft sich als die Illusion entlarven, die die Kritik der freien Marktwirtschaft seit je denunzierte, da trotz und wegen des technischen Fortschritts die Krise, wie vorausgesagt, permanent geworden ist und die Nachfahren der freien Unternehmer ihre Stellung nur durch Abschaffung der bürgerlichen Freiheit behaupten können, jetzt preisen die literarischen Gegner der totalitären Gesellschaft den Zustand, dem sie ihr Dasein verdankt, und verleugnen die Theorie, die sein Geheimnis aussprach, als es noch Zeit war.

Daß die Emigranten der Welt, die den Faschismus aus sich erzeugt, gerade dort den Spiegel vorhalten, wo sie ihnen noch Asyl gewährt, kann niemand verlangen. Wer aber vom Kapitalismus nicht reden will, sollte auch vom Faschismus schweigen. Die englischen Gastfreunde von heute machen bessere Erfahrungen als Friedrich mit dem Lästermaul Voltaire. Mag das Loblied, das die Intellektuellen auf den Liberalismus anstimmen, oft schon zu spät kommen, da die Länder rascher in totalitäre sich umwandeln, als die Bücher Verleger finden, sie geben die Hoffnung nicht auf, daß irgendwo die Reformierung des westlichen Kapitalismus glimpflicher sich abspielt als die des deutschen und gut empfohlene Fremde doch noch eine Zukunft haben. Aber die totalitäre Ordnung ist nichts anderes als ihre Vorgängerin, die ihre Hemmungen verloren hat. Wie alte Leute zuweilen so böse werden, wie sie im Grunde immer waren, nimmt die Klassenherrschaft am Ende der Epoche die Form der Volksgemeinschaft an. Den Mythos der Interessenharmonie hat die Theorie zerstört; sie hat den liberalistischen Wirtschaftsprozeß als Reproduktion von Herrschaftsverhältnissen vermittels freier Verträge dargestellt, die durch die Ungleichheit des Eigentums erzwungen werden. Die Vermittlung wird jetzt abgeschafft. Der Faschismus ist die Wahrheit der modernen Gesellschaft, die von der Theorie von Anfang an getroffen war. Er fixiert die extremen Unterschiede, die das Wertgesetz am Ende produzierte.

Ihn zu erkennen, bedarf es keiner Revision der ökonomischen Theorie. Der gleiche und gerechte Tausch hat sich selbst ad absurdum geführt, und die totalitäre Ordnung ist dies Absurdum. Folgerecht genug hat sich der Übergang aus dem Liberalismus vollzogen, und nicht so gewaltsam wie der aus dem Merkantilsystem ins neunzehnte Jahrhundert. Dieselben ökonomischen Tendenzen, die durch den Konkurrenzmechanismus zur immer höheren Produktivität der Arbeit treiben, schlagen in Kräfte sozialer Desorganisation um. Der Stolz des Liberalismus, die technisch äußerst entfaltete Industrie, macht sein Prinzip zuschanden, indem der Verkauf der Arbeitskraft für große Teile der Bevölkerung unmöglich wird. Die Reproduktion des Bestehenden auf dem Umweg über den Arbeitsmarkt wird unrationell. Früher war das Bürgertum ökonomisch dezentralisiert, ein vielköpfiger Herrscher; die Vergrößerung des Betriebs war für jeden Unternehmer Bedingung, seinen Anteil am gesellschaftlichen Mehrprodukt zu steigern. Er brauchte die Arbeiter, um im Konkurrenzkampf zu bestehen. Im Zeitalter der Monopole verspricht die unbegrenzte Investierung von immer neuem Kapital keine große Steigerung der Profite mehr. Die Masse der Arbeiter, aus denen der Mehrwert herfließt, geht im Vergleich zum Apparat, den sie bedienen, zurück. Industrielle Produktion hat in der neueren Zeit nur als Bedingung für Profit, für Erweiterung der Gewalt von Gruppen und Individuen über menschliche Arbeit existiert. Der Hunger allein bietet keinen Anlaß zur Herstellung von Konsumgütern. Für das ohnehin zahlungsunfähige Bedürfnis, für die arbeitslosen Massen produzieren, liefe dem Gesetz der Ökonomie und Religion zuwider, das die Ordnung zusammenhält: ohne Arbeit kein Brot.

Noch die Fassade verrät die Überholtheit der Marktwirtschaft. Die Reklameschilder in allen Ländern sind ihre Monumente. Ihr Ausdruck ist lächerlich. Zu den Passanten sprechen sie wie törichte Erwachsene mit Kindern oder Tieren, in einem verlogen zutraulichen Jargon. Wie Kindern wird denn auch den Massen etwas vorgespiegelt: daß sie als selbständige Subjekte die Freiheit hätten, sich die Waren auszuwählen. Doch ist die Wahl schon weithin diktiert. Seit Jahrzehnten gibt es ganze Sphären des Verbrauchs, in denen bloß die Etiketten verschieden sind. Die bunte Welt der Qualitäten, an der man sich ergötzt, steht auf dem Papier. Wenn die Reklame stets für die faux frais der bürgerlichen Warenwirtschaft charakteristisch war, so hat sie früher als Mittel der Bedürfnissteigerung eine progressive Funktion ausgeübt. Heute wird noch dem Käufer eine ideologische Reverenz erwiesen, die er nicht einmal ganz glauben soll. Die Reklame für die großen Markenartikel versteht er bereits als nationale Parolen aufzunehmen, denen man nicht widersprechen darf. In den faschistischen Ländern kommt die Disziplin, an welche die Reklame appelliert, zu sich selbst. An den Plakaten erfahren dort die Menschen, was sie wirklich sind: Soldaten. Die Reklame wird richtig. Der strikte staatliche Befehl, der bei totalitären Wahlen von allen Mauern droht, entspricht der modernen Organisation der Wirtschaft genauer als die einerlei bunten Beleuchtungseffekte in den Einkaufszentren und Vergnügungsvierteln der Welt.

Die ökonomischen Programme der guten Europäer unter den Staatsmännern sind illusionär. In der Endphase des Liberalismus wollen sie die Unfähigkeit der zerfallenden Marktwirtschaft, die Menschen zu ernähren, durch staatliche Aufträge kompensieren, im Einverständnis mit den Wirtschaftsgewaltigen die Wirtschaft ankurbeln, so daß sie allen einen Unterhalt gewährt. Sie vergessen, daß der Widerwille gegen neue Investitionen keine Schrulle ist. Die Industriellen haben keine Lust, ihre Werke auf dem Umweg über Steuern, die sie einer allzu unparteiischen Regierung entrichten müssen, in Gang zu setzen, bloß um die bankrotten Bauern und andere Arbeitslose aus der Verlegenheit zu ziehen. Für die Klasse zahlte sich ein solches Verfahren nicht aus. Soviel auch regierungsfreundliche Ökonomen den Unternehmern vorreden, daß es ihnen zugute komme, die großen haben einen besseren Instinkt für ihre Interessen und höhere Ziele im Auge als eine notdürftige Konjunktur mit Streiks und was sonst zum proletarischen Klassenkampf gehört. Die Staatsmänner, die den Liberalismus zuguterletzt noch humanitär lenken wollen, verkennen seine Eigenart. Sie mögen Bildung repräsentieren und von Experten umgeben sein, ihr Bestreben ist ein Widersinn: sie wollen die Schicht, deren partikuläre Interessen wesenhaft den generellen zuwiderlaufen, der Allgemeinheit unterordnen. Eine Regierung, die mit den Steuern der Unternehmer aus den Objekten der Wohlfahrtspflege Subjekte freier Arbeitsverträge machte, muß schließlich unterliegen: sie entartete sonst entgegen ihrem eigenen Willen aus dem Beauftragten der Unternehmer zum Vollzugsorgan der Arbeitslosen, ja der abhängigen Schichten überhaupt. Nahezu konfiskatorische Steuern, etwa die Erbschaftssteuer, die nicht bloß durch die Freisetzung von Arbeitern in der Industrie, sondern auch durch die Folgen der unlösbaren Agrarkrise erzwungen sind, drohen ohnehin schon, die kapitalistisch Schwachen zu »Ausbeutern« der Kapitalisten zu machen. Solche Umkehrung der Verhältnisse lassen die Unternehmer auf die Dauer in keinem Weltreich zu. In den Parlamenten und dem ganzen öffentlichen Leben sabotieren sie die spätliberalistische Wohlfahrtspolitik. Selbst wenn sie der Konjunktur zugute käme, blieben sie unversöhnt: Konjunkturen sind ihnen nicht mehr genug. Die Produktionsverhältnisse setzen sich gegen die humanitären Regierungen durch. Die Pioniere aus den Unternehmerverbänden schaffen einen neuen Apparat. Ihre Sachwalter nehmen die Ordnung der Gesellschaft in die Hand; anstelle des zersplitterten Kommandos in den einzelnen Fabriken entsteht die totalitäre Herrschaft des Partikularinteresses über das ganze Volk. Den Individuen wird dabei eine neue Zucht auferlegt, die an den Grund der Sozialcharaktere rührt. Die

Transformation des gedrückten Arbeitsuchenden aus dem neunzehnten Jahrhundert in das beflissene Mitglied faschistischer Organisationen gemahnt in ihrer historischen Tragweite an die Umwandlung des mittelalterlichen Handwerksmeisters in den protestantischen Bürger durch die Reformation oder des englischen Dorfarmen in den modernen Industriearbeiter. Angesichts solcher Verlagerung der Fundamente erscheinen die Staatsmänner des mittleren Fortschritts als reaktionär.

An die Stelle des Tausches mit der Arbeit tritt das Diktat über sie. Waren die Massen in den letzten Jahrzehnten aus Kontraktpartnern Bettler, Objekte der Fürsorge geworden, so werden sie jetzt unmittelbar Objekte der Herrschaft. Im vorfaschistischen Stadium bedrohten sie die Ordnung. Der Übergang zu einer Wirtschaft, welche die getrennten Elemente vereinigte, die Menschen in den Besitz der feiernden Maschinen und des nutzlosen Getreides setzte, schien in Deutschland unabwendbar und die Weltgefahr des Sozialismus ernst. Zu seinen Feinden stand, was in der demokratischen Republik etwas zu sagen hatte. Es wurde mit Unterstützungen, mit kaiserlichen Staatsbeamten und weißen Offizieren regiert. Aus Organen des Klassenkampfes wollten die Gewerkschaften sich in staatliche verwandeln, sie wollten dazu dienen, die Zuwendungen zu verteilen, die Bedachten zur fügsamen Gesinnung zu erziehen, kurz, an der Beherrschung mitzuwirken. Den Mächtigen aber war solche Hilfe suspekt. Als das deutsche Kapital die imperialistische Politik wieder aufnahm, ließ es die Arbeiterbürokratie, die politische und gewerkschaftliche, die ihm dabei geholfen hatte, fallen. Trotz redlichsten Willens wären sie den neuen Verhältnissen nicht gewachsen gewesen. Nicht für die Steigerung ihres eigenen Lebens sollten die Massen aktiviert werden, nicht daß sie essen, sondern daß sie gehorchen, ist die Aufgabe des faschistischen Apparats. Regieren hat dort einen andern Sinn bekommen. Anstelle routinierter Funktionäre werden phantasiereiche Organisatoren und Fronvögte gebraucht; sie müssen dem Bannkreis der Ideologie von Freiheit und Menschenwürde entrückt sein. Im Spätkapitalismus verwandeln sich die Völker zuerst in Unterstützungsempfänger und dann in Gefolgschaften.

Lange vor dem faschistischen Umschwung bilden die Arbeitslosen eine unwiderstehliche Versuchung für Industrielle und Agrarier, die sie für ihre Zwecke organisieren wollen. Wie zu Beginn der Epoche sind wieder freie Massen vorhanden. Nur kann man sie nicht wie damals in die Manufakturen pressen, die Zeit der privaten Unternehmung ist vorbei. Der faschistische Agitator faßt seine Leute zum Kampf gegen die demokratischen Regierungen zusammen. Wenn es während des Übergangs immer weniger lockt, Kapital in die nützliche Produktion zu investieren, so wird das Geld in die Organisation der Masse gesteckt, die man der aufgeklärten vorfaschistischen Regierung entreißen will. Ist das zu Hause gelungen, wird es international versucht. Die faschistischen Staaten treten auch in fremden Ländern als Organisatoren der Macht gegen die renitenten Regierungen auf. Ihre Emissäre bereiten den Boden für faschistische Eroberungen, sie sind die Nachfahren der christlichen Missionare, die den Kaufleuten voranzogen. Heute strebt nicht der englische, sondern der deutsche Imperialismus nach Expansion.

Wenn tatsächlich der Faschismus aus dem kapitalistischen Prinzip hervorgeht, ist er nicht bloß den »armen«, den »have not«-Ländern im Gegensatz zu saturierten angepaßt. Daß der Nationalsozialismus ursprünglich von bankrotten Industrien getragen war, betrifft seine spezifische Auslösung, nicht seine Eignung zum universalen Prinzip. Schon zur Zeit der höchsten Rentabilität hat die Schwerindustrie ihren Anteil am Gewinn der Klasse durch ihre wirtschaftliche Machtstellung erzwungen. Stets überstieg die Durchschnittsprofitrate, die auch ihr zufiel, den Mehrwert, der in ihrem eigenen Bereich entstand. Weniger als andere gehorchten Krupp und Thyssen dem Konkurrenzprinzip. So zeigte denn der Bankrott, den schließlich die Bilanz auswies, nichts über die Harmonie zwischen der Schwerindustrie und dem Bedürfnis des Bestehenden an. Daß die chemische Industrie an Rentabilität der schweren auf dem Markt überlegen war, konnte gesellschaftlich nicht den Ausschlag geben. Im Spätkapitalismus ist die Aufgabe gestellt, die Bevölkerung in ein für zivile und militärische Zwecke einsatzbereites Kollektiv umzumodeln, so daß sie in den Händen der neu formierten Herrscherklasse funktioniert. Die schlechte Rentabilität trieb bloß bestimmte Teile der deutschen Industrie vor anderen dazu an, die Entwicklung zu forcieren.

Die herrschende Klasse hat sich gewandelt. Ihre Mitglieder sind nicht identisch mit den Inhabern des kapitalistischen Eigentums.

Das gespaltene Gros der Aktionäre war längst der Führung des Direktoriats verfallen. Mit dem Fortschritt des Betriebs von einer unter vielen konkurrierenden Wirtschaftseinheiten zur uneinnehmbaren sozialen Machtstellung des modernen Konzerns gewann die Betriebsführung absolute Gewalt. Der Umfang und die Differenziertheit der Werke hat eine Bürokratie geschaffen, deren Spitze mit dem Kapital der Aktionäre notfalls gegen diese ihre eigenen Ziele verfolgt. Derselbe Grad der organischen Zusammensetzung des Kapitals, der den ökonomischen Anreiz zu weiteren Investitionen vermindert, ermöglicht es den Leitern, im Zug politischer Machinationen den Produktionsmechanismus zu bremsen, ja die Räder stillzustellen, ohne selber viel zu spüren. Die Direktorengehälter können sich zuzeiten von den Bilanzen emanzipieren. An die Stelle der juristischen Eigentümer tritt die hohe industrielle Bürokratie. Es zeigt sich, daß die reale Verfügung, der physische Besitz und nicht das nominelle Eigentum sozial entscheidend ist.
Die juristische Form, die über das Glück des Individuums real bestimmte, hat gesellschaftlich immer zur Ideologie gehört. Die enteigneten Gruppen der Bourgeoisie klammern sich jetzt an die hypostasierte Form des Privateigentums und denunzieren den Faschismus als neuen Bolschewismus, während dieser umgekehrt die Form der Vergesellschaftung des Eigentums theoretisch hypostasiert und in der Praxis die Monopolisierung des Produktionsapparats nicht zu unterbinden vermag. Ob es der Staat den Seinen unter dem Titel von regulierten Privatgewinnen oder direkt als Beamtengehälter zukommen läßt, ergibt noch keinen wesentlichen Gegensatz. Die faschistische Ideologie verschleiert das gleiche Verhältnis wie die alte harmonistische: die Herrschaft einer Minderheit aufgrund des faktischen Besitzes der materiellen Produktionswerkzeuge. Das Profitstreben endet heute in dem, was es stets schon war: im Streben nach gesellschaftlicher Macht. Das wahre Selbst des juristischen Eigentümers der Produktionsmittel tritt ihm als faschistischer Kommandant von Arbeitsbataillonen gegenüber. Die soziale Herrschaft, die mit ökonomischen Mitteln nicht zu halten war, weil das private Eigentum sich überlebt hat, wird mit direkt politischen fortgesetzt. Diesem Zustand gegenüber repräsentiert der Liberalismus noch in seiner Verfallsform das größtmögliche Glück der größtmöglichen Anzahl. Denn die Menge des Unglücks, das die Majorität in den

kapitalistischen Mutterländern erlitt, ist kleiner als die heute auf die verfolgten Minoritäten konzentrierte.

Der Liberalismus ist nicht wieder einzurichten. Er hinterläßt ein demoralisiertes, von den Führern verratenes Proletariat, in dem die Arbeitslosen eine Art amorpher Klasse bilden, die geradezu nach Organisierung von oben schreit, Bauern, deren Produktionsmethoden und Bewußtseinsformen hinter der technischen Entwicklung weit zurückgeblieben sind, und die Generäle der Industrie, des Heeres und der Verwaltung, die sich verständigen und die Neuordnung in die Hand nehmen.

Nach dem hundertjährigen Zwischenspiel des Liberalismus ist die Oberschicht in den faschistischen Ländern auf ihre Grundeinsichten zurückgekommen. Die Existenz der Individuen wird im zwanzigsten Jahrhundert wieder bis in alle Einzelheiten kontrolliert. Ob nach der Entfesselung der Kräfte in der Industriegesellschaft die totalitäre Unterdrückung auf die Dauer möglich ist, läßt sich nicht deduzieren. Deduzierbar war der ökonomische Zusammenbruch, nicht die Revolution. Theorie und Praxis sind nicht unmittelbar identisch. Nach dem Krieg war die Frage praktisch gestellt. Die deutschen Arbeiter besaßen die Qualifikation zur neuen Einrichtung der Welt. Sie wurden besiegt. Wie weit der Faschismus sein Ziel erreicht, wird sich erst in den Kämpfen der Epoche zeigen. Die Anpassung der Individuen an ihn drückt auch rationale Fähigkeiten aus. Daß nach dem Verrat der eigenen Bürokratie seit 1914, nach der Entwicklung der Parteien in weltumspannende Maschinerien zur Vernichtung der Spontaneität, nach der Ermordung der Revolutionäre die Arbeiter sich gegen die totalitäre Ordnung neutral verhalten, ist kein Zeichen der Verblödung. Die Erinnerung an die vierzehn Jahre hat mehr Reize für die Intellektuellen als für das Proletariat. Der Faschismus hat ihm vielleicht nicht weniger zu bieten als die Weimarer Republik, die den Faschismus aufzog.

Die totalitäre Gesellschaft hat ökonomische Chancen auf lange Frist. Zusammenbrüche stehen nicht in naher Aussicht. Die Krisen waren rationale Zeichen, die entfremdete Kritik der Marktwirtschaft, die, wenn auch blind, am Bedürfnis orientiert war. In der totalitären Wirtschaft erscheint der Hunger zu Kriegs- und Friedenszeiten nicht so sehr als Störung wie als vaterländische Pflicht.

Für den Faschismus als Weltsystem wäre ökonomisch kein Ende abzusehen. Die Ausbeutung reproduziert sich nicht mehr planlos über den Markt, sondern in der bewußten Ausübung der Herrschaft. Die Kategorien der politischen Ökonomie: Äquivalententausch, Konzentration, Zentralisation, sinkende Profitrate und so fort haben auch heute noch reale Gültigkeit, nur ist ihre Konsequenz, das Ende der politischen Ökonomie, erreicht. Die Konzentration in den faschistischen Ländern schreitet eilends fort. Sie ist jedoch in die Praxis planmäßiger Gewalt eingegangen, die die sozialen Gegensätze unmittelbar zu meistern sucht. Die Ökonomie hat keine selbständige Dynamik mehr. Sie verliert ihre Macht an die ökonomisch Mächtigen. Das Versagen der freien Marktwirtschaft offenbart die Unfähigkeit weiterer Fortschritte in den Formen der antagonistischen Gesellschaft überhaupt. Der Faschismus kann trotz des Krieges weiterleben, wenn die Völker nicht begreifen, daß die Kenntnisse und Maschinen, die sie besitzen, nicht der Verewigung der Macht und des Unrechts, sondern ihrem eigenen Glück zu dienen haben. Er ist nicht rückständig im Vergleich zum bankrotten laissez-faire-Prinzip, sondern zu dem, was für die Maschinen erreichbar wäre.

Selbst wenn es gelungen wäre, die Rüstungen zu limitieren und die Erde aufzuteilen, worin die Konzerne mit gutem Beispiel vorangehen (es ist etwa an die Bestrebungen zum britisch-deutschen, darüber hinaus zum europäischen, Kohlenkartell zu denken[1]), so hätte der Faschismus keine Verlegenheit zu befürchten gebraucht. Es sind unzählige Werke zu verrichten, die Arbeit und Brot geben und zugleich die Individuen nicht übermütig werden lassen. Mandeville, der wußte, worauf es ankam, hat schon zu Beginn des Kapitalismus das Fernziel faschistischer Arbeitsbeschaffung designiert: »Es gibt bei uns noch für hunderttausend Arme mehr, als wir tatsächlich haben, Arbeit auf drei- bis vierhundert Jahre hinaus. Um unser Land in allen Teilen nutzbar und im ganzen stattlich bevölkert zu machen, wären viele Flüsse schiffbar zu machen und zahlreiche Kanäle anzulegen. Manche Gegenden wären zu entwässern und für die Zukunft gegen Überschwemmungen zu schützen. Weite Strecken dürren Bodens wären fruchtbar, viele Quadratmeilen Landes leichter zu-

1 *Frankfurter Zeitung*, 2. Februar und 9. März 1939.

gänglich und damit einträglicher zu machen. Dii laboribus omnia vendunt. Es gibt keine Schwierigkeiten auf diesem Gebiete, die Arbeit und Ausdauer nicht zu bewältigen vermöchten. Die höchsten Berge lassen sich in die Täler stürzen, die bereitstehen, sie in sich aufzunehmen, und Brücken können geschlagen werden, wo wir jetzt gar nicht würden daran zu denken wagen.«[2] »Es ist Sache des Staats, den sozialen Mißständen abzuhelfen und das zuerst in die Hand zu nehmen, was von seiten der Privatpersonen am meisten vernachlässigt wird. Gegensätze werden am besten durch Gegensätze geheilt; und da im Falle nationalen Versagens das Beispiel mehr wirkt als das Gebot, so sollte die Regierung sich zu irgendeinem großen Unternehmen entschließen, das lange Zeit hindurch gewaltige Arbeit beanspruchen müßte, und sollte so die Welt davon überzeugen, daß sie nichts tut ohne ängstliche Rücksicht auf die späteste Nachkommenschaft. Dies wird festigend wirken auf den schwankenden Geist und den luftigen Sinn des Volkes, es wird uns daran erinnern, daß wir nicht bloß für uns selbst leben, und wird schließlich ein Mittel sein, um die Menschen weniger mißtrauisch zu machen und ihnen dafür mehr wahrhafte Vaterlandsliebe und treue Anhänglichkeit an den heimatlichen Boden einzuflößen, was für die Höherentwicklung einer Nation vor allem anderen notwendig ist.«[3]

Der Terror, zu dem die herrschende Klasse dabei ihre Zuflucht nimmt, ist seit Machiavelli von den Autoritäten immer wieder empfohlen worden. »Das wilde Tier, das man Volk nennt, bedarf notwendig der eisernen Führung: Ihr seid sogleich verloren, wenn ihr zulaßt, daß es seiner Kraft bewußt wird. ... Das regierte Individuum bedarf keiner anderen Tugend als der Geduld und der Unterordnung; Geist, Talente, Wissenschaften gehören auf die Seite der Regierung. Das größte Unglück resultiert aus dem Umsturz dieser Grundsätze. Die wirkliche Autorität der Regierung wird aufhören, wenn jeder sich berufen glaubt, sie zu teilen; der Schrecken der Anarchie geht aus solcher Extravaganz hervor. Das einzige Mittel, diese Gefahren zu vermeiden, ist, die Kette möglichst anzuspannen, strengste Gesetze zu erlassen, die Aufklärung des Volkes zu verweigern, vor allem sich der funesten Pressefreiheit zu widersetzen, dem

2 Mandeville, *Die Bienenfabel*, hrsg. v. Otto Bobertag, München 1914, S. 283 f.
3 Ibid., S. 286 f.

Ursprung aller Kenntnisse, die das Volk entfesseln, und es zum Schluß durch schwere und vielfache Strafen zu erschrecken... Bilden Sie sich nicht ein, ... daß ich unter dem Volk die Klasse verstehe, die man als dritten Stand bezeichnet; gewiß nicht. Ich nenne Volk die feile und verächtliche Klasse, die, wie der Abschaum der Natur, auf unsere Erde geworfen, nur im Schweiß ihres Angesichts existieren kann.«[4] Was die Nationalsozialisten wissen, hat man schon vor hundert Jahren gewußt. »Man sollte Menschen nur in der Kirche oder unter den Waffen versammeln; da überlegen sie nicht, sie hören und gehorchen.«[5] An die Stelle der Peterskirche rückt der Berliner Sportpalast.

Nicht bloß die dunklen Philosophen, die bei den ideologischen Nachfahren als unmenschlich gelten, haben die Abhängigkeit des Volkes als Voraussetzung stabiler Zustände erklärt, sie haben die Verhältnisse nur deutlicher bezeichnet als die Idealisten. Der späte Kant ist von den Freiheitsrechten der unteren Schichten nicht viel überzeugter als Sade und Bonald. Nach der praktischen Vernunft hat das Volk zu parieren wie im Zuchthaus, nur mit dem Unterschied, daß es neben den Schergen der jeweiligen Macht auch noch sein eigenes Gewissen als Gefängniswärter und Antreiber haben soll. »Der Ursprung der obersten Gewalt ist für das Volk, das unter derselben steht, in praktischer Absicht unerforschlich: d. i. der Unterthan soll nicht über diesen Ursprung... werkthätig vernünfteln..., denn wollte der Unterthan, der den letzteren Ursprung nun ergrübelt hätte, sich jener jetzt herrschenden Autorität widersetzen, so würde er nach den Gesetzen derselben, d. i. mit allem Recht, bestraft, vertilgt, oder (als vogelfrei, exlex) ausgestoßen werden.«[6] Kant bekennt sich zu der Lehre, »daß dem, welcher sich im Besitz der zu oberst gebietenden und gesetzgebenden Gewalt über ein Volk befindet, müsse gehorcht werden, und zwar so juridisch-unbedingt, daß auch nur nach dem Titel dieser seiner Erwerbung öffentlich zu forschen, also ihn zu bezweifeln, um sich bei etwaiger Ermangelung desselben ihm zu widersetzen, schon strafbar, daß es

4 De Sade. *Histoire de Justine,* tome IV, en Hollande 1797, S. 275–278.
5 De Bonald, *Pensées sur divers sujets et discours politiques. Œuvres,* tome VI, Paris 1817, S. 147.
6 Kant, *Die Metaphysik der Sitten,* Akademieausgabe, Bd. VI, S. 318f.

ein kategorischer Imperativ sei: Gehorchet der Obrigkeit (in allem, was nicht dem inneren Moralischen widerstreitet), die Gewalt über euch hat.«[7] Aber der Kant-Kenner weiß: das »innere Moralische« kann nie gegen eine harte Arbeit protestieren, die von der jeweiligen Gewalt befohlen ist.

Die faschistische Verstaatlichung, die Aufstellung eines terroristischen Parteiapparats neben der Administration, ist das Gegenteil von Vergesellschaftung. Nach wie vor funktioniert das Ganze für die Interessen einer festen Gruppe. Das Kommando über fremde Arbeit durch die Bürokratie ist jetzt formell die letzte Instanz, das Kommando der konkurrierenden Eigentümer nur delegiert, aber die Gegensätze verwischen sich: die Eigentümer werden Bürokraten und die Bürokraten Eigentümer. Der Begriff des Staates verliert vollends seinen Widerspruch zum Begriff einer herrschenden Partikularität, er ist der Apparat der koalierten Führer, ein privates Machtwerkzeug, und dies je mehr er sich verselbständigt, je mehr er vergottet wird. Sowohl in Italien wie auch in Deutschland wurden große gemeinnützige Unternehmungen reprivatisiert. In Italien sind elektrische Betriebe, die Monopole des Telephons, der Lebensversicherung und andere staatliche und städtische Verwaltungen, in Deutschland vor allem die Banken an private Gesellschaften übergegangen.[8] Davon profitieren freilich nur die Großen. Daß der mittlere Unternehmer gegen die Konzerne in Schutz genommen werde, erweist sich auf die Dauer als purer Propagandaschwindel. Die Zahl der Gesellschaften, welche die gesamte Industrie beherrschen, wird immer kleiner. Unter der Oberfläche des Führerstaats spielt sich ein wütender Kampf der Interessenten um die Beute ab. Die deutschen und sonstigen Eliten in Europa, welche die Absicht, die Bevölkerung in Schach zu halten, miteinander teilen, würden ohne dies einigende Band sich drinnen und draußen längst bekriegt haben. Innerhalb der totalitären Staaten ist diese Spannung so groß, daß Deutschland über Nacht in ein Chaos von Gangsterkämpfen sich auflösen könnte. Die Geste der Tragik so gut wie die unablässige

7 Ibid., Anhang, S. 371.
8 Cf. für Italien: u. a. Perroux, ›Economie corporative et système capitaliste‹, in: *Revue d'Économie politique*, Sept./Oct. 1933; für Deutschland: u. a. *Frankfurter Zeitung*, 21. Juli 1936 und 26. Februar 1937.

Versicherung vieltausendjähriger Dauer in der nationalsozialistischen Propaganda reflektierten von Anbeginn die Ahnung solcher Hinfälligkeit. Nur weil die berechtigte Angst vor den Massen alle immer wieder zusammenbringt, lassen sich die Unterführer schließlich vom Mächtigsten integrieren und notfalls massakrieren. Hinter der Einheit und Harmonie ist, mehr als es je im Kapitalismus der Fall war, die Anarchie verborgen, hinter der Planmäßigkeit das atomistische Privatinteresse. Es findet ein Ausgleich statt, der gegenüber menschlichen Bedürfnissen nicht weniger zufällig ist als ehemals die Preisskala freier Märkte. Die Kräfte, welche die Verteilung der gesellschaftlichen Energien auf die verschiedenen Produktionszweige bewirken, sind bei aller Lenkung so irrational wie die Mechanismen der Profitwirtschaft, die der menschlichen Macht sich entzogen hatten. Die Freiheit der Führer ist Trug wie die des Geschäftsmanns; wie er vom Markt abhing, hängen sie von blinden Konstellationen ab. Das Rüsten wird ihnen durch das Spiel zwischen den Gruppierungen, durch die Angst vor den eigenen und fremden Völkern, durch die Abhängigkeit von Teilen der Geschäftswelt ebenso diktiert wie die Vergrößerung der Fabriken den Unternehmern in der Industriegesellschaft, diktiert durch soziale Gegensätze, nicht durch die Auseinandersetzung der Menschen mit der Natur, von der eine vernünftige Gesellschaft sich einzig noch bestimmen ließe. Die Stabilität des Faschismus beruht auf der Allianz gegen die Revolution und der Ausschaltung des ökonomischen Korrektivs. Das atomistische Prinzip, nach dem der Erfolg des einen mit dem Elend des anderen zusammenhing, ist heute noch verschärft. In den faschistischen Verbänden herrschen Gleichheit und Brüderlichkeit nur an der Oberfläche. Der Kampf um den Aufstieg in der barbarischen Hierarchie macht aus den Genossen präsumtive Gegner. Der Umstand, daß in der Kriegswirtschaft mehr Arbeitsplätze als Arbeiter vorhanden sind, hebt den Konflikt aller mit allen nicht auf. Die Unterschiede zwischen den Löhnen in den einzelnen Fabriken, für Männer und Frauen, für Arbeiter und Angestellte, für verschiedene Kategorien von Proletariern sind krasser als früher. Mit der Abschaffung der Arbeitslosigkeit ist die Vereinsamung der Menschen nicht durchbrochen worden. An die Stelle der Furcht vor dem Verlust des Arbeitsplatzes tritt die Furcht vor dem Staat. Die Angst atomisiert.

Das gemeinsame Interesse aller Ausgebeuteten ist heute, wo es stärker ist als je, weniger als je zu erkennen. Auf der Höhe des Liberalismus blieb trotz aller Krisen das Proletariat mit dem Prozeß der Warenproduktion verbunden, die Arbeitslosigkeit des einzelnen ging vorüber. Die Arbeit der Proletarier in der Industrie bildete die Basis der Solidarität, wie noch die Sozialdemokratie sie verstand. In der Zeit, die dem Faschismus unmittelbar vorhergeht, wird ein großer Teil der Bevölkerung dauernd arbeitslos und verliert das Rückgrat. Die Banden der technischen Nothilfe haben auch den beschäftigten deutschen Arbeitern demonstriert, wie schwach sie waren. Je weiter zudem die mit der ökonomischen Ohnmacht gesetzte Vernichtung jeder Spontaneität durch die Politik der alten Massenparteien getrieben wurde, um so leichter konnten die Opfer von der neuen erfaßt werden. Hier wie dort ist der Kollektivismus die Ideologie der atomisierten Masse, die ganz Objekt der Herrschaft ist. Wie die Arbeit unter dem Diktat des Staates erscheint der vom Staat propagierte Glaube an Führer und Gemeinschaft als Ausweg aus dem trostlosen Dasein. Der Glaube lebt davon, daß es wieder regelmäßig Arbeit gibt. Jeder weiß, was er zu tun hat und wie ungefähr der nächste Tag aussieht. Man ist kein Bettler mehr, und wenn es Krieg gibt, stirbt man nicht allein. Die Volksgemeinschaft setzt die Ideologie von 1914 fort. Nationale Aufbrüche sind der erlaubte Ersatz für die Revolution. Unbewußt realisieren sie das Grauen ihrer Existenz, das zu ändern sie doch nicht vermögen. Die Erlösung muß von oben kommen. So unaufrichtig aber der Glaube an die Nichtigkeit des einzelnen, an das Überleben des Volkes oder an die Führer als Gestalten immer sein mag, gegenüber dem ausgehöhlten Christentum drückt er wenigstens eine Erfahrung aus. Verlassen ist die Gefolgschaft auch von den vergötzten Führern, aber nicht so verlassen wie seit je vom wahren Gott.

Über die Zustände vor seinem Machtantritt geht der Faschismus nicht bloß negativ, sondern positiv hinaus. Wenn die Lebensformen der liberalistischen Phase des Kapitalismus hemmende Funktionen hatten, wenn die idealistische Kultur schon zum Gespött geworden war, muß ihre Demolierung im Faschismus auch Kräfte frei machen. Der falschen Sicherheiten wird das Individuum beraubt, die faschistische Rettung von Eigentum, Familie, Religion läßt nicht viel von ihnen übrig. Die Massen werden zu mächtigen Instrumenten, und die Macht der vom fremden Willen durchströmten totalitären Organisation ist der Schwerfälligkeit des Reichstags überlegen, der vom eigenen Willen des Volkes getragen war. Die Zentralisation der Verwaltung, die der Nationalsozialismus in Deutschland vorgenommen hat, löst eine alte bürgerliche Forderung ein, die anderswo im siebzehnten Jahrhundert schon erfüllt war. Der demokratische Zug des neuen Deutschland, die formelle Abschaffung der Stände ist bürgerlich rationell. Richelieu freilich ist energischer mit den Feudalen umgesprungen als Hitler mit der sogenannten Reaktion. Der große Grundbesitz erfreut sich noch des gut getarnten Schutzes vor der Siedlungspolitik. Der inneren Schlagkraft entsprechen die Erfolge der faschistischen Außenpolitik. Sie beglaubigen die Versprechungen des Regimes. Der wichtigste Grund der Indolenz, mit dem es von den Massen geduldet wird, ist die kühle Erwartung, es möchte den brüchigen Staatsgebilden ringsum einiges abtrotzen, was auch dem kleinen Mann zugute kommt. Nach der Phase der Eroberungen, die freilich erst begonnen hat, hofft der Nationalsozialismus, den Massen so viel abzugeben, wie geschehen kann, ohne Opfermut und Disziplin etwas zu entziehen. Im Faschismus nimmt hier der Umfang an Betriebsunfällen, dort der Umsatz bei den Sektfabriken zu, aber die Gewißheit, daß es weiter Arbeit gibt, wirkt schließlich als die bessere Demokratie. Unter Wilhelm wurde das Volk nicht mehr respektiert als unter Hitler. Einen langen Krieg wird es schwerlich zulassen.

Wahr ist, die Produktivkräfte werden im Faschismus stärker unterdrückt als je zuvor. Die Erfindung von Ersatzstoffen bietet keinen Ersatz für die Verstümmelung der menschlichen Anlagen, die bis zur Vernichtung des Menschlichen geht. Aber dies setzt bloß einen Prozeß fort, der ohnehin katastrophisches Ausmaß angenommen hatte. In der jüngsten Phase, der faschistischen, verstärken sich auch die Gegentendenzen. Der Gedanke von Nation und Rasse überschlägt sich. Im Grund glauben die Deutschen nicht mehr daran. Die Auseinandersetzung zwischen Liberalismus und totalitärem Staat verläuft nicht mehr gemäß den Landesgrenzen. Der Faschismus erobert von außen und innen zugleich. Zum ersten Mal ist die ganze Welt in dieselbe politische Entwicklung gerissen. Indien und China sind nicht mehr bloße Randgebiete, historische Größen sekundärer Ordnung, sie sind von der gleichen Spannung erfüllt wie die hochkapitalistischen Länder.

Die Lüge von der Gerechtigkeit innerhalb der modernen Gesellschaft, die Lüge von der freien Bahn, die Lüge vom Gottesurteil des Erfolgs, alle Kulturlügen, die das Leben vergifteten, sind durchsichtig geworden oder abgeschafft. Die Bürokratie entscheidet über Leben und Tod. Sie schiebt die Verantwortung für das Scheitern von Existenzen nicht wie die alten Kapitalisten auf Gott, sondern auf die staatliche Notwendigkeit. Wahrscheinlich treffen die unmenschlichen Figuren, die jetzt über Menschen verfügen, keine ungerechtere Auswahl als der Markt, den der bloße Wille zum Profit bewegte. Der Faschismus hat die Verfügung über die Produktionsmittel für die Minderheit gerettet, die als entschlossenste aus dem Konkurrenzkampf hervorgegangen ist. Er ist die zeitgemäße Form. Auch wo in Europa der Faschismus nicht an der Macht ist, regen sich starke gesellschaftliche Tendenzen, welche die administrative, juristische, politische Apparatur in den autoritären Stand setzen wollen. Schon aus Konkurrenzgründen, dem wahren liberalistischen Motiv, sind die Kapitalisten und was an ihnen hängt dazu getrieben. »If the British Government«, schreibt der Whaley-Eaton Service, »is forced to choose between active inflation and totalitarian control of finance and industry, it will take the latter course.«[9] Ob man es bei Halbheiten und Kompromissen lange bewenden läßt, steht dahin.

So steht es mit den Juden. Sie weinen der Vergangenheit viele Tränen nach. Daß es ihnen im Liberalismus besser ging, verbürgt nicht seine Gerechtigkeit. Selbst die Französische Revolution, die der bürgerlichen Wirtschaft politisch zum Sieg verhalf und den Juden die Gleichheit gab, war zweideutiger, als sie sich heute träumen lassen. Nicht die Ideen, sondern der Nutzen bestimmt das Bürgertum. »Die revolutionären Änderungen herbeizuführen«, sagt Mornet, »hat man sich erst entschieden, weil man darüber nachgedacht. Solches Nachdenken war nicht die Sache einiger weniger avancierter Geister; es war eine sehr zahlreiche Elite, die über ganz Frankreich die Ursache der Übel und die Natur der Abhilfe diskutierte.«[10]

9 Whaley-Eaton Foreign Service, Letter 1046, May 2, 1939.
10 D. Mornet, *Les origines intellectuelles de la Révolution Française*, Paris 1933, S. 2.

Nachdenken heißt hier kalkulieren. Soweit die Revolution über die ökonomisch wünschenswerten Ziele hinausschoß, wurden die Dinge später wieder eingerenkt. Man kümmerte sich nicht so viel um Philosophie wie um Schwerfälligkeit der Verwaltung, um provinzielle und staatliche Reformen. Die Bürger waren stets Pragmatisten, sie hatten ihr Eigentum im Auge. Ihm zuliebe fielen die Privilegien. Auch die radikalere, durch den Sturz der Terroristen unterbrochene Entwicklung wies nicht bloß in die Richtung größerer Freiheit. Schon damals war man vor die Wahl verschiedener Formen der Diktatur gestellt. Robespierres und Saint Justs Pläne sahen etatistische Elemente, eine Befestigung des bürokratischen Apparats vor, ähnlich den autoritären Systemen der Gegenwart. Die Ordnung, die 1789 als fortschrittliche ihren Weg antrat, trug von Beginn an die Tendenz zum Nationalsozialismus in sich.

Trotz aller grundlegenden Verschiedenheit zwischen dem Wohlfahrtsausschuß und den Führern des Dritten Reichs, denen erstaunliche Parallelen entgegenzuhalten sind, entspringt ihre Praxis derselben politischen Notwendigkeit: die Verfügung über die Produktionsmittel den Gruppen zu erhalten, die sie schon innehaben, damit die anderen bei der Arbeit ihrer Leitung unterstehen. Politische Freiheit für jedermann, die Gleichberechtigung der Juden und alle humanen Institutionen wurden als Mittel akzeptiert, um den Reichtum ausgiebig zu verwerten. Die demokratischen Einrichtungen förderten das Angebot billiger Arbeitskräfte, die Möglichkeit, sicher zu kalkulieren, die Ausbreitung des freien Verkehrs. Mit der Änderung der Verhältnisse verlieren die Einrichtungen den utilitären Charakter, dem sie ihr Dasein verdanken. Vernünftigkeit, die den spezifischen Verwertungsbedingungen auf der je erreichten Stufe zuwiderläuft, hat auch der jüdische Unternehmer für verstiegen oder subversiv gehalten. Diese Art von Rationalität wendet sich jetzt gegen ihn. Der Wirklichkeit, in der die Juden groß geworden sind, war eine natürliche Moral immanent, nach der sie jetzt zu leicht befunden werden, die Moral der ökonomischen Macht. Dieselbe Rationalität, nach der unterlegene Konkurrenten schon immer ins Proletariat versanken und um ihr Leben betrogen waren, diese ökonomische Zweckmäßigkeit hat jetzt auch den Juden das Urteil gesprochen. Wieder diskutiert eine zahlreiche Elite, diesmal nicht bloß über Frankreich, sondern über ganz Europa, »die Ursache der

Übel und die Natur der Abhilfe«. Das Resultat ist für die Juden schlecht. Sie kommen unter die Räder. Andere als sie sind heute die Tüchtigsten: die Führer der neuen Ordnung in Wirtschaft und Staat. Dieselbe ökonomische Notwendigkeit, die irrational das Heer der Arbeitslosen schuf, hat sich jetzt in Gestalt wohl abgewogener Verordnungen gegen ganze Minderheiten gewandt.

Die Sphäre, die für das Schicksal der Juden in doppelter Weise bestimmend war, als der Ort ihres Erwerbs und als das Fundament der bürgerlichen Demokratie: die Sphäre der Zirkulation verliert ihre ökonomische Bedeutung. Die berühmte Macht des Geldes ist im Schwinden begriffen. Im Liberalismus knüpft es die Kapitalmacht an die Erfüllung nützlicher Funktionen. Aus dem Wachstum oder Schwinden des Geldkapitals, das dem Unternehmer als Ergebnis jeder Unternehmung am Ende wieder zufloß, konnte er ersehen, ob und in welchem Umfang sie für die bestehende Gesellschaft nützlich war. Das Urteil des Marktes über die Verkäuflichkeit der Waren deklarierte ihren Anteil am Fortgang des allgemeinen Lebens. Mit der zunehmenden Ausschaltung des Marktes fällt auch die Rolle des Geldes als des Materials weg, in dem die Deklaration sich vollzog. Die Bedürfnisse werden jetzt nicht angemessener und gerechter befriedigt als durch den mechanischen Ausgleich verschieden equipierter Kapitalinteressen. Nur wird der Urteilsspruch des Marktes darüber, wie jeder leben darf, der Spruch über Wohlsein und Elend, Hunger und Macht, mit dem auch die herrschenden ökonomischen Gruppen immerhin zu rechnen hatten, jetzt von ihnen selbst gefällt. Die Anonymität ist in Planmäßigkeit übergegangen, anstatt in die freie der geeinten Menschheit in die abgefeimte ihrer verschworenen Todfeinde. Anonym war früher nicht bloß der Urteilsspruch, er visierte auch die Sünder und Auserwählten des Produktionsprozesses ohne Ansehen ihrer menschlichen Besonderheit, er tat den Personen die Ehre an, sie zu ignorieren. Soweit war er menschlich in seiner Unmenschlichkeit. Im Führerstaat werden die, die leben und die sterben sollen, vorsätzlich designiert. Die Juden sind als Agenten der Zirkulation entmachtet, weil die moderne Struktur der Wirtschaft die ganze Sphäre weithin außer Kurs setzt. Sie werden als erste Opfer vom Diktat der Herrschenden getroffen, das die ausgefallene Funktion übernimmt. Die staatliche Manipulierung des Geldes, die ohnehin den Raub als notwendige Folge hat, schlägt in die brutale Manipulierung seiner Repräsentanten um.

Die Juden werden sich ihrer Verzweiflung bewußt, wenigstens die, die es schon getroffen hat. Wer in England und Frankreich noch mit den Ariern über die Steuern schimpfen darf, sieht die flüchtigen Rassegenossen nur ungern über die Grenze kommen; die Faschisten berechnen solche Verlegenheit voraus. Die Ankömmlinge haben eine schlechte Aussprache und unbeholfene Manieren im neuen Land. Man sieht es den Koryphäen nach. Die anderen sind wie Ostjuden oder noch Schlimmeres: politisch Anrüchige. Sie kompromittieren die eingesessenen, die sich da zu Hause fühlen und die wiederum den eingesessenen Christen auf die Nerven gehen. Als ob der Begriff des Zuhause in einer grauenvollen Wirklichkeit nicht jedem einzelnen der Judenheit, die es seit Jahrtausenden erfahren hat, ein Zeichen der Lüge und des Hohnes sein sollte, als ob die Juden, die sich irgendwo noch eingesessen wähnen, im Innersten nicht wüßten, daß sich die saubere Hausordnung, von der sie profitieren, morgen schon gegen sie selbst kehrt. Die Ankömmlinge sind jedenfalls unbequem. Die ideologische Praxis, die dahin treibt, Objekte des sozialen Unrechts im Geist noch einmal zu erniedrigen, um dem Unterschied den Anstrich der Vernunft zu geben, diese seit Aristoteles schon klassische Übung der Herrscherschichten, von der auch der Antisemitismus lebt, ist jüdisch nicht weniger als gentil; sie gehört zu jeder antagonistischen Gesellschaft. Wer in dieser Wirtschaft unterliegt, darf von denen, die zu ihr beten, in der Regel nichts anderes erwarten als die Anerkennung des ökonomischen Urteils, das ihn enteignet hat, des anonymen oder des namentlichen. Wahrscheinlich sind die Betroffenen so schuldlos nicht. Wie sollten arrivierte Juden oder Arier draußen, die mit der Verelendung sozialer und nationaler Gruppen, mit der Massenarmut in Mutter- und Tochterländern, mit den ordentlichen Zucht- und Irrenhäusern stets sich abgefunden haben, angesichts der deutschen Juden zur Besinnung kommen?

Der nationalsozialistische Plan, was von ihnen übrig bleibt, ins Lumpenproletariat hinabzustoßen, bezeugt aufs neue, daß seine Urheber die Umwelt ausgezeichnet kennen. Sind die Juden einmal verlumpt, wird ihnen auch das flüchtige Gefühl der bürgerlichen Klassensolidarität nicht mehr zugutekommen: die Entrüstung, daß auch reiche Leute nicht mehr sicher sind. Arme Juden sind weniger bedauernswert. Arme Leute muß es geben, die Welt kann man nicht ändern. Zwischen den ungestillten Bedürfnissen der Ohnmächtigen und den unstillbaren Bedürfnissen der Mächtigen besteht eine prästabilierte Harmonie. Die Unteren dürfen nicht zu glücklich werden, sonst hören sie auf, Objekte zu sein. Die Wut aber, die durch das Elend erzeugt wird, die tiefe, inbrünstige, geheime Wut der an Leib und Seele Abhängigen betätigt sich dort, wo Gelegenheit ist, also gegen das Schwache und Abhängige selbst. Die Arbeiter in Deutschland, die durch die Schule einer revolutionären Denkart gegangen sind, haben den Pogromen mit Ekel zugesehen: wie die Bevölkerung anderer Länder sich verhielte, weiß man nicht genau. Wo die auswandernden Juden ankommen, finden sie, wenn das Interesse wieder abnimmt und der Alltag beginnt, bei allem Wohlwollen aufgeklärter Geister die Kälte der Konkurrenz und den dumpfen, ziellosen Haß der Menge vor, der aus mehr als einem Grund an ihrem Anblick Nahrung findet.

Heute gegen den Faschismus auf die liberalistische Denkart des neunzehnten Jahrhunderts sich berufen, heißt an die Instanz appellieren, durch die er gesiegt hat. Die Parole »freie Bahn dem Tüchtigen« kann der Sieger für sich in Anspruch nehmen. Er hat den nationalen Konkurrenzkampf so gut bestanden, daß er ihn abschaffen kann. Laissez-faire, laissez-aller, könnte er fragen, warum soll ich nicht machen, was ich will? Für keine kleineren Massen bin ich Arbeit- und Brotgeber als irgendein Wirtschaftschampion freien Stils. Ich bin auch in der Chemie voran. Proleten, Kolonialvölker, unzufriedene Elemente beklagen sich. Mein Gott, haben sie das nicht schon immer getan?

Die Hoffnung der Juden, die sich an den zweiten Weltkrieg heftet, ist armselig. Wie er auch enden mag, die lückenlose Militarisierung führt die Welt weiter in autoritär-kollektivistische Lebensformen hinein. Die deutsche Kriegswirtschaft im ersten Weltkrieg war eine Vorform moderner Jahrespläne, die Zwangsaushebung im neuzeitlichen Volkskrieg ist ein Hauptstück totalitärer Technik. Den Arbeitskolonnen, die der Rüstungsindustrie, dem Bau von immer neuen Autostraßen, Untergrundbahnen und Gemeinschaftshäusern zugewiesen waren, bringt die Mobilmachung nicht viel Neues, es sei denn das Massengrab. Das unablässige Ausheben des Erdreichs im Frieden war schon der Stellungskrieg. Ob Krieg ist, bleibt heute den Kämpfenden selbst zuweilen verborgen. Die Begriffe heben sich nicht mehr wie im neunzehnten Jahrhundert klar voneinander ab. Die Umsiedlung der Völker in den Unterstand ist Hitlers Triumph, selbst wenn er geschlagen wird. Vielleicht werden dann die Juden im ersten Schrecken nicht mehr bemerkt, auf die Dauer müssen sie mit allen vor dem erzittern, was jetzt über die Erde kommt.

Ein großer Teil der Massen, die man gegen die totalitären Staaten führt, fürchtet den Faschismus im Grunde nicht. Konservierung ist sinnvoll so wenig als Kriegs- wie als Friedensziel. Vielleicht werden nach langem Krieg für kurze Zeit in einzelnen Territorien die alten ökonomischen Verhältnisse wiederhergestellt. Dann wiederholte sich die ökonomische Entwicklung: der Faschismus ist nicht durch Zufall entstanden. Seit dem Versagen der Marktwirtschaft sind die Menschen ein für allemal vor die Wahl zwischen Freiheit und faschistischer Diktatur gestellt. Als Agenten der Zirkulation haben die Juden nichts mehr vor sich. Als Menschen können sie erst dann leben, wenn endlich Menschen die Vorgeschichte zum Abschluß bringen.

In der totalitären Ordnung wird der Antisemitismus ein natürliches Ende finden, wenn keine Humanität, aber vielleicht noch ein paar Juden übrig sind. Der Judenhaß gehört der Phase des faschistischen Aufstiegs an. Ein Ventil ist der Antisemitismus in Deutschland höchstens noch für jüngere Jahrgänge der SA. Der Bevölkerung gegenüber wird er als Einschüchterung gebraucht. Man zeigt, daß das System vor nichts zurückschreckt. Die Pogrome visieren politisch eher die Zuschauer. Ob sich etwa einer rührt. Zu holen ist nichts mehr. Die große antisemitische Propaganda wendet sich ans Ausland. Mögen arische Prominente der Wirtschaft und anderer Ressorts sich noch so empört äußern, zumal wenn ihre Länder weit vom Schuß liegen: ihre prospektiv faschistischen Massen nehmen es nicht sehr ernst. Die Grausamkeit, über die man sich entrüstet, weiß man insgeheim zu würdigen. In Kontinenten, von deren Ertrag die Menschheit sich ernähren könnte, fürchtet jeder Bettler, daß der jüdische Einwanderer ihn um seine Nahrung bringt. Heere von Arbeitslosen und Kleinbürgern lieben Hitler auf der ganzen Erde um des Antisemitismus willen, und der Kern der herrschenden Klasse stimmt in solcher Liebe mit ihnen zusammen. Durch das Steigern der Grausamkeit ins Absurde wird das Entsetzen über sie beschwichtigt. Die Straflosigkeit, in der die versuchte göttliche Gewalt den Übeltäter läßt, beweist immer aufs neue, daß sie gar nicht existiert. In der Reproduktion der Unmenschlichkeit bestätigt man sich, daß die alte Humanität und Religion und die ganze liberalistische Ideologie keinen Wert mehr haben. Die Totalität muß noch das schlechte Gewissen abschaffen. Das Mitleid ist wirklich die letzte Sünde.

Auch ein unnatürliches Ende ist abzusehen: der Sprung in die Freiheit. Der Liberalismus enthielt die Elemente einer besseren Gesellschaft. Das Gesetz besaß noch eine Allgemeinheit, die auch die Herrschenden betraf. Der Staat war nicht unmittelbar ihr Instrument. Wer sich unabhängig äußerte, war nicht notwendig verloren. Freilich gab es solchen Schutz nur auf einem kleinen Teil der Erde, in den Ländern, denen die andern ausgeliefert waren. Selbst die brüchige Gerechtigkeit war auf partielle geographische Bezirke beschränkt. Wer jedoch an einer beschränkten menschlichen Ordnung teilhat, darf sich nicht wundern, wenn er gelegentlich selbst unter die Beschränkungen fällt. Einer der größten bürgerlichen Philosophen hat zustimmend festgestellt: »daß einem unschuldigen Mann, der kein Untertan ist, irgendein Übel zugefügt wird, wenn es nur für das Wohl der Allgemeinheit und ohne Verletzung einer vorhergehenden Abmachung geschieht, ist kein Bruch des Naturgesetzes. Denn alle Menschen, die keine Untertanen sind, sind entweder Feinde oder sie haben durch frühere Abmachungen aufgehört, solche zu sein. Feinde aber, welche nach Ansicht des Staats ihm gefährlich sind, darf man nach dem ursprünglichen Naturrecht bekriegen; hierbei trifft das Schwert kein Urteil, noch unterscheidet der Sieger zwischen schuldig und unschuldig im Hinblick auf die Vergangenheit, noch nimmt er irgendeine besondere Rücksicht auf Gnade, es sei denn, daß es im Interesse seiner eigenen Leute geschieht.«[11] Einer, der nicht dazugehört, nicht durch Verträge geschützt ist, hinter dem keine Macht steht, ein Fremder, ein bloßer Mensch, ist restlos preisgegeben. Selbst durch die biedere Sprache der klassischen

11 *The English works of Thomas Hobbes*, Vol. III, London 1839, S. 305. Cf. *The Latin works of Thomas Hobbes*, a. a. O., S. 228.

Ökonomen scheint die Beschränktheit des bürgerlichen Begriffs vom Menschen hindurch. »Unser guter Wille hat keine Grenzen, er kann das unendliche Weltall umfassen. Die Verwaltung des Weltalls freilich, die Sorge um das allgemeine Glück aller vernünftigen und verständigen Wesen, geht Gott und nicht die Menschen an... Der den Menschen angewiesene Teil ist bescheidener... die Sorge um sein eigenes Wohl, das Glück seiner Familie, seiner Freunde, seines Landes; daß er das Höhere im Auge hat, entschuldigt niemals die Vernachlässigung dieses bescheideneren Teils.«[12] Die Sorge um Familie, Land, Nation war in der bürgerlichen Gesellschaft eine Realität, die Achtung der Menschheit eine Ideologie. Solange aber ein einziger Mensch durch die bloße Einrichtung der Gesellschaft elend ist, enthält die Identifikation mit dieser Ordnung im Namen der Menschlichkeit einen Widersinn. Die praktische Anpassung mag für das Individuum unausweichlich sein, die Verschleierung der Gegensätze zwischen dem Begriff des Menschen und der kapitalistischen Wirklichkeit bringt das Denken um jede Wahrheit. Wenn die Juden die Vorgeschichte des totalitären Staats, Monopolkapitalismus und Weimarer Republik, in verständlichem Heimweh verklären, so behalten die Faschisten gegen sie recht. Sie haben stets ein offenes Auge für die Hinfälligkeit jener Zustände gehabt. Die Milde gegenüber den Schäden der bürgerlichen Demokratie, das Liebäugeln mit den Mächten der Reaktion, soweit sie nur nicht zu offen antisemitisch war, das sich Einrichten im Bestehenden ist schon damals die Schuld der heutigen Refugiés gewesen. Das deutsche Volk, das den Führerglauben krampfhaft zur Schau stellt, hat ihn heute schon besser durchschaut als jene, die Hitler einen Irren nennen und Bismarck einen Genius.

Von dem Bündnis zwischen Großmächten ist nichts zu hoffen. Auf den Zusammenbruch der totalitären Wirtschaft ist kein Verlaß. Der Faschismus fixiert die sozialen Resultate des kapitalistischen Zusammenbruchs. Vollends naiv ist es, von draußen her den deutschen Arbeitern zum Umsturz gut zuzureden. Wer Politik nur spielen kann, sollte sich von ihr fernhalten. Die Verwirrung ist so allgemein geworden, daß der Wahrheit um so größere praktische Würde zukommt, je weniger sie auf die vermeintliche Praxis hinschielt. Es

12 Adam Smith, *The Theory of Moral Sentiments*, vol. II, Basel 1793, S. 79–83.

bedarf der theoretischen Einsicht und ihrer Übermittlung an solche, die schließlich einmal vorangehen können. Der Optimismus des politischen Aufrufs entspringt heute der Mutlosigkeit. Daß die fortschrittlichen Kräfte erlegen sind und der Faschismus endlos dauern kann, verschlägt den Intellektuellen den Gedanken. Sie meinen, daß alles, was funktioniert, auch gut sein müsse, und beweisen deshalb, daß der Faschismus nicht funktionieren könne. Aber es gibt Perioden, in denen das Bestehende in seiner Kraft und Tüchtigkeit das Schlechte geworden ist. Die Juden sind einmal stolz gewesen auf den abstrakten Monotheismus, die Ablehnung des Bilderglaubens, die Weigerung, ein Endliches zum Unendlichen zu machen. Ihre Not heute verweist sie darauf zurück. Die Respektlosigkeit vor einem Seienden, das sich zum Gott aufspreizt, ist die Religion derer, die im Europa der Eisernen Ferse nicht davon lassen, ihr Leben an die Vorbereitung des besseren zu wenden.

(Abgeschlossen erste Septembertage 1939)

Die gesellschaftliche Funktion der Philosophie

(1940)

Wenn die Begriffe Physik, Chemie, Medizin oder Geschichte in einer Unterhaltung vorkommen, dann verbinden die Betreffenden damit gewöhnlich etwas sehr Konkretes. Sollte sich eine Meinungsverschiedenheit ergeben, so können sie ein Konversationslexikon oder eines der offiziellen Lehrbücher befragen oder aber an einen mehr oder weniger profilierten Spezialisten auf dem entsprechenden Gebiet herantreten. Die Definition jeder dieser Wissenschaften leitet sich unmittelbar aus ihrer Stellung in der gegenwärtigen Gesellschaft her. Obwohl sie in der Zukunft die größten Fortschritte machen könnten, obwohl absehbar ist, daß einzelne, Physik oder Chemie etwa, eines Tages ineinander aufgehen werden, ist doch niemand wirklich daran interessiert, ihre Begriffe anders als unter Bezug auf die wissenschaftlichen Unternehmungen zu definieren, die derzeit unter solchen Titeln laufen.

Mit der Philosophie steht es anders. Angenommen, wir fragen einen Philosophie-Professor, was Philosophie sei. Wenn wir Glück haben und zufällig einen Spezialisten treffen, der keine generelle Abneigung gegen Definitionen hat, wird er uns eine geben. Wenn wir diese Definition jedoch akzeptieren, werden wir vermutlich bald feststellen, daß sie keineswegs die allgemein und überall anerkannte ist. Wir könnten uns nun an andere Autoritäten wenden oder auch moderne und ältere Lehrbücher studieren. Die Konfusion würde nur zunehmen. Viele Denker, denen Platon und Kant als Autoritäten gelten, betrachten die Philosophie als eine exakte Wissenschaft eigener Legitimität, mit eigenem Forschungsbereich und spezifischem Gegenstand. Diese Konzeption ist in unserer Zeit besonders durch den späten Edmund Husserl vertreten worden. Andere Denker, wie Ernst Mach, begreifen Philosophie als die kritische Weiterentwicklung und Synthese der Spezialwissenschaften zu einem einheitlichen Ganzen. Auch Bertrand Russell hält dafür, daß die Aufgabe der Philosophie »logische Analyse, gefolgt von logischer Synthese«[1] sei. Er stimmt darin völlig mit L. T. Hobhouse überein, dem zufolge »die Philosophie... eine Synthese der Wissenschaften zum Ziel«[2] hat. Diese Konzeption geht auf Auguste Comte und Herbert Spencer zurück: für sie ist Philosophie die Totalität menschlichen Wissens. Daher gilt sie später den einen als unabhängige Wissenschaft, den anderen als Hilfsdisziplin.

Wenn auch die meisten Autoren philosophischer Werke den wissenschaftlichen Charakter der Philosophie betonen, so gibt es doch einige – es sind keineswegs die schlechtesten –, die ihn nachdrücklich bestritten haben. Für Schiller, dessen philosophische Versuche vielleicht von größerem Einfluß als seine Dramen waren, bestand der Zweck der Philosophie darin, in unsere Gedanken und Handlungen eine ästhetische Ordnung zu bringen. Ihre Resultate sollten allein am Kriterium der Schönheit gemessen werden. Andere Dichter, so Hölderlin und Novalis, vertraten eine ähnliche Position, und selbst reine Philosophen, wie etwa Schelling, kommen in manchen ihrer Formulierungen solchen Überlegungen nahe. Auch Henri Bergson besteht darauf, daß die Philosophie mit der Kunst eng verwandt und jedenfalls keine Wissenschaft sei.

Damit jedoch nicht genug. Nicht nur über den allgemeinen Charakter der Philosophie gehen die Ansichten auseinander – auch über ihren Inhalt finden wir die divergentesten Vorstellungen. Da gibt es immer noch einige Denker, die glauben, die Philosophie habe es ausschließlich mit den höchsten Begriffen und Gesetzen des Seins, letzten Endes mit der Erkenntnis Gottes zu tun. Das gilt für die aristotelischen und neuthomistischen Schulen. Dann gibt es die ihnen verwandte Auffassung, Philosophie beschäftige sich mit dem sogenannten Apriori. Alexander beschreibt sie als »das empirische Studium des Nicht-Empirischen oder Apriori sowie derjenigen Probleme, die sich aus der Beziehung des Empirischen zum Apriori ergeben« (Raum, Zeit, Gottheit).[3] Andere, die von den englischen Sensualisten und der Schule von Fries und Apelt herkommen, betrachten Philosophie als die Wissenschaft der inneren Erfahrung.

1 Bertrand Russell, ›Logical Atomism‹, in: *Contemporary British Philosophy*, herausgegeben von J. H. Muirhead, I, 1925, S. 379.
2 L. T. Hobhouse, ›The Philosophy of Development‹, in: ibid., S. 152.
3 S. Alexander, *Space, Time and Deity*, Band I, London 1920, S. 4.

Nach logischen Positivisten wie Carnap hat sie es wesentlich mit Sprachproblemen, nach Windelband und Rickert – deren Schule auch in Amerika viele Anhänger hat – mit universalen Werten zu tun, vorab mit Wahrheit, Schönheit, Güte und Heiligkeit.

Schließlich gibt es, wie jeder weiß, auch bezüglich der Methode keine einheitliche Auffassung. Alle Neukantianer glauben, daß die philosophische Tätigkeit in der Analyse von Begriffen und deren Reduktion auf letzte Elemente der Erkenntnis bestehen müsse. Bergson und Max Scheler halten die »Wesensschau« für den entscheidenden philosophischen Akt. Die phänomenologische Methode Husserls und Heideggers ist das glatte Gegenteil zum Empiriokritizismus von Mach und Avenarius und die Logistik von Russell, Whitehead und ihren Nachfolgern der erklärte Gegner der Hegelschen Dialektik. Wie einer philosophiert, hängt nach William James von seinem Charakter und seiner Erfahrung ab.

Wir haben all diese Definitionen erwähnt, um zu zeigen, daß die Situation in der Philosophie eine andere ist als bei sonstigen intellektuellen Betätigungen. Wie viele Kontroverspunkte es hier auch geben mag, die allgemeine Richtung wird anerkannt. Die führenden Vertreter jeder Wissenschaft sind sich über Gegenstand und Methode mehr oder weniger einig. In der Philosophie hingegen impliziert die Widerlegung einer Schule durch eine andere gewöhnlich ihre totale Verwerfung, die Negation ihrer wesentlichen Lehren als grundlegend falsch. Diese Haltung wird natürlich nicht von allen Schulen geteilt. Eine dialektische Philosophie etwa, die ihren Prinzipien treu bleibt, wird dazu neigen, die relative Wahrheit der einzelnen Standpunkte festzuhalten und ihrer eigenen, umfassenden Theorie zu integrieren. Andere Lehren, wie der moderne Positivismus, sind weniger elastisch und schließen einen sehr großen Teil der philosophischen Literatur, besonders die großen Systeme der Vergangenheit, einfach aus dem Bereich der Erkenntnis aus. Kurz, es kann als erwiesen angesehen werden, daß der, welcher den Ausdruck »Philosophie« gebraucht, mit seinem Publikum kaum mehr als einige sehr vage Vorstellungen teilt.

Die Einzelwissenschaften wenden sich Problemen zu, die behandelt werden müssen, weil sie sich aus dem Lebensprozeß der gegenwärtigen Gesellschaft ergeben. Sowohl die einzelnen Probleme wie ihre Zuweisung zu spezifischen Disziplinen leiten sich letztlich aus Bedürfnissen der Menschheit in ihren vergangenen und gegenwärtigen Organisationsformen her. Das bedeutet nicht, daß eine jede wissenschaftliche Untersuchung ein dringendes Bedürfnis befriedigt. Viele wissenschaftliche Unternehmungen führten zu Resultaten, auf welche die Menschheit ganz gut verzichten könnte. Die Wissenschaft bildet keine Ausnahme bei der falschen Anwendung von Energie, die man in allen Bereichen der Kultur beobachtet. Aber auch die Entwicklung derjenigen Disziplinen, deren Wert für die unmittelbare Gegenwart zweifelhaft ist, gehört zu jenem Aufwand an menschlicher Arbeit, der eine der notwendigen Voraussetzungen des wissenschaftlichen und technologischen Fortschritts ist. Erinnern wir uns daran, daß gewisse Zweige der Mathematik, die zuerst bloße Spielereien schienen, sich später als überaus nützlich erwiesen. Wiewohl es also wissenschaftliche Unternehmungen gibt, die nicht zu unmittelbarem Nutzen führen, eignet ihnen doch sämtlich eine potentielle Anwendbarkeit, wie fern und unbestimmt sie jetzt auch sein mag. Die Arbeit des Wissenschaftlers ist ihrem ganzen Wesen nach imstande, das Leben in seiner gegenwärtigen Form zu bereichern. Sein Betätigungsfeld ist deshalb weitgehend vorgezeichnet, und die Versuche, die Grenzen zwischen den verschiedenen Bereichen der Wissenschaft zu verändern, neue Disziplinen zu entwickeln, sie fortwährend zu differenzieren wie zu vereinheitlichen, werden, bewußt oder unbewußt, stets vom gesellschaftlichen Bedürfnis bestimmt. Dieses Bedürfnis ist auch, wenngleich indirekt, in den Instituten und Hörsälen der Universität wirksam, nicht zu reden von den chemischen Laboratorien und statistischen Abteilungen großer Industrieunternehmen und Kliniken.

Die Philosophie hat keine derartige Richtschnur. Natürlich sind viele Wünsche auf sie gerichtet; sie soll Lösungen für Probleme finden, die die Wissenschaften entweder gar nicht oder nur in unbefriedigender Weise behandeln. Aber die gesellschaftliche Praxis bietet keinen Maßstab für die Philosophie: diese kann auf keinerlei Erfolge verweisen. Was einzelne Philosophen in dieser Hinsicht gelegentlich zu bieten haben, geht auf Leistungen zurück, die nicht spezifisch philosophisch sind. Wir kennen zum Beispiel die mathematischen Entdeckungen von Descartes und Leibniz, die psychologischen Forschungen Humes, die physikalischen Theorien Ernst Machs. Die Gegner der Philosophie sagen denn auch, sie sei, soweit sie einen Wert habe, nicht Philosophie, sondern positive Wissenschaft. Alles übrige an ihren Systemen sei nur Geschwätz; was diese behaupten, sei gelegentlich anregend, in der Regel aber langweilig und stets nutzlos. Nun zeigen Philosophen andererseits eine hartnäckige Gleichgültigkeit gegenüber dem Urteil der Außenwelt. Seit dem Prozeß gegen Sokrates ist deutlich, daß sie ein gespanntes Verhältnis zur Realität haben, wie sie einmal ist, vorab zu dem Gemeinwesen, in dem sie leben. Die Spannung nimmt manchmal die Form offener Verfolgung an; zu anderer Zeit äußert sie sich bloß darin, daß ihre Sprache nicht verstanden wird. Sie müssen im Verborgenen leben, sei es physisch, sei es intellektuell. Auch Wissenschaftler sind in Konflikt mit der Gesellschaft ihrer Zeit geraten. Aber hier müssen wir auf den schon erwähnten Unterschied zwischen philosophischen und wissenschaftlichen Elementen zurückkommen und das Bild umkehren: die Gründe für die Verfolgung lagen gewöhnlich in den philosophischen Anschauungen dieser Denker, nicht in ihren wissenschaftlichen Theorien. Galileis unerbittliche Verfolger unter den Jesuiten räumten ein, daß es ihm freigestanden hätte, seine heliozentrische Theorie öffentlich zu vertreten, wenn er sie in den passenden philosophisch-theologischen Kontext eingebettet hätte. Schließlich hatte schon Albertus Magnus diese Theorie in seiner *Summa* diskutiert, ohne jemals deswegen angegriffen zu werden. Überdies geht der Konflikt zwischen Wissenschaftlern und Gesellschaft, wenigstens in neuerer Zeit, nicht um Grundbegriffe, sondern um einzelne Lehren, die von dieser oder jener Autorität in diesem Land und zu dieser Zeit nicht toleriert, in einem anderen Land zur gleichen Zeit oder kurz danach aber toleriert und sogar gefeiert werden.

Der Widerstand der Philosophie gegen die Realität rührt aus ihren immanenten Prinzipien her. Philosophie insistiert darauf, daß die Handlungen und Ziele der Menschen nicht das Produkt blinder Notwendigkeit sein müssen. Weder wissenschaftliche Begriffe noch die Form des gesellschaftlichen Lebens, weder die herrschende Denkweise noch herrschende Sitten sollten gewohnheitsmäßig übernommen und unkritisch praktiziert werden. Der Impuls der Philosophie richtet sich gegen bloße Tradition und Resignation in den entscheidenden Fragen der Existenz; sie hat die undankbare Aufgabe übernommen, das Licht des Bewußtseins selbst auf jene menschlichen Beziehungen und Reaktionsweisen fallen zu lassen, die so tief eingewurzelt sind, daß sie natürlich, unveränderlich und ewig scheinen. Man könnte einwenden, daß auch die Wissenschaft mit ihren Erfindungen und technologischen Veränderungen die Menschheit davor bewahre, in den eingefahrenen Gleisen der Gewohnheit zu erstarren. Vergleichen wir unser gegenwärtiges Leben mit dem vor dreißig, fünfzig, hundert Jahren, so können wir wahrlich sagen, daß die Wissenschaft menschliche Gewohnheiten und Sitten erschüttert hat. Nicht nur Industrie und Beförderungsmittel, selbst die Kunst wurde rationalisiert. Ein einziges Beispiel mag genügen. Früher hätte ein Dramatiker die menschlichen Probleme, um die es ihm ging, auf seine charakteristische Art in der Abgeschiedenheit seines privaten Lebens künstlerisch verarbeitet. Erreichte sein Werk dann das Publikum, so setzte er dadurch seine Gedankenwelt dem Konflikt mit der Realität aus und trug so zu seiner eigenen wie zur allgemeinen geistigen Entwicklung bei. Heute ist die Produktion der Kunstwerke wie auch ihre Rezeption über Film und Radio weitgehend rationalisiert. Zur Herstellung eines Films wird ein ganzer Stab von Experten engagiert, und von Anfang an ist das Ziel nicht die Harmonie mit irgendeiner Idee, sondern mit den verbreiteten Ansichten des Publikums, mit dem Massengeschmack, der im voraus von jenen Experten sorgfältig untersucht und eingeplant wird. Wenn ein künstlerisches Produkt gelegentlich in der öffentlichen Meinung auf Widerspruch stößt, so liegt das gewöhnlich nicht an seinem inneren, wesensmäßigen Gegensatz zum Bestehenden, sondern an einer ungenauen Einschätzung der Reaktion von Publikum und Presse seitens der Produzenten. So viel ist sicher: kein Bereich der Industrie, ob materiell oder intellektuell, ist jemals in einem Zustand vollständiger Stabilität; Bräuche, Gewohnheiten haben keine Zeit, sich zu sedimentieren. Die Grundlagen der gegenwärtigen Gesellschaft ändern sich fortwährend durch die Eingriffe der Wissenschaft. Es gibt kaum eine Tätigkeit in Wirtschaft oder Verwaltung, die nicht fortgesetzt vereinfacht und verbessert würde.

Dringt man freilich etwas tiefer ein, so entdeckt man, daß, ungeachtet all dieser Erscheinungen, die Denk- und Handlungsweise der Menschen nicht derart fortgeschritten ist, wie man glauben könnte. Im Gegenteil, ihre Aktionen verlaufen, wenigstens in einem großen

Teil der Welt, weitaus mechanischer als zu anderen Zeiten, da sie durch ein lebendiges Bewußtsein und durch Überzeugung motiviert waren. Der technologische Fortschritt hat sogar mitgeholfen, alte Illusionen fester zu zementieren und neue zu erzeugen, ohne daß die Vernunft etwas dagegen vermochte. Gerade die Diffusion und Industrialisierung kultureller Einrichtungen bewirken, daß bedeutsame Faktoren des intellektuellen Wachstums sich zurückbilden oder ganz verschwinden. Das mag an der Seichtheit der Inhalte, an der Schwäche der intellektuellen Organe oder auch daran liegen, daß einige ans Individuum gebundene schöpferische Fähigkeiten des Menschen im Verschwinden begriffen sind. Der doppelte Triumphzug von Wissenschaft und Technik ist in den letzten Jahrzehnten wiederholt vermerkt worden: von romantischen wie progressiven Denkern. Paul Valéry hat die Situation jüngst mit besonderer Stringenz beschrieben. Er berichtet, wie er als Kind ins Theater mitgenommen wurde, zu einem Märchenspiel. Darin wurde ein Junge von einem bösen Geist verfolgt, der keinen teuflischen Kniff ausließ, ihn zu erschrecken und in seine Gewalt zu bringen. Als er nachts im Bett lag, suchte der Geist ihn selbst mit höllischen Flammen und Unholden heim; sein Zimmer schien plötzlich zum Ozean zu werden und die Bettdecke zum Segel. Kaum war ein Gespenst verschwunden, da kam schon ein anderes. Schließlich verloren diese Schrecken aber ihre Wirkung auf den kleinen Jungen, und als es gerade wieder loszugehen schien, schrie er: »Voilà les bêtises qui recommençent!« Eines Tages, so schließt Valéry, könnte die Menschheit in gleicher Weise auf die Entdeckungen der Wissenschaft und die Wunder der Technik reagieren.

Nicht alle Philosophen, wir am wenigsten, teilen Valérys pessimistische Auffassung vom wissenschaftlichen Fortschritt. Aber es trifft zu, daß weder die Leistungen der Wissenschaft an sich noch die Verbesserung der industriellen Methoden unmittelbar identisch mit dem wirklichen Fortschritt der Menschheit sind. Es ist offenkundig, daß die Menschen, ungeachtet des Fortschritts von Wissenschaft und Industrie, materiell, emotionell und geistig verarmen können. Wissenschaft und Technik sind nur Elemente einer bestehenden gesellschaftlichen Totalität, und es ist gut möglich, daß, trotz all ihrer Leistungen, andere Faktoren, sogar die Totalität selbst, sich zurückentwickeln; daß die Menschen in steigendem

Maß verkümmern und unglücklich werden; daß das Individuum als solches ausgelöscht wird und die Nationen dem Unheil zusteuern. Wir haben das Glück, in einem Land zu leben, das nationale Grenzen, die zu Kriegen Anlaß geben könnten, über einen halben Kontinent hinweg beseitigt hat. Aber in Europa wuchsen, während die Verkehrsmittel schneller und besser wurden, die Entfernungen zusammenschrumpften und die Lebensgewohnheiten sich immer mehr einander anglichen, die Zollschranken höher und höher; die Nationen rüsteten fieberhaft auf, und die auswärtigen Beziehungen wie die innenpolitischen Verhältnisse bewegten sich immer deutlicher auf den Kriegszustand zu, bis er schließlich eintrat. Diese antagonistische Situation setzt sich auch in anderen Teilen der Welt durch, und niemand weiß, ob und für wie lange die übrige Welt imstande sein wird, sich gegen die Konsequenzen in all ihrer Intensität zu behaupten. Der Rationalismus im einzelnen kann mit einem allgemeinen Irrationalismus ohne weiteres einhergehen. Handlungen von Individuen, die im täglichen Leben zu Recht als vernünftig und nützlich gelten, können sich als nachteilig, ja, zerstörerisch für die Gesellschaft erweisen. Daher muß man sich in Perioden wie der gegenwärtigen daran erinnern, daß der beste Wille, etwas Nützliches zu schaffen, das Gegenteil zur Folge haben kann – einfach deshalb, weil dieser Wille blind gegen das ist, was jenseits der Grenzen seiner Spezialwissenschaft oder seines Berufs liegt, weil er sich auf das Nächstliegende konzentriert und dessen wahres Wesen mißversteht, welches nur im größeren Zusammenhang aufgehellt werden kann. Das neutestamentliche »Sie wissen nicht, was sie tun« bezieht sich nur auf Übeltäter. Sollen diese Worte nicht für die gesamte Menschheit gelten, dann darf Denken nicht bloß auf die Spezialwissenschaften und das praktische Erlernen eines Berufes beschränkt bleiben – Denken, das jenen materiellen und intellektuellen Voraussetzungen nachgeht, die gewöhnlich als selbstverständlich hingenommen werden, und das jene alltäglichen Beziehungen, die fast blind geschaffen und aufrechterhalten werden, mit menschlichen Zwecken durchdringt.

Wenn gesagt wurde, die Spannung zwischen Philosophie und Wirklichkeit sei fundamental, nicht vergleichbar den gelegentlichen Schwierigkeiten, denen die Wissenschaft im gesellschaftlichen Leben zu begegnen hat, so bezog sich das auf die der Philosophie innewohnende Tendenz, den Gedanken nirgendwo abbrechen zu lassen und alle diejenigen Faktoren des Lebens einer besonderen Kontrolle zu unterwerfen, die gemeinhin als feste, unüberwindliche Kräfte oder ewige Gesetze gelten. Eben darum ging es im Prozeß gegen Sokrates. Gegen die Forderung, sich den göttlich sanktionierten Sitten zu unterwerfen und sich den tradierten Lebensformen bedingungslos anzupassen, machte er geltend, daß der Mensch sein Tun einsehen und sein Schicksal selbst gestalten solle. Sein Gott wohne in ihm selbst, nämlich in seiner Vernunft und seinem Willen. Heute wird in der Philosophie nicht mehr über Götter gestritten, aber die Weltlage ist nicht weniger kritisch. Wir würden sie hinnehmen, wenn wir behaupten wollten, Vernunft und Wirklichkeit seien miteinander versöhnt und die Autonomie des Menschen in der gegenwärtigen Gesellschaft gesichert. Die Philosophie sieht sich dazu außerstande; sie hat von ihrer ursprünglichen Relevanz nichts eingebüßt.

Aus diesen Gründen werden wohl auch Diskussionen in der Philosophie, und gingen sie nur um ihren Begriff, so viel radikaler und unversöhnlicher geführt als in den Wissenschaften. Sie hat im Gegensatz zu anderen Disziplinen kein fest umrissenes Betätigungsfeld innerhalb der gegebenen Ordnung. Diese Lebensordnung mit ihrer Werthierarchie ist für die Philosophie selbst ein Problem. Kann die Wissenschaft sich noch auf gegebene Daten beziehen, die ihr den Weg weisen, so muß die Philosophie immer wieder auf sich selbst, auf ihre eigene theoretische Tätigkeit rekurrieren. Die Bestimmung ihres Gegenstandes fällt weit mehr unter ihr Programm, als das in den Spezialwissenschaften der Fall ist, selbst heute, wo diese so sehr in theoretisch-methodologische Probleme vertieft sind. Wir verstehen nach dem oben Dargelegten auch, warum die Philosophie im europäischen Leben so viel mehr Beachtung gefunden hat als in Amerika. Die geographische Expansion und die historische Entwicklung haben es mit sich gebracht, daß bestimmte soziale Konflikte, die in Europa aus den bestehenden Verhältnissen heraus wiederholt und heftig aufbrachen, in Amerika, das unter dem Druck stand, das Land zu erschließen und seine täglichen Aufgaben zu erfüllen, nur von geringer Bedeutung waren. Die grundlegenden Probleme des gesellschaftlichen Lebens wurden hier einstweilen auf praktische Weise gelöst, und die Spannungen, die den theoretischen

Gedanken in bestimmten geschichtlichen Situationen innervieren, wurden niemals derart wichtig. In Amerika bleibt das theoretische Denken gegenüber der Ermittlung und Anhäufung von Tatsachen gewöhnlich weit zurück. Ob diese Art Aktivität noch den Forderungen genügt, die auch hier mit Recht an die Erkenntnis gestellt werden, ist ein Problem, das wir jetzt nicht erörtern können.

Die Definitionen vieler neuerer Autoren, von denen einige hier zitiert worden sind, dürften kaum jenes Charakteristische an der Philosophie enthüllen, das sie von sämtlichen Einzelwissenschaften unterscheidet. Nicht wenige Philosophen werfen darum neidische Blicke auf ihre Kollegen in anderen Fakultäten, die viel besser daran sind, weil sie ein präzis abgestecktes Arbeitsfeld haben, dessen Fruchtbarkeit für die Gesellschaft nicht bestritten werden kann. Diese Autoren mühen sich ab, die Philosophie als eine besondere Art von Wissenschaft zu »verkaufen« oder doch wenigstens zu zeigen, daß sie für die Spezialwissenschaften sehr nützlich sei. In dieser Gestalt ist sie dann nicht mehr die Kritikerin, sondern die Dienerin der Wissenschaft und der Gesellschaft allgemein. Ein solcher Standpunkt bekennt sich zu der These, ein Denken, das die herrschenden Formen wissenschaftlicher Betätigung und damit den Horizont der gegenwärtigen Gesellschaft transzendiert, sei unmöglich. Denken soll vielmehr bescheiden die Aufgaben akzeptieren, die aus den stets sich erneuernden Bedürfnissen von Verwaltung und Industrie für es erwachsen, und diese Aufgaben in der allgemein anerkannten Form bewältigen. Fragen wie die, ob der Umfang dieser Aufgaben nach Form und Inhalt im gegenwärtigen historischen Zeitpunkt der Menschheit dienlich, ob die gesellschaftliche Organisation, aus der sie entstehen, ihr angemessen sei, sind in den Augen dieser bescheidenen Philosophen weder wissenschaftlich noch philosophisch, sondern Fragen der persönlichen Entscheidung, der subjektiven Bewertung; sie unterliegen Geschmack und Temperament des Individuums. Die einzige philosophische Position, die sich in einer solchen Ansicht erkennen läßt, ist die negative, daß es eine wirkliche Philosophie nicht gibt, daß systematisches Denken in den entscheidenden Momenten des Lebens zurückzutreten hat, kurz, der philosophische Skeptizismus und Nihilismus.

Bevor wir fortfahren, ist es notwendig, die hier dargestellte Konzeption von der gesellschaftlichen Rolle der Philosophie gegen eine andere Auffassung abzusetzen, die von verschiedenen Zweigen der modernen Soziologie vertreten wird, welche die Philosophie mit einer allgemeinen gesellschaftlichen Funktion gleichsetzt, nämlich mit der Ideologie.[4] Diese Auffassung behauptet, philosophisches Denken, oder richtiger: Denken als solches sei bloßer Ausdruck einer spezifischen gesellschaftlichen Situation. Jede soziale Gruppe, die deutschen Junker etwa, entwickle einen ihrem Standort angemessenen Begriffsapparat sowie gewisse Methoden und Stile des Denkens. Jahrhundertelang sei das Leben der Junker mit einer spezifischen Regelung der Erbfolge verbunden gewesen; ihre Beziehungen zu der fürstlichen Dynastie, von der sie abhängig waren, und zu ihren Untergebenen hätten patriarchalische Züge getragen. Folglich bewege ihr ganzes Denken sich in Formen der organischen, geordneten Generationenfolge, des biologischen Wachstums. Alles erscheine unter dem Aspekt des Organismus und natürlicher Bande. Die liberale Bourgeoisie andererseits, deren Glück und Unglück vom geschäftlichen Erfolg abhängen, die durch Erfahrung gelehrt worden ist, daß alles auf den gemeinsamen Nenner des Geldes zurückgeführt werden muß, habe eine eher abstrakte, mechanistische Denkweise entwickelt. Nicht hierarchische, sondern nivellierende Tendenzen seien für ihren intellektuellen Stil, für ihre Philosophie charakteristisch. Dasselbe gelte für andere Gruppen, frühere wie gegenwärtige. Die Philosophie von Descartes etwa müsse daraufhin befragt werden, ob ihre Begriffe denen der aristokratischen und jesuitischen Gruppen des Hofes, der *noblesse de robe* oder jenen der niederen Bourgeoisie und der Massen korrespondierten. Jedes Denkschema, jede philosophische oder sonstige kulturelle Leistung gehöre zu einer spezifischen sozialen Gruppe, von der sie ausgehe und mit deren Existenz sie fest verknüpft sei. Jedes Denkgebilde sei »Ideologie«.

Diese Auffassung ist zweifellos bis zu einem gewissen Grad richtig. Viele der heute verbreiteten Ideen enthüllen sich als bloße Illusionen, wenn man sie von ihrer gesellschaftlichen Basis her betrachtet. Aber es genügt nicht, sie nur irgendeiner sozialen Gruppe zuzuordnen, wie jene soziologische Schule es tut. Man muß tiefer gehen und sie aus dem historischen Prozeß entwickeln, aus dem die sozialen

4 Cf. Karl Mannheim, *Ideologie und Utopie*, Bonn 1929.

Gruppen selbst zu erklären sind. Nehmen wir ein Beispiel. In der cartesianischen Philosophie spielt die mechanistische, vorab die mathematische Denkart eine bedeutsame Rolle. Man kann sogar sagen, diese ganze Philosophie sei nur eine Verallgemeinerung mathematischen Denkens. Natürlich können wir nun versuchen, eine Gruppe in der Gesellschaft ausfindig zu machen, die einen dieser Betrachtungsweise entsprechenden Charakter hat, und wahrscheinlich werden wir eine solche in der Zeit des Descartes auch finden. Komplizierter, jedoch adäquater wäre es, das damalige System der Produktion zu untersuchen und zu zeigen, wie ein Mitglied des heraufkommenden Bürgertums gerade durch seine Tätigkeit in Handel und Manufaktur genötigt war, präzise zu kalkulieren, wollte es seine Macht auf dem soeben entstandenen Konkurrenzmarkt sichern und ausbauen; dasselbe gilt für diejenigen, welche in Wissenschaft und Technik sozusagen seine Agenten waren und deren Erfindungen und sonstige wissenschaftliche Arbeit eine so große Rolle in dem unaufhörlichen Kampf zwischen Individuen, Städten und Nationen spielten, der die neuere Zeit durchzog. Für all diese Subjekte war es selbstverständlich, die Welt unter mathematischem Aspekt zu betrachten. Und weil ihre Klasse im Verlauf der sozialen Entwicklung charakteristisch für das Ganze der Gesellschaft wurde, verbreitete sich diese Betrachtungsweise weit über das Bürgertum hinaus. Die Soziologie bleibt unzureichend. Wir brauchen eine umfassende Theorie der Geschichte. Andernfalls laufen wir nämlich Gefahr, bedeutsame Philosopheme mit unbedeutenden, oder jedenfalls nicht entscheidenden Gruppen in Beziehung zu setzen oder auch das Gewicht einer spezifischen Gruppe im Ganzen der Gesellschaft und damit den gegebenen Kulturzusammenhang mißzudeuten. Aber das ist noch nicht der wesentliche Einwand. Die stereotype Anwendung des Ideologiebegriffs auf jedes Denkgebilde beruht letztlich auf der Vorstellung, daß es keine philosophische und damit überhaupt keine Wahrheit für die Menschheit gebe, daß alles Denken »seinsgebunden« sei. Es gehöre hinsichtlich seiner Methoden und Resultate zu einer spezifischen Schicht und habe Gültigkeit allein für diese Schicht. Solche Einstellung gegenüber philosophischen Ideen schließt nicht etwa ihre objektive Prüfung ein; sie fragt auch nicht nach ihrer praktischen Anwendbarkeit, sondern beschränkt sich auf ihre mehr oder weniger komplizierte Zuordnung zu einer gesellschaftlichen Gruppe. Das soll den Ansprüchen der Philosophie genügen. Wir erkennen mühelos, daß diese Schule, die schließlich darauf hinausläuft, die Philosophie in eine Spezialwissenschaft, in Soziologie aufzulösen, nur die skeptizistische Position wiederholt, die wir bereits kritisiert haben. Sie ist nicht darauf angelegt, die gesellschaftliche Funktion der Philosophie zu erklären, sondern hat vielmehr ihrerseits eine solche: dem in die Zukunft weisenden Denken die Courage abzukaufen, seine praktische Tendenz zu unterbinden.

Die wahre gesellschaftliche Funktion der Philosophie liegt in der Kritik des Bestehenden. Das bedeutet keine oberflächliche Nörgelei über einzelne Ideen oder Zustände, so als ob ein Philosoph ein komischer Kauz wäre. Es bedeutet auch nicht, daß der Philosoph diesen oder jenen isoliert genommenen Umstand beklagt und Abhilfen empfiehlt. Das Hauptziel einer derartigen Kritik ist es zu verhindern, daß die Menschen sich an jene Ideen und Verhaltensweisen verlieren, welche die Gesellschaft in ihrer jetzigen Organisation ihnen eingibt. Die Menschen sollen den Zusammenhang zwischen ihren individuellen Tätigkeiten und dem, was durch diese erreicht wird, einsehen lernen, zwischen ihrer besonderen Existenz und dem allgemeinen Leben der Gesellschaft, zwischen ihren täglichen Projekten und den großen Ideen, die sie anerkennen. Philosophie enthüllt den Widerspruch, in den sie sich insofern verstricken, als sie im Alltag genötigt sind, sich an isolierte Ideen und Begriffe zu halten. Worauf ich hinaus will, mag das Folgende zeigen. Das Ziel der westlichen Philosophie in ihrer ersten vollendeten Gestalt, der platonischen, war es, Einseitigkeit zu negieren und in einem umfassenderen, flexibleren, der Realität besser angepaßten gedanklichen System aufzuheben. Im Verlauf mehrerer Dialoge demonstriert der Lehrer, wie sein Gesprächspartner sich unweigerlich in Widersprüche verstrickt, wenn er seine Position zu einseitig festhält. Der Lehrer zeigt, daß es notwendig ist, von einer Idee zur anderen weiterzugehen, weil jede ihre eigentliche Bedeutung nur innerhalb des ganzen Systems der Ideen haben kann. Man betrachte etwa die Diskussion über das Wesen des Mutes im *Laches*. Als der Gesprächspartner auf seiner Definition insistiert, Mut bedeute, daß man auf dem Schlachtfeld nicht wegläuft, wird ihm zum Bewußtsein gebracht, daß in gewissen Situationen ein solches Verhalten keine Tugend, sondern Tollkühnheit sei – wenn etwa die gesamte Armee zurückweiche und ein einzelnes Individuum die Schlacht zu gewinnen suche. Gleiches gilt für die Idee der *sophrosyne*, was durch »Mäßigung« oder »Enthaltsamkeit« kaum angemessen wiederzugeben ist. *Sophrosyne* ist sicher eine Tugend; aber sie wird fragwürdig, wenn sie zum ausschließlichen Zweck des Handelns gemacht und nicht auf einer Erkenntnis aller übrigen Tugenden begründet wird. Sie kann nur als Moment eines *insgesamt* richtigen Verhaltens begriffen werden. Nicht viel anders steht es mit der Gerechtigkeit. Ein guter Wille, der Wille, gerecht zu sein, ist etwas Schönes. Aber dieses subjektive Bemühen genügt nicht. Der Titel Gerechtigkeit kommt Handlungen nicht zu, die der Intention nach gut, in der Ausführung aber verfehlt sind. Das gilt für private Initiativen ebenso wie für solche des Staates. Jede Maßnahme, ungeachtet der guten Absichten des Urhebers, kann sich als nachteilig auswirken, wenn sie nicht auf ein umfassendes Wissen gegründet und der Situation angemessen ist. *Summum ius*, sagt Hegel in ähnlichem Zusammenhang, kann *summa iniuria* werden. Wir können hier an einen Vergleich im *Gorgias* erinnern: Die Gewerbe des Bäckers, des Kochs und des Schneiders sind an sich sehr nützlich; aber sie können sich für den Einzelnen und die Menschheit zum Schaden auswirken, wenn sie gesundheitliche Rücksichten außer acht lassen. Häfen, Schiffswerften, Befestigungsanlagen und Steuern sind im gleichen Sinn vorteilhaft; wird aber das Gemeinwohl dabei vergessen, so werden diese Faktoren der Sicherheit und der Prosperität zu Instrumenten der Zerstörung.

Ganz ähnlich beobachten wir in Europa während der Zeit zwischen den Kriegen ein chaotisches Wuchern einzelner Elemente des gesellschaftlichen Lebens: riesige ökonomische Unternehmen, erdrückende Steuern, ein enormes Anwachsen von Armeen und Rüstung, zwanghafte Disziplin, einseitige Pflege der Naturwissenschaften und so fort. Statt einer vernünftigen Organisation der inneren und auswärtigen Beziehungen kam es zu einer raschen Ausdehnung einzelner Sektoren der Zivilisation auf Kosten des Ganzen. Einer stand gegen den anderen, und der Menschheit wurde es zum Verhängnis. Platons Forderung, der Staat solle von Philosophen regiert werden, meint nicht, daß diese Regierenden unter den Verfassern von Lehrbüchern der Logik ausgewählt werden sollten. Der Fachgeist kennt im Geschäftsleben nur den Profit, im militärischen Bereich nur die Macht und selbst in der Wissenschaft nur den Erfolg innerhalb einer Spezialdisziplin. Wird dieser Geist nicht kontrolliert, so verkörpert er einen anarchischen Zustand der Gesellschaft. Für Platon war Philosophie gleichbedeutend mit dem Bestreben, die verschiedenen Vermögen und Arten der Erkenntnis so zu vereinigen und zusammenzuhalten, daß diese partiell destruktiven Elemente im wahren Sinn zu produktiven würden. Darauf zielte seine Forderung, die Philosophen sollten regieren. Er hatte deshalb auch wenig Vertrauen in populäre Überzeugungen, die sich immer nur an eine einzige Idee klammern, wiewohl diese Idee für einen bestimmten Augenblick richtig sein kann. Die Vernunft lebt innerhalb des Systems der Ideen; sie schreitet von einer zur anderen fort und vermag dadurch jede in ihrer wahren Bedeutung zu verstehen und anzuwenden, in der Bedeutung nämlich, die sie im Ganzen der Erkenntnis besitzt.

Diese dialektische Konzeption haben die großen Philosophen auf die konkreten Probleme des Lebens angewandt; ihr Denken zielte stets auf die vernünftige Organisation der menschlichen Gesellschaft ab. Eine solche Organisation aber war, jedenfalls während der Blütezeit der Philosophie, gleichbedeutend mit der Verwirklichung der Idee des Guten, die von der dialektischen Klärung und Verfeinerung der umgangssprachlichen und wissenschaftlichen Begriffe, der Erziehung des Individuums zu richtigem Denken und Handeln angestrebt wurde. Obgleich Aristoteles in seiner *Metaphysik* die Selbstbetrachtung der Seele, das theoretische Verhalten, als höchstes Glück ansieht, sagt er ausdrücklich, daß dieses Glück nur auf einer spezifischen materiellen Basis, also unter bestimmten gesellschaftlichen und ökonomischen Bedingungen, möglich ist. Platon und Aristoteles glaubten nicht, wie Antisthenes und die Kyniker, daß die Vernunft zu beständiger Höherentwicklung in Menschen fähig sei, die buchstäblich ein Hundeleben führen, noch, daß Weisheit mit Elend Hand in Hand gehen könne. Gerechte Verhältnisse waren für sie die notwendige Voraussetzung für eine Entfaltung der intellektuellen Kräfte des Menschen, und diese Idee liegt dem gesamten westlichen Humanismus zugrunde.

Wer die neuere Philosophie studiert, nicht bloß in durchschnittlichen Kompendien, sondern indem er selbst ihrer Geschichte nachgeht, wird das gesellschaftliche Problem als ein sehr entscheidendes Motiv in ihr erkennen. Wir brauchen nur an Hobbes und Spinoza zu erinnern. Der *Tractatus Theologico-Politicus* war das einzige Hauptwerk, das Spinoza zu seinen Lebzeiten publizierte. Bei anderen Denkern, Leibniz und Kant etwa, enthüllt eine tiefergehende Analyse, daß gerade den abstraktesten Kapiteln in ihrem Werk, den metaphysischen und transzendentallogischen Theorien, gesellschaftliche und historische Kategorien zugrunde liegen. Ohne diese lassen sich ihre Probleme weder verstehen noch lösen. Eine eindringliche Analyse des Inhalts rein theoretischer Philosopheme gehört deshalb zu den interessantesten Aufgaben einer modernen Erforschung der Philosophiegeschichte. Diese Aufgabe hat freilich wenig mit den äußerlichen Korrelationen der Soziologie gemein, auf die wir bereits hingewiesen haben. Dem Kunst- und Literaturhistoriker stellen sich ähnliche Aufgaben.

Ungeachtet der wichtigen Rolle, welche die Untersuchung gesellschaftlicher Probleme ausdrücklich oder unausdrücklich, bewußt oder unbewußt in der Philosophie spielt, wollen wir noch einmal betonen, daß deren gesellschaftliche Funktion nicht primär darin, sondern in der Entfaltung des kritischen und dialektischen Denkens besteht. Philosophie ist der methodische und beharrliche Versuch, Vernunft in die Welt zu bringen; das bedingt ihre prekäre, umstrittene Stellung. Sie ist unbequem, obstinat und zudem ohne unmittelbaren Nutzen, also wirklich eine Quelle des Ärgernisses. Es fehlt ihr an eindeutigen Kriterien und zwingenden Beweisen. Auch Tatsachenforschung ist mühsam, aber man weiß dabei doch wenigstens, worum es geht. Den Menschen widerstrebt es normalerweise, sich mit den Verworrenheiten ihres privaten und öffentlichen Lebens abzugeben: sie fühlen sich unsicher und auf gefährlichem Boden. In unserer gegenwärtigen Arbeitsteilung werden diese Probleme dem Philosophen oder Theologen zugewiesen. Oder aber die Menschen trösten sich mit dem Gedanken, daß die Dissonanzen vorübergehen und im Grunde alles stimmt. Das letzte Jahrhundert der europäischen Geschichte hat jedoch schlüssig gezeigt, daß die Menschen, so sicher sie sich auch geben, unfähig sind, ihr Leben gemäß ihren Vorstellungen von Humanität einzurichten. Eine Kluft trennt die Ideen, nach denen sie sich und die Welt beurteilen, von der sozialen Realität, die sie durch ihre Handlungen reproduzieren. Deshalb sind all ihre Vorstellungen und Urteile zweideutig und verfälscht. Gegenwärtig sehen sie sich auf das Unheil zusteuern oder bereits in es verstrickt; sie sind in vielen Ländern dermaßen paralysiert von der herannahenden Barbarei, daß sie nahezu völlig außerstande sind, zu reagieren und sich in Sicherheit zu bringen. Sie sind die Kaninchen vor dem hungrigen Marder. Vielleicht gibt es Zeiten, in denen man ohne Theorie auskommen kann; im Augenblick erniedrigt dieser Mangel die Menschen und macht sie hilflos gegenüber der Gewalt. Die Tatsache, daß Theorie sich in einen hohlen und blutleeren Idealismus verflüchtigen oder in ermüdender, leerer Phrasendrescherei versinken kann, bedeutet nicht, daß diese Formen ihre wahren Formen sind. (Was Langeweile und Banalität angeht, so findet die Philosophie dergleichen viel öfter in der sogenannten Tatsachenforschung.) Heute jedenfalls hat die gesamte historische Dynamik die Philosophie in den Mittelpunkt der gesellschaftlichen Wirklichkeit gestellt und die gesellschaftliche Wirklichkeit in den Mittelpunkt der Philosophie.

Aufmerksam sollte ein besonders wichtiger Wandel registriert werden, der sich auf diesem Gebiet seit dem klassischen Altertum vollzogen hat. Platon hielt dafür, daß der Eros den Weisen zur Erkenntnis der Ideen befähige. Er verknüpfte Erkenntnis also mit einem moralischen oder psychologischen Zustand, der prinzipiell in jedem historischen Augenblick vorhanden sein kann. Deshalb betrachtete er den von ihm konzipierten Staat für ein immerwährendes, nicht an eine bestimmte historische Bedingung gebundenes Vernunftideal. Der Dialog über die *Gesetze* war dann schon ein Kompromiß, akzeptiert als Vorstufe, die das ewige Ideal nicht berührte. Platons Staat ist eine Utopie ähnlich denen, die zu Beginn der Neuzeit und noch bis in unsere Tage entworfen worden sind. Aber die Utopie ist heute nicht mehr die angemessene philosophische Form, das Problem der Gesellschaft zu behandeln. Man hat erkannt, daß die Widersprüche des Denkens nicht durch rein theoretische Reflexion aufzulösen sind. Dazu bedarf es vielmehr einer historischen Entwicklung, aus der wir nicht denkend herausspringen können. Erkenntnis ist nicht nur mit psychologischen und moralischen, sondern auch mit gesellschaftlichen Bedingungen verknüpft. Die Verknüpfung und Beschreibung vollkommener politisch-gesellschaftlicher Formen, die von bloßen Ideen ausgeht, ist weder sinnvoll noch hinreichend.

Die Utopie als Krönung philosophischer Systeme wird deshalb durch eine wissenschaftliche Deskription der konkreten Verhältnisse und Tendenzen ersetzt, welche zu einer Verbesserung des menschlichen Lebens führen können. Das hat die weitreichendsten Konsequenzen für die Struktur und Bedeutung der philosophischen Theorie. Die moderne Philosophie teilt mit den Alten die hohe Meinung von den Möglichkeiten der Menschheit, ihren Optimismus hinsichtlich der potentiellen Errungenschaften des Menschen. Der Satz, daß die Menschen von Natur zu einem guten Leben oder zum Erreichen der bestmöglichen gesellschaftlichen Organisation unfähig seien, ist von den größten Denkern verworfen worden. Erinnern wir uns an Kants berühmte Bemerkungen über die platonische Utopie: »Die platonische Republik ist, als ein vermeintlich auffallendes Beispiel von erträumter Vollkommenheit, die nur im Gehirn des müßigen Denkers ihren Sitz haben kann, zum Sprichwort geworden, und Brucker findet es lächerlich: daß der Philosoph behauptete, niemals würde ein Fürst wohl regieren, wenn er nicht der Ideen teilhaftig wäre. Allein man würde besser tun, diesem Gedanken mehr nachzugehen, und ihn (wo der vortreffliche Mann uns ohne Hilfe läßt) durch neue Bemühung ins Licht zu stellen, als ihn, unter dem sehr elenden und schädlichen Vorwande der Untunlichkeit, als unnütz beiseite zu setzen... Denn nichts kann Schädlicheres und eines Philosophen Unwürdigeres gefunden werden, als die pöbelhafte Berufung auf vorgeblich widerstreitende Erfahrung, die doch gar nicht existieren würde, wenn jene Anstalten zu rechter Zeit nach den Ideen getroffen würden, und an deren Statt nicht rohe Begriffe, eben darum, weil sie aus Erfahrung geschöpft worden, alle gute Absicht vereitelt hätten.«[5]

Seit Platon hat die Philosophie niemals den wahren Idealismus aufgegeben, daß es möglich sei, die Vernunft unter Menschen und Nationen heimisch zu machen. Sie hat nur den *falschen* Idealismus abgelegt, demzufolge es genügt, das Bild der Vollkommenheit hochzuhalten ohne Rücksicht darauf, wie sie zu erreichen ist. In der Moderne ist die Treue gegenüber den höchsten Ideen angesichts einer Welt, die ihnen zuwiderläuft, mit dem nüchternen Wunsch

5 Kant, *Kritik der reinen Vernunft*, A 316f.; B 372f.

verknüpft, die Bedingungen zu erkennen, unter denen diese Ideen auf Erden zu verwirklichen sind.

Kehren wir, bevor wir zum Ende kommen, noch einmal zu einem bereits erwähnten Mißverständnis zurück. In der Philosophie bedeutet Kritik, anders als in Wirtschaft und Politik, nicht die Verdammung irgendeiner Sache, das Schimpfen über diese und jene Maßnahme, auch nicht bloße Verneinung und Ablehnung. Zwar kann die Kritik unter bestimmten Voraussetzungen solche rein negativen Züge tragen; dafür gibt es im hellenistischen Zeitalter Beispiele. Was wir jedoch unter Kritik verstehen, ist jene intellektuelle und schließlich praktische Anstrengung, die herrschenden Ideen, Handlungsweisen und gesellschaftlichen Verhältnisse nicht unreflektiert, rein gewohnheitsmäßig hinzunehmen; die Anstrengung, die einzelnen Seiten des gesellschaftlichen Lebens miteinander und mit den allgemeinen Ideen und Zielen der Epoche in Einklang zu bringen, sie genetisch abzuleiten, Erscheinung und Wesen voneinander zu trennen, die Grundlagen der Dinge zu untersuchen, sie also, kurz gesagt, wirklich zu erkennen. Hegel, dem wir in vielerlei Hinsicht höchst verpflichtet sind, war von einer verdrossenen Ablehnung spezifischer Verhältnisse so weit entfernt, daß der König von Preußen ihn nach Berlin berief, damit er den Studenten die gebührende Loyalität einschärfe und sie gegen politische Opposition immunisiere. Hegel tat sein Bestes in dieser Richtung und erklärte den preußischen Staat für die »Wirklichkeit der sittlichen Idee« auf Erden. Aber das Denken ist eine eigentümliche Sache. Um den preußischen Staat zu rechtfertigen, mußte Hegel seine Studenten zur Überwindung der Einseitigkeit und der Beschränkungen des gewöhnlichen Menschenverstandes erziehen und zur Einsicht in den wechselseitigen Zusammenhang zwischen allen begrifflichen und realen Verhältnissen bringen. Überdies mußte er sie lehren, die menschliche Geschichte in ihrer komplexen und widersprüchlichen Struktur zu erfassen, den Ideen von Freiheit und Gerechtigkeit im Leben der Völker nachzugehen und zu erkennen, daß diese untergehen, wenn ihr Prinzip sich als unangemessen erweist und die Zeit für neue soziale Formen reif ist. Die Tatsache, daß Hegel seine Studenten im theoretischen Denken unterweisen mußte, hatte für den preußischen Staat durchaus zweideutige Folgen. Auf die Dauer wurde dieser reaktionären Institution dadurch mehr Schaden zugefügt, als sie Nutzen aus ihrer formalen Glorifizierung bezog. Die Vernunft ist ein schwacher Bundesgenosse der Reaktion. Noch nicht zehn Jahre nach Hegels Tod (sein Lehrstuhl war während dieser Zeit unbesetzt) berief der König einen Nachfolger, der gegen die »Drachensaat des Hegelschen Pantheismus« und gegen »die Anmaßung und den Fanatismus seiner Schule« kämpfen sollte.

Man kann nicht sagen, daß in der Geschichte der Philosophie diejenigen Denker am fortschrittlichsten wirkten, die am meisten zu kritisieren hatten oder die stets mit sogenannten praktischen Programmen bei der Hand waren. So einfach liegen die Dinge nicht. Eine philosophische Lehre hat stets mehrere Seiten, und jede kann die verschiedensten historischen Wirkungen haben. Nur in außergewöhnlichen Zeiten, wie der französischen Aufklärung, wird die Philosophie selbst zur Politik. In jener Epoche verband man mit dem Wort Philosophie nicht so sehr Logik und Erkenntnistheorie als Angriffe auf die klerikale Hierarchie und das unmenschliche Gerichtswesen. Mit der Beseitigung bestimmter Vorurteile wurde tatsächlich die Tür zu einer neuen, besseren Welt aufgestoßen. Tradition und Glaube waren zwei der mächtigsten Bollwerke des *ancien régime*, und die philosophischen Attacken bildeten eine unmittelbar geschichtliche Aktion. Heute geht es jedoch nicht mehr darum, ein Glaubensbekenntnis zu eliminieren; denn in den totalitären Staaten, wo am lautesten an Heroismus und eine erhabene Weltanschauung appelliert wird, regieren weder Glaube noch Weltanschauung, sondern eine fade Mittelmäßigkeit und die Apathie des Individuums gegenüber dem Verhängnis und dem, was von oben kommt. Unsere gegenwärtige Aufgabe ist es viel eher, die Gewähr dafür zu schaffen, daß in Zukunft die Fähigkeit zur Theorie und zum Handeln, das aus der Theorie erwächst, nie wieder verlorengeht, auch nicht in einer späteren Epoche des Friedens, wenn die tägliche Routine vielleicht die Tendenz befördert, das ganze Problem wieder zu vergessen. Wir müssen dafür kämpfen, daß die Menschheit durch die grauenhaften Ereignisse der Gegenwart nicht gänzlich entmutigt wird, daß der Glaube an eine menschenwürdige, friedliche und glückliche Zukunft der Gesellschaft nicht von der Erde verschwindet.

(Aus dem Englischen von Kurt Jürgen Huch und Alfred Schmidt)

Psychologie und Soziologie im Werk Wilhelm Diltheys

(1940)

Sich auf eine Erörterung Diltheys einzulassen, ist bestenfalls ein kühnes Unternehmen. Der uns in dieser Studie interessierende Gegenstand ist in keinem seiner abgeschlossenen Werke enthalten. Die großen Biographien Schleiermachers und des jungen Hegel behandeln spezifische Themen; sie haben keinen Bezug zu dem Problem, um das es hier geht. Deutschen Philosophen wird üblicherweise vorgeworfen, sie gäben sich mit umfassenden, abstrakten Fragen ab, die schwer zu verstehen sind. Das trifft auch auf Dilthey zu, dessen Werk übrigens noch einen zweiten Nachteil hat: seine entscheidenden Partien sind unvollendet. Seine Schriften bestehen, ungeachtet ihres imponierenden Umfangs, aus Fragmenten, Entwürfen und Notizen, die zumeist posthum erschienen. Ich selbst betrachte diesen Mangel an Systematik, für den Scheler ihn tadelte, nicht nur unter negativem Aspekt. Die Tatsache, daß Dilthey niemals eine endgültige Lösung der Probleme fand, mit denen er sich beschäftigte; daß er statt dessen immer wieder neu ansetzte; daß er es schließlich verschmähte, durch die Formulierung eines Systems eine Klarheit vorzutäuschen, die es in diesen Dingen nicht gibt – all das macht ein Studium Diltheys auch heute noch anregend und unübersehbar zugleich.

Es ist schwierig, Dilthey in eine der traditionellen Wissenschaften einzuordnen. Er selbst hätte den Titel eines »Geschichtsphilosophen« im metaphysischen Sinn zurückgewiesen. Er fühlte sich stets als Schüler der Aufklärung, welche Wissen mit Wissenschaft identifizierte und es der Spekulation entgegensetzte. Wissenschaft basiert Dilthey zufolge auf Analyse. Das Ziel der Analyse sei die »Auffindung der realen Faktoren durch die Zerlegung des Wirklichen«[1]; ihre Werkzeuge seien Induktion und Experiment. Ob-

1 ›Ideen über eine beschreibende und zergliedernde Psychologie‹, in: *Gesammelte Schriften*, Band V, Leipzig und Berlin 1924, S. 174.

wohl Dilthey, wie Windelband und Rickert, den methodologischen Unterschied zwischen Natur- und Geisteswissenschaften hervorhebt, verwendet er große Sorgfalt darauf, die Geisteswissenschaften von Dogmatismus freizuhalten. Theoretische Sätze sind ihm zufolge nicht uneingeschränkt wahr, sondern nur hypothetisch. Beim Behandeln seiner Probleme, wie sehr diese auch dem Umkreis Hegelschen Denkens entspringen mögen, lehnt er sich etwas zu ängstlich an die positivistische Methode an. Ranke wollte die Dinge sehen, wie sie wirklich gewesen sind; diese Forderung präzisiert Dilthey dahingehend, daß bloße Beobachtung und Verifikation nicht genügten, daß es vielmehr erforderlich sei, unser Wissen von der »geschichtlich-gesellschaftlichen Wirklichkeit«[2] auf alle speziellen Theorien vom Menschen und von der Wissenschaft zu stützen, über die wir verfügen – auch wenn es sich dabei notwendig um Hilfstheorien handelt. Es geht um eine Universalgeschichte, in welcher die Geisteswissenschaften insgesamt kulminieren. Ungeachtet seiner Ausfälle gegen Comte hat Dilthey diesen Fortschritt vom »Einfacheren« zum »Verwickelteren«[3] freilich selbst viel zu sehr am Vorbild der Naturwissenschaften ausgerichtet.

Wiederholt wandte sich Dilthey gegen jede Überschreitung der Erfahrungswirklichkeit. So ist etwa die Frage, ob der Endzweck des Menschen in diesem selbst liege, ob der Wert des Lebens sich im Dasein des Individuums realisiere oder eher in der Entwicklung einer Nation oder der Menschheit überhaupt, für ihn eine rein metaphysische Frage.[4] Indem er betont, wie wichtig es ist, klar zwischen Wissen und Zweck, Praxis und Theorie, Denken und Überzeugung zu unterscheiden, erweist er sich als echtes Glied der Generation Max Webers und überdies als Anhänger der neueren philosophischen Tradition. Es scheint freilich, als habe er sich in seinen letzten Jahren, unter dem Einfluß der Phänomenologie, von dieser eher beengenden als befreienden Haltung entfernt. In seinen späteren Fragmenten finden sich Erörterungen des Problems der Objektivität der Werte. Dilthey verzichtete jedoch dabei auf Schlußfolge-

2 ›Einleitung in die Geisteswissenschaften‹, in: ibid., Band I, S. 95.
3 Ibid., S. 94.
4 Cf. ›Entwürfe zur Kritik der historischen Vernunft‹, in: ibid., Band VII, S. 284.

rungen, die ihn eindeutig in Opposition zur Idee der wertfreien Wissenschaft gebracht hätten.[5]

Er wollte kein Geschichtsphilosoph sein, aber auch kein Soziologe. Der Angriff auf die Soziologie in der ›Einleitung in die Geisteswissenschaften‹ ist vielleicht das bekannteste Stück seines theoretischen Werks. Unter Soziologie versteht er primär die Schule Comtes. Wenn schon die Geschichtsphilosophie die unmögliche Aufgabe in Angriff nehme, eine einheitliche Theorie der gesamten historischen Realität zu liefern – eine Theorie also, die mehr durch Deduktion aus einem Prinzip als durch Zusammenfassung der verschiedenartigen Forschungsresultate zustande kommt –, so gehe die Soziologie noch über dieses Programm hinaus, indem sie es unternehme, sich einer derart bombastischen Theorie zum praktischen Aufbau der künftigen Gesellschaft zu bedienen. Dilthey kritisiert an Comte und seiner Schule vor allem, daß sie ein allgemeines Gesetz der menschlichen Entwicklung supponieren und daß die Comtesche Soziologie in so hochtrabender Weise ziemlich vage Analogien zwischen historischen Epochen zu generalisieren pflegte – er selbst verabscheute zutiefst die Praxis der »Unterordnung der Methode des Studiums geistiger Tatsachen unter die Methoden der Naturwissenschaft«[6].

Daß Dilthey zwischen Geschichtsphilosophie und Soziologie nicht unterscheidet, ist nicht ganz so willkürlich, wie es scheinen mag. Bei beiden verwirft er den Begriff einer einheitlichen Theorie der Geschichte, eine Idee, die auf Saint-Simon zurückgeht. Dieser entdeckte während der Französischen Revolution, daß Regierung und Verfassungen sehr wohl ihre Form ändern können, ohne daß irgendeine grundlegende Änderung im gesellschaftlichen Leben stattfände.[7] Nach Saint-Simon basieren die Gesetze, von denen politische Zusammenhänge bestimmt werden, auf der spezifischen Struktur von Produktion und Eigentum. Die Gesellschaft ist eine sich ständig verändernde, von Produktion und Eigentumsverhältnissen abhängige Beziehung zwischen Menschen. Was Dilthey kritisiert, ist die Ansicht, man könnte alles in der Geschichte der

5 Cf. ibid., Band VI, S. 317; und Band VII, S. 63 ff.
6 Ibid., Band I, S. 105.
7 Cf. *Œuvres*, Band XIX, Paris 1865/1878, S. 81 ff.

Menschheit in einen einheitlichen Zusammenhang bringen, so daß die gesamte Entwicklung im Bereich der Ökonomie, der Politik, des Rechts, der Kunst und der Religion sich in einer einzigen Wissenschaft zusammenfassen lasse. Dilthey wendet sich gegen die Idee, die Soziologie sei eine einheitliche Theorie der Geschichte, eine Idee, die das gesamte neunzehnte Jahrhundert durchzog, seitdem Saint-Simon sie ausgesprochen hatte. Er nennt sie metaphysisch. Eine Wissenschaft von den mannigfaltigen Beziehungen und Verbindungen von Menschen, wie Unterordnung, Nachahmung, Arbeitsteilung, Konkurrenz, das Fortbestehen gesellschaftlicher Klassen, die Bildung von Hierarchien, von Parteien und dergleichen[8]; eine Wissenschaft von Beziehungen, die konstant bleiben, während ihr Inhalt und ihre Zwecke sich historisch verändern, eine formale allgemeine Soziologie also – eine solche Wissenschaft hatte Dilthey vor Augen. So wendet er sich gegen Saint-Simon, Hegel und Marx, nicht aber gegen Simmel.

Die Gesellschaft ist für Dilthey keine innere Einheit, sondern die Gesamtheit ihrer äußeren Organisationsformen. Diese Gesamtheit müsse jedoch aus psychischen Faktoren hergeleitet werden. Dabei denkt Dilthey an all die bewußten und unbewußten Neigungen zu Herrschaft und Abhängigkeit, Freiheit und Zwang. Die Gesellschaft darf deshalb nicht als unabhängig Existierendes aufgefaßt werden. Jede gegebene Gesellschaft existiert nur insoweit, als die verschiedenartigsten Seiten der menschlichen Natur sich in ihr ausdrücken. Da Dilthey die Kultur unter einem ausschließlich psychologischen Blickwinkel betrachtet, kann man ihn einen extremen Individualisten nennen. »Stellt man sich ein Individuum vor, das ganz isoliert wäre und dazu frei von den Zeitschranken des Einzellebens, so wird in diesem Auffassung der Wirklichkeit, Erleben der Werte, Verwirklichung der Güter nach Regeln des Lebens stattfinden: eine Besonnenheit über sein Tun muß in ihm entstehen, und sie wird sich erst vollenden in einem allgemeingültigen Wissen über dasselbe... So entsteht in einem Individuum die Philosophie.«[9] Real seien einzig die Individuen, welche die Gesellschaft bilden und die Integrationsformen, in denen sie auftreten.

8 Cf. ibid., Band I, S. 421.
9 Ibid., Band V, S. 375.

Das Individuum und seine Fähigkeiten – der Mensch – dürfen nicht von der Gesellschaft her erklärt werden. Im Gegenteil, die Gesellschaft ist vom Menschen und seinen ewigen Anlagen her zu interpretieren. Aber in jeder großen geschichtlichen Epoche der Menschheit präsentiert sich der Mensch unter neuem Aspekt und haucht ihr seinen spezifischen Geist ein.

Es sollte aus dem Gesagten klargeworden sein, daß Dilthey, ungeachtet der zunehmenden Insistenz auf seinem positivistischen Standpunkt, ungeachtet auch seiner Betonung der Fakten und seiner Absage an die Metaphysik, mit Hegel zumindest so viel gemein hat wie mit Gibbon oder Buckle. Man könnte sagen, daß es seine historische Aufgabe war, mit den Mitteln des avanciertesten Szientivismus und des modernen Positivismus die große Tradition des klassischen deutschen Idealismus zu vergegenwärtigen, speziell den Gedanken, daß psychische Strukturen sich in der Geschichte ausdrücken; daß auch getrennte, nebeneinander herlaufende Kulturen in einem inneren Zusammenhang stehen; daß die Geschichte verstanden (Hegel hätte gesagt »begriffen«) und nicht bloß erzählt werden muß. Dilthey teilte Hegels Impuls, niemals auf der Ebene des Äußerlichen, Oberflächlichen zu verweilen. Er bemühte sich, zwischen Erscheinung und Wirklichkeit zu unterscheiden – insgeheim sozusagen und ohne imstande zu sein, diese Unterscheidung mit seiner Erkenntnistheorie in Einklang zu bringen, welche so entschieden dem Positivismus verpflichtet war. Seine zahlreichen historischen und methodologischen Schriften sind eine einzige Anstrengung, die verschiedenen Bereiche der Geschichte als Ausdruck des menschlichen Wesens zu verstehen. Wie Kant die Tätigkeit des erkennenden Subjekts mit seinen transzendentalen Faktoren im System der mathematischen Naturwissenschaften ausgeprägt sah, so sieht Dilthey den Menschen sich in der wirklichen Geschichte darstellen, in den Manifestationen von Politik, Kunst und Religion. Was er intendierte, war eine »Kritik der historischen Vernunft«. Zu dem, was wir sind, gelangen wir jedoch nicht durch Selbstprüfung, Introspektion oder, wie er einmal gesagt hat, durch Brüten, sondern einzig durch die Analyse der historischen Wirklichkeit. Dilthey möchte, daß wir die soziale und geschichtliche Welt nicht eines bestimmten praktischen Zieles wegen studieren, auch nicht willkürlich und richtungslos, sondern um zu erfahren, was wir sind, um uns selbst zu erkennen. In diesem Sinn ist er der legitime Nachfahre der Idealisten.

Betrachten wir Diltheys Konzeption des Unterschieds zwischen Natur- und Geisteswissenschaften etwas näher. Die Naturwissenschaften sind mit einer systematischen Bestimmung und Klassifikation der Fakten beschäftigt, welche die sinnliche Wahrnehmung in ihrer räumlich-zeitlichen Bezogenheit aufnimmt. Die Geisteswissenschaften haben es mit den nämlichen Gegenständen zu tun; denn die Realität ist nicht aufgespalten in Natur einerseits und Geist andererseits. Die Geisteswissenschaften müssen dieselbe Realität nur unter anderem Aspekt behandeln. Bestimmte Naturgegenstände legen es uns nahe, sie als Ausdruck vergangenen oder gegenwärtigen Lebens zu betrachten, und wir sind in der Lage, ihr wahres Wesen zu erkennen, wenn wir uns nur selbst verstehen. Wir müssen von ihnen auf unser eigenes Leben rekurrieren. Das heißt nicht, daß wir aus der Erkenntnis anderer Wesen nichts Neues lernen könnten – wäre dem so, dann genügte bloße Introspektion zur Erfahrung unserer selbst, und das Studium der Geschichte wäre überflüssig. Die Untersuchung anderer Lebewesen, anderer Epochen und Kulturen zielt darauf ab, bestimmte Strukturen und Tendenzen unserer selbst zu erhellen, die wir anderweitig nicht wahrgenommen hätten. Eine Erforschung der geschichtlichen Welt enthüllt Strukturen, die in uns wirken und sich in der objektiven Realität widerspiegeln. Dieser sehr komplizierte, in Diltheys Schriften höchst differenziert behandelte Vorgang eines Wechselspiels zwischen der Betrachtung der entäußerten psychischen Realität und der Erfahrung unseres persönlichen Lebens ist das »Verstehen«, kraft dessen die Geisteswissenschaften von den Naturwissenschaften unterschieden sind.

Das Verstehen betrachtet die Gegenstände nicht nach Ursache und Wirkung (wie die Naturwissenschaften), sondern hinsichtlich des Verhältnisses von außen und innen, Ganzem und Teil. Die Gegenstände des Verstehens werden nur dann begriffen, wenn sie als Ausdruck der menschlichen Existenz genommen und in den Kontext der Existenz gestellt werden, die in und mit ihnen lebt. Dilthey formuliert, der Gegenstand müsse in den Lebenszusammenhang des Subjekts »zurückübersetzt«, er müsse verstanden werden als

»objektivierter Niederschlag von Leben«[10]. Historische Dokumente, gesellschaftliche Institutionen, Kunstwerke und so fort können nur durch solche »Rückübersetzung« erklärt werden.
Der Lebenszusammenhang kann wiederum nur »erlebt« werden. Er muß dem Subjekt unmittelbar in seiner Totalität gegenwärtig sein; nur dann lassen sich die Teile vom Ganzen her begreifen. Das bedeutet nach Dilthey jedoch nicht, daß dieses Ganze nur durch mystische Versenkung zu erreichen ist. Er insistiert gerade darauf, daß dem Verstehen eine gründliche wissenschaftliche Analyse aller einzelnen Gegebenheiten und Zusammenhänge vorauszugehen hat. Aber diese Analyse muß stets auf das Ganze hin angelegt sein, auf die Totalität, welche in jedem einzelnen wirksam ist, und sie muß jedes Einzelphänomen in das Ganze einbeziehen, weil es allein darin seine wahre Bestimmung findet.
Die Einwände, die sich sogleich gegen Diltheys Verstehensbegriff erheben lassen, liegen auf der Hand. Wenn Dilthey recht hat, so hängt ein großer Teil unserer Erkenntnis vom inneren Reichtum des Individuums ab, das nach solcher Erkenntnis strebt. Der Erkenntnisakt kommt, Diltheys eigenen Worten zufolge, dem künstlerischen Produktionsprozeß nahe. Wenn dem so ist, könnten viele moderne Wissenschaftstheoretiker geneigt sein, diesen ganzen Erkenntnisbereich aus der Wissenschaft auszuschließen und ihn, etwa nach der Mode der logischen Empiristen, der Poesie zuzuschlagen. (In der Ökonomie sähen sie es am liebsten, wenn man sich auf die Mathematik beschränkte, in der Humanpsychologie auf das Tachystoskop und ähnliche Apparate.) Hätten diese Kritiker recht, dann wäre jedoch eine entscheidende Sphäre von Erfahrung jeder wissenschaftlichen Aktivität entzogen.
Klar wird Diltheys Konzeption des Verstehens erst dann, wenn man sich vergegenwärtigt, daß er die historische Methode behandelt. Es geht nicht so sehr darum, wie wir Menschen oder Tiere in ihrer alltäglichen Umwelt verstehen, als vielmehr darum, wie wir die Geschichte verstehen. Sie spricht zu uns nicht primär durch lebende Wesen, sondern durch Überreste vergangener Kulturen, durch deren Philosophie, Religion, Poesie und bildende Kunst. Diltheys Werk beschäftigt sich vorab mit den großen philosophischen und

10 Ibid., S. 265.

theologischen Leistungen der Renaissance, der Reformation, des klassischen deutschen Idealismus, mit den Dichtern und Komponisten dieser Epoche. Verstehen wird dabei zu Hermeneutik, zur Interpretation historischer Dokumente. Als Hermeneutik hatte erstmals Schleiermacher, mit dem Dilthey sein Leben lang beschäftigt, der auf vielerlei Weise sein Meister war, die Systematisierung philosophischer und anderer Methoden historischen Verstehens bezeichnet. Heidegger, der diesen Begriff dann von Dilthey übernahm, sieht die Aufgabe einer wahren Ontologie im Verstehen, in der Interpretation von Existenz, einem Verstehen freilich, das nichts mit Universalgeschichte zu tun hat und auf eine monadologisch gefaßte Existenz beschränkt ist.

Nach dem oben Gesagten mag man versucht sein, Dilthey zu sehr in die Nähe Bergsons zu rücken, der ja ebenfalls lehrte, daß wir uns selbst nur durch ein angemessenes Verstehen der Realität zu erkennen vermögen. Die »durée«, der »élan vital« erfüllt uns ebenso wie alles übrige Seiende. Ein und dasselbe Leben kommt in allen lebendigen Wesen, in der Natur als Ganzem zum Ausdruck. Wir kennen das Universum, wenn wir uns selbst kennen, und umgekehrt. Aber während Bergson den allgegenwärtigen Lebensstrom in ganz allgemeinen Begriffen beschreibt – man denke nur an die der kontinuierlich-qualitativen Abfolge, der Präsenz des Ganzen in jedem seiner Momente, des Fortgangs der Vergangenheit in die Zukunft, der kreativen Evolution –, ist für Dilthey die Erkenntnis des Menschen und des Lebens Produkt einer methodischen Anwendung aller verfügbaren Wissenschaften auf das geschichtlich überlieferte Material. Nach Bergson ist der Lebensstrom jederzeit zugänglich; er läßt sich in jedem Augenblick in seiner ganzen Fülle durch den Akt metaphysischer Intuition aufdecken. Für Dilthey ist demgegenüber die Erkenntnis geschichtlichen Lebens Ziel und Zweck aller Wissenschaft. Und hier meldet er seine Ansprüche auf die Psychologie an.

Die traditionelle Psychologie hat bei historischen Analysen versagt. Ein Studium des menschlichen Lebens in seinen verschiedenartigen kulturellen Manifestationen kann gut ohne eine genauere Kenntnis der Resultate der traditionellen Psychologie auskommen. Natürlich ist es sehr wichtig, sich eine gründliche Einsicht in jene psychischen Strukturen zu verschaffen, die überall auftreten, wo psychisches Leben selbst existiert. Aber der Aufbau der Psyche aus Elementen des Bewußtseins, wie ihn die Lehrbücher der Experimentalpsychologie zur Zeit Diltheys unternahmen, trägt zum Prozeß des Verstehens nichts bei, auf das es doch bei der Hermeneutik der Geschichte ankommt. Die Psychologie, sagt Dilthey, versucht, »aus einer begrenzten Zahl eindeutig bestimmter Elemente eine ganz vollständige und durchsichtige Erkenntnis der seelischen Erscheinungen herbeizuführen«[11]. Solche Elemente sind Empfindungen, Gedanken und Gefühle. Das Leben erscheint als mechanische Kombination letzter Einheiten. Dilthey spricht hier von einer erklärenden oder konstruktiven Psychologie, deren Hauptrepräsentanten die Assoziationspsychologen, Herbart, Spencer und Taine seien. Er kritisiert diese Psychologie nicht deshalb, weil sie Hypothesen verwendet, sondern weil sie mit ihnen anfängt. Das habe zur Konsequenz, daß die Geisteswissenschaften, die in der Psychologie ihre Basis sehen, von etwas ganz Ungewissem abhingen, nämlich von der schwachen Annahme, daß die Psyche eine Akkumulation fester, durch Assoziationen zusammengehaltener Elemente sei. Dilthey möchte, daß wir uns von einer Konzeption der Psyche lossagen, die auf einer falschen Analogie zu den Naturwissenschaften beruht. Psychologie als die eigentliche Basis der Geisteswissenschaften muß von der Konkretheit des Lebens ausgehen, wie sie jedem von uns in der inneren Erfahrung begegnet. Der Gegenstand unserer Selbsterkenntnis ist nicht nur der Strom von Wahrnehmungen, als welcher psychische Realität Hume oder Berkeley erschien, sondern der »Strukturzusammenhang«. Dies ist der zentrale Begriff von Diltheys Psychologie. Er selbst nennt ihn »das gegliederte Ganze des Seelenlebens«[12] und bezeichnet die Beschreibung und Analyse eines solchen Strukturzusammenhangs, insofern er typisch, das heißt als grundlegend in jedem Menschen anzutreffen ist, als Aufgabe der zukünftigen, der »beschreibenden und zergliedernden Psychologie«.

Wir wollen hier die Probleme, die sich aus den Begriffen des eigenen und des fremden Erlebens, der Gegebenheit, des Typus und so weiter ergeben, beiseite lassen und uns auf einige Beispiele von struk-

11 ›Ideen über eine beschreibende und zergliedernde Psychologie‹, in: ibid., S. 139.
12 Ibid., S. 176.

turierter Totalität beschränken. In jeder Sekunde unseres bewußten Lebens ist uns nicht nur jeweils eine einzelne Empfindung oder ein einzelner Wunsch gegenwärtig, sondern ein psychisches Ganzes. Dilthey erwähnt als Beispiel für solche Totalität die Betrachtung einer schönen Landschaft.[13] Sobald wir darüber nachdenken, merken wir, daß unsere Wahrnehmung uns nicht nur »gegeben« ist, sondern daß ihre aufeinanderfolgenden Aspekte durch unsere Aufmerksamkeit und unseren Willen gesteuert werden. Das Ganze kann von Gefühlen des Glücks oder der Trauer durchdrungen sein. Es besteht hier also ein bedeutungsvolles Ineinander von Sinneswahrnehmungen, Aufmerksamkeit und Gefühl. Verschiedene »Aspekte«, wie Dilthey sagt, eines und desselben Aktes: der Betrachtung einer Landschaft durchdringen sich gegenseitig. Diese Totalität wird »erlebt« und nicht theoretisch abgeleitet oder konstruiert. – Ein anderes Beispiel wäre der Prozeß des Abwägens verschiedener möglicher Handlungsabläufe, bevor jemand zu einer praktischen Entscheidung gelangt. Hier geht es um eine innere Abfolge von Bedingungen, wobei Vorstellungsbilder, Gefühle und Wille miteinander verbunden sind. Auch dieser Zusammenhang wird erlebt und nicht nur konstruiert. – Endlich können wir das einheitliche Ganze anführen, das gestiftet wird durch die Wahrnehmung eines Tons, unser Wissen von seinem Ursprung und unsere Verständigung über dieses Wissen mit Personen um uns.

Diese Beispiele mögen etwas seltsam erscheinen: entlegen und alltäglich zugleich. Man mag es merkwürdig finden, daß hier erkenntnistheoretische Hilfskonstruktionen ausgetüftelt werden, daß Dilthey einen »Sinnzusammenhang« anstrebt, während er dabei ist, einfach eine Reihe von Erfahrungen zu diskutieren, deren Einheit auf der Hand liegt – etwa die Einheit des Objekts im Fall der identischen Landschaft, auf welche alle sinnlichen Eindrücke, intentionalen Akte, Stimmungen und Gefühle des Betrachters so lange bezogen sind, als er diesem spezifischen Objekt gegenübersteht. Dilthey war es jedoch darum zu tun, durch Analysen dieser Art, so dürftig sie uns heute erscheinen mögen, die Sterilität der Experimentalpsychologie zu überwinden, die zu seiner Zeit den Platz der Philosophie an den europäischen Universitäten usurpiert hatte. Er war

13 Ibid., S. 203f.

überzeugt davon, daß die Wechselwirkung zwischen Natur und Mensch, dessen Aktivität und zähe Anstrengung, sein eigenes sowie das Leben seiner Mitmenschen zu erhalten und zu bereichern – natürlich auch, wie wir heute sehen, seine Anstrengungen, es zu zerstören –, daß unser gesamtes bewußtes und unbewußtes Leben nicht auf die sozusagen blinden, sinnlosen, qualitativ unzureichenden Elemente der traditionellen Psychologie reduziert werden konnte.

Er sah freilich nicht, daß individuelles oder gesellschaftliches Leben schwerlich mit Mitteln der Psychologie allein, welcher Schule auch immer, zu rekonstruieren ist. Während er die Diskrepanz zwischen unserem konkreten Wissen vom Menschen und der wissenschaftlichen Psychologie kritisierte, beharrte er in deren unbegründetem Glauben, daß gültige Einsicht auf den Umkreis des unmittelbar Gegebenen sich zu begrenzen habe – auf die »données immédiates de la conscience«, die auch in Bergsons Vitalismus eine so große Rolle spielen. Diltheys Konzeption des »Sinnzusammenhangs« ist ein Versuch, mit unzureichenden Mitteln das konkrete Sein des Menschen zu bestimmen – mit einer positivistischen Beschränkung auf das »Gegebene«, auf die »Daten« des sogenannten Innenlebens, wohingegen diese konkrete Einheit nur zu begreifen ist, wenn man über diese Grenzen hinausgeht und den Menschen als realen Bestandteil der realen Welt erfaßt. In umfassenderen, historischen Begriffen können wir sagen, Dilthey habe einige entscheidende Einsichten des deutschen Idealismus, vorab Hegels, zu »retten« gesucht, speziell dessen Lehre von der objektiven, sozusagen weltlichvorfindlichen Natur des menschlichen Geistes – und darüber die von der überindividuellen, »absoluten« Natur dieses Geistes preisgegeben; er habe sie durch die empirisch-individualistische, ja, monadologische Einheit des »Sinnes« innerhalb der menschlichen Psyche ersetzt. Aber das Individuum kann niemals aus dem Individuum selbst hergeleitet werden. Diltheys Mißlingen folgt unausbleiblich aus seiner Intention, Unversöhnliches zu versöhnen, einer Intention, die höchst charakteristisch für alle deutschen Denker jener Zeit ist, welche die Philosophie ernst nahmen, besonders für Husserl und Lask. Hegels Geschichtsphilosophie und Berkeleys Prinzipien der menschlichen Erkenntnis lassen sich nicht kombinieren. Nach Dilthey liegen nicht nur dem menschlichen, sondern allem

Leben Strukturzusammenhänge, also Bedingungen zugrunde, die nach der jeweiligen natürlichen oder gesellschaftlichen Umwelt voneinander abweichen. Bei näherem Hinsehen wird evident, daß »Leben« sich der Umwelt mittels solcher Zusammenhänge anpaßt. Das Individuum ändert entweder die Umwelt durch praktische Betätigung oder es lernt, sich ihr zu unterwerfen. Die Psychologie darf nicht von der Tatsache abstrahieren, daß die Seele eines Menschen von seinen Zwecken her determiniert wird, obwohl solche »Zweckbestimmtheit« »nicht aus einem Zweckgedanken außer uns abzuleiten«[14] ist; vielmehr entstammt die Annahme eines uns äußerlichen Zwecks innerem Erleben. »Zweckmäßigkeit ist gar kein objektiver Naturbegriff, sondern bezeichnet nur die in Trieb, Lust und Schmerz erfahrene Art des Lebenszusammenhanges in einem tierischen oder menschlichen Wesen.«[15] Die Annahme, daß das Leben auf Triebbefriedigung und Glück ausgerichtet ist, ist für Dilthey nicht bloß hypothetisch. Sie kann in unserer inneren Erfahrung durchaus verifiziert und beschrieben werden. Hypothetisch ist es jedoch nach Dilthey, wenn man jene Triebe durch naturalistische Begriffe Spencer-Darwinscher Provenienz, wie das Gesetz der Selbsterhaltung des Individuums oder der Art, wiedergibt.[16]

Fahren wir in der Beschreibung der Diltheyschen Psychologie fort. Im Prozeß der Auseinandersetzung mit seiner Umwelt erwirbt das Individuum eine Gestalt (die bei Dilthey ebenfalls »Struktur« genannt wird), das heißt relativ stabile Gewohnheiten (einen »Habitus«), Stimmungen, Werte und so fort, die nicht immer unmittelbar gegeben sind, aber gleichwohl in jedem lebendigen Strukturzusammenhang, bei Mensch und Tier, eine Rolle spielen. Dilthey ist bestrebt, einen auf der Wechselwirkung zwischen spontanen und erworbenen Strukturen, zwischen invariantem Charakter und wechselnden Erfahrungen basierenden Begriff von »Entwicklung« zu gewinnen, der nicht mehr auf die Naturwissenschaften eingeschränkt ist. Dieser Begriff ist dann die psychologische Grundlage für Diltheys Methode historisch-genetischer Dar-

14 Ibid., Band V, S. 215.
15 Ibid., S. 210.
16 Cf. ibid.

stellung, wie sie in seinen Schriften über Hegel und seinen berühmten Studien zu Lessing, Goethe, Novalis, Hölderlin und Schiller vorgeführt wird.

Auf jene Wechselwirkung zwischen mechanisch und spontan wirksamen psychischen Strukturen gründet Dilthey auch seine Konzeption von der wesenhaften »Geschichtlichkeit« des Menschen als eines Seienden, das nicht durch statische Begriffe definiert werden kann. Diese Lehre ist später zum wichtigsten ontologischen Schibboleth der deutschen Existenzphilosophie (Heidegger, Jaspers) geworden. Je älter das Individuum wird, desto mehr wächst nach Dilthey die Präponderanz der erworbenen Struktur (des Charakters oder der Seele) über die unmittelbaren Erlebnisse an. »Eine gemischte und gedämpfte Stimmung über dem Leben, welche aus der Herrschaft einer Seele, die vieles in sich verarbeitet hat, über die einzelnen Gemütszustände entspringt: das ist auch, was den künstlerischen Produktionen des Alters ihre eigentümliche Erhabenheit gibt, wie Beethovens Neunter Symphonie oder dem Abschluß des Goetheschen Faust.«[17]

Unter dem Einfluß der Husserlschen Phänomenologie suchte Dilthey den noch immer relativ naturalistischen Begriff der erworbenen Struktur von einem moderneren Gesichtspunkt aus zu korrigieren. Bisher war die erworbene Struktur mit dem wirklichen Leben letztlich nur durch die recht unklaren Mechanismen der Assoziation, Reproduktion und dergleichen verbunden. Jetzt soll die gegenwärtige Erfahrung nicht mehr durch eine bloß äußerliche Assoziation auf die frühere bezogen, sondern diese soll in der gegenwärtigen als ihre »Bedeutung« oder »Bedeutsamkeit« enthalten sein. Die Ansicht von der wesenhaften Geschichtlichkeit des Lebens wird durch diese veränderte Formulierung nicht eingeengt; sie wird präzisiert. Gleichwohl besteht die Aufgabe der Psychologie als der Grunddisziplin der Geisteswissenschaften auch jetzt noch darin, das spezifische Phänomen, das dann Gegenstand der jeweiligen Geisteswissenschaft ist, aus der typischen seelischen Struktur abzuleiten, der es entspringt. Die Struktur kann aber jetzt jederzeit durch »Selbstbesinnung« deutlich gemacht werden. Wie Dilthey sagt, »kommt jede Analyse der Tatsache Religion auf Begriffe wie

17 Ibid., S. 225.

Gefühl, Wille, Abhängigkeit, Freiheit, Motiv, welche nur im psychologischen Zusammenhang aufgeklärt werden können. Sie hat es mit Zusammenhängen des Seelenlebens zu tun, da in diesem das Gottesbewußtsein entsteht und Kraft gewinnt... Die Jurisprudenz hat in Begriffen wie Norm, Gesetz, Zurechnungsfähigkeit psychische Zusammensetzungen vor sich, welche eine psychologische Analyse fordern. Sie kann den Zusammenhang, in welchem Rechtsgefühl entsteht oder den, in welchem Zwecke im Recht wirksam werden und die Willen dem Gesetz unterworfen werden, unmöglich darstellen ohne ein klares Verständnis des regelmäßigen Zusammenhangs in jedem Seelenleben. Die Staatswissenschaften, welche es mit der äußeren Organisation der Gesellschaft zu tun haben, finden in jedem Verbandsverhältnis die psychischen Tatsachen von Gemeinschaft, Herrschaft und Abhängigkeit... Geschichte und Theorie von Literatur und Kunst findet sich überall auf die zusammengesetzten ästhetischen Grundstimmungen des Schönen, Erhabenen, Humoristischen oder Lächerlichen zurückgeführt. Dieselben bleiben dem Literarhistoriker ohne psychische Analyse dunkle und tote Vorstellungen... Es ist so, und keine Absperrung der Fächer kann es hindern: Wie die Systeme der Kultur: Wirtschaft, Recht, Religion, Kunst und Wissenschaft, wie die äußere Organisation der Gesellschaft in den Verbänden der Familie, der Gemeinden, der Kirche, des Staates aus dem lebendigen Zusammenhang der Menschenseele hervorgegangen sind, so können sie schließlich auch nur aus diesem verstanden werden. Psychische Tatsachen bilden ihren wichtigsten Bestandteil, ohne psychische Analyse können sie also nicht eingesehen werden. Sie enthalten Zusammenhang in sich, weil Seelenleben ein Zusammenhang ist. So bedingt das Verständnis dieses inneren Zusammenhangs in uns überall ihre Erkenntnis.«[18]

Wie ganze Kulturen und Epochen der menschlichen Geschichte in sich artikuliert sind, kann nach Dilthey ebenfalls nur verstanden werden, wenn man die Weise rekonstruiert, in welcher die einzelnen Kulturbereiche in den typischen Menschen jeder Epoche wechselseitig aufeinander bezogen sind. Wir müssen die Bedeutung und das Gewicht aufzeigen, welche die Religion, das Recht, die Ökonomie

18 Ibid., S. 147f.

oder die Wissenschaft für sie besaßen. Nur auf dieser Basis ist es sinnvoll, von verschiedenen Kulturen, von wesentlichen historischen Epochen zu sprechen und schließlich so etwas wie eine Geschichte der Menschheit zu entwerfen. Der Geist einer Epoche erlangt seinen typischen Ausdruck in ihren großen Persönlichkeiten, ihren Dichtern und Philosophen, weshalb für Dilthey auch die Biographie »die am meisten philosophische Form der Historie«[19] ist. Zum Abschluß scheint es angemessen zu fragen, inwieweit das Programm der Psychologie, welche Dilthey in seinen *Ideen* von 1894 umrissen hat, seither realisiert worden ist. Wir wollen dabei Diltheys Kritik der traditionellen Psychologie beiseite lassen; diese Kritik kam einer allgemeinen Tendenz entgegen und ist seitdem auch weitergeführt worden. Man braucht dabei nur an Bergson und die Gestalttheorie zu erinnern: beide stimmen darin überein, daß psychisches Leben nicht aus Elementen aufgebaut werden kann, die Ergebnis bloßer Abstraktion sind. Wir wollen auch Versuche wie den Paretos beiseite lassen, eine Theorie der Geschichte und der Gesellschaft auf psychologischer Grundlage zu errichten, welche allerdings von der Theorie Diltheys nach Struktur und Inhalt deutlich abweicht. Wir wollen vielmehr die ganz andere Frage stellen, ob nicht, ungeachtet des Gegensatzes zwischen Freuds naturalistischen und Diltheys historischen Prinzipien, die psychoanalytische Theorie einigen Forderungen Diltheys entspricht. Auch für Freud wird ja Geschichte nur im Rekurs auf grundlegende psychische Strebungen verständlich. Dieselben Mächte, welche das Individuum bestimmen, regieren das Universum. Die Geschichte ist ein Kampf zwischen jenen Kräften, welche die Gesellschaft bewahren, und jenen, die ihr feind sind, zwischen libidinösen und destruktiven Kräften, zwischen Eros und Todestrieb. Wenn Dilthey sagt, »daß die gewaltigsten Kräfte der moralischen Welt Hunger, Liebe und Krieg sind«; daß »die stärksten Triebe: der Nahrungstrieb, die Geschlechtsliebe und Sorge für die Nachkommenschaft« in ihnen »wirken«[20], dann hätte Freud daran sicher nur wenig auszusetzen. Aber die Übereinstimmung wurzelt noch tiefer. Sie liegt vor allem in der Konzeption eines »Sinnzusammenhangs« in jeder individuellen

19 Ibid., S. 225.
20 Ibid., S. 209.

Existenz begründet, eines Zusammenhangs, der sich im Kampf des Individuums mit seiner Umwelt entwickelt. Freud vertritt erklärtermaßen die Ansicht, daß jedes unserer Erlebnisse eine Bedeutung, einen »Sinn« hat, der auf die Verflochtenheit dieses Erlebnisses in die Gesamtstruktur unseres Lebens zurückverweist und nur durch eine Analyse dieser Totalität angemessen beschrieben werden kann. Freuds sozio-historische Studien – zum Beispiel *Totem und Tabu* – sind Modelle psychologischer Geschichtsinterpretation. Die historisch relevanten Charakterzüge, Vorlieben und Werte entstehen aus den Bedingungen und Schwierigkeiten der frühen Kindheit. Wir versagen es uns hier, die verschiedenen Theorien Freuds, die des Ödipuskomplexes etwa, bezüglich ihres Wahrheitsgehalts zu beurteilen. In jedem Fall erfüllen sie die Diltheysche Forderung, individuelles Leben in seinen typischen Strukturen als kohärenten Sinnzusammenhang darzustellen. Die einzelnen Phasen der Triebentwicklung, die orale, anale und genitale Phase, wie sie in den *Drei Abhandlungen zur Sexualtheorie* beschrieben werden, repräsentieren Freud zufolge typische Strukturen, die sich in jedem normalen Seelenleben finden. Nicht zufällig ist auch nach Dilthey die erworbene Struktur, die sich auf der Basis früher Erlebnisse bildete, weitgehend unbewußt und kann nur durch »Analyse« enthüllt werden. Vielleicht würden Freud und Dilthey das Unbewußte auf völlig verschiedene Weise erklären; gleichwohl zeigt ein Beispiel, daß die Übereinstimmung zwischen ihnen nicht bloß oberflächlich ist. In seiner Rede über ›Dichterische Einbildungskraft und Wahnsinn‹ (1886) hat Dilthey dargetan, daß in Metaphysik, Poesie und Mythos die gleichen Bilder durch die Menschheitsgeschichte hindurch immer wiederkehren. »Wir finden schon in Traum und Wahnsinn mit merkwürdiger Regelmäßigkeit an Sensationen und innere Zustände stets bestimmte Bilder gebunden, welche jene Zustände deuten, erklären und darstellen. Eine Art von armen verkümmerten Symbolen. Man könnte den Kreis dieser typischen Bilder beschreiben.«[21] Die Symbole sind im Traum und Wahnsinn »arm«; in den großen Kulturleistungen der Menschheit jedoch, die von ihnen durchdrungen sind, kehren sie reicher und in vielfältigeren Differenzierungen wieder. Diltheys Begriff des Typus scheint sich hier mit der Symbol-

21 Ibid., Band VI, S. 101.

Theorie zu berühren, die Freud in seiner Traumlehre und seinen kulturhistorischen Studien entwickelt hat. Wir notieren im Vorübergehen, daß die fruchtbarsten Aspekte der Freudschen Theorie in äußerstem Gegensatz zu seiner empirisch-naturalistischen Erkenntnistheorie stehen und daß in ähnlicher Weise die Lehren Diltheys seinen positivistischen Auffassungen von Wissenschaftslogik zuwiderlaufen.

Freilich sollte man das Maß von Übereinstimmung zwischen beiden auch nicht zu hoch bewerten. Sie fällt gegenwärtig nur deshalb besonders ins Auge, weil Diltheys historische Werke, ebenso wie die seiner Schüler, die biographischen zumal, durch eine tendenziell stark individualistische Psychologie gekennzeichnet sind, eine Psychologie, die in den heute so populären Biographien großer Männer zu ihrer eigenen Karikatur geworden ist. Daneben gibt es aber noch einen anderen Aspekt in Diltheys Theorie, welcher viel eher an die Hegelsche Dialektik gemahnt als an die Psychoanalyse: sein Gespür für das, was Hegel den objektiven Geist genannt hat. Zweifelsohne lassen sich die Kategorien der Individualpsychologie in fruchtbarer Weise dazu verwenden, die Werke der Religionsstifter, die Leistungen von Staatsmännern, Philosophen und Dichtern transparent zu machen. Auf der anderen Seite aber ist ein Verständnis der Probleme der inneren Strukturgesetze der Kulturbereiche, in denen jene wirken, in kaum geringerem Grade geeignet, zur Aufhellung der Psychologie dieser großen Männer beizutragen. Ohne eine exakte Kenntnis der politischen und religiösen Situation im fünfzehnten und sechzehnten Jahrhundert kann der Charakter Luthers oder Calvins nicht erklärt werden. Das nämliche gilt für ästhetische Probleme. Wer nicht so weit gekommen ist, daß er subtilste technische Details zu meistern vermöchte, sollte zu Greco und Tintoretto schweigen, auch wenn er eine profunde Kenntnis der neurotischen Symptome hat, welche in deren Werk sichtbar werden. In diesem Sinne sind Freuds Arbeiten über Künstler und Staatsmänner – und noch mehr die seiner Schüler – gelegentlich eine Spur zu pedantisch. Andererseits führt, paradox genug, die Vagheit der psychologischen Kategorien Diltheys oftmals zu demselben Resultat. Freuds Schriften zur Kunst lesen sich häufig wie die eines Arztes, Diltheys wie die eines deutschen Professors. Die Differenz zwischen beiden läßt sich vielleicht so bezeichnen: Wenn wir eine

Arbeit Diltheys über einen Dichter oder einen Musiker etwa mit Freuds Studie über Leonardo da Vinci vergleichen, so erscheinen uns Diltheys psychologische Beobachtungen eher abstrakt und eng, man möchte sagen: traditioneller als Freuds Einsichten, welche mit einer breiteren psychologischen Erfahrung gesättigt sind. In Freuds Analyse wird der Zusammenhang zwischen dem Werk eines Künstlers und seinen Erlebnissen in den entscheidenden Perioden seiner Entwicklung deutlich herausgestellt. Freud geht es um sehr spezifische Begebenheiten, um sexuelle Erlebnisse, Bedrohungen und Ängste. Dilthey beruft sich zu oft auf abstrakte Begriffe wie Ausdruck, Einbildungskraft, Trieb, Wille und so fort, welche er mit der von ihm abgelehnten traditionellen Psychologie teilt. Gleichwohl hat er eine Ahnung von dem, was Kunst, Poesie oder Philosophie wirklich sind. Er sieht den Künstler in Beziehung zu den spezifischen kulturellen Strömungen seiner Zeit und der Weltgeschichte insgesamt. Spricht er von einem Römer, dann bezieht er in seine Darstellung das römische Recht und den römischen Imperialismus als in der Seele eines römischen Bürgers real wirksame Kräfte ein. Er spricht nicht nur von dessen innerer Erfahrung im abstrakten Sinn individueller Triebe. Wenn er die germanische Mythologie behandelt, spricht er vom jahrtausendelangen Leben in Wäldern und Feldern, vom Fehlen der Städte, vom Angewiesensein auf die Jahreszeiten und Ähnlichem.

Hätten die beiden Tendenzen in seinen historischen Schriften sich wirklich so durchdrungen, wie er es in seiner Lehre von der Wechselwirkung im Prozeß des Verstehens postuliert hatte, so wäre jede von Diltheys Studien in der Tat ein Stück konkreter Geschichtstheorie. So aber wird der Leser seiner methodologischen Schriften (von denen wir einige hier diskutiert haben) eher enttäuscht sein, wenn er sich den historischen Abhandlungen zuwendet. Er wird finden, daß sie im wesentlichen die Geschichte der psychischen Entwicklung einer Person in einer Weise darstellen, die sich nicht merklich von den derzeit üblichen Biographien unterscheidet. Dilthey hatte selbst gefordert, daß jede spezielle geisteswissenschaftliche Untersuchung ihren Gegenstand von drei Gesichtspunkten her erforschen müsse, die ihrerseits wieder voneinander abhängen: erstens von der »Erkenntnis des Ganzen der geschichtlich-gesellschaftlichen Wirklichkeit« her, zweitens von der »Natur geistiger

Tätigkeit« und drittens von der spezifischen Problematik der jeweiligen Kulturbereiche her, ob es sich nun um Dichtung, Kunst oder Philosophie handelt, die ihre eigenen »Sinngesetze«[22] haben. Dieses Postulat, daß der subjektive Geist nur in Beziehung auf den objektiven richtig verstanden werden könne – wenn man einmal die Hegelsche Terminologie gebraucht –, ist in Diltheys historischen Schriften nur unvollständig realisiert worden. In seiner Studie über Schiller etwa spielen so problematische Begriffe wie natürliche Begabung, Wille zur Größe, innere Reinigung, unablässiges Streben die wesentliche Rolle. Die Diskrepanz zwischen Ausführung und Mittel vermag freilich den Scharfsinn mancher der methodologischen Forschungen Diltheys keineswegs zu schmälern.

(Aus dem Englischen von Kurt Jürgen Huch und Alfred Schmidt)

22 Ibid., Band I, S. 88f.

Vorwort [zu Heft 3 des VIII. Jahrgangs der *Zeitschrift für Sozialforschung*]

(1940)

Bisher wurde die Zeitschrift des Instituts für Sozialforschung dreimal jährlich von der Librairie Félix Alcan in Paris veröffentlicht. Die Artikel und Rezensionen für Heft 3/1939 und Heft 4/1940 liegen bei den französischen Druckereien, die uns noch im Mai versprochen haben, daß die Zeitschrift wie gewöhnlich erscheinen werde. Nach allem, was inzwischen geschehen ist, müssen wir jetzt allerdings davon ausgehen, daß weder die Librairie Félix Alcan noch die Druckerei – die Presses Universitaires de France – in der Lage sein werden, ihr Versprechen in naher Zukunft einzulösen.
Deshalb haben wir beschlossen, Heft 3/1939 in Amerika zu veröffentlichen. Ohnehin haben die meisten der Mitarbeiter dieses Land schon vor einigen Jahren zu ihrer neuen Heimat gemacht. Die Zeitschrift erschien bisher aber vor allem deshalb nicht in Amerika, weil der Großteil unserer Leser in den letzten acht Jahren Europäer gewesen sind. Da die meisten Beiträge in deutscher Sprache veröffentlicht wurden, erfüllte die Zeitschrift einen ganz speziellen Zweck: Philosophische und wissenschaftliche Traditionen, die in Deutschland nicht mehr fortgesetzt werden konnten, wurden hier in der Muttersprache am Leben erhalten. Natürlich beeinflußt die Sprache, in der Artikel geschrieben werden, den gedanklichen Inhalt. Deshalb hofften sowohl unser Institut als auch die Verleger, der Wissenschaft dienen zu können, indem sie es den Autoren ermöglichten, in ihrer Muttersprache zu schreiben. Diese Erwägung muß aber jetzt hinter unserem Wunsch zurückstehen, unsere Arbeit – selbst was die äußere Form angeht – auf das gesellschaftliche Leben Amerikas abzustimmen.
Philosophie, Kunst und Wissenschaft haben fast überall in Europa ihre Heimat verloren. England kämpft gerade verzweifelt gegen die Vorherrschaft der totalitären Staaten. Amerika, vor allem die Vereinigten Staaten, ist der einzige Kontinent, der die Kontinuität des wissenschaftlichen Lebens gewährleistet. Im Rahmen der demokra-

tischen Institutionen dieses Landes erfreut sich die Kultur noch der Freiheit, ohne die sie unserer Überzeugung nach nicht bestehen kann. Indem wir unsere Zeitschrift in ihrer neuen Form veröffentlichen, möchten wir dieser Überzeugung konkreten Ausdruck verleihen.

New York City, Juli 1940

(Aus dem Englischen von Hans Günter Holl)

Zur Tätigkeit des Instituts. Forschungsprojekt über den Antisemitismus

(1941)

Zur Tätigkeit des Instituts[1]

Das unten dargestellte Forschungsprojekt umreißt bestimmte Probleme, die das Institut für Sozialforschung vor etwa einem Jahr zu untersuchen plante. Die allgemeine Weltlage brachte jedoch andere gesellschaftliche Probleme mit sich, deren Lösung im Sinne der amerikanischen Interessen dringlicher war und die uns zwangen, unseren ursprünglichen Plan zurückzustellen. Gleichwohl beabsichtigt das Institut, dieses Projekt so bald wie möglich wiederaufzunehmen.

In der hier veröffentlichten Form umfaßt das Projekt nicht nur Forschungsprobleme, sondern auch theoretische Ansätze, die zum Teil durch die frühere Forschung erarbeitet wurden und die in gewissem Maße noch durch weitere Untersuchungen erprobt werden müßten. Selbstverständlich wird in der tatsächlich durchgeführten Forschungsarbeit keine dieser Thesen als Dogma behandelt werden.

Die Veröffentlichung des Projekts in dieser Ausgabe könnte dazu beitragen, den Ansatz einer kritischen Sozialforschung weiter zu klären. Die wichtigsten methodologischen Gesichtspunkte dieses Ansatzes lassen sich wie folgt skizzieren.

I. *Begriffsbildung ist ein historischer Prozeß*. Die Kategorien, mit denen wir arbeiten wollen, sind keine Verallgemeinerungen, die man durch einen Prozeß der Abstraktion von vielfältigen Einzelfällen und Gattungen erhält, und sie sind auch keine axiomatischen Definitionen und Postulate. Der Formierungsprozeß dieser Kategorien muß die Historizität des betreffenden Gegenstandes berück-

1 Unter diesem Titel werden wir von Zeit zu Zeit Berichte über programmatische und andere Arbeiten des Instituts für Sozialforschung veröffentlichen. [Dies ist jedoch nicht mehr geschehen, da das Erscheinen der *Zeitschrift* mit dem Jahrgang 1941 eingestellt wurde.]

sichtigen, das heißt, diese Kategorien müssen auch die tatsächliche Genese des Gegenstandes einschließen. Diese Einzigartigkeit des Verhältnisses zwischen dem Begriff und seinem »Material« läßt so abstrakte Begriffe wie »sozialer Wandel«, »Zusammenschluß«, »Kollektivverhalten« und »Massen« nur dann zu, wenn sie als bloß formalistische Klassifikationen von Phänomenen verwendet werden, die allen Gesellschaftsformen gemeinsam sind. Die eigentliche Bedeutung etwa von »Massen« läßt sich nicht durch eine im Kern quantitative Analyse oder durch Ableitung von bestimmten Sonderformen »kollektiven Verhaltens« gewinnen, auch wenn eine solche Analyse integraler Bestandteil jedes Versuchs sein könnte, den Begriff theoretisch zu interpretieren. Die methodologisch richtige Anwendung muß berücksichtigen, daß sich die Massen auf den unterschiedlichen Stufen des sozio-historischen Prozesses keineswegs einheitlich darstellen und daß ihre gesellschaftliche Funktion wesentlich durch die anderer sozialer Schichten und durch die besonderen gesellschaftlichen und ökonomischen Mechanismen bestimmt wird, von denen die Massen hervorgebracht und verewigt werden. Aufgrund eben dieser Natur ihres konkreten Inhalts geht die Kategorie also dazu über, andere, verschiedenartige Sektoren der gegebenen sozialen Konfiguration in sich aufzunehmen, so daß die Genese und Bedeutung ihres Inhalts im Rahmen der gesellschaftlichen Totalität nachvollzogen werden muß. Der Allgemeinbegriff löst sich demnach nicht in eine Vielzahl empirischer Fakten auf, sondern wird in der theoretischen Analyse einer gegebenen sozialen Konfiguration konkretisiert und auf das Ganze des historischen Prozesses bezogen, mit dem er unauflöslich verbunden ist. Eine solche Analyse ist ihrem Wesen nach kritisch.

II. *Die Begriffsbildung erfolgt kritisch*. Der kritische Gehalt gesellschaftlich relevanter Begriffe wird am deutlichsten, wenn man das Problem der Werturteile betrachtet, das die gegenwärtige Diskussion unter den Sozialwissenschaftlern beherrscht. Es ist heute weit mehr als nur ein methodologisches Problem. Die totalitären Staaten zwingen allen wissenschaftlichen, kulturellen und ökonomischen Tätigkeiten die politischen Werte imperialistischer Machtpolitik auf. Das weckt in den demokratischen Ländern allzu leicht die Bereitschaft, die Freiheit der Wissenschaft (zu der auch die Freiheit von Werturteilen gehören soll) als einen Nachteil der demokratischen Lebensformen zu interpretieren. Daraus leitet sich dann eine positivistische und sogar skeptizistische Haltung ab. Diese hat man durch eine Rückkehr zur alten Metaphysik, etwa zum Neuthomismus, zu überwinden versucht. Aber diese vorgeschlagene Rückkehr zu den angeblich absoluten Werten vergangener theologischer und metaphysischer Systeme könnte die Zerstörung individueller Freiheiten in sogar noch größerem Maße erleichtern als der bewußte und aufrichtige Skeptizismus der Positivisten. Der Gesellschaftstheorie könnte es gelingen, einer skeptizistischen Verachtung von Werturteilen zu entsagen, ohne der Versuchung eines normativen Dogmatismus zu erliegen. Das wäre möglich, wenn man die gesellschaftlichen Institutionen und Aktivitäten auf die Werte bezöge, die sie selbst als ihre Maßstäbe und Ideale proklamieren. Auf diese Weise könnte man die Aktivitäten einer politischen Partei im Lichte der erklärten Ziele und Absichten der Partei untersuchen, ohne diese als gültig oder evident anzuerkennen. Werden sie einer solchen Analyse unterzogen, dann tritt deutlich zutage, daß die gesellschaftlichen Agenturen, die das gegenwärtige Muster der Gesellschaft am besten repräsentieren, eine durchgängige Diskrepanz zwischen dem, was sie wirklich sind, und den von ihnen anerkannten Werten offenbaren. Ein Beispiel: Die öffentlichen Kommunikationsmedien wie Radio, Presse und Film beschwören immer wieder, daß ihnen der Wert des Individuums und seine unveräußerliche Freiheit über alles gehen; aber in dem, was sie tun, neigen sie dazu, diese Werte zu verraten, indem sie das Individuum auf vorgeschriebene Haltungen, Gedanken und Kaufgewohnheiten einengen. Die ambivalente Beziehung zwischen den vorherrschenden Werten und dem sozialen Kontext zwingt die Kategorien der Gesellschaftstheorie dazu, kritisch zu werden und so die tatsächliche Kluft zwischen der gesellschaftlichen Realität und den Werten, die sie in Anspruch nimmt, zu reflektieren.

III. *Gesellschaftlich relevante Begriffe werden »induktiv« gebildet.* Gesellschaftliche Begriffe beziehen ihre kritische Färbung aus der Tatsache, daß die Kluft zwischen Ideal und Realität typisch für die Totalität der modernen Kultur ist. Das leitet über zu der Hypothese, die Gesellschaft sei ein »System« in dem materiellen Sinne, daß jedes einzelne gesellschaftliche Feld oder Verhältnis das Ganze selbst auf verschiedenartige Weise enthält und widerspiegelt. Dementsprechend kann die intensive Analyse einer einzelnen Beziehung oder Institution, die für das vorherrschende Realitätsmodell besonders typisch ist, weitaus geeigneter sein, um das Wesen des Modells darzustellen und zu begreifen als eine extensive Anhäufung und Beschreibung ausgewählter Fakten. Die »Allgegenwärtigkeit« unserer Gesellschaft, die Tatsache, daß ihre besonderen Verhältnisse in jedem kleinsten Detail des gesellschaftlichen Ganzen spürbar sind, verlangt nach einer methodologischen Konzeption, die dieser Tatsache Rechnung trägt. Kategorien müssen über einen Prozeß der Induktion gebildet werden, der die traditionelle Induktionsmethode umkehrt, in der die Hypothesen dadurch verifiziert wurden, daß man so lange einzelne Erfahrungen sammelte, bis sie das Gewicht eines universellen Gesetzes erhielten. Im Gegensatz hierzu sollte die Induktion in der Gesellschaftstheorie das Allgemeine im Besonderen aufsuchen und nicht darüber oder darunter; nein, anstatt sich von einem Besonderen zum nächsten und dann zu den Höhen der Abstraktion zu bewegen, sollte sie sich immer tiefer ins Besondere versenken und darin das allgemeine Gesetz entdecken.

IV. *Gesellschaftliche Begriffe sind integrativ.* Die besondere Art der Induktion, die wir soeben umrissen haben, läßt die Bildung gesellschaftlicher Begriffe zu einem empirischen Prozeß werden und weicht doch von der empirischen Methode ab, die in den spezialisierten Wissenschaften angewandt wird. Zum Beispiel ist der Begriff »Jugend«, der eine besondere Seinsweise in der heutigen Gesellschaft bezeichnet, kein biologischer, psychologischer oder soziologischer Begriff, weil er den gesamten gesellschaftlichen und historischen Prozeß in sich aufnimmt, der die Mentalität und Orientierung der Jugend beeinflußt und diese ständig verändert. Also wird unser Begriff gleichzeitig mit der sich wandelnden Zusammensetzung, Funktion und Haltung der Jugend innerhalb der sich verändernden Gesellschaftsform verschiedene Funktionen annehmen. Und aufgrund der Tatsache, daß der Begriff unter dem Aspekt der historischen Totalität, die ihm entspricht, gebildet werden muß, sollte die Soziologie dieses wandelbare Muster allein aus dem Inhalt des Begriffs entwickeln können, anstatt ihm von außen spezielle Inhalte überzustülpen.

Auf diese Weise werden die verschiedenen Kategorien allein schon durch ihren Inhalt integrativ sein und können ihrerseits als Grundlage dafür dienen, die Erfahrungen und Ergebnisse aus den verschiedenen Einzelwissenschaften zu verbinden, ohne durch ihre zahlreichen starren Grenzen beeinträchtigt zu werden.

Forschungsprojekt über den Antisemitismus * *Die Idee des Projekts*

A. Die Besonderheit des Projekts

Die Propaganda im Kampf gegen den Antisemitismus war oft krude und wirkungslos, weil man nicht genügend über seine psychologischen Wurzeln sowohl auf der individuellen als auch auf der gesellschaftlichen Ebene wußte. Obwohl es zu diesem Problem viele ausgezeichnete Arbeiten gibt, wird der Antisemitismus, selbst von denen, die er unmittelbar betrifft, noch immer zu unsystematisch und oberflächlich betrachtet. Für zu viele Menschen ist der Antisemitismus nicht mehr als eine bedauerliche Entgleisung, ein Rückfall ins Mittelalter; und obwohl seine Verbreitung in jenen Ländern Mittel- und Osteuropas, deren Nachkriegsstatus die dauerhafte Einrichtung der Demokratie unmöglich machte, verständlich ist, wird er im großen und ganzen als ein Element angesehen, das dem Geist der modernen Gesellschaft fremd ist. Daraus würde logisch folgen, der Antisemitismus sei in dem Sinne anachronistisch, daß seine weltweite Durchsetzung nicht möglich wäre. Das ist aber nicht der Fall. Der Haß auf die Juden ist, obwohl die fortschrittlichsten Länder in den fortschrittlichsten Zeiten Menschenrechte proklamiert haben, niemals wirklich überwunden worden und kann jederzeit neu aufflammen.

Im Rahmen dieses Projekts soll gezeigt werden, daß der Antisemitismus eine der Gefahren ist, die überall in der neueren Kultur drohen. Das Projekt wird historische, psychologische und ökonomische Forschungen mit Experimentalstudien verbinden. Es wer-

[* Verfaßt von Max Horkheimer und den Mitarbeitern des Instituts für Sozialforschung.]

den mehrere neue Hypothesen vorgestellt, die sich aus den früheren Arbeiten des Instituts ergaben; so zum Beispiel, daß das fortschrittliche moderne Denken eine ambivalente Haltung zum Begriff der Menschenrechte hat, daß die Verfolgung der Adligen in der Französischen Revolution Ähnlichkeiten mit dem Antisemitismus im modernen Deutschland aufweist, daß die deutschen Pogrome eher für das ausländische Publikum als für die deutschen Massen veranstaltet wurden und so weiter.

Konkreter gesagt, das Projekt wird das repräsentative Denken in der neueren europäischen Literatur und bei besonderen historischen Ereignissen analysieren, um die tiefen Wurzeln des Antisemitismus aufzudecken, und eine Reihe von Experimenten wird die typischen Merkmale des Antisemitismus bloßlegen, um zu erreichen, daß er in Ländern, wo er heute latent verbreitet ist, leichter erkennbar wird.

Gegen eine gründliche wissenschaftliche Behandlung des Antisemitismus könnte ein gewichtiger Einwand erhoben werden. Befaßt man sich mit den tieferen Mechanismen des Antisemitismus, dann kommt man nicht umhin, Dinge zu erwähnen, die für Juden nicht in vollem Umfang annehmbar sind. Hier denken wir besonders an unseren Abschnitt über die sogenannten Charakterzüge der Juden und die Entstehung dieser Züge. Es ließe sich einwenden, daß die antisemitischen Propagandisten dieses und andere Ergebnisse unserer Forschungsarbeit mißbrauchen könnten.

Diese Ansicht teilen wir nicht. Die Furcht, daß die Wahrheit auch dem Schlechten dienen kann, sollte niemals den Impuls lähmen, sie voll und ganz aufzudecken, und das gilt insbesondere bei so entscheidenden Problemen. Die grassierende Unsitte, wichtige Elemente der Wahrheit aus sogenannten taktischen Gründen zu unterdrücken, nimmt immer gefährlichere Züge an. Leicht führt er zu einem Optimismus, der befriedigt in allgemeinen Begriffen wie Menschenrechte, Fortschritt, Aufklärung etc. schwelgt, ohne zu erkennen, daß diese Begriffe in der gegenwärtigen Entwicklungsphase der Gesellschaft dazu neigen, in bloße Phrasen abzugleiten – wie es uns ja die faschistischen Verfechter der Verfolgung zynisch einschärfen.

Überdies ist es äußerst wichtig für den Kampf gegen den Antisemitismus, daß die jüdischen wie nichtjüdischen progressiven

Kreise, die noch heute ihre Augen vor der Schwere des Problems verschließen, durch eine wissenschaftliche Darlegung der zugrundeliegenden Ursachen aufgerüttelt werden. Sie müssen von dem Irrglauben befreit werden, Antisemitismus gebe es nur da, wo er offen zum Ausdruck kommt; denn er nistet sich selbst in den Herzen der edelsten Menschen ein. Um die Juden, die sich durch die ehrlichen Proteste vieler bedeutender Persönlichkeiten in diesem und in anderen Ländern gegen die deutschen Pogrome beruhigen lassen, aktivieren zu können, ist es weniger wichtig, die Äußerungen von Julius Streicher zu analysieren, als sich mit der Korrespondenz Voltaires und anderer Philosophen der Aufklärung zu befassen. Solange der Antisemitismus als eine beständige Unterströmung des gesellschaftlichen Lebens existiert, erreicht sein Einfluß alle Bevölkerungsgruppen, und er kann durch die geeignete Propaganda immer wieder neu entfacht werden.

B. Gliederung des Projekts

Sektion I. HEUTIGE ANTISEMITISMUSTHEORIEN

Die traditionellen Theorien über den Antisemitismus, von denen hier einige erwähnt werden, zerfallen grob in zwei Gruppen: die rationalistischen und die antisemitischen.

A. Von den rationalistischen Thesen sind die folgenden besonders erwähnenswert:

1. »Eigentlich gibt es überhaupt keinen Antisemitismus.« Das heißt, in Wahrheit existieren keine psychischen Reaktionen, die sich primär als antisemitisch einschätzen ließen. Alles, was Antisemitismus heißt, wird künstlich aufgebauscht und als ein Manöver des Massenbetrugs propagiert, sofern es nicht der Ablenkung oder der Ausplünderung dient. Die antisemitischen Reaktionen der Massen sind nichts als Erfindungen. Diese Theorie ist ihrem Wesen nach engstens mit der von vielen Aufklärern vertretenen Vorstellung verwandt, die Religion sei ein bloßer »Priesterbetrug«. Nach unserer Auffassung ist das viel zu oberflächlich. Dabei wird übersehen, daß die tatsächlichen antisemitischen Reaktionen selbst eine wichtige gesellschaftliche und psychologische Funktion erfüllen. Im Kampf

gegen den Antisemitismus können wir uns nicht allein damit begnügen, diesen als eine bloße Ideologie zu entlarven, sondern müssen zu den Wurzeln seiner Grundelemente vordringen. Unter diesen herrschen die offenkundig irrationalen, die idiosynkratischen, vor.

2. Die apologetische These, daß alle Einwände gegen die Juden, die von Antisemiten geltend gemacht werden, Intrigen und Lügen sind – eine These, die der oben genannten eng verwandt ist. Die Entlarvung billiger Apologien ist für das Projekt von zentraler Bedeutung. Man muß die angeblichen Eigenarten der Juden, die antisemitische Reaktionen auslösen, unbedingt analysieren, um herauszufinden, welche von ihnen eine Realitätsbasis haben und welche erfunden sind. Die »Minderwertigkeit«, die heute in diesem Zusammenhang am häufigsten erwähnt wird[2], veranschaulicht erstere Kategorie, wenn auch nicht mit der allergrößten Relevanz. Die Eigenarten, welche die Antisemiten ständig und offenbar zu Recht im Munde führen, dürfen nicht als natürliche Konstanten, als ewige biologische Gesetze aufgefaßt werden; man muß sie als Charakterzüge betrachten, die zusammen mit den Bedingungen, aus denen sie erwuchsen, verschwinden können, was ihr Verschwinden in einigen Ländern ja bereits anzeigt.

3. Die formalsoziologische These reduziert den Haß auf die Juden und auf ihre besonderen Eigenarten auf die allgemeine Kategorie der Fremdheit.[3] Sie setzt voraus, daß zwischen den Juden ein enger nationaler Zusammenhang besteht und daß sie sich verbissen zu ihrer Religion bekennen. Diese These enthält, wie die vorangegangenen, nur eine Seite der Wahrheit und läßt sich besonders gut auf die älteren Formen des Antisemitismus anwenden.

4. Die Theorie des Neides behauptet, daß der Antisemitismus in der überlegenen Intelligenz und Schaffenskraft der Juden wurzelt. Aufgrund ihrer überragenden Fähigkeiten erlangen die Juden in jedem Bereich hohe Positionen und lösen so bei den materiell und psychisch Benachteiligten Ressentiments aus. Diese These ist, psycho-

2 Cf. Lee J. Levinger, *The Causes of Antisemitism in the United States*, Philadelphia 1925, S. 102ff.

3 Cf. etwa Georg Simmels Abhandlung über den Fremden in seiner *Soziologie*, Leipzig 1908.

logisch gesprochen, zu rationalistisch. Sie geht davon aus, daß der Antisemitismus durch völlig bewußte Erfahrungen und Erwägungen verursacht wird, obwohl solche Erwägungen in Wirklichkeit nur eine relativ unbedeutende Rolle spielen. Das Element des Neids ist zwar von gewisser Bedeutung, dies aber nur in einer verlagerten und pervertierten Form (z. B. die Unterstellung der physischen, psychischen und sozialen Minderwertigkeit der Juden), anstatt in einer direkten Form. Der bewußte und unbewußte Neid auf die Juden wird in der typologischen Sektion genauer untersucht.

5. Antisemitismus ist der »Sozialismus der dummen Kerle«. Diese Theorie wurde von den Sozialdemokraten propagiert (Bebel)*. Sie besagt, daß die untere Mittelschicht in ländlichen und städtischen Bereichen die Vernichtung ihrer jüdischen Gläubiger und Konkurrenten als den schnellsten Ausweg aus ihrem ökonomischen Dilemma ansieht. Diese ökonomische Interpretation enthält ebenfalls ein Körnchen Wahrheit, aber sie muß ergänzt werden durch eine Analyse der psychischen Mechanismen, die selbst jene Teile der Massen, bei denen keinerlei Abhängigkeit von jüdischen Geschäften besteht, besonders anfällig für die antisemitische Propaganda macht.

B. Schließlich gibt es noch die wirklich antisemitischen Theorien, vor allem die These, daß die Juden von Natur aus extreme Revolutionäre sind und eine Vielzahl von Anführern der Arbeiterbewegung gestellt haben. Der Wahrheitsgehalt dieser Auffassung läßt sich nur überprüfen, wenn man die historischen Entwicklungen und gesellschaftlichen Bedingungen verschiedener Länder sorgfältig vergleicht. In ähnlicher Weise muß auch die Parallelthese analysiert werden, daß die Juden extrem kapitalistisch sind. Sombarts Werk, das mit einer leicht prosemitischen Tünche überzogen ist, hat diese Auffassung erheblich gefördert. Er nahm sogar die nationalsozialistische Gleichsetzung von demokratisch, liberalistisch und kapitalistisch wie auch den Mythos von der Macht des jüdischen Geldes vorweg.

[* Bebel selbst hat den Satz nicht geprägt, wenn er auch die durch ihn bezeichnete Anschauung vertreten hat. Cf. dazu Edmund Silberer, *Sozialisten zur Judenfrage*, Berlin 1962, S. 206.]

Sektion II. ANTISEMITISMUS UND MASSENBEWEGUNGEN

Diese Sektion ist nicht als eine Geschichte des Antisemitismus geplant. Sie hat vielmehr das Ziel, anhand ausgewählter historischer Ereignisse eine Reihe sozialpsychologischer Tendenzen aufzudekken, die für den Antisemitismus als solchen typisch sind. Diese Trends manifestieren sich nicht allein in antisemitischen Ausbrüchen; ihre Grundstruktur zeigt sich auch in Angriffen, denen andere Gesellschaftsgruppen ausgesetzt waren. Das Wiederaufleben von Straf- und Vernichtungsaktionen, das die neuere Geschichte durchzieht, wirft ein gewisses Licht auf destruktive Charakterzüge, die selbst in »ruhigen« Zeiten in weiten Teilen der Bevölkerung latent vorhanden waren. Es wird ganz allgemein übersehen, daß der heutige Nationalsozialismus Potentiale entbindet, die nicht nur in Deutschland, sondern auch in vielen anderen Teilen der Welt geschlummert hatten. Viele Phänomene, die uns aus den totalitären Ländern vertraut sind (zum Beispiel die Rolle des Führers, Massenversammlungen, Verbrüderung, trunkener Enthusiasmus, der Mythos des Opfers, die Verachtung des Einzelnen etc.), lassen sich nur historisch verstehen – das heißt, von den Grundlagen der gesamten modernen Geschichte her. In dieser Sektion werden relativ bekannte Tatsachen behandelt; wir stellen sie erneut Beschreibungen gegenwärtiger Probleme des Antisemitismus gegenüber und analysieren dann sozialpsychologische Mechanismen, die noch immer wirksam sind.

A. Der erste Kreuzzug

Die beliebten Anführer, unter denen Massaker verübt wurden, zeichnen sich im allgemeinen durch asketische Eigenschaften aus. Man muß nur an Peter von Amiens, die Priester Gottschalk und Volkmer und an andere Prediger denken. Auch die Rolle kurzer Parolen ist typisch. Zu jener Zeit ergriff der Ruf: »Gott will es« buchstäblich ganz Europa (vgl. den Ruf der Nationalsozialisten: »Deutschland erwache!«). Die Massen folgten dieser Parole, fühlten sich als Teil einer mystischen Gemeinschaft und waren erfüllt von der Gewißheit der Vergebung ihrer Sünden. Auf das eigene individuelle Leben und Glück kam es nicht an (vgl. die nationalsozialistische Doktrin von der Unwichtigkeit des Einzelnen und der Schädlichkeit des Egoismus). Jedermann unterwarf sich einer »großen Idee«. Die Ausrottung der Bewohner ganzer Landstriche durch fanatische Kreuzritter wurde durch die Versicherung begünstigt, die Aktion richte sich gegen die Feinde des höchsten Führers, und hat insofern große Ähnlichkeit mit den Säuberungsaktionen der Nationalsozialisten. Zu den Ungläubigen gehörten nicht nur die Türken und die Sarazenen, sondern auch die Juden und andere, die von den Massen überwältigt und ausgeplündert werden konnten. Etwas, das angeblich schon lange geschlummert hat, muß immer erweckt werden, um als Rationalisierung für die Wut zu dienen, die in solchen Aktionen zum Ausbruch kommt – entweder das Heilige Grab unter der Herrschaft der Heiden oder Deutschland unter dem Versailler Vertrag. Die massenpsychologische Bedeutung solcher Ideologien muß genauer untersucht werden.

B. Der albigensische Kreuzzug

In dem Kreuzzug gegen die Albigenser stand wieder ein klerikaler Anführer, Arnold von Citeaux, an der Spitze. Es wurde kein Unterschied zwischen christlichen Ketzern und Juden gemacht. Beide traf die gleiche Wut. Der Krieg war ein Versuch der alten Kirchenbürokratie, die gerade reorganisiert wurde, die aufstrebende Bourgeoisie unten zu halten. (Ganz ähnlich hatten sich in der Entstehungszeit des Nationalsozialismus bis zu den ersten Jahren seiner Herrschaft, 1927 bis 1934, die alten Mächte, Junker, Teile des Offizierskorps, protestantische Geistliche, Beamte und bankrotte Rüstungsindustrielle, gegen die junge demokratische Republik organisiert.) Der politische Hintergrund des Krieges gegen die Albigenser manifestiert sich auch in der Tatsache, daß der Glaube für die Kreuzritter keine große Rolle spielte. Mit den Protestanten und Juden wurden auch viele Katholiken getötet. Auch sie gehörten zu dem in Handel und Produktion fortschrittlichen Süden. Typisch für solche Aufstände ist das Desinteresse an ideologischen Feinheiten. Darin kommt die Tatsache zum Ausdruck, daß der Kampf gegen Häresien oder kriminelle Elemente nur ein Vorwand für tieferliegende ökonomische und sozialpsychologische Tendenzen ist.

C. Judenhetze im England des zwölften und dreizehnten Jahrhunderts

Während der Kreuzzüge und des ersten Kriegs gegen die Albigenser breiteten sich über Deutschland, Frankreich und den Osten Pogrome aus. In England zeigte Richard Löwenherz ursprünglich keine antisemitischen Tendenzen; ja, er beschützte die Juden sogar. Aber die populären Vertreter des Klerus, vor allem die Erzbischöfe von Canterbury, Thomas Becket und Baldwin, traten als antisemitische Führer der Massen auf. Die Menschen knieten vor Thomas Becket nieder und wurden von kollektivem Fanatismus ergriffen (vgl. den rasenden Fanatismus der modernen Massenversammlungen). Der Zusammenhang zwischen einem speziellen Typ des Führerkults, der Massenverbrüderung und Pogromen ist eins der wichtigsten Themen für die sozialpsychologische Forschung. In England, das hundert Jahre nach dem Kontinent von der antisemitischen Welle erfaßt wurde, schwächten die Besonnenheit und der Widerstand, den die britischen Insulaner anfangs zeigten, nicht die Mechanismen ab, die den Antisemitismus vorantreiben. Der Kanal bot keinen Schutz gegen die gesellschaftliche Ansteckung.

D. Die Reformation

Zur Zeit der Reformation wurden die Juden nicht, wie im Krieg gegen die Albigenser, zusammen mit den Ketzern, sondern gemeinsam mit den Katholiken verfolgt. Genau wie man Mönche und Nonnen anklagte, in ihren Klöstern geheime Schätze zu horten und unnatürlichen Praktiken zu frönen, so wurden die Juden neben ihren abergläubischen Riten grausiger geheimer Verbrechen bezichtigt (vgl. die jetzt in Deutschland erhobenen Anklagen gegen jüdische Logen und die Vorwürfe der Lasterhaftigkeit gegen den katholischen Klerus). Die unterdrückten Triebe der Bevölkerung, die von den Reformatoren in innere Disziplin und Gewissensangst umgelenkt wurden, kommen in den Erfindungen über die Katholiken und über die Juden zum Ausbruch.

Es gab junge Leute, die sich, ihre älteren Genossen anführend, Zugang zu Kirchen und Klöstern verschafften, Kunstwerke zerstörten und Priester während des Gottesdienstes verhöhnten. Und wiederum waren es vor allem junge Leute, die sich an Karikaturen von Juden ergötzten (vgl. die Rolle der Jugend während der sogenannten »Kampfzeit« für den Nationalsozialismus).

Bei Martin Luther ist das antisemitische Arsenal vollständig beisammen. Der Antirationalist Luther vergleicht die Vernunft mit einer wilden Bestie und mit einer Hure, und die Juden wirft er mit den Huren in einen Topf.[4] Hitler verbietet Diskussionen zwischen Nationalsozialisten und Angehörigen der anderen Rasse; Luther schrieb: »disputiere nicht viel mit Juden von den Artikeln unsers Glaubens.«[5] Luther wollte die Juden aus Deutschland vertreiben. »Land und Straßen stehen ihnen offen, mögen sie ziehen in ihr Land, wenn sie wollen, wir wollten gern Geschenk dazu geben, daß wir ihrer los wären, denn sie uns eine schwere Last, wie eine Plage, Pestilenz und eitel Unglück in unserm Lande sind.«[6] Seine konkreten Vorschläge laufen allerdings nicht darauf hinaus, sie zu beschenken und ziehen zu lassen. Gehen sollen sie auf andere Weise: »und nehme ihnen alle Barschaft und Kleinode an Silber und Gold, und lege es beiseit zu bewahren.«[7] »... daß man den jungen, starken Juden und Jüdinnen in die Hand gebe Flegel, Axt, Karst, Spaten, Rocken, Spindel und lasse sie ihr Brot verdienen im Schweiß der Nasen, wie Adams Kindern aufgelegt ist.«[8] »... daß man ihre Synagoga oder Schule mit Feuer anstecke.«[9] »Zum andern, daß man auch ihre Häuser desgleichen zerbreche und zerstöre. ... Dafür mag man sie etwa unter ein Dach oder Stall tun, wie die Zigeuner, auf daß sie wissen, sie seien nicht Herrn in unserm Lande, wie sie rühmen, sondern im Elend und gefangen, wie sie ohn' Unterlaß vor Gott über uns Zeter schreien und klagen.«[10] »... daß man den Juden das Geleit und Straße ganz und gar aufhebe. Denn sie haben nichts auf dem Lande zu schaffen, weil sie nicht Herrn noch Amtleute noch Händler oder desgleichen sind, sie sollen daheim bleiben.«[11]

4 Cf. ›Von den Juden und ihren Lügen‹, in: *Ausgewählte Werke*, Ergänzungsreihe, dritter Band, München 1936, S. 94f.
5 Ibid., S. 63.
6 Ibid., S. 187.
7 Ibid., S. 191.
8 Ibid., S. 193.
9 Ibid., S. 189.
10 Ibid., S. 190.
11 Ibid., S. 191.

E. Die Französische Revolution

In der Französischen Revolution sind gesellschaftliche Trends erkennbar, die denen öffentlicher Aufstände mit antisemitischem Beigeschmack ähneln. Die spezifisch gleichheitsbezogene Ideologie rückt den Antisemitismus in den Hintergrund. Opfer des Terrors sind die Aristokraten, die bezeichnenderweise als eine Rasse gebrandmarkt werden. Gesetzliche Maßnahmen, Agitation und öffentliche Erhebungen gegen die Aristokratie sind mit der Rassenhetze unserer Zeit vergleichbar. Viele Anklagen gegen die Aristokraten entsprechen den gewöhnlich gegen die Juden erhobenen Vorwürfen – sie seien arbeitsscheu, parasitär, in den Luxus vernarrt, lasterhaft, unterhielten internationale Beziehungen, fühlten sich als auserwähltes Volk etc. Die Massenversammlungen der Französischen Revolution und unserer Zeit bedienen sich ähnlicher Techniken – Ansprachen der Führer, die Macht der Unterführer in den Provinzen, Furcht vor Spionen und Verrätern, Korruptionsskandale, die Praxis der Denunziation, angeblich spontane Massenaktionen, Haß auf das Bankkapital, Haß auf Fremde und neue heidnische Kulte. Trotz ihrer diametral entgegengesetzten Ziele hat der Nationalsozialismus mehr mit der Französischen Revolution gemein als allgemein angenommen wird.

F. Die deutschen Befreiungskriege und andere deutsche Erhebungen

In den deutschen Befreiungskriegen 1813 bis 1815 wie auch in den sich anschließenden Erhebungen deuten sich zahlreiche Merkmale des Nationalsozialismus an. Das Bestreben der freien Städte und der deutschen Fürstentümer, die während der napoleonischen Herrschaft erreichte Emanzipation wieder rückgängig zu machen, entspricht der nationalsozialistischen Leidenschaft, sich für die »vierzehn Jahre der Schande« zu rächen, für die Weimarer Republik also, in der die Juden tatsächlich alle bürgerlichen Rechte besaßen. In der Emanzipationsbewegung des deutschen Bürgertums verbanden die Universitäten den Antisemitismus mit der deutschen Freiheitsideologie. Der enge Zusammenhang zwischen deutschem Protestantismus, germanischem Heidentum, Gemeinschaftssozialismus und den deutschen Idealen einheitlicher Regierung wird offenkundig. In dieser Zeit kam es zu Bücherverbrennungen. Bücher, die von den sogenannten demokratischen Zeitungen als unpatriotisch bezeichnet wurden (z. B. der Code Napoleon), und Schriften jüdischer Autoren wurden mit dem Ruf »Tod den Juden« in die Flammen geworfen. In Würzburg, Karlsruhe, Heidelberg, Darmstadt und Frankfurt wurden jüdische Häuser angezündet und die Bewohner mißhandelt. All das geschah im Namen liberaler und patriotischer Parolen.

Die Bewegung des »erwachenden« Volkes läßt sich auch in Holland und Skandinavien beobachten. Metternich und die konservativen Regierungen mußten strenge Maßnahmen gegen die angeblich demokratischen Massen ergreifen. Die weitsichtigsten deutschen Denker, etwa Goethe, Schelling und Hegel, ergriffen Partei gegen die »Liberalen« und schlugen sich auf die Seite der »Reaktionäre«.

Sektion III. ANTISEMITISMUS IM MODERNEN HUMANISMUS

Während der sogenannten aufgeklärten Ära der letzten zweihundert Jahre war keine Gesellschaftsschicht frei von Antisemitismus.

Antisemitische Äußerungen finden sich sogar in den Werken, die für Toleranz und Humanismus eintreten. Es ist wichtig zu untersuchen, ob in den Passagen über die Juden eine Ambivalenz gegenüber dem Begriff der allgemeinen Menschenliebe zum Ausdruck kommt, obwohl die Autoren sich ganz aufrichtig dazu bekennen. Und genauso wichtig ist es, die Relevanz der weniger exponierten Teile in den Werken der meisten Autoren zu untersuchen, die für die Juden »eingetreten« sind. Zudem müssen wir herausfinden, ob sie in einem unbewachten Augenblick die Tatsache preisgaben, daß ihr Prosemitismus nicht gegen ein tiefes Gefühl der Entfremdung ankam.

Könnte man beweisen, daß solche Widersprüche im Individuum der modernen Gesellschaft existieren, so wäre das besonders wichtig für die Bewertung der vielen entrüsteten Erklärungen gegen den Antisemitismus. Solche Erklärungen sind insofern gefährlich, als sie leicht zu dem Irrglauben führen könnten, der Antisemitismus sei, zumindest bei den Gebildeten, verschwunden.

Die Widersprüche, die sich selbst bei den aufrichtigsten Verfechtern des humanitären Ideals finden lassen, könnten Licht auf den Status der reaktionären und ungebildeten Teile der Bevölkerung werfen. Sind selbst die fortschrittlichsten Persönlichkeiten durch Ambivalenz zerrissen, dann wird diese bei den weniger kultivierten und aufgeklärten Menschen um so krasser ausgeprägt sein. Es folgen jetzt einige verstreute Beispiele in der Hoffnung, daß durch sie deutlich wird, was mit diesen Widersprüchen in den Werken großer Denker gemeint ist.

A. Französische Aufklärung

Voltaire: Sein Name steht als Symbol für philosophische Aufklärung und bürgerliche Freiheit. Mehr als jeder seiner Zeitgenossen erkannte er die Leiden der Juden und das ihnen angetane Unrecht. Seine Angriffe gegen die biblische Geschichte des jüdischen Volkes richten sich in Wirklichkeit gegen den christlichen Kirchenglauben. Das Alte Testament war deshalb ein etwas schwacher Punkt im Kirchendogma, weil es, anders als die Wunder des Neuen Testaments, nicht den vollen Schutz durch die kirchliche Autorität genoß und auch nicht deutlich vom profanen Denken abgehoben war, sondern diesem weitgehend ausgeliefert blieb; gleichzeitig spielt es seine Rolle im Kanon der Heiligen Schrift, und die Entzauberung der alttestamentarischen Wunder wirft indirekt Licht auf die des Neuen Testaments. Man kann sagen, daß Voltaires Angriffe gegen das Alte Testament, sofern sie nicht direkt auf die Juden, sondern indirekt auf das christliche Dogma gerichtet sind, das die Emanzipation der Juden verhinderte, dieser Emanzipation mittelbar diente. Gleichwohl war vielleicht selbst Voltaire nicht frei von antisemitischen Vorurteilen. In seinem *Essai sur les Mœurs* schreibt er, man sei »erstaunt über den Haß und die Verachtung, die alle Nationen stets gegen die Juden gezeigt haben; diese Haltung ist die notwendige Konsequenz aus dem jüdischen Gesetz. Entweder sie müssen alles unterjochen oder aber selbst in den Staub getreten werden. ... Später, als ihre Augen durch die Siegernationen ein wenig geöffnet wurden und sie lernten, daß die Welt größer war als sie glaubten, machte sie ihr Recht selbst zu den natürlichen Hanswursten dieser Nationen und schließlich der ganzen Menschheit.«* »Ich weiß«, schreibt er in einem Brief, »daß einige Juden in den englischen Kolonien leben. Diese Gauner gehen wie die Parsen, die Banianer und die Armenier überall hin, wo sich Geld verdienen läßt. Aber wenn diese beschnittenen Israeliten, die den Wilden alte Hosen verkaufen, ihre Tradition auf die Stämme Naphtalimuch oder Issachar zurückführen, dann macht das überhaupt keinen Unterschied. Wie dem auch sei, sie sind die größten Schurken, die je das Antlitz der Erde beschmutzt haben.«[12]

B. Deutsche Philosophie

Herder: Er ist der Autor der *Briefe zur Beförderung der Humanität.* Auf der bewußten Ebene trat er immer für Humanismus und Gerechtigkeit ein. Seine Verehrung der hebräischen Dichtkunst scheint ihn über jeden Verdacht des Antisemitismus erhaben zu machen. Es gibt aber Passagen, die uns offenbar mit einem ganz anderen Herder konfrontieren. In *Adrastea*[13] schreibt er, daß Luthers Äußerungen über die Juden »seiner Zeit gemäß« oft zu hart waren. Aber er meint, sie »haben sich während dessen so sehr bestätigt, daß, als am Ende des vorigen Jahrhunderts einige jüdische Hausväter sich einem neugebildeten, aufgeklärten Christenthum auf Bedingungen associieren und affiliieren wollten, niemand darauf merkte«. Er hält es nicht für vernünftig, zu sehr über Menschenrechte zu reden, wenn es um die konkreten Inhalte der Judenfrage geht. »Endlich: da das Geschäft der Juden seit mehr als dreitausend Jahren bekannt ist, und der Einfluß den dieß Geschäft auf den Charakter des Volks gehabt, und unwandelbar noch hat, sich in der ganzen Geschichte desselben darlegt; wozu diese entfernteren Discussionen, z. B. über Rechte der Menschheit, wenn bloß die Frage ist: ›wie viele von diesem fremden Volk dürfen in *diesem* europäischen Staat *dieß ihr Geschäft* ohne Nachtheil der Eingeborenen treiben? unter welchen Bedingungen? in welchen Schranken? unter welcher

[* *Essai sur les Mœurs et l'Esprit des Nations,* in: *Œuvres complètes,* Bd. 12, Paris 1878, Kap. 103, S. 164.]

12 Brief vom 15. Dezember 1773 an den Chevalier de Lisle [in: *Œuvres complètes,* Bd. 48, Paris 1882, S. 522].

13 V, 7, ›Bekehrung der Juden‹ [in: *Sämtliche Werke* Bd. 34, Stuttgart und Tübingen 1853, S. 173, 175 f.].

Aufsicht?‹ Denn daß eine unbestimmte Menge derselben einen europäischen, zumal übel organisierten Staat verderbe, davon liefert die Geschichte leider traurige Beweise. Nicht allgemeine *menschenfreundliche* Grundsätze, sondern die *Verfassung der Nation*, in welcher Juden ihr Gewerbe treiben, gibt hierüber Auskunft.« Herder polemisiert ausdrücklich gegen andere Länder, die sich in ihrer Haltung zum Umgang mit den Juden an Holland ausrichten, das seinerzeit ein fortschrittliches Land war.

Kant: Nach Kant ist es eine unbedingte Pflicht, jeden einzelnen Menschen nicht als Mittel, sondern als Zweck zu betrachten. Mit »Zweck« meint Kant die Würde des Menschen als ein freies, autonomes und rationales Wesen. Seine Bemerkungen über die Juden scheinen jedoch ganz und gar nicht mit seinem Postulat der praktischen Vernunft übereinzustimmen. Der Widerspruch zu seinem allgemeinen Moralprinzip ist offenkundig; die Juden sind unverbesserlich. »Die unter uns lebenden Palästiner sind durch ihren Wuchergeist seit ihrem Exil, auch was die größte Menge betrifft, in den nicht ungegründeten Ruf des Betruges gekommen. Es scheint nun zwar befremdlich, sich eine *Nation* von Betrügern zu denken; aber ebenso befremdlich ist es doch auch, eine Nation von lauter Kaufleuten zu denken, deren bei weitem größter Teil, durch einen alten, von dem Staat, darin sie leben, anerkannten Aberglauben verbunden, keine bürgerliche Ehre sucht, sondern dieser ihren Verlust durch die Vorteile der Überlistung des Volks, unter dem sie Schutz finden, und selbst ihrer untereinander, ersetzen wollen. ... Statt der vergeblichen Pläne, dieses Volk, in Rücksicht auf den Punkt des Betrugs und der Ehrlichkeit, zu moralisieren, will ich lieber meine Vermutung vom Ursprunge dieser sonderbaren Verfassung... angeben.«[14]

Fichte: Fichtes Theorien der Freiheit und später des Sozialismus sind zu Recht oder zu Unrecht von vielen europäischen Liberalen und Sozialisten begeistert aufgenommen worden. Sein moralischer Rigorismus, mit dem er wie Kant darauf insistierte, daß der Mensch nicht nach natürlichen (d. h. rassischen) Kriterien, sondern nach seiner Pflichterfüllung beurteilt werden solle, führte gleichwohl zu

14 *Anthropologie in pragmatischer Absicht*, [in: *Werke* (Akademie-Ausgabe), Berlin 1968, Bd. VII, S. 205 f.] § 46, Fußnote.

einer Verdammung der Juden: »Fast durch alle Länder von Europa verbreitet sich ein mächtiger, feindselig gesinnter Staat, der mit allen übrigen im beständigen Kriege steht, und der in manchen fürchterlich schwer auf die Bürger drückt; es ist das Judenthum. Ich glaube nicht, und ich hoffe es in der Folge darzuthun, daß dasselbe dadurch, daß es einen abgesonderten und so fest verketteten Staat bildet, sondern dadurch, daß dieser Staat auf den Haß des ganzen menschlichen Geschlechtes aufgebaut ist, so fürchterlich werde. ... Fällt euch denn hier nicht der begreifliche Gedanke ein, daß die Juden, welche ohne euch Bürger eines Staates sind, der fester und gewaltiger ist als die eurigen alle, wenn ihr ihnen auch noch das Bürgerrecht in euren Staaten gebt, eure übrigen Bürger völlig unter die Füße treten werden?« Diese Bemerkungen kommentiert er in der Fußnote: »Fern sey von diesen Blättern der Gifthauch der Intoleranz, wie er es von meinem Herzen ist!... Aber ihnen Bürgerrechte zu geben, dazu sehe ich wenigstens kein Mittel, als das, in einer Nacht ihnen alle Köpfe abzuschneiden und andere aufzusetzen, in denen auch nicht eine jüdische Idee sey. Um uns vor ihnen zu schützen, dazu sehe ich wieder kein anderes Mittel, als ihnen ihr gelobtes Land zu erobern, und sie alle dahin zu schicken.«[15]

Hegel: Hegel unterscheidet sich durch seine Einsicht in die welthistorische Lage von den meisten Philosophen seiner Zeit. Für die teutonischen und antisemitischen Strömungen an den deutschen Universitäten hatte er nur Verachtung übrig. Unerschütterlich setzte er sich für die Gewährung der Bürgerrechte an die Juden ein. Es finden sich jedoch auch einige Bemerkungen, die einen gewissen Judenhaß enthalten könnten: »Das große Trauerspiel des jüdischen Volkes... kann nur Abscheu erwecken. Das Schicksal des jüdischen Volkes ist das Schicksal Macbeths, der aus der Natur selbst trat, sich an fremde Wesen hing und so in ihrem Dienste alles Heilige der menschlichen Natur zertreten und ermorden, von seinen Göttern (denn es waren Objekte und er war Knecht) endlich verlassen und an seinem Glauben selbst zerschmettert werden mußte.«[16] »Das Volk

15 ›Beitrag zur Berichtigung der Urtheile des Publicums über die französische Revolution‹, Buch I, Kap. III [in: *Werke*, Bd. VI, Berlin 1971, S. 150].
16 [›Der Geist des Judentums‹, in: *Werke*, Bd. 1, Frankfurt am Main 1971, S. 297.]

der Juden aber ist in der Verruchtheit des Hasses zur Hölle gefahren. Was späterhin von ihm noch auf der Erde fortgewankt hat, ist zum Zeichen geblieben.«[17] Nach Hegels Philosophie kann man über das jüdische Volk sagen, »daß es gerade darum, weil es unmittelbar vor der Pforte des Heils stehe, das verworfenste sei und gewesen sei«.[18]

Goethe: Goethe war kein Antisemit. Im Gegenteil, seine Schriften sind voll von höchst positiven Bemerkungen über die Qualitäten der Juden, ihre praktische Gesinnung, ihre Beharrlichkeit und Zähigkeit. Antisemitische Äußerungen fallen nicht direkt, sondern als Meinungen erdichteter Personen, die Goethe jedoch häufig mit großer Sympathie schildert. Typisch für die Zeit, in der Goethe lebte, ist die Art und Weise, wie er Juden und katholische Priester miteinander vergleicht, vgl. etwa *Wilhelm Meisters Lehrjahre*[19]: »Kutten für Zauberer, Juden und Pfaffen.« Sie »stritten, ob es ein Pfaffe oder ein Jude sei«. Mephistopheles sagt: »Die Kirch allein, meine lieben Frauen, / Kann ungerechtes Gut verdauen.« Und Faust erwidert, »Das ist ein allgemeiner Brauch; Ein Jud und König kann es auch«[20]. In *Wilhelm Meisters Wanderjahre* werden die Prinzipien einer utopischen Gemeinschaft beschrieben. Eine Passage lautet: Wir dulden »keinen Juden unter uns; denn wie sollten wir ihm den Anteil an der höchsten Kultur vergönnen, deren Ursprung und Herkommen er verleugnet?«[21] In *Reise in die Schweiz* schreibt Goethe: »Die Menschen sind durchaus höflich und zeigen in ihrem Betragen eine gute, natürliche, stille, bürgerliche Denkart. Es werden keine Juden hier gelitten.«*

Eine solche Analyse liegt dem Urteil Treitschkes über den Antisemitismus in der Geistesgeschichte Deutschlands zugrunde. »Von Luther an bis herab zu Goethe, Herder, Kant und Fichte waren sich fast alle großen germanischen Denker in dieser Empfindung einig,

[* In: *Sämtliche Werke* (Artemis-Ausgabe), Bd. 12, Zürich 1977, S. 117.]

17 [›Fragmente historischer und politischer Studien aus der Berner und Frankfurter Zeit‹, ibid., S. 436.]

18 *Phänomenologie des Geistes* [in: *Werke*, Bd. 3, Frankfurt am Main 1970, S. 257].

19 Zweites Buch, Sechstes und Elftes Kapitel.

20 *Faust*, Verse 2839–2842.

21 Drittes Buch, Elftes Kapitel.

Lessing stand ganz vereinzelt mit seiner Vorliebe für die Juden.«* Der einzige unter den späteren Autoren, der Lessing in dieser Hinsicht ähnelte, war Nietzsche. (Wir geben hier keine Beispiele für prosemitische Äußerungen. In der Untersuchung selbst werden wir uns ausgiebig mit Nietzsches positiver Haltung zu den Juden befassen.)

Widersprüchlichkeiten, die beim Einzelnen zwischen den konkreten Äußerungen über die Juden und dem humanistischen Ideal bestehen können, sind im allgemeinen nur Bestandteil des grundsätzlichen Widerspruchs zwischen der gräßlichen Realität der modernen Gesellschaft und dem Traum von der Harmonie der ganzen Menschheit. Bewußt wurde diese von allen oben erwähnten Denkern proklamiert. Sie boten alle verfügbaren geistigen Kräfte dafür auf. Jedoch waren sie in der Realität ihrer Umwelt verwurzelt; aus dieser Realität speisten sich ihre Impulse, ihre persönlichsten Sympathien und Antipathien.

[C.] Der französische Roman

Wie kraftvoll Zola, der Fürsprecher von Hauptmann Dreyfus, auch immer gegen den Judenhaß ankämpfte, Spuren davon finden sich sogar in seinen Werken, von denen man wohl sagen darf, daß sie den offiziellen Antisemitismus widerspiegeln. In seinem Roman *L'Argent* schildert Zola einen Juden, von dem er sagt, »Der öffentliche Reichtum wurde von diesem stetig anwachsenden Vermögen eines einzelnen verschlungen; Gundermann (der betreffende Jude) war der tatsächliche Herr, der allmächtige König, Paris und die ganze Welt lagen ihm zitternd und gehorsam zu seinen Füßen«**. Phantastische Vorstellungen vom Reichtum und der Macht der Juden, von ihrer Kälte und berechnenden Art, sind seit Balzac ein wiederkehrendes Thema der französischen Literatur.

Unsere Analysen dieser antisemitischen Tendenzen von Philosophen und Schriftstellern dienen nicht dem Zweck, ihnen subjek-

[* Heinrich von Treitschke, *Deutsche Geschichte im Neunzehnten Jahrhundert*, Bd. 2, Leipzig [2]1883, S. 417.]
[** *Die Rougon-Macquart*, Bd. 18: *Das Geld*, München 1924, S. 129.]

tive Unaufrichtigkeit vorzuwerfen. Vielmehr wollen wir das Problem in seiner ganzen Tragweite darstellen, indem wir die unbewußten und verborgenen Keime des Antisemitismus aufdecken.

Sektion IV. TYPOLOGIE HEUTIGER ANTISEMITEN

Viele der Mißverständnisse über den Antisemitismus haben ihre Wurzeln darin, daß man seine sehr unterschiedlichen Typen verwechselt. Der Erfolg jedes Versuchs, den Antisemitismus zu bekämpfen, hängt weitgehend von der Kenntnis der sozialen und psychologischen Entstehung seiner zahlreichen Formen ab, die sich im alltäglichen Leben oft kaum unterscheiden lassen. Die verschiedenen Typen von Antisemiten werden hier sowohl aus der historischen als auch aus der psychologischen Perspektive untersucht. Wir selbst halten uns für frei von dem Mißverständnis, daß nach dieser Typologie (in der sogar die Prosemiten erwähnt werden) alle Christen Antisemiten sind. Mit dieser Klassifikation verfolgen wir nicht die Absicht, den einzelnen Typen große Gruppen von Individuen zuzuordnen; uns geht es allein darum, eine Reihe extremer Möglichkeiten von antisemitischen Haltungen mit wissenschaftlicher Genauigkeit darzustellen. Wir behaupten auch nicht, daß jeder Einzelne, der irgendwelche der in dieser Typologie erwähnten Charakterzüge aufweist, allein schon aufgrund dieser Züge Antisemit ist; und wir wollen noch nicht einmal die These aufstellen, daß sich die wirklichen Antisemiten vollends nach den angegebenen Prinzipien klassifizieren lassen. In der Realität werden die Antisemiten oft als Kombinationen und Mischformen der hier aufgeführten »ideellen Möglichkeiten« erscheinen.

A. Der »geborene« Antisemit

Die Grundeigenschaft dieses Typus ist der Verzicht auf rationale Rechtfertigung. Er reagiert offensichtlich »instinktiv« auf sogenannte jüdische Rassezüge – Plattfüße, Geruch, Hakennase, jüdischer Akzent, Gestik etc. Sein Ekel ist eine Reaktion auf die Narben der Erniedrigung, die den Juden von der Geschichte zugefügt wurden. Selbst ihre Namen (Itzig, Levy, Cohn) widern ihn an. Er kann die Juden einfach nicht ausstehen. Oft kann man beobachten, daß dieser Typus sogenannte »rassige« Frauen begehrt, die dem jüdischen Typus verwandt sind, wenn sie ihm als nichtjüdisch vorgestellt werden (man denke etwa daran, welchen Erfolg Pola Negri bei den Nationalsozialisten hatte). Diese Tendenz zeigt, daß der angeblich natürliche Antisemitismus bei einigen seiner Vertreter in Wirklichkeit eine Überkompensation unterdrückter oder gehemmter Bedürfnisse ist.

B. Der religiös-philosophische Antisemit

Obwohl dieser Typus weitgehend verschwunden ist, gibt es noch immer eine ganze Reihe von Menschen, denen die Juden als Anhänger einer feindlichen Religion erscheinen. Die Juden haben Christus gekreuzigt. Sie sind jahrtausendelang unbußfertig geblieben. Sie vor allem hätten aufgerufen sein sollen, ihn anzuerkennen, da sie ja Zeugen seines Wirkens und Leidens waren, aber sie haben daran festgehalten, ihn zu leugnen. Damit ist die jüdische Religion letzten Endes gleichbedeutend mit absolutem Unglauben. Der Jude ist Judas. Er ist der Fremdling, der sich bewußt aus der christlichen Gemeinschaft ausschließt. Er kann seine Schuld durch Taufe büßen, aber selbst dann verdient er noch Mißtrauen so lange, bis er beweisen kann, daß er aufrichtig gesühnt hat. Viele Christen, die selbst nicht mehr glauben, nehmen dem Juden übel, daß er an unzeitgemäßen abergläubischen Riten festhalte. Sie meinen, er hätte sich aus sozialen und humanistischen, wenn nicht aus religiösen Gründen zu der herrschenden Religion bekennen sollen. Zu dieser Kategorie gehören viele Humanisten – etwa Goethe, Schopenhauer und Hegel –, sofern sie ihre günstigen Urteile über die Juden mit Vorbehalten unterfüttern.

C. Der hinterwäldlerische oder sektiererische Antisemit

Dieser Typus hat den Antisemitismus zum Religionsersatz gemacht wie es andere Gruppen mit dem Vegetariertum, Krishna Murti und sonstigen physischen oder psychischen Allheilmitteln hielten. Die imaginäre Welt des sektiererischen Antisemiten ist vom Begriff der Verschwörung beherrscht. Er glaubt an die jüdische Weltherrschaft; er schwört auf die Weisen von Zion. Andererseits neigt er selbst dazu, Verschwörungen gutzuheißen, die strukturell vieles mit dem von ihm gefürchteten Bildern gemeinsam haben (Ku Klux Klan etc.). Er hält die Freimaurerei und andere bruderschaftliche Orden für die größten Übel der Welt, gründet aber selbst logenähnliche Kongregationen, wann immer dies möglich ist. Er teilt die Verehrung des Halbgebildeten für die Wissenschaft und glaubt, es sei eine Art natürliche Verjüngungskur für Mensch und Welt, den Verkehr mit Juden zu meiden.

D. Der unterlegene Konkurrent

Die Stellung dieses Typus in den Produktionsprozessen bringt ihn zwangsläufig in Konflikt mit den Juden. Er kommt aus den unteren Gesellschaftsschichten, die dazu verdammt sind, bei den Juden zu kaufen und bei ihnen Schulden zu machen; oder er gehört zu den Inhabern von Fachgeschäften, die durch die Konkurrenz jüdischer Warenhäuser vom Markt verdrängt werden etc. Sein Haß gründet nicht in spezifisch jüdischen Eigenarten, sondern eher in bestimmten ökonomischen Verhältnissen, unter denen er leidet.

Da dieser Typus des Antisemitismus eine gewisse Realitätsbasis hat, enthält er auch rationale Züge. Daher kann er unter bestimmten Umständen schnell verschwinden. Beispielsweise ist der Nationalsozialismus in Deutschland in den letzten Jahren von diesen Menschen sehr weitgehend verlassen worden. Die angekündigte Verbesserung der Verhältnisse durch antisemitische Maßnahmen blieb aus. Deshalb sind diese Gruppen vom Antisemitismus als Allheilmittel abgekommen.

E. Der wohlhabende Antisemit

Dabei handelt es sich um den Antisemitismus der bürgerlichen Oberschichten, denen es darum zu tun ist, die ehemals gegen sie gerichtete Exklusivität der Aristokraten nachzuahmen. Dieser Typus des Antisemitismus, der in allen Nationen vorherrscht, ist in der angelsächsischen Welt besonders verbreitet. Was auch die Wahrheitselemente in den gewöhnlich von seinen Verfechtern angeführten Gründen sein mögen (zum Beispiel die Unfähigkeit einiger Emigrantengruppen, sich an ihr neues Umfeld zu assimilieren), die Haltung als solche ist ein Imitationsphänomen, das an Fuchsjagden und schloßartige Landgüter etc. erinnert. Die Rationalisierungen sind vielfältig. Neben den religiösen und politischen Argumenten sind diejenigen besonders zahlreich, die auf jüdische Verhaltensweisen abzielen. Man sagt den Juden nach, sie seien laut, taktlos und aufdringlich; ihr Minderwertigkeitskomplex nötige sie, sich in den Vordergrund zu spielen; sie seien nörgelig und mürrisch; sie wollten das Beste für möglichst wenig Geld. Mit ihnen mache man immer schlechte Erfahrungen. Jüdische Intellektuelle seien genauso unmöglich wie jüdische Geschäftsleute. Ihre intellektuellen Gespräche verletzten die Spielregeln; sie seien eine Art Fachsimpelei. Jeder, dessen Gefühle zu schnell erregt werden, sei nichtswürdig. Hier hat die sprichwörtliche Ausnahme tatsächlich die Funktion, die Regel zu bestätigen.

F. Der »Condottiere«-Antisemit

Dieser Typus ist durch die erhöhte Unsicherheit des Nachkriegslebens entstanden. Er ist davon überzeugt, daß es nicht auf das Leben selbst, sondern auf das Glück ankommt. Er ist nihilistisch, aber nicht aus »Zerstörungsdrang«, sondern weil ihm das Einzelleben nichts bedeutet. Eins der Lager, aus denen sich dieser Typus rekrutiert, ist das moderne Arbeitslosenheer. Von den früheren Erwerbslosen unterscheidet er sich dadurch, daß sein Kontakt zur Produktionssphäre, sofern er überhaupt besteht, sporadisch ist. Individuen, die zu dieser Kategorie gehören, können nicht mehr erwarten, regulär in den Arbeitsprozeß integriert zu werden. Von ihrer Jugend an waren sie immer bereit zu handeln, sobald sich eine Möglichkeit ergab. Ihre Neigung zum Haß auf die Juden hat teils mit deren Behutsamkeit und körperlichen Unzulänglichkeit zu tun, teils beruht er darauf, daß sie, die als Arbeitslose ökonomisch entwurzelt sind, eine ungewöhnliche Empfänglichkeit für jede Propaganda entwickeln und bereit sind, jedem beliebigen Führer zu folgen. Das andere Reservoir, am entgegengesetzten Pol der Gesellschaft, ist die Gruppe von Menschen, die in gefährlichen Berufen tätig sind, kolonialistische Abenteurer, Rennfahrer, Fliegerasse. Sie sind die geborenen Anführer der ersten Gruppe. Ihr Ideal, das natürlich heroisch ist, erzwingt eine um so feinfühligere Reaktion auf den »destruktiven«, kritischen Intellekt der Juden, als sie selbst in den Tiefen ihrer Seele nicht ganz von diesem Ideal überzeugt sind, sondern es als eine Rationalisierung ihrer gefährlichen Lebensweise entwickelt haben. Die antisemitischen Tendenzen innerhalb bestimmter Gruppen der deutschen Jugendbewegung gehen in dieselbe Richtung.

G. Der »Judenhetzer«

All die genannten Typen sind potentiell sadistisch. Hier jedoch ist der Antisemitismus ein relativ fadenscheiniger Vorwand für unterdrückte Wut. Dieser Typus haßt die angebliche Schwäche des Humanismus, den er als Feigheit brandmarkt und für eine Duselei* hält. Was er am meisten haßt, ist die angeblich größere psychische Fähigkeit des Juden, »das Leben zu genießen«.
Dieser Typus haßt den revolutionären Juden, weil dieser »es besser haben will«. Gleichwohl ist er selbst pseudorevolutionär, insofern seine Wut im Grunde dem nackten Destruktionsdrang entspringt, auch wenn sich dieser Drang nur in Exzessen manifestiert, die von oben erlaubt werden. Daher nennt er seine konterrevolutionäre Aktionswut Revolution und die Revolution Kapitalismus. Viele der Radikalen, die Hitler bei seinen Säuberungsaktionen liquidierte, und ein Großteil des SS-Führer fallen unter diese Kategorie. Die Beziehung dieses Typus von Antisemitismus, der übrigens vieles mit dem früheren *Radau-Antisemitismus** gemein hat, zu sexuellen Impulsen liegt vergleichsweise offen zutage. Meist beruht sie auf unbewußter oder bewußter Homosexualität.

H. Der faschistisch-politische Antisemit

Dieser Typus ist durch nüchterne Intelligenz gekennzeichnet. Er ist kaltblütig, gefühllos und vielleicht der gnadenloseste von allen. Er handelt mit dem Antisemitismus als einem Exportartikel. Aus der Verfolgung der Juden zieht er keinen unmittelbaren Gewinn, falls aber doch, dann nur beiläufig. Bewußt plant er ihre Ausrottung. Er erfüllt seine Aufgabe durch administrative Maßnahmen, ohne in

[* Im Original deutsch.]

persönlichen Kontakt mit den Opfern zu treten. Er muß die Juden nicht hassen; mit ausländischen kann er äußerst liebenswürdig verhandeln. Für ihn ist der Antisemitismus etwas Verdinglichtes. Er muß funktionieren. Dieser Typus organisiert die »spontanen« Massenaktionen gegen die Juden. Er verachtet die Ausführenden seines eigenen Willens vielleicht noch mehr als die Juden. Auch er ist nihilistisch, aber auf zynische Weise. »Die Judenfrage wird streng gesetzlich gelöst«, ist sein Kommentar zum kalten Pogrom. Während Streicher den typischen Fall des Judenhetzers darstellt, verkörpert Goebbels den faschistisch-politischen Antisemiten. Der ungeheure Propagandawert, den der Antisemitismus überall in der Welt hat, ist vielleicht der einzige Grund, aus dem die faschistischen Führer den Antisemitismus am Leben erhalten.

I. Der Judenfreund

Nur diejenigen Menschen sind wirklich frei vom Antisemitismus, für die der Unterschied keine Rolle spielt, denen also die sogenannten Rassemerkmale unwesentlich erscheinen.

Es gibt jedoch Menschen, die die Unterschiede zwischen Juden und Christen in judenfreundlicher Weise betonen. Diese Denkweise enthält einen antisemitischen Kern, der in Rassendiskriminierung wurzelt. Gegenüber dieser Art von Antisemitismus sind die Juden äußerst feinfühlig. Die Erklärung eines Menschen, der vorgibt, sie wegen ihrer »prophetischen« und anderen Gaben besonders zu mögen, bereitet ihnen Unbehagen. Denn sie spüren darin die Anerkennung und sogar Rechtfertigung dieser geheimen Diskriminierung. Die oben erwähnten antisemitischen Typen können sich durch gewisse Mechanismen in verschiedene Arten von Judenfreunden verwandeln und ihren Haß durch eine etwas übertriebene und daher im Grunde unverläßliche Bewunderung kompensieren. Dem »geborenen« Antisemiten entspricht zum Beispiel derjenige, der immerzu von seinen überaus guten Erfahrungen mit dem jüdischen Volk spricht; dem antisemitischen Sektierer entsprechen all die christlich religiösen Sekten, die die Juden als das biblische Volk bewundern, den Sabbat heiligen etc.; dem Antisemiten der oberen Zehntausend entspricht der wohlhabende Gentleman, der den Radau-Antisemitismus widerwärtig findet.

Sektion V. DIE JUDEN IN DER GESELLSCHAFT

Es ist unumgänglich, eine Erklärung für die Ursachen bestimmter jüdischer Charakterzüge zu suchen, auf welche der Antisemit negativ reagiert. Diese Ursachen haben ihre Wurzeln im ökonomischen Leben des Juden, in seiner besonderen gesellschaftlichen Funktion und in den Folgen seiner Geschäftstätigkeit.

A. Die »Dreckarbeit«

Die Geschäftstätigkeit der Juden ist weitgehend auf Handel und Finanzen beschränkt, weil sie von den unmittelbar produktiven Tätigkeiten ausgeschlossen wurden. Mit der zunehmenden Bedeutung des Marktes in der kapitalistischen Wirtschaft erhöht sich auch der Stellenwert von Handel und Finanzen. Eine Marktwirtschaft akzentuiert die Unterschiede zwischen den verschiedenen Gesellschaftsschichten. Die Unterschichten werden sich ihrer elenden Lage nicht so sehr durch Kontakt mit den wirklich Mächtigen bewußt (den Industriekapitänen und politischen Führern), wie durch Konfrontation mit den Mittelsmännern, dem Kaufmann und dem Bankier. Ihr Haß auf diese Mittelsmänner trifft die Juden, die genau dieses Element symbolisieren.
Von alters her hat die Praxis, Kredite aufzustocken und zu stunden, verhindert, daß der Antagonismus zwischen den Machthabern und der ökonomisch unterdrückten Bevölkerung periodisch wiederkehrende Katastrophen zur Folge hatte. Bauer und Bürger, die beide schwer mit Steuern belastet waren, konnten sich lange Zeit über Wasser halten, indem sie Kredite aufnahmen. Aber die tatsächliche wirtschaftliche Lage, über die sie durch die Institution des Kredits getäuscht werden, bessert sich nicht, sondern wird schlimmer; eines Tages wird die Rechnung präsentiert. Und der Mittelsmann, meist der Jude, der eine unentbehrliche Funktion für die Existenz dieser Gesellschaft erfüllt hat, erscheint als der erstbeste Faktor der Verarmung. Die veralteten Theorien Sombarts über die Rolle der Juden in der modernen Ökonomie werden im Laufe dieser Darstellung kritisiert.

B. Unproduktives Kapital

Die Verbreitung von Parolen über den Unterschied zwischen produktivem und unproduktivem Kapital muß als ein Ablenkungsmanöver angesehen werden. Diese These, die an sich sehr alt ist, wurde im Kampf zwischen den einzelnen Industriegruppen und dem Bankkapital, zwischen Export- und Schwerindustrie und zwischen Generaldirektoren und Anteilseignern propagiert. Während der Inflations- und Deflationszeit verlagerten die deutschen Großkonzerne die Lasten des Weltkriegs auf die Schultern der Mittel- und Unterschicht und erneuerten gleichzeitig ihre Produktionsanlagen. Sie benutzten die Bankiers und die Juden, aber auch die Urheber des Versailler Vertrags, als Sündenböcke für das Elend der Nachkriegszeit. Die Figur des sogenannten produktiven Menschen wurde der des Parasiten gegenübergestellt. Die Erfahrungen der Massen mit den Mittelsmännern dienen dazu, die Wiederbelebung und Anerkennung des Mythos vom Juden als unproduktivem Parasiten zu erleichtern. Dem Konsumenten fällt es schwer, die ökonomische Notwendigkeit der Mittlerfunktionen (Handel, Werbung, finanztechnische Leistungen) zu verstehen, die dazu beitragen, den Preis des Produkts zu erhöhen; viel leichter versteht er die unmittelbaren Funktionen der Güterproduktion. Daher schlugen auch so viele utopische Modelle der letzten Jahrhunderte eine Gesellschaft vor, in der die Mittlerfunktionen völlig ausgeschaltet sein sollten. Ein solcher Vorschlag taucht zum Beispiel in Richard Wagners Phantasiewelt auf. Er konstruiert einen Gegensatz zwischen dem heroischen, produktiven Siegfried, einer Mischung aus dem Rüstungsproduzenten, dem Condottiere und dem Rabauken, und dem Zwerg, einem Symbol der Eigentümer, der Kaufleute und des reizbaren, sich stets beklagenden Proletariats. Die antisemitische Behauptung, ein Teil der Gesellschaft bestehe aus Parasiten, die sich auf Kosten der anderen Gesellschaftsschichten durchfressen, läßt sich nicht einfach dadurch überwinden, daß man sie als ein Komplott etikettiert. Es gilt, ihren historischen Ursprung aufzuklären und zu verstehen.

C. Vernunftrecht

Von seinen römischen Ursprüngen an war das Zivilrecht das Recht der Gläubiger. Wenngleich es keinen Unterschied zwischen irgendwelchen Gruppen oder Individuen anerkennt, sondern auf den allgemeinen Schutz des Eigentums zielt, ist es doch a priori gegen den Schuldner ausgerichtet. Weil sich die Juden aufgrund ihrer Funktionen als Bankiers und Kaufleute stets in der Gläubigerrolle befanden, ergriffen sie gewöhnlich die Partei des Vernunftrechts. Ihre Feinde dagegen treten für ein vages Naturrecht ein, das auf dem »gesunden Menschenverstand« beruht.

Natürlich ist die Empörung des verurteilten und im Prozeß unterlegenen Bauern oder der Witwe, die durch das Recht in die Armut gestürzt wird, berechtigt. Sie haben das Gefühl, daß ihnen Unrecht getan wurde, weil sie ohne jede eigene moralische Schuld ins Elend gerieten. Das Recht wirkt jedoch nur als Vollstrecker ökonomischer Tendenzen innerhalb der gesellschaftlichen Totalität, und diese verdammen bestimmte soziale Schichten zum Untergang. Als abstrakte Kategorie ist das Recht nicht nur unschuldig, sondern wirkt oft auch in erheblichem Maße als ein Bollwerk gegen diese Tendenzen. Der gewissenhafte Mensch, der durch Gerichtsurteile um sein Eigentum gebracht wird und vergeblich gegen seinen jüdischen Gegner und dessen jüdischen Anwalt kämpft, ist eine bekannte Figur (in der Literatur vgl. etwa *Der Kaufmann von Venedig* und viele moderne Werke).

D. Die jüdische Mentalität

Das psychische Vermögen der Abstraktion entwickelte sich gemeinsam mit der Handels- und Finanzfunktion. In der Warenwirtschaft stehen die Menschen einander als Gleiche gegenüber und machen keinen Unterschied nach Geburt oder Religion. Es kommt nicht darauf an, wer sie sind, sondern nur darauf, welche Ware sie kaufen oder verkaufen möchten. Die abstrakte Vorstellung vom Ding als einer Ware entspricht der abstrakten Vorstellung vom Menschen. Dabei spielt es keine Rolle, ob man Kunstwerke, Baumwolle oder Gewehre verkauft. Die psychischen Funktionen, die sich auf der Grundlage solcher ökonomischer Verhältnisse entwickeln, und die Mentalität, die ihnen entspricht, sind natürlich nicht auf die Juden beschränkt. Kalkulieren, das sogenannte rationalistische Denken, wurde hauptsächlich von nichtjüdischen Denkern entwickelt. Der Antisemitismus versucht jedoch, die Juden mit dieser Denkschule zu identifizieren. Tatsächlich hatten die Juden, historisch gesehen, schon immer einen Hang zum kühnen abstrakten Denken, was in der Idee eines Gottes zum Ausdruck kommt, der alle Menschen als Gleiche betrachtet. Aber das ist noch nicht die ganze Wahrheit. Es gibt auch eine »Schattenseite« des jüdischen Geistes, in der Irrationalität und sogar Mythologien sprießen (man denkt an die mystischen Sekten der Juden wie etwa die Chassidim und an den jüdischen Aberglauben, der noch immer lebendig ist). Jedenfalls besteht, selbst wenn man annimmt, daß der »Rationalismus« der Haupttrend bei den Juden sei, keinerlei Grund, sich dem Verdikt zu beugen, zu dem die Antisemiten auf der Grundlage dieser Annahme gelangen. Die Angleichung, die aus dem abstrakten Denken resultiert, ist eine Vorbedingung für die Entwicklung der Welt in einem wahrhaft menschlichen Sinne, denn diese Denkungsart befreit die menschlichen Beziehungen und Dinge von ihren Tabus und hebt sie in die Sphäre der Vernunft. Daher kommt es, daß die Juden im Kampf um Demokratie und Freiheit schon immer in vorderster Linie gestanden haben.

Die Untersuchung der sogenannten jüdischen Mentalität erklärt, warum man den Juden gleichzeitig kapitalistische und revolutionäre, relativistische und dogmatische, tolerante und intolerante »Gesinnung« zum Vorwurf macht. Solche widersprüchlichen Anklagen werfen in Wahrheit kein Licht auf die Juden, sondern eher auf den Zustand der Menschheit in der gegenwärtigen historischen Epoche. Die Juden sind dabei nur die Leidtragenden der gesellschaftlichen Widersprüche.

E. Der sogenannte Rassefaktor

Die Frage nach dem Ursprung jener Eigenarten, die den Juden in verzerrter Form zugeschrieben werden, muß vor allem mit einer Zurückweisung der Rassentheorie beantwortet werden. Wie in den vorausgegangenen Unterabschnitten gezeigt, handelt es sich dabei nicht um biologische, sondern um historische Phänomene, die vor allem durch die ökonomische Funktion, in welche die Juden gedrängt wurden, geprägt sind. Diese Erklärung darf jedoch nicht in Form eines Automatismus angewandt werden, denn wir sehen ja, daß sich gewisse intellektuelle und charakterliche Züge, differenziert aufgefaßt, bei jüdischen Individuen und Familien finden, die selbst gar nichts mit den Bereichen zu tun haben, auf die man die »jüdischen« Züge ursprünglich zurückführte. Genau diese Tatsache wird von den Rassentheoretikern immer wieder als Beweis für eine angeblich biologische Erbschaft angeführt.

Die Ergebnisse der modernen Psychologie lassen sich mit guten Erfolgsaussichten auf dieses gesellschaftliche Problem anwenden. Wir folgen dem Trend der modernen Psychologie insofern, als wir die These akzeptieren, daß sich genau jene entscheidenden Charakterzüge, die sich im Leben des Individuums als relativ konstant erweisen, auf die Geschichte und die Erfahrungen des Kindes in seinen ersten Lebensjahren zurückführen lassen. In der Frühphase seines Lebens kommt das Kind nicht mit dem zeitgenössischen sozialen Milieu, sondern nur mit seinen nächsten Verwandten in Kontakt. Und auch sie kommunizieren weniger auf der Basis ihrer rationalen Überzeugungen mit ihm als auf der von Verhaltensweisen (Triebregungen und Impulsen), die ihnen in der Frühzeit ihres eigenen Lebens eingeprägt wurden. Allerdings läßt sich zeigen, daß es nicht die Bedeutung der Worte ist, die den größten Eindruck auf das Kind macht, sondern der Ausdruck, die Stimme und die Bewegungen der Eltern. Nachahmung ist die Seele des Lernens. Die Fähigkeit des Kindes, Ausdrucksweisen von Erwachsenen nachzuahmen, ist fast grenzenlos. Es beobachtet die unmerklichsten und feinsten Schattierungen ihrer Gesten. So kommt es dazu, daß Neigungen, Fertigkeiten und Ängste, die schon lange ihre tatsächliche Bedeutung verloren haben, ihr Zeichen in den Gesichtern und Verhaltensweisen späterer Generationen hinterlassen.

Die Weiterentwicklung dieser Theorie in den Einzelheiten kann nicht bloß zur Widerlegung der Rassentheorie, sondern auch zum Aufbau einer Alternative beitragen. Diese wird Licht auf die Entstehung deutscher, französischer und englischer, aber auch jüdischer Charakterzüge werfen. Sogar der Antisemitismus selbst wird dadurch insofern verständlicher werden, als die scheinbar natürliche Abneigung gegen bestimmte Verhaltensweisen, also etwa der hausgemachte Antisemitismus einiger Teile Deutschlands vor dem Nationalsozialismus, durch eine psychische Übertragung früherer historischer Bedingungen erklärt werden könnte.

Sektion VI. GRUNDLAGEN DES NATIONALSOZIALISTISCHEN ANTISEMITISMUS

Will man die antijüdischen Maßnahmen unter dem Nationalsozialismus verstehen, so muß man sich mit dem gesellschaftlichen und politischen System der Nazis auseinandersetzen.

A. Die Vorgeschichte des Nationalsozialismus

Die Wurzeln des Nationalsozialismus in der deutschen und europäischen Geschichte sind auf allgemeiner Ebene bereits in den Sektionen II und III behandelt worden. Eine Darstellung der deutschen Philosophie und Literatur seit dem Beginn des zwanzigsten Jahrhunderts wird zeigen, daß die meisten ideologischen Merkmale, wie etwa der Antirationalismus, der Gemeinschaftswahn und der Führerglaube, die öffentliche Meinung für einige Zeit beherrscht haben. Wir werden die politische Vorgeschichte des Nationalsozialismus analysieren, das heißt, den Hurrapatriotismus der Vorkriegszeit, dem, trotz seiner antisemitischen Tendenzen, auch viele Juden verfielen; zudem werden wir versuchen, die spezifischen Charakterzüge, aufgrund deren das deutsche Volk im Jahr 1914 und in der anschließenden Kriegspolitik mobilisiert wurde, als Merkmale derselben historischen Wurzeln zu verstehen, aus denen auch der Nationalsozialismus hervorging. Die politischen Gründe für den Niedergang der Weimarer Republik lassen sich in zwei Kategorien unterteilen: 1. Die Unmöglichkeit eines arbeitsfähigen Parlaments aufgrund der Enteignung der Mittelschichten. (Die Kommunisten, Sozialdemokraten und Nationalsozialisten hatten im Dezember 1930 zusammen 55,9% aller Stimmen.) Die demokratischen Parteien ließen daher die undemokratische Praxis zu, die Exekutive ohne Mitwirkung des Parlaments oder zumindest seiner Ausschüsse durch Notverordnungen regieren zu lassen. 2. Die Duldungs- und Bündnispolitik zwischen den demokratischen deutschen Kräften, den preußischen Junkern und den politisch rückständigsten Teilen der deutschen Schwerindustrie. Der Umstand, daß Junker und Schwerindustrie schließlich die Zusammenarbeit mit den Demokraten aufgaben und der Machtergreifung durch die Nationalsozialisten zustimmten, kann nicht primär durch ihre Liebe zu dem neuen System erklärt werden. Für den Kampf gegen das Dilemma der nationalen wie auch der internationalen Gefahr war die Hilfe der demokratischen Kräfte nicht stark genug. Sie entschieden sich für die Diktatur, ohne eine klare Vorstellung von dem zu haben, was auf sie zukommen würde. In der Weimarer Republik waren die demokratischen Kräfte von Anfang an sehr schwach. In der Mittelposition zwischen den beiden Extremen der alten herrschenden Klasse und dem radikalen Flügel der Arbeiter, entschieden sie sich für jene, ohne überhaupt in der Lage zu sein, selbst eine eigene starke Politik zu entwerfen. (Das Projekt wird die einzelnen Phasen dieses Prozesses sorgfältig nachvollziehen; Bündnisse zwischen den Gewerkschaften und Stinnes, zwischen Ebert und Hindenburg, zwischen der Regierung und den faschistischen Freikorps, Zulassung der Wiederaufrüstungspolitik usw.) Der Terrorismus der heutigen Konzentrationslager wurde durch die Morde an republikanischen Führern (Erzberger, Rathenau, Haase) vorweggenommen. Die Unterwerfung der Exekutivmächte unter den Junkerfreund Hindenburg, und das noch mit Zustimmung aller demokratischen Parteien, besiegelte das Schicksal der Republik.

B. Die veränderte Funktion des Geldes

In einer Laissez-faire-Ökonomie konnte der Unternehmer aufgrund der Zunahme oder Abnahme des Finanzkapitals, das er in ein Unternehmen investierte, beurteilen, in welchem Maße es für die Gesellschaft nützlich war. Konnte eine Fabrik oder ein sonstiges Geschäft nicht mit den allgemeinen ökonomischen Entwicklungen Schritt halten, dann kam dies in den Bilanzen und schließlich im Verschwinden des Unternehmens selbst zum Ausdruck. Sein Zusammenbruch war das Urteil des Marktes über seinen sozialen Nutzen, und dieses Urteil wurde in Form von Geld ausgesprochen. Im totalitären Staat wird der freie Markt abgeschafft, und die »Aussagekraft« des Geldes schwindet dahin. Jetzt bestimmt die Regierung zusammen mit ziemlich kleinen Gruppen der zeitgenössischen deutschen Bürokratie, welche Unternehmen für ihre militärischen und anderen Zwecke nützlich sind und welche nicht. Der Markt, ein anonymes und demokratisches Tribunal, wird durch den Befehl und die Planung der Mächtigen ersetzt.

Die Bedeutung der Initiative von Privatunternehmern, besonders von großen und kleinen Privatbanken, schwindet. Die Bankiers in nichttotalitären Ländern zeigen manchmal Sympathie für den Nationalsozialismus, aber sie wissen zu wenig über seine ökonomischen Verhältnisse. An diesem Punkt müssen einige Zahlen genannt werden: Die Gesamtsumme der Einlagen bei deutschen Privatbanken ist zwischen 1929 und 1938 von 2,3 Mrd. auf 950 Mio. Mark gesunken, und bei all den großen Bankkonzernen ging sie von 12408 Mio. auf 6804 Mio. Mark zurück. Die Beschränkung neuer Auflagen von Anleihen, Aktien und Pfandbriefen hat das Börsengeschäft auf ein Minimum reduziert. Die staatlich angeordnete Devisenkontrolle und der Zwang, Devisen, Anleihen und Aktien an die Reichsbank zu verkaufen, bringen das Bankgeschäft noch weiter zum Erliegen. Der Umfang von Reichsanleihen, die von den Banken gezeichnet werden müssen, wird weitestgehend vom Reich selbst festgelegt. Das Kreditsystem als solches wird durch Staatsprotektionismus ersetzt. Was für die Banken gilt, gilt teilweise auch für den Handel.

Daß die Bedeutung der ökonomischen Sphären, in denen die deutschen Juden vorrangig tätig waren, im Schwinden begriffen ist, bildet die Grundlage für ihr Überflüssigwerden. Ihre ökonomische Existenz war eng mit dem liberalen Wirtschaftssystem und mit dessen rechtlichen und politischen Bedingungen verknüpft. Im Liberalismus werden, wie bereits erwähnt, die Untauglichen durch die Wirksamkeit des Konkurrenzmechanismus eliminiert, und dabei spielt es keine Rolle, wie sie heißen oder welche persönlichen Qualitäten sie haben. Im totalitären System können jedoch Einzelne oder ganze soziale Gruppen jederzeit aus politischen oder anderen Gründen an den Galgen gehängt werden. Die Ersetzung des Marktes durch eine Planwirtschaft der Staatsbürokratie und der Machtverfall des Finanzkapitals ermöglicht die antijüdische Politik des Dritten Reiches.

C. Der Propagandawert des Antisemitismus

Die oben genannten Bedingungen allein reichen jedoch nicht aus, um die Aufrechterhaltung und Verschärfung antisemitischer Maßnahmen zu erklären. Die riesige Summe der Vermögenswerte, die den Juden zugunsten der totalitären Ökonomie gestohlen wurden, ist nur einer von mehreren Wirkfaktoren, wenn auch ein ziemlich starker. Welches sind aber die Auswirkungen der antisemitischen Propaganda auf bestimmte Gesellschaftsschichten anderer Länder? Während unter den deutschen Massen offener Abscheu gegen den Antisemitismus der Regierung laut wird, werden die Verheißungen des Antisemitismus dort begierig verschlungen, wo man niemals faschistische Regierungen angestrebt hat. Selbst wo die antisemitischen Sympathien der Massen noch nicht geduldet werden oder wo sie diesen aufgrund einer Tradition demokratischer Kultur noch nicht bewußt sind, wirken sich die sozialen und psychologischen Tendenzen, die in diese Richtung zielen, immer stärker aus und können über Nacht virulent werden. Die deutsche Regierung ist äußerst feinfühlig für diese Umstände. Hinter den prosemitischen Reden der Gebildeten wittert sie Möglichkeiten, das Volk mit psychologischen Mitteln auf antisemitische Ziele einzuschwören. Meisterhaft beherrscht sie die Kunst, ihre Politik auf bestehende oder potentielle Spannungen im Ausland einzurichten. Früher war es die Religion, die fremden Boden für die Zivilisation und für die einheimische Industrie gewann; heute erobern die Missionare des Antisemitismus die Welt für die Barbarei und für deutsche Exporte.

Sektion VII. EXPERIMENTALSTUDIEN

In dieser Sektion soll mit dem Projekt der neue und nach Meinung seiner Leiter vielversprechende Versuch unternommen werden, das Phänomen Antisemitismus experimentell zu behandeln. Bei dieser Untersuchung geht es um eine Reihe experimenteller Situationen, die sich so eng wie möglich an die konkreten Verhältnisse des heutigen Lebens annähern. Ihr Ziel wird darin bestehen, den Mechanismus antisemitischer Reaktionen auf realistische Weise sichtbar zu machen. Damit verbinden wir die Hoffnung, die in Sektion IV skizzierte Typologie weiterentwickeln zu können. Gleichzeitig werden wir versuchen, die Experimente so auszurichten, daß dabei Einsichten in regionale und soziale Gruppierungen bezüglich des Antisemitismus herauskommen.

Die erfolgversprechendste Methode des Experimentierens scheint die Verwendung bestimmter Filme zu sein, die Personen aus unterschiedlichen regionalen und sozialen Gruppen vorgeführt werden. Die entsprechenden Reaktionen der Menschen erhält man teils durch Beobachtung ihres Verhaltens während der Vorführungen, teils durch Interviews und teils durch ihre schriftlichen Berichte über ihre Eindrücke. Natürlich läßt sich das Element der Introspektion nicht restlos ausschalten, aber wir hoffen, die Fehler durch eine sorgfältige und kritische Interpretation der Ergebnisse auf ein Minimum reduzieren zu können.

Das folgende Beispiel mag eine Vorstellung von dem Plan vermitteln:

Es wird ein Film gedreht, der zwölf- bis fünfzehnjährige Jungen beim Spielen zeigt. Dabei entbrennt ein Streit mit anschließendem Kampf. Es ist schwierig zu entscheiden, wen die Schuld trifft und wer unschuldig ist. Die Szene endet jedoch damit, daß einer der Knaben von den anderen verprügelt wird. Der Film wird in zwei Fassungen gedreht. In der einen wird der verprügelte Junge von einem Nichtjuden, in der anderen von einem Juden gespielt. Dann wird eine weitere Variante eingeführt, wobei jede dieser beiden Fassungen mit zwei verschiedenen Protagonisten abläuft. In der einen Fassung wird der verprügelte Junge einen jüdischen Namen haben, in der anderen einen christlichen.

Der Film wird also mit vier verschiedenen Kombinationen gezeigt:

1. Der verprügelte Junge ist ein Nichtjude mit christlichem Namen.
2. Der verprügelte Junge ist ein Nichtjude mit jüdischem Namen.
3. Der verprügelte Junge ist ein Jude mit nichtjüdischem Namen.
4. Der verprügelte Junge ist ein Jude mit jüdischem Namen.

In jedem einzelnen Fall wird jede dieser Kombinationen nur einer Personengruppe vorgeführt, etwa Gymnasiasten oder Arbeitslosen, die vorher keine Informationen über das Ziel des Experiments erhalten. Nach der Vorführung sagt man ihnen, das Problem sei die Psychologie der Zeugenaussage. Sie werden befragt nach dem, was geschah, nach der Schuldfrage, nach dem tapferen oder feigen Verhalten des verprügelten Jungen usw. Durch Vergleich des Zeugnisses der Gruppen, die eine Fassung des Films gesehen haben, mit dem der Gruppen, die eine andere Fassung sahen, wird es möglich sein, Schlußfolgerungen über das Ausmaß der Diskriminierung von Juden und Christen in der Wahrnehmung und im Urteil zu ziehen.

Es sind natürlich noch weitere Variationen möglich. Beispielsweise kann man derselben Gruppe alle vier Fassungen in größeren Abständen nacheinander vorführen. Die Ergebnisse der Befragung unmittelbar nach der Vorführung des Films werden durch stenographierte Notizen der Bemerkungen ergänzt, die das Publikum während der Vorführung macht. Diese Notizen sollen von einer Person aufgezeichnet werden, die in dem Raum anwesend, aber durch eine dünne Wand vom Publikum getrennt ist. Wird zum Beispiel deutlich, daß der verprügelte Junge mit jüdischem Namen während der Vorführung von einigen der Teilnehmer verteidigt und von anderen angegriffen wird, wohingegen die Zeugenaussagen am Ende einen einheitlichen antisemitischen Einfluß verraten, dann wird damit ein Beitrag zum Problem der Anfälligkeit für antisemitische Einflüsse geleistet sein. Die Variationsmöglichkeiten sind weitaus vielfältiger, als sich hier beschreiben läßt. Wir planen, den Film nicht nur in verschiedenen sozialen Milieus von Städten des Staates New York, sondern auch anderer Staaten zu zeigen. Zu diesem Zweck hoffen wir, die örtlichen Universitäten und Institute für die Mitarbeit gewinnen zu können. Der Wert der Ergebnisse wird weitgehend von der Anzahl der Experimentalreihen abhängen, die in jedem Milieu durchgeführt werden.

Wir glauben, daß sich durch dieses und ähnliche Experimente ein Weg finden läßt, auf dem die Ausbreitung des Antisemitismus in den Vereinigten Staaten untersucht werden kann. Zwar haben auch diese Methoden ihre Fehlerquellen, wir glauben aber, daß die anderer gravierender sind. Mit Fragebogen oder Interviewpartnern konfrontiert, werden die Menschen oft übereinstimmend mit ihrer bewußten Überzeugung von der allgemeinen Geltung der Menschenrechte antworten, daß sie nichts gegen die Juden haben. In dem Experiment jedoch, wo die Frage des Antisemitismus nicht direkt aufgeworfen wird, werden die geheimen Antriebe in der unbewußten Beeinflussung des Urteils deutlich zutage treten. Wenn es möglich ist, ausgedehnte Experimentalreihen in den unterschiedlichen sozialen Milieus und in verschiedenen Teilen Amerikas durchzuführen, kann daraus ein ziemlich objektives Bild des Problems des Antisemitismus in diesem Lande hervorgehen. Besonders interessant wird es sein, diejenigen Gebiete zu erreichen, in denen nur wenige Juden leben und in denen sich die deutsche Propaganda ungehemmt auswirkt, zum Beispiel in einigen Staaten des Nordwestens.

(Aus dem Englischen von Hans Günter Holl)

Vorwort [zu Heft 2 des IX. Jahrgangs der *Zeitschrift für Sozialforschung*]

(1941)

Die Beiträge in diesem Heft befassen sich mit einigen Problemen des Übergangs vom Liberalismus zum autoritären Staat, der sich auf dem europäischen Kontinent vollzog. Während des neunzehnten Jahrhunderts bestand die Privatwirtschaft aus zahlreichen unabhängigen Unternehmern, die in den einzelnen Ländern mit gleichermaßen unabhängigen Händlern und Bankiers um gesellschaftliche Macht konkurrierten. Das Ergebnis dieses Kampfes drückte sich im Umfang des Kapitals aus, das jeder einzelne von ihnen kontrollierte. Die Herrschaft über Menschen und Dinge wurde nach den Regeln des Tauschs unter den Mitgliedern dieser zersplitterten Gesellschaftsgruppe aufgeteilt. Die Macht hatte sich dezentralisiert; sie war von relativ gut organisierten privilegierten Körperschaften auf die Vielzahl von Eigentümern übergegangen, die keinen anderen Rechtstitel besaßen als ihren Reichtum und ihre Entschlossenheit, ihn zu nutzen. Der Gang der gesellschaftlichen Produktion war das Ergebnis ihrer jeweiligen Geschäftspolitik. Die lehnsherrschaftlichen Erlasse wurden durch anonyme Gesetze und autonome Institutionen, durch ökonomische, rechtliche und politische Mechanismen ersetzt, die den Umfang und Aufbau der nationalen Industrie widerspiegelten.

Die Konkurrenz zwischen unabhängigen Unternehmern gipfelte schließlich in den riesigen Konzernen der monopolistischen Industrie. Unter ihrer Herrschaft nahm der Wettbewerb eine andere Form an. Der Drang, innerhalb der Nation mit Gleichen zu konkurrieren, schwand, und in eins damit verlor sich auch das Interesse an steigenden Investitionen und Vollbeschäftigung. Die großen Wirtschaftsführer und die Mächtigen in anderen Bereichen der Gesellschaft fanden nur noch jenseits der zahlreichen nationalen Grenzen ernstzunehmende Partner. Die Rivalität zwischen Gleichstarken verlagerte sich immer ausschließlicher auf die internationale Szene. Dieser Wandel betraf die Kultur als ganze.

Mit dem Aufstieg des Faschismus wurden die typischen Dualismen der liberalistischen Ära – etwa der zwischen Individuum und Gesellschaft, privatem und öffentlichem Leben, Recht und Moral, Ökonomie und Politik – keineswegs überwunden, sondern vielmehr verschleiert. Je mehr die Gesellschaft bloß individuellen Interessen anheimfällt, desto weniger können die Individuen ihre Unabhängigkeit von der Gesellschaft wahren. Mit dem Niedergang des Individuums büßte das Moralempfinden als Bollwerk gegen autoritäres Recht seine Kraft ein, und gleichzeitig wurde das autoritäre Recht einem pervertierten Moralgefühl anvertraut. Strenge Disziplin, wie sie in den Fabriken herrschte, hat sich jetzt über dem gesamten Hinterland* ausgebreitet und wird von Eliten durchgesetzt, die in ihrer Zusammensetzung und Funktion Ökonomie und Politik verschmolzen haben. Die Mächtigen in den Bereichen Industrie, Verwaltung, Propaganda und Militär sind insofern mit dem Staat identisch geworden, als sie den Plan der Nationalökonomie so aufstellen, wie der Unternehmer vor ihnen seine Geschäftspolitik festgelegt hatte. Gleichzeitig manifestiert der Staat seinen privaten Charakter darin, daß die enorme, von den Eliten ausgeübte Macht diese als Träger ganz spezieller Interessen von dem Ganzen absondert. Typisch für sie ist ein außergewöhnlicher Lebensstandard, eine unvergleichliche technische und politische Erfahrung sowie ein schnittiges Desinteresse an materiellen und ideellen Schranken, was sie von der Masse der Beherrschten unterscheidet. Diese gemeinsamen Züge verhelfen den Herrschenden jedoch nicht zu tatsächlicher Solidarität. Die Großindustriellen greifen die Führer* wegen ihres aufwendigen politischen Apparats an; die Führer* geißeln die Unterführer* wegen ihrer radikalen Forderungen; die Generäle würden sie am liebsten alle zum Teufel schicken. Um ihre Gegensätze zu überwinden, können sie aber nicht auf einen gemeinsamen Glauben zurückgreifen wie der mittelalterliche Klerus, sie glauben noch nicht einmal, wie die absolutistischen Lehnsherren, an Ritterlichkeit und fürstliches Blut, jene Ideale, die sich einst mit den materiellen Interessen verbunden hatten, um diese Gruppen zusammenzuhalten. Die Einheit der faschistischen Führer beruht allein auf ihrer gemeinsamen Furcht vor den Menschen, die sie tyrannisieren, auf

[* Im Original deutsch.]

ihrer Angst, letzten Endes unterzugehen. Diese Clique fällt nicht auf ihre eigenen Ideologien herein; zynisch und ungehemmt hantiert sie je nach den wechselnden Lagen mit ihnen und übersetzt so schließlich in offene Aktion, was die moderne politische Theorie von Machiavelli und Hobbes bis hin zu Pareto vorausgesagt hat.

Genau das sind die Hauptmerkmale der autoritären Gesellschaft, die sich, am typischsten in Deutschland, nach dem Debakel des europäischen Liberalismus herausgebildet hat. Unter der Herrschaft des Nationalsozialismus liegt die Verteilung der Güter in privater Hand, auch wenn der Wettbewerb noch einseitiger geworden ist als in der Ära der zweihundert Familien. Der internationale Wettbewerb schlägt in Unterdrückung um. Nur die an der Spitze können prosperieren; die Ansammlung neuer Vermögen wird durch die Besteuerung verhindert. Die Sieger im Wettbewerb haben leichtes Spiel.

Solange ihre Macht dezentralisiert war, mußte die Industrie, angetrieben durch ihr Eigeninteresse, auf die Bedürfnisse der Bevölkerung eingehen und förderte nolens volens zumindest im gewissen Maße den technischen, politischen und gesellschaftlichen Fortschritt. Unter ihrer totalitären Protektion ist die Großindustrie jedoch nicht nur in der Lage, den ehemaligen Konkurrenten ihre Planung aufzuzwingen, sondern auch die Massen zur Arbeit zu verpflichten, anstatt als freie Vertragspartner mit ihnen verhandeln zu müssen. Die öffentlichen Bedürfnisse bestimmen die Produktion weit weniger als zu Zeiten der Marktwirtschaft, und die Industrie konzentriert sich ganz auf die Herstellung von Vernichtungswaffen. Auf die planlose Verschwendung, die aus den Brüchen und Krisen des Marktsystems resultierte, folgt die geplante Vergeudung von Intelligenz, Glück und Menschenleben. Je effektiver die autoritäre Planung funktioniert und je raffinierter Natur und Mensch ausgebeutet werden, desto umfassender werden die Subjekte und Objekte der Planung von toter Materie beherrscht und desto sinnloser, aufgeblähter und zerstörerischer wird der gesamte soziale Apparat, der allein der Verewigung von Macht zu dienen hat.

Unter der Herrschaft des Faschismus kann die planvolle Organisation des gesellschaftlichen Lebens nirgends dessen innerer Logik folgen, denn nirgendwo kann sie die Gesellschaft nach menschlichen Bedürfnissen und Möglichkeiten gestalten. Der Plan, der im Interesse privater Wirtschaftsgruppen aufgestellt und durchgeführt wird, fällt den ständig wechselnden Erfordernissen der inneren und äußeren Machtpolitik zum Opfer, wobei die öffentlichen Bedürfnisse, die zu befriedigen er vorgibt, übergangen werden – ungeachtet der prahlerisch gefeierten Leistungen von *Wehrpsychologie**, Sturzkampfgeschwadern, Geheimdienst, Zangenbewegungen, unterirdischen Fabriken und so weiter. Die blind kalkulierende Rationalität des Geschäftslebens, die vom Faschismus so verbittert denunziert wurde, hat auf die autoritäre Gesellschaft übergegriffen. Vormals hatte die Gerissenheit der Geschäftsleute nicht ausgereicht, die Resultate ihrer schlauen Kalkulationen, die sie in der Heimlichkeit ihrer Produktionsbüros durchführten, so abzusichern, daß sie nicht in die verderblichen Gesetze von Konjunkturzyklus, Krise und Depression einmündeten. Jetzt, in der autoritären Gesellschaft, wird eben diese irrationale Rationalität zur Verrücktheit mit Methode. Unter diesem sogenannten Sozialismus ist es nicht die ihres gemeinsamen Wohls und ihrer Solidarität bewußte Menschheit, die ihr Schicksal in die Hand nimmt; die natürlichen Bedingungen, der Druck der Massen, die Rivalitäten von Cliquen spielen sich in den schwarzen Seelen der Führer* gegeneinander aus und nehmen Gestalt an als die blinden Gesetze der faschistischen Ökonomie. Während der früheren Perioden der Privatwirtschaft kehrten sich die Leistungen der Menschen in zunehmendem Maße gegen sie selbst; kein Meisterwerk der Ingenieurskunst, keine gigantische Fabrik und kein Paradies der Damen** entstand, ohne daß die Macht der Gesellschaft und zugleich auch ihre Misere verstärkt worden wäre. In der autoritären Gesellschaft sind der technische, der soziale und der militärische Fortschritt die Handlanger des Untergangs und der Katastrophe. Jede Grenze, die der Faschismus niederreißt, verstärkt nur die Wälle zwischen den Menschen, jedes Kommunikationsmittel, das er verbessert, entfernt sie nur weiter voneinander,

[* Im Original deutsch.]
[** Luxuriöses Modewarenhaus; wahrscheinlich Anspielung auf den Titel von Emile Zolas Roman *Au Bonheur des Dames* aus dem Zyklus *Les Rougon-Macquart* (1871–1893).]

jede wissenschaftliche Erfindung macht sie nur noch blinder für die Natur.

Es triumphiert der abstrakte Fortschritt. Die Welt gehört den Schlauen, und den letzten beißen die Hunde – das gilt heute mehr denn je. Das Prinzip, nichts auf sich selbst beruhen zu lassen, jedermann zum Handeln anzustacheln, nichts Unnützes zu dulden, mit einem Wort: Dynamik ist die Seele des Faschismus. Moraltabus und Ideale werden verabschiedet; wahr ist, was sich als nützlich erwiesen hat. Kann es irgendwer wagen, die Nützlichkeit der Geheimpolizei, der Konzentrationslager, der Euthanasie, des Antisemitismus und der gnadenlosen Mobilmachung des Volkes zu bezweifeln? Die Faschisten haben vom Pragmatismus so manches gelernt. Selbst ihre Sätze haben schon keinen Sinn mehr, sondern nur noch einen Zweck.

Der Faschismus fühlt sich als das Kind, um nicht zu sagen der Erlöser der Welt, die ihn gebar. Die Welt brach zusammen, wie Marx prophezeite, weil sie, nachdem sie einen bestimmten Punkt in ihrer Entwicklung erreicht hatte, unfähig war, die menschlichen Bedürfnisse zu befriedigen. Die technologisch bedingte Arbeitslosigkeit hat eine Krise sichtbar gemacht, die sich nicht dadurch überwinden läßt, daß man zum Marktsystem zurückkehrt. Der Nationalsozialismus versucht, die Hegemonie der privilegierten Gruppen beizubehalten und zu verstärken, indem er die ökonomischen Freiheiten für den Rest der Gesellschaft aufhebt. Indem das deutsche Volk Hitler duldete, stellte es sich auf die Tatsachen ein; angesichts der herrschenden Ungleichheit und Ungerechtigkeit war es politisch klug, von der Schwäche der alten Weltmächte zu profitieren und diese auszumerzen. So, wie sich die Welt darstellte, erschien Hitler praktischer als Stresemann. Der Nationalsozialismus wurde auf internationaler Ebene zum zähen und unnachgiebigen Konkurrenten. Und jetzt stellt sich die Frage, ob die traditionsreichen Unternehmen ihre Geschäftspolitik schnell genug umstellen können, um ihn wieder loszuwerden.

Der erste Artikel dieses Hefts* zeichnet das Bild einer autoritären Gesellschaft, die vielleicht einmal die ganze Erde beherrschen wird, die aber zumindest autokratisch ist. Seine herausfordernde These

[* Friedrich Pollock, ›State Capitalism: Its Possibilities and Limitations‹.]

lautet, daß sich eine solche Gesellschaft für eine lange und erschreckende Zeit am Leben erhalten kann. Auf der Grundlage der neuesten ökonomischen Forschungen kommt er zu dem Schluß, daß alle ökonomisch-technischen Probleme, die der Geschäftswelt Sorgen bereiteten, mit autoritären Mitteln lösbar sind. Der Artikel versucht, mit dem Wunschdenken aufzuräumen, daß der Faschismus am Ende wegen des Mißverhältnisses von Angebot und Nachfrage, wegen der Haushaltsdefizite oder wegen der Arbeitslosigkeit zerfallen muß. Die Studie befaßt sich nicht allein mit der autoritären Gesellschaft, sondern untersucht diese vielmehr im größeren Rahmen des Staatskapitalismus und wirft so die Frage auf, ob der Staatskapitalismus im Rahmen einer Demokratie nicht bessere Chancen hätte als unter den Bedingungen des Terrors. Seit mehr als acht Jahren hat die Regierung dieses Landes versucht, die Schwierigkeiten der herrschenden Ökonomie zu überwinden, indem sie sowohl auf dem industriellen als auch auf dem landwirtschaftlichen Sektor Planungselemente in sie einbaute. Der alarmierende Zustand der Landwirtschaft im Deutschland der Weimarer Republik war ein wichtiger Faktor für den Aufstieg des Faschismus. In diesem Zusammenhang hat die Regierung der Vereinigten Staaten die Gefahr erkannt und versucht, die Landwirtschaft unter ihre Kontrolle zu bringen. Das gleiche gilt für andere Bereiche des Wirtschaftslebens.

Der Übergang von der alten Gesellschaft zu Bedingungen, unter denen das Ganze von wahrer Eintracht zwischen den Menschen – und nicht bloß von den Absprachen der Funktionäre – durchdrungen sein sollte, wird nicht ohne langwierige und zunehmend verbitterte Kämpfe gelingen. Die beispiellose Staatsmacht, die notwendigerweise mit dem Staatskapitalismus einhergeht, liegt jetzt in den Händen einer demokratischen und humanitären Verwaltung. Es wird das Ziel faschistischer Gruppen im In- und Ausland sein, sie zu beseitigen, und man muß sich darauf gefaßt machen, daß die kommenden Jahre durch solche Versuche geprägt sein werden. Wie immer auch der gegenwärtige Krieg enden wird, die Menschen werden sich zwischen einer neuen Weltära der vollkommenen Demokratie und der Hölle einer autoritären Weltordnung entscheiden müssen.

Während der erste Artikel die Wirtschaftsstruktur des Staatskapitalismus skizziert, befassen sich die folgenden Beiträge* mit den Bindegliedern zwischen der autoritären Gesellschaft und der Vergangenheit und mit den Widersprüchen, die ihre jetzt bestehenden Formen beherrschen.

(Aus dem Englischen von Hans Günter Holl)

[* A. R. L. Gurland, ›Technological Trends and Economic Structure under National Socialism‹; Otto Kirchheimer, ›Changes in the Structure of Political Compromise‹; Max Horkheimer, ›Art and Mass Culture‹; Theodor W. Adorno, ›Spengler Today‹.]

Neue Kunst und Massenkultur[1]

(1941)

Noch vor wenigen Jahrhunderten war Kunst mit anderen Bereichen des gesellschaftlichen Lebens innig verknüpft. Besonders die bildende Kunst widmete sich der Produktion von Gegenständen des täglichen Gebrauchs, profanen wie kultischen. In neuerer Zeit haben Skulptur und Malerei freilich ihre Funktion bei der Ausgestaltung von Stadt und Gebäuden verloren; sie wurden auf ein Format reduziert, das in jedes *intérieur* paßt. Gleichzeitig verselbständigte sich das ästhetische Gefühl gegenüber Angst, Ehrfurcht, Überschwang, Ansehen und Wohlstand. Es wurde »rein«. Das rein ästhetische Gefühl ist die Reaktion des atomistisch gewordenen privaten Subjekts, das Urteil eines Individuums, das von vorherrschenden gesellschaftlichen Maßstäben abstrahiert. Die Bestimmung des Schönen als eines Gegenstands »interesselosen Wohlgefallens« geht auf diesen Zusammenhang zurück. Das Subjekt drückt sich im ästhetischen Urteil ohne Rücksicht auf gesellschaftliche Werte und Zielsetzungen aus. Im ästhetischen Verhalten entäußert der Mensch sich gleichsam seiner Funktionen als Mitglied der Gesellschaft und reagiert als das isolierte Individuum, zu dem er geworden ist. Trotz aller Vermittlungen zwischen den privaten Lebensbereichen und der gesellschaftlichen Produktion divergieren beide. Darauf beruht die Autonomie des Schönen. Anders ist die Voraussicht, deren die Menschen als Funktionäre der Arbeitsteilung bedürfen, anders das Bild der Möglichkeit, von der sie insgeheim durchdrungen sind. Individualität besteht nicht in Idiosynkrasien und Schrullen, sondern in der Widerstandskraft der geistigen Fähigkeiten gegen die plastische Chirurgie des herrschenden Wirtschaftssystems, das alle Menschen auf eine einheitliche Norm zu bringen trachtet. Die Menschen sind in eben dem Maß frei, sich in Kunst-

1 Diese Bemerkungen sind durch Mortimer J. Adlers Buch *Art and Prudence*, New York und Toronto 1937, ausgelöst worden.

werken wiederzuerkennen, wie sie der allgemeinen Nivellierung widerstanden haben. Individuelle Erfahrung, wie sie das Kunstwerk verkörpert, ist nicht weniger gültig als die organisierte, welche die Gesellschaft zur Naturbeherrschung einsetzt. Obgleich ihr Kriterium allein in ihr selbst liegt, ist Kunst nicht weniger Erkenntnis als die Wissenschaft.

Kant fragt nach dem Recht dieses Anspruchs. Wie kann das ästhetische Urteil, in dem subjektive Gefühle sich kundtun, zum »gemeinschaftlichen« Urteil werden?[2] Die Wissenschaft verschmäht Gefühle als Beweismittel; wie also läßt sich die Einheitlichkeit des Empfindens gegenüber Kunstwerken begründen? Unter Massen verbreitete Gefühle sind gewiß einfach zu erklären: sie gingen stets aus sozialen Mechanismen hervor. Aber was ist jene geheime Instanz in jedem Individuum, an welche die Kunst sich wendet? Was ist jenes untrügliche Gefühl, auf das sie immer wieder vertraut, aller entgegengesetzten Erfahrung zum Trotz? Kant sucht diese Frage durch den Begriff eines *»sensus communis aestheticus«* zu klären, an welchen der Einzelne sein ästhetisches Urteil angleiche. Dieser Begriff müsse vom gesunden Menschenverstand gründlich unterschieden werden. Seine Bestimmungsgründe seien die der »vorurteilsfreien«, »konsequenten« und »erweiterten« (das heißt den Standpunkt anderer einschließenden) Denkweise.[3] Mit anderen Worten, Kant glaubt, daß das ästhetische Urteil eines jeden von der Menschheit selbst erfüllt sei, die er in sich trägt. Ungeachtet des tödlichen Konkurrenzkampfes in der Geschäftskultur stimmen die Menschen hinsichtlich ihrer Entwicklungsmöglichkeiten überein. Große Kunst, sagt Pater, muß »etwas von der Seele der Menschheit in sich tragen«[4]; und Guyau erklärt, die Kunst befasse sich mit dem Möglichen und errichte »über der bekannten eine neue Welt... eine neue Gesellschaft, die sie vermöge der Imagination der Gesellschaft, in welcher wir wirklich leben, an die Seite stellt«[5]. Ein Element von Widerstand wohnt der Kunst inne, die es verschmäht, sich gemein zu machen.

2 Cf. Kant, *Kritik der Urteilskraft*, § 22.
3 Ibid., § 40.
4 Walter Pater, *Appreciations*, London 1918, S. 38. – Cf. hierzu auch Theodore M. Greene, *The Arts and the Art of Criticism*, Princeton 1940, S. 474.
5 J. M. Guyau, *L'art au point de vue sociologique*, Paris 1930, S. 21.

Widerstand gegen gesellschaftliche Zwänge, wie er gelegentlich in politischen Revolutionen zum Durchbruch kam, hat im privaten Bereich stets sich abgespielt. In der bürgerlichen Familie, obwohl sie häufig genug eine Agentur veralteter sozialer Verhaltensmuster war, erfuhr der Einzelne im Verhältnis der Generationen und Geschlechter von anderen Möglichkeiten als jenen, die Arbeit und Beruf ihm offenließen. Als Kind, später als Liebender sah er die Wirklichkeit nicht im unbarmherzigen Licht ihrer praktischen Gebote, sondern aus einer Distanz, die deren Gewalt milderte. Zwar war dieses Reich der Freiheit, das außerhalb des Betriebes begann, überlagert von den giftigen Dünsten der gegenwärtigen und vergangenen Herrschaftsformen; aber es bildete ein privates Refugium, eine Möglichkeit, die gesellschaftliche Funktion zu transzendieren, auf die das Individuum infolge der Arbeitsteilung reduziert war. Aus solcher Distanz gesehen, setzen sich die Elemente der Wirklichkeit in Bilder um, die den Systemen konventioneller Begriffe fremd gegenüberstehen: in künstlerische Erfahrung und Produktion. Nun sind freilich die Erfahrungen des Subjekts als eines Individuums nicht absolut verschieden von denen, die es normalerweise als Mitglied der Gesellschaft macht. Aber den Kunstwerken als vom Zusammenhang der materiellen Praxis abgelösten Objektivationen des Geistes wohnen Prinzipien inne, welche die Welt, in der sie entstanden sind, als entfremdet und falsch erscheinen lassen. Nicht allein der Haß und die Trauer Shakespeares, sondern auch die kühle Liberalität der Goetheschen Dichtung und noch Prousts hingebende Versenkung in ephemere Züge der *mondanité* wecken die Erinnerung an eine Freiheit, vor der die herrschenden Maßstäbe borniert und barbarisch wirken. Seitdem sie autonom wurde, hat Kunst die Utopie bewahrt, die aus der Religion entwich.

Der private Bereich aber, dem die Kunst verwandt ist, war stets bedroht. Die Gesellschaft neigt dazu, ihn zu kassieren. Seit der calvinistischen Heiligung des Berufs war Armut, entgegen einer verbreiteten Ansicht, ein Makel, der nur durch äußerste Schinderei abzuwaschen war. Die Geschichte der englischen Arbeitshäuser bis zum Triumph dieses Prinzips in der Aufhebung der Armengesetze vor hundert Jahren spricht das Geheimnis des Privaten deutlich aus. Derselbe Prozeß, welcher einen jeden Menschen von Sklaverei und Leibeigenschaft befreite und ihn sich selbst zurückgab, spaltete ihn auch in zwei Teile auf, den privaten und den gesellschaftlichen, und belastete den privaten mit einer Hypothek. Das Leben außerhalb von Büro und Fabrik wurde zur Auffrischung der Kräfte für Büro und Fabrik bestimmt; so wurde es zum bloßen Anhängsel, gleichsam zum Kometenschweif der Arbeit, wie diese nach Zeit bemessen und »Freizeit« genannt. Diese verlangt danach, beschnitten zu werden; sie hat an sich selbst keinen Sinn. Geht sie über die Erholung, die Wiedergewinnung der verausgabten Energien hinaus, so galt sie als unwirtschaftlich, es sei denn, sie werde zur Fortbildung für die Arbeit genutzt. Die Kinder im frühen neunzehnten Jahrhundert, die man von der Fabrik in den Schlafsaal und vom Schlafsaal in die Fabrik führte und während der Arbeit fütterte, lebten, ähnlich wie später japanische Fabrikmädchen, ausschließlich dem Beruf. Der Arbeitsvertrag, der diese Zustände legitimierte, erwies sich als bloße Formalität. Im weiteren Verlauf des neunzehnten Jahrhunderts wurden die Bande lockerer, aber das Selbstinteresse ordnete das Privatleben dem Geschäft eher noch wirksamer unter als zuvor, bis dann die strukturell bedingte Arbeitslosigkeit des zwanzigsten Jahrhunderts die ganze Ordnung erschütterte. Die dauernd Arbeitslosen können eine Kraft nicht reproduzieren, für die keine Verwendung besteht, und Ausbildung kann eine Karriere nicht verbessern, die ohnehin verschlossen ist. Der Kontrast zwischen Gesellschaftlichem und Privatem wird verwischt, wenn bloßes Warten zum Beruf und Arbeit zum bloßen Warten wird.

Einige Jahrzehnte lang konnten breite Schichten in den Industrieländern bis zu einem gewissen Grad ein eigenes Leben genießen, wenn auch in engen Grenzen. Im zwanzigsten Jahrhundert steht die Bevölkerung großen Konzernen und umfassenden Bürokratien gegenüber. Die frühere Zweiteilung der Existenz in Beruf und Familie (die für die Mehrzahl immer schon nur mit Einschränkung gegolten hatte) löst sich allmählich auf. Die Familie hatte die Forderungen der Gesellschaft an das Individuum vermittelt und so über die natürliche hinaus auch seine soziale Geburt besorgt. Sie war gleichsam ein zweiter Mutterleib, in dessen Wärme das Individuum die Kräfte sammelte, um draußen allein zu bestehen. Diese Funktion hatte sie freilich nur unter den Wohlhabenden angemessen erfüllt. In den unteren Schichten wurde der Prozeß meistens dadurch gehemmt, daß das Kind zu früh sich selbst überlassen war. Seine Anlagen verhärteten sich vorzeitig, und der Schock, den es erlitt, zog seelische Verkümmerung, angestaute Wut und was alles damit zusammenhängt, nach sich. Hinter dem von Intellektuellen so häufig glorifizierten »natürlichen« Verhalten des sogenannten Volkes verbergen sich Angst, Verkrampfung und Qual. Die Sexualverbrechen Jugendlicher und die nationalistischen Ausbrüche unserer Zeit indizieren denselben Prozeß. Das Böse entstammt nicht der Natur, sondern der von der Gesellschaft gegen das Menschenwesen, das sich entfalten will, geübten Gewalt.

In den letzten Stadien der Industriegesellschaft bilden selbst wohlhabende Eltern ihre Kinder weniger als Erben denn für eine künftige Anpassung an die Massenkultur heran. Sie haben die Unsicherheit des Wohlstands erfahren und ziehen die Konsequenzen daraus. In den unteren Schichten ist die schützende Autorität der Eltern, die ohnehin stets bedroht war, völlig ausgehöhlt worden, bis schließlich die Balilla* an ihre Stelle trat. Totalitäre Regierungen nehmen die Zurichtung des Individuums für seine Rolle als Massenmitglied heute selbst in die Hand. Sie behaupten, die Verhältnisse des Großstadtlebens erzwängen das. Aber dieses Problem, das der Faschismus auf so brutale Art gelöst hat, besteht seit hundert Jahren in der modernen Gesellschaft. Es führt eine direkte Linie von den Kindergruppen der Camorra zu den Kellerklubs von New York[6], nur daß die Camorra noch einen erzieherischen Wert hatte.

Heute ist in allen Schichten das Kind mit dem Wirtschaftsleben eng vertraut. Von seiner Zukunft erhofft es kein Königreich, sondern das auf Dollar und Cent ausgerechnete Einkommen der Berufsgruppe, die es für die aussichtsreichste hält. Es ist robust und gewitzigt wie ein Erwachsener. Die moderne Verfassung der Gesellschaft sorgt dafür, daß die utopischen Träume der Kindheit in frühester Jugend unterbrochen werden und die vielgepriesene Anpassung den verfemten Ödipuskomplex ersetzt. Gewiß hat zu allen Zeiten das Familienleben die Gemeinheit des öffentlichen reflektiert, die Ty-

[* Seit 1922 die faschistische Jugendorganisation der Sechs- bis Zwölfjährigen, das Vorbild der Hitlerjugend.]

6 Zum Thema der Kellerklubs cf. Brill/Payne, *The Adolescent Court and Crime Prevention*, New York 1938.

rannei, die Lügen, die Stupidität der bestehenden Wirklichkeit; aber ebenso gewiß hat es auch die Kräfte zum Widerstand dagegen hervorgebracht. Die Erfahrungen und Bilder, die dem Leben jedes Individuums die innere Richtung gaben, konnten draußen nicht erworben werden. Sie leuchteten auf, wenn das Kind am Lächeln der Mutter hing, vor dem Vater renommierte oder gegen ihn aufbegehrte, wenn es fühlte, daß jemand an seinen Erlebnissen teilnahm – kurz, sie gediehen in der behaglichen, geborgenen Wärme, welche für die Entwicklung des Menschen unentbehrlich war.

Mit der fortschreitenden Auflösung der Familie, der Verwandlung des Privatlebens in Freizeit und der Freizeit in geistlose Verrichtungen, die bis ins letzte kontrolliert sind, in die Freuden von Sportplatz und Kino, von Bestseller und Radio, verschwindet auch die Innerlichkeit. Schon lange bevor die Kultur durch solche manipulierten Vergnügen abgelöst worden war, hatte sie eskapistische Züge angenommen. Die Menschen flüchteten sich in eine Welt privater Vorstellungen und ordneten ihre Gedanken neu, als die Zeit schon gekommen war, die Wirklichkeit einzurichten. Die Innerlichkeit und das Ideal bildeten jetzt konservierende Faktoren. Mit der Fähigkeit zu solcher Flucht aber, die weder in Slums noch in modernen Siedlungen gedeiht, erlischt auch die Macht des Subjekts, eine andere Welt zu gestalten als die, in welcher es lebt. Diese andere Welt war die der Kunst. Sie überlebt heute nur noch in jenen Werken, die kompromißlos die Kluft zwischen dem monadischen Individuum und seiner barbarischen Umwelt zum Ausdruck bringen – in der Prosa von Joyce etwa und in Bildern wie Picassos *Guernica*. Die Trauer und das Grauen, die von solchen Werken ausgehen, sind nicht identisch mit den Gefühlen jener, die sich aus rationalen Gründen von der Wirklichkeit abwenden oder sich gegen sie empören. Das Bewußtsein, welches hinter ihnen steht, sieht sich viel eher von der Gesellschaft, wie sie ist, abgeschnitten und zu grotesken, dissonantischen Ausdrucksformen gezwungen. Indem diese ungastlichen Werke dem Individuum die Treue halten gegen die Infamie des Bestehenden, bewahren sie den authentischen Gehalt früherer großer Kunst, sind sie Raffaels Madonnen und Mozarts Opern tiefer verwandt als alles, was heute deren Harmonie nachleiert, zu einer Zeit, da die glückliche Gebärde zur Maske des Wahnsinns wurde und die traurigen Gesichte des Wahnsinns zum einzigen Zeichen der Hoffnung.

Heutzutage ist die Kunst nicht mehr auf Kommunikation angelegt. Nach Guyaus Theorie beruht die ästhetische Qualität darauf, daß man in den Gefühlen, die ein Kunstwerk ausdrückt, die eigenen wiedererkennt.[7] Das »dem unseren analoge Leben«, in dessen Darstellung das eigene sichtbar wird, ist jedoch nicht mehr die wache und tätige Existenz eines bürgerlichen Individuums im neunzehnten Jahrhundert. Heute sind Personen nur noch scheinbar Personen; »Eliten« wie Massen gehorchen einer Apparatur, die in jeder Situation nur eine einzige Reaktion für sie offenläßt. Jene Elemente ihres Wesens, die noch nicht kanalisiert wurden, haben keine Möglichkeit zu adäquatem Ausdruck. Unter der Oberfläche ihres organisierten bürgerlichen Lebens, ihres Optimismus und ihrer Begeisterung sind die Menschen ängstlich und verwirrt, führen sie eine kümmerliche, beinahe vorgeschichtliche Existenz. Das symbolisieren die jüngsten Kunstwerke – sie durchbrechen den Firnis von Rationalität, der alle menschlichen Beziehungen überzogen hat. Sie zerstören die oberflächliche Einmütigkeit, die kleinen Konflikte, welche in Wahrheit alle düster und chaotisch sind und nur in Familienromanen wie denen von Galsworthy oder Jules Romains, in Weißbüchern und populären Biographien eine gleisnerische Kohärenz erhalten. Die authentischen Kunstwerke der letzten Zeit verzichten auf die Illusion einer realen Gemeinsamkeit unter den Menschen; sie sind Monumente eines einsamen und verzweifelten Lebens, das keine Brücke zum anderen oder auch nur zum eigenen Bewußtsein findet. Freilich, sie sind Monumente, nicht bloße Symptome. Die Verzweiflung läßt sich auch außerhalb der Sphäre reiner Kunst, in der sogenannten Unterhaltung und in der Welt der »Kulturgüter« entdecken; aber eben nur von außen her, mittels psychologischer und soziologischer Theorie. Das Kunstwerk ist die einzig adäquate Objektivation der Verlassenheit und Verzweiflung des Individuums.

Dewey sagt, die Kunst sei »die universalste und freieste Form der Kommunikation«[8]. In einer Welt, in der die verständliche Sprache die Verwirrung eher steigert, in der die Diktatoren den Massen um so tiefer aus dem Herzen sprechen, je gigantischer ihre Lügen sind,

7 Cf. Guyau, ibid., S. 18f.
8 John Dewey, *Art as Experience*, New York 1934, S. 270.

besteht jedoch notwendig zwischen Kunst und Kommunikation ein großer Unterschied. »Kunst reißt Schranken nieder, ... die im gewöhnlichen Verkehr undurchdringlich sind.«[9] Die Schranken bestehen aber gerade in den offiziellen Denkformen, im Schein der rückhaltlosen Sachlichkeit, in der Sprache der Propaganda und der gängigen Literatur. Europa hat eine Stufe erreicht, auf der alle hochentwickelten Kommunikationsmittel dazu dienen, die Schranken, »welche menschliche Wesen voneinander trennen«[10], immer fester zu machen. Radio und Kino geben den Flugzeugen und Kanonen darin nichts nach. So wie die Menschen heute sind, verstehen sie einander nur zu gut. Wenn sie einmal anfingen, sich nicht mehr zu verstehen, weder sich selbst noch die anderen, wenn die Formen ihrer Kommunikation ihnen suspekt würden und das Natürliche unnatürlich, so käme die grauenerregende Dynamik wenigstens zum Stillstand. Was überhaupt an den jüngsten Kunstwerken noch Kommunikation ist, denunziert nur die herrschenden Formen von Kommunikation als Mittel der Destruktion und die Harmonie als Trugbild des Zerfalls. Vertraute Dinge und Gefühle bilden fremd und entstellt eine unheimliche Melodie.

Die gegenwärtige Welt, wie sehr ihr in den Kunstwerken der jüngsten Zeit auch das Urteil gesprochen wird, könnte ihren Kurs ändern. Die Allmacht der Technik, die steigende Unabhängigkeit der Produktion vom Standort, die Umstrukturierung der Familie und die Sozialisierung des Daseins – all diese Tendenzen der modernen Gesellschaft könnten zur Beseitigung des Elends führen, das sie über die Welt heraufgebracht haben. In der Gegenwart freilich bleibt die Substanz des Individuums in sich selbst verschlossen. Seine intellektuellen Äußerungen stehen nicht mehr wirklich im Zusammenhang mit seiner menschlichen Natur; sie richten sich nach dem, was die Situation jeweils diktiert. Das populäre Urteil, ob richtig oder falsch, ist von oben gelenkt wie andere Funktionen der Gesellschaft. Wie fachmännisch die öffentliche Meinung auch erforscht, wie tief sie mit statistischen und psychologischen Instrumenten ausgelotet wird – worauf sie treffen, ist stets ein Mechanismus, niemals menschliche Instanzen. Was zum Vorschein kommt,

9 Ibid., S. 244.
10 Ibid.

wenn die Menschen sich am ehrlichsten über das eigene Innere aussprechen, sind genau jene habgierigen, bösartigen, verschlagenen Wesen, die die Demagogen so gut zu manipulieren wissen. Zwischen ihren äußeren Absichten und der zerfallenen Innerlichkeit der Menschen besteht prästabilierte Harmonie. Jeder kennt sich selbst als böse und hinterhältig, und jenen, die es ihm bestätigen: Freud, Pareto und anderen wird rasch verziehen. Vor jedem neuen Kunstwerk aber zieht die Masse sich entsetzt zurück. Es appelliert nicht, wie die Führer, an ihre Instinkte und enthält auch kein Versprechen, diesen zur »Anpassung« zu verhelfen, wie die Psychoanalyse. Indem es den geschändeten Menschen ein schockierendes Bewußtsein ihrer verzweifelten Situation gibt, bekennt es sich zu einer Freiheit, bei deren bloßer Vorstellung ihnen Schaum vor den Mund tritt. Die Generation, welche Hitler groß werden ließ, findet ihr angemessenes Vergnügen an den Konvulsionen, welche der muntere Cartoon in seinen wehrlosen Helden auslöst, und nicht bei Picasso, der keine Unterhaltung, keinen irgendwie gearteten Spaß bietet. Menschenfeindliche, hämische Naturen, die sich insgeheim als solche kennen, hören sich am liebsten als die reinen Kinderseelen angeredet, welche mit unschuldiger Billigung applaudieren, wenn Donald Duck Prügel bezieht. Es gibt Zeiten, da der Glaube an die Zukunft der Menschheit sich nur im kompromißlosen Widerstand gegen die Reaktionen der Menschen erhalten kann. Eine solche Zeit ist die Gegenwart.

Am Ende seines Buches über ästhetische Probleme bestimmt Mortimer Adler die äußeren Merkmale des großen Kunstwerks: allgemeine Popularität zu aller Zeit oder während eines Zeitabschnitts sowie die Fähigkeit, verschiedenste Ebenen des Geschmacks zu befriedigen.[11] So preist Adler denn auch Walt Disney als den großen Meister: die Perfektion, die er auf seinem Gebiet erreiche, übersteige die strengsten kritischen Maßstäbe und gefalle zugleich den Kindern und dem gemeinen Mann.[12] Wie wenige andere Kritiker hat sich Adler um eine von der Zeit unabhängige Kunstauffassung bemüht. Seine unhistorische Betrachtungsweise macht ihn jedoch der Zeit um so tiefer untertan. Indem er es unternimmt, die Kunst

11 Mortimer J. Adler, *Art and Prudence*, New York und Toronto 1937, S. 581.
12 Ibid.

über die Geschichte zu erheben, verrät er sie an den erbärmlichen Schund des Tages. Isolierte, vom geschichtlichen Zusammenhang gelöste Elemente der Kultur mögen sich ähneln wie Wassertropfen; sie sind gleichwohl verschieden wie Himmel und Hölle. Schon lange sind Raffaels blaue Horizonte, wie sich das gehört, zu Teilen Disneyscher Landschaften geworden, in welchen sich Amoretten hemmungsloser tummeln als zu den Füßen der *Sixtinischen Madonna*. Und die Sonnenstrahlen verlangen geradezu danach, den Namen einer Seife oder einer Zahnpasta ins rechte Licht setzen zu dürfen; sie sind nur sinnvoll als Hintergrund für solche Reklame. Disney und sein Publikum treten wie Adler unerschütterlich für die Reinheit des blauen Horizonts ein; aber vollendete Treue zu Prinzipien, die von der konkreten Situation isoliert werden, verkehrt jene in ihr gerades Gegenteil und resultiert schließlich in vollendetem Relativismus.

Adlers Buch ist dem Film gewidmet. Er mißt ihn an den ästhetischen Prinzipien des Aristoteles und bekennt damit seinen Glauben an die übergeschichtliche Geltung der Philosophie. Das Wesen der Kunst sei Nachahmung, die größte Ähnlichkeit der Form mit stärkstem Unterschied des Inhalts kombiniere.[13] Diese aristotelische Lehre ist zum Klischee geworden, dessen Gegenteil – größte Ähnlichkeit des Inhalts bei stärkstem Unterschied der Form – es auch tun würde. Derartige Sätze sind so kalkuliert, daß sie sich leicht allen Theorien anpassen lassen, die auf einem bestimmten Gebiet gerade vorherrschend sind. Ihr Inhalt, ob von Metaphysikern oder von Empiristen bevorzugt, verletzt niemandes Gefühle. Wird etwa Wissenschaft als Inbegriff verifizierbarer Aussagen definiert, so kann diese Definition der Zustimmung aller Wissenschaftler sicher sein. Selbst an einer nichtssagenden Allgemeinheit wie dieser wird der Zwiespalt offenbar, sobald man sie zur Wirklichkeit in Beziehung setzt, die das Urteil des Mächtigen »verifiziert« und den Ohnmächtigen Lügen straft. Eine dogmatische Definition des Schönen bewahrt die Philosophie so wenig vor der Unterwerfung unter das Bestehende wie ein Kunstbegriff, den sie aus dem kritiklosen Beifall der Massen abstrahiert – vor denen sie sich im übrigen nur zu bereitwillig verbeugt.

13 Ibid., S. 24f. und 450f.

Die Dogmatiker liefern sich dem Relativismus und Konformismus nicht allein bei ihren Diskussionen innerästhetischer Probleme aus, sondern auch im Hinblick auf die moralische Bedeutung der Kunst. »Es ist keine Frage«, sagt Adler, »daß Kunst von praktischer Voraussicht gelenkt werden sollte, sofern das Kunstwerk oder der Künstler sich im Bereich der Moral bewegt.«[14] Eine der Hauptabsichten des Adlerschen Buches ist es, Maßstäbe für die Kunstpolitik zu finden. Der Begriff der Moral, welchen der Autor dabei aufstellt, ist jedoch so unhistorisch wie sein Kunstbegriff. »Verbrechen ist nur eine Art antisozialen Verhaltens. Jedes Verhalten, das den herrschenden Sitten nicht entspricht, ist wesentlich im gleichen Sinn antisozial... Menschen, die sich antisozial verhalten, ob verbrecherisch oder den allgemein herrschenden Sitten entgegen, handeln im gleichen Sinn moralisch verwerflich.«[15] Adler sieht die Schwierigkeit, die sich daraus ergibt, daß in verschiedenen Schichten der Gesellschaft verschiedene Anschauungen und Sitten herrschen. Aber er meint, solche praktischen Schwierigkeiten berührten sein Prinzip nicht. Man müsse dann einfach feststellen, welche Sitten für die Gesellschaft als Ganzes mehr und welche weniger wünschenswert seien. Dieses Problem existiert für Adler überdies nur im Fall eines Konflikts zwischen den herrschenden Gewohnheiten verschiedener sozialer Gruppen, nicht im Fall eines Konflikts zwischen einem Einzelnen und all diesen Gruppen, einer Situation also, die gerade das schwerwiegendste moralische Problem enthält. Damit verschwindet aber hinsichtlich der Moral der Gegensatz zwischen den Prinzipien der Metaphysik und des Positivismus. Adler wird unweigerlich zu Konsequenzen getrieben, die Lévy-Bruhl[16] und andere Soziologen längst gezogen hatten: was moralisch ist, wird durch den positiven Inhalt der vorliegenden Sitten und Gebräuche bestimmt, und die Moralität besteht im Formulieren und Anerkennen dessen, was in der herrschenden Gesellschaftsordnung gilt. Aber selbst wenn das Ganze einer Gesellschaft, etwa das gleichgeschaltete Deutschland, in diesem Sinn einig ist, so folgt daraus noch nicht, daß sein Urteil notwendig

14 Ibid., S. 448.
15 Ibid., S. 165.
16 L. Lévy-Bruhl, *La morale et les sciences des mœurs*, Paris 1904.

wahr ist. Der Irrtum hat die Menschen nicht weniger oft geeinigt als die Wahrheit.

Wenngleich das Wahre seinem Wesen nach dem allgemeinen Interesse entspricht, so hat es doch gewöhnlich mit der Gesinnung der Allgemeinheit im Streit gelegen. Sokrates fand den Tod, weil er das Recht des eigenen Gewissens gegen die offizielle athenische Religion setzte. Nach Hegel war der Richterspruch Rechtens; »denn das Individuum muß sich vor der allgemeinen Macht bücken; und diese reale, edelste allgemeine Macht ist das Volk«[17]. Und dennoch, meint Hegel, war das Prinzip, welches Sokrates vertrat, das höhere. Noch krasser tritt der Gegensatz im Christentum hervor: es ist als »Ärgernis« in die Welt gekommen. Die ersten Christen widersetzten sich den »allgemein herrschenden Sitten« und wurden dafür nach herrschendem Recht und Brauch verfolgt. Sie handelten deshalb noch nicht »moralisch verwerflich«, wie man aus Adlers Bestimmung folgern müßte; vielmehr waren *sie* es, welche die Verkommenheit der römischen Welt entlarvten. Sowenig das Wesen der Kunst in überzeitlich starre Prinzipien zu fassen ist, so wenig herrschen zwischen Ideen wie denen des Rechts, der Moral und der Öffentlichkeit feste, überzeitliche Beziehungen. Kierkegaards Lehre, die Ausbreitung des Christentums im öffentlichen Bewußtsein habe den Argwohn des wahren Christen gegen den Staat in keiner Weise beseitigt, ist aktueller denn je. »Denn der Begriff ›Christ‹ ist ein polemischer Begriff; Christ kann man nur im Gegensatz zu anderen sein, oder gegensätzlicher Weise.«[18] Schlecht beraten waren jene modernen Apologeten, welche die Haltung der Kirche zur Hexenverbrennung als Konzession an populäre Vorstellungen und Stimmungen zu erklären suchten.[19] Die Wahrheit kann nicht mit »herrschenden Sitten« paktieren. Sie findet an ihnen keine Richtschnur. Zur Zeit der Hexenverfolgungen wäre der Kampf gegen den öffentlichen Geist moralisch gewesen. Ihn hat die Kirche Männern wie Agrippa und Thomasius überlassen, Abenteurern und eklektischen Philosophie-Professoren.

17 Hegel, *Geschichte der Philosophie*, II, in: *Sämtliche Werke*, Glockner, Band 18, S. 116.

18 Kierkegaard, *Angriff auf die Christenheit*, herausgegeben von A. D. Dorner und Christoph Schrempf, Stuttgart 1896, S. 239.

19 Cf. etwa Johannes Janssen, *Kulturzustände des deutschen Volkes*, 4. Buch, Freiburg 1903, S. 546.

Aus Adlers Buch spricht die Überzeugung, daß die Menschheit sich an festen Werten orientieren müsse, wie sie von den großen Lehrern, vor allem Aristoteles und Thomas, bezeichnet wurden. Gegen Positivismus und Relativismus hält er eine handfeste christliche Metaphysik. In der Tat findet der moderne Unglaube seinen theoretischen Ausdruck im Szientivismus, der verbindliche Werte »psychologisch« aus Bedürfnissen erklärt.[20] Der Erfolg, im Calvinismus allenfalls Index, nicht aber Bestandteil der Auserwähltheit, wird zum einzigen Kriterium für das menschliche Leben. In diesem Sinn würde, folgt man Adler, der Positivismus dem Faschismus einen Freibrief ausstellen. Denn wenn es über Wertfragen keine sinnvolle Diskussion mehr gibt, entscheidet allein die Tat. Die Metaphysik zieht daraus eine für sie günstige Konsequenz: weil das Leugnen ewiger Prinzipien den Kampf gegen die neue Barbarei erschwere, müsse der alte Glaube wieder aufgerichtet werden. Die Menschen sollen für Freiheit, Demokratie, Nation ihr Leben einsetzen: ist eine solche Forderung nicht absurd, wenn es keine verbindlichen Werte gibt? Metaphysik allein könne, meint Adler, der Menschheit den Halt geben, den sie verloren hat; nur sie ermögliche wahre Gemeinschaft.

Solche Gedanken verkennen die historische Situation. Der Positivismus artikuliert tatsächlich das Bewußtsein der ungläubigen Jugend; er ist ihr so adäquat wie Sport und Jazz. Diese Generation setzt in nichts mehr Vertrauen; deshalb kann sie auch so leicht ihre Überzeugung wechseln. Aber schuld daran ist nicht allein sie selbst, sondern ebensosehr der Dogmatismus, welchen sie verlernt hat. Religion war vom Bürgertum in einer Art Naturschutzpark gehalten worden. Gemäß dem Hobbesschen Rat wurden ihre Lehren wie Pillen unzerkaut hinuntergeschluckt und niemals konkret auf ihre Wahrheit befragt. Sie wurde für die modernen Menschen tendenziell zur Kindheitserinnerung. Mit dem Zerfall der Familie verlieren auch jene Erfahrungen, welche der Religion noch lebendige Kraft verliehen, ihren Einfluß. Heute üben die Menschen Triebverzicht nicht mehr aus Glauben, sondern aus harter Notwendigkeit. Deshalb sind sie so traurig. Je schwächer, je tiefer enttäuscht sie sind, um

20 Cf. Richard von Mises, *Kleines Lehrbuch des Positivismus*, Den Haag 1939, S. 368f.

so heftiger bekennen sie sich zur Brutalität. Was einmal himmlische Liebe hieß, gilt ihnen nichts mehr. Und Appelle wie der, sie sollten aus Gründen der Staatsräson zu ihr zurückfinden, sind von der Religion her nicht zu motivieren. Diese fordert den Glauben nicht, sofern er nützlich, sondern sofern er wahr ist. Eine Übereinstimmung politischer und religiöser Interessen ist keineswegs garantiert. Wenn die Verteidiger der absoluten Werte sie naiv voraussetzen, so straft das ihre eigene Lehre Lügen. Der Positivismus ist wirklich so zeitgemäß, wie er Adler erscheint, aber aus eben diesem Grund enthält er das Moment der Ehrlichkeit. Der Jugend, welche diese Philosophie annimmt, eignet größere geistige Redlichkeit als denjenigen, welche sich aus pragmatischen Gründen vor einem Absoluten verbeugen, an das sie selber nicht ganz glauben. Ein unkritischer Rekurs auf Religion und Metaphysik ist heute so fragwürdig wie der Rückzug auf die schönen Gemälde und Kompositionen der Klassik, so verlockend ein derartiger Zufluchtsort auch scheinen mag. Eine Wiederbelebung der griechischen und mittelalterlichen Philosophen, wie sie Adler empfiehlt, wäre nicht so weit entfernt von gewissen Wiederbelebungen Bachs, Mozarts oder Chopins in der populären Unterhaltungsmusik.

Adler hat die trostlose geistige Verfassung der Jugend in eindringlichen Schilderungen denunziert.[21] Er hat »die Religion der Wissenschaft und die Religion des Staates« entlarvt. Aber es wäre ein fatales Mißverständnis, wollte man die Jugend von diesen Lehren weg- und zu älteren Autoritäten zurückrufen. Zu bedauern ist nicht, daß wissenschaftliches Denken an die Stelle der Dogmen trat, sondern eher, daß dieses Denken, auf buchstäblich vorwissenschaftliche Weise, stets in den Grenzen der verschiedenen Spezialdisziplinen eingeschlossen bleibt. Zu Unrecht vertraut man der Wissenschaft, solange deren Problemstellung von einer veralteten Einteilung in Disziplinen bestimmt wird. Das Wesen der Wissenschaft erschöpft sich nicht in Denkökonomie und Technik; es ist auch Wille zur Wahrheit. Und die positivistische Denkweise wird nicht durch eine rückwärts gerichtete Revision der Wissenschaft überwunden, sondern so, daß man diesen Willen zur Wahrheit weitertreibt, bis er mit der

21 Cf. Mortimer Adler, ›This Pre-War Generation‹, in: *Harper's Magazine*, October 1940, S. 524f.

gegenwärtigen Realität zusammenstößt. Erhellende Einsichten folgen weder aus hohen und ewigen Prinzipien, denen jeder irgendwie beipflichtet – wer bekennte sich nicht zu Freiheit und Gerechtigkeit! –, noch aus der mechanischen Einordnung von Tatsachen in gebräuchliche Schemata.

Isolierte Wesen und Wesensgesetze als Thema der Intuition anzusehen, war die große Täuschung in Husserls ursprünglicher »Eidetik«, welche unter anderem den Neuthomismus vorbereitet hat. Adler scheint demselben Irrtum zu verfallen. Erhabene Grundsätze sind immer abstrakt; der Positivismus hat recht, hier von Fiktionen und Hilfskonstruktionen zu sprechen. Einsichten beziehen sich stets auf die besondere Situation. Im Erkenntnisprozeß treten Begriffe, die als isolierte ihre konventionelle Bedeutung haben, zu neuen Strukturen zusammen, kraft derer die Wirklichkeit in einem bestimmten historischen Augenblick durchsichtig wird. Die aristotelische Metaphysik als Ganzes bildet eine solche Einsicht, ebenso das System des Thomas, auf den Adler sich bezieht. Die Kategorien werden entstellt, bedeutungslos, wenn sie nicht in neue, adäquatere Strukturen eingehen, wie sie die historische Situation erfordert, in der sie eine Rolle spielen. Das ist nicht darin begründet, daß jede Epoche eine nur ihr eigene Wahrheit hätte – wie historischer und soziologischer Relativismus uns glauben machen wollen –, daß man also auch ohne philosophische und religiöse Tradition auskommen könnte, sondern vielmehr darin, daß Treue, ohne die Wahrheit nicht existieren kann, zugleich im Bewahren vergangener Einsichten, im Widerspruch gegen sie wie in ihrer Veränderung besteht. Abstrakte Bestimmungen der höchsten Werte haben sich stets mit der Praxis von Scheiterhaufen und Guillotine vertragen. Eine Erkenntnis, die sich wirklich um Werte kümmert, hält nicht nach höheren Sphären Ausschau. Sie sucht vielmehr die Kulturheuchelei ihrer Zeit zu durchdringen, um hinter ihr die Züge einer enttäuschten Menschheit freizulegen. Werte sind nur so zu erschließen, daß man die historische Praxis aufdeckt, die sie zerstört.

In der Gegenwart liegt die Gefahr für das Denken nicht so sehr in den Irrwegen, die es einschlagen kann, als in seinem vorzeitigen Abbrechen. Der Positivismus bescheidet sich bei den vorgezeichneten Verrichtungen der offiziellen Wissenschaft, während die Metaphysik Intuitionen ermutigt, deren Inhalt in den herrschenden

Bewußtseinsweisen besteht. Die Forderung nach Sauberkeit und Klarheit, Anwendbarkeit und Sachlichkeit wird sofort gegen jeden Denkakt gerichtet, der von Phantasie nicht frei ist. Sie drückt den Widerwillen gegen jeden Fortgang über die bloße Feststellung, gegen intellektuelle Unrast und »Negativität« aus, die allesamt wesentliche Elemente des Denkens bilden. Gedanken erweisen ihre Wahrheit nicht so sehr, wenn man sie festhält, als wenn man sie weitertreibt.

Umgekehrt führt die pedantische Insistenz auf nüchternen Tatsachen zu einem Fetischismus der Gedanken. Sie werden heute in einem sturen Sinn ernst genommen; jeder gilt sogleich als fixe Größe, als Rezept, das die Gesellschaft heilt, oder als Gift, an dem sie zugrunde geht. Die ganze Ambivalenz des Gehorsams setzt sich in der Haltung gegenüber den Gedanken durch. Man will sich ihnen unterwerfen oder gegen sie aufbegehren, als ob sie Götzen wären. Sie spielen zuerst die Rolle von Betriebsanweisungen, schließlich die der Autoritäten und Führer. Wer sie artikuliert, gilt als Prophet oder Häretiker, als Objekt der Massenverehrung oder politischer Verfolgung. Daß derart Gedanken nur noch als Verdikte, Direktiven oder Signale verstanden werden, kennzeichnet die Schwäche des Subjekts in der Gegenwart. Lange vor autoritären Regimen war seine intellektuelle Funktion auf das Feststellen von Fakten reduziert worden. Die Bewegung des Denkens bricht vor Schlagworten, Diagnosen und Prognosen ab. Jeder wird klassifiziert: als Bourgeois, Kommunist, Faschist, Jude, Fremder oder »einer von uns« – und das bestimmt ein für allemal die Haltung. Nach solchen Modellen haben die abhängigen Massen zuverlässiger Weise stets in der Weltgeschichte gedacht. Sie pflegten unter »Ideen«, also Denkprodukten, vereinigt zu sein, die zu Fetischen geworden waren. Denken, das sich selbst treu bleibt, weiß sich demgegenüber in jedem Augenblick zugleich als Ganzes und als unabgeschlossen. Es gleicht weniger dem Spruch eines Richters als dem letzten Wort eines Verurteilten, den man vorzeitig unterbricht. Dieser betrachtet die Dinge unter einem anderen Antrieb als dem, sie zu beherrschen.

Adler schätzt das Publikum, wie es ist, und sieht Popularität daher als positives Kriterium an. Er behandelt den Film als Volkspoesie und vergleicht ihn mit dem Theater der Elisabethanischen Zeit, in der zum ersten Mal »Schriftsteller die doppelte Rolle des Künstlers und des Händlers innehatten und auf dem freien Markt um Applaus und Profit miteinander konkurrierten«[22]. Das bürgerliche Theater stehe im Zeichen von Marktwirtschaft und Demokratie. Kommunisten oder sentimentale Aristokraten bedauerten vielleicht diese Kommerzialisierung, aber ihr Einfluß auf Shakespeare sei doch nicht übel gewesen. Der Film müsse nicht einfach den Massen gefallen, sondern darüber hinaus »den organisierten Gruppen, die zu inoffiziellen Wächtern der öffentlichen Sitten und des Gemeinsinns geworden sind«[23]. Adler sieht wohl die Schwierigkeiten, die sich für den Film aus der Größe des Publikums und den differenzierten Bedürfnissen der modernen Gesellschaft ergeben, aber er ignoriert die Dialektik der Popularität. Seine statische Betrachtungsweise tendiert, ganz gegen seine Absicht, soziale Phänomene zu differenzieren und gegeneinander abzuwägen, zu allgemeiner Nivellierung. So wie er versucht ist, szenische Hintergründe bei Raffael und Disney zu vermengen, so scheint er auch das Hays Office* mit den Hütern der platonischen Republik zu identifizieren.

Künstlich verknüpft Adler völlig verschiedenartige Kultursysteme miteinander. Das zeigt seine ganze Auffassung vom Film als Kunst. Er verteidigt das Kino gegen den Vorwurf, es sei infolge seiner kollektiven Produktionsweise keine Kunst.[24] Aber die Diskrepanz zwischen Kunst und Film, die trotz der Entwicklungsmöglichkeiten der Kinematographie fortbesteht, resultiert nicht so sehr aus dem Oberflächenphänomen der Anzahl von Leuten, die in Hollywood beschäftigt sind, als vielmehr aus den ökonomischen Verhältnissen. Die wirtschaftliche Notwendigkeit einer raschen Realisierung des beträchtlichen Kapitals, das in jeden Film investiert wird, verbietet es, die jedem Kunstwerk inhärente Logik, seine autonome Notwendigkeit zu verfolgen. Was heute volkstümliche Unterhaltung heißt, verdankt sich in Wirklichkeit einem von der Kulturindustrie künstlich erzeugten, manipulierten und infolgedessen

[* Die Selbstzensur der amerikanischen Filmindustrie in den dreißiger Jahren.]
22 Ibid., S. 131 f.
23 Ibid., S. 145.
24 Ibid., S. 483 f.

depravierten Bedürfnis. Es hat mit Kunst wenig zu tun, am wenigsten dort, wo es solche zu sein vorgibt.

Popularität muß unter dem Aspekt des sozialen Wandels gesehen werden, nicht nur als ein quantitativer, sondern ebenso als qualitativer Prozeß. Sie hing nie unmittelbar von den Massen ab, sondern von ihren Repräsentanten in anderen sozialen Schichten. Unter Elisabeth I. und noch im neunzehnten Jahrhundert waren die Gebildeten die Fürsprecher des Individuums. Da aber seine Interessen und die des heraufkommenden Bürgertums nicht völlig übereinstimmten, enthielten die Kunstwerke stets auch ein kritisches Element. Seit dieser Zeit sind Individuum und Gesellschaft reziproke Begriffe. Das Individuum entwickelt sich in Harmonie mit und in Opposition zu der Gesellschaft; diese entfaltet sich, indem die Individuen sich entfalten, und sie entfaltet sich, indem die Individuen gebrochen werden. Im Verlauf dieses Prozesses verstärken die sozialen Mechanismen: nationale und internationale Arbeitsteilung, Krise und Prosperität, Krieg und Frieden ihre Unabhängigkeit vom Individuum, das ihnen immer fremder und ohnmächtiger gegenübersteht. Die Gesellschaft entgleitet den Individuen und die Individuen der Gesellschaft.

Die Spaltung zwischen privater und gesellschaftlicher Existenz nimmt am Ende der liberalistischen Epoche verhängnisvolle Ausmaße an. Neue Formen des gesellschaftlichen Zusammenlebens zeichnen sich ab, innerhalb deren das Individuum, wie es jetzt ist, seine Gestalt ändern oder gar vernichtet werden wird. Die Gebildeten aber sind weiterhin einem rückwärts gewandten Menschenbild verpflichtet. Sie haben die Harmonie von Individuum und Kultur vor Augen, zu einer Zeit, da es nicht mehr darum geht, das isolierte Individuum zu humanisieren – was unmöglich ist –, sondern darum, Humanität als Ganzes zu verwirklichen. Selbst Goethe hat einsehen müssen, daß sein Ideal einer harmonischen Persönlichkeit zerronnen war; in der Gegenwart setzt das ungebrochene Streben nach ihr nicht mehr bloß Indifferenz gegen das allgemeine Leiden voraus, sondern das gerade Gegenteil des Ideals: den entstellten Menschen.

In Europa sind Repräsentation und Führung der Massen von den Gebildeten an zielbewußtere Mächte übergegangen. Kritik in Kunst und Theorie ist von realem Haß und der Klugheit des Gehorsams abgelöst worden. Die Gegensätze von Individuum und Gesellschaft, privater und sozialer Existenz, auf denen der Ernst des künstlerischen Spiels beruhte, sind historisch überholt. Die sogenannte Unterhaltung, die das Erbe der Kunst angetreten hat, ist nichts als ein Mittel der Ertüchtigung, wie Schwimmen oder Fußball. Popularität hat mit dem spezifischen Inhalt oder der Wahrheit künstlerischer Produktionen nichts mehr zu tun. In demokratischen Ländern entscheiden darüber nicht länger die Gebildeten, sondern letztlich die Vergnügungsindustrie. Popularität besteht in der vorbehaltlosen Übereinstimmung der Menschen mit allem, von dem die Vergnügungsindustrie glaubt, es gefalle ihnen. In den totalitären Ländern entscheiden über Popularität die Fachleute für direkte und indirekte Propaganda, die ihrem Wesen nach gegen Wahrheit indifferent ist. Die Konkurrenz der Künstler auf dem freien Markt, bei der die Gebildeten bestimmten, was erfolgreich war, ist zu einem Rennen um die Gunst der Mächtigen geworden, dessen Ausgang die Geheimpolizei steuert. Angebot und Nachfrage werden nicht mehr vom gesellschaftlichen Bedürfnis, sondern von der Staatsräson diktiert. Popularität ist in diesen Ländern so wenig ein Resultat des freien Kräftespiels wie irgendein Preis; in anderen Ländern zeigt sich eine ähnliche Tendenz.

Dewey hat an einer schönen Stelle seines Buches erklärt, daß Kommunikation die Konsequenz und nicht die Absicht der künstlerischen Arbeit sei. »Indifferenz gegen die Reaktion des unmittelbaren Publikums ist ein notwendiger Zug aller Künstler, die Neues zu sagen haben.«[25] Heute ist selbst das vorgestellte zukünftige Publikum fragwürdig geworden, weil der Mensch in der Menschheit wieder so einsam und verlassen ist wie die Menschheit im Kosmos. Aber die Künstler, fährt Dewey fort, »sind von der tiefen Überzeugung beseelt, daß sie nur sagen können, was sie zu sagen haben; der Fehler liegt also nicht bei ihrem Werk, sondern bei denen, die Augen haben und nicht sehen, die Ohren haben und nicht hören«[26]. Die einzige Hoffnung liegt darin, daß die tauben Ohren in Europa aus Opposition gegen die Lügen taub sein könnten, die ihnen von allen Seiten entgegentönen, und daß die Menschen ihren Führern viel-

25 John Dewey, *Art as Experience*, ibid., S. 104.
26 Ibid.

leicht nur blind folgen, weil sie die Augen fest schließen. Eines Tages könnte sich zeigen, daß auch die Massen in den faschistischen Ländern insgeheim die Wahrheit kannten und den Lügen nicht glaubten, so wie katatonische Patienten erst am Ende ihres Zustands zeigen, daß ihnen nichts entgangen ist. Deshalb mag es nicht ganz sinnlos sein, in der unverständlichen Rede fortzufahren.

(Aus dem Englischen von Kurt Jürgen Huch und Alfred Schmidt*)

[* Unter Berücksichtigung eines deutschen Entwurfs von M. H.]

Editorischer Anhang

Editorische Hinweise

Die Bände 3 und 4 der *Gesammelten Schriften* enthalten, neben der Antrittsvorlesung von 1931 ›Die gegenwärtige Lage der Sozialphilosophie...‹ und den Beiträgen zu den *Studien über Autorität und Familie*, die Schriften, die zwischen 1932 und 1941 in der *Zeitschrift für Sozialforschung* erschienen sind. Enthalten sind auch solche Texte, die Horkheimer in die 1968 erschienene zweibändige Ausgabe *Kritische Theorie* nicht aufgenommen haben wollte. Band 3 enthält außerdem zu Beginn den ›Brief an den S. Fischer Verlag‹ und das ›Vorwort zur Neupublikation‹ aus den Jahren 1965 und 1968, die inhaltlich zu den Arbeiten aus der *Zeitschrift* gehören und Horkheimers späteres Verhältnis zu seinen Schriften der dreißiger Jahre deutlich machen.

Der Text des vorliegenden Bandes folgt im Fall der 1968 wiederveröffentlichten Aufsätze der Neuausgabe, die an manchen Stellen von der Fassung des jeweiligen Erstdrucks abweicht. Horkheimer hatte viele Jahre gezögert, einer Neupublikation seiner früheren Arbeiten zuzustimmen; als er sich endlich dazu entschloß, ließ er die Texte einer genauen, vor allem stilistischen Revision unterziehen, die er überprüfte und billigte. Der Stil der dreißiger Jahre erwies sich in mancher Hinsicht als unbeholfener, aber auch schroffer, als im zeitlichen Abstand noch angemessen schien. Auf die Unterschiede zwischen Erst- und Wiederveröffentlichung ist seither in der Rezeptionsgeschichte öfters hingewiesen worden. Da es sich bei diesen Aufsätzen um einen zentralen Bestand des Horkheimerschen Werkes handelt, der zunächst in seiner ursprünglichen Gestalt einflußreich geworden ist, wurden die Abweichungen nun in der vorliegenden Ausgabe in Form von Fußnoten des Herausgebers verzeichnet. Dabei wurden allerdings geringfügige Änderungen ohne inhaltliche Relevanz vernachlässigt (z. B. »Die Gesichtspunkte, welche [die kritische Theorie] ... aus der historischen Analyse entnimmt...« geändert in: »Die Gesichtspunkte, welche [die kritische Theorie]... der historischen Analyse entnimmt...«; oder: »Der Intellektuelle, der bloß in aufblickender Verehrung...« geändert in: »Der Intellektuelle, der nur in aufblickender Verehrung...«). In diesen Fußnoten des Herausgebers sind vor dem Schrägstrich das Bezugswort oder die Bezugsworte des Haupttextes vermerkt, hinter dem Schrägstrich das Jahr der jeweiligen Erstveröffentlichung in der *Zeitschrift* und die dort zu findende ursprüngliche Formulierung.

Diese Fußnoten erscheinen, wie auch alle übrigen Änderungen und Ergänzungen des Herausgebers, in eckigen Klammern: [ ]. Auf diese wird durch Sternchen: *, auf die von Horkheimer formulierten Fußnoten dagegen durch Ziffern verwiesen. Die ursprünglich englischsprachigen Texte wurden in Gestalt der

bereits veröffentlichten Übersetzung aufgenommen oder für die vorliegende Ausgabe erstmals übersetzt.
Jeweils am Ende der beiden Bände befindet sich ein Verzeichnis der Vorträge, auf denen einige Texte beruhen, sowie der Erstveröffentlichungen. Eine vollständige Bibliographie der Schriften Horkheimers ist in Band 18 der *Gesammelten Schriften* enthalten.

Nachwort des Herausgebers zu den Bänden 3 und 4

I

Die während des Jahrzehnts von 1931 bis 1941 entstandenen, in den Bänden 3 und 4 vereinigten Arbeiten Horkheimers gelten in der zeitgenössischen Diskussion als angemessenster Ausdruck der Kritischen Theorie in ihrer ursprünglichen Gestalt. Die meisten der hier abgedruckten Texte stammen aus der *Zeitschrift für Sozialforschung*, die Horkheimer neun Jahre lang unter politisch wechselvollen Umständen im Auftrage des Instituts herausgegeben und intellektuell geprägt hat.[1] Ihren Rang als eines der großen sozialwissenschaftlichen Dokumente des zwanzigsten Jahrhunderts verdankt die *Zeitschrift* der Eigenart ihrer programmatischen Konzeption. Diese führt Horkheimer dem Leser von Anbeginn eindringlich vor Augen. Schon im Vorwort der ersten Nummer von 1932, das den Terminus »Sozialforschung« bestimmt, heißt es, es handle sich darum, durch Studien »auf den verschiedensten Sachgebieten und Abstraktionsebenen... die Theorie der gegenwärtigen Gesellschaft als ganzer« zu fördern. Dieses synthetische Prinzip, fährt Horkheimer fort, bei »unbedingter empirischer Strenge« die Einzeluntersuchungen »im Hinblick auf ein theoretisches Zentralproblem« durchzuführen, »unterscheidet die Sozialforschung... ebenso von bloßer Tatsachenbeschreibung wie von empiriefremder Konstruktion«. Im Geist von Hegel und Marx versieht Horkheimer die »Erkenntnis des gesamtgesellschaftlichen Verlaufs« mit einer geschichtsphilosophischen Grundlage, indem er unter der »chaotischen Oberfläche der Ereignisse« eine begrifflich erkennbare »Struktur wirkender Mächte« voraussetzt. Geschichte ist für den Sozialforscher keine »Erscheinung bloßer Willkür«. Vielmehr betrachtet er sie »als von Gesetzen beherrschte Dynamik«[2]. Ihre Erkenntnis ist Wissenschaft in dem belasteten Sinn, daß sie, um Einsicht ins soziale Ganze zu erlangen, unentwegt darauf angewiesen ist, daß auch andere Wissenszweige sich des sie primär beschäftigenden Themas

1 Vgl. dazu die beiden Studien des Verfassers *Die ›Zeitschrift für Sozialforschung‹. Geschichte und gegenwärtige Bedeutung*; Sonderheft der Nachrichten aus dem Kösel-Verlag, München 1970; und ›Die ursprüngliche Konzeption der Kritischen Theorie im frühen und mittleren Werk Max Horkheimers‹, in: *Die Frankfurter Schule und die Folgen*, Referate eines Symposiums der Alexander von Humboldt-Stiftung vom 10.–15. Dezember 1984, herausgegeben von Axel Honneth und Albrecht Wellmer, Berlin/New York 1986, S. 89–112.

2 Vorwort [zu Heft 1/2 des I. Jahrgangs der *Zeitschrift für Sozialforschung*], in: *Gesammelte Schriften*, Bd. 3, S. 36.

einer »Theorie des historischen Verlaufs der gegenwärtigen Epoche«[3] annehmen. Es gilt, das ungemein komplexe Zusammenwirken ökonomischer, psychischer und (im engeren Sinn) sozialer Faktoren unter wechselnden Blickwinkeln zu untersuchen. In dem Maße, wie die von Horkheimer zu Beginn der dreißiger Jahre konzipierte Sozialforschung ihre Gegenstände auch auf Gebieten entdeckt, die herkömmlicherweise nicht unter fachwissenschaftliche Soziologie fallen, verfolgt sie ein breiteres Interesse als diese. Von Philosophie wiederum unterscheidet sie die Bereitschaft zur Aufnahme auch von Gedanken, »die logisch gesehen noch unaufgehellte Probleme in sich enthalten mögen; sie ist prinzipiell von der Unabschließbarkeit der Erkenntnis überzeugt«[4]. Sofern sich jedoch weltanschauliche und philosophische Fragen für die Theorie der Gesellschaft als wichtig erweisen, sind sie zu berücksichtigen. Die *Zeitschrift* bedarf ferner historischer Studien, die – den Zusammenhang mit aktuellen Problemen wahrend – sich auf die verschiedensten Epochen beziehen. Wichtiger noch ist für Horkheimer der prognostische Gesichtspunkt. Er empfiehlt Forschungen über die »zukünftige Richtung des geschichtlichen Verlaufs« auf dem Hintergrund der gegenwärtigen gesellschaftlichen Problematik; ist doch deren Erkenntnis »ohne das Studium der... auf planmäßige Regelung der Wirtschaft hintreibenden Tendenzen unmöglich«[5].

Deutlicher als noch vor einigen Jahren wird heute, daß Horkheimers um 1930 entstandenes Programm – im Gegenzug zu den damals ontologisch wiedererstehenden Metaphysiken – sich eher der Wissenschaft anvertraut als der Philosophie. Daher auch seine Vorbehalte gegenüber »allen auf möglichst große Allgemeinheit und übergreifende Schau gerichteten geistigen Unternehmungen«[6]. Sosehr Sozialforschung ihrerseits auf synthetisch-konstruktive Begriffsbildungen angewiesen ist, so wichtig ist es festzuhalten, daß ihre »Kategorien« in klarem Gegensatz zur Metaphysik »weitere Aufhellung und berechtigten Widerspruch durch... empirische Forschung« keineswegs ausschließen. Begriffliche »Zusammenfassungen« sind unentbehrlich bei der »wissenschaftlichen Arbeit«. Sie dürfen diese jedoch »nirgends abschließend vorwegnehmen und sich an die Stelle der zu lösenden Probleme setzen«[7].

Das epochale Grundproblem der Sozialforschung erblickt Horkheimer in der »Frage des Zusammenhangs zwischen den einzelnen Kulturgebieten, ihrer Ab-

3 Ibid., S. 38.
4 Ibid., S. 36f.
5 Ibid., S. 38.
6 Ibid.
7 Ibid. – Horkheimer spielt hier an auf einen berühmten Abschnitt der *Deutschen Ideologie*, in dem Marx und Engels die materialistische Geschichtsauffassung gegen die metaphysische Spekulation abgrenzen. Hier heißt es: »Die selbständige Philosophie verliert mit der Darstellung der Wirklichkeit ihr Existenzmedium. An ihre Stelle kann höchstens eine Zusammenfassung der allgemeinsten Resultate treten, die sich aus der Betrachtung der historischen Entwicklung der Menschen abstrahieren lassen. Diese Abstraktionen haben für sich, getrennt von der wirklichen Geschichte, durchaus keinen Wert« (in: Marx/Engels, *Werke*, Band 3, Berlin 1962, S. 27).

hängigkeit voneinander, der Gesetzmäßigkeit ihrer Veränderung«[8]. Ihre Beantwortung – das belegen die grundsätzlichen Themen gewidmeten Beiträge Horkheimers – läuft darauf hinaus, den historischen Materialismus ebenso folgerichtig wie geschmeidig am jeweiligen Geschichtsstoff zu erproben. Daran läßt Horkheimer schon in seinem ersten, von vornherein Mißverständnisse ausräumenden Beitrag zur *Zeitschrift* keinen Zweifel. Die Lehre, heißt es hier, daß die Kulturphänomene »mit den ökonomischen Verhältnissen und den aus ihnen sich ergebenden Interessengegensätzen« zusammenhängen, »besagt nichts über den Realitätsgrad oder das Rangverhältnis der materiellen und geistigen Güter«[9]. Sie widerspricht allerdings der »idealistischen Ansicht, daß die Welt als Erzeugnis und Ausdruck eines absoluten Geistes zu betrachten sei, ... weil die den Geist überhaupt nicht als ein vom historischen Dasein Ablösbares und Selbständiges betrachtet. Wenn aber der Idealismus nicht in dieser fragwürdigen Metaphysik, sondern ... in dem Bestreben gesehen wird, die geistigen Anlagen der Menschen wirklich zur Entfaltung zu bringen, dann entspricht die materialistische Theorie der Unselbständigkeit des Ideellen besser diesem Begriff der klassischen deutschen Philosophie als ein großer Teil der modernen Metaphysik; denn der Versuch, die gesellschaftlichen Ursachen der Verkümmerung und Vernichtung menschlichen Lebens zu erkennen und die Wirtschaft wirklich den Menschen unterzuordnen, ist jenem Streben angemessener als die dogmatische Behauptung einer ... Priorität des Geistigen.«[10] – Heben wir noch hervor, daß Horkheimer mit alldem keinem Historismus das Wort redet. Weder ist Erkenntnis geschichtlicher Bedingtheit enthoben noch ist sie selbstgenügsam und konsequenzlos. Stets aber müssen ihre Resultate »vor theoretischen Kriterien standhalten ..., wenn sie sich in der Wirklichkeit bewähren sollen«[11].

II

Mit Ausnahme des Essays ›Die Juden und Europa‹ sind die »sozialphilosophische(n) Prinzipienfragen«[12] gewidmeten Abhandlungen Horkheimers aus der *Zeitschrift* eingegangen in die beiden 1968 veröffentlichten Bände *Kritische Theorie*. Lange hat Horkheimer gezögert, einem Wiederabdruck zuzustimmen. Die Gründe dafür nennt er im ›Brief an den S. Fischer Verlag‹ vom 3. Juni 1965

8 Vorwort [zu Heft 1/2 des I. Jahrgangs der *Zeitschrift für Sozialforschung*], l. c., S. 37.

9 Bemerkungen über ›Wissenschaft und Krise‹, in: *Gesammelte Schriften* Bd. 3, S. 46.

10 Ibid.

11 Vorwort [zu Heft 1/2 des I. Jahrgangs der *Zeitschrift für Sozialforschung*], l. c., S. 39.

12 Vorwort [zu den Studien über *Autorität und Familie*], in: *Gesammelte Schriften* Bd. 3, S. 329.

und im ›Vorwort zur Neupublikation‹ vom April 1968. »Wenn die alten Texte heute gelten sollen«, heißt es in jenem Brief, »hat die Erfahrung in den letzten beiden Jahrzehnten mitzusprechen. Vom Willen zur gerechten Gesellschaft motiviert, sind sie von der Konzeption durchdrungen, daß die Realität mit Notwendigkeit, wenn nicht unmittelbar das Gute, doch die Kräfte erzeuge, die es verwirklichen können... Solches auf soziale Theorie und nicht auf metaphysisch-religiöse Postulate sich stützende Vertrauen hat den Grundton der Essays... bestimmt. Nach der totalitären Mörderherrschaft sollte ihr Gegenteil beginnen, freiheitliche Zivilisation ohne das mit ihr verbundene Unrecht, ohne Bereitschaft zu nationalistischer Barbarei. In der Entwicklung der fortgeschrittensten Staaten schien das Bessere angelegt, von den Urhebern der sozialistischen Revolution im Anfang intendiert zu sein. Seit der Mitte des Jahrhunderts hat die Erwartung das unsichere empirische Fundament noch weiter eingebüßt. Auf das Dasein am freien Leben interessierter, kraft ihrer Funktion entscheidender Massen vermag progressive Theorie so wenig sich zu stützen wie auf ihnen verbundene große Einzelne. Die Ungeduld wird paradox. Der Wandel muß... bezeichnet werden. Ihn zu verschweigen, wäre die Preisgabe des heute wie damals entscheidenden Motivs, des Willens zum Richtigen. ... Dialektik, wie sie von den Essays gemeint wird, hat in sich... aufzunehmen, daß sie in Geschichte selbst miteinbezogen ist. Ihre eigenen Begriffe kennt sie als Momente der historischen Konstellation wie als Ausdruck jenes Willens zur richtigen Gesellschaft, der in verschiedenen historischen Situationen theoretisch und praktisch verschieden sich äußert und zugleich als derselbe sich erhält. Mein Zögern entspringt der Schwierigkeit, die alten Gedanken, die von jener Zeit nicht unabhängig waren, wieder auszusprechen, ohne dem, was mir heute wahr erscheint, Eintrag zu tun...«[13]

Im ›Vorwort zur Neupublikation‹, dessen Niederschrift – das belegen zahlreiche Entwürfe – Horkheimer sich hat sauer werden lassen, werden die Gründe seines jahrelangen Zögerns, die Aufsätze aus der *Zeitschrift* abermals herauszubringen, noch differenzierter erörtert. Horkheimer sieht hier seine früheren Positionen »von ökonomischen und politischen Vorstellungen durchherrscht, die nicht mehr unvermittelt gelten«[14]. Sie gehen zurück auf die Lehre von Marx und Engels, die sich – trotz bleibender Verdienste – angesichts der qualitativ veränderten Weltlage als unzulänglich erwiesen hat. Die im viktorianischen England lebenden Autoren betrachten die politische Ökonomie als »Anatomie der bürgerlichen Gesellschaft«[15]. Sie sind überzeugt von der Möglichkeit einer einheitlich-materialistischen Erklärung der sozialen und kulturellen Tatsachen. Ihre Geschichtsauffassung beruht, was Engels hervorhebt, auf den Kategorien der – fortentwickelten – Ricardoschen Warenanalytik: Die »Bestimmung des Warenwerts durch Arbeit und der nach diesem Wertmaß sich vollziehende freie Austausch der Arbeitsprodukte zwischen gleichberechtigten Warenbesitzern, das

13 ›Brief an den S. Fischer Verlag‹, in: *Gesammelte Schriften* Bd. 3, S. 9f.; 13.
14 ›Vorwort zur Neupublikation‹, in: *Gesammelte Schriften* Bd. 3, S. 14.
15 Marx, *Zur Kritik der politischen Ökonomie*, Berlin 1951, S. 12.

sind ... die realen Grundlagen, auf denen die gesamte politische, juristische und philosophische Ideologie des Bürgertums sich aufgebaut hat«[16]. Im Sinn dieser Prämissen des klassischen Marxismus scheint es Horkheimer während der dreißiger Jahre noch möglich, »mit einem festen theoretischen Gefüge das gesellschaftliche Ganze zu fassen«[17]. Nach dem Zweiten Weltkrieg ist jedoch einheitlich erklärende Theorie, die den herrschenden Zustand an seinem eigenen Anspruch auf Rationalität mißt, immer problematischer geworden. Die von Marx vorausgesagte zunehmende Verelendung der Arbeiterklasse ist in den fortgeschrittenen Ländern des Westens ausgeblieben. Was einmal »proletarisch revolutionärer Wille« hieß, konstatiert Horkheimer, ist »übergegangen in gesellschafts-immanente, realitätsgerechte Aktivität. Zumindest dem subjektiven Bewußtsein nach ist das Proletariat integriert.«[18]

An die Stelle des Reichs der Freiheit, das einmal bei Marx die Vorgeschichte der Menschheit ablösen sollte, tritt denn auch im späteren Denken Horkheimers die »verwaltete Welt«. Ihr nähert sich die motorisierte Geschichte im Zeitalter einer technisch vermittelten Konvergenz der Blöcke. »Die Epoche«, betont Horkheimer, »tendiert zur Liquidation alles dessen, was mit der, wenn auch relativen, Autonomie des Einzelnen zusammenhing. Der Bürger im Liberalismus vermochte, in bestimmten Grenzen, seine Kräfte zu entfalten, in gewissem Maß war sein Schicksal Resultat der eigenen Aktivität. Solche Möglichkeit auf alle auszubreiten, war das Postulat von Freiheit und Gerechtigkeit.« Indessen lehrt die Geschichte unseres Jahrhunderts, daß »die Steigerung der einen mit der Verminderung der anderen« einhergeht; »die zentrale Regelung des Lebens, die jede Einzelheit planende Verwaltung, sogenannte strikte Rationalität, erweist sich als historischer Kompromiß. Schon zur Zeit des Nationalsozialismus war ersichtlich, daß totalitäre Lenkung ... ein Symptom des Ganges der Gesellschaft war. Perfektionierung der Technik, Ausbreitung von Verkehr und Kommunikation, Vermehrung der Bevölkerung treiben zur straffen Organisation.« Angesichts dieser Tendenzen bleibt dem ohnmächtigen Subjekt gerade noch die Möglichkeit, das »Erkannte auszudrücken und dadurch ... zu helfen, neuen Terror abzuwenden«[19].

III

Eine drastisch veränderte Einschätzung der Weltlage, die auch erklärt, weshalb Horkheimer sich beharrlich geweigert hat, den Anfang 1939 fertiggestellten, in leidenschaftlich anklagendem Ton gehaltenen Aufsatz ›Die Juden und Europa‹ neu zu veröffentlichen. Er richtet sich, dem Tenor nach, gegen Kreise jüdischer

16 Marx, *Das Elend der Philosophie*, Berlin 1971, S. 14 (Engels' Vorwort zur ersten deutschen Ausgabe von 1885).
17 Fassung des ›Vorworts‹ zur *Kritischen Theorie* von 1964, MHA: 24.14a.
18 ›Vorwort zur Neupublikation‹, l. c., S. 15.
19 Ibid., S. 16f.

Emigranten, denen er vorwirft zu übersehen, daß »die totalitäre Ordnung nichts anderes (ist) als ihre Vorgängerin, die ihre Hemmungen verloren hat«[20]. Die Intellektuellen verklären eben jenen Liberalismus, der mit naturgesetzlicher Notwendigkeit einmündet in völkische Diktatur. Sie verlassen sich darauf, »daß irgendwo die Reformierung des westlichen Kapitalismus glimpflicher sich abspielt als die des deutschen und gut empfohlene Fremde doch noch eine Zukunft haben«[21]. Horkheimer skizziert das Schreckbild eines »Faschismus als Weltsystem«, dessen Ende, unter ökonomischem Aspekt, unabsehbar wäre. Unter den neuen Verhältnissen reproduziert sich die Ausbeutung der Unteren nicht mehr über blinde Marktmechanismen, sondern »in der bewußten Ausübung der Herrschaft«. Planmäßige Gewalt ist jetzt bestrebt, »die sozialen Gegensätze unmittelbar zu meistern«. Damit verlieren die Kategorien der Marxschen Ökonomie nicht ihre »reale Gültigkeit«. Erreicht wird jedoch – auf ironische Weise – ihre vorausgesehene Konsequenz: »das Ende der politischen Ökonomie«. Die objektive Dynamik des Wirtschaftslebens weicht diktatorischer Praxis der »ökonomisch Mächtigen«. Der Faschismus ist durchaus zeitgemäß. Rückständig, erklärt Horkheimer, ist er nicht »im Vergleich zum bankrotten Laissez-faire-Prinzip, sondern zu dem, was für die Menschen erreichbar wäre«[22]: der Sozialismus. Die neuen, mit den Schwächen der bürgerlichen Welt wohlvertrauten Machthaber setzen die (wegen der Überholtheit des Privateigentums) ökonomisch unhaltbar gewordene Klassenherrschaft mit rein politischen Maßnahmen fort.[23] Ihre Ideologie, hebt Horkheimer hervor, »verschleiert das gleiche Verhältnis wie die alte harmonistische: die Herrschaft einer Minderheit auf Grund des faktischen Besitzes der materiellen Produktionswerkzeuge. Das Profitstreben endet heute in dem, was es stets schon war: im Streben nach gesellschaftlicher Macht.«[24] Ausgeübt wird diese nicht mehr von den juristischen Eigentümern, sondern von industriellen Bürokratien.

Angesichts der im damaligen Europa sich abzeichnenden Entwicklung erscheint der Faschismus in Horkheimers Sicht als ein gesetzmäßig eintretendes Stadium, das früher oder später auch von anderen Ländern erreicht werden wird. Er ist, wie Horkheimer mit Hegel sagt, die »Wahrheit« der liberalistischen Gesellschaft. »Ihn zu erkennen, bedarf es keiner Revision der ökonomischen Theorie. Der gleiche und gerechte Tausch hat sich selbst ad absurdum geführt, und die totalitäre Ordnung ist dies Absurdum.«[25] Jahrzehnte später, im ›Vorwort zur Neupublikation‹, hat Horkheimer die ihn seinerzeit bestimmenden politischen Gesichtspunkte noch einmal präzisiert: »Daß zu Anfang der dreißiger Jahre die vereinigten Arbeiter im Bund mit Intellektuellen den Nationalsozialismus hätten verhindern können, war keine leere Spekulation. Zu Beginn der völkischen Bar-

20 ›Die Juden und Europa‹, in: *Gesammelte Schriften* Bd. 4, S. 309.
21 Ibid.
22 Ibid., S. 316.
23 Ibid., S. 314.
24 Ibid.
25 Ibid., S. 309

barei, erst recht zur Zeit des Grauens ihrer Herrschaft, war freiheitliche Gesinnung identisch mit Empörung gegen innere und äußere soziale Mächte, die den Aufstieg der künftigen Mörder teils veranlaßt, teils gefördert oder wenigstens geduldet hatten. Der Faschismus wurde respektabel. Industriell fortgeschrittene... Staaten, vom stalinistischen Rußland zu schweigen, haben Deutschland nicht wegen Hitlers Terror bekriegt, den sie als innere Angelegenheit gelten ließen, sondern aus Motiven der Machtpolitik. Darin stimmte deutsche und ausländische Politik mit der östlichen Strategie überein, und deshalb war Haß gegen den Faschismus identisch mit Haß gegen die herrschenden Cliquen schlechthin.«[26]

Dieser politischen Einschätzung der Weltlage entspricht damals der orthodox-marxistische Anspruch Horkheimers, den historischen Übergang vom Liberalismus zur totalitären Ära streng ökonomisch zu begreifen. Der Aufsatz ›Die Juden und Europa‹ ist dafür paradigmatisch. Horkheimer hat jedoch nach dem Zweiten Weltkrieg wiederholt darauf hingewiesen, daß infolge gründlich veränderter Zeitumstände an jenem Anspruch, die gesellschaftlichen Erscheinungen einheitlich-ökonomisch zu erklären, nicht mehr ohne weiteres festgehalten werden könne. Sein ›Vorwort‹ von 1968 beurteilt die Enklaven des Liberalismus inmitten der dem Subjekt feindlichen Welt positiver als zuvor und spricht die einfache Wahrheit aus, daß »die fragwürdige Demokratie... bei allen Mängeln immer noch besser« ist »als die Diktatur, die ein Umsturz heute bewirken müßte«[27].

IV

Die beiden Bände *Kritische Theorie* von 1968 trugen den Untertitel *Eine Dokumentation*. Mit ihm wollte Horkheimer auf den zeitlichen Abstand zwischen den Entstehungsbedingungen seiner erneut vorgelegten Arbeiten und dem hochschulpolitisch turbulenten Erscheinungsjahr hinweisen. Aus heutiger Sicht bilden sie, literarisch wie wissenschaftlich, den Höhepunkt der Horkheimerschen Essayistik. Die Kritische Theorie wird hier nicht weltanschaulich-bekenntnishaft verkündet, sondern (im Marxschen Sinn von ›Selbstverständigung‹) entwickelt in subtilen ideologiekritischen Untersuchungen, deren Gegenstände von der geisteswissenschaftlichen Methodik bis zum logischen Empirismus reichen.

Wenden wir uns jetzt jenen systematischen Problemen Horkheimers zu, die für die zeitgenössische Philosophie unverändert fruchtbar sind: 1. der Frage nach der Struktur der Geschichte, 2. dem Gegensatz von Idealismus und Materialis-

26 ›Vorwort zur Neupublikation‹, l. c., S. 14f.
27 Ibid., S. 17.

mus, 3. dem von ›kritischer‹ und ›traditioneller‹ Theorie, der die beiden ersten Themen umfaßt.[28]

1. Im Gegensatz zu den eher geschichtsfeindlichen Tendenzen in der Sozialwissenschaft der zweiten Hälfte unseres Jahrhunderts hält Horkheimer an der von Marx und Engels in der *Deutschen Ideologie* ausgesprochenen Einsicht fest, daß es »nur eine einzige Wissenschaft« gibt, »die Wissenschaft der Geschichte«[29]. Deren ontischer, materialer Bestand gründet in sich selbst. Darauf besteht Horkheimer gegenüber der Ontologie von *Sein und Zeit*. Hier ordnet Heidegger – historisches Bewußtsein scheinbar radikalisierend – »eigentliche Geschichtlichkeit« als »Seinsverfassung des ›Geschehens‹ des Daseins als solchen«[30] aller Weltgeschichte vor. Damit wird jedoch die Verflochtenheit des (einzelmenschlichen) Daseins in den realen Geschichtsprozeß zu etwas Gleichgültigem und Scheinhaftem herabgesetzt. »Es macht aber«, so Horkheimer, »die Beschäftigung mit der äußeren Geschichte ebensowohl das jeweilige Dasein verständlich, wie die Analyse der jeweiligen Existenzen das Verständnis der Geschichte bedingt.«[31]

Verglichen mit Heidegger hat Dilthey, auf dessen methodologische Erwägungen Horkheimer immer wieder zurückgekommen ist, den Vorzug, daß er, wie Hegel, die überindividuellen Strukturen der wirklichen Geschichte anerkennt und studiert. Allerdings wird Dilthey dadurch zum unmittelbaren Vorläufer der philosophischen Anthropologie,. daß er die Struktur einer Epoche jeweils als »geistige Einheit«[32] betrachtet. Er ist davon überzeugt, daß »in den großen Kulturperioden... das einheitliche Menschenwesen sich nach seinen verschiedenen Seiten, die ursprünglich in jedem Menschen angelegt sind, entfalte«[33]. Für Dilthey ist die mit den Methoden einer ›verstehenden‹ Psychologie zu untersuchende Geschichte vorab ›Geistesgeschichte‹. Nachdrücklich wendet Horkheimer sich gegen diese »allzu harmonische Betrachtungsweise«[34]. Die relativ ähnlichen Züge der tonangebenden Menschen eines Zeitabschnitts, die geisteswissenschaftlich zu Typen stilisiert werden, dürfen nicht darüber hinwegtäuschen, daß das gesellschaftliche Sein der ökonomisch Abhängigen als Voraussetzung der psychischen Wesensart der Herrschenden allemal mitgedacht werden muß. Hinzu kommt, daß die keineswegs bloß geistige Totalität dessen, was Marx ›Produktionsverhältnisse‹ nennt, nicht nur infolge objektiver Antagonismen brüchig wird, sondern auch dadurch, daß jede neue Produktionsweise stets Rudimente

28 Der Verfasser greift im folgenden auf eine gekürzte und überarbeitete Version seines Aufsatzes ›Zur Idee der kritischen Theorie‹ zurück, der 1968 als Nachwort zu den beiden von ihm herausgegebenen Bänden *Kritische Theorie* entstanden ist.
29 Marx/Engels, *Werke*, Band 3, l. c., S. 18 (Textvariante).
30 Martin Heidegger, *Sein und Zeit*, Tübingen [9]1960, S. 20.
31 ›Geschichte und Psychologie‹, in: *Gesammelte Schriften* Bd. 3, S. 50.
32 Wilhelm Dilthey, *Gesammelte Schriften*, Band VII, Leipzig 1927, vgl. S. 185 ff.
33 ›Geschichte und Psychologie‹, l. c., S. 66.
34 ›Bemerkungen zur philosophischen Anthropologie‹, in: *Gesammelte Schriften* Bd. 3, S. 249.

der vorangehenden mit sich fortschleppt. Der Gedanke eines einheitlichen ›Menschenbildes‹, wie er in der Nachfolge Diltheys von Scheler verfochten wurde und noch in der Gegenwart nachwirkt, ist selbst dann geschichtsfremd, wenn er »Werden und Veränderung« in sich aufnimmt; setzt er doch, wie Horkheimer betont, eine »feste begriffliche Hierarchie« voraus; »sie widerspricht dem dialektischen Charakter des Geschehens, in das die Grundstruktur des Seins von Gruppen und Individuen jederzeit verflochten ist«[35].
Wenn Diltheys Kategorien ›Struktur‹ und ›Typus‹ sich erst in einer Geschichtstheorie konkretisieren, welche die ökonomische Dynamik enthüllt, die der Abfolge der Zeitalter zugrunde liegt, so gilt das ebensosehr von seiner Forderung, das Geschichtsstudium durch eine ›analytische Psychologie‹ (wie sie dann Freud tatsächlich entwickelt hat) zu ergänzen. Obwohl der historische Materialismus mit Hegel streng auf der Objektivität der geschichtlichen Prozesse besteht und deren liberalistische Reduktion auf individualpsychologische Triebkräfte verwirft, übersieht er keineswegs die Tatsache, daß jene den Menschen entgegentretende Objektivität durch ihr eigenes Handeln vermittelt ist, wie, umgekehrt, die objektiv-ökonomische Determination dieses Handelns erst verständlich wird durch die Analyse der den Menschen »jeweils eigenen Reaktionsweisen«[36]. War Psychologie seit der Renaissance die bürgerliche Grundwissenschaft vom Menschen, so wird sie jetzt »zur...unentbehrlichen Hilfswissenschaft der Geschichte«[37]. Wenn es keine ›ewige Menschennatur‹ gibt, die sich als einheitliche Basis des Geschichtsverlaufs oder einzelner seiner Etappen deuten läßt, dann »verwandelt sich die Lehre vom Sein im Menschen ebenso wie jede Art philosophischer Anthropologie aus einer trotz allem statischen Ontologie in die Psychologie der in einer bestimmten Geschichtsepoche lebenden Menschen«[38]. An die Stelle der metaphysischen Rede vom Menschen überhaupt, wie Marx und Engels sie bereits im Vormärz an den Linkshegelianern und Feuerbach schneidend kritisieren, tritt bei Horkheimer die genaue Untersuchung dessen, was jeweils das menschliche Wesen ausmacht: In »jeder Epoche sind die gesamten in den Menschen entfaltbaren seelischen Kräfte, ... welche ihren ... Leistungen zugrunde liegen, ferner die den gesellschaftlichen und individuellen Lebensprozeß bereichernden seelischen Faktoren zu unterscheiden von den durch die jeweilige gesellschaftliche Gesamtstruktur determinierten und relativ statischen psychischen Verfassungen der Individuen, Gruppen, Klassen, Rassen, Nationen, kurzum von ihren Charakteren«.[39]

35 Ibid., S. 251.
36 ›Geschichte und Psychologie‹, l. c., S. 58.
37 Ibid., S. 57.
38 Ibid., S. 50.
39 Ibid., S. 57. – Vgl. zu Horkheimers geschichtsmethodologischer Ausgangsposition jenseits von geisteswissenschaftlichem Historismus und Heideggerscher Daseinsanalytik auch die Schrift des Verfassers *Die Kritische Theorie als Geschichtsphilosophie*, München 1976, S. 16ff. – Horkheimer bewegt sich hier auf der Linie der *Deutschen Ideologie*, deren Autoren die ideologische Geschichtsmethode als die Illu-

Die umfassende ›Wissenschaft der Geschichte‹ ist mithin für Horkheimer keine quellenkritisch-archivarische, rein erzählende Historie im herkömmlichen Verstand (obzwar sie deren Methoden und Ergebnisse berücksichtigt) noch Geschichtsphilosophie als aprioristische Konstruktion – was sie der Idee nach schon bei Hegel nicht sein wollte. Sie ist kritische Geschichtsschreibung, materialistische ›Anthropologie‹ in einem der Bemühungen Diltheys, Schelers und anderen gerade entgegengesetzten Sinn. Indem sie von der durch Warenproduktion vermittelten Einheit des bürgerlichen Zeitalters ausgeht, gelingt es ihr ebensosehr, Vergangenes zu vergegenwärtigen, auf Tageskämpfe zu beziehen, wie Distanz zu ihm zu bewahren, es in seiner Andersheit zu sehen. Geschichte bedeutet für Horkheimer ein Doppeltes: aktuelle Auseinandersetzung und Gedächtnis vergangenen, irreparablen Unrechts. Modell einer solchen Betrachtungsweise ist die Studie ›Egoismus und Freiheitsbewegung‹ und die über den geschichtsphilosophischen Stellenwert der Skepsis Montaignes. Gegenüber der sonst in der Literatur anzutreffenden Tendenz, Ideologieforschung auf die Analyse bloßer Bewußtseinsformen zu verengen, werden hier der sozial-psychische Habitus der Individuen, Gruppen, Schichten und Klassen, ihre bewußten und unbewußten Verhaltensweisen in ihrer Abhängigkeit von der gesellschaftlichen Totalität untersucht. Daß die dabei verwandte Methode weniger ›verstehend‹ als ›erklärend‹ ist, liegt nicht an der mangelnden Einsicht Horkheimers in die qualitative Eigenart des Sozialen gegenüber Naturprozessen, sondern daran, daß die seitherige Geschichte zwar von den Menschen gemacht wurde, »aber nicht mit Gesamtwillen nach einem Gesamtplan«[40]; sie nahm Züge eines ihren Herstellern entfremdeten, blinden Naturgeschehens an.

2. Der Gegensatz von Idealismus und Materialismus wird in der akademischen Philosophie selten angemessen erörtert: sein spezifischer Sinn bleibt unbegriffen. Es gehört zu den aktuellen Aspekten der Horkheimerschen Aufsätze, diesen Gegensatz zu erhellen, ohne die erkenntniskritischen Bedenken des Idealismus gegen den Materialismus zu vernachlässigen und ohne ihn als ›Weltanschauung‹ zu akzeptieren. Ferner – das ist ein nicht minder wichtiger Punkt – diskutieren die Aufsätze das äußerst komplexe Verhältnis der materialistischen Geschichtsauffassung zum philosophischen Materialismus überhaupt.

Indem Horkheimer sich kritisch von den Weltanschauungslehren Diltheys und neuerer Ontologen absetzt, in denen der Materialismus als eine ewige Möglichkeit des menschlichen Geistes erscheint, das Weltganze metaphysisch zu deuten, stößt er zu einer Betrachtungsweise vor, welche die Geschichte ins Wesen

sion kennzeichnen, »daß alle Verhältnisse der Menschen aus dem Begriff des Menschen, dem vorgestellten Menschen, dem Wesen des Menschen, *dem* Menschen abgeleitet werden können« (in: Marx/Engels, *Werke*, Band 3, l. c., S. 48). – Horkheimers schroffe Absage an jegliche ›Anthropologie‹, die noch im Spätwerk fortwirkt (und stets ein Element marxistischer Orthodoxie gebildet hat) erklärt auch sein auffälliges Desinteresse an den akademischen Debatten der fünfziger Jahre über den ›jungen Marx‹.

40 Engels an Walther Borgius, Brief vom 25. 1. 1894, in: Marx/Engels, *Werke*, Band 39, Berlin 1968, S. 206.

theoretischer Gebilde aufnimmt. Er zeigt, daß der Materialismus, was den Umfang und Inhalt seiner Aussagen und deren Akzent angeht, sich je nach dem Stand der menschlichen Praxis und ihren Konflikten ändert. Reduzierte er im siebzehnten und achtzehnten Jahrhundert im Interesse des aufsteigenden Bürgertums die Wirklichkeit auf mechanisch bewegte und mathematisch bestimmte Körper, so hat er in der Gegenwart die »ökonomische Theorie der Gesellschaft« zum wichtigsten Inhalt; »die formalen Züge, welche gegenüber der idealistischen Metaphysik hervorzuheben sind«[41], kennzeichnen ihn weitaus weniger. Das Mißverständnis, der Materialismus sei vorab eine Antwort auf traditionell metaphysische Fragen, entsteht dadurch, daß seine »philosophischen Vertreter«, an jene anknüpfend, »den idealistischen Thesen eigene entgegensetzen«[42]. Das veranlaßt die Fachphilosophen, ihn als erkenntnistheoretisch primitiv und seine allgemeinste These von der alleinigen Realität des Stoffs und seiner Bewegung als dogmatisch zu verwerfen. Diese in der Tat unzulängliche These wird sodann ethisch gewendet, das heißt »als grundlegend für bestimmte praktische Konsequenzen, ja, für eine einheitliche Lebensgestaltung genommen, ebenso wie die idealistische Metaphysik als die sinngemäße Voraussetzung idealistischer Handlungsweise gilt«[43]. Demgegenüber weist Horkheimer nach, daß eine solche Einheit des Handelns sich materialistisch gar nicht begründen läßt. Wo materialistische Philosophen etwas wie ein ›System‹ anstreben, entgeht ihnen, wie sehr »die inhaltliche Fassung der materialistischen Theorie ihre einheitliche Struktur sprengt. ... Das Prinzip, welches sie als Wirklichkeit bezeichnet, taugt nicht dazu, eine Norm abzugeben. Die Materie ist an sich selbst sinnlos, aus ihren Qualitäten folgt keine Maxime für die Lebensgestaltung ...«[44]

Materialistische Dialektik – darauf laufen Horkheimers Überlegungen hinaus – zielt nicht ab auf einen ›Urstoff‹, ein letztes Substrat des Wirklichen. Sie hebt den philosophischen Gegensatz von Natur und Geist, Materie und Bewußtsein auf in der sinnlich-gegenständlichen Praxis der *Thesen über Feuerbach*. Die »Priorität der Natur«[45] gegenüber dem Menschen und seinem Bewußtsein, die von den vormarxschen, einseitig-naturwissenschaftlich orientierten Materialisten als ›absoluter‹ Vorrang verstanden wurde, erweist sich damit als ein je nach dem Stand der Geschichte anders zu bewertendes Moment des gesellschaftlichen Lebensprozesses. Die einzelwissenschaftlichen Ergebnisse, auf welche der physikalische und der physiologische Materialismus sich berufen, müssen soziologisch relativiert werden, sonst erstarren sie zu uneinsichtigen Dogmen.

Ist einmal, wie Engels sich ausdrückt, »in der Entwicklungsgeschichte der menschlichen Arbeit der Schlüssel erkannt zum Verständnis der gesamten Ge-

41 ›Materialismus und Metaphysik‹, in: *Gesammelte Schriften* Bd. 3, S. 105.
42 Ibid., S. 73.
43 Ibid., S. 77.
44 Ibid., S. 77; 79.
45 Marx/Engels, *Die deutsche Ideologie*, l. c., S. 44.

schichte«[46], dann wird es unmöglich, von einer ihr »logisch vorgeordneten Einsicht«[47] auszugehen. Horkheimer denkt hier an Hegels verfehlten Versuch, die historische Dialektik als Anwendungsfall der Logik des absoluten Begriffs darzustellen. In Wirklichkeit, sagt Horkheimer, »ergibt sich die richtige Theorie aus der Betrachtung der jeweils unter bestimmten Bedingungen lebenden und mit Hilfe bestimmter Werkzeuge ihr Leben erhaltenden Menschen«[48]. Realisiert der Stufengang ihrer Geschichte keinen *a priori* gegebenen Endzweck, so ist auch die Dialektik nicht zu fetischisieren. Materialistisch gewendet, büßt sie ihren Anspruch auf ontologische Universalität ein; sie ist kein ›Weltgesetz‹ mehr, sondern geht mit den Menschen und ihrer Praxis unter. Auch die »nach den Grundsätzen der Dialektik dargestellte Wissenschaft«, unterstreicht Horkheimer, »bleibt... eine in vieler Hinsicht bedingte Tatsache unseres Lebens«[49].

Was den historischen Materialismus, wie Horkheimer ihn interpretiert, mit philosophischem Materialismus überhaupt verbindet, ist keineswegs dessen bedenkliche Neigung, die große Einheit zu verkünden, Natur: das Beständigste und Mächtigste mit dem Höchsten und Verehrungswürdigsten zu identifizieren.[50] Es ist das genuin materialistischem Denken innewohnende Moment der Trauer, selbst der Demut angesichts der kreatürlichen Not und Endlichkeit des Menschen. Im ›Vorwort‹ von 1968 bekennt Horkheimer sich ausdrücklich zu dem ihm »seit je« vertrauten »metaphysischen Pessimismus«. »Meine erste Bekanntschaft mit Philosophie«, heißt es hier, »verdankt sich dem Werk Schopenhauers; die Beziehung zur Lehre von Hegel und Marx, der Wille zum Verständnis wie zur Veränderung sozialer Realität haben, trotz dem politischen Gegensatz, meine Erfahrung seiner Philosophie nicht ausgelöscht.«[51]

3. Die wichtigsten Arbeiten der *Zeitschrift*, in denen Horkheimer ›traditionelle‹ und ›kritische‹ Theorie nach Einheit und Differenz bestimmt, sind die Aufsätze ›Zum Problem der Wahrheit‹ von 1935, ›Der neueste Angriff auf die Metaphysik‹ von 1937 sowie, aus demselben Jahr, die programmatische Abhandlung ›Traditionelle und kritische Theorie‹ nebst einem ›Nachtrag‹. Der Terminus ›kritisch‹ wird hier von Horkheimer, worauf er ausdrücklich hinweist, »weniger im Sinn der idealistischen Kritik der reinen Vernunft als in dem der dialektischen Kritik der politischen Ökonomie verstanden«[52]. Die ›traditionelle‹ Theorie ist wesentlich älter. Begründet wird sie von Descartes im *Discours de la méthode*. Descartes bereits ist bestrebt, das ableitende Verfahren der Mathematik auf die gesamte

46 ›Ludwig Feuerbach und der Ausgang der klassischen deutschen Philosophie‹, in: Marx/Engels, *Ausgewählte Schriften*, Band II, Berlin 1966, S. 369.
47 ›Geschichte und Psychologie‹, l. c., S. 54.
48 Ibid.
49 ›Hegel und das Problem der Metaphysik‹, in: *Gesammelte Schriften* Bd. 2, Frankfurt am Main 1987, S. 306.
50 ›Theismus – Atheismus‹, in: *Gesammelte Schriften* Bd. 7, Frankfurt am Main 1985, vgl. S. 180.
51 ›Vorwort zur Neupublikation‹, l. c., S. 18.
52 ›Traditionelle und kritische Theorie‹, in: *Gesammelte Schriften* Bd. 4, S. 180, Anm. 14.

Wissenschaft anzuwenden. Schon er verficht das spätere positivistische Ideal der ›Einheitswissenschaft‹: »Die Trennung der Wissenschaften ist aufgehoben, indem die auf verschiedene Bereiche bezogenen Sätze auf dieselben Prämissen zurückgeführt werden.«[53] Dabei verschlägt es in der Folge wenig, ob diese Prämissen, allgemeinste Sätze, als Erfahrungsurteile, evidente Einsichten oder konventionelle Festsetzungen interpretiert werden. Die erkenntnistheoretische Differenz von Empirismus und Rationalismus erweist sich, wie Horkheimer zeigt, beim Entstehen des modernen Begriffs von durchgebildeter Theorie als relativ unwichtig. Entscheidend ist allein, daß die auf ein Sachgebiet bezogenen Sätze »so verknüpft sind, daß aus einigen von ihnen die übrigen abgeleitet werden können. Je geringer die Zahl der höchsten Prinzipien im Verhältnis zu den Konsequenzen, desto vollkommener ist die Theorie.«[54] »Daß alle Teile durchgängig und widerspruchslos miteinander verknüpft sind, ist die Grundforderung, die jedes theoretische System befriedigen muß.«[55] Dieser letztlich auf ein »rein mathematisches Zeichensystem«[56] hinauslaufende Begriff von Theorie erschöpft sich in seiner operationellen Brauchbarkeit. Gültig sind Urteile in dem Maße, wie sie die tatsächlichen Geschehnisse präsentieren. Systematisch verbunden, enthalten sie »aufgestapeltes Wissen« in einer »zur möglichst eingehenden Kennzeichnung von Tatsachen«[57] geeigneten Form.

Horkheimers Konzeption läßt das Selbstverständnis der modernen Wissenschaft zunächst einmal gelten. Sie berücksichtigt, wie sehr diese zum Fortschritt technischer Naturbeherrschung beigetragen hat und dabei selbst, wie es bei Marx heißt, zur »unmittelbaren Produktivkraft«[58] geworden ist. Seine Kritik setzt dort ein, wo der den empirischen Forschern geläufige Typus pragmatischer Rationalität mit wissenschaftlichem Vorgehen schlechthin verwechselt wird. Was die Gelehrten als prinzipiell unveränderliches Wesen von Theorie ausgeben, ist in Wahrheit der Ausdruck einer ihnen gesellschaftlich vorgezeichneten Arbeitssituation. Sie umschreiben – was ihnen verborgen bleibt – keine unwandelbare Idee, sondern ein Abstraktionsprodukt, das dem »wissenschaftlichen Betrieb« entstammt, »wie er sich innerhalb der Arbeitsteilung auf einer gegebenen Stufe vollzieht«[59]. Dadurch, daß die Tätigkeit des Wissenschaftlers neben der zahlreicher anderer Berufsgruppen geschieht, bleibt der gesamtgesellschaftliche Zusammenhang der Produktionszweige undurchschaut, und es entsteht der ideologische Schein »einer Selbständigkeit von Arbeitsprozessen, deren Verlauf sich

53 Ibid., S. 163.
54 Ibid., S. 162.
55 Ibid., S. 164.
56 Ibid.
57 Ibid., S. 162.
58 Marx, *Grundrisse der Kritik der politischen Ökonomie*, Berlin 1953, S. 594. – Vgl. zur Rolle der Wissenschaft als Moment des materiellen Lebensprozesses auch Horkheimers Aufsatz ›Bemerkungen über Wissenschaft und Krise‹, in: *Gesammelte Schriften* Bd. 3, S. 40ff.
59 ›Traditionelle und kritische Theorie‹, l. c., S. 171.

aus einem inneren Wesen ihres Gegenstandes herleiten soll«[60], während er stets auch ein historisch vermitteltes Element der Reproduktion des Lebens ist. Das szientivische Denken begnügt sich mit dem Organisieren von Erfahrung, wie es sich auf Grund bestimmter gesellschaftlicher Aufgaben ergibt. Was diese für das gesellschaftliche Ganze bedeuten, geht in die Kategorien traditioneller Theorie nicht ein: »Die soziale Genesis der Probleme, die realen Situationen, in denen die Wissenschaft gebraucht, die Zwecke, zu denen sie angewandt wird, gelten ihr selbst als äußerlich.«[61] Es kommt so zu dem paradoxen Sachverhalt, daß die herkömmliche Wissenschaft, gerade weil sie von vornherein das nicht praxisgebundene Denken verwirft, weit abstrakter, der Wirklichkeit als eines durch die Gesamtpraxis des Zeitalters vermittelten Zusammenhangs entfremdeter ist als die dialektische Theorie, die aus der gesellschaftlichen Relevanz von Wissenschaft keineswegs auf die Richtigkeit einer pragmatistischen Erkenntnislehre schließt, sondern autonome Reflexion begünstigt, für welche die Bewährung und die Wahrheit eines Gedankens nicht identisch sind.

Kritische Theorie geht in dem Maße über den Subjektivismus und Relativismus der Positivisten hinaus, wie sie »die Menschen als die Produzenten ihrer gesamten historischen Lebensformen zum Gegenstand«[62] hat. Es ist ihr darum zu tun, den *kognitiven* Gehalt der geschichtlichen Praxis aufzudecken, sie als das zu begreifen, was real, nicht nur gedanklich, den »Dualismus von Denken und Sein, Verstand und Wahrnehmung«[63] aufhebt. In detaillierten Analysen entwickelt Horkheimer, daß die feste, an sich seiende Welt alltäglicher und wissenschaftlich zu erforschender Gegenstände, die vom individuellen, vorkritischen Bewußtsein passiv hingenommen wird, »ebensosehr Produkt der allgemeinen gesellschaftlichen Praxis« ist. Die Sinnestatsachen, welche den Positivisten als irreduktible Gegebenheiten gelten, »sind in doppelter Weise gesellschaftlich präformiert: durch den geschichtlichen Charakter des wahrgenommenen Gegenstands und den geschichtlichen Charakter des wahrnehmenden Organs«[64].

Aus dieser – materialistisch gewendeten – Konstitutionslehre ergeben sich wichtige Konsequenzen einmal für eine undogmatische Einschätzung der gesellschaftlichen Rolle der Wissenschaften, zum anderen für eine dialektische Theorie ihres Erkenntnisprozesses. Was gemeinhin als rein wissenschaftlicher Tatbestand gilt: das Verhältnis von (selber bereits strukturiertem) Material und (vereinheitlichender) Theorie, die Verifikation von Urteilen, die Beziehung von Hypothesen auf Tatsachen, läßt sich jetzt zugleich als historisch-sozialer Vorgang bestimmen.[65] Sosehr Wissenschaft sich an der Beschaffenheit ihrer Objekte zu orientieren hat – unausrottbar sind ihre Begriffe mit subjektiven Faktoren und

60 Ibid.
61 ›Nachtrag‹ zu ›Traditionelle und kritische Theorie‹, ibid., S. 217.
62 Ibid.
63 ›Traditionelle und kritische Theorie‹, l. c., S. 171.
64 Ibid., S. 174.
65 Vgl. ibid., S. 174 f.; vgl. ferner ›Zum Problem der Wahrheit‹, in: *Gesammelte Schriften* Bd. 3, S. 305 f.

Interessen behaftet; es gibt keine ›theoriefreien Tatsachen‹. Weder lassen sich Subjekt und Objekt voneinander ablösen noch kommt es zu einer völligen Kongruenz von Wissen und Gegenstand. Beide Pole der Erkenntnis treten in geschichtlich wechselnde Konstellationen zueinander: »Die theoretische Aktivität des Menschen ... ist ... ein Produkt der sich verändernden Realität. ... Die Subjekt-Objekt-Relation ist ... nicht durch das Bild zweier konstanter, begrifflich völlig durchleuchteter Größen zu beschreiben, die sich aufeinander zubewegen – vielmehr stecken in den von uns als objektiv bezeichneten subjektive und in den sogenannten subjektiven auch objektive Faktoren, und zwar so, daß wir ... das Ineinanderspielen beider, als menschlicher und außermenschlicher, individueller und klassenmäßiger, methodologischer und gegenständlicher Momente darzustellen haben, ohne jedes dieser Momente von den anderen in seiner Wirksamkeit restlos isolieren zu können.«[66]

Hieraus dürfte erhellen, daß die Kritische Theorie nichts mit einer naiven Abbild- oder Widerspiegelungs-Konzeption der Erkenntnis gemein hat, wie sie seit der Antike in der Geschichte des Materialismus immer wieder aufgetreten ist. Selbst auf Marx, Engels und ihre Schüler wirkte sie terminologisch nach, obgleich deren am deutschen Idealismus geschultes Denken die für den Abbild-Realismus kennzeichnende starre Trennung von Subjekt und Objekt, Wissen und Sein gerade auflöst. Wenn auch Horkheimer von der »Spiegelung der dynamischen Struktur der Geschichte«[67] spricht, vom »gedanklichen Abbild eines konkreten Ganzen«[68] oder vom »gedanklichen Spiegelbild der Wirklichkeit«[69], so ist zu beachten, daß diese eher metaphorischen, oft Mißverständnisse veranlassenden Termini nichts über die *Art* des erkennenden Subjekts ausmachen, sich die Welt sinnlich, rational und vor allem historisch-praktisch anzueignen. Wohl aber beugen sie der Illusion Hegels vor, die Realität sei, weil begrifflich vermittelt, selber – absoluter – Begriff, da auch die Differenz vom Begrifflichen und Nicht-Begrifflichen ins Denken falle. Dagegen wird im wissenschaftlichen Materialismus die Idee der Vermittlung zwar keineswegs aufgegeben, aber doch verendlicht, wodurch Begriff und Sache einer »unaufhebbaren Spannung«[70] ausgesetzt bleiben.

Wichtiger für die Bestimmung des Verhältnisses von Theorie und objektiver Welt sind die von Horkheimer benutzten Termini ›Entwurf‹, ›Konstruktion‹, vor allem der von Marx eingeführte Terminus der ›dialektischen Darstellung‹. In ihnen drückt sich einmal aus, daß Theorie kein bloßer Abklatsch der Verhältnisse ist (dann wäre sie Ideologie), kein passives Registrieren von Tatsachen (dann wäre sie bornierter Empirismus), zum anderen, in welcher Beziehung die analytisch vorgehenden Sozialwissenschaften zur dialektischen Theorie der Gesellschaft

66 ›Materialismus und Metaphysik‹, l. c., S. 88; 89.
67 ›Geschichte und Psychologie‹, l. c., S. 54.
68 ›Zum Rationalismusstreit in der gegenwärtigen Philosophie‹, in: *Gesammelte Schriften* Bd. 3, S. 186.
69 Ibid., S. 187.
70 ›Materialismus und Metaphysik‹, l. c., S. 87.

stehen. Vorweggenommen wird die Problematik in Hegels Philosophie, die den ›abstrakten‹ Verstand dadurch zu überwinden trachtet, daß sie ihn der Endlichkeit seiner Bestimmungen überführt, deren relative Wahrheit nur so zu retten ist. Der dialektische Begriff hat es allemal mit einem bereits durch den empirischen Verstand aufbereiteten Material zu tun, das er nicht zu mißachten, sondern in seine Bewegung aufzunehmen hat, sosehr es sich dieser zunächst widersetzt. Hegel unterscheidet deshalb den »Gang der Entstehung der Wissenschaft« von »ihrem Gang in sich«[71], und Marx hält ganz in seinem Sinn »Analyse« und »Darstellung« auseinander, die ebenso streng geschieden wie aufeinander bezogen werden müssen: »Die Analyse ist... die notwendige Voraussetzung der genetischen Darstellung, des Begreifens des wirklichen Gestaltungsprozesses in seinen verschiednen Phasen.«[72]

Es ist Horkheimers Verdienst, sich diesen für ein angemessenes Verständnis der Kritik der politischen Ökonomie so wichtigen Fragen schon in den dreißiger Jahren gestellt zu haben. Seine Aufsätze zielen darauf ab, »die Einseitigkeit des analytischen Denkens aufzuheben, ohne es zu verwerfen«[73]. Es kommt darauf an, sich seiner richtig zu bedienen, wobei er es insgesamt positiver einschätzt als Hegel. Immerhin ist der Dialektiker Marx, der das ›Wesen‹ der ökonomischen Erscheinungen zu erkennen sucht, gleichzeitig geneigt, »die Hauptgesetze der Krisen mathematisch zu bestimmen«[74]. Er hat jedoch die Mathematik nicht verabsolutiert. Wie exakt und unersetzlich die Methoden und Resultate einzelwissenschaftlicher Forschungen sein mögen: sie bilden das Material der Theorie, nicht ihren Gehalt. »Die Einzelwissenschaften«, schreibt Horkheimer, »liefern nur die Elemente zur theoretischen Konstruktion des geschichtlichen Ablaufs, und diese bleiben in der Darstellung nicht, was sie in den Einzelwissenschaften waren, sondern erhalten neue Bedeutungsfunktionen, von welchen vorher noch keine Rede war.«[75] Die traditionelle ist somit in der kritischen Theorie ›aufgehoben‹, und dialektische Logik hat es nicht mehr mit einem zeitlosen Reich geistiger Wesenheiten zu tun, sondern wird in einem über Hegel hinausgehenden Sinn ›wissenschaftlich‹. Horkheimer bezeichnet sie als »Inbegriff aller intellektuellen Mittel, um die vom trennenden Verstand gewonnenen abstrakten Momente für das Bild des lebendigen Gegenstands fruchtbar zu machen«[76].

Freilich würde die Idee Kritischer Theorie nur unzulänglich bestimmt, wollte man sich damit begnügen, ihr Verhältnis zu den Weisen analytischen Wissens zu schildern. Die objektive Realität geht ja in den Gedanken keineswegs nur in

71 Hegel, ›Vorlesungen über die Geschichte der Philosophie‹, in: *Sämtliche Werke*, Glockner, Band 19, Stuttgart 1959, S. 284.

72 Marx, *Theorien über den Mehrwert*, Teil 3, Berlin 1962, S. 497. – Vgl. hierzu auch das von Horkheimer herangezogene Nachwort zur zweiten Auflage des *Kapitals*.

73 ›Zum Rationalismusstreit in der gegenwärtigen Philosophie‹, l. c., S. 195.

74 Brief an Engels, vom 31.5.1873, in: Marx/Engels, *Werke*, Band 33, Berlin 1966, S. 82.

75 ›Zum Rationalismusstreit in der gegenwärtigen Philosophie‹, l. c., S. 186.

76 Ibid., S. 184.

einzelwissenschaftlich filtrierter Form ein. Theorie ist immer auch ein Ganzes von Einsichten, das »aus einer bestimmten Praxis, aus bestimmten Zielsetzungen herrührt«[77]. Davon, daß der Gang der historischen Dialektik eindeutig und unverrückbar feststeht, kann keine Rede sein. Auch die theoretische Konstruktion des Materialismus ist ein vergängliches Produkt, »das Menschen in der Auseinandersetzung mit ihrer gesellschaftlichen und natürlichen Umwelt entwerfen«[78]. Wenn etwas die Kritische Theorie kennzeichnet, dann diese unbeirrbare Reflexion auf die eigene Bedingtheit. Sie hofft nicht, den *ordo sempiternus rerum* auf einem fleckenlosen Spiegel wiederzugeben, sondern bekennt, daß sie von leibhaftigen Menschen und ihrem Interesse an vernünftigeren Zuständen mitbestimmt wird. Dieses Interesse bleibt dem Erkenntnisprozeß nicht äußerlich, sondern ist neben den anderen Momenten bereits auf seinen elementaren Stufen wirksam. Selbst die einfachsten Tatsachen alltäglicher Wahrnehmung betrachtet die Kritische Theorie nicht als Tatsachen schlechthin, sondern als etwas, das einmal der Kontrolle solidarischer Menschen unterstehen soll. Solange die Gesellschaft in bloße Naturgeschichte verstrickt bleibt, sich also nicht »als reales Subjekt konstituiert«[79], verharren die Menschen bei aller Naturbeherrschung in Unfreiheit. Kritische Theorie hütet sich, den technischen Fortschritt zu vergötzen. Ihr geht es nicht darum, daß quantitative Naturbeherrschung lediglich erweitert, sondern darum, daß sie selbst endlich beherrscht und der Vorrang des Ökonomischen gebrochen werde. Daß gesellschaftliches Sein Bewußtsein bestimmt, ist für Horkheimer kein ›weltanschauliches‹ Bekenntnis, sondern ein diagnostischer, aufzuhebender Befund. Die Vorgeschichte setzt die Personen zur »Personifikation ökonomischer Kategorien«[80] herab. Erst wenn die Individuen ihren Lebensprozeß in gemeinsamer Anstrengung wirklich beherrschen, wird blindes Schicksal umschlagen in Freiheit und der historische Materialismus aufhören, die richtige Erklärung der menschlichen Dinge zu sein.

V

Die Bände 3 und 4 der *Gesammelten Schriften* enthalten jene Horkheimerschen Arbeiten, die sich als die für das Studium der Kritischen Theorie grundlegenden Quellen erwiesen haben. Hinzugekommen gegenüber der Ausgabe von 1968 ist die Antrittsvorlesung Horkheimers, die er – das interdisziplinäre Programm künftiger Arbeit umreißend – am 21. Januar 1931 hielt, als er mit dem Frankfurter Lehrstuhl für Sozialphilosophie die Leitung des Instituts für Sozialforschung

77 ›Materialismus und Moral‹, in: *Gesammelte Schriften* Bd. 3, S. 149.
78 ›Zum Rationalismusstreit in der gegenwärtigen Philosophie‹, l. c., S. 191; vgl. hierzu auch S. 192; ferner ›Zum Problem der Wahrheit‹, l. c., S. 295 f.
79 ›Materialismus und Moral‹, l. c., S. 118.
80 Marx, *Das Kapital*, Band I, Berlin 1955, S. 8.

übernahm. Die beiden Bände enthalten auch jene Texte aus der ›Zeitschrift‹, auf deren Publikation Horkheimer im Jahre 1968 glaubte verzichten zu sollen: den Aufsatz ›Die Juden und Europa‹, Rezensionen über Spenglers *Jahre der Entscheidung* und Jaspers' *Nietzsche* sowie den Bericht ›Zur Tätigkeit des Instituts. Forschungsprojekt über den Antisemitismus‹. Aufgenommen wurden ferner die Vorworte zu den Heften der *Zeitschrift* und das Vorwort zu dem Sammelband *Autorität und Familie*, in denen sich Akzentverschiebungen innerhalb der Kritischen Theorie und in der Arbeit des Instituts reflektieren. Der ›Brief an den S. Fischer Verlag‹ (1965) und das ›Vorwort zur Neupublikation‹ (1968) waren wegen ihrer sachlichen Nähe und Distanz zu den Arbeiten aus der *Zeitschrift* in den Band 3 aufzunehmen.

Dezember 1987 Alfred Schmidt

Verzeichnis der Erstveröffentlichungen

›Egoismus und Freiheitsbewegung‹
- gedruckt in: *Zeitschrift für Sozialforschung*, Jahrgang V, Paris 1936, Heft 2, S. 161–233.

›Zu Theodor Haeckers *Der Christ und die Geschichte*‹
- gedruckt in: *Zeitschrift für Sozialforschung*, Jahrgang V, Paris 1936, Heft 3, S. 372–383.

›[Bemerkung zu Donald Greers *The Incidence of the Terror during the French Revolution*]‹
- gedruckt unter dem Titel ›Nachbemerkung zu Greers Buch‹ in: *Zeitschrift für Sozialforschung*, Jahrgang V, Paris 1936, Heft 3, S. 445–447.

›Vorwort zum VI. Jahrgang [der *Zeitschrift für Sozialforschung*]‹
- gedruckt in: *Zeitschrift für Sozialforschung*, Jahrgang VI, Paris 1937, Heft 1, S. 1–3.

›Der neueste Angriff auf die Metaphysik‹
- gedruckt in: *Zeitschrift für Sozialforschung*, Jahrgang VI, Paris 1937, Heft 1, S. 4–51.

›Traditionelle und kritische Theorie‹
- gedruckt in: *Zeitschrift für Sozialforschung*, Jahrgang VI, Paris 1937, Heft 2, S. 245–292.

›Nachtrag‹
- gedruckt in: *Zeitschrift für Sozialforschung*, Jahrgang VI, Paris 1937, Heft 3, S. 625–631.

›Bemerkungen zu Jaspers' *Nietzsche*‹
- gedruckt in: *Zeitschrift für Sozialforschung*, Jahrgang VI, Paris 1937, Heft 2, S. 407–414.

›Montaigne und die Funktion der Skepsis‹
- gedruckt in: *Zeitschrift für Sozialforschung*, Jahrgang VII, Paris 1938, Doppelheft 1/2, S. 1–52.

›Die Philosophie der absoluten Konzentration‹
- gedruckt in: *Zeitschrift für Sozialforschung*, Jahrgang VII, Paris 1938, Heft 3, S. 376–387.

›Die Juden und Europa‹
- gedruckt in: *Zeitschrift für Sozialforschung*, Jahrgang VIII, New York 1939, Doppelheft 1/2, S. 115–137.

›Die gesellschaftliche Funktion der Philosophie‹
- gedruckt unter dem Originaltitel *The Social Function of Philosophy*, in: *Zeitschrift für Sozialforschung*, Jahrgang VIII, New York 1940, Heft 3, S. 322–337.

›Psychologie und Soziologie im Werk Wilhelm Diltheys‹
- gedruckt unter dem Originaltitel *The Relation between Psychology and Sociology in the Work of Wilhelm Dilthey*, in: *Zeitschrift für Sozialforschung*, Jahrgang VIII, New York 1940, Heft 3, S. 430–443.

›Vorwort [zu Heft 3 des VIII. Jahrgangs der *Zeitschrift für Sozialforschung*]‹
- gedruckt in: *Zeitschrift für Sozialforschung*, Jahrgang VIII, New York 1940, Heft 3, S. 321.

›Zur Tätigkeit des Instituts. Forschungsprojekt über den Antisemitismus‹
- gedruckt unter dem Originaltitel *Notes on Institute Activities, Research Project on Anti-Semitism*, in: *Zeitschrift für Sozialforschung*, Jahrgang IX, New York 1940, Heft 1, S. 121–143.

›Vorwort [zu Heft 2 des IX. Jahrgangs der *Zeitschrift für Sozialforschung*]‹
- gedruckt in: *Zeitschrift für Sozialforschung*, Jahrgang IX, New York 1941, Heft 2, S. 195–199.

›Neue Kunst und Massenkultur‹
- gedruckt unter dem Originaltitel *Art and Mass Culture*, in: *Zeitschrift für Sozialforschung*, Jahrgang IX, New York 1941, Heft 2, S. 290–304.